Grandi Tascabili Economici

215

In copertina: Pompei, Casa dell'Efebo

Prima edizione: maggio 1993
Grandi Tascabili Economici Newton
Divisione della Newton Compton editori s.r.l.
© 1993 Newton Compton editori s.r.l.
Roma, Casella Postale 6214

ISBN 88-7983-114-3

Stampato su carta Tamcreamy di Anjala Paper Mill/Finnpap
distribuita dalla Fennocarta s.r.l., Milano
Copertina stampata su cartoncino Perigord Mat della Papyro S.p.A.

Marco Valerio Marziale

Gli epigrammi

A cura di Cesare Vivaldi

Grandi Tascabili Economici
Newton

Introduzione

La Roma dei Flavi trova, nei versi di Marco Valerio Marziale, uno specchio impietoso e lucidissimo; quello ove una vita intessuta di grandiosità e di vizi, di splendore e di lussuria, di orgoglio e di bassezze, di gentilezza e di corruzione si riflette nel modo più nitido e più perentorio. Questo giovanotto provinciale, venuto dalla Spagna nella Capitale del mondo per far carriera e fortuna con pochi soldi in tasca, non riuscirà ad altro, sul piano pratico, che a vivere difficoltosamente da parassita e da scroccone, campando alle spalle dei potenti e accumulando (insieme a qualche colpo fortunato ma mai sufficiente a risolvergli l'esistenza) delusioni, amarezze, crucci, invidie e meschinità: sino alla finale confessione di fallimento, implicita nel suo ritorno disilluso alla Spagna natale e nella morte oscura. Riuscirà invece ad essere un grande poeta, «uno di quegli spiriti singolari» – come ha scritto Concetto Marchesi[1] *– «che la natura foggia per lo strano bisogno di specchiarvisi dentro; la cui fatica consiste nel tormento cerebrale dell'osservare e del riflettere; che non possono quindi far gli avvocati o i pubblicani o i maestri né praticare le solite vie né raccogliere i soliti frutti». Un puro poeta, insomma, inadatto alle faccende e alle brighe della vita cosiddetta concreta; incapace per di più della retorica e delle pompe dei poeti «ufficiali» e quindi tagliato fuori in partenza da ogni seria possibilità di occupare un ruolo qualsiasi alla Corte imperiale. Tanto è vero che dagli Imperatori egli ebbe dei riconoscimenti solo onorifici (la dignità equestre), senza contropartite pratiche.*

Non gli mancò il favore del pubblico, che mandava a memoria i suoi epigrammi, se li sussurrava all'orecchio, se li portava in viaggio sin nelle più remote provincie: ricordo vivissimo di Roma, delle sue maldicenze e dei suoi pettegolezzi. L'epigramma, questo genere di poesia quasi sempre breve e schioccante, era l'ideale per gente che non amava affaticarsi con gravose letture, per una società brillante spesso più per censo che per ingegno e cultura, comunque elitaria, relativamente compatta, incline quindi alla malignità e alle chiacchiere. I destinatari degli epigrammi di Marziale, almeno di quelli più pungenti e più acri, erano anonimi, avevano cioè nomi di comodo (mentre nominatissimi erano, naturalmente, coloro ai quali il poeta rivolgeva componimenti adulatori o comunque di tenore affettuoso o benevolo); il che certamente non impediva al lettore avvertito, «del giro», di intravedervi questo o quel personaggio mondano e di ridere alle sue spalle. Quel tanto di iperbolico, direi di spagnolesco, che rende stralunate la crudezza e la sguaiataggine di Marziale, non poteva che giovare alla popolarità di molte sue brevi poesie.

In effetti il temperamento iberico di Marziale è abbastanza avvertibile nei suoi versi e, volendo, si potrebbero rintracciare in lui spunti che saranno

---

[1] Concetto Marchesi, *Valerio Marziale*, Genova 1914.

sviluppati dai grandi spagnoli dell'epoca d'oro. Non sarebbe impossibile, forzando i toni di una traduzione, fare intravedere in Marziale Gongora e soprattutto il realismo barocco di Quevedo. La verità è che egli è poeta letteralmente immerso nella vita, e della vita riflette quasi tutti gli aspetti tranne l'eroico e solenne; tanto da investirsi di quasi tutti gli atteggiamenti stilistici, tranne l'epico e il tragico. La sua arte è un'arte di pronta adesione ai moti vitali, il che in un certo senso implica dell'indifferenza per il «tono» (se non per lo stile, che è sempre personalissimo e preciso) e più ancora per il contenuto. Proprio per questo può piegarsi alle bassezze dell'adulazione senza diventare del tutto stomachevole, salvandosi magari sul piano dell'esercizio virtuosistico d'alta scuola, come può elevarsi al pianto delicatissimo, ma senza tragedia, per una bambina morta.

Volendo tentare un paragone con un poeta d'oggi, subito viene alla mente il nome di Sandro Penna. Naturalmente Penna non ha la punta satirica (o meglio dileggiatrice) di Marziale, non si compiace di bon mots né di acute prese in giro, almeno nella poesia se non nella vita, ed è temperamento assolutamente estraneo ad ogni piaggeria e adulazione. Penna è un talento squisitamente lirico, di una qualità più sottile e più alta di quella del suo antico collega, eppure in comune con Marziale, oltre alla difficile esistenza di puro poeta, ha una «amara gioia di vivere», una capacità di accettare con inalterata e inalterabile buona disposizione il bello e il brutto, il nobile e il volgare, il repugnante e il piacevole, una «disponibilità» almeno estetica assoluta, anche se su una gamma di interessi e di curiosità più limitata.

Delicato e finissimo (talvolta anche lezioso), spesso crudo e osceno anche se mai compiaciuto o pornografico, Marziale non è un vero poeta satirico ma un lirico che sa fare dell'ironia garbatissima, sa divertirsi e divertire, pungere e persino offendere. La vera satira sottintende, come nel suo contemporaneo e amico Giovenale, una decisa presa di posizione nei confronti del costume corrente, una critica alla società nel suo complesso, un atteggiamento violentemente moralistico o almeno superbamente cinico; ma Marziale è sempre troppo disponibile, pronto ad occuparsi di tutto e a simpatizzare con tutto, troppo curioso, pettegolo, volto più al superfluo che all'essenziale. La corruzione come fatto sociale lo lascia totalmente indifferente, mentre il singolo personaggio corrotto (o un tipo di vizio particolarmente insolito e stravagante) può spingerlo alla facezia, magari all'ingiuria vera e propria. E più spesso egli ironizza sui casi e sui comportamenti umani con quel suo caratteristico genere d'umorismo che lascia trasparire, in sottofondo, l'amaro.

> «Domani – mi dici sempre – domani
> comincerò a vivere.» Postumo
> quando viene domani?
> Quanto è lontano domani? Dov'è
> questo domani? Dove
> lo cercherai? Magari tra gli Armeni
> o magari tra i Parti?
> Ah, che questo domani ormai ha gli anni
> di Nestore e di Priamo!
> E dimmi, quanto costa
> questo domani? Lo si può comprare?
> Vivrai domani! Postumo, è già tardi
> vivere oggi.
> Postumo, saggio è chi ha vissuto ieri.

Il rovescio della medaglia, i lati cioè negativi di certa poesia di Marziale, non sono tanto d'ordine moralistico (come antichi giudizi pretendevano) quanto d'ordine stilistico. La sua disponibilità, voglio dire, non ci offende mai perché amorale ma perché spesso superficiale e frettolosa nell'espressione. I componimenti adulatori sono fastidiosi perché troppo palesemente insinceri e goffi, mentre in tutta l'opera abbondano ripetizioni di temi, di espressioni, di movenze stilistiche, sovente non bene ricucinati e con notevoli scadimenti da una versione all'altra. In parecchi casi, allora, l'interesse umano si abbassa a curiosità spicciola, l'osservazione illuminante a pettegolezzo, il lamento a querimonia, e Marziale diventa petulante, ciarliero, ridondante persino. Il poeta aveva piena coscienza della superfluità di parecchi suoi epigrammi, e lo dice in termini esagerati.

> Ce ne sono dei buoni e dei passabili,
> ma i più degli epigrammi che tu leggi
> sono cattivi. Avito
> un libro non lo si fa che così.

Falsa modestia, forse, ma anche autocoscienza. E coscienza pure dell'impossibilità di scegliere, di tagliare e di pulire troppo, perché un poeta del suo genere non può essere altro che quel che è, col suo buono e col suo men buono, e perché la sua opera non si propone come un «assoluto», inestricabilmente legata come è al diario dell'uomo che, giorno dopo giorno, la compie.

Anche da questo punto di vista Marziale anticipa, in un certo senso, problematiche di oggi. Ma la grande dote di Marziale, quella che può farlo riconoscere come un poeta vicinissimo a modi di visione affatto moderni, insieme a un Petronio e a un Giovenale, è la sua assoluta mancanza di sentimentalismo: cosa ben lontana dallo stilismo e dal parnassianesimo di Orazio. Egli può commuoversi, e commuovere, senza ostentazioni né lagrime, senza turbare la continuità del suo caldo rapporto con la vita. Una qualità superba e, ripeto, modernissima: il che spiega come in altri tempi possa essere stata scambiata da qualcuno per meccanicità e freddezza, e spiega anche la totale insufficienza delle traduzioni postcarducciane (e postpascoliane) come quella del Lipparini.

Marziale è un poeta per tanti aspetti attuale. Per questa ragione ho voluto tradurlo nel modo più piano e diretto possibile, evitando noiosi virtuosismi, usando in prevalenza endecasillabi e settenari (i versi italiani più semplici per il normale lettore), rispettando le crudezze dell'originale ma senza esacerbarle come taluno ha fatto. Tradurre Marziale è stato un lavoro divertente; ho cercato di renderne divertente, e soprattutto agevole, la lettura.

Qualcuno ricorderà, forse, come già nel 1962, presso un'altra casa editrice, io abbia pubblicato una scelta di cento epigrammi di Marziale, che ebbe lietissima accoglienza e fu più volte ristampata. L'ultima ristampa, del 1975, era stata completamente rinnovata, nel senso che gli epigrammi tradotti erano saliti a duecentocinquanta. Ora qui il lettore troverà tutti gli epigrammi di Marziale pervenuti sino a noi, corredati da titoli posti dal traduttore; tranne, naturalmente, quei casi in cui i titoli erano stati posti dal poeta medesimo, e cioè le poesiole degli Xenia e degli Apophoreta.

CESARE VIVALDI

Nota biobliografica

La vita

Marco Valerio Marziale nacque a Bilbili, in Spagna (l'odierna Calatayud, sulla collina di Bambola, lungo la strada Mérida-Saragozza), intorno al 40 dopo Cristo. I suoi genitori, che qualcuno ha voluto identificare nel Frontone e nella Flaccilla che compaiono nel trentaquattresimo epigramma del Libro Quinto, erano di condizione probabilmente agiata: almeno abbastanza da far compiere al poeta regolari studi di retorica e grammatica. Della vita giovanile di Marziale non sappiamo nulla di preciso, anche se dai suoi versi si può desumere che egli ebbe una vita del tutto normale per un ragazzo di provincia, divisa tra gli studi e i passatempi sportivi, come la caccia, i bagni nelle sorgenti termali e nei fiumi eccetera. Nel 64 andò a Roma per far fortuna e soprattutto per vivere più intensamente, e certamente si appoggiò, all'inizio, al circolo degli iberici di Roma, del quale Seneca era il rappresentante più in vista. Ma travolti Seneca, la sua famiglia e gli amici dal fallimento della congiura antineroniana di Gaio Calpurnio Pisone (65), Marziale dovette cercarsi altri protettori. Li trovò, ma la sua vita fu sempre travagliata, anche se non miserabile. Poeta puro, allergico a ogni specie di lavoro, Marziale (come dice spesso nei suoi versi) condusse la vita del «cliente», rendendo omaggio a questo o a quel personaggio in vista, e soprattutto ai vari Imperatori che si succedevano sul trono, in cambio di mance e benefizi; vivendo, insomma, da parassita. Le lamentele di cui sono spesso intessuti i suoi epigrammi devono perciò essere prese con beneficio d'inventario, nel senso che il poeta probabilmente ha esagerato le ristrettezze della sua condizione per mendicare favori. Sta di fatto che, per quanto povero, Marziale aveva di che vivere discretamente. Sin dall'84 gli era stata donata una piccola fattoria a Mentana, mentre dal 94 è proprietario di una casa personale sul Quirinale (prima viveva in un appartamento al terzo piano, sempre al Quirinale); né gli mancavano le comodità essenziali della vita d'allora: schiavi, mule, persino un segretario. Anche se non miserabile, la sua esistenza fu comunque travagliata e faticosa. Più che dalle lamentele, interessate e non sempre sincere, lo si desume dall'aspirazione che egli spesso rivela per la vita di campagna: aspirazione velleitaria, se vogliamo, come quella dei cittadini che in fin dei conti non rinunzierebbero mai agli odiato-amati veleni urbani, ma certamente ben reale, indice di molte amarezze, di molte delusioni, di molte frustrazioni. Da Roma, in ogni modo, il poeta si allontanò solo una volta, per una breve permanenza in Emilia (nell'87), ma vi tornò ben presto. Né la sua poesia sarebbe concepibile senza la Capitale, i suoi mille personaggi e la sua confusione, e senza il consenso dei protettori e degli amici letterati come Giovenale, Silio Italico, Plinio il Giovane, Quintiliano.

Nel 98 Marziale, ormai stanco, si risolse a un passo di cui più tardi (nella prefazione al Libro Dodicesimo degli epigrammi) si mostrerà invano pentito: il ritorno in Spagna, nel suo paesetto natale, il definitivo pensionamento, in una parola, e la soddisfazione di quelle aspirazioni alla vita semplice che tante volte aveva espresso. Lo aiutarono Plinio il Giovane, sovvenzionandogli forse il viaggio, e una ricca vedova di Bilbili, Marcella, la quale gli concesse la proprietà descritta nel trentunesimo epigramma del Libro Dodicesimo. Marcella, che nulla prova fosse altro da una semplice ammiratrice e protettrice (non una moglie, e nemmeno un'amante come voleva Concetto Marchesi), fece certo il possibile per provvedere ai bisogni del poeta nei suoi ultimi anni: i quali trascorsero abbastanza serenamente, anche se nella noia e nel rimpianto cocente di Roma. Intorno al 104 Marziale moriva, non ancora sessantacinquenne. Le cause della sua morte ci sono sconosciute. Sappiamo che a Roma tale morte non ebbe molta eco, poiché il poeta vi era già dimenticato.

L'opera

L'opera di Marziale a noi pervenuta consta soltanto di epigrammi, raggruppati in quattordici libri (dodici di epigrammi veri e propri più gli *Xenia* e gli *Apophoreta*, convenzionalmente designati come tredicesimo e quattordicesimo libro) e il *Liber Spectaculorum*. Sotto il suo nome va poi una raccolta di ventidue epigrammi certamente apocrifa, oltre ad alcuni epigrammi dubbi. Non ci è rimasto nulla, invece, delle poesie di gioventù di cui Marziale fa cenno, probabilmente composte in Spagna. In questa edizione, contrariamente ad altre, *Liber Spectaculorum*, *Xenia* e *Apophoreta* sono pubblicati dopo l'opera maggiore, i dodici libri di epigrammi.

La prima opera pubblicata dal poeta fu il *Liber Spectaculorum*, scritto in onore dei giochi circensi con i quali Tito inaugurò il Colosseo, nell'80: libro di cui ci resta soltanto una redazione non completa. Nell'84-85 seguirono gli *Xenia* e gli *Apophoreta*, libri di brevissimi epigrammi destinati ad accompagnare, i primi, i regalucci che ci si scambiava per i Saturnali e i secondi, i regali estratti a sorte nei conviti. Quanto ai dodici libri di epigrammi veri e propri, il Primo e il Secondo apparvero tra l'84 e l'85, il Terzo nell'87 o nell'88, il Quarto nell'88, il Quinto nell'89, il Sesto nel 90, il Settimo nel 92, l'Ottavo nel 93, il Nono nel 94, il Decimo nel 95, l'Undicesimo nel 97, il Dodicesimo alla fine del 101 o all'inizio del 102. Poiché Marziale dal 98 era a Bilbili, quest'ultimo libro è l'unico nel quale la tumultuosa e corrotta vita romana è presente solo nel ricordo e nella nostalgia.

I codici di Marziale sono raggruppati in tre famiglie. La prima, che è l'unica a conservarci il *Liber Spectaculorum*, dà solo una scelta antologica degli epigrammi e inoltre censura i testi, sostituendo ai termini scabrosi degli eufemismi. La seconda famiglia risale alla redazione di un Torquato Gennadio, compiuta nel 401 dopo Cristo; mentre la terza, la più numerosa, deriva da un manoscritto dell'epoca di Carlo Magno.

Le edizioni di Marziale sono numerosissime, indice della fortuna di cui il poeta ha sempre goduto. L'*editio princeps* è stata pubblicata a Roma nel 1470, e subito dopo ne sono seguite una a Ferrara (1471), una a Venezia (1472), ancora una a Roma (1473) e altre due a Venezia (1474 e 1475). Del 1501 è l'edizione di Aldo Manuzio e del 1559 quella del Junius, stampata ad Amsterdam. La migliore delle edizioni antiche è quella dello Scriverio (Leida 1618-1619) con commenti e note critiche del Poliziano, del Pontano, dello Scaligero e di altri.

Tra le edizioni moderne le principali sono quelle dello Schneidewin (Grimma 1842) e quella del Friedlaender (Lipsia 1866): quest'ultima fondamentale per il commento al testo. Su di essa si basano le edizioni successive, come quella del Lidsay (Oxford 1902), quella italiana del Giarratano (Torino 1919), quella dell'Izaac (Parigi 1961). Il testo dell'Izaac è stato seguito per la presente edizione.

Tra le traduzioni italiane meritano ricordo quella di Giuspanio Graglia (Londra 1782), quella del Tertera (Alessandria d'Egitto 1933), quella zanichelliana del Lipparini. Nel 1964 Guido Ceronetti ha tradotto per Einaudi tutta l'opera di Marziale, trovando a volte soluzioni felici, spesso cadendo in contorsioni ingiustificate. Eccellenti, infine, i volumetti di epigrammi di Marziale scelti e «rifatti» in dialetto romanesco da Mario Dell'Arco, in autoedizioni fuori commercio quali: *Marziale per un mese* (1963) e *Lasciatemi divertire* (1972).

Gli scritti su Marziale sono infine troppi perché si possa citare altro che il basilare commento del Friedlaender di cui già s'è detto. Per quanto riguarda l'Italia non si possono comunque tacere i contributi di C. Giarratano (*De M. V. Martialis re metrica*, Napoli 1908), e di Concetto Marchesi (*Valerio Marziale*, Genova 1914).

GLI EPIGRAMMI

Liber I

Spero me secutum in libellis meis tale temperamentum ut de illis queri non possit quisquis de se bene senserit, cum salva infimarum quoque personarum reverentia ludant; quae adeo antiquis auctoribus defuit ut nominibus non tantum veris abusi sint sed et magnis. Mihi fama vilius constet et probetur in me novissimum ingenium. Absit a iocorum nostrorum simplicitate malignus interpres nec epigrammata mea scribat: inprobe facit qui in alieno libro ingeniosus est. Lascivam verborum veritatem, id est epigrammaton linguam, excussarem, si meum esset exemplum: sic scribit Catullus, sic Marsus, sic Pedo, sic Gaetulicus, sic quicumque perlegitur. Si quis tamen tam ambitiose tristis est ut apud illum in nulla pagina latine loqui fas sit, potest epistola vel potius titulo contentus esse. Epigrammata illis scribuntur qui solent spectare Florales. Non intret Cato theatrum meum, aut si intraverit, spectet. Videor mihi meo iure facturus si epistolam versibus clusero:

> Nosses iocosae dulce cum sacrum Florae
> festosque lusus et licentiam volgi,
> cur in theatrum, Cato severe, venisti?
> an ideo tantum veneras, ut exires?

I.

Hic est quem legis ille, quem requiris,
toto notus in orbe Martialis
argutis epigrammaton libellis:
cui, lector studiose, quod dedisti
viventi decus atque sentienti,
rari post cineres habent poetae.

II.

Qui tecum cupis esse meos ubicumque libellos
  et comites longae quaeris habere viae,
hos eme, quos artat brevibus membrana tabellis:
  scrinia da magnis, me manus una capit.
ne tamen ignores ubi sim venalis et erres

Libro primo

Spero di aver mostrato tanta discrezione nei miei libretti che nessuno che abbia buona coscienza di sé possa lagnarsene, visto che gli scherzi che contengono non mancano del dovuto rispetto nemmeno alle persone del più basso ceto: discrezione che in effetti mancò agli autori antichi, i quali abusarono di nomi reali e persino di grandi nomi. Possa la mia fama conquistarsi a minor prezzo e si approvi in me un ingegno nuovissimo! State lontani dai miei scherzi innocenti imitatori maligni e non copiateli: chi vuol sembrare spiritoso coi libri altrui è un mascalzone. La nuda scabrosità della parola, che è la lingua propria dell'epigramma, dovrei scusarla se fossi il primo ad esserne responsabile: ma così scrisse Catullo, così Marso, Pedo, Getulico e chiunque si faccia leggere. Se poi c'è qualcuno così puritano da non poter sopportare nessuna pagina scritta in latino schietto, si accontenti di questa prefazione e magari del solo titolo del libro. Gli epigrammi sono scritti per quelli che vanno ai giochi di Flora. Non entri Catone nel mio teatro, entrato stia lì buono a guardare. Ma mi sembra di avere il diritto di chiudere in versi la mia prefazione:

> Conoscendo tu i riti cari a Flora
> giocosa, i loro scherzi, la sfrenata
> licenza popolare, perché mai
> o severo Catone, sei entrato
> a teatro? Soltanto per uscirne?

1. *Eccoti Marziale*

Ed eccoti Marziale, che vuoi leggere
e rileggere, noto in tutto il mondo
per gli acuti libretti d'epigrammi.
Saggio lettore, gli hai donato in vita
quell'onore che ben pochi poeti
ottengono da morti.

2. *Anche in viaggio*

Tu che desideri che i miei libretti
t'accompagnino ovunque, anche in viaggio,
comprali rilegati in pergamena.
In biblioteca i volumoni! I miei
ti stanno in una mano. Vuoi sapere
dove li vendono, per non girare

urbe vagus tota, me duce certus eris:
libertum docti Lucensis quaere Secundum
    limina post Pacis Palladiumque forum.

III.

Argiletanas mavis habitare tabernas,
    cum tibi, parve liber, scrinia nostra vacent.
nescis, heu, nescis dominae fastidia Romae:
    crede mihi, nimium Martia turba sapit.
maiores nusquam rhonchi: iuvenesque senesque
    et pueri nasum rhinocerotis habent.
audieris cum grande sophos, dum basia iactas,
    ibis ab excusso missus in astra sago.
sed tu ne totiens domini patiare lituras
    neve notet lusus tristis harundo tuos,
aetherias, lascive, cupis volitare per auras:
    i, fuge; sed poteras tutior esse domi.

IV.

Contigeris nostros, Caesar, si forte libellos,
    terrarum dominum pone supercilium.
consuevere iocos vestri quoque ferre triumphi,
    materiam dictis nec pudet esse ducem.
qua Thymelen spectas derisoremque Latinum,
    illa fronte precor carmina nostra legas.
innocuos censura potest permittere lusus:
    lasciva est nobis pagina, vita proba.

V.

Do tibi naumachiam, tu das epigrammata nobis:
    vis, puto, cum libro, Marce, natare tuo.

VI.

Aetherias aquila puerum portante per auras
    inlaesum timidis unguibus haesit onus:
nunc sua Caesareos exorat praeda leones

a vuoto tutta Roma? Ti ci guido
con sicurezza. Chiedi di Secondo,
liberto di Lucenzio, dietro il tempio
della Pace ed il Foro di Minerva.

3. *Al libro*

Preferisci abitare le botteghe
dell'Argileto, piccolo libretto,
quando per te si spalancano vuoti
i miei scaffali. Ahimè, tu non lo sai
quali gusti difficili abbia Roma,
quanto sia arguto il popolo di Marte.
Scherzi peggiori non li fa nessuno:
giovani, vecchi, bambini hanno un naso
da rinoceronte. Senti gli applausi
scrosciare immensi e quando getti baci
ringraziando commosso ecco pernacchie
da sbalestrarti in cielo. Certo tu
non le sopporti più le correzioni
del tuo padrone, né che una severa
penna censuri i tuoi giochetti, vuoi
svolazzare leggero nella brezza.
Va, dunque, fuggi: ma saresti stato
più sicuro qui a casa.

4. *Il poeta a Cesare*

Se ti capita, Cesare, di prendere
per caso in mano il mio libretto, spiana
la fronte che governa il mondo. Pure
le tue sfilate trionfali tollerano
lazzi, non arrossisce un generale
d'esser materia di battute. Prego
che tu legga i miei versi con quell'aria
con cui guardi Timele o lo sfottente
Latino [1]. La censura può permettere
innocui scherzi: forse la mia pagina
è libertina, la mia vita pura.

5. *Cesare al poeta*

Una battaglia navale io ti dono
e tu degli epigrammi: col tuo libro,
o Marco, vuoi nuotare [2].

6. *Aquila e leone*

Un'aquila portò un fanciullo in aria [3]
che uscì illeso da quei prudenti artigli:
ora commuove i leoni di Cesare

tutus et ingenti ludit in ore lepus.
quae maiora putas miracula? summus utrisque
   auctor adest: haec sunt Caesaris, illa Iovis.

VII.

Stellae delicium mei columba,
Verona licet audiente dicam,
vicit, Maxime, passerem Catulli.
tanto Stella meus tuo Catullo
quanto passere maior est columba.

VIII.

Quod magni Thraseae consummatique Catonis
   dogmata sic sequeris salvos ut esse velis,
pectore nec nudo strictos incurris in ensis,
   quod fecisse velim te, Deciane, facis.
nolo virum facili redemit qui sanguine famam,
   hunc volo, laudari qui sine morte potest.

IX.

Bellus homo et magnus vis idem, Cotta, videri:
   sed qui bellus homo est, Cotta, pusillus homo est.

X.

Petit Gemellus nuptias Maronillae
et cupit et instat et precatur et donat.
adeone pulchra est? Immo foedius nil est.
quid ergo in illa petitur et placet? Tussit.

XI.

Cum data sint equiti bis quina nomismata, quare
   bis decies solus, Sextiliane, bibis?
iam defecisset portantis calda ministros,
   si non potares, Sextiliane, merum.

XII.

Itur ad Herculei gelidas qua Tiburis arces
   canaque sulphureis Albula fumat aquis,

una timida lepre e vaga illesa
tra quelle grandi fauci. Qual miracolo
è il maggiore? Per tutti e due c'è un sommo
artefice: qui Cesare, là Giove.

7. *La colomba di Stella*

La colomba delizia del mio Stella [4]
– m'oda pure Verona, io lo dirò,
Massimo – ha superato il passerotto
di Catullo. Tanto il mio amico Stella
sovrasta il tuo Catullo quanto a un passero
è superiore una colomba.

8. *Un eroe vivo*

Seguendo i dogmi del grande Trasea
e del perfetto Catone vuoi vivere,
non salti a petto nudo sulle spade;
quel che vorrei facessi fai, Deciano.
Io non voglio un eroe che la sua fama
compri col prezzo facile del sangue,
Io ne voglio uno da poter lodare
ancora vivo.

9. *Il bell'uomo*

Vuoi sembrare un bell'uomo e un grand'uomo,
Cotta. Ma chi è bellino
è un uomo piccolino.

10. *Maronilla*

Gemello vuol sposare Maronilla,
la carica di doni, insiste, prega.
È bella? Una schifezza. Perché tanto
la desidera allora? È moribonda.

11. *Il doppio bevitore*

Ad ogni cavaliere sono dati [5]
dieci buoni per bere, come mai
tu solo, Sestiliano, bevi il doppio?
Avrebbero finito l'acqua calda
gli acquaioli se tu
non bevessi soltanto vino puro.

12. *Il portico crollato*

Sulla strada che porta alle gelate
alture tiburtine, care ad Ercole,

    rura nemusque sacrum dilectaque iugera Musis
       signat vicina quartus ab urbe lapis.
    hic rudis aestivas praestabat porticus umbras,
       heu quam paene novum porticus ausa nefas!
    nam subito conlapsa ruit, cum mole sub illa
       gestatus biiugis Regulus esset equis.
    nimirum timuit nostras Fortuna querelas,
       quae par tam magnae non erat invidiae.
    nunc et damna iuvant; sunt ipsa pericula tanti:
       stantia non poterant tecta probare deos.

XIII.

    Casta suo gladium cum traderet Arria Paeto,
       quem de visceribus strinxerat ipsa suis,
    «Si qua fides, vulnus quod feci non dolet,» inquit,
       «sed tu quod facies, hoc mihi, Paete, dolet.»

XIV.

    Delicias, Caesar, lususque iocosque leonum
       vidimus – hoc etiam praestat harena tibi –
    cum prensus blando totiens a dente rediret
       et per aperta vagus curreret ora lepus.
    unde potest avidus captae leo parcere praedae?
       sed tamen esse tuus dicitur: ergo potest.

XV.

    O mihi post nullos, Iuli, memorande sodales,
       si quid longa fides canaque iura valent,
    bis iam paene tibi consul tricensimus instat,
       et numerat paucos vix tua vita dies.
    non bene distuleris videas quae posse negari,
       et solum hoc ducas, quod fuit, esse tuum.
    expectant curaeque catenatique labores,
       gaudia non remanent, sed fugitiva volant.

dove fumano bianche e solforose
le Acque Albule, la lapide del quarto
miglio dalla città vicina segna
una tenuta, un bosco sacro e campi
cari alle Muse. Lì un portico rustico
dava l'ombra l'estate. Quanto poco
c'è mancato perché quel porticato
non commettesse un delitto inaudito!
Rovinò tutto a un tratto, proprio mentre
Regolo in carrozzella a due cavalli
transitava là sotto. La Fortuna
ha temuto davvero i nostri pianti,
incapace di sopportare tanti
anatemi! Ma c'è pure del buono
nei pericoli, servono a qualcosa.
Se il portico era in piedi non poteva
provare la divina provvidenza.

13. *Arria e Peto* [6]

Quando la casta Arria presentò
al suo Peto la spada appena tratta
dalle sue stesse viscere: «Non duole,
credimi – disse – la piaga, mi duole,
Peto, quella che stai per farti tu».

14. *Il leone e la lepre*

Cesare, abbiamo visto scherzi, giochi
e ruzze dei leoni (ché l'arena
t'offre anche questo), e una lepre fuggire
tante volte da denti carezzevoli
e lanciarsi tra fauci spalancate.
Come può un avido leone prendere
e risparmiare una preda? Ma dicono
che quel leone è tuo: quindi lo può.

15. *Domani è tardi*

Giulio, che non sarai secondo mai
ad altri amici – se una lunga stima
e diritti già antichi hanno valore –
ti si avvicina già l'anno in cui conti
sessanta consolati e la tua vita
prevede un numero scarso di giorni.
Fai male a rinviare tante cose
che ti potrebbero essere negate,
solo quello che fu puoi dirlo tuo.
T'aspettano fatiche senza fine
e malanni, le gioie non rimangono,
fuggitive via volano.

haec utraque manu conplexuque adsere toto:
  saepe fluunt imo sic quoque lapsa sinu.
non est, crede mihi, sapientis dicere «Vivam»:
  sera nimis vita est crastina: vive hodie.

XVI.

Sunt bona, sunt quaedam mediocria, sunt mala plura
  quae legis hic: aliter non fit, Avite, liber.

XVII.

Cogit me Titus actitare causas
et dicit mihi saepe «Magna res est».
res magna est, Tite, quam facit colonus.

XVIII.

Quid te, Tucca, iuvat vetulo miscere Falerno
  in Vaticanis condita musta cadis?
quid tantum fecere boni tibi pessima vina?
  aut quid fecerunt optima vina mali?
de nobis facile est, scelus est iugulare Falernum
  et dare Campano toxica saeva mero.
convivae meruere tui fortasse perire:
  amphora non meruit tam pretiosa mori.

XIX.

Si memini, fuerant tibi quattuor, Aelia, dentes:
  expulit una duos tussis et una duos.
iam secura potes totis tussire diebus:
  nil istic quod agat tertia tussis habet.

XX.

Dic mihi, quis furor est? turba spectante vocata
  solus boletos, Caeciliane, voras.
quid dignum tanto tibi ventre gulaque precabor?
  boletum qualem Claudius edit, edas.

XXI.

Cum peteret regem, decepta satellite dextra
  ingessit sacris se peritura focis.

Prendile con due mani, a tutta forza
abbracciale: ti scivolano via
eludendo ogni stretta. Credi a me,
dire: «Vivrò» non è savio, domani
sarà tardi per vivere: vivi oggi.

16. *Il libro*

Ce ne sono dei buoni e dei passabili,
ma i più degli epigrammi che tu leggi
sono cattivi. Avito
un libro non lo si fa che così.

17. *Tito*

Tito insiste ch'io faccia l'avvocato
e dice che ne avrei grandi guadagni.
Grandi guadagni, Tito, mi darebbe
anche l'agricoltura.

18. *A Tucca*

Come ti viene in mente di mischiare
quel vinaccio del colle Vaticano
con del vecchio Falerno, Tucca? Cosa
mai t'ha fatto di bene un vino pessimo,
e che male t'ha fatto quel vino ottimo?
Per me non c'è problema: strangolare
del Falerno è un delitto; avvelenare
del vino di Campania! I convitati
tuoi sono forse degni di morire,
quell'anfora preziosa certo no.

19. *Puoi tossire*

Èlia, se ben ricordo quattro denti
avevi in bocca. Ne hai sputato due
in un colpo di tosse, due in un altro.
Adesso puoi tossire quanto vuoi.

20. *I funghi di Ceciliano*

Dimmi se non sei matto. Mangi funghi
da solo, Ceciliano, e agli invitati
che ti guardano, niente. Quale augurio
manderò alla tua pancia e alla tua gola?
Mangia quel fungo che mangiava Claudio [7].

21. *Muzio Scevola*

La mano che diretta contro un re
per errore colpiva uno del seguito

sed tam saeva pius miracula non tulit hostis
    et raptum flammis iussit abire virum:
urere quam potuit contempto Mucius igne,
    hanc spectare manum Porsena non potuit.
maior deceptae fama est et gloria dextrae:
    si non errasset, fecerat illa minus.

XXII.

Quid nunc saeva fugis placidi lepus ora leonis?
    frangere tam parvas non didicere feras.
servantur magnis isti cervicibus ungues
    nec gaudet tenui sanguine tanta sitis.
praeda canum lepus est, vastos non implet hiatus:
    non timeat Dacus Caesaris arma puer.

XXIII.

Invitas nullum nisi cum quo, Cotta, lavaris
    et dant convivam balnea sola tibi.
mirabar quare numquam me, Cotta, vocasses:
    iam scio me nudum displicuisse tibi.

XXIV.

Aspicis incomptis illum, Deciane, capillis,
    cuius et ipse times triste supercilium,
qui loquitur Curios adsertoresque Camillos?
    nolito fronti credere: nupsit heri.

XXV.

Ede tuos tandem populo, Faustine, libellos
    et cultum docto pectore profer opus,
quod nec Cecropiae damnent Pandionis arces
    nec sileant nostri praetereantque senes.
ante fores stantem dubitas admittere Famam

si condannò a perire tra le fiamme
sacrificali. Il nemico pietoso
non sopportò una ferocia così
prodigiosa, la tolse dalle fiamme,
la liberò: quella mano che Muzio
in disprezzo del fuoco ebbe la forza
di bruciare, Porsenna non soffrì
nemmeno di guardarla. Quella mano
ha avuto maggior fama e maggior gloria
sbagliando il colpo: ci avesse azzeccato
ne avrebbe avuto meno.

22. *Lepre e leone*

Perché ora fuggi, lepre, le mascelle
del placido leone? Esse non sanno
sbranare bestie piccole. Gli artigli
vanno serbati per nuche possenti,
poco sangue non basta a tanta sete.
La lepre è preda da cani, non riempie
una gran gola: un monello di Dacia
non tema le armi di Cesare.

23. *A Cotta*

Non inviti nessuno a cena, Cotta,
se non quelli coi quali hai fatto il bagno;
soltanto i bagni pubblici ti danno
ospiti. Ed io che mi meravigliavo
che tu non mi invitassi: ora capisco,
non ti sono piaciuto proprio, nudo.

24. *Il falso austero*

Vedi quel tipo dai capelli incolti,
il cui cipiglio incute soggezione
persino a te, Deciano, che discorre
dei difensori della libertà,
di Curio e di Camillo? Non fidarti
di quell'aspetto austero, è culattone.

25. *Tardi la gloria ai morti*

Pubblica finalmente i libri tuoi,
Faustino, tira fuori dalla mente
accorta un'opera ben fatta, tale
da non potere essere criticata
dalla città di Cecrope e Pandione [8],
da non potere essere trascurata
col silenzio dai nostri vecchi saggi.
Esiti a far entrare quella fama

teque piget curae praemia ferre tuae?
post te victurae per te quoque vivere chartae
  incipiant: cineri gloria sera venit.

XXVI.

Sextiliane, bibis quantum subsellia quinque
  solus: aqua totiens ebrius esse potes;
nec consessorum vicina nomismata tantum,
  aera sed a cuneis ulteriora petis.
non haec Paelignis agitur vindemia prelis
  uva nec in Tuscis nascitur ista iugis,
testa sed antiqui felix siccatur Opimi,
  egerit et nigros Massica cella cados.
a copone tibi faex Laletana petatur,
  si plus quam decies, Sextiliane, bibis.

XXVII.

Hesterna tibi nocte dixeramus,
quincunces puto post decem peractos,
cenares hodie, Procille, mecum.
tu factam tibi rem statim putasti
et non sobria verba subnotasti
exemplo nimium periculoso:
μισῶ μνάμονα συμπόταν, Procille.

XXVIII.

Hesterno fetere mero qui credit Acerram,
  fallitur: in lucem semper Acerra bibit.

XXIX.

Fama refert nostros te, Fidentine, libellos
  non aliter populo quam recitare tuos.
si mea vis dici, gratis tibi carmina mittam:
  si dici tua vis, hoc eme, ne mea sint.

che sta davanti alla tua porta, a cogliere
il premio della tua fatica? Lascia
che scritti veramente destinati
ai posteri comincino da adesso
a vivere: tardi la gloria ai morti.

26. *Il bevitore*

Sestiliano, bevi più tu di cinque
file di cavalieri, se bevessi
altrettanta acqua ne saresti sbronzo;
e non mendichi solo ai tuoi vicini
i buoni per il vino ma perseguiti
anche quelli che siedono lontano.
Questo non è vinello dei Peligni,
l'uva che bevi non è maturata
sulle colline della Tuscia; l'anfora
benedetta che asciughi è dell'antico
Opimio, mentre quegli orci anneriti
vengon fuori da una cantina massica.
Fatti dare dall'oste, Sestiliano,
feccia di vin di Spagna,
se bevi più di dieci bicchieroni.

27. *A Procillo*

Ieri notte t'ho detto, dopo avere
scolato una diecina di bicchieri,
di cenare da me Procillo. Subito
hai dato la faccenda per conclusa
a tuo vantaggio e preso buona nota
di ciance da ubriaco: precedente
pericoloso. Detesto il compagno
di bevute, Procillo, che ha così
buona memoria.

28. *Acerra*

Sbaglia chi crede Acerra puzzolente
del vino d'ieri, Acerra beve sempre
sino al pieno mattino.

29. *Versi in vendita*

Qualcuno mi racconta, Fidentino,
che tu declami in pubblico miei versi
come fossero tuoi. Se ammetterai
che sono miei te li manderò gratis,
se li spacci per tuoi, pagami allora.

XXX.

Chirurgus fuerat, nunc est vispillo Diaulus.
　　coepit quo poterat clinicus esse modo.

XXXI.

Hos tibi, Phoebe, vovet totos a vertice crines
　　Encolpos, domini centurionis amor,
grata Pudens meriti tulerit cum praemia pili.
　　quam primum longas, Phoebe, recide comas,
dum nulla teneri sordent lanugine voltus
　　dumque decent fusae lactea colla iubae;
utque tuis longum dominusque puerque fruantur
　　muneribus, tonsum fac cito, sero virum.

XXXII.

Non amo te, Sabidi, nec possum dicere quare:
　　hoc tantum possum dicere, non amo te.

XXXIII.

Amissum non flet cum sola est Gellia patrem,
　　si quis adest iussae prusiliunt lacrimae.
non luget quisquis laudari, Gellia, quaerit,
　　ille dolet vere qui sine teste dolet.

XXXIV.

Incustoditis et apertis, Lesbia, semper
　　liminibus peccas nec tua furta tegis,
et plus spectator quam te delectat adulter
　　nec sunt grata tibi gaudia si qua latent.
at meretrix abigit testem veloque seraque
　　raraque Submemmi fornice rima patet.
a Chione saltem vel ab Iade disce pudorem:
　　abscondunt spurcas et monumenta lupas.
numquid dura tibi nimium censura videtur?
　　deprendi veto te, Lesbia, non futui.

30. *Il becchino*

Era chirurgo, adesso fa il becchino:
altro modo di stendere la gente.

31. *Il voto*

Febo, tutta la sua capigliatura
in voto t'offre Encolpo, dolce amore
del centurione suo padrone, se
Pudente avrà il ben meritato grado
di primipilo. Febo, taglia in fretta
più che puoi quelle lunghe chiome, prima
che la peluria ombreggi il volto tenero
e finché splendono le ciocche sparse
sul collo latteo; e perché padrone
e schiavo godano per lungo tempo
dei tuoi favori, rapalo in gran fretta
ma fallo tardi uomo.

32. *A Sabidio*

Non so perché ma non ti voglio bene,
so soltanto che bene non ti voglio.

33. *Gellia*

Gellia non piange suo padre perduto
da sola, ma se è presente qualcuno
giù lagrime a comando. Gellia, no,
non si piange per esserne lodati,
il dolore è davvero solitario.

34. *A Lesbia*

Tu compi sempre peccati mortali
a porte incustodite e spalancate,
Lesbia, e non pensi per nulla a nasconderli,
ti piace più il guardone che l'amante,
un godere segreto non ti va.
Anche una troia esclude i testimoni
con una tenda e un catenaccio, rare
fessure luminose s'intravedono
dalle spelonche del Submemmio [9]. Impara
il pudore da puttanacce come
Iade o Chione, persino le più sporche
zoccole si nascondono, magari
dietro i sepolcri. Trovi la mia critica
troppo dura? Voglio soltanto, Lesbia,
che non ti colgano sul fatto; poi
per me puoi fottere come ti pare.

XXXV.

Versus scribere me parum severos
nec quos praelegat in schola magister,
Corneli, quereris: sed hi libelli,
tamquam coniugibus suis mariti,
non possunt sine mentula placere.
quid si me iubeas thalassionem
verbis dicere non thalassionis?
quis Floralia vestit et stolatum
permittit meretricibus pudorem?
lex haec carminibus data est iocosis,
ne possint, nisi pruriant, iuvare.
quare deposita severitate
parcas lusibus et iocis rogamus,
nec castrare velis meos libellos.
Gallo turpius est nihil Priapo.

XXXVI.

Si, Lucane, tibi vel si tibi, Tulle, darentur
   qualia Ledaei fata Lacones habent,
nobilis haec esset pietatis rixa duobus,
   quod pro fratre mori vellet uterque prior,
diceret infernas et qui prior isset ad umbras:
   «vive tuo, frater, tempore, vive meo».

XXXVII.

Ventris onus misero, nec te pudet, excipis auro,
   Basse, bibis vitro: carius ergo cacas.

XXXVIII.

Quem recitas meus est, o Fidentine, libellus:
   sed male cum recitas, incipit esse tuus.

35. *I versi liberi*

Cornelio, ti lamenti
ch'io scriva versi poco seri, tanto
che un maestro non li potrebbe leggere
a scuola; ma libretti
come questo non possono piacere
senza un bel po' di cazzo, come a moglie
il marito. Se mi ordini
canti nuziali sboccati, perché
non servirmi di termini sboccati?
Chi mette le mutande
alle feste di Flora
e impone alle puttane quel pudore
proprio delle matrone? Tale legge
hanno i versi giocosi: non potranno
piacere senza un poco di prurito.
Perciò ti prego di mettere da parte
ogni severità, di perdonare
giocherelli e scherzetti e non pensare
a tagliare le palle ai miei libretti:
niente di peggio di un Priapo castrato.

36. *I due fratelli*

Se tu ottenessi, Tullo, oppure tu,
Lucano, quel medesimo destino
che toccò ai figli di Leda, gli eroi [10]
spartani, quale nobile contesa
di pietà nascerebbe tra di voi!
Ognuno sceglierebbe di morire
prima dell'altro e chi giungesse prima
alle ombre dell'inferno gli direbbe:
«Fratello, vivi il tuo tempo ed il mio».

37. *A Basso*

Non ti vergogni di farla
in un pitale d'oro (sventurato
metallo):
mentre per bere usi semplice vetro.
La merda vale di più?

38. *A Fidentino*

I versi che declami sono miei
Fidentino: ma se li dici male
ecco, diventano tuoi.

XXXIX.

Si quis erit raros inter numerandus amicos,
    quales prisca fides famaque novit anus,
si quis Cecropiae madidus Latiaeque Minervae
    artibus et vera simplicitate bonus,
si quis erit recti custos, mirator honesti
    et nihil arcano qui roget ore deos,
si quis erit magnae subnixus robore mentis:
    dispeream si non hic Decianus erit.

XL.

Qui ducis vultus et non legis ista libenter,
    omnibus invideas, livide, nemo tibi.

XLI.

Vrbanus tibi, Caecili, videris.
non es, crede mihi. Quid ergo? verna,
hoc quod transtiberinus ambulator,
qui pallentia sulphurata fractis
permutat vitreis, quod otiosae
vendit qui madidum cicer coronae,
quod custos dominusque viperarum,
quod viles pueri salariorum,
quod fumantia qui tomacla raucus
circumfert tepidis cocus popinis,
quod non optimus urbicus poeta,
quod de Gadibus inprobus magister,
quod bucca est vetuli dicax cinaedi.
quare desine iam tibi videri,
quod soli tibi, Caecili, videris,
qui Gabbam salibus tuis et ipsum
posses vincere Tettium Caballum.
non cuicumque datum est habere nasum:
ludit qui stolida procacitate,
non est Tettius ille, sed caballus.

XLII.

Coniugis audisset fatum cum Porcia Bruti
    et subtracta sibi quaereret arma dolor,
«nondum scitis» ait «mortem non posse negari?

39. *Deciano*

Se c'è un uomo che tu possa contare
nel numero dei pochi veri amici,
quali l'antica fede ha conosciuto
con le vecchie leggende; se c'è un uomo
imbevuto delle arti della greca
e latina Minerva, buono, onesto
nel suo semplice cuore; se c'è un uomo
custode dell'onore, ammiratore
della virtù, che non ha mai pregato
dio per cose segrete; se c'è un uomo
sorretto dalla forza d'un grande animo...
Ch'io crepi se costui non è Deciano.

40. *L'invidioso*

Tu che aggrotti la fronte e non mi leggi
volentieri e sei livido,
tutti invidii, nessuno invidia te.

41. *Un cavallo*

Cecilio, tu ti credi spiritoso,
non lo sei, dammi retta. Cosa sei?
Un disgraziato, un povero ambulante
trasteverino che baratta gialli
zolfanelli con vetri rotti, od uno
che vende ai bighelloni che lo accerchiano
ceci bolliti, od un incantatore
di serpenti, o un garzone
di salumiere, o un friggitore rauco
che porta in giro salsicce fumanti
nelle padelle calde, o un poetastro
da marciapiedi, o un maestro di ballo
di Cadice, sfacciato, o la boccaccia
impertinente d'un frocio invecchiato.
Smettila, dunque, Cecilio, di crederti
quel che tu solo ti credi, un marpione
buono a vincere Gabba col suo spirito [11]
e pure Tettio Cavallo. Non tutti
possono avere buon naso, chi scherza
con stupidissima scurrilità
non è davvero Tettio ma un cavallo.

42. *Porzia*

Porzia sentì della morte di Bruto
suo marito e, cercando nel dolore
invano le armi che le avevan tutte
sottratte: «Ancora non sapete – disse –

    credideram fatis hoc docuisse patrem».
dixit et ardentis avido bibit ore favillas.
    i nunc et ferrum, turba mulesta, nega.

XLIII.

Bis tibi triceni fuimus, Mancine, vocati
    et positum est nobis nil here praeter aprum,
non quae de ·tardis servantur vitibus uvae
    dulcibus aut certant quae melimela favis,
non pira quae longa pendent religata genesta
    aut imitata brevis Punica grana rosas,
rustica lactantis nec misit Sassina metas
    nec de Picenis venit oliva cadis:
nudus aper, sed et hic minimus qualisque necari
    a non armato pumilione potest.
et nihil inde datum est; tantum spectavimus omnes:
    ponere aprum nobis sic et harena solet.
ponatur tibi nullus aper post talia facta,
    sed tu ponaris cui Charidemus apro.

XLIV.

Lascivos leporum cursus lususque leonum
    quod maior nobis charta minorque gerit
et bis idem facimus, nimium si, Stella, videtur
    hoc tibi, bis leporem tu quoque pone mihi.

XLV.

Edita ne brevibus pereat mihi cura libellis,
    dicatur potius Τὸν δ'ἀπαμειβόμενος.

XLVI.

Cum dicis «propero, fac si facis», Hedyle, languet
    protinus et cessat debilitata Venus.

che non si può proibire di morire
a nessuno? Credevo ve lo avesse
insegnato la fine di mio padre».
Quindi voracemente trangugiò
carboni accesi. Via, turba molesta,
rifiutale ora un ferro!

43. *Il cinghiale solitario*

Eravamo in sessanta ieri, Mancino,
e ci hai fatto servire solamente
un cinghiale. Non l'uva che si serba
tardiva coi suoi tralci, non le mele
dolci da gareggiare con i favi,
non le pere che appendono con lunghe
ginestre, non le melagrane puniche
che copiano il colore delle rose
effimere; la contadina Sarsina
non ci mandò i suoi caci fatti a cono,
né ci pervennero olive dalle anfore
del Piceno: solo un cinghiale, nudo,
piccinino così che pure un nano
senz'armi avrebbe potuto accopparlo.
E non ce ne fu dato neanche un briciolo,
ci accontentammo di guardarlo e basta:
anche l'arena ci serve cinghiale
in questo modo.   Dopo tali fatti
basta una buona volta coi cinghiali;
piuttosto sia servito tu a un cinghiale
come fu Caridemo [12].

44. *A Stella*

Le corse capricciose delle lepri
e i giochi dei leoni ho raccontate
su due fogli diversi, uno più lungo
l'altro più corto. Se ti sembran troppe
due volte, Stella, tu fammi servire
due volte della lepre.

45. *Le ripetizioni*

Perché la troppa esiguità del libro
non annulli i miei sforzi riempiremo
le sue pagine di ripetizioni.

46. *Niente fretta*

Quando mi dici: «Ho fretta, dunque sbrigati!»,
Edilo, subito langue e poi cessa

expectare iube: velocius ibo retentus.
  Hedyle, si properas, dic mihi, ne properem.

XLVII.

Nuper erat medicus, nunc est vispillo Diaulus:
  quod vispillo facit, fecerat et medicus.

XLVIII.

Rictibus his tauros non eripuere magistri,
  per quos praeda fugax itque reditque lepus;
quodque magis mirum, velocior exit ab hoste
  nec nihil a tanta nobilitate refert.
tutior in sola non est cum currit harena,
  nec cavea tanta conditur ille fide.
si vitare canum morsus, lepus inprobe, quaeris,
  ad quae confugias ora leonis habes.

XLIX.

Vir Celtiberis non tacende gentibus
  nostraeque laus Hispaniae,
videbis altam, Liciniane, Bilbilin,
  equis et armis nobilem,
senemque Caium nivibus, et fractis sacrum
  Vadaveronem montibus,
et delicati dulce Boterdi nemus,
  Pomona quod felix amat.
tepidi natabis lene Congedi vadum
  mollesque Nympharum lacus,
quibus remissum corpus adstringes brevi
  Salone, qui ferrum gelat.
praestabit illic ipsa figendas prope
  Voberca prandenti feras.
aestus serenos aureo franges Tago
  obscurus umbris arborum;
avidam rigens Dercenna placabit sitim
  et Nutha, quae vincit nives.
at cum December canus et bruma impotens
  Aquilone rauco mugiet,
aprica repetes Tarraconis litora
  tuamque Laletaniam.

l'indebolita Venere. Tu fammi
aspettare, sarò ben più veloce
trattenuto. Se hai fretta,
Edilo, dimmi di non aver fretta.

47. *Il vespillone*

Era medico, adesso vespillone:
quel che faceva prima lo fa adesso.

48. *Ancora lepri e leoni*

I domatori proprio non riuscirono
a strappare via i tori a quella gola
enorme nella quale, fuggitiva
preda, va e viene una lepre; miracolo
ancor maggiore, scappa via veloce
più che mai dalla gola del nemico
e qualcosa in lei passa del coraggio
della nobile bestia. Più sicura
non è quando scorazza per l'arena
né una gabbia la custodisce meglio.
Lepre sfacciata, se tu vuoi scansare
i morsi acuti dei cani rifùgiati
in bocca ad un leone.

49. *La Spagna*

Liciniano, famoso tra i Celtìberi
e gloria della Spagna,
tu vedrai l'alta Bilbili
famosa d'armi e di cavalli,
e il Caio bianco di neve ed il sacro
Vadaverone dalle aguzze rupi
e il dolce bosco di Boterdo, amato
dalla ricca Pomona.
Nuoterai nelle calme onde del tiepido
Congedo, prediletto dalle Ninfe,
e ti rinforzerai nell'acqua rapida
del Salone, in cui temprano l'acciaio.
Voberca ti offrirà facili prede
a caccia: spegnerai
l'arsura d'un sereno senza nubi
nell'aureo Tago, scuro
d'ombre d'alberi.
Calmerà la tua sete la Dercenna
gelida, con la Nuta
più fredda della neve.
E quando il bianco dicembre e la bruma
muggiranno alla rauca tramontana
ritornerai sulle spiagge assolate

ibi inligatas mollibus dammas plagis
    mactabis et vernas apros
leporemque forti callidum rumpes equo,
    cervos relinques vilico.
vicina in ipsum silva descendet focum
    infante cinctum sordido;
vocabitur venator et veniet tibi
    conviva clamatus prope;
lunata nusquam pellis et nusquam toga
    olidaeque vestes murice;
procul horridus Liburnus et querulus cliens,
    imperia viduarum procul;
non rumpet altum pallidus somnum reus,
    sed mane totum dormies.
mereatur alius grande et insanum sophos:
    miserere tu felicium
veroque fruere non superbus gaudio,
    dum Sura laudatur tuus.
non inpudenter vita quod relicum est petit,
    cum fama quod satis est habet.

L.

Si tibi Mistyllos cocus, Aemiliane, vocatur,
    dicatur quare non Taratalla mihi?

LI.

Non facit ad saevos cervix, nisi prima, leones.
    quid fugis hos dentes, ambitiose lepus?
ccilicet a magnis ad te descendere tauris
    et quae non cernunt frangere colla velis.
desperanda tibi est ingentis gloria fati:
    non potes hoc tenuis praeda sub hoste mori.

LII.

Commendo tibi, Quintiane, nostros –
nostros dicere si tamen libellos
possum, quos recitat tuus poeta –:
si de servitio gravi queruntur,
adsertor venias satisque praestes,

di Tarragona, alla tua Laletania.
Caccerai con le reti
daini e cinghiali, a cavallo inseguirai
l'astuta lepre. (Il difficile cervo
lascialo ai contadini.)
Da sé, tanto è vicina,
la selva scenderà al tuo focolare,
e ci saranno intorno al fuoco giovani,
rozzi schiavi, e alla mensa
ci sarà, se lo chiami, il cacciatore.
Lontani i senatori, i porporati,
i grandi: lontana la gente
che infesta i Tribunali, lamentosa
clientela, lontane
le ossessionanti vedove:
il pallido accusato non verrà
a interromperti il sonno,
dormirai tutta la mattina.
Meriti un altro i fragorosi applausi,
le lodi vadano al tuo amico Sura,
tu compiangi i felici
e godi in umiltà la vera gioia.
Chi è già famoso come te, può vivere
in pace i giorni che gli restano.

50. *I cuochi*

Emiliano, se tu chiami il tuo cuoco
Mistillo, perché mai
non chiameremo Taratalla il mio [13]?

51. *Sempre leoni e lepri*

Nessuna nuca che non sia di prima
qualità può andar bene ad un leone
feroce: perché tu, presuntuosissima
lepre, fuggi quei denti? Pensi forse
che da grandiosi tori essi discendano
sino a te, che fracassino il tuo collo
che non vedono affatto? Non sperare
nella gloria d'una gran morte, preda
misera troppo per tanto nemico.

52. *Il plagiario*

Quintiano, ti raccomando i miei versi
– se ancora posso dichiararli miei
visto che li declama come suoi
un tuo amico poeta – e se si lagnano
di tanto dura servitù tu fattene
mallevadore e paga la cauzione.

et, cum se dominum vocabit ille,
dicas esse meos manuque missos.
hoc si terque quaterque clamitaris,
inpones plagiario pudorem.

LIII.

Vna est in nostris tua, Fidentine, libellis
pagina, sed certa domini signata figura,
quae tua traducit manifesto carmina furto.
sic interpositus villo contaminat uncto
urbica Lingonicus Tyrianthina bardocucullus,
sic Arretinae violant crystallina testae,
sic niger in ripis errat cum forte Caystri,
inter Ledaeos ridetur corvus olores,
sic ubi multisona fervet sacer Atthide lucus,
inproba Cecropias offendit pica querelas.
indice non opus est nostris nec iudice libris,
stat contra dicitque tibi tua pagina «fur es».

LIV.

Si quid, Fusce, vacas adhuc amari –
nam sunt hinc tibi, sunt et hinc amici –
unum, si superest, locum rogamus,
nec me, quod tibi sim novus, recuses:
omnes hoc veteres tui fuerunt.
tu tantum inspice qui novus paratur
an possit fieri vetus sodalis.

LV.

Vota tui breviter si vis cognoscere Marci,
  clarum militiae, Fronto, togaeque decus,
hoc petit, esse sui nec magni ruris arator,
  sordidaque in parvis otia rebus amat.
quisquam picta colit Spartani frigora saxi
  et matutinum portat ineptus Have,
cui licet exuviis nemoris rurisque beato
  ante focum plenas explicuisse plagas

Se quello se ne dichiara padrone
tu dì che sono miei, che li ho mandati
liberi. Gridalo forte tre volte
o quattro, fa arrossire quel plagiario.

53. *Fidentino di nuovo*

Fidentino, hai infilato nei miei libri
una pagina tua, ma proprio tua,
timbrata col tuo marchio, che convince
tutti, ma proprio tutti, dei tuoi furti.
Così un untuoso mantello di Langres
col suo vello contamina le porpore
cittadine mischiandosi con esse,
così i cocci aretini fanno offesa
a coppe di cristallo, così un nero
corvo per caso capitato lungo
le rive del Caìstro è preso in giro
dallo stormo dei cigni cari a Leda,
così quando il boschetto sacro echeggia
d'un canto variegato d'usignolo
una gazza impudente ne disturba
il lamento ateniese [14]. Qui non c'è
bisogno né di testimone né
di giudice: t'accusa la tua pagina
e ti proclama ladro.

54. *Amici nuovi e vecchi*

Fusco, se negli affetti tuoi c'è un vuoto
– visto che hai tanti amici da ogni parte –
ti domando per me quel posticino.
Non rifiutarmi perché sono un nuovo
arrivato, tutti i tuoi vecchi amici
lo furono a suo tempo, guarda solo
se il nuovo amico potrà diventare
con gli anni un vecchio amico.

55. *La vita campestre*

Caro Frontone, gloria dell'esercito
e principe del foro, vuoi conoscere
in breve i desideri di Marziale?
Eccoli: arare un suo piccolo campo,
godere in pace una modesta rendita.
Chi andrebbe a venerare le anticamere
decorate di gelidi mosaici
in marmo di Laconia, la mattina
all'alba, per portare il suo buongiorno,
potendo, ricco dei frutti del bosco
e dei campi, vuotare le bisacce

et piscem tremula salientem ducere saeta
    flavaque de rubro promere mella cado?
pinguis inaequales onerat cui vilica mensas
    et sua non emptus praeparat ova cinis?
non amet hanc vitam quisquis me non amat, opto,
    vivat et urbanis albus in officiis.

LVI.

Continuis vexata madet vindemia nimbis:
    non potes, ut cupias, vendere, copo, merum.

LVII.

Qualem, Flacce, velim quaeris nolimve puellam?
    nolo nimis facilem difficilemque nimis.
illud quod medium est atque inter utrumque probamus:
    nec volo quod cruciat nec volo quod satiat.

LVIII.

Milia pro puero centum me mango poposcit:
    risi ego, sed Phoebus protinus illa dedit.
hoc dolet et queritur de me mea mentula secum
    laudaturque meam Phoebus in invidiam.
sed sestertiolum donavit mentula Phoebo
    bis decies: hoc da tu mihi, pluris emam.

LIX.

Dat Baiana mihi quadrantes sportula centum.
    inter delicias quid facit ista fames?
redde Lupi nobis tenebrosaque balnea Grylli:
    tam male cum cenem, cur bene, Flacce, laver?

LX.

Intres ampla licet torvi lepus ora leonis,
    esse tamen vacuo se leo dente putat.
quod ruet in tergum vel quos procumbet in armos,

piene davanti al camino, sganciare
il pesce saltellante dalla lenza,
miele dorato attingere da un orcio
di terracotta? Mentre una cicciona
contadina distende la tovaglia
su una tavola zoppa e la sua legna
frigge tranquillamente le sue uova?
Non ami questa vita chi non m'ama,
resti in città tra mille noie, pallido.

56. *L'uva gonfia d'acqua*

L'uva è gonfiata dalle troppe piogge:
non potrai vendere vino senz'acqua,
oste, neanche volendo.

57. *Il giusto mezzo*

Vuoi sapere che tipo di ragazza
mi piace, Flacco? Una non troppo facile
e neanche troppo difficile, il giusto
mezzo tra questo e quello. Non desidero
una lunga tortura ma nemmeno
la sazietà immediata.

58. *I lamenti della minchia*

Un mercante di schiavi mi sparò
ben centomila per un suo ragazzo:
risi ma Febo li pagò sull'unghia.
Se ne amareggia il mio cazzo e tra sé
di me si lagna, mentre intorno lodano
Febo per farmi rabbia. Ma la minchia
di Febo gli ha donato due milioni [15],
dalli a me, comprerò a prezzi più alti.

59. *L'elemosina scarsa*

L'elemosina ricevuta a Baia
è di cento soldini, che ci faccio
con questa cifra da fame fra tante
delizie? Dammi i bagni tenebrosi
di Lupo e Grillo, Flacco, a che mi serve
lavarmi bene desinando male?

60. *Leone e lepre ancora una volta*

Puoi bene entrare nell'enorme bocca
d'un leone feroce, lepre, quello
crede sempre le sue mascelle vuote.
Su quale groppa lanciarsi, su quali

    alta iuvencorum volnera figet ubi?
quid frustra nemorum dominum regemque fatigas?
    non nisi delecta pascitur ille fera.

LXI.

Verona docti syllabas amat vatis,
    Marone felix Mantua est,
censetur Aponi Livio suo tellus
    Stellaque nec Flacco minus,
Apollodoro plaudit imbrifer Nilus,
    Nasone Paeligni sonant,
duosque Senecas unicumque Lucanum
    facunda loquitur Corduba,
gaudent iocosae Canio suo Gades,
    Emerita Deciano meo:
te, Liciniane, gloriabitur nostra
    nec me tacebit Bilbilis.

LXII.

Casta nec antiquis cedens Laevina Sabinis
    et quamvis tetrico tristior ipsa viro
dum modo Lucrino, modo se permittit Averno,
    et dum Baianis saepe fovetur aquis,
incidit in flammas: iuvenemque secuta relicto
    coniuge Penelope venit, abît Helene.

LXIII.

Vt recitem tibi nostra rogas epigrammata. nolo.
    non audire, Celer, sed recitare cupis.

LXIV.

Bella es, novimus, et puella, verum est,
et dives, quis enim potest negare?
sed cum te nimium, Fabulla, laudas,
nec dives neque bella nec puella es.

LXV.

Cum dixi ficus, rides quasi barbara verba
    et dici ficos, Caeciliane, iubes.

spalle abbattersi, dove collocare
le ferite profonde ch'egli è solito
infliggere ai giovenchi? Perché invano,
lepre, importuni il re della foresta?
Lui vuol cibo di prima qualità.

61. *Bilbili non tacerà*

Ama Verona i versi del poeta
dotto, Mantova è lieta di Virgilio,
Padova deve la sua fama a Livio
e insieme a Stella e a Flacco, Apollodoro
è applaudito dal Nilo colmo d'acqua,
i Peligni risuonano di Ovidio,
Cordova l'eloquente loda i due
Seneca e l'unico Lucano, Cadice
lasciva gode di Canio, Merida
del mio caro Deciano: ma la nostra
Bilbili, Liciniano, se di te
si glorierà non tacerà di me.

62. *Castità perduta*

Quella casta Levina che reggeva
il confronto con le Sabine antiche,
rigida più dell'austero marito
– bàgnati adesso nel Lucrino, dopo
nell'Averno, lasciati accarezzare
da quell'acqua di Baia maliziosa –
ha preso fuoco: piantato il marito
è corsa appresso a un giovanotto. Venne
Penelope ma è ripartita un'Elena.

63. *A Celere*

Mi supplichi di leggere epigrammi,
Celere. Mi rifiuto, tu vorresti
leggere i tuoi piuttosto che ascoltare.

64. *Chi si loda s'imbroda*

Sei bella, lo sappiamo, ricca e giovane,
non lo si può negare. Ma se troppo,
Fabulla, canti le tue lodi, ricca
non lo sei più, né giovane, né bella.

65. *Polpi e polipi*

Se dico polpi [16] ridi, Ceciliano,
quasi parlassi da barbaro, vuoi
si dica polipi. Chiamiamo polpo

dicemus ficus, quas scimus in arbore nasci,
    dicemus ficos, Caeciliane, tuos.

LXVI.

Erras, meorum fur avare librorum,
fieri poetam posse qui putas tanti,
scriptura quanti constet et tomus vilis:
non sex paratur aut decem sophos nummis.
secreta quaere carmina et rudes curas
quas novit unus scrinioque signatas
custodit ipse virginis pater chartae,
quae trita duro non inhorruit mento.
mutare dominum non potest liber notus.
sed pumicata fronte si quis est nondum
nec umbilicis cultus atque membrana,
mercare: tales habeo; nec sciet quisquam.
aliena quisquis recitat et petit famam,
non emere librum, sed silentium debet.

LXVII.

«Liber homo es nimium», dicis mihi, Ceryle, semper.
  in te qui dicit, Ceryle, liber homo est.

LXVIII.

Quidquid agit Rufus, nihil est nisi Naevia Rufo.
    si gaudet, si flet, si tacet, hanc loquitur.
cenat, propinat, poscit, negat, innuit: una est
    Naevia; si non sit Naevia, mutus erit.
scriberet hesterna patri cum luce salutem,
    «Naevia lux» inquit «Naevia lumen, have».
haec legit et ridet demisso Naevia voltu.
    Naevia non una est: quid, vir inepte, furis?

LXIX.

Coepit, Maxime, Pana qui solebat,
nunc ostendere Canium Tarentos.

la bestiola che vive in fondo al mare,
polipo quella che ti è nata in culo.

66. *Il ladro di versi*

Tu sbagli, avido ladro dei miei libri,
se pensi d'essere poeta al prezzo
d'un manoscritto o un rotolo da poco,
non puoi pensare d'essere stimato
per pochi soldi. Mettiti a cercare
degli inediti ancora non perfetti
che uno solo conosce, fogli vergini
che il loro genitore ha scritto e chiuso
sottochiave e che spazzola di barba
non ha rigato [17]: un libro conosciuto
mai cambierà padrone. Ma se trovi
un libro non ancora levigato
sui bordi con la pomice, ancor privo
delle bacchette sulle quali avvolgerlo
e della pergamena che lo foderi,
compralo. Te lo posso dare io,
nessuno lo saprà. Chi dice versi
d'altri per suoi e aspira alla gloria
non compra un libro ma compra un silenzio.

67. *Cèrilo*

«Sei troppo libero» mi dici, Cèrilo.
Ma chi può dire altrettanto di te [18]?

68. *Non c'è una sola Nevia*

Qualsiasi cosa Rufo faccia c'è
solo Nevia per Rufo. Quando ride,
quando sta zitto, quando piange sempre
parla di Nevia. Quando ti saluta
o ti chiede qualcosa o la rifiuta
o fa un cenno, c'è solamente Nevia;
è muto senza Nevia. Proprio ieri
manda due righe di saluto al padre
e scrive: «Nevia, luce mia, mio sole,
salve». Lo legge Nevia e abbassa
ridendo il volto... Ma perché t'infuri,
scemo? Non c'è una sola Nevia al mondo.

69. *Il Pan*

Il Campomarzio che esibiva Pan [19]
ostenterà ora Canio.

LXX.

Vade salutatum pro me, liber: ire iuberis
    ad Proculi nitidos, officiose, lares.
quaeris iter, dicam. Vicinum Castora canae
    transibis Vestae virgineamque domum;
inde sacro veneranda petes Palatia clivo,
    plurima qua summi fulget imago ducis.
nec te detineat miri radiata colossi
    quae Rhodium moles vincere gaudet opus.
flecte vias hac qua madidi sunt tecta Lyaei
    et Cybeles picto stat Corybante tholus.
protinus a laeva clari tibi fronte Penates
    atriaque excelsae sunt adeunda domus.
hanc pete: ne metuas fastus limenque superbum:
    nulla magis toto ianua poste patet,
nec propior quam Phoebus amet doctaeque sorores.
    Si dicet «quare non tamen ipse venit?»
sic licet excusses «quia qualiacumque leguntur
    ista, salutator scribere non potuit».

LXXI.

Laevia sex cyathis, septem Iustina bibatur,
    quinque Lycas, Lyde quattuor, Ida tribus.
omnis ab infuso numeretur amica Falerno,
    et quia nulla venit, tu mihi, Somne, veni.

LXXII.

Nostris versibus esse te poetam,
Fidentine, putas cupisque credi?
sic dentata sibi videtur Aegle
emptis ossibus Indicoque cornu;
sic quae nigrior est cadente moro,
cerussata sibi placet Lycoris.

70. *Il libro messaggero*

Libro, va tu a portare i miei saluti,
cortese messaggero, all'elegante
casa di Proculo. Eccoti la strada.
Supera il tempio di Càstore accanto
a quello dell'antica Vesta e al suo
conventino di vergini; di là
per la Via Sacra sali al venerando
Palatino dove risplende Cesare
in tante statue e non fermarti attonito
a guardare il Colosso incoronato
di raggi che è felice di stravincere
quello di Rodi. Curva dov'è il tempio
di Bacco sempre sbronzo ed il santuario
di Cibele che ci ha sulla facciata
dipinti i Coribanti: qui a sinistra
eccoti subito la casa splendida
e gli atrii eccelsi dove devi andare.
Entra senza timore: qui nessuno
snobismo od arroganza, non c'è porta
che si spalanchi più di questa o casa
che Febo e le sapienti nove Muse
amino più di questa. Se ti chiede
Proculo perché mai non son venuto
di persona tu scusami così:
«Perché quello che leggi, valga quanto
valga, mai non sarebbe stato scritto
se l'autore veniva a salutarti».

71. *Le lettere del nome*

Bevo sette bicchieri per Iustina,
per Laevia sei,
cinque per Lycas, quattro
per Lida, tre per Ida.
Chiamo le amiche con tanti bicchieri
quante sono le lettere del nome:
poiché nessuna viene verrà il sonno.

72. *Ancora Fidentino*

Tu ti credi poeta coi miei versi,
Fidentino, per tale vuoi spacciarti.
Egle pensa così d'avere i denti
quando li compra fatti d'osso o avorio,
Licoride così si piace, bianca
di cerussa, lei che è più nera d'una
mora matura. Fidentino, quando

hac et tu ratione qua poeta es,
calvus cum fueris, eris comatus.

LXXIII.

Nullus in urbe fuit tota qui tangere vellet
　　uxorem gratis, Caeciliane, tuam,
dum licuit: sed nunc positis custodibus ingens
　　turba fututorum est: ingeniosus homo es.

LXXIV.

Moechus erat: poteras tamen hoc tu, Paula, negare.
　　ecce vir est: numquid, Paula, negare potes?

LXXV.

Dimidium donare Lino quam credere totum
　　qui mavolt, mavolt perdere dimidium.

LXXVI.

O mihi curarum pretium non vile mearum,
　　Flacce, Antenorei spes et alumne laris,
Pierios differ cantus citharamque sororum;
　　aes dabit ex istis nulla puella tibi.
quid petis a Phoebo? Nummos habet arca Minervae;
　　haec sapit, haec omnes fenerat una deos.
quid possunt hederae Bacchi dare? Pallados arbor
　　inclinat varias pondere nigra comas.
praeter aquas Helicon et serta lyrasque dearum
　　nil habet et magnum, sed perinane sophos.
quid tibi cum Cirrha? Quid cum Permesside nuda?
　　Romanum propius divitiusque forum est.
illic aera sonant: at circum pulpita nostra
　　et steriles cathedras basia sola crepant.

LXXVII.

Pulchre valet Charinus et tamen pallet.
parce bibit Charinus et tamen pallet.

sarai calvo diventerai chiomato
al modo in cui ti sei fatto poeta.

73. Il furbo ruffiano
In tutta la città ci fosse stato
uno solo che quando era possibile
farlo tranquillamente avesse messo
un dito su tua moglie, Ceciliano,
senz'essere pagato. Ora la fai
guardare a vista ed ecco i chiavatori
precipitarsi in folla: tu sei furbo.

74. Amante e marito
Era il tuo amante, Paola, ma potevi
smentire. Adesso è tuo marito, come
fare a negarlo?

75. Meglio metà
Chi preferisce regalare a Lino
metà di quel che chiede e non prestargli
tutto, perde soltanto la metà.

76. Soldi e baci
Flacco, amico carissimo, compenso
non vile degli affanni miei, speranza
della città di Antenore che ti ha
allevato, lascia cadere i canti
e i cori delle Muse, mai nessuna
di costoro ti mollerà un baiocco.
Che vuoi da Febo? I soldi li ha Minerva
nella sua cassaforte, lei che è furba,
lei che sola fa prestiti agli dèi.
Cosa può dare l'edera di Bacco?
L'albero di Minerva le variabili
suo chiome flette sotto il nero peso.
L'Elicona non ha che fonti e serti
e cetre delle sue dive e scroscianti
applausi inutili. Che cosa c'entri
con Cirra o con la ninfa di Permesso [20]?
Più vicino e più ricco è il nostro foro.
Qui tintinnano i soldi; intorno ai pulpiti
di noi poeti ed alle nostre sterili
cattedre crepitano solo baci.

77. Carino
Carino sta benone eppure è pallido.
Carino beve poco eppure è pallido.

bene concoquit Charinus et tamen pallet.
   sole utitur Charinus et tamen pallet.
   Tingit cutem Charinus et tamen pallet.
   cunnum Charinus lingit et tamen pallet.

LXXVIII.

Indignas premeret pestis cum tabida fauces
   inque ipsos vultus serperet atra lues,
siccis ipse genis flentes hortatus amicos
   decrevit Stygios Festus adire lacus.
nec tamen obscuro pia polluit ora veneno
   aut torsit lenta tristia fata fame,
sanctam Romana vitam sed morte peregit
   dimisitque animam nobiliore rogo.
hanc mortem fatis magni praeferre Catonis
   fama potest: huius Caesar amicus erat.

LXXIX.

Semper agis causas et res agis, Attale, semper:
   est, non est quod agas, Attale, semper agis.
si res et causae desunt, agis, Attale, mulas.
   Attale, ne quod agas desit, agas animam.

LXXX.

Sportula, Cane, tibi suprema nocte petita est.
   occidit puto te, Cane, quod una fuit.

LXXXI.

A servo scis te genitum blandeque fateris,
   cum dicis dominum, Sosibiane, patrem.

LXXXII.

Haec quae pulvere dissipata multo
longas porticus explicat ruinas,
en quanto iacet absoluta casu!
tectis nam modo Regulus sub illis
gestatus fuerat recesseratque,

Carino digerisce eppure è pallido.
Carino prende il sole eppure è pallido.
Carino usa il cerone eppure è pallido.
Carino è un lecca-lecca eppure è pallido.

78. *La morte di Festo*

Poiché un male incurabile straziava
la sua gola innocente e serpeggiava
nero sino al suo volto, dopo avere
consolato gli amici, senza lagrime,
Festo decise di scendere ai laghi
infernali. E non volle che un veleno
oscuro gli bruttasse il volto pio,
o che la fame lo uccidesse lenta
con un lungo martirio; da romano
ha chiuso la sua vita immacolata,
in un nobile modo ha emesso l'anima [21].
La fama può anteporre questa morte
a quella di Catone, poiché Festo
era amico di Cesare.

79. *Attalo*

Fai l'avvocato e insieme tratti affari,
ci sia da fare o meno tu fai sempre
qualcosa. Non ci fossero le cause
e gli affari faresti il mulattiere.
Attalo, per paura che il daffare
finisca tu dovrai farla finita.

80. *Cano*

Nell'ultima tua notte t'è toccata
poca mancia, ed è questo che t'ha ucciso.

81. *Signor papà*

Sei figlio d'uno schiavo e lo confessi
ingenuamente, Sosibiano, dando
del signore a tuo padre.

82. *Ancora il portico di Regolo*

Crollato in una nuvola di polvere
il portico, che adesso spiega lunghe
rovine, per un pelo non è stato
colpevole d'un tragico malanno.
Regolo infatti era passato sotto
quel portico in vettura; proprio appena
passato ecco che quello tutto a un tratto

victa est pondere cum suo repente,
et postquam domino nihil timebat,
securo ruit incruenta damno.
tantae, Regule, post metum querelae
quis curam neget esse te deorum,
propter quem fuit innocens ruina?

LXXXIII.

Os et labra tibi lingit, Manneia, catellus:
   non miror, merdas si libet esse cani.

LXXXIV.

Vxorem habendam non putat Quirinalis,
cum velit habere filios, et invenit
quo possit istud more: futuit ancillas
domumque et agros implet equitibus vernis.
pater familiae verus est Quirinalis.

LXXXV.

Venderet excultos colles cum praeco facetus
   atque suburbani iugera pulchra soli,
«errat» ait «si quis Mario putat esse necesse
   vendere: nil debet, fenerat immo magis.»
«quae ratio est igitur?» «servos ibi perdidit omnes
   et pecus et fructus, non amat inde locum.»
quis faceret pretium nisi qui sua perdere vellet
   omnia? sic Mario noxius haeret ager.

LXXXVI.

Vicinus meus est manuque tangi
de nostris Novius potest fenestris.
quis non invideat mihi putetque
horis omnibus esse me beatum,
iuncto cui liceat frui sodale?
tam longe est mihi quam Terentianus,
qui nunc Niliacam regit Syenen.
non convivere, nec videre saltem,
non audire licet, nec urbe tota

vinto dal peso suo stesso – sapendo
il padrone al sicuro ormai – s'abbatte
al suolo senza insanguinarlo: danno
da poco. Dopo aver temuto, Regolo,
un motivo di lagrime così
terribile chi mai potrà negare
che sei caro agli dèi, visto che tanta
rovina è stata innocua?

83. *Manneia*

Faccia e bocca ti lecca
il cagnetto, Manneia. Regolare:
a un cane piace mangiare la merda.

84. *Il cavalier Quirinale*

Quirinale non pensa di sposarsi
sebbene voglia avere molti figli.
Ecco come ha risolto la faccenda:
chiava le serve e riempie casa e campi
di piccoli schiavetti cavalieri.
Quirinale è un gran padre di *famigli*.

85. *Il banditore faceto*

Un banditore faceto vendeva
colli ben coltivati e buoni iugeri
in zona suburbana. «Sbaglierebbe
– dice – chi mai pensasse Mario oppresso
dal bisogno di vendere: non ha
debiti anzi ha dei crediti». «Perché
allora vende?» «Vi ha perduto tutto,
schiavi, bestie, raccolti; ecco perché
non ama il posto.»
    Chi farà un'offerta
se non uno disposto a perder tutto?
Resta a Mario la terra scarognata.

86. *Il vicino Novio*

Il mio vicino è Novio, posso dargli
la mano dalla finestra. Ora chi
non m'invidia, non mi crede felice
a tutte le ore visto che mi godo
un'amicizia così stretta? Novio
oggi purtroppo vive più lontano
per me di Terenziano, che governa
Siene, laggiù sul Nilo: m'è impossibile
cenar con lui o vederlo o sentirlo,
in tutta la città non c'è nessuno

quisquam est tam prope tam proculque nobis.
migrandum est mihi longius vel illi
vicinus Novio vel inquilinus
   sit, si quis Novium videre non volt.

LXXXVII.

Ne gravis hesterno fragres, Fescennia, vino,
   pastillos Cosmi luxuriosa voras.
ista linunt dentes iantacula, sed nihil opstant,
   extremo ructus cum redit a barathro.
quid quod olet gravius mixtum diapasmate virus
   atque duplex animae longius exit odor?
notas ergo nimis fraudes deprensaque furta
   iam tollas et sis ebria simpliciter.

LXXXVIII.

Alcime, quem raptum domino crescentibus annis
   Lavicana levi caespite velat humus,
accipe non Pario nutantia pondera saxo,
   quae cineri vanus dat ruitura labor,
sed faciles buxos et opacas palmitis umbras
   quaeque virent lacrimis roscida prata meis
accipe, care puer, nostri monimenta doloris:
   hic tibi perpetuo tempore vivet honor.
cum mihi supremos Lachesis perneverit annos,
   non aliter cineres mando iacere meos.

LXXXIX.

Garris in aurem semper omnibus, Cinna,
garrire et illud teste quod licet turba.
rides in aurem, quereris, arguis, ploras,
cantas in aurem, iudicas, taces, clamas,
adeoque penitus sedit hic tibi morbus,
ut saepe in aurem, Cinna, Caesarem laudes.

XC.

Quod numquam maribus iunctam te, Bassa, videbam
   quodque tibi moechum fabula nulla dabat,

che mi sia più vicino e più lontano.
Dovremo traslocare o lui o io.
Chi non ha voglia di vedere Novio
sia suo vicino o, meglio, coinquilino.

87. *Fescennia*

Per non fare sentire il troppo vino
di ieri, mastichi smodatamente
le pastiglie del profumiere Cosmo,
Fescennia: confetture che sbianchiscono
i denti ma non possono far nulla
quando un tuo rutto sale dal profondo.
Anzi questo fetore è molto peggio
mescolato al profumo e il tuo fiato
col doppio odore arriva più lontano.
Smettila con imbrogli e sotterfugi
a tutti noti quindi, sii ubriaca
così, semplicemente.

88. *A Alcimo*

Alcimo – che la morte
ha rubato al padrone mentre ancora
crescevi e che sulla via Labicana
copre un'erba leggera – non avrai
da me un masso di marmo vacillante,
una fatica vana per le ceneri
e peritura, ma rami flessibili
di bosso e palme d'ombra fitta e un'erba
verde della rugiada delle lagrime:
prendi, caro ragazzo, questi segni
del mio dolore, che rinnoverò
per onorarti sempre. Le mie ceneri,
quando Lachesi dirà che è venuto
l'ultimo giorno non vorranno altro.

89. *Il bisbiglione*

Cinna, bisbigli sempre nell'orecchio
di tutti cose che tutti potrebbero
ascoltare. All'orecchio ti lamenti,
ridi all'orecchio, accusi, piangi, canti
all'orecchio, giudichi, taci, gridi
all'orecchio e il tuo vizio è giunto al punto
che spesso lodi Cesare all'orecchio.

90. *La lesbica*

Non vedendoti mai vicino un maschio,
non sentendo mai chiacchere su te

omne sed officium circa te semper obibat
    turba tui sexus, non adeunte viro,
esse videbaris, fateor, Lucretia nobis:
    at tu, pro facinus, Bassa, fututor eras.
inter se geminos audes committere cunnos
    mentiturque virum prodigiosa Venus.
commenta es dignum Thebano aenigmate monstrum,
    hic ubi vir non est, ut sit adulterium.

XCI.

Cum tua non edas, carpis mea carmina, Laeli.
    carpere vel noli nostra vel ede tua.

XCII.

Saepe mihi queritur non siccis Cestos ocellis,
    tangi se digito, Mamuriane, tuo.
non opus est digito: totum tibi Ceston habeto,
    si dest nil aliud, Mamuriane, tibi.
sed si nec focus est nudi nec sponda grabati
    nec curtus Chiones Antiopesve calix,
cerea si pendet lumbis et scripta lacerna
    dimidiasque nates Gallica paeda tegit,
pasceris et nigrae solo nidore culinae
    et bibis inmundam cum cane pronus aquam:
non culum, neque enim est culus, qui non cacat olim,
    sed fodiam digito qui superest oculum:
nec me zelotypum nec dixeris esse malignum.
    denique pedica, Mamuriane, satur.

XCIII.

Fabricio iunctus fido requiescit Aquinus,
    qui prior Elysias gaudet adisse domos.
ara duplex primi testatur munera pili:
    plus tamen est, titulo quod breviore legis:
«iunctus uterque sacro laudatae foedere vitae,

o tuoi presunti amanti, Bassa, stando
tu sempre circondata da persone
del tuo sesso, per qualsivoglia affare,
senza un sol uomo attorno, ci sembravi,
te lo confesso Bassa, una Lucrezia:
eri invece, vergogna, il chiavatore.
Osi congiungere insieme due fiche
e il tuo clitoride meraviglioso
la fa da minchia. Davvero hai trovato
un *quiz* adatto alla Sfinge tebana,
commettere adulterio senza l'uomo.

91. *Il critico*

Tu non pubblichi e critichi i miei versi:
decidi, Lelio, o pubblichi o non critichi.

92. *Contro Mamuriano*

Con gli occhi pieni di lagrime Cesto,
Mamuriano, si lagna che il tuo dito
lo fruga assiduamente. Macché dito,
non ne hai bisogno, Mamuriano, prenditelo
Cesto se è solo questo che ti manca.
Ma tu non hai nemmeno un focolare,
né la sponda d'un pagliericcio nudo,
né un bicchiere sbreccato come quello
d'una zoccola: se un mantello liso
e bisunto ti pende sulla schiena,
se calzoncini gallici ti coprono
solo a metà le chiappe, se ti nutri
con gli odori d'una cucina lurida
e bevi l'acqua sporca a quattro zampe
col cane, non ti ficcherò il mio dito
nel culo (se si può chiamare culo
un culo che non caca mai) bensì
nell'occhio solitario che ti resta.
E non dirmi geloso né maligno:
se vuoi riempire culi prima mangia.

93. *I militari amici*

Aquino qui riposa col fedele
Fabrizio, che è contento d'esser stato
il primo ad arrivare ai Campi Elisi.
Un doppio altare attesta per entrambi
il grado di primipilo, più degna
ancora di menzione
la breve epigrafe che segue: «Uniti
col patto sacro d'una vita spesa
nella gloria delle armi erano amici,

famaque quod raro novit, amicus erat».

XCIV.

Cantasti male, dum fututa es, Aegle.
iam cantas bene; basianda non es.

XCV.

Quod clamas semper, quod agentibus obstrepis, Aeli,
    non facis hoc gratis: accipis, ut taceas.

XCVI.

Si non molestum est teque non piget, scazon,
nostro rogamus pauca verba Materno
dicas in aurem sic ut audiat solus.
amator ille tristium lacernarum
et baeticatus atque leucophaeatus,
qui coccinatos non putat viros esse
amethystinasque mulierum vocat vestes,
nativa laudet, habeat et licet semper
fuscos colores, galbinos habet mores.
rogabit unde suspicer virum mollem.
una lavamur: aspicit nihil sursum,
sed spectat oculis devorantibus draucos
nec otiosis mentulas videt labris.
quaeris quis hic sit? excidit mihi nomen.

XCVII.

Cum clamant omnes, loqueris tunc, Naevole, tantum,
    et te patronum causidicumque putas.
hac ratione potest nemo non esse disertus.
    ecce, tacent omnes: Naevole, dic aliquid.

XCVIII.

Litigat et podagra Diodorus, Flacce, laborat.
    sed nil patrono porrigit: haec cheragra est.

il che tra militari di carriera
sembra cosa assai rara».

94. *La cantante*
Finché potevi fottere
non sapevi cantare.
Adesso sai cantare ma sei vecchia.

95. *A Elio*
Gridi sempre, interrompi gli avvocati;
non lo fai gratis, pagano perché
finalmente ti azzitti.

96. *Il frocio mascherato*
Versi miei, se volete e non vi secca
vi prego di soffiare nell'orecchio
di Materno pochissime parole,
che le senta lui solo. Uno che ama
solo mantelli assai tristi, coperto
di lane betiche e di stoffe grige,
che sostiene che chi veste di rosso
non è un uomo, che chiama femminili
le vesti ametistine e loda solo
le tinte naturali e porta solo
vestiti scuri: ebbene ha inclinazioni
verde pisello. Vi domanderà
come mi sono accorto che quell'uomo
è femmina. Una volta abbiamo fatto
il bagno insieme: non alzò mai gli occhi
che divoravano finocchi e mai
guardò dei cazzi senza movimenti
convulsi delle labbra. Mi domandi
chi è? Quel nome l'ho dimenticato.

97. *Nevolo*
Soltanto quando tutti quanti gridano,
Nevolo, parli e ti senti un patrono,
un astuto avvocato. A questo modo
tutti sono eloquenti. Ma ora tutti
tacciono, Nevolo, parla un po' tu.

98. *Diodoro*
Flacco, Diodoro va in causa e ha la gotta
ai piedi. Non dà nulla all'avvocato.
Ha la gotta alle mani.

XCIX.

Non plenum modo vicies habebas,
sed tam prodigus atque liberalis
et tam lautus eras, Calene, ut omnes
optarent tibi centies amici.
audît vota deus precesque nostras
atque intra, puto, septimas Kalendas
mortes hoc tibi quattuor dederunt.
at tu sic quasi non foret relictum,
sed raptum tibi centies, abisti
in tantam misere suritionem
ut convivia sumptuosiora,
toto quae semel apparas in anno,
nigrae sordibus explices monetae,
et septem veteres tui sodales
constemus tibi plumbea selibra.
quid dignum meritis precemur istis?
optamus tibi milies, Calene.
hoc si contigerit, fame peribis.

C.

Mammas atque tatas habet Afra, sed ipsa tatarum
   dici et mammarum maxima mamma potest.

CI.

Illa manus quondam studiorum fida meorum
   et felix domino notaque Caesaribus,
destituit primos viridis Demetrius annos:
   quarta tribus lustris addita messis erat.
ne tamen ad Stygias famulus descenderet umbras,
   ureret inplicitum cum scelerata lues,
cavimus et domini ius omne remisimus aegro:
   munere dignus erat convaluisse meo.
sensit deficiens sua praemia meque patronum
   dixit ad infernas liber iturus aquas.

CII.

Qui pinxit Venerem tuam, Lycori,
blanditus, puto, pictor est Minervae.

CIII.

«Si dederint superi decies mihi milia centum»
   dicebas nondum, Scaevola, iustus eques,

99. *Caleno*

Non avevi nemmeno due milioni
Caleno, ma eri tanto generoso
e prodigo e magnifico che tutti
te ne auguravano dieci. Ed un dio
ascoltò i nostri voti e le preghiere,
e nel tempo di circa sette mesi
quattro morti ti diedero il malloppo.
Ma tu, quasi t'avessero fregato
quattro milioni anziché ereditarli,
eccoti sceso a tale tirchieria
che il tuo convito più sontuoso (solo
una volta in un anno) non ti costa
che una manata di spiccioli, e noi
sette, amici i più vecchi, ti costiamo
mezza libbra d'argento a basso titolo.
Cosa augurarti ora dunque Caleno?
Cento milioni: si realizzi il voto,
tu morirai di fame.

100. *La vecchia Afra*

Afra dà di «papino» e di «mammina»
a tanta gente, ma di quei papini
è per lo meno nonna.

101. *La morte di Demetrio*

Mano un tempo fedele al mio lavoro,
cara e preziosa al suo padrone nota
anche ai due Cesari [22], non ci sei più,
Demetrio è morto giovane, negli anni
primi, dopo tre lustri e quattro estati.
Quando un cancro spietato lo rodeva
non volli che scendesse alle ombre stigie
schiavo e resi al malato ogni diritto
padronale che avevo su di lui,
meritava il mio dono lo guarisse.
Lui morendo capì che lo premiavo
e mi chiamò benefattore, mentre
scendeva libero alle acque infernali.

102. *A Licori*

Licori, chi ti ha dipinto da Venere
era un pittore amico di Minerva [23].

103. *Scevola*

«Mi dessero gli dèi solo un milione –
dicevi, Scevola, quando non eri

«qualiter o vivam, quam large quamque beate!»
   riserunt faciles et tribuere dei.
sordidior multo post hoc toga, paenula peior,
   calceus est sarta terque quaterque cute:
deque decem plures semper servantur olivae,
   explicat et cenas unica mensa duas,
et Veientani bibitur faex crassa rubelli,
   asse cicer tepidum constat et asse Venus.
in ius, o fallax atque infitiator, eamus:
   aut vive aut decies, Scaevola, redde deis.

CIV.

Picto quod iuga delicata collo
pardus sustinet inprobaeque tigres
indulgent patientiam flagello,
mordent aurea quod lupata cervi,
quod frenis Libyci domantur ursi
et, quantum Calydon tulisse fertur,
paret purpureis aper capistris,
turpes esseda quod trahunt visontes
et molles dare iussa quod choreas
nigro belua non negat magistro:
quis spectacula non putet deorum?
haec transit tamen, ut minora, quisquis
venatus humiles videt leonum,
quos velox leporum timor fatigat.
dimittunt, repetunt, amantque captos,
et securior est in ore praeda,
laxos cui dare perviosque rictus
gaudent et timidos tenere dentes,
mollem frangere dum pudet rapinam,
stratis cum modo venerint iuvencis.
haec clementia non paratur arte,
sed norunt cuï serviant leones.

CV.

In Nomentanis, Ovidi, quod nascitur agris,
   accepit quotiens tempora longa, merum
exuit annosa mores nomenque senecta:

ancora cavaliere – sai che vita
farei grandiosa, beata!» Gli dèi
risero compiacenti e te lo dettero.
E adesso la tua toga è ancor più sporca,
il mantello più liso, le tue scarpe
rappezzate non si sa quante volte.
Di dieci olive ne metti da parte
sette o otto, una tavola imbandita
deve servirti per due cene e bevi
quella feccia che è il rosso vin di Veio,
compri ceci bolliti per un soldo,
compri l'amore per un soldo.
                              Andiamo
in tribunale, bugiardo, imbroglione!
Scevola, goditi la vita, o rendi
il milione agli dèi.

104. *Lepri e leoni per l'ultima volta*

Il leopardo sul collo macchiettato
ha un giogo quasi nullo, le feroci
tigri sopportano bene la frusta,
i cervi masticano morsi d'oro,
l'orso di Libia obbedisce alle briglie,
un cinghiale gigante come quello
che fece danni a Calidonia è retto
da una cavezza di porpora, enormi
bisonti tirano carri da guerra,
agli ordini d'un domatore negro
l'elefante si degna di danzare:
chi non li crederà divini questi
spettacoli? Ma sembrano bazzecole
se leoni si vedono cacciare
prede da nulla e la velocità
timida delle lepri affaticarli.
Le lasciano, le prendono, le leccano
dopo prese; la preda è sicurissima
nelle loro mascelle ed essi godono
a sganasciarsi per farla passare,
a trattenere i denti che sbranarono
or ora dei giovenchi nel timore
di offendere la sua fragilità.
Questa clemenza non si insegna a scuola,
essi sanno di chi sono al servizio [24].

105. *Il vino vecchio*

Ovidio, il vino di Mentana, dopo
un lungo invecchiamento, per l'età
cambia carattere e persino nome.

et quidquid voluit, testa vocatur anus.

CVI.

Interponis aquam subinde, Rufe,
et si cogeris a sodale, raram
diluti bibis unciam Falerni.
numquid pollicita est tibi beatam
noctem Naevia sobriasque mavis
certae nequitias fututionis?
suspiras, retices, gemis: negavit.
crebros ergo licet bibas trientes
et durum iugules mero dolorem.
quid parcis tibi, Rufe? dormiendum est.

CVII.

Saepe mihi dicis, Luci carissime Iuli,
    «scribe aliquid magnum: desidiosus homo es».
otia da nobis, sed qualia fecerat olim
    Maecenas Flacco Vergilioque suo:
condere victuras temptem per saecula curas
    et nomen flammis eripuisse meum.
in steriles nolunt campos iuga ferre iuvenci:
    pingue solum lassat, sed iuvat ipse labor.

CVIII.

Est tibi – sitque precor multos crescatque per annos –
    pulchra quidem, verum transtiberina domus:
at mea Vipsanas spectant cenacula laurus,
    factus in hac ego sum iam regione senex.
migrandum est, ut mane domi te, Galle, salutem:
    est tanti, vel si longius illa foret.
sed tibi non multum est, unum si praesto togatum:
    multum est, hunc unum si mihi, Galle, nego.
ipse salutabo decuma te saepius hora:
    mane tibi pro me dicet havere liber.

Una vecchia bottiglia può portare
l'etichetta che vuoi.

106. *Bevi e dormi*

Annacqui il vino, Rufo,
e se un amico ti costringe bevi
a stento una sorsata
di allungato Falerno.
Forse Nevia ha promesso
di farti felice stanotte
e preferisci mantenerti sobrio
per godertela tutta?
Sospiri, taci e gemi:
Nevia ti ha rifiutato. E allora bevi
a gran bicchieri colmi,
affoga il dolore nel vino!
Non risparmiarti, Rufo: bevi e dormi.

107. *A Lucio Giulio*

Lucio Giulio carissimo, mi dici
sovente: «Scrivi qualcosa di grande,
pigro che non sei altro!». Dammi il modo
di starmene tranquillo in pace, come
Mecenate fece col suo Virgilio,
e mi vedrai tentare opere tali
da stravincere i secoli e salvare
il nome mio dalle fiamme del rogo.
Anche i buoi non ne vogliono sapere
di arare un suolo sterile, la terra
pingue li stanca sì ma li rallegra.

108. *La casa in Trastevere*

Hai una casa splendida – che t'auguro
prosperi per molti anni – ma purtroppo
a Trastevere, mentre la soffitta
dove sto guarda i lauri di Vipsanio:
mi ci sono invecchiato in questa zona [25].
Venire la mattina a salutarti
mi parrebbe una vera migrazione,
Gallo, e sì che ne varrebbe la pena
abitassi tu pure più lontano.
Ma un cliente togato in più per te
non è nulla, mentre per me quell'unico
è tutto. Verrò spesso a salutarti,
Gallo, all'ora di pranzo, ma al mattino
il buongiorno te lo darà il mio libro.

CIX.

Issa est passere nequior Catulli,
Issa est purior osculo columbae,
Issa est blandior omnibus puellis,
Issa est carior Indicis lapillis,
Issa est deliciae catella Publi.
hanc tu, si queritur, loqui putabis;
sentit tristitiamque gaudiumque.
collo nixa cubat capitque somnos,
ut suspiria nulla sentiantur;
et desiderio coacta ventris
gutta pallia non fefellit ulla,
sed blando pede suscitat toroque
deponi monet et rogat levari.
castae tantus inest pudor catellae,
ignorat Venerem; nec invenimus
dignum tam tenera virum puella.
hanc ne lux rapiat suprema totam,
picta Publius exprimit tabella,
in qua tam similem videbis Issam,
ut sit tam similis sibi nec ipsa.
Issam denique pone cum tabella:
aut utramque putabis esse veram,
aut utramque putabis esse pictam.

CX.

Scribere me quereris, Velox, epigrammata longa.
    ipse nihil scribis: tu breviora facis.

CXI.

Cum tibi sit sophiae par fama et cura deorum,
    ingenio pietas nec minor ipsa suo:
ignorat meritis dare munera, qui tibi librum
    et qui miratur, Regule, tura dari.

CXII.

Cum te non nossem, dominum regemque vocabam:
    nunc bene te novi: iam mihi Priscus eris.

109. *Issa*

Più civetta del passero di Lesbia,
più pura d'un bacetto di colomba,
più carezzevole d'ogni fanciulla,
più preziosa delle perle d'India,
così la cagnolina Issa, delizia
di Publio. Se lei piange crederesti
di sentirla parlare, prova gioia
e tristezza. Se ti riposa in collo
e prende sonno non la senti manco
fiatare; se le scappa qualcosina
non lascia andare nemmeno una goccia
sulla coperta ma con la zampetta
dolcemente ti sveglia e ti domanda
di farla scendere dal letto in modo
di correre ad alleggerirsi. Tanto
pudica è questa cagnolina che ella
non sa nulla dei fatti dell'amore:
e dove poi trovare un maschio degno
di tanto tenera vergine? Publio,
perché la morte non la porti via
del tutto, la dipinge in un quadretto
che le assomiglia tanto che lei stessa
non somiglia così tanto a se stessa.
Insomma paragona Issa al ritratto,
o tu le credi vere tutte e due
o tu le credi tutte e due dipinte.

110. *Gli epigrammi lunghi*

Protesti: sono troppo lunghi i miei
epigrammi, Veloce. Tu non scrivi,
li fai sin troppo corti.

111. *A Regolo*

Poiché la fama della tua saggezza
eguaglia la pietà verso gli dèi,
e la pietà non è minore, Regolo,
del tuo talento, non sa come rendere
onore al merito chi si stupisce
che ti si doni un libro e dell'incenso.

112. *A Prisco*

Io non ti conoscevo e ti chiamavo
padrone e re, ma adesso ti conosco:
sarai per sempre solamente Prisco.

CXIII.

Quaecumque lusi iuvenis et puer quondam
apinasque nostras, quas nec ipse iam novi,
male conlocare si bonas voles horas
et invidebis otio tuo, lector,
a Valeriano Pollio petes Quinto,
per quem perire non licet meis nugis.

CXIV.

Hos tibi vicinos, Faustine, Telesphorus hortos
   Faenius et breve rus udaque prata tenet.
condidit hic natae cineres nomenque sacravit
   quod legis Antullae, dignior ipse legi.
ad Stygias aequum fuerat pater isset ut umbras:
   quod quia non licuit, vivat, ut ossa colat.

CXV.

Quaedam me cupit, – invide, Procille! –
loto candidior puella cycno,
argento, nive, lilio, ligustro:
sed quandam volo nocte nigriorem,
formica, pice, graculo, cicada.
iam suspendia saeva cogitabas:
si novi bene te, Procille, vives.

CXVI.

Hoc nemus aeterno cinerum sacravit honori
   Faenius et culti iugera pulchra soli.
hoc tegitur cito rapta suis Antulla sepulchro,
   hoc erit Antullae mixtus uterque parens.
si cupit hunc aliquis, moneo, ne speret agellum:
   perpetuo dominis serviet iste suis.

CXVII.

Occurris quotiens, Luperce, nobis,
«vis mittam puerum» subinde dicis,

113. *Le poesie giovanili*

Le sciocchezzuole che mi divertivo
a scrivere da giovane e persino
da ragazzo, scemenze
che oramai quasi non ricordo più,
se vuoi spendere male le tue ore,
mio lettore, e sprecare il tuo riposo,
chiedile a Quinto Pollio Valeriano
che non lascia morire i miei giochetti.

114. *Gli orti di Fenio*

Faustino, proprio accanto a casa tua
questi orti e campi, questi umidi prati
sono di Fenio. Ha seppellito lì
le ceneri della figliola Antulla
consacrandole un tumulo che avrebbe
dovuto essere il suo. Molto più giusto
ci fosse andato il padre alle ombre stigie;
poiché il destino non lo volle, viva
per consacrarsi al culto di quelle ossa.

115. *Procillo*

Crepa d'invidia, Procillo, mi vuole
una fanciulla bianca più d'un cigno,
più dell'argento, più d'un giglio, più
della neve o dei fiori di ligustro!
Ma io ne voglio un'altra nera più
della notte, più nera della pece,
d'una formica, un gracchio, una cicala.
Meditavi propositi suicidi:
ti conosco, Procillo, ora vivrai!

116. *La tomba di Antulla*

Questo boschetto, questi pochi iugeri
di terra tanto bene coltivata
Fenio li ha dedicati eternamente
a onorare una tomba. Giace qui,
troppo presto rapita ai genitori,
Antulla: si uniranno alle sue ceneri
le ceneri del padre e della madre.
Ora dico a chiunque mai volesse
quella terra per sé di non sperarlo.
Apparterrà in eterno ai suoi padroni.

117. *A Luperco*

Ogni volta, Luperco, che m'incontri
«Vuoi che ti mandi un ragazzo», mi dici

«cui tradas epigrammaton libellum,
lectum quem tibi protinus remittam?»
non est quod puerum, Luperce, vexes.
longum est, si velit ad Pirum venire,
et scalis habito tribus sed altis.
quod quaeris propius petas licebit.
Argi nempe soles subire Letum:
contra Caesaris est forum taberna
scriptis postibus hinc et inde totis,
omnis ut cito perlegas poetas.
illinc me pete. nec roges Atrectum –
hoc nomen dominus gerit tabernae –:
de primo dabit alterove nido
rasum pumice purpuraque cultum
denarîs tibi quinque Martialem.
«tanti non es» ais? sapis, Luperce.

CXVIII.

Cui legisse satis non est epigrammata centum,
    nil illi satis est, Caediciane, mali.

subito, «al quale affidare il tuo libro,
che ti restituirò immediatamente
dopo che l'avrò letto?». Che bisogno
c'è di stancare il ragazzo, Luperco?
Venire sino al Pero è lungo assai
e ho tre rampe di scale belle alte.
Potrai avere più comodamente
quello che t'interessa. So che vai
sovente all'Argileto: proprio in faccia
al Foro Giulio c'è una botteguccia
con la porta coperta d'iscrizioni
in cui leggere i nomi dei poeti.
Cerca il mio libro lì. Senza nemmeno
che tu lo chieda Atrecto, il proprietario
delle bottega, presolo dal primo
o dal secondo scaffale, ti darà
un bel Marziale rilegato in porpora
e lustrato alla pomice per cinque
denari. «Vali tanto?» dici. Furbo,
tu sei furbo, Luperco.

118. *Cento epigrammi*

A chi non bastano cento epigrammi
non c'è male che basti, Ceciliano.

Note

[1] Timele era una danzatrice e Latino un mimo. [2] L'imperatore lo getterà in acqua. [3] Ganimede. [4] Amico e protettore di Marziale, nonché poeta. [5] Negli spettacoli di gala si davano ai cavalieri buoni per il vino. [6] Il doppio suicidio di due personaggi storici. [7] Claudio fu avvelenato con un fungo velenoso. [8] Atene. [9] Quartiere malfamato. [10] Càstore e Polluce. [11] Gabba e Tettio Cavallo: due buffoni del tempo di Augusto. [12] Forse un criminale straziato nell'arena da un cinghiale. [13] Giochetto su un verso di Omero. [14] L'ateniese Filomela fu trasformata in usignolo. [15] Perché ha sfruttato o vecchie o invertiti. [16] Gioco frequente in Marziale tra il *ficus* frutto e il *ficus* polipo o emorroide. [17] Un lettore barbuto riga le pagine del libro. [18] Cèrilo era un ex schiavo. [19] Epigramma incomprensibile. [20] Porto di Delfi e fiume di Tessaglia. L'Antenore del terzo verso è il mitico fondatore di Padova. [21] Uccidendosi con la spada. [22] Tito e Domiziano. [23] Allusione al giudizio di Paride, in cui Venere gareggiava in bellezza con Giunone e Minerva. [24] All'imperatore, del quale vogliono imitare la clemenza. [25] I portici di Agrippa, in Campo Marzio.

Liber II

VAL. MARTIALIS DECIANO SVO SAL.

«Quid nobis» inquis «cum epistola? parum enim tibi praestamus, si legimus epigrammata? quid hic porro dicturus es quod non possis versibus dicere? Video quare tragoedia atque comoedia epistolam accipiant, quibus pro se loqui non licet: epigrammata curione non egent et contenta sunt sua, id est mala, lingua: in quacumque pagina visum est, epistolam faciunt. Noli ergo, si tibi videtur, rem facere ridiculam et in toga saltantis inducere personam. Denique videris an te delectet contra retiarium ferula. Ego inter illos sedeo qui protinus reclamant.» Puto me hercules, Deciane, verum dicis. Quid si scias cum qua et quam longa epistola negotium fueris habiturus? Itaque quod exigis fiat. Debebunt tibi si qui in hunc librum inciderint, quod ad primam paginam non lassi pervenient.

I.

Ter centena quidem poteras epigrammata ferre,
   sed quis te ferret perlegeretque, liber?
at nunc succincti quae sint bona disce libelli.
   hoc primum est, brevior quod mihi charta perit;
deinde, quod haec una peragit librarius hora,
   nec tantum nugis serviet ille meis;
tertia res haec est, quod si cui forte legeris,
   sis licet usque malus, non odiosus eris.
te conviva leget mixto quincunce, sed ante
   incipiat positus quam tepuisse calix.
esse tibi tanta cautus brevitate videris?
   ei mihi, quam multis sic quoque longus eris!

II.

Creta dedit magnum, maius dedit Africa nomen,
   Scipio quod victor quodque Metellus habet;

Libro secondo

Valerio Marziale al suo Deciano, salute

«Che bisogno ho di una lettera di prefazione?», mi dici. «Non basta che legga gli epigrammi? Che cosa vorresti dirmi che non puoi dire in versi? Capisco che di una prefazione abbiano bisogno tragedia o commedia, che non possono parlare in prima persona: ma gli epigrammi non hanno bisogno d'interprete perché si accontentano della propria lingua per cattiva che sia: in qualsiasi pagina gli salti in mente ti schiaffano una prefazione. Non essere ridicolo per favore, non farmi ballare uno in toga sul palcoscenico. E infine vedi un po' se ti piace affrontare un gladiatore con una ferula. Intanto io mi siedo tra quelli che si mettono subito a protestare.» Perdio, Deciano, hai ragione. E sapessi con quale prefazione prolissa stavi per avere a che fare! Basta, sia come vuoi. Quelli che s'imbatteranno in questo libro se non arriveranno già stanchi alla prima pagina lo dovranno a te.

1. *Il libro breve*

Libro, avresti potuto andare avanti
per trecento epigrammi e più, ma chi
t'avrebbe poi potuto sopportare
e letto sino in fondo? Sta' a sentire
i vantaggi d'un libriccino. Primo
il risparmio di carta, indi il risparmio
di tempo del copista che in un'ora
si sbriga delle mie sciocchezze, infine
il fatto che qualcuno che per caso
ti leggerà per quanto tu possa essere
cattivo non arriverà ad odiarti.
L'invitato può leggerti col vino
versato caldo nel bicchiere, prima
che intiepidisca t'avrà terminato.
Questa tua brevità ti rassicura?
Ahimè per quanti sarai troppo lungo!

2. *La vittoria sui Catti*

Grande il nome di Cretico, maggiore
il nome d'Africano; la vittoria
ha dato il primo a Metello, il secondo
a Scipione. Uno ancora più glorioso

nobilius domito tribuit Germania Rheno,
    et puer hoc dignus nomine, Caesar, eras.
frater Idumaeos meruit cum patre triumphos,
    quae datur ex Chattis laurea, tota tua est.

III.

Sexte, nihil debes, nil debes, Sexte, fatemur.
    debet enim, si quis solvere, Sexte, potest.

IV.

O quam blandus es, Ammiane, matri!
quam blanda est tibi mater, Ammiane!
fratrem te vocat et soror vocatur.
cur vos nomina nequiora tangunt?
quare non iuvat hoc quod estis esse?
lusum creditis hoc iocumque? non est:
matrem, quae cupit esse se sororem,
nec matrem iuvat esse nec sororem.

V.

Ne valeam, si non totis, Deciane, diebus
    et tecum totis noctibus esse velim.
sed duo sunt quae nos disiungunt milia passum:
    quattuor haec fiunt, cum rediturus eam.
saepe domi non es, cum sis quoque, saepe negaris:
    vel tantum causis vel tibi saepe vacas.
te tamen ut videam, duo milia non piget ire;
    ut te non videam, quattuor ire piget.

VI.

I nunc, edere me iube libellos.
lectis vix tibi paginis duabus
spectas eschatocollion, Severe,
et longas trahis oscitationes.
haec sunt, quae relegente me solebas
rapta exscribere, sed Vitellianis,
haec sunt, singula quae sinu ferebas
per convivia cuncta, per theatra,
haec sunt aut meliora si qua nescis.
quid prodest mihi tam macer libellus,
nullo crassior ut sit umbilico,

ha dato la Germania a te ragazzo,
con pieno merito, Cesare, quando
hai soggiogato il Reno. Tuo fratello
ebbe il trionfo su Gerusalemme
insieme con tuo padre: ma la palma
conquistata sui Catti è tutta tua.

3. *I debiti di Sesto*

Lo ammetto: Sesto non mi deve nulla.
È debitore solo chi è solvibile.

4. *Ad Ammiano*

Con quanta gentilezza, Ammiano, tratti
tua madre, e lei con quanta gentilezza
ti tratta: tu la chiami sorellina,
lei fratellino. Perché vi commuovono
dei nomi tanto ambigui e perché mai
non vi va d'essere quello che siete?
Credete tutto questo puro gioco?
Non lo è. Madre che passa per sorella
non vuole essere madre né sorella.

5. *Quattro chilometri*

Deciano, se non passo giorno e notte
con te mi sento male. Ma tra me
e te ci sono almeno due chilometri
di strada, quattro fra andata e ritorno.
Spesso non sei in casa, se ci sei
ti neghi, come sempre indaffarato
in faccende legali e qualche volta
nei tuoi comodi. Fare due chilometri
per vederti mi va, ma farne quattro
per non vederti non mi va, Deciano.

6. *A Severo*

Insisti ancora a farmi pubblicare!
Hai letto appena due pagine e subito
corri a guardare il colophon, Severo,
tirando giù sbadigli interminabili.
Eppure sono quelle stesse cose
che quando te le leggevo correvi
a copiarle su fogli profumati
e poi te le portavi in tasca a pranzo
e a teatro, o altre cose anche migliori
che non conosci. A che mi serve un libro
più sottile di tutte le bacchette
sulle quali tu lo potresti avvolgere

si totus tibi triduo legatur?
numquam deliciae supiniores.
lassus tam cito deficis viator,
et cum currere debeas Bovillas,
interiungere quaeris ad Camenas?
i nunc, edere me iube libellos.

VII.

Declamas belle, causas agis, Attice, belle,
   historias bellas carmina bella facis,
componis belle mimos, epigrammata belle,
   bellus grammaticus, bellus es astrologus,
et belle cantas et saltas, Attice, belle,
   bellus es arte lyrae, bellus es arte pilae.
nil bene cum facias, facias tamen omnia belle,
   vis dicam quid sis? magnus es ardalio.

VIII.

Si qua videbuntur chartis tibi, lector, in istis
   sive obscura nimis sive latina parum,
non meus est error: nocuit librarius illis
   dum properat versus adnumerare tibi.
quod si non illum sed me peccasse putabis,
   tunc ego te credam cordis habere nihil.
«ista tamen mala sunt.» quasi nos manifesta negemus!
   haec mala sunt, sed tu non meliora facis.

IX.

Scripsi, rescripsit nil Naevia, non dabit ergo.
   sed puto quod scripsi legerat: ergo dabit.

X.

Basia dimidio quod das mihi, Postume, labro,
   laudo: licet demas hinc quoque dimidium.
vis dare maius adhuc et inenarrabile munus?
   hoc tibi habe totum, Postume, dimidium.

XI.

Quod fronte Selium nubila vides, Rufe,
quod ambulator porticum terit seram,

se ci metti tre giorni sani a leggerlo?
Non s'è mai visto amante così fiacco.
Sei forse un viaggiatore tanto stracco
che dovendo raggiungere Boville
ti riposi nel tempio delle Muse [1]?
Insisti ancora a farmi pubblicare!

7. *Il pasticcione*

Carinamente, Attico mio, declami,
carinamente fai cause, scribacchi
carinamente storie e versi, estendi
carinamente mimi ed epigrammi,
carino sei da astrologo, carino
da grammatico, tu carinamente,
Attico, canti e balli, sei carino
alla cetra e al gioco del pallone.
Proprio per bene non fai nulla, tutto
carinamente. Vuoi che te lo dica
chi sei? Soltanto un grosso pasticcione.

8. *Al lettore*

Mio lettore, se trovi in questo libro
oscurità o latino maccheronico
non è mia colpa bensì del copista
che si sbriga in gran fretta a snocciolare
versi per te. Se pensi che sia io
a sbagliare e non lui ti crederò
senza cervello. «Sono brutti versi»
mi dici. E che, io nego l'evidenza?
Sono brutti ma tu non li fai meglio.

9. *Nevia*

Ho scritto a Nevia che non m'ha risposto,
quindi non me la dà.
Ma penso che abbia letto quel che ho scritto,
quindi me la darà.

10. *Postumo*

Postumo, mi hai baciato a mezza bocca,
benone, meglio se mi baci a un quarto.
Se vuoi farmi davvero un gran regalo
tieniti la tua bocca tutta intera.

11. *Selio cena a casa*

Rufo, se vedi Selio camminare
a fronte annuvolata, passeggiare

lugubre quiddam quod tacet piger voltus,
quod paene terram nasus indecens tangit,
quod dextra pectus pulsat et comam vellit:
non ille amici fata luget aut fratris,
uterque natus vivit et precor vivat,
salva est et uxor sarcinaeque servique,
nihil colonus vilicusque decoxit.
maerosis igitur causa quae? Domi cenat.

XII.

Esse quid hoc dicam quod olent tua basia murram
   quodque tibi est numquam non alienus odor?
hoc mihi suspectum est, quod oles bene, Postume, semper:
   Postume, non bene olet qui bene semper olet.

XIII.

Et iudex petit et petit patronus.
solvas censeo, Sexte, creditori.

XIV.

Nil intemptatum Selius, nil linquit inausum,
   cenandum quotiens iam videt esse domi.
currit ad Europen et te, Pauline, tuosque
   laudat Achilleos sed sine fine, pedes.
si nihil Europe fecit, tunc Saepta petuntur,
   si quid Phillyrides praestet et Aesonides.
hinc quoque deceptus Memphitica templa frequentat,
   adsidet et cathedris, maesta iuvenca, tuis.
inde petit centum pendentia tecta columnis,
   illinc Pompei dona nemusque duplex.
nec Fortunati spernit nec balnea Fausti,
   nec Grylli tenebras Aeoliamque Lupi:
nam thermis iterumque iterumque iterumque lauatur.
   omnia cum fecit, sed renuente deo,
lotus ad Europes tepidae buxeta recurrit,
   si quis ibi serum carpat amicus iter.

sin tardi sotto i portici e il suo volto
tacere qualche lugubre segreto,
se vedi che il suo naso sfiora il suolo
in maniera indecente, se lo vedi
battersi il petto, strapparsi i capelli:
non è che debba piangere la morte
d'un caro amico o d'un fratello. Entrambi
i figli sono vivi e così sia,
stanno bene la moglie, le sue robe
i servi; contadino e intendente
non tirano a fregarlo. Qual è allora
la causa del suo lutto? Cena a casa.

12. *Ancora Postumo*

Che dire? I baci tuoi sanno di mirra
e intorno a te fluttua sempre un olezzo
estraneo a te. Mi lascia assai perplesso
questo tuo profumarti di continuo:
non sa di buono colui che sa sempre
di buono.

13. *I creditori*

Soldi al giudice, soldi all'avvocato:
Sesto, meglio pagare i creditori.

14. *Ancora Selio*

L'intentabile tenta, l'inosabile
osa Selio se vede inevitabile
cenare a casa propria. Corre al portico
d'Europa, e loda senza fine te,
Paolino, e i piedi tuoi degni d'Achille.
Se non ottiene nulla corre ai Septa [2]
a vedere se il figlio di Filira
o l'Esonide sono più propizi.
Deluso anche dei Septa arriva ai templi
egiziani, si siede sugli scanni
dei tuoi fedeli, o vacca malinconica.
Di qui raggiunge le Cento colonne
e il porticato di Pompeo dal duplice
boschetto; non trascura i bagni, quelli
di Fortunato e di Fausto, il tenebroso
antro di Grillo, il ventoso di Lupo:
alla piscina pubblica si lava
continuamente, due, tre, quattro volte.
Dopo aver tutto provato, poiché
Dio non l'assiste, bagnato ritorna
di nuovo ai tiepidi bossi d'Europa,
vi si attardasse ancora qualche amico.

per te perque tuam, vector lascive, puellam,
    ad cenam Selium tu, rogo, taure, voca.

XV.

Quod nulli calicem tuum propinas
humane facis, Horme, non superbe.

XVI.

Zoilus aegrotat: faciunt hanc stragula febrem.
    si fuerit sanus, coccina quid facient?
quid torus a Nilo, quid Sidone tinctus olenti?
    ostendit stultas quid nisi morbus opes?
quid tibi cum medicis? dimitte Machaonas omnis.
    vis fieri sanus? stragula sume mea.

XVII.

Tonstrix Suburae faucibus sedet primis,
cruenta pendent qua flagella tortorum
Argique Letum multus obsidet sutor.
sed ista tonstrix, Ammiane, non tondet,
non tondet, inquam. quid igitur facit? radit.

XVIII.

Capto tuam, pudet heu, sed capto, Maxime, cenam,
    tu captas aliam: iam sumus ergo pares.
mane salutatum venio, tu diceris isse
    ante salutatum: iam sumus ergo pares.
sum comes ipse tuus tumidique anteambulo regis,
    tu comes alterius: iam sumus ergo pares.
esse sat est servum, iam nolo vicarius esse.
    qui rex est regem, Maxime, non habeat.

XIX.

Felicem fieri credis me, Zoile, cena?
    felicem cena, Zoile, deinde tua?

Per te, toro, lascivo rapitore
e per la tua ragazza ti scongiuro,
invita Selio a cena in paradiso.

15. *A Ormo*

Non bevi alla salute di nessuno:
pura bontà di cuore, non superbia [3].

16. *Zoilo malato*

Zoilo è malato: colpa delle coltri.
Se fosse sano che bisogno avrebbe
di coperte scarlatte e materassi
importati dal Nilo oppure tinti
di porpora fetente? Chi – non fosse
poco sano di mente – ostenterebbe
così strambe ricchezze? Manda via
tutti i medici, tutti i Macaoni [4].
Se vuoi guarire usa le mie coperte.

17. *La barbiera della Suburra*

Una barbiera siede sull'ingresso
della Suburra, proprio dove pendono
i sanguinosi staffili dei boia [5]
e dove stanno in folla i ciabattini
guardando l'Argileto. Una barbiera
che non sbarba, ti dico, no, non sbarba.
Cosa fa se non sbarba, Ammiano? Scortica.

18. *Il re non ha re*

Io ti scrocco la cena, mi vergogno,
Massimo, ma la scrocco, e tu la scrocchi
a un altro: dunque in questo siamo pari.
Io ti vengo al mattino a salutare
e mi si dice che tu sei già uscito
per salutare un altro: siamo pari.
Se ti accompagno e cammino davanti
a un padrone borioso, tu accompagni
un altro: dunque siamo ancora pari.
Mi basta essere un servo; essere il servo
d'un servo, Massimo, mi sembra troppo.
Chi è re non deve avere nessun re.

19. *La cena di Zoilo*

Credi che mi rallegri d'una cena
e d'una tua per giunta, Zoilo? Chi

debet Aricino conviva recumbere clivo,
  quem tua felicem, Zoile, cena facit.

XX.

Carmina Paulus emit, recitat sua carmina Paulus.
  nam quod emas possis iure vocare tuum.

XXI.

Basia das aliis, aliis das, Postume, dextram.
  dicis «utrum mavis? elige.» malo manum.

XXII.

Quid mihi vobiscum est, o Phoebe novemque sorores?
  ecce nocet vati Musa iocosa suo.
dimidio nobis dare Postumus ante solebat
  basia, nunc labro coepit utroque dare.

XXIII.

Non dicam, licet usque me rogetis,
qui sit Postumus in meo libello,
non dicam: quid enim mihi necesse est
has offendere basiationes
quae se tam bene vindicare possunt?

XXIV.

Si det iniqua tibi tristem fortuna reatum,
  squalidus haerebo pallidiorque reo:
si iubeat patria damnatum excedere terra,
  per freta, per scopulos exulis ibo comes.
dat tibi divitias: ecquid sunt ista duorum?
  das partem? multum est? Candide, das aliquid?
mecum eris ergo miser: quod si deus ore sereno
  adnuerit, felix, Candide, solus eris.

XXV.

Das numquam, semper promittis, Galla, roganti.
  si semper fallis, iam rogo, Galla, nega.

può rallegrarsi d'una cena tua
deve avere mangiato coi barboni.

20. *Paolo*

Paolo compra dei versi e poi li recita
come fossero propri. A buon diritto:
quello che compri puoi chiamarlo tuo.

21. *I baci di Postumo*

Postumo, baci gli altri, a me soltanto
dài la mano. «Che cosa preferisci?»
mi domandi. La mano.

22. *Stesso soggetto*

Che cosa ho fatto a voi, nove sorelle,
e a te, Febo? Ecco che la Musa gaia
dà dei fastidi al suo poeta: Postumo
che soleva baciarmi a mezza bocca
ora mi bacia con la bocca intera.

23. *Ancora lo stesso soggetto*

Non vi dirò chi sia nel libro Postumo
per quanto lo chiediate: perché mai
offendere dei baci che potrebbero
vendicarsi così terribilmente?

24. *Candido*

Mi dicevi: «Se la Fortuna iniqua
ti trascinasse in giudizio, starei
accanto a te vestito a lutto, pallido
più di te: ti infliggessero l'esilio
sarò esule con te per mari e rupi».
La Fortuna ti dà ricchezze. Sono
di tutti e due? Me ne dài la metà?
È troppo? Candido, mi dài qualcosa?
In miseria vuoi essere con me:
se dio benignamente ti sorride,
Candido, vuoi spassartela da solo.

25. *Galla*

Me la prometti e poi non me la dài:
negati Galla, se quello che dici
è il contrario di quello che poi fai.

XXVI.

Quod querulum spirat, quod acerbum Naevia tussit,
  inque tuos mittit sputa subinde sinus,
iam te rem factam, Bithynice, credis habere?
  erras: blanditur Naevia, non moritur.

XXVII.

Laudantem Selium cenae cum retia tendit
  accipe, sive legas sive patronus agas:
«effecte! graviter! cito! nequiter! euge! beate!
  hoc volui!». «facta est iam tibi cena, tace.»

XXVIII.

Rideto multum qui te, Sextille, cinaedum
  dixerit et digitum porrigito medium.
sed nec pedico es nec tu, Sextille, fututor,
  calda Vetustinae nec tibi bucca placet.
ex istis nihil es fateor, Sextille: quid ergo es?
  nescio, sed tu scis res superesse duas.

XXIX.

Rufe, vides illum subsellia prima terentem,
  cuius et hinc lucet sardonychata manus
quaeque Tyron totiens epotavere lacernae
  et toga non tactas vincere iussa nives,
cuius olet toto pinguis coma Marcelliano
  et splendent volso bracchia trita pilo,
non hesterna sedet lunata lingula planta,
  coccina non laesum pingit aluta pedem,
et numerosa linunt stellantem splenia frontem.
  ignoras quid sit? splenia tolle, leges.

XXX.

Mutua viginti sestertia forte rogabam,
  quae vel donanti non grave munus erat.

26. A Bitinico

Poiché la senti respirare ansando
e tossire aspramente e scaracchiarti
addosso, credi l'affare concluso,
Bitinico? Ti sbagli,
Nevia non muore, t'illude soltanto.

27. Il solito parassita

Ascolta Selio che tende le reti
per scroccarti una cena!
Come loda: «Profondo,
bravo, meraviglioso,
conciso, furbo, imbattibile, bene!»,
sia che tu legga, sia
che tu difenda qualcuno in giudizio.
«Questo volevo – dì –. La cena è tua.
Ora stai zitto.»

28. Sestillo

Sestillo, ridi a lungo se qualcuno
ti dà del frocio ed in segno di scherno
gli tendi il dito medio. Però tu
non t'inchiappetti ragazzi e neppure
chiavi ragazze e la bocca bruciante
di Vetustina non ti dice niente.
Sestillo, queste cose non ti piacciono,
e allora di che gusti sei? Non so.
Ma restan due cose solamente [6].

29. L'antico schiavo

Rufo, guarda quel tipo che si sbraca
in prima fila, la cui mano vedi
anche di qui brillare d'un anello
gemmato. Tante volte il suo mantello
è stato tinto in porpora e la toga
sembra fatta per vincere la neve;
la chioma empie il teatro di Marcello
di profumo, le braccia gli risplendono
tanto son bianche e depilate, i lacci
nuovissimi ricadono su scarpe
con la fibbia d'argento, gli costellano
la fronte finti nei. Non sai perché?
Togli i nei, lo saprai [7].

30. Soldi, non consigli

Chiedevo un prestito di ventimila
sesterzi ad uno che poteva darmeli

quippe rogabatur felixque vetusque sodalis
    et cuius laxas arca flagellat opes.
is mihi «dives eris, si causas egeris» inquit.
    quod peto da, Gai: non peto consilium.

XXXI.

Saepe ego Chrestinam futui. Det quam bene quaeris?
    supra quod fieri nil, Mariane, potest.

XXXII.

Lis mihi cum Balbo est, tu Balbum offendere non vis,
    Pontice: cum Licino est, hic quoque magnus homo est.
vexat saepe meum Patrobas confinis agellum,
    contra libertum Caesaris ire times.
abnegat et retinet nostrum Laronia servum,
    respondes «orba est, dives, anus, vidua.»
non bene, crede mihi, servo servitur amico:
    sit liber, dominus qui volet esse meus.

XXXIII.

Cur non basio te, Philaeni? calva es.
cur non basio te, Philaeni? rufa es.
cur non basio te, Philaeni? lusca es.
haec qui basiat, o Philaeni, fellat.

XXXIV.

Cum placeat Phileros tota tibi dote redemptus,
    tres pateris natos, Galla, perire fame.
praestatur cano tanta indulgentia cunno
    quem nec casta potest iam decuisse Venus.
perpetuam di te faciant Philerotis amicam,
    o mater, qua nec Pontia deterior.

XXXV.

Cum sint crura tibi similent quae cornua lunae,
    in rhytio poteras, Phoebe, lavare pedes.

anche in regalo senza batter ciglio,
un vecchio e ricco amico al quale i soldi
non stanno più dentro la cassaforte.
Mi risponde: «Mettiti a fare cause
e diventerai ricco!». Gaio, dammi
i soldi che ti chiedo, non consigli.

31. *Crestina*

Mi fottei Crestina spesso, Mariano...
Chiedi come la dà?
Insuperabilmente.

32. *Il protettore*

Ho una lite con Balbo, tu non vuoi [8]
andargli contro. Un'altra con Licinio
Pontico, ma è un grand'uomo pure lui.
Patrobas, mio vicino, spesso m'entra
nel campicello: temi di affrontare
un liberto di Cesare. Laronia
si rifiuta di rendere un mio schiavo
e se lo tiene. «È senza figli – dici –
ricca, vedova, vecchia.» Non sta bene
fare il cliente a chi è tanto servile;
chi mi vuole con sé sia un uomo libero.

33. *A Filene*

Perché non bacio te? Perché sei calva.
Perché non bacio te? Perché sei rossa.
Perché non bacio te? Perché sei guercia.
Baciare te è come baciare un cazzo.

34. *La cattiva madre*

Tanto ti piace Filero, comprato
a caro prezzo (la tua dote intera),
Galla, che lasci morire di fame
i tre figli. Sei tanto compiacente
con la tua fica dai capelli bianchi
alla quale oramai più non conviene
neanche un amore casto! Dio in eterno
faccia di te l'amante di Filero,
o madre ancora peggiore di Ponzia [9].

35. *Gambe storte*

Hai delle gambe fatte a mezzaluna,
ti puoi lavare in un corno da bere.

XXXVI.

Flectere te nolim, sed nec turbare capillos;
　　splendida sit nolo, sordida nolo cutis;
nec tibi mitrarum nec sit tibi barba reorum:
　　nolo virum nimium, Pannyche, nolo parum.
nunc sunt crura pilis et sunt tibi pectora saetis
　　horrida, sed mens est, Pannyche, volsa tibi.

XXXVII.

Quidquid ponitur hinc et inde verris,
mammas suminis imbricemque porci
communemque duobus attagenam,
mullum dimidium lupumque totum
muraenaeque latus femurque pulli
stillantemque alica sua palumbum.
haec cum condita sunt madente mappa,
traduntur puero domum ferenda:
nos accumbimus otiosa turba.
ullus si pudor est, repone cenam:
cras te, Caeciliane, non vocavi.

XXXVIII.

Quid mihi reddat ager quaeris, Line, Nomentanus?
　　hoc mihi reddit ager: te, Line, non video.

XXXIX.

Coccina famosae donas et ianthina moechae:
　　vis dare quae meruit munera? mitte togam.

XL.

Vri Tongilius male dicitur hemitritaeo.
　　novi hominis fraudes, esurit atque sitit.
subdola tenduntur crassis nunc retia turdis,
　　hamus et in mullum mittitur atque lupum.
Caecuba saccentur quaeque annus coxit Opimi,
　　condantur parco fusca Falerna vitro.
omnes Tongilium medici iussere lavari:
　　o stulti, febrem creditis esse? gula est.

XLI.

«Ride si sapis, o puella, ride»
Paelignus, puto, dixerat poeta.

36. Pannichio

Non ti voglio arricciato e neanche irsuto,
non ti voglio lindissimo né sporco,
con barba da galera o senza barba
come i preti castrati, non ti voglio
troppo uomo e nemmeno troppo poco.
Ora hai gambe pelose e petto irsuto
di setole, Pannichio, ma nell'anima
non hai nemmeno un pelo.

37. Lo scroccone

Arraffi qua e là quello che portano,
tetta di scrofa, costa di maiale,
gallinella selvatica servita
una ogni due invitati, mezza triglia
e una spigola intera, filetto
di murena, una coscia di pollastra
un piccione stillante la sua salsa.
Involto il tutto dentro una salvietta
bisunta la consegni al tuo ragazzo
che te la porti a casa. Ceciliano,
ti ho invitato quest'oggi, non domani.

38. La rendita

Quanto mi rende il campo di Mentana?
Soltanto questo, Lino, non vederti.

39. La toga

Regali stoffe rosse e viola ad una
nota puttana: mandale una toga
se vuoi farle il regalo che si merita [10].

40. Tongilio

Tongilio brucia di febbre? Conosco
l'uomo e la sua furbizia: ha fame e sete.
Ora tende le reti ai grassi tordi,
getta l'amo alla spigola e alla triglia.
Si filtri il Cecubo e il vino d'Opimio,
si imbottigli il Falerno rosso scuro.
A Tongilio prescrissero le terme.
Medici sciocchi, la credete febbre?
È solamente fame.

41. Se sei furba piangi

«Ridi, fanciulla, se sei furba ridi»
disse, credo, il poeta di Sulmona;

sed non dixerat omnibus puellis.
verum ut dixerit omnibus puellis,
non dixit tibi: tu puella non es,
et tres sunt tibi, Maximina, dentes,
sed plane piceique buxeique.
quare si speculo mihique credis,
debes non aliter timere risum,
quam ventum Spanius manumque Priscus,
quam cretata timet Fabulla nimbum,
cerussata timet Sabella solem.
voltus indue tu magis severos,
quam coniunx Priami nurusque maior.
mimos ridiculi Philistionis
et convivia nequiora vita
et quidquid lepida procacitate
laxat perspicuo labella risu.
te maestae decet adsidere matri
lugentique virum piumve fratrem,
et tantum tragicis vacare Musis.
at tu iudicium secuta nostrum
plora, si sapis, o puella, plora.

XLII.

Zoile, quid solium subluto podice perdis?
    spurcius ut fiat, Zoile, merge caput.

XLIII.

Κοινὰ Φίλων haec sunt, haec sunt tua, Candide, κοινά,
    quae tu magnilocus nocte dieque sonas:
te Lacedaemonio velat toga lota Galaeso
    vel quam seposito de grege Parma dedit:
at me, quae passa est furias et cornua tauri,
    noluerit dici quam pila prima suam.
misit Agenoreas Cadmi tibi terra lacernas:
    non vendes nummis coccina nostra tribus.
tu Libycos Indis suspendis dentibus orbis:
    fulcitur testa fagina mensa mihi.
inmodici tibi flava tegunt chrysendeta mulli:
    concolor in nostra, cammare, lance rubes.
grex tuus Iliaco poterat certare cinaedo:

ma non lo disse a tutte le ragazze.
E se lo disse a tutte le ragazze
non lo disse per te: non sei ragazza,
Massimina, hai tre soli denti in bocca
del colore del bosso e della pece.
Per questo, credi a me, credi al tuo specchio,
devi temere il riso almeno quanto
Spanio il vento che spettina i capelli
e Prisco la manata del passante
che scompiglia le pieghe del mantello,
quanto Fabulla teme la bufera
che le cancella il cerone e Sabella
il sole che fa sciogliere la biacca.
Assumi un'aria austera, molto più
di Ecuba e di Andromaca;
fuggi i mimi dei comici, i conviti
festosi e tutto quanto in allegria
spalanca al riso le giovani labbra.
Meglio per te stare accanto a una madre
in lutto, a una che piange suo marito
o un fratello carissimo, e trovare
piacere nelle tragedie. Perciò
applica fedelmente il mio consiglio:
piangi, fanciulla, se sei furba piangi.

42. *Ci sporchi la piscina*

Zoilo, perché ci sporchi la piscina
con quel culaccio zozzo? Peggio ancora
se ci immergi la testa.

43. *Tutto in comune*

Candido, giorno e notte con grande enfasi
vai blaterando che fra amici tutto
deve essere in comune: tu che ostenti
una toga tessuta sul Galeso [11]
spartano o proveniente dalle greggi
scelte di Parma, mentre ahimè la mia
non la vorrebbe il fantoccio di paglia
incornato per primo nell'arena.
La Fenicia spedisce a te mantelli
di porpora, della mia veste rossa
non faresti tre soldi. Hai tavolini
tondi di cedro libico, con zampe
d'avorio, e io ne appoggio uno di faggio
sopra mattoni. Triglie smisurate
colmano i piatti tuoi dorati, tu
gamberetto arrossisci nel mio piatto
di coccio del tuo identico colore.
I tuoi ragazzi possono competere

       at mihi succurrit pro Ganymede manus.
ex opibus tantis veteri fidoque sodali
    das nihil et dicis, Candide, κοινὰ Φίλων?

XLIV.

Emi seu puerum togamve pexam
seu tres, ut puta, quattuorve libras,
Sextus protinus ille fenerator,
quem nostis veterem meum sodalem,
ne quid forte petam timet cavetque,
et secum, sed ut audiam, susurrat:
«septem milia debeo Secundo,
Phoebo quattuor, undecim Phileto,
et quadrans mihi nullus est in arca».
o grande ingenium mei sodalis!
durum est, Sexte, negare, cum rogaris,
quanto durius, antequam rogeris!

XLV.

Quae tibi non stabat praecisa est mentula, Glypte.
    demens, cum ferro quid tibi? Gallus eras.

XLVI.

Florida per varios ut pingitur Hybla colores,
    cum breve Sicaniae ver populantur apes,
sic tua subpositis conlucent prela lacernis,
    sic micat innumeris arcula synthesibus,
atque unam vestire tribum tua candida possunt,
    Apula non uno quae grege terra tulit.
tu spectas hiemem succincti lentus amici
    pro scelus! et lateris frigora trita times.
quantum erat, infelix, pannis fraudare duobus –
    quid renuis? – non te, Naevole, sed tineas?

XLVII.

Subdola famosae moneo fuge retia moechae,
    levior o conchis, Galle, Cytheriacis.

con Ganimede: a me da Ganimede
fa la mano. Di tante tue ricchezze
a un vecchio e caro amico non dai nulla,
Candido, e poi mi vieni a dire: «Tutto
tra gli amici deve essere in comune»?.

44. *Un cuore duro*

Metti ch'io compri un ragazzo, una toga
bella, col pelo lungo, un quattro libbre
d'argento e subito quell'usuraio
di Sesto, che conosci come vecchio
amico mio, si mette in apprensione
e nel timore che gli chieda un prestito
parla tra sé ma in modo che lo senta.
«Non ho nemmeno un soldo in cassaforte
e ho buffi per migliaia di sesterzi;
settemila a Secondo, quattro a Febo,
ben undici a Fileto.» Quant'è furbo
l'amico mio! Ci vuole un cuore duro,
Sesto, a negare soldi a chi li chiede:
a rifiutarli prima che li chiedano
uno più duro ancora.

45. *Il castrato*

Glipto, ti sei tagliato quella minchia
che non s'alzava. Pazzo, eri già eunuco.

46. *A Nevolo*

Come gli Iblei fioriti si dipingono
di svariati colori quando le api
della Sicilia succhiano la breve
primavera, così il tuo armadio splende
vario di tanti mantelli pigiati,
e il tuo comò brilla di sottovesti
innumerevoli e le tue bianchissime
toghe, che più d'un gregge ti spedisce
dalla Puglia, potrebbero vestire
un'intera tribù. Ma tu con occhio
indifferente guardi la miseria
di quell'amico che ti trotta accanto
poco vestito e che trema di freddo,
Nevolo. Che ti costa, disgraziato,
privare di due panni – aspetta, aspetta
a dir di no – non te ma le tue tarme?

47. *A Gallo*

Attento, Gallo, alle reti insidiose
di quell'adultera sin troppo nota,

confidis natibus? non est pedico maritus:
   quae faciat duo sunt: irrumat aut futuit.

XLVIII.

Coponem laniumque balneumque,
tonsorem tabulamque calculosque
et paucos, sed ut eligam, libellos:
unum non nimium rudem sodalem
et grandem puerum diuque levem
et caram puero meo puellam:
haec praesta mihi, Rufe, vel Butuntis,
et thermas tibi habe Neronianas.

XLIX.

Vxorem nolo Telesinam ducere: quare?
   moecha est. sed pueris dat Telesina. volo.

L.

Quod fellas et aquam potas, nil, Lesbia, peccas.
   qua tibi parte opus est, Lesbia, sumis aquam.

LI.

Vnus saepe tibi tota denarius arca
   cum sit et hic culo tritior, Hylle, tuo,
non tamen hunc pistor, non auferet hunc tibi copo,
   sed si quis nimio pene superbus erit.
infelix venter spectat convivia culi
   et semper miser hic esurit, ille vorat.

LII.

Novit loturos Dasius numerare: poposcit
   mammosam Spatalen pro tribus: illa dedit.

LIII.

Vis fieri liber? mentiris, Maxime, non vis:
   sed fieri si vis, hac ratione potes.

tu che sei liscio più delle conchiglie
di Venere. Conti sulle tue chiappe?
Ma il marito non è un inculatore;
bocca o fica, per lui non c'è nient'altro.

48. *Anche a Bitonto*

Un oste, un macellaio, una scacchiera
con le pedine, un barbiere, un bagnetto
e pochi libri purché di mia scelta;
un amico non rozzo, uno schiavetto
già cresciuto ma imberbe, una fanciulla
che piaccia al mio ragazzo. Tu regalami
codeste cose, Rufo, anche a Bitonto,
e tieniti le terme neroniane.

49. *Telesina*

Io non voglio sposare Telesina,
è una puttana. Ma la dà ai ragazzi.
Allora sì che voglio.

50. *La bevitrice d'acqua*

Lesbia, dopo un pompino bevi l'acqua:
non sbagli, ti risciacqui dove occorre.

51. *Il culattone povero*

Per quanto in tutta la tua cassaforte
ci sia solo un denaro, per di più
più frusto del tuo culo, non è l'oste
né il panettiere a beccarselo ma
uno che va superbo d'una minchia
colossale; il tuo ventre sfortunato
contempla i lauti banchetti del culo,
il secondo divora e il primo ha fame.

52. *I bagni di Dasio*

Dasio sa fare molto bene i conti
dei suoi bagnanti, ha chiesto prezzo triplo
a Spatale zinnona che ha pagato.

53. *La libertà*

Massimo, vuoi la libertà? Tu menti,
non la vuoi: ma se proprio la volessi
ecco come arrivarci. Tu sarai
libero quando ti rifiuterai

liber eris, cenare foris si, Maxime, nolis,
    Veientana tuam si domat uva sitim,
si ridere potes miseri chrysendeta Cinnae.
    contentus nostra si potes esse toga,
si plebeia Venus gemino tibi vincitur asse,
    si tua non rectus tecta subire potes.
haec tibi si vis est, si mentis tanta potestas,
    liberior Partho vivere rege potes.

LIV.

Quid de te, Line, suspicetur uxor
et qua parte velit pudiciorem,
certis indiciis satis probavit,
custodem tibi quae dedit spadonem.
nil nasutius hac maligniusque.

LV.

Vis te, Sexte, coli: volebam amare.
parendum est tibi: quod iubes, colere:
sed si te colo, Sexte, non amabo.

LVI.

Gentibus in Libycis uxor tua, Galle, male audit
    inmodicae foedo crimine avaritiae.
sed mera narrantur mendacia: non solet illa
    accipere omnino. quid solet ergo? dare.

LVII.

Hic quem videtis gressibus vagis lentum,
amethystinatus media qui secat Saepta,
quem non lacernis Publius meus vincit,
non ipse Cordus alpha paenulatorum,
quem grex togatus sequitur et capillatus
recensque sella linteisque lorisque,
oppigneravit modo modo ad Cladi mensam
vix octo nummis anulum, unde cenaret.

d'andare a cena fuori, quando il vino
aspro di Veio sarà come nettare
alla tua sete, se potrai sorridere
di Cinna, poveraccio, e dei suoi piatti
dorati, se ti basterà una toga
come la mia, se ti accontenterai
di far l'amore a due soldi, se in casa
potrai entrarci soltanto inchinandoti.
Se hai tanta forza d'animo e dominio
di te stesso vivrai libero più
del re dei Parti.

54. *La moglie di Lino*

Che sospetti su te nutra tua moglie,
da che parte ti voglia più pudico,
provato fu con indizi infallibili
dal fatto che ti ha dato per custode
un castrato. Nessuno al mondo è più
avveduto di lei, più malizioso.

55. *A Sesto*

Sesto, volevo amarti ma tu vuoi
ch'io ti corteggi; obbedirò, sarai
corteggiato ma certo non amato.

56. *La moglie avida*

Gallo, tua moglie in Libia ha una cattiva
reputazione, dicono si macchi
d'avidità smodata. Sono favole,
lo so bene, tua moglie non acchiappa
proprio nulla, tua moglie la dà sempre.

57. *L'anello da cavaliere*

Vedi quell'individuo che cammina
languidamente, vestito di viola
e che fende la folla verso i Septa,
elegante così che nel mantello
non lo saprebbe vincere il mio Publio
e nemmeno lo stesso Cordio, principe
di tutti i portatori di mantello?
E che gregge lo segue di clienti
e servitori capelloni, e quale
portantina nuovissima di cinghie
e di cortine! Pure poco fa
ha impegnato da Clado il proprio anello
da cavaliere ad appena otto soldi
per aver da mangiare.

LVIII.

Pexatus pulchre rides mea, Zoile, trita.
　　sunt haec trita quidem, Zoile, sed mea sunt.

LIX.

Mica vocor: quid sim cernis, cenatio parva:
　　ex me Caesareum prospicis ecce tholum.
frange toros, pete vina, rosas cape, tinguere nardo:
　　ipse iubet mortis te meminisse deus.

LX.

Vxorem armati futuis, puer Hylle, tribuni,
　　supplicium tantum dum puerile times.
vae tibi, dum ludis, castrabere. iam mihi dices
　　«non licet hoc». quid? tu quod facis, Hylle, licet?

LXI.

Cum tibi vernarent dubia lanugine malae,
　　lambebat medios inproba lingua viros.
postquam triste caput fastidia vispillonum
　　et miseri meruit taedia carnificis,
uteris ore aliter nimiaque aerugine captus
　　adlatras nomen quod tibi cumque datur.
haereat inguinibus potius tam noxia lingua:
　　nam cum fellaret, purior illa fuit.

LXII.

Quod pectus, quod crura tibi, quod bracchia vellis,
　　quod cincta est brevibus mentula tonsa pilis:
hoc praestas, Labiene, tuae – quis nescit? – amicae.
　　Cui praestas, culum quod, Labiene, pilas?

LXIII.

Sola tibi fuerant sestertia, Miliche, centum,
　　quae tulit e sacra Leda redempta via.

58. La toga pesante

Avviluppato in una bella toga
pesante ridi dei miei panni lisi.
Lisi, certo, ma miei.

59. La «Briciola»

Mi chiamano la «Briciola»: lo vedi
cosa sono, una piccola saletta
da pranzo, con veduta sul sepolcro
d'Augusto. Calca letti, chiedi vini,
ùngiti con l'essenza di lavanda,
corònati di rose: un dio in persona
dice di ricordarti della morte.

60. Il ragazzetto Illo

Illo, chiavi la moglie d'un tribuno
militare, temendo al più un castigo
degno dell'età tua. Ma guai a te,
questo giochetto ti farà castrare.
Tu mi dici: «È proibito». E che, proibito
non è forse, Illo, quello che fai tu?

61. La malalingua

Quando appena le guance ti fiorivano
primaverili di peluria, tu
lingua persa leccavi in basso gli uomini.
Ora che la tua faccia fa paura
ai beccamorti e merita lo schifo
del boia, poveraccio, usi la lingua
in altro modo e preso da un'invidia
esagerata latri a tutti i nomi
che ti vengono in bocca. Quella lingua
nociva torni ad incollarsi agli inguini,
era più pura quando li leccavi.

62. Labieno

Ti falci il petto, le gambe, le braccia
e la tua fava è cinta da una stoppia
rasa: questo, Labieno, per omaggio
alla tua amante, nessuno l'ignora.
Ma chi omaggia il tuo culo depilato?

63. Milico

Centomila sesterzi avevi appena,
Milico, e li hai sprecati per redimere

Miliche, luxuria est si tanti dives amares.
   «non amo» iam dices: haec quoque luxuria est.

LXIV.

Dum modo causidicum, dum te modo rhetora fingis
   et non decernis, Laure, quid esse velis,
Peleos et Priami transît et Nestoris aetas
   et fuerat serum iam tibi desinere.
incipe, tres uno perierunt rhetores anno,
   si quid habes animi, si quid in arte vales.
si schola damnatur, fora litibus omnia fervent,
   ipse potest fieri Marsua causidicus.
heia age, rumpe moras: quo te sperabimus usque?
   dum quid sis dubitas, iam potes esse nihil.

LXV.

Cur tristiorem cernimus Saleianum?
«an causa levis est?» inquis, «extuli uxorem.»
o grande fati crimen! o gravem casum!
illa, illa dives mortua est Secundilla,
centena decies quae tibi dedit dotis?
nollem accidisset hoc tibi, Saleiane.

LXVI.

Vnus de toto peccaverat orbe comarum
   anulus, incerta non bene fixus acu.
hoc facinus Lalage speculo, quo viderat, ulta est,
   et cecidit saevis icta Plecusa comis.
desine iam, Lalage, tristes ornare capillos,
   tangat et insanum nulla puella caput.
hoc salamandra notet vel saeva novacula nudet,
   ut digna speculo fiat imago tua.

Leda dalla Via Sacra. È una pazzia
amare a un tale prezzo, fossi pure
straricco. «Ma non l'amo» dici. Questa
è una nuova pazzia.

64. *L'indeciso*

Studi un po' da avvocato e un po' da medico
e non capisci che cosa vuoi fare,
Lauro, ed intanto hai superato gli anni
di Peleo, di Prìamo, di Nèstore,
e sarebbe persino troppo tardi
per ritirarti. Su comincia, solo
quest'anno sono morti tre avvocati,
comincia se hai qualcosa dentro e vali
qualcosa! Se la scuola rende poco
tutti i fori ribollono di liti,
si farebbe avvocato anche la statua
di Marsia. Su, coraggio! Fino a quando
t'aspetteremo? Mentre ti domandi
irresoluto che cosa vuoi essere,
tu potresti non essere già più.

65. *Saleiano*

Perché ti vedo triste più del solito,
Saleiano? «C'è un ottimo motivo –
dici – ho sepolto mia moglie.» Oh sciagura!
Oh scherzo delittuoso del destino!
È dunque morta quella Secondilla
che ti ha portato in dote un milioncino?
Mi spiace che ti sia piombata addosso
una tale disgrazia, Saleiano.

66. *Il ricciolo fuori posto*

In tutta la corona dei capelli
un ricciolo soltanto fuori posto
fissato male da una mano incerta.
Veduto nello specchio quel delitto
si vendicò con quello stesso specchio
Làlage, cadde colpita Plecusa
vittima d'una acconciatura. Làlage
smetti di ornare quei capelli atroci,
non tocchi serva la tua testa matta!
La marchi la salamandra, spietato
la denudi un rasoio: la sua immagine
si farà così degna dello specchio.

LXVII.

Occurris quocumque loco mihi, Postume, clamas
    protinus et prima est haec tua vox «quid agis?»
hoc, si me decies una conveneris hora,
    dicis: habes puto tu, Postume, nil quod agas.

LXVIII.

Quod te nomine iam tuo saluto,
quem regem et dominum prius vocabam,
ne me dixeris esse contumacem:
totis pillea sarcinis redemi.
reges et dominos habere debet
qui se non habet atque concupiscit
quod reges dominique concupiscunt.
servom si potes, Ole, non habere,
et regem potes, Ole, non habere.

LXIX.

Invitum cenare foris te, Classice, dicis:
    si non mentiris, Classice, dispeream.
ipse quoque ad cenam gaudebat Apicius ire:
    cum cenaret, erat tristior ille, domi.
si tamen invitus vadis, cur, Classice, vadis?
    «cogor» ais: verum est; cogitur et Selius.
en rogat ad cenam Melior te, Classice, rectam.
    grandia verba ubi sunt? si vir es, ecce, nega.

LXX.

Non vis in solio prius lavari
quemquam, Cotile: causa quae, nisi haec est,
undis ne fovearis irrumatis?
primus te licet abluas: necesse est
ante hic mentula quam caput lavetur.

LXXI.

Candidius nihil est te, Caeciliane. notavi,
    si quando ex nostris disticha pauca lego,
protinus aut Marsi recitas aut scripta Catulli.
    hoc mihi das, tamquam deteriora legas,

67. *Che fai?*

Tutte le volte che m'incontri gridi
(ed è la prima tua voce): «Che fai?».
Se mi incontrassi dieci volte all'ora
lo grideresti dieci volte: Postumo,
penso che tu non abbia da far nulla.

68. *Non dirmi insolente*

Ti saluto per nome mentre prima
ti chiamavo padrone e re, ma tu
no, non dirmi insolente;
ho pagato il berretto da liberto
tutta la mia fortuna.
Deve avere un signore e un padrone
chi padrone di sé non è e desidera
quel che desiderano padrone e re.
Olo, se puoi fare a meno dei servi,
fai a meno dei re.

69. *Classico*

Ti secca andare a cena fuori, Classico:
mi possano impiccare se non menti.
Persino Apicio era tutto contento
di andare a cena fuori, se doveva
cenare a casa era più triste. Eppure
perché ci vai? «Sono costretto.» Giusto,
è lo stesso per Salio, lo scroccone.
Ma metti che Migliore ora t'inviti
a un grandioso banchetto, i paroloni
dove sono? Rifiuta, se sei uomo.

70. *L'acqua sporca*

Tu non vuoi che qualcuno entri in piscina
prima di te, per l'ottimo motivo
di non voler bagnarti dentro un'acqua
sporca di sperma. Bagnati per primo
quanto ti pare, sarai pur costretto
a bagnarti la testa dopo il cazzo.

71. *L'ingenuo*

Nessuno è più ingenuo di te
Ceciliano. Ho notato
che quando leggo i miei epigrammi tu
subito leggi versi di Catullo
o di Marso [12]. E fai questo
come se fosse robetta da nulla,

ut conlata magis placeant mea? credimus istud:
    malo tamen recites, Caeciliane, tua.

LXXII.

Hesterna factum narratur, Postume, cena
    quod nollem – quis enim talia facta probet? –
os tibi percisum quanto non ipse Latinus
    vilia Panniculi percutit ora sono:
quodque magis mirum est, auctorem criminis huius
    Caecilium tota rumor in urbe sonat.
esse negas factum: vis hoc me credere? credo.
    quid quod habet testes, Postume, Caecilius?

LXXIII.

Quid faciat volt scire Lyris. quid? sobria fellat.

LXXIV.

Cinctum togatis post et ante Saufeium,
quanta reduci Regulus solet turba,
ad alta tonsum templa cum reum misit,
Materne, cernis? invidere nolito.
comitatus iste sit precor tuus numquam.
hos illi amicos et greges togatorum
Fuficulenus praestat et Faventinus.

LXXV.

Verbera securi solitus leo ferre magistri
    insertamque pati blandus in ora manum
dedidicit pacem subito feritate reversa,
    quanta nec in Libycis debuit esse iugis.
nam duo de tenera puerilia corpora turba,
    sanguineam rastris quae renovabat humum,
saevos et infelix furiali dente peremit:
    Martia non vidit maius harena nefas.
exclamare libet: «crudelis, perfide, praedo,
    a nostra pueris parcere disce lupa!».

come se tu pensassi
che i miei in confronto piacciano di più.
Io ti credo senz'altro, ma vorrei
che leggessi i tuoi versi, Ceciliano.

72. Lo schiaffo

Dicono, Postumo, che ieri a cena
(deploro il fatto, e chi lo approverebbe?)
ti hanno mollato un ceffone sonoro
quanto manco il Latino della farsa [13]
ha dato in faccia a Pannicolo: il bello
– sorpresa! – è che l'autore del misfatto
è Cecilio, si grida in tutta Roma.
Dici che non è vero: devo crederlo?
Lo credo. E se Cecilio ha testimoni?

73. Liri

Liri domanda cosa fa da sbronza.
Se non è sbronza Liri fa pompini.

74. Saufeio

Guarda Saufeio, circondato dietro
e davanti da tanta gente in toga
quanta ne ha Regolo quando ritorna
dall'aver fatto assolvere un difeso
che lieto corre a portare la barba
in voto ai templi degli dèi supremi!
Non invidiarlo, Materno, preghiamo
che tu non abbia mai tali compagni.
Quegli amici, quel gregge di clienti
glieli procurano Fuficoleno
e Faventino [14].

75. Impara dalla lupa

Quel leone che sopportava in pace
la frusta del domatore e lasciava
che gli infilassero una mano in bocca,
dimenticando la sua mansuetudine
fu ripreso da una ferocia quale
non aveva sui monti della Libia.
Con i suoi denti rabbiosi ha straziato
un paio di fanciulli della squadra
che rastrellava il suolo insanguinato:
la marzia arena mai vide un orrore
così grande. Gridiamogli: «Crudele,
brigante, infame, impara dalla lupa
di Roma a risparmiare i ragazzini!».

LXXVI.

Argenti libras Marius tibi quinque reliquit,
   cui nihil ipse dabas: hic tibi verba dedit.

LXXVII.

Cosconi, qui longa putas epigrammata nostra,
   utilis unguendis axibus esse potes.
hac tu credideris longum ratione colosson
   et puerum Bruti dixeris esse brevem.
disce quod ignoras: Marsi doctrique Pedonis
   saepe duplex unum pagina tractat opus.
non sunt longa quibus nihil est quod demere possis,
   sed tu, Cosconi, disticha longa facis.

LXXVIII.

Aestivo serves ubi piscem tempore, quaeris?
   in thermis serva, Caeciliane, tuis.

LXXIX.

Invitas tunc me cum scis, Nasica, vocasse.
   excussatum habeas me rogo: ceno domi.

LXXX.

Hostem cum fugeret, se Fannius ipse peremit.
   hic, rogo, non furor est, ne moriare, mori?

LXXXI.

Laxior hexaphoris tua sit lectica licebit:
   cum tamen haec tua sit, Zoile, sandapila est.

LXXXII.

Abscisa servom quid figis, Pontice, lingua?
   nescis tu populum, quod tacet ille, loqui?

LXXXIII.

Foedasti miserum, marite, moechum,
et se, qui fuerant prius, requirunt

76. *L'imbroglio*

Mario, cui nulla hai dato, t'ha lasciato
cinque libbre d'argento. T'ha imbrogliato?

77. *I distici lunghi*

Cosconio, che ritieni troppo lunghi
questi epigrammi, il tuo cervello è buono
soltanto per ingrassare le ruote.
Allora tu diresti colossale
il Colosso e il bronzetto che piaceva [15]
a Bruto troppo piccolo. Su, impara
quel che non sai: i grandi epigrammisti
Marso e Pedone hanno trattato spesso
in due pagine un unico argomento.
Non è lungo un lavoro che è impossibile
tagliare: ma, Cosconio, tu sei lungo
anche se scrivi cose di due versi.

78. *Per conservare il pesce*

Dove serbare il pesce nell'estate?
Ceciliano, nelle tue terme gelide.

79. *L'invito dubbio*

Mi inviti quando sai che a cena ho ospiti.
Ti prego di scusarmi, ceno a casa.

80. *Un suicida*

S'è ucciso per sfuggire ad un nemico.
Non è follia morir per non morire?

81. *La lettiga*

La tua lettiga può essere grande
come quelle portate da sei schiavi:
se è tua, Zoilo, non è che un carro funebre.

82. *Le chiacchiere*

Perché vuoi crocifiggere lo schiavo
al quale hai fatto tagliare la lingua?
Se lui tace la gente parlerà.

83. *A un marito*

Hai mutilato atrocemente il povero
adultero il cui volto, tronchi naso

trunci naribus auribusque voltus.
credis te satis esse vindicatum?
erras: iste potest et irrumare.

LXXXIV.

Mollis erat facilisque viris Poeantius heros:
   volnera sic Paridis dicitur ulta Venus.
cur lingat cunnum Siculus Sertorius, hoc est:
   abs hoc occisus, Rufe, videtur Eryx.

LXXXV.

Vimine clausa levi niveae custodia coctae,
   hoc tibi Saturni tempore munus erit.
dona quod aestatis misi tibi mense Decembri
   si quereris, rasam tu mihi mitte togam.

LXXXVI.

Quod nec carmine glorior supino
nec retro lego Sotaden cinaedum,
nusquam Graecula quod recantat echo
nec dictat mihi luculentus Attis
mollem debilitate galliambon:
non sum, Classice, tam malus poeta.
quid si per gracilis vias petauri
invitum iubeas subire Ladan?
turpe est difficiles habere nugas
et stultus labor est ineptiarum.
scribat carmina circulis Palaemon,
me raris iuvat auribus placere.

LXXXVII.

Dicis amore tui bellas ardere puellas,
   qui faciem sub aqua, Sexte, natantis habes.

LXXXVIII.

Nil recitas et vis, Mamerce, poeta videri.
   quidquid vis esto, dummodo nil recites.

e orecchi, cerca invano la sua forma
primitiva. Ti credi vendicato?
Sbagli: costui può ancora eiaculare.

84. *Il lecca-lecca*

Filottete era frocio [16], compiacente
agli uomini, lo fece così Venere
per vendicare la morte di Paride.
Per vendicare d'Erice la morte
Sertorio siciliano è un lecca-lecca.

85. *Una borraccia*

Una borraccia d'acqua cotta e gelida
rivestita di vimini leggeri
ecco il regalo mio pei Saturnali.
Protesti che nel mese di dicembre
ti mando un dono buono per l'estate?
In cambio dammi una toga leggera.

86. *Il poeta di epigrammi*

Perché non scrivo versi che si leggano
nei due sensi o al contrario, come quelli
dello sconcio Sotade [17], né riecheggio
rime alla greca, né lo splendido Attis
m'ispira rotti e deboli galliambi,
non perciò sono un cattivo poeta.
Obbligheresti forse Lada a correre
su un trave d'equilibrio? Vergognoso
far difficili delle bagattelle
e lavorare troppo sulle inezie.
Scriva pure poemi per i circoli
letterari Palemone, a me giova
piacere solo a rari intenditori.

87. *Sesto*

Dici che belle ragazze
bruciano d'amore per te
Sesto? Tu che hai la faccia
d'uno che nuota sott'acqua.

88. *Sedicente poeta*

Non ci leggi mai nulla e vuoi passare
per poeta, Mamerco. Così sia,
purché continui a non leggerci nulla.

LXXXIX.

Quod nimio gaudes noctem producere vino
    ignosco: vitium, Gaure, Catonis habes.
carmina quod scribis Musis et Apolline nullo
    laudari debes: hoc Ciceronis habes.
quod vomis, Antoni: quod luxuriaris, Apici.
    quod fellas, vitium dic mihi cuius habes?

XC.

Quintiliane, vagae moderator summe iuventae,
    gloria Romanae, Quintiliane, togae,
vivere quod propero pauper nec inutilis annis,
    da veniam: properat vivere nemo satis.
differat hoc patrios optat qui vincere census
    atriaque inmodicis artat imaginibus.
me focus et nigros non indignantia fumos
    tecta iuvant et fons vivus et herba rudis.
sit mihi verna satur, sit non doctissima coniunx,
    sit nox cum somno, sit sine lite dies.

XCI.

Rerum certa salus, terrarum gloria, Caesar,
    sospite quo magnos credimus esse deos,
si festinatis totiens tibi lecta libellis
    detinuere oculos carmina nostra tuos,
quod fortuna vetat fieri permitte videri,
    natorum genitor credar ut esse trium.
haec, si displicui, fuerint solacia nobis;
    haec fuerint nobis praemia, si placui.

XCII.

Natorum mihi ius trium roganti
Musarum pretium dedit mearum

89. *Contro Gauro*

Ti piace bere tutta la notte
Gauro: te lo perdono,
è un vizio nobile, l'ebbe Catone.
E scrivi versi da offendere Apollo
e il coro delle Muse:
meriti lode, questo era anche il vizio
di Cicerone.
Sei goloso: ma è il vizio
di Apicio. Vomiti:
questo è il vizio di Antonio.
Ma dimmi, chi t'ha dato
quel brutto vizio di prenderlo in bocca?

90. *A Quintiliano*

Quintiliano, maestro senza eguali
della nostra svogliata gioventù,
gloria della romana avvocatura,
perdonami la fretta di godermi
la vita, anche se povero e nel pieno
delle forze: nessuno ne ha abbastanza
di questa fretta. Differisca pure
il godersi la vita chi ha deciso
d'accrescere l'eredità paterna
e s'ingombra la casa coi ritratti
degli antenati. A me basta del fuoco,
un tetto che non tema d'annerirsi
di fumo, un fonte vivo, un prato incolto.
Datemi un servitore ben nutrito,
una moglie non troppo letterata,
notti di sonno, giorni senza liti.

91. *A Cesare*

Salvezza certa dello Stato, gloria
del mondo, Cesare, la cui salute
ci attesta l'esistenza degli dèi,
se tante volte indugiasti con gli occhi
sopra i miei versi, letti in libriccini
buttati giù alla brava, favoriscimi
in ciò che il fato non ha mai voluto
accordarmi, ch'io passi come padre [18]
di tre figli. Se t'ho annoiato, questa
sarà la mia consolazione, se
t'ho divertito questo sarà il premio.

92. *Addio moglie*

Colui che tutto può m'accordò in premio
dei miei libretti lo *jus* dei tre figli.

solus qui poterat. valebis, uxor.
non debet domini perire munus.

XCIII.

«Primus ubi est» inquis «cum sit liber iste secundus?»
    quid faciam si plus ille pudoris habet?
tu tamen hunc fieri si mavis, Regule, primum,
    unum de titulo tollere iota potes.

Addio moglie: non va sprecato un dono
del padrone del mondo.

93. *E il primo?*

«Dov'è il primo – mi dici – se il secondo
tuo libro è questo?» Cosa posso farci
se l'altro si vergogna e si nasconde?
Se di questo vuoi farne il Libro I,
Regolo, basta togliere dal titolo
un bastoncino.

Note

[1] Boville era a 13 miglia da Roma; il tempio delle Muse subito fuori Porta Capena. [2] Edificio in Campo Marzio, ornato da un gruppo di Chirone (figlio di Filira) e dell'Esonide Achille. Sul portico d'Europa, prima citato, era invece un affresco di Europa rapita da Giove in forma di toro, da cui l'allusione degli ultimi versi. [3] Si beveva alla stessa coppa, con le inevitabili conseguenze. [4] Medico dei Greci all'assedio di Troia. [5] In quel quartiere popolare si amministrava anche giustizia. [6] *Fellare* o *glubere*. [7] I nei nascondono il marchio dello schiavo. [8] Il patrono aveva il dovere di difendere i suoi clienti. [9] Famosa criminale che aveva avvelenato i suoi due figli. [10] Le prostitute dovevano indossare la toga. [11] Fiumicello che si versa nel Mare Piccolo a Taranto, città d'origine spartana. [12] Poeta satirico di cui nulla è rimasto. [13] Latino e Pannicolo, personaggi farseschi. [14] Probabilmente strozzini. [15] Secondo Plinio il Vecchio Bruto ammirava particolarmente un bronzetto raffigurante un bambino, opera di Strongilio. [16] Filottete fu reso omosessuale da Venere per vendicare la morte di Paride. Qui Marziale finge che Erice, anziché da Ercole, sia stato ucciso da Sertorio Siciliano. [17] Poeta alessandrino del terzo secolo a.C. [18] Grazie a una legge di Augusto ai padri di almeno tre figli venivano accordati privilegi. Tale legge, per volontà imperiale, poteva essere estesa a chi non aveva figli o addirittura (come nel caso di Marziale) non aveva moglie.

Liber III

I.

Hoc tibi quidquid id est longinquis mittit ab oris
    Gallia Romanae nomine dicta togae.
hunc legis et laudas librum fortasse priorem:
    illa vel haec mea sunt, quae meliora putas.
plus sane placeat domina qui natus in urbe est:
    debet enim Gallum vincere verna liber.

II.

Cuius vis fieri, libelle, munus?
festina tibi vindicem parare,
ne nigram cito raptus in culinam
cordylas madida tegas papyro
vel turis piperisve sis cucullus.
Faustini fugis in sinum? sapisti.
cedro nunc licet ambules perunctus
et frontis gemino decens honore
pictis luxurieris umbilicis,
et te purpura delicata velet,
et cocco rubeat superbus index.
illo vindice nec Probum timeto.

III.

[Formonsam faciem nigro medicamine celas,
    sed non formonso corpore laedis aquas.
ipsam crede deam verbis tibi dicere nostris:
    «aut aperi faciem, auttu tunicata lava».]

Libro terzo

1. *Dalla Romagna*

Qualsiasi cosa valga il mio libretto
te lo manda la Gallia – che da Roma
ha nome Romagnola – dai suoi lidi
remoti. Leggilo, forse dirai
che era migliore il libro precedente:
ma sia questo o sia quello il preferito
tutti e due sono miei. Piaccia di più,
comunque, quello che è nato nell'urbe
regina: è troppo logico che un libro
romano batta un libro romagnolo.

2. *Nel grembo di Faustino*

Libretto, a chi vuoi essere donato?
Devi trovare in fretta un protettore
per evitare d'essere cacciato
in una nera cucina a incartare,
ancora fresco d'inchiostro, del tonno
o, avvolto in un cornetto, dell'incenso
o del pepe. Nel grembo di Faustino
ti rifugi? Furbone. Ora potrai
andare in giro profumato d'olio
di cedro e, splendido degli ornamenti
del frontespizio, sfoggiare bacchette
dipinte. Ti rivestirà la porpora
delicata e il tuo titolo scarlatto
arrossirà d'orgoglio. Con un tale
protettore non devi aver paura
neanche di Probo, il critico.

3. *Viso e corpo*

Nasconde il tuo bel viso un nero impiastro
ma il tuo corpo non bello offende l'acqua.
Credimi, la dea stessa te lo dice
con mie parole: «O ti scopri la faccia,
o ti lavi vestita».

IV.

Romam vade, liber: si, veneris unde, requiret,
    Aemiliae dices de regione viae.
si, quibus in terris, qua simus in urbe, rogabit,
    Corneli referas me licet esse Foro.
cur absim, quaeret: breviter tu multa fatere:
    «Non poterat vanae taedia ferre togae».
«Quando venit?» dicet: tu respondeto: «Poeta
    exierat: veniet, cum citharoedus erit».

V.

Vis commendari sine me cursurus in urbem,
    parve liber, multis, an satis unus erit?
unus erit, mihi crede, satis, cui non eris hospes,
    Iulius, adsiduum nomen in ore meo.
protinus hunc primae quaeres in limine Tectae:
    quos tenuit Daphnis, nunc tenet ille lares.
est illi coniunx, quae te manibusque sinuque
    excipiet, tu vel pulverulentus eas.
hos tu seu pariter sive hanc illumve priorem
    videris, hoc dices «Marcus havere iubet»,
et satis est: alios commendet epistola: peccat
    qui commendandum se putat esse suis.

VI.

Lux tibi post Idus numeratur tertia Maias,
    Marcelline, tuis bis celebranda sacris.
inputat aetherios ortus haec prima parenti,
    libat florentes haec tibi prima genas.
magna licet dederit iucundae munera vitae,
    plus numquam patri praestitit ille dies.

VII.

Centum miselli iam valete quadrantes,
anteambulonis congiarium lassi,
quos dividebat balneator elixus.
quid cogitatis, o fames amicorum?
regis superbi sportulae recesserunt.

4. *Poeta e cantautore*

Va' a Roma, libro, e se ti domandassero
di dove vieni di': «Dalla regione
che la Via Emilia taglia»; e se qualcuno
ti chiedesse in che terra, in che città
vivo puoi pure dirgli che sto ad Imola.
E se volessero sapere il come
e il perché tu confessa: «Non poteva
reggere più la vita del cliente».
E se chiedessero: «Quando ritorna?»,
rispondi: «È andato via che era poeta,
tornerà quando sarà cantautore» [1].

5. *La raccomandazione*

Preferisci ti raccomandi a molti,
libretto che stai per andare a Roma,
o ad uno solo? Credimi, ne basta
uno, ma che non ti tratti da estraneo,
Giulio, nome che ho sempre sulle labbra.
Cerca, all'inizio della Via Coperta,
la casa dove stava prima Dafni.
Lì c'è la moglie che ti stringerà
nelle mani e in seno anche se tu
arriverai tanto pieno di polvere.
Sia che tu ti presenti a tutti e due
gli sposi o prima all'uno o prima all'altra
di' solamente: «Marco vi saluta»,
e basterà. Le raccomandazioni
vanno bene con gli altri, ma è un errore
farsi raccomandare con gli amici.

6. *La doppia festa*

Il terzo giorno dalle Idi di marzo,
Marcellino, per te è una doppia festa.
È il giorno in cui tuo padre compie gli anni
e in cui sacrifichi la prima barba [2].
Quel giorno che gli dette il grande dono
d'una vita gioiosa non è stato
mai così fortunato per tuo padre.

7. *Cena e salario*

Ora addio, cento soldi miserabili [3],
elemosina che distribuiva
alla stanca brigata dei clienti
un bagnino scottato! Che ne dite
miei affamati amici? Son finite

«nihil stropharum est: iam salarium dandum est.»

VIII.

«Thaida Quintus amat.» «Quam Thaida?» «Thaida luscam.»
   unum oculum Thais non habet, ille duos.

IX.

Versiculos in me narratur scribere Cinna.
   non scribit, cuius carmina nemo legit.

X.

Constituit, Philomuse, pater tibi milia bina
   menstrua perque omnis praestitit illa dies,
luxuriam premeret cum crastina semper egestas
   et vitiis essent danda diurna tuis.
idem te moriens heredem ex asse reliquit.
   exheredavit te, Philomuse, pater.

XI.

Si tua nec Thais nec lusca est, Quinte, puella,
   cur in te factum distichon esse putas?
Sed simile est aliquid: pro Laide Thaida dixi.
   dic mihi, quid simile est Thais et Hermione?
tu tamen es Quintus: mutemus nomen amantis:
   si non vult Quintus, Thaida Sextus amet.

XII.

Vnguentum, fateor, bonum dedisti
convivis here, sed nihil scidisti.
Res salsa est bene olere et esurire.
qui non cenat et unguitur, Fabulle,
hic vere mihi mortuus videtur.

XIII.

Dum non vis pisces, dum non vis carpere pullos
   et plus quam putri, Naevia, parcis apro,

le mance dei potenti. «Poche chiacchiere.
A questo punto dateci un salario.»

8. *Guercia e cieco*

«Quinto ama Taide.» «Taide?» «Sì, la guercia.»
A Taide manca un occhio, a Quinto due.

9. *Cinna*

Mi dicono che Cinna scrive versi
contro di me. Ma si può dire «scrive»,
se nessuno lo legge?

10. *Filomuso*

Tuo padre, Filomuso, ti passava
duemila bei sesterzi tutti i mesi;
ma te ne dava un tanto giorno a giorno
perché la povertà dell'indomani
seguiva sempre le scialacquature
del giorno precedente e i vizi tuoi
avevano bisogno di alimento
quotidiano. Ora tuo padre è morto
nominandoti erede universale:
Filomuso, papà t'ha rovinato.

11. *Da Quinto a Sesto*

E se la tua ragazza non è Taide
e non è guercia, Quinto, perché pensi
che abbia scritto dei versi contro te?
«C'è qualche analogia.» Ma ho scritto Taide
per Laide? Dimmi, quale analogia
fra Taide ed Ermione. Resta che sei Quinto...
Giusto, cambiamo il nome dell'amante!
Quinto non vuole? Taide l'ami Sesto.

12. *Un cadavere*

Ieri sera, Fabullo, hai regalato
un ottimo profumo ai convitati
senza dar loro niente da mangiare.
Che cosa buffa sapere di buono
e morire di fame! Chi non mangia
e profuma mi par proprio un cadavere.

13. *Tutto crudo*

Poiché non vuoi toccare il pesce, il pollo
e nemmeno il cinghiale che già puzza,

accussas rumpisque cocum, tamquam omnia cruda
    attulerit. Numquam sic ego crudus ero.

XIV.

Romam petebat esuritor Tuccius
    profectus ex Hispania.
occurrit illi sportularum fabula:
    a ponte rediit Mulvio.

XV.

Plus credit nemo tota quam Cordus in urbe.
    «Cum sit tam pauper, quomodo?» Caecus amat.

XVI.

Das gladiatores, sutorum regule, Cerdo,
    quodque tibi tribuit subula, sica rapit.
ebrius es: neque enim faceres hoc sobrius umquam,
    ut velles corio ludere, cerdo, tuo.
lusisti corio: sed te, mihi crede, memento
    nunc in pellicula, cerdo, tenere tua.

XVII.

Circumlata diu mensis scribilita secundis
    urebat nimio saeva calore manus;
sed magis ardebat Sabidi gula: protinus ergo
    sufflavit buccis terque quaterque suis.
illa quidem tepuit digitosque admittere visa est,
    sed nemo potuit tangere: merda fuit.

XVIII.

Perfrixisse tuas questa est praefatio fauces.
    cum te excussaris, Maxime, quid recitas?

XIX.

Proxima centenis ostenditur ursa columnis,
    exornant fictae qua platanona ferae.
huius dum patulos adludens temptat hiatus

Nevia, tu accusi il cuoco, lo bastoni,
secondo te tutto sarebbe crudo.
Così non avrò mai l'indigestione.

14. *Partito dalla Spagna*

Partito dalla Spagna Tuccio, morto
di fame, andava a Roma. A Ponte Milvio
qualcuno gli racconta delle mance
soppresse. Tuccio torna indietro subito.

15. *Cordo*

Nessuno più di Cordo presta a credito
in tutta la città. «Lui così povero?»
La sua benevolenza lo fa cieco.

16. *Il re dei calzolai*

Tu finanzi battaglie gladiatorie,
Cerdo, piccolo re dei calzolai,
quel che la subbia diede spada prende.
Sei sbronzo: sobrio tu non lo faresti,
non giocheresti mai sulla tua pelle.
Ci hai giocato. Va bene, ma ricorda
di non uscire più dalla tua pelle.

17. *La pizza*

Per seconda portata circolò
lungamente tra gli ospiti una pizza
che scottava le dita, incattivita
dal calore eccessivo. Ma bruciava
di più la gola di Sabidio; subito
vi soffia sopra a gote gonfie, tre
quattro volte. La pizza sembra tiepida,
sembra che ora si possa maneggiarla,
ma nessuno la tocca: è pura merda.

18. *Perché leggi?*

Esordisci dicendo d'aver preso
freddo alla gola. Dopo questa scusa,
Massimo, perché leggi?

19. *L'orsa e la vipera*

Alle Cento Colonne, dove statue
d'animali abbelliscono il viale
dei platani, c'è un'orsa. Per giocare

    pulcher Hylas, teneram mersit in ora manum.
vipera sed caeco scelerata latebat in aere
    vivebatque anima deteriore fera.
non sensit puer esse dolos, nisi dente recepto
    dum perit. o facinus, falsa quod ursa fuit!

XX.

Dic, Musa, quid agat Canius meus Rufus:
utrumne chartis tradit ille victuris
legenda temporum acta Claudianorum?
an quae Neroni falsus adstruit scriptor,
an aemulatur inprobi iocos Phaedri?
lascivus elegis an severus herois?
an in cothurnis horridus Sophocleis?
an otiosus in schola poetarum
lepore tinctos Attico sales narrat?
hinc si recessit, porticum terit templi
an spatia carpit lentus Argonautarum?
an delicatae sole rursus Europae
inter tepentes post meridie buxos
sedet ambulatve liber acribus curis?
Titine thermis an lavatur Agrippae
an inpudici balneo Tigillini?
an rure Tulli fruitur atque Lucani?
an Pollionis dulce currit ad quartum?
an aestuantis iam profectus ad Baias
piger Lucrino nauculatur in stagno?
«vis scire quid agat Canius tuus? ridet.»

XXI.

Proscriptum famulus servavit fronte notatus.
    non fuit haec domini vita, sed invidia.

XXII.

Dederas, Apici, bis trecenties ventri,
et adhuc supererat centies tibi laxum.
hoc tu gravatus ut famem et sitim ferre
summa venenum potione perduxti.
nihil est, Apici, tibi gulosius factum.

il bell'Ila ne tenta con la mano
la gola spalancata, giù la spinge
nel fondo della gola; ma una vipera
scellerata è in agguato dentro il bronzo,
più feroce di un'orsa vera e propria;
il fanciullo s'accorge dell'inganno
solo col morso e spira. Che peccato
che l'orsa fosse solo una scultura!

20. *Canio ride*

Musa, che cosa fa il mio Canio Rufo?
Affida a carte immortali gli eventi
dell'impero di Claudio o gli ipotetici
casi del regno di Nerone, veri
solo per storici falsi? Gareggia
con gli scherzi di Fedro, malignetti
anzichennò, fa l'elegiaco, l'epico
o imperversa in coturni sofoclei?
Od ozia nella Scuola dei Poeti
narrando storie piene di sale attico?
O, uscito via di lì, percorre il portico
del tempio d'Iside e va lentamente
passeggiando davanti agli Argonauti [4]?
O si trastulla piano, il pomeriggio,
tra i bossi tiepidi, al sole, nel portico
voluttuoso d'Europa, e sta o cammina
libero da qualsiasi grattacapo?
Si lava ai bagni di Tito e di Agrippa
o a quelli dell'infame Tigellino?
Gode i campi di Tullo e di Lucano
o trotta al Quarto Miglio da Pollione?
Oppure, già partito per le terme
di Baia, rema pigro sul Lucrino?
«Vuoi sapere che fa il tuo Canio? Ride.»

21. *Schiavo e padrone*

Uno schiavo marchiato a fuoco salva
il padrone proscritto: non lo rende
tanto alla vita quanto all'odio pubblico.

22. *Apicio*

Avevi regalato alla tua gola
ben sessanta milioni di sesterzi,
te ne restava solo una diecina.
Era per te la fame, era la sete...
Non potendo adattarti hai tracannato
per ultima bevanda del veleno.
Non sei mai stato più goloso, Apicio.

XXIII.

Omnia cum retro pueris obsonia tradas,
   cur non mensa tibi ponitur a pedibus?

XXIV.

Vite nocens rosa stabat moriturus ad aras
   hircus, Bacche, tuis victima grata sacris.
quem Tuscus mactare deo cum vellet aruspex,
   dixerat agresti forte rudique viro
ut cito testiculos et acuta falce secaret,
   taeter ut inmundae carnis abiret odor.
ipse super virides aras luctantia pronus
   dum resecat cultro colla premitque manu,
ingens iratis apparuit hirnea sacris.
   occupat hanc ferro rusticus atque secat,
hoc ratus antiquos sacrorum poscere ritus
   talibus et fibris numina prisca coli.
sic, modo qui Tuscus fueras, nunc Gallus aruspex,
   dum iugulas hircum, factus es ipse caper.

XXV.

Si temperari balneum cupis fervens,
Faustine, quod vix Iulianus intraret,
roga lavetur rhetorem Sabineium.
Neronianas is refrigerat thermas.

XXVI.

Praedia solus habes et solus, Candide, nummos,
   aurea solus habes, murrina solus habes,
Massica solus habes et Opimi Caecuba solus,
   et cor solus habes, solus et ingenium.
omnia solus habes – hoc me puta velle negare! –
   uxorem sed habes, Candide, cum populo.

XXVII.

Numquam me revocas, venias cum saepe vocatus:
   ignosco, nullum si modo, Galle, vocas.
invitas alios: vitium est utriusque. «quod?» inquis.

23. *La mensa alle spalle*

Tutto quel che ti servono lo passi
indietro ai tuoi schiavetti. Allora poni
le mensa alle tue spalle.

24. *Il caprone*

Bacco, il caprone che brucò le viti
eccolo lì vicino all'ara, pronto
a morire, una vittima piacevole
al tuo fuoco. L'aruspice toscano
volendolo immolare chiede aiuto
a un rozzo contadinaccio: d'un colpo
gli tagliasse le palle col falcetto
per mandar via da quelle carni il puzzo
nauseabondo. L'aruspice, prono
sui verdi altari stringe forte il collo
recalcitrante mentre lui lo taglia;
ed ecco saltar fuori un'ernia enorme,
del tutto estranea ai sacri riti. Il villico
si getta avanti col falcetto e trancia,
pensando che l'antica tradizione
l'esigesse e che i numi di una volta
adorassero i mazzi di coglioni.
Fu così che un aruspice toscano
diventò gallo [5], sgozzando un caprone
si ritrovò castrone.

25. *Il bagno bollente*

Vuoi temperare un bagno così caldo
che nemmeno Giuliano vi entrerebbe?
Faustino, prega Sabineio, il retore
di lavarvisi: lui raffredderebbe
le terme di Nerone.

26. *Non tutto solo*

Le terre e i soldi te li godi solo,
Candido, e i vasi d'oro e di cristallo
e il Massico ed il Cecubo vecchissimo,
solo ti godi il tuo ingegno, il tuo spirito.
Godi tutto da solo, non lo nego,
ma dividi tua moglie con la folla.

27. *Scemo e sfacciato*

Tu non m'inviti, Gallo, invece io spesso:
te lo perdonerei non invitassi
nessuno, invece inviti gli altri. Allora

et mihi cor non est et tibi, Galle, pudor.

XXVIII.

Auriculam Mario graviter miraris olere.
   tu facis hoc: garris, Nestor, in auriculam.

XXIX.

Has cum gemina compede dedicat catenas,
Saturne, tibi Zoilus, anulos priores.

XXX.

Sportula nulla datur; gratis conviva recumbis:
   dic mihi, quid Romae, Gargiliane, facis?
unde tibi togula est et fuscae pensio cellae?
   unde datur quadrans? unde vir es Chiones?
cum ratione licet dicas te vivere summa,
   quod vivis, nulla cum ratione facis.

XXXI.

Sunt tibi, confiteor, diffusi iugera campi
   urbanique tenent praedia multa lares,
et servit dominae numerosus debitor arcae
   sustentatque tuas aurea massa dapes.
fastidire tamen noli, Rufine, minores:
   plus habuit Didymos, plus Philomelus habet.

XXXII.

An possim vetulam quaeris, Matrinia: possum
   et vetulam, sed tu mortua, non vetula es.
possum Hecubam, possum Niobam, Matrinia, sed si
   nondum erit illa canis, nondum erit illa lapis.

siamo in difetto tutti e due. «Ma come?»
Io sono scemo, Gallo, tu sfacciato.

28. *L'orecchio che puzza*

Nèstore, non stupirti che l'orecchio
di Mario puzzi: tu ci parli dentro.

29. *I primi anelli*

Zoilo ti dedica i suoi primi anelli [6],
Saturno, due bei ceppi con catene.

30. *L'intelligenza*

Non ci sono più mance, non si danno
più soldi oltre la cena, Gargiliano,
che ci fai tu qui a Roma? Come paghi
quella toga da quattro soldi e il fitto
della tua scura cameretta? Come
tiri fuori il soldino per il bagno?
Come ti chiavi Chione? Mi rispondi
che tu vivi con molta intelligenza.
Se vivi, non dimostri intelligenza.

31. *Non disprezzare*

È vero, tu possiedi grandi campi,
un palazzo che prende più isolati
in città; c'è una vera moltitudine
di debitori alla mercé ed agli ordini
della tua cassaforte; piatti d'oro
contengono i tuoi cibi. Ma, Rufino,
non disprezzare chi ha meno di te;
Didimo e Filomelo hanno di più.

32. *Sei morta*

Mi chiedi se gliela faccio
con una vecchia. Potrei
forse anche andare con una
vecchia; ma tu
non sei vecchia, sei morta.
Matrinia, potrei fottermi
magari anche Ecuba o Niobe,
ma sempre prima che l'una
sia trasformata in cagna
e l'altra in fredda pietra.

XXXIII.

Ingenuam malo, sed si tamen illa negetur,
    libertina mihi proxuma condicio est:
extremo est ancilla loco: sed vincet utramque,
    si facie nobis haec erit ingenua.

XXXIV.

Digna tuo cur sis indignaque nomine, dicam.
    frigida es et nigra es: non es et es Chione.

XXXV.

Artis Phidiacae toreuma clarum
pisces aspicis: adde aquam, natabunt.

XXXVI.

Quod novus et nuper factus tibi praestat amicus,
    hoc praestare iubes me, Fabiane, tibi:
horridus ut primo semper te mane salutem
    per mediumque trahat me tua sella lutum,
lassus ut in thermas decuma vel serius hora
    te sequar Agrippae, cum laver ipse Titi.
hoc per triginta merui, Fabiane, Decembres,
    ut sim tiro tuae semper amicitiae?
hoc merui, Fabiane, toga tritaque meaque,
    ut nondum credas me meruisse rudem?

XXXVII.

Irasci tantum felices nostis amici.
    non belle facitis, sed iuvat hoc: facite.

XXXVIII.

Quae te causa trahit vel quae fiducia Romam,
    Sexte? quid aut speras aut petis inde? refer.
«causas» inquis «agam Cicerone disertior ipso
    atque erit in triplici par mihi nemo foro.»
egit Atestinus causas et Civis – utrumque

33. *La libertà*

Preferisco la donna nata libera,
ma se non me la dà ripiegherò
su una liberta. L'ultima è la schiava:
ma potrei preferirla all'una e all'altra
se avrà la libertà d'un bel visino.

34. *Nivea*

Dirò perché sei degna e insieme indegna
del tuo nome: sei fredda ma sei nera,
sei Nivea e non sei Nivea.

35. *Il vaso coi pesci*

Guarda i pesci scolpiti dalla mano
di Fidia! Versa l'acqua, nuoteranno.

36. *A Fabiano*

Fabiano, quel che potresti pretendere
da un nuovo amico, ancora da rodare,
lo pretendi da me. Vuoi che di prima
mattina venga tutto intirizzito
a salutarti, vuoi che corra dietro
alla tua portantina, in mezzo al fango,
e vuoi che ti accompagni a tarda sera
sino alle terme di Agrippa, stanchissimo,
mentre io mi lavo alle terme di Tito.
Ho meritato questo per trent'anni
di fedeltà, sono ancora una recluta
fra i tuoi amici? Ho meritato questo
con la mia toga frusta e tutta mia?
Non credi ch'io mi meriti il congedo?

37. *Gli amici ricchi*

Quel che sapete fare, ricchi amici,
è soltanto arrabbiarvi. Non sta bene
ma vi conviene: fatelo.

38. *Un caso*

Che motivo o piuttosto che certezza,
Sesto, ti porta a Roma? Cosa speri,
cosa cerchi? Rispondi: «Sosterrò
cause con più eloquenza dello stesso
Cicerone, e nessuno nei tre fori
m'eguaglierà». Atestino ci ha provato
e Civis pure – li conosci bene –

noras – sed neutri pensio tota fuit.
«si nihil hinc veniet, pangentur carmina nobis:
  audieris, dices esse Maronis opus.»
insanis: omnes gelidis quicumque lacernis
  sunt ibi, Nasones Vergiliosque vides.
«atria magna colam.» vix tres aut quattuor ista
  res aluit, pallet cetera turba fame.
«quid faciam? suade: nam certum est vivere Romae.»
  si bonus es, casu vivere, Sexte, potes.

XXXIX.

Iliaco similem puerum, Faustine, ministro
  lusca Lycoris amat. quam bene lusca videt!

XL.

Inserta phialae Mentoris manu ducta
lacerta vivit et timetur argentum.

XLI.

Mutua quod nobis ter quinquagena dedisti
  ex opibus tantis, quas gravis arca premit,
esse tibi magnus, Telesine, videris amicus.
  tu magnus, quod das? immo ego, quod recipis.

XLII.

Lomento rugas uteri quod condere temptas,
  Polla, tibi ventrem, non mihi labra linis.
simpliciter pateat vitium fortasse pusillum:
  quod tegitur, maius creditur esse malum.

XLIII.

Mentiris iuvenem tinctis, Laetine, capillis,
  tam subito corvus, qui modo cycnus eras.
non omnes fallis; scit te Proserpina canum:

ma nessuno ci ha ricavato tanto
da pagarci l'affitto. «Se di lì
non verrà nulla scriverò dei versi;
quando li avrai sentiti li dirai
opera di Marone.» Tu sei pazzo,
quelli che vedi tremare dal freddo
in mantelli consunti (eccoli lì)
son tutti degli Ovidi e dei Virgili.
«Sarò assiduo alle case dei potenti.»
È tanto se in tre o quattro se la sfangano
in questo modo, gli altri impallidiscono
dalla fame. «Che fare? Dimmi. È certo
che voglio stare a Roma.»
                          Sei onesto?
Poter viverci sarà allora un caso.

39. *La guercia*

Licori, quella guercia, ama un ragazzo
che sembra Ganimede. Ah, se ci vede
bene la guercia!

40. *La lucertola*

La lucertola fatta dalla mano
di Mentore par viva sulla coppa:
così nessuno toccherà l'argento.

41. *Telesino*

Poiché hai preso centocinquantamila
sesterzi per prestarmeli, dai tanti
milioni che ti riempiono il forziere,
Telesino, ti credi un grande amico.
Un grande amico perché presti? Ohibò,
un grande amico sono io che rendo.

42. *L'impiastro*

Copri le smagliature del tuo ventre
con impiastro di fave, Polla, e imbratti
col ventre tuo le labbra mie. Ma è meglio
lasciar vedere un piccolo difetto!
Assai peggio el tacon che el buso, credimi.

43. *I capelli tinti*

Ti fingi giovane Letino, tingi
i tuoi capelli ed improvvisamente
da cigno ridiventi corvo. Credi
di poter ingannare tutti? Morte

personam capiti detrahet illa tuo.

XLIV.

Occurrit tibi nemo quod libenter,
quod, quacumque venis, fuga est et ingens
circa te, Ligurine, solitudo,
quid sit, scire cupis? nimis poeta es.
hoc valde vitium periculosum est.
non tigris catulis citata raptis,
non dipsas medio perusta sole,
nec sic scorpios inprobus timetur.
nam tantos, rogo, quis ferat labores?
et stanti legis et legis sedenti,
currenti legis et legis cacanti.
in thermas fugio: sonas ad aurem.
piscinam peto: non licet natare.
ad cenam propero: tenes euntem.
ad cenam venio: fugas edentem.
lassus dormio: suscitas iacentem.
vis, quantum facias mali, videre?
vir iustus, probus, innocens timeris.

XLV.

Fugerit an Phoebus mensas cenamque Thyestae
    ignoro: fugimus nos, Ligurine, tuam.
illa quidem lauta est dapibusque instructa superbis,
    sed nihil omnino te recitante placet.
nolo mihi ponas rhombos mullumve bilibrem
    nec volo boletos, ostrea nolo: tace.

XLVI.

Exigis a nobis operam sine fine togatam:
    non eo, libertum sed tibi mitto meum.
«non est» inquis «idem.» multo plus esse probabo:
    vix ego lecticam subsequar, ille feret.
in turbam incideris, cunctos umbone repellet:
    invalidum est nobis ingenuumque latus.
quidlibet in causa narraveris, ipse tacebo:

conosce bene la tua testa bianca,
ti strapperà la maschera dal volto.

44. *Troppo poeta*

Non t'incontra nessuno volentieri
e dovunque tu vada, Ligurino,
la fuga è generale e ti circonda
immensa solitudine. Vorresti
saper perché? Tu sei troppo poeta
e questo è un vizio assai pericoloso.
La tigre cui hanno rapito i cuccioli,
l'aspide arso dal sole tropicale,
l'atroce scorpione non son tanto
temuti quanto te. Chi mai potrebbe,
io dico, sopportare i tuoi supplizi?
Tu leggi versi se sto in piedi, leggi
se sto seduto, leggi quando corro
e leggi quando caco. Mi rifugio
nelle terme, mi romba nelle orecchie
la tua voce. Raggiungo la piscina,
tu non mi fai nuotare. Corro a cena,
tu mi trattieni il passo. Sono a cena,
mi fai scappare a metà pasto. Dormo
stanchissimo, mi svegli e fai alzare.
Lo vuoi capire quanto male fai?
Sei uomo probo e giusto, senza un torto
verso nessuno: eppure sei temuto.

45. *Taci*

Io non lo so se Febo sia fuggito
dal pranzo e dalla mensa di Tieste[7],
noi fuggiamo il tuo pranzo, Ligurino.
E sì che la tua tavola è imbandita
superbamente, ma se leggi tu
non mi piace un bel niente. Non servirmi
rombi stupendi o triglie da due libbre,
non voglio le ostriche né i funghi: taci.

46. *Mando il liberto*

Tu pretendi servizi senza fine
da me: non vengo, mando il mio liberto.
«Non è la stessa cosa» dici. È meglio,
è molto meglio e te lo provo. Posso
seguirti la lettiga: lui la porta.
Se cadi in un ingorgo, lui fa strada
a gomitate: invece io sono debole
di fianchi, inadeguato. Se infioretti
d'una qualsiasi storia le tue arringhe

at tibi tergeminum mugiet ille sophos.
lis erit, ingenti faciet convicia voce:
   esse pudor vetuit fortia verba mihi.
«ergo nihil nobis» inquis «praestabis amicus?»
   quidquid libertus, Candide, non poterit.

XLVII.

Capena grandi porta qua pluit gutta
Phrygiumque Matris Almo qua lavat ferrum,
Horatiorum qua viret sacer campus
et qua pusilli fervet Herculis fanum,
Faustine, plena Bassus ibat in reda,
omnis beati copias trahens ruris.
illic videres frutice nobili caules
et utrumque porrum sessilesque lactucas
pigroque ventri non inutiles betas;
illic coronam pinguibus gravem turdis
leporemque laesum Gallici canis dente
nondumque victa lacteum faba porcum.
nec feriatus ibat ante carrucam,
sed tuta faeno cursor ova portabat.
urbem petebat Bassus? immo rus ibat.

XLVIII.

Pauperis extruxit cellam, sed vendidit Olus
   praedia: nunc cellam pauperis Olus habet.

XLIX.

Veientana mihi misces, ubi Massica potas:
   olfacere haec malo pocula quam bibere.

L.

Haec tibi, non alia, est ad cenam causa vocandi,
   versiculos recites ut, Ligurine, tuos.
deposui soleas, adfertur protinus ingens
   inter lactucas oxygarumque liber:
alter perlegitur, dum fercula prima morantur:

io starò zitto, lui ti dirà: «Bravo»,
e muggirà per quattro. C'è una lite?
Eccolo urlare, mentre io mi vergogno
a usare parolacce. «Allora – dici
– per me non farai più nulla da amico?»
Candido, farò quello che un liberto
non ti potrà mai fare.

47. *Fuori Porta Capena*

Fuori Porta Capena, gocciolante
d'acqua, dove il torrente Almòne lava
i coltellacci frigi di Cibele,
dove verdeggia il campo degli Orazi
e il sole infoca il santuario d'Ercole
bambino, Basso andava su un calesse
stracarico, portando tutti i beni
d'una campagna beata. Faustino,
avresti visto lì cavoli nobili,
porri d'entrambi i tipi, lattugone
a grandi foglie, biete non inutili
ai ventri stitici, una gran corona
di tordi grassi, una lepre azzannata
da un cane gallico con un porcello
lattante che non ha toccato ancora
le fave. E il servo che correva avanti
al calesse non era a mani vuote
ma portava delle uova, custodite
nella paglia. Veniva qui in città
Basso? Correva verso la campagna.

48. *Olo*

Olo per gioco aveva costruito
un covile da poveri: perdute
tutte le case l'abita.

49. *Annuso*

Mi dai vino di Veio mentre bevi
Massico: più che bere
preferisco annusare la tua coppa.

50. *Cenerai da solo*

C'è una sola ragione, Ligurino,
per cui m'inviti a cena: recitare
i versi tuoi. Tolte appena le scarpe
tra le lattughe e la salsa di pesce
ecco apparire un enorme volume.
Mentre si aspetta il primo piatto riesci

tertius est, nec adhuc mensa secunda venit:
et quartum recitas et quintum denique librum.
   putidus est, totiens si mihi ponis aprum.
quod si non scombris scelerata poemata donas,
   cenabis solus iam, Ligurine, domi.

LI.

Cum faciem laudo, cum miror crura manusque,
   dicere, Galla, soles «nuda placebo magis,»
et semper vitas communia balnea nobis.
   numquid, Galla, times ne tibi non placeam?

LII.

Empta domus fuerat tibi, Tongiliane, ducentis:
   abstulit hanc nimium casus in urbe frequens.
conlatum est deciens. rogo, non potes ipse videri
   incendisse tuam, Tongiliane, domum?

LIII.

Et voltu poteram tuo carere
et collo manibusque cruribusque
et mammis natibusque clunibusque,
et, ne singula persequi laborem,
tota te poteram, Chloe, carere.

LIV.

Cum dare non possim quod poscis, Galla, rogantem,
   multo simplicius, Galla, negare potes.

LV.

Quod quacumque venis Cosmum migrare putamus
   et fluere excusso cinnama fusa vitro,
nolo peregrinis placeas tibi, Gellia, nugis.
   scis, puto, posse meum sic bene olere canem.

a leggerne un secondo, il terzo arriva
ancora prima del secondo piatto;
poi mi declami un quarto e un quinto libro.
Tu ci disgusteresti del cinghiale
facendolo servire tante volte!
Se con questi poemi scellerati
non ci incarti gli sgombri, Ligurino,
tu cenerai da solo a casa tua.

51. *Nudo e nuda*

Quando lodo il tuo volto, Galla, e ammiro
le tue gambe e le mani
dici sempre: «Ti piacerò di più
nuda». Ma poi rifiuti
di scendere nel bagno insieme a me.
Temi forse che nudo
ti piacerò di meno?

52. *L'incendiario*

Hai pagato una casa, Tongiliano,
duecentomila sesterzi: un disastro
troppo frequente a Roma te l'ha tolta,
ma una colletta t'ha reso un milione.
Dico, non si potrebbe quasi credere
che hai tu stesso incendiato la tua casa?

53. *Farne a meno*

Del tuo volto potevo farne a meno,
del collo, delle mani e delle gambe,
delle cosce, del seno e delle natiche,
e per piantarla lì
di tutta te potevo farne a meno.

54. *A Galla*

Poiché non posso darti quel che chiedi
per darmela, ben più semplicemente
potresti rifiutarmela.

55. *Il profumo*

Dovunque passi tu si crederebbe
che passi il profumiere Cosmo o scorra
il cinnamomo da una bottiglietta
rovesciata. Non voglio ti compiaccia,
Gellia, di queste frivolezze esotiche:
così profumerebbe anche il mio cane.

LVI.

Sit cisterna mihi quam vinea malo Ravennae,
 cum possim multo vendere pluris aquam.

LVII.

Callidus inposuit nuper mihi copo Ravennae:
 cum peterem mixtum, vendidit ille merum.

LVIII.

Baiana nostri villa, Basse, Faustini
non otiosis ordinata myrtetis
viduaque platano tonsilique buxeto
ingrata lati spatia detinet campi,
sed rure vero barbaroque laetatur.
hic farta premitur angulo Ceres omni
et multa fragrat testa senibus autumnis;
hic post Novembres imminente iam bruma
seras putator horridus refert uvas.
truces in alta valle mugiunt tauri
vitulusque inermi fronte prurit in pugnam.
vagatur omnis turba sordidae chortis,
argutus anser gemmeique pavones
nomenque debet quae rubentibus pinnis
et picta perdix Numidicaeque guttatae
et impiorum phasiana Colchorum;
Rhodias superbi feminas premunt galli;
sonantque turres plausibus columbarum,
gemit hinc palumbus, inde cereus turtur.
avidi secuntur vilicae sinum porci
matremque plenam mollis agnus expectat.
cingunt serenum lactei focum vernae
et larga festos lucet ad lares silva.
non segnis albo pallet otio caupo,
nec perdit oleum lubricus palaestrita,
sed tendit avidis rete subdolum turdis
tremulave captum linea trahit piscem
aut inpeditam cassibus refert dammam.

56. *Ravenna*

Ravenna: meglio un pozzo che una vigna,
città ove l'acqua è cara più del vino.

57. *Ancora Ravenna*

Un oste di Ravenna l'altro giorno
m'ha preso in giro, avevo chiesto vino
annacquato, me l'ha venduto puro.

58. *La villa di Faustino*

Basso, la villa di Faustino a Baia
non è un giardino all'italiana, sparso
di siepi oziose di mortella, platani
improduttivi, bossi ben tosati,
non s'estende su spazi così grandi
invano, ma gioisce di una vera
campagna, d'una rustica natura.
Lì, da ogni parte, monti di frumento,
botti odorose di remoti autunni;
lì, passato novembre, quando il freddo
è ormai vicino, un rozzo potatore
porta l'uva tardiva. I tori mugghiano
nella valle profonda e i vitellini
ancora inermi sognano la lotta.
C'è un mucchio di animali da cortile:
stridule oche, pavoni gemmati,
il fiammingo, che deve il proprio nome
alle penne di fiamma, la pernice
variopinta, la grigia faraona
macchiettata di bianco, col fagiano
venuto dalla Colchide. Qui galli
superbi coprono galline rodie,
là piccionaie echeggiano del battito
d'ali delle colombe, mentre tubano
il palombo e la tortora di cera.
Gli avidi porcellini vanno appresso
alla massaia, l'agnellino tenero
aspetta le mammelle della madre.
Giovani schiavi nati in casa attorniano
il chiaro fuoco, grossi ceppi bruciano
davanti ai Lari nei giorni festivi.
Lì non ci sono cantinieri pigri,
pallidi d'ozio, né allagano d'olio
la palestra i maestri di ginnastica;
ma si tende la rete ai ghiotti tordi
e la tremula lenza tira su
il pesce che ha abboccato, i lacci stringono
nel buio della selva la cerbiatta.

    exercet hilares facilis hortus urbanos,
    et paedagogo non iubente lascivi
    parere gaudent vilico capillati,
    et delicatus opere fruitur eunuchus.
    nec venit inanis rusticus salutator:
    fert ille ceris cana cum suis mella
    metamque lactis Sassinate de silva;
    somniculosos ille porrigit glires,
    hic vagientem matris hispidae fetum,
    alius coactos non amare capones.
    et dona matrum vimine offerunt texto
    grandes proborum virgines colonorum.
    facto vocatur laetus opere vicinus;
    nec avara servat crastinas dapes mensa,
    vescuntur omnes ebrioque non novit
    satur minister invidere convivae.
    At tu sub urbe possides famem mundam
    et turre ab alta prospicis meras laurus,
    furem Priapo non timente securus;
    et vinitorem farre pascis urbano
    pictamque portas otiosus ad villam
    holus, ova, pullos, poma, caseum, mustum.
    Rus hoc vocari debet, an domus longe?

LIX.

Sutor cerdo dedit tibi, culta Bononia, munus,
    fullo dedit Mutinae: nunc ubi copo dabit?

LX.

Cum vocer ad cenam non iam venalis ut ante,
    cur mihi non eadem quae tibi cena datur?
ostrea tu sumis stagno saturata Lucrino,

L'orto dà poca fatica alla truppa
degli schiavi portati di città
con i capelli lunghi: allegramente
segue le direttive del fattore
senza che l'intendente lo comandi,
e persino l'eunuco delicato
lavora volentieri. Il contadino
che viene a salutare non arriva
a mani vuote, ma porta un bel favo
pieno di miele bianco e un cacio a punta
della boscosa Sarsina [8], un secondo
arriva con dei ghiri sonnacchiosi,
il terzo con un capretto che bela,
il quarto con un paio di capponi
cui negato è l'amore. Le fanciulle
già grandi, figlie dei coloni, recano
in cestelli di vimini gli omaggi
delle madri. Finita la giornata
di lavoro s'invitano i vicini
in allegria. La mensa non è avara,
non serba i cibi per il giorno dopo:
ci si sazia, compreso il cameriere
che non invidia l'ebbro convitato.
Ma tu, Basso, possiedi nel suburbio
una villa elegante che è lo specchio
della fame: non vedi dalla torre
altro che allori e stai sicuro che
non teme i ladri il tuo Priapo di legno.
Il vignaiolo nutri con farina
comperata in città, tranquillamente
porti alla villa tua bella d'affreschi
ceci, verdura, uova, polli, frutta,
formaggio, vino con tutto l'eccetera.
Basso una villa simile la devo
chiamare casa di campagna oppure
lontanissima casa di città?

59. *L'oste*

Dotta Bologna, il ciabattino Cordo
t'ha regalato i giochi, un tessitore
l'ha dati a Modena: ma adesso l'oste
a chi li donerà?

60. *Con te e senza te*

M'inviti a cena non più da cliente
come una volta, dunque perché mai
la mia cena non è come la tua?
Tu sbafi ostriche grasse del Lucrino,

sugitur inciso mitulus ore mihi:
sunt tibi boleti, fungos ego sumo suillos:
  res tibi cum rhombo est, at mihi cum sparulo.
aureus inmodicis turtur te clunibus implet,
  ponitur in cavea mortua pica mihi.
cur sine te ceno cum tecum, Pontice, cenem?
  sportula quod non est prosit: edamus idem.

LXI.

Esse nihil dicis quidquid petis, inprobe Cinna:
  si nil, Cinna, petis, nil tibi, Cinna, nego.

LXII.

Centenis quod emis pueros et saepe ducenis,
  quod sub rege Numa condita vina bibis,
quod constat decies tibi non spatiosa supellex,
  libra quod argenti milia quinque rapit,
aurea quod fundi pretio carruca paratur,
  quod pluris mula est quam domus empta tibi:
haec animo credis magno te, Quinte, parare?
  falleris: haec animus, Quinte, pusillus emit.

LXIII.

Cotile, bellus homo es: dicunt hoc, Cotile, multi.
  audio: sed quid sit, dic mihi, bellus homo?
«bellus homo est, flexos qui digerit ordine crines,
  balsama qui semper, cinnama semper olet;
cantica qui Nili, qui Gaditana susurrat,
  qui movet in varios bracchia volsa modos;
inter femineas tota qui luce cathedras
  desidet atque aliqua semper in aure sonat,
qui legit hinc illinc missas scribitque tabellas;
  pallia vicini qui refugit cubiti;
qui scit quam quis amet, qui per convivia currit,
  Hirpini veteres qui bene novit avos.»

io ciuccio toste conchiglie di muscoli,
tu porcini, io funghetti da porcile,
te la fai con il rombo, io con lo sparo,
t'abboffi d'una tortora dorata
di ciccia, dai cosciotti fuori serie,
a me danno una gazza morta in gabbia.
Perché Pontico, ceno senza te
se con te ceno? La mancia abolita
mi faccia pro: mangiamo proprio insieme.

61. *L'importuno*

Cinna che m'importuni e dici: «È niente»
qualsiasi cosa tu mi chieda: se
niente mi chiedi niente ti rifiuto.

62. *Lo sprecone*

Compri ragazzi belli a centomila
sesterzi e spesso al doppio; bevi vini
imbottigliati all'epoca di Numa;
paghi un milione poche suppellettili
e cinquemila una libbra d'argento;
una carrozza dorata ti costa
quanto una fattoria, quanto una casa
una mula: tu credi di mostrarti
così un'anima grande, Quinto? Sbagli:
chi sperpera non vale proprio niente.

63. *Il damerino*

Cotilo, sei un damerino: in tanti
lo dicono e li sento. Ma cos'è,
Cotilo, dimmi, un damerino? «Un uomo
che tiene sempre in ordine i capelli
inanellati, che odora di balsamo
sempre e di cinnamomo, che canticchia
canzoncine nilotiche e di Cadice,
che muove in varie cadenze le braccia
depilate, che tutto il santo giorno
siede tra le poltrone delle dame
bisbigliando qualcosa nell'orecchio
a questa e a quella, che continuamente
scrive e legge biglietti pervenuti
da ogni parte, che fugge dal contatto
persino col mantello del vicino,
che sa di chi è l'amante Tizio, e corre
proprio a tutte le cene, che conosce
a menadito la genealogia
dei cavalli vincenti.» Che mi dici,

quid narras? hoc est, hoc est homo, Cotile, bellus?
   res pertricosa est, Cotile, bellus homo.

LXIV.

Sirenas hilarem navigantium poenam
blandasque mortes gaudiumque crudele,
quas nemo quondam deserebat auditas,
fallax Vlixes dicitur reliquisse.
non miror: illud, Cassiane, mirarer,
si fabulantem Canium reliquisset.

LXV.

Quod spirat tenera malum mordente puella,
   quod de Corycio quae venit aura croco;
vinea quod primis cum floret cana racemis,
   gramina quod redolent, quae modo carpsit ovis;
quod myrtus, quod messor Arabs, quod sucina trita,
   pallidus Eoo ture quod ignis olet;
gleba quod aestivo leviter cum spargitur imbre,
   quod madidas nardo passa corona comas:
hoc tua, saeve puer Diadumene, basia fragrant.
   quid si tota dares illa sine invidia?

LXVI.

Par scelus admisit Phariis Antonius armis:
   abscidit voltus ensis uterque sacros.
illud, laurigeros ageres cum laeta triumphos,
   hoc tibi, Roma, caput, cum loquereris, erat.
Antoni tamen est peior quam caussa Pothini:
   hic facinus domino praestitit, ille sibi.

LXVII.

Cessatis, pueri, nihilque nostis,
Vaterno Rasinaque pigriores,
quorum per vada tarda navigantes

Cotilo, è tutto questo un damerino?
È complicato essere un damerino.

64. *Il furbo Ulisse*

Il furbo Ulisse pare sia riuscito
a tagliare la corda dalle dolci
Sirene, delizioso
supplizio ai naviganti, cara morte,
gioia crudele. Lo credo senz'altro.
Mi stupirei, Cassiano, se riuscisse
a tagliare la corda quando Canio
comincia a raccontare barzellette.

65. *I baci di Diadumeno*

Il profumo esalato da una mela
addentata da una fanciulla, quello
che ci porta la brezza appena scorsa
su zafferano coricio, l'aroma
della candida vigna che fiorisce
dei primi grappoli, quello dell'erba
brucata dalla pecora, e poi quello
che dà il mirto, quello del profumiere
d'Arabia, quello dell'ambra sfregata,
quello dei campi solo un po' spruzzati
dalla pioggia d'estate, e ancora quello
d'una corona che conserva il gusto
d'una chioma impregnata di lavanda:
così, crudele Diadumeno, odorano
i tuoi giovani baci. E che sarebbero
se li dessi senza mercanteggiare?

66. *Antonio e Potino*

Uguali nel delitto Antonio e l'arma
egiziana. La spada ha nei due casi
troncato teste sacre. La seconda
l'era, Roma, nel tempo dei trionfi
coronati d'alloro, fu la prima
sacra per l'eloquenza.
                     Eppure Antonio
lo si difende peggio di Potino [9],
questi obbediva al suo padrone, l'altro
solo a se stesso.

67. *Marinai da strapazzo*

Marinai da strapazzo, fannulloni,
più pigri del Vaterno e della Rasina [10]
sulle cui lente acque navigate

lentos tinguitis ad celeuma remos.
iam prono Phaethonte sudat Aethon
exarsitque dies et hora lassos
interiungit equos meridiana.
at vos tam placidas vagi per undas
tuta luditis otium carina.
non nautas puto vos, sed Argonautas.

LXVIII.

Huc est usque tibi scriptus, matrona, libellus.
   cui sint scripta rogas interiora? mihi.
gymnasium, thermae, stadium est hac parte: recede.
   exuimur: nudos parce videre viros.
hinc iam deposito post vina rosasque pudore,
   quid dicat nescit saucia Terpsichore:
schemate nec dubio, sed aperte nominat illam
   quam recepit sexto mense superba Venus,
custodem medio statuit quam vilicus horto,
   opposita spectat quam proba virgo manu.
si bene te novi, longum iam lassa libellum
   ponebas, totum nunc studiosa legis.

LXIX.

Omnia quod scribis castis epigrammata verbis
   inque tuis nulla est mentula carminibus,
admiror, laudo; nihil est te sanctius uno:
   at mea luxuria pagina nulla vacat.
haec igitur nequam iuvenes facilesque puellae,
   haec senior, sed quem torquet amica, legat.
at tua, Cosconi, venerandaque sanctaque verba
   a pueris debent virginibusque legi.

LXX.

Moechus es Aufidiae, qui vir, Scaevine, fuisti;
   rivalis fuerat qui tuus, ille vir est.
cur aliena placet tibi, quae tua non placet, uxor?
   numquid securus non potes arrigere?

immergendovi i remi fiaccamente
al ritmo del nostromo. Già Fetonte
s'inchina, Etone suda, il giorno brucia,
stacca i cavalli l'ora meridiana,
e voi vagabondate per quest'acqua
placida, da poltroni, ben tranquilli
che la barca è sicura. Non vi credo
marinai ma Argonauti.

68. *Alle signore*

Signora, il libro è scritto sino a qui
per te. «Ma per chi è scritto il rimanente?»
Per me. Qui c'è la palestra, lo stadio
e ci sono le terme: devi andartene.
Qui ci spogliamo, non stare a guardare
uomini nudi. Deposto il pudore
dopo il vino e le rose, qui Tersicore
ubriaca non sa quello che dice:
nomina apertamente, senza veli,
quell'affare che Venere d'agosto [11]
riceve nel suo tempio, che il villano
mette a guardia dell'orto, che la casta
vergine guarda solo con le mani
davanti agli occhi.
                    Se ti conosco bene
questo libro, che stavi già posando,
ora lo leggerai con attenzione.

69. *Il poeta castigato*

Scrivi solo epigrammi castigati,
non c'è volo d'uccello nei tuoi canti,
ti ammiro e mi congratulo: nessuno
è più santo di te. Nelle mie pagine
le oscenità ci sono invece tutte.
Perciò le leggano ragazze facili
e giovanotti, e i vecchi che si torcono
per un'amante. Mentre fanciulline
e bimbetti compiteranno a scuola
(che bel castigo!) i versi castigati
che scrivi tu, Cosconio.

70. *Scevino*

Sei l'amante di Aufidia, della quale
fosti marito, Scevino, e il rivale
tuo d'una volta adesso è suo marito.
Perché ti piace la moglie d'un altro
che quando era la tua non ti piaceva?
Non t'arrazza andar troppo sul sicuro?

LXXI.

Mentula cum doleat puero, tibi, Naevole, culus,
   non sum divinus, sed scio quid facias.

LXXII.

Vis futui nec vis mecum, Saufeia, lavari.
   nescio quod magnum suspicor esse nefas.
aut tibi pannosae dependent pectore mammae
   aut sulcos uteri prodere nuda times
aut infinito lacerum patet inguen hiatu
   aut aliquid cunni prominet ore tui.
sed nihil est horum, credo, pulcherrima nuda es.
   si verum est, vitium peius habes: fatua es.

LXXIII.

Dormis cum pueris mutuniatis,
et non stat tibi, Galle, quod stat illis.
quid vis me, rogo, Phoebe, suspicari?
mollem credere te virum volebam,
sed rumor negat esse te cinaedum.

LXXIV.

Psilothro faciem levas et dropace calvam.
   numquid tonsorem, Gargiliane, times?
quid facient ungues? nam certe non potes illos
   resina Veneto nec resecare luto.
desine, si pudor est, miseram traducere calvam:
   hoc fieri cunno, Gargiliane, solet.

LXXV.

Stare, Luperce, tibi iam pridem mentula desît,
   luctaris demens tu tamen arrigere.
sed nihil erucae faciunt bulbique salaces
   inproba nec prosunt iam satureia tibi.
coepisti puras opibus corrumpere buccas:
   sic quoque non vivit sollicitata Venus.
mirari satis hoc quisquam vel credere possit,
   quod non stat, magno stare, Luperce, tibi?

71. *Ho capito*

Nevolo, ti duole il culo
e al tuo schiavetto l'uccello.
Non sono un indovino ma ho capito.

72. *La puritana*

Vuoi che ti fotta ma non vuoi bagnarti
con me, e io ti sospetto una magagna
mostruosa: o ti pendono le zinne
sul petto come cenci, o ti vergogni
di svelare le pieghe del tuo ventre,
o sei sfondata e t'apri in infinito
baratro, o qualche parte della fica
t'esce in fuori. Nulla di tutto questo,
credo che tu da nuda sia bellissima.
Temo di peggio, tu sei puritana.

73. *Cosa pensare*

Dormi con giovanotti cazzutissimi
e a te non ti si drizza come a loro.
Cosa pensare, Febo? Ero sicuro
lo prendessi nel retro, ma la gente
dice di peggio.

74. *Il depilato*

Depilandoti faccia e capo a forza
di ceretta mi hai l'aria, Gargiliano,
d'aver paura del barbiere. Come
te le tagli le unghie? Con pomate
e pomici? Vergogna!
Porti in giro una testa depilata
come fosse una fica.

75. *A Luperco*

Luperco, la tua fava più non tira
già da un bel pezzo e tu ti dai da fare
come un matto per farla stare su.
Ma non ti fa un bel niente la rughetta
e niente la cipolla e ancora niente
persino l'erba satira. E tu dagli
col tuo danaro a corrompere bocche
innocenti: così sollecitata,
Venere non risorge. E noi dovremmo
meravigliarci od anche solo credere
che tu, Luperco, pretenda drizzare
a caro prezzo quel che non sta dritto?

LXXVI.

Arrigis ad vetulas, fastidis, Basse, puellas,
  nec formonsa tibi sed moritura placet.
hic, rogo, non furor est, non haec est mentula demens?
  cum possis Hecaben, non potes Andromachen!

LXXVII.

Nec mullus nec te delectat, Baetice, turdus,
  nec lepus est umquam nec tibi gratus aper;
nec te liba iuvant nec sectae quadra placentae,
  nec Libye mittit nec tibi Phasis aves:
capparin et putri cepas allece natantis
  et pulpam dubio de petasone voras,
teque iuvant gerres et pelle melandrya cana,
  resinata bibis vina, Falerna fugis.
nescio quod stomachi vitium secretius esse
  suspicor: ut quid enim, Baetice, saprophagis?

LXXVIII.

Minxisti currente semel, Pauline, carina.
  meiere vis iterum? iam Palinurus eris.

LXXIX.

Rem peragit nullam Sertorius, inchoat omnes.
  hunc ego, cum futuit, non puto perficere.

LXXX.

De nullo quereris, nulli maledicis, Apici:
  rumor ait linguae te tamen esse malae.

LXXXI.

Quid cum femineo tibi, Baetice Galle, barathro?
  haec debet medios lambere lingua viros.
abscisa est quare Samia tibi mentula testa,
  si tibi tam gratus, Baetice, cunnus erat?
castrandum caput est: nam sis licet inguine Gallus,

76. Il gerontofilo

T'arrazzi per le vecchie, le ragazze
ti dan fastidio, Basso, non ti piacciono
le donne belle ma le moribonde.
Oh che follia, che minchia demenziale!
Se gliela fai con Ecuba, perché
con Andromaca no?

77. Il saprofita

Betico non ti piacciono le triglie
né i tordi né la lepre né il cinghiale,
non ti giovano torte o pasticcini
né fagiani o galline faraone.
Divori capperi e cipolle in salse
putride, dubbio prosciutto di spalla,
zerri, scarti di tonno in salamoia
con la pelle bianchiccia, bevi vino
resinato, rifuggi dal Falerno.
Penso a un vizio segreto del tuo stomaco,
se no perché mangiare le carogne?

78. Paolino

Hai pisciato una volta che la barca
filava via, Paolino, vuoi pisciare
un'altra volta? Sarai Palinuro [12]

79. Sertorio

Sertorio non finisce cosa alcuna
e ne comincia mille. Quando fotte
mi domando se arriva sino in fondo.

80. Lingua pervertita

Non ti lamenti di nessuno, Apicio,
e non dici mai male di nessuno:
eppure ti si chiama malalingua.

81. Bocca da uomo

Eunuco Betico, cosa ci fai
col buco delle donne? La tua lingua
deve leccare gli inguini dei maschi.
Perché un coccio di Samo t'ha reciso
la minchia se ti piace ancora tanto
la fica? Da castrare è la tua testa,
visto che se anche le tue parti basse

sacra tamen Cybeles decipis: ore vir es.

LXXXII.

Conviva quisquis Zoili potest esse,
Summemmianas cenet inter uxores
curtaque Ledae sobrius bibat testa:
hoc esse levius puriusque contendo.
iacet occupato galbinatus in lecto
cubitisque trudit hinc et inde convivas
effultus ostro sericisque pulvillis.
stat exoletus suggeritque ructanti
pinnas rubentes cuspidesque lentisci,
et aestuanti tenue ventilat frigus
supina prasino concubina flabello,
fugatque muscas myrtea puer virga.
percurrit agili corpus arte tractatrix
manumque doctam spargit omnibus membris;
digiti crepantis signa novit eunuchus
et delicatae sciscitator urinae
domini bibentis ebrium regit penem.
at ipse retro flexus ad pedum turbam
inter catellas anserum exta lambentis
partitur apri glandulas palaestritis
et concubino turturum natis donat;
Ligurumque nobis saxa cum ministrentur
vel cocta fumis musta Massilitanis,
Opimianum morionibus nectar
crystallinisque murrinisque propinat.
et Cosmianis ipse fusus ampullis
non erubescit murice aureo nobis
dividere moechae pauperis capillare.
septunce multo deinde perditus stertit:
nos accubamus et silentium rhonchis
praestare iussi nutibus propinamus.
hos Malchionis patimur inprobi fastus,
nec vindicari, Rufe, possumus: fellat.

sono in perfetta regola col culto
di Cibele tu pecchi in altro modo,
hai la bocca da uomo.

82. *Le prepotenze di Zoilo*

Chi ha cenato da Zoilo può mangiare
tra le mignotte del Summemmio e bere
senz'essere ubriaco nella tazza
sbreccata di quella troia di Leda;
penso sia più piacevole e pulito.
Vestito di verdino si distende
su un letto tutto per sé, sgomitando
gli invitati di destra e di sinistra,
stravaccato su porpora e cuscini
di seta. Un frocio gli sta accanto e porge
ai rutti suoi piume rosse e stecchini
di lentisco; se ha caldo gli fa vento
con un verde flabello una zozzetta
supina; un ragazzino caccia via
le mosche con un rametto di mirto.
Una massaggiatrice gli percorre
con agile esperienza il corpo e preme
con le mani sapienti ogni suo membro.
Un eunuco sta attento allo schioccare
delle sue dita, buon conoscitore
di pisciate difficili, dirige
il pene avvinazzato del padrone
che intanto beve ancora. Poi si gira
a quella folla di servi accucciati
tra le cagne che leccano rigaglie
d'oca e getta coglioni di cinghiale
ai suoi ginnasti e natiche di tortora
al concubino; e mentre fa versare
agli ospiti vin cotto di Marsiglia
o il vinello dei sassi di Liguria,
lui beve coi buffoni suoi vecchissimi
vini in tazzone di cristallo o vasi
murrini. Tutto asperso dei profumi
di Cosmo, senza arrossire ci porge
su conchiglie dorate brillantina
degna d'una puttana miserabile.
Infine, dopo tanto bere, cade
stordito; ce ne stiamo lì sdraiati
e, poiché ci si chiede di star zitti
ai suoi ronfi, brindiamo tra di noi
a gesti. Eccole qui le prepotenze
che abbiamo sopportato dall'infame
senza poterci vendicare, Rufo;
lo prende solo in bocca e non in culo.

LXXXIII.

Ut faciam breviora mones epigrammata, Corde.
    «fac mihi quod Chione»: non potui brevius.

LXXXIV.

Quid narrat tua moecha? non puellam
dixi, Gongylion. quid ergo? linguam.

LXXXV.

Quis tibi persuasit naris abscidere moecho?
    non hac peccatum est parte, marite, tibi.
stulte, quid egisti? nihil hic tibi perdidit uxor,
    cum sit salva tui mentula Deiphobi.

LXXXVI.

Ne legeres partem lascivi, casta, libelli,
    praedixi et monui: tu tamen, ecce, legis.
sed si Panniculum spectas et, casta, Latinum, –
    non sunt haec mimis inprobiora, – lege.

LXXXVII.

Narrat te rumor, Chione, numquam esse fututam
    atque nihil cunno purius esse tuo.
tecta tamen non hac, qua debes, parte lavaris:
    si pudor est, transfer subligar in faciem.

LXXXVIII.

Sunt gemini fratres, diversa sed inguina lingunt.
    dicite, dissimiles sunt magis an similes?

LXXXIX.

Vtere lactucis et mollibus utere malvis:
    nam faciem durum, Phoebe, cacantis habes.

83. *Abbrevia*

Mi dici di abbreviare gli epigrammi,
Cardo: «Fa in fretta come chiava Chione».
Non è proprio possibile.

84. *La tua troia*

Gongilo, che racconta la tua troia?
Non dico la tua amante ma la lingua.

85. *Deìfobo*

Chi ti ha convinto a far tagliare un naso
senza colpe all'amante di tua moglie?
Che hai combinato, sciocco? Non ci perde
niente tua moglie quando è sana e salva
la minchia di Deìfobo.

86. *Detto e ridetto*

Te l'ho detto e ridetto, mia lettrice
castigata, non leggere la parte
più scollacciata del libretto: eppure
tu la leggi. Se ridi di Pannichio
e di Latino leggi pure, i mimi
non sono certo meno scollacciati.

87. *Chione*

Chione, la voce pubblica proclama
che non sei stata mai scopata e nulla
c'è al mondo puro più della tua fica.
Ma al bagno non ricopri quella parte
che dovresti coprire. Sei pudica?
Mettiti le mutande sulla bocca.

88. *I gemelli*

Sono gemelli e leccano degli inguini
diversi. Son più simili o dissimili?

89. *Lo stitico*

Abboffati di malve
e di lattughe emollienti
che ci hai la faccia da stitico.

XC.

Volt, non volt dare Galla mihi, nec dicere possum,
   quod volt et non volt, quid sibi Galla velit.

XCI.

Cum peteret patriae missicius arva Ravennae,
   semiviro Cybeles cum grege iunxit iter.
huic comes haerebat domini fugitivus Achillas
   insignis forma nequitiaque puer.
hoc steriles sensere viri: qua parte cubaret
   quaerunt. sed tacitos sensit et ille dolos:
mentitur, credunt. somni post vina petuntur:
   continuo ferrum noxia turba rapit
exciduntque senem spondae qui parte iacebat;
   namque puer pluteo vindice tutus erat.
subpositam quondam fama est pro virgine cervam,
   at nunc pro cervo mentula subposita est.

XCII.

Vt patiar moechum rogat uxor, Galle, sed unum.
   huic ego non oculos eruo, Galle, duos?

XCIII.

Cum tibi trecenti consules, Vetustilla,
et tres capilli quattuorque sint dentes,
pectus cicadae, crus colorque formicae;
rugosiorem cum geras stola frontem
et araneorum cassibus pares mammas;
cum conparata rictibus tuis ora
Niliacus habeat corcodilus angusta,
meliusque ranae garriant Ravennates,
et Atrianus dulcius culix cantet,
videasque quantum noctuae vident mane,
et illud oleas quod viri capellarum,
et anatis habeas orthopygium macrae,
senemque Cynicum vincat osseus cunnus;

90. *Vuole e disvuole*

Galla un po' vuole darmela e un po' no
e io non so che cosa vuole Galla.

91. *Cerbiatta e cervo*

Un soldato in congedo ritornava
ai campi di Ravenna, la sua patria,
quando incontra per strada una ciurmaglia
di eunuchi, sacerdoti di Cibele.
Col veterano stava Achilla, schiavo
fuggito dal padrone, un bel ragazzo
e malizioso molto. Quei castrati
adocchiano il ragazzo e gli domandano
da che parte del letto dorma; il furbo
che ha mangiato la foglia mente, e credono
alla bugia. Bevuto molto vino
dormono tutti. La banda assassina
balza su coi coltelli nelle mani
e castra il veterano che dormiva
sulla sponda del letto mentre il giovane
protetto dalla spalliera giaceva
al sicuro. Racconta la leggenda
che una ragazza fu sostituita
da una cerbiatta: questa volta un cervo [13]
ha avuto per sostituto una minchia.

92. *Un solo amante*

Mia moglie vuole un amante, uno solo.
E non gli caverò tutti e due gli occhi?

93. *Vetustilla*

Benché tu abbia veduto, Vetustilla,
trecento consoli, abbia quattro denti
e tre capelli, un petto da cicala
e gambe e colorito da formica;
benché tu abbia una fronte con più pieghe
del tuo mantello e due mammelle simili
a una tela di ragno; benché nulla
in confronto al tuo *rictus* sia la gola
d'un coccodrillo del Nilo; benché
meglio di te gariscano le rane
di Ravenna, canti più dolcemente
la zanzara adriatica; benché
ci veda quanto al mattino una nottola
e puzzi quanto il maschio d'una capra
ed abbia un culo da papera magra
ed una fica ossuta più d'un vecchio

cum te lucerna balneator extincta
admittat inter bustuarias moechas;
cum bruma mensem sit tibi per Augustum
regelare nec te pestilentia possit:
audes ducentas nuptuire post mortes
virumque demens cineribus tuis quaeris
prurire. quid sarrire si velit saxum?
quis coniugem te, quis vocabit uxorem,
Philomelus aviam quam vocaverat nuper?
quod si cadaver exiges tuum scalpi,
sternatur Achori de triclinio lectus,
thalassionem qui tuum decet solus,
ustorque taedas praeferat novae nuptae:
intrare in istum sola fax potest cunnum.

XCIV.

Esse negas coctum leporem poscisque flagella.
   mavis, Rufe, cocum scindere quam leporem.

XCV.

Numquam dicis have sed reddis, Naevole, semper,
   quod prior et corvus dicere saepe solet.
cur hoc expectas a me, rogo, Naevole, dicas:
   nam, puto, nec melior, Naevole, nec prior es.
praemia laudato tribuit mihi Caesar uterque
   natorumque dedit iura paterna trium.
ore legor multo notumque per oppida nomen
   non expectato dat mihi fama rogo.
est et in hoc aliquid: vidit me Roma tribunum
   et sedeo qua te suscitat Oceanus.
quot mihi Caesareo facti sunt munere cives,
   nec famulos totidem suspicor esse tibi.
sed pedicaris, sed pulchre, Naevole, ceves.
   iam iam tu prior es, Naevole, vincis: have.

cinicone; benché il bagnino solo
a luce spenta t'ammetta ad entrare
insieme alle puttane che lavorano
all'ombra dei sepolcri, e per te agosto
sia ancora pieno inverno ed il suo caldo
pestifero non ti possa sgelare:
tu dopo ben duecento vedovanze
osi sperare in un marito e pensi
follemente che a un uomo possa prudergli
per la tua cenere? Allora potrebbe
volere Sattia [13]. Chi ti chiamerà
sposa, compagna, se già ti chiamava
nonna Matusalemme? Se ti piace
fare solleticare il tuo cadavere
si affitti un letto delle pompe funebri,
il solo che convenga alle tue nozze,
ed accenda le torce alla sposina
l'addetto ai roghi: soltanto una fiaccola
funeraria può entrarti nella fica.

94. *La lepre mal cotta*

«La lepre è cruda» gridi e vuoi la frusta.
Meglio il cuoco a pezzetti che la lepre.

95. *Il primato di Nevolo*

Non mi saluti mai per primo, sempre
rispondi al mio saluto, quando pure
il corvo spesso saluta per primo.
E perché mai lo pretendi da me,
dimmelo, Nevolo; perché non credo
che tu sia meglio di me o mi preceda.
Entrambi i Cesari m'hanno premiato
lodandomi e accordandomi i diritti
di tre paternità. Molti mi leggono
e la fama fa correre il mio nome
per le città senza che ancora muoia.
E aggiungi ancora che Roma m'ha visto
tribuno militare e che a teatro
seggo nei posti di dove i commessi
t'alzano su: che i cittadini liberi
che Cesare ha fatto su mia preghiera
son più di quanti tu non abbia schiavi.
Ma tu lo prendi in culo, tu dimeni
magistralmente le chiappe. Il primato
è tuo, Nevolo, vinci e vai con dio.

XCVI.

Lingis, non futuis meam puellam
et garris quasi moechus et fututor.
si te prendero, Gargili, tacebis.

XCVII.

Ne legat hunc Chione, mando tibi, Rufe, libellum
   carmine laesa meo est, laedere et illa potest.

XCVIII.

Sit culus tibi quam macer, requiris?
pedicare potes, Sabelle, culo.

XCIX.

Irasci nostro non debes, cerdo, libello.
   ars tua non vita est carmine laesa meo.
innocuos permitte sales. cur ludere nobis
   non liceat, licuit si iugulare tibi?

C.

Cursorem sexta tibi, Rufe, remisimus hora
   carmina quem madidum nostra tulisse reor:
imbribus inmodicis caelum nam forte ruebat.
   non aliter mitti debuit ille liber.

96. *Se ti prendo...*

Lecchi la mia ragazza, non la chiavi,
e poi ti vanti chiavatore e adultero.
Se ti prendo, Gargilio, starai zitto.

97. *A Rufo*

Eccoti il mio libretto, Rufo, attento
che non lo legga Chione.
Ferita dai miei versi può ferirmi.

98. *Il culo magro*

Vuoi sapere, Sabello, quant'è magro
il tuo culo? Potresti
andarci in culo.

99. *Cerdo*

Non te la prendere col mio libretto,
ciabattino, avrò offeso il tuo mestiere
non certo la tua vita. Lascia fare,
le mie punzecchiature sono innocue.
E poi se per te è lecito sgozzare
per me sarebbe proibito scherzare?

100. *Il libro lavato*

T'ho spedito un corriere all'ora sesta
e credo t'abbia portato i miei versi
bagnato fradicio, Rufo; a quell'ora
infatti diluviava. Questo libro
non potevo mandartelo altrimenti [14].

Note

[1] Il testo ha «citaredo», lo strapagato cantautore di allora.   [2] Alla maggiore età il ragazzo indossava la toga virile e si faceva per la prima volta la barba.   [3] Nerone aveva decretato che ai *clientes* fossero dati, anziché la cena, cento soldi. Domiziano aveva ripristinato l'uso della cena. Marziale vorrebbe cena e soldi.   [4] Vi si trovavano molte sculture e oggetti d'arte.   [5] Solito giochetto sui due significati di gallo, abitante della Gallia e sacerdote evirato di Cibele.   [6] Zoilo ha l'anello da cavaliere, ma era stato schiavo.   [7] Atreo, per vendetta contro il fratello Tieste, gli fece servire le carni dei suoi due figli. Il sole si velò per l'orrore.   [8] Città dell'Appennino romagnolo, patria di Plauto.   [9] Antonio fece uccidere Cicerone, Potino uccise Pompeo.   [10] Affluenti del Po. L'ultimo verso è un gioco sulle parole greche *argoi nautai*, pigri marinai.   [11] Ad agosto le fedeli di Iside portavano un fallo al tempio di Venere Ericina.   [12] Giochetto sulle parole greche *palin ourein*, pisciare una seconda volta.   [13] Nobile romana morta a 99 anni, sotto Claudio.   [14] La pioggia lava le sudicerie.

Liber IV

I.

Caesaris alma dies et luce sacratior illa
    conscia Dictaeum qua tulit Ida Iovem,
longa, precor, Pylioque veni numerosior aevo
    semper et hoc voltu vel meliore nite.
hic colat Albano Tritonida multus in auro
    perque manus tantas plurima quercus eat;
hic colat ingenti redeuntia saecula lustro
    et quae Romuleus sacra Tarentos habet.
magna quidem, superi, petimus sed debita terris:
    pro tanto quae sunt inproba vota deo?

II.

Spectabat modo solus inter omnes
nigris munus Horatius lacernis,
cum plebs et minor ordo maximusque
sancto cum duce candidus sederet.
toto nix cecidit repente caelo:
albis spectat Horatius lacernis.

III.

Aspice quam densum tacitarum vellus aquarum
    defluat in voltus Caesaris inque sinus.
indulget tamen ille Iovi, nec vertice moto
    concretas pigro frigore ridet aquas,
sidus Hyperborei solitus lassare Bootae
    et madidis Helicen dissimulare comis.
quis siccis lascivit aquis et ab aethere ludit?
    suspicor has pueri Caesaris esse nives.

Libro quarto

1. *Il compleanno di Domiziano*

Giorno lieto di Cesare, più sacro
della luce cui l'Ida consapevole [1]
portò Giove Ditteo, ti prego torna
tante volte quante non ne contò
il vegliardo di Pilo e splendi sempre
col volto d'oggi e anche più. Molte volte
onori la Tritonide Minerva
con l'oro albano e molta quercia passi
per le sue grandi mani, celebrare
possa a grandi intervalli i Secolari
e presiedere ai riti sacri in Campo
Marzio. Chiedo miracoli, celesti,
ma li dovete al mondo: per un dio
simile non c'è augurio che sia troppo.

2. *Orazio*

In tutto il circo, vestito di scuro
c'era soltanto Orazio,
in mezzo ai cavalieri, ai senatori,
ai semplici plebei, tutti intonati
allo stesso impeccabile candore
del santo Imperatore.
Ma cadde a un tratto dal cielo la neve:
ed ecco, Orazio è vestito di bianco.

3. *Chi gioca in cielo?*

Guarda che spesso vello bianco d'acqua
congelata cresce sul volto e il petto
di Cesare! Ma lui non se la prende
con Giove Pluvio, lui non batte ciglio
e se la ride dell'acqua indurita
dal gelo, avvezzo a sfidare la stella
iperborea di Boote e guardare
l'Orsa sciogliere i madidi capelli.
Chi gioca lassù in cielo con quest'acqua
asciutta? Forse queste son le nevi
del figlioletto di Cesare [2].

IV.

Quod siccae redolet palus lacunae,
crudarum nebulae quod Albularum,
piscinae vetus aura quod marinae,
quod pressa piger hircus in capella,
lassi vardaicus quod evocati,
quod bis murice vellus inquinatum,
quod ieiunia sabbatariarum,
maestorum quod anhelitus reorum,
quod spurcae moriens lucerna Ledae,
quod ceromata faece de Sabina,
quod volpis fuga, viperae cubile,
mallem quam quod oles olere, Bassa.

V.

Vir bonus et pauper linguaque et pectore verus,
   quid tibi vis urbem qui, Fabiane, petis?
qui nec leno potes nec comissator haberi
   nec pavidos tristi voce citare reos
nec potes uxorem cari corrumpere amici
   nec potes algentes arrigere ad vetulas,
vendere nec vanos circa Palatia fumos
   plaudere nec Cano plaudere nec Glaphyro:
unde miser vives? «homo certus, fidus amicus»
   hoc nihil est: numquam sic Philomelus eris.

VI.

Credi virgine castior pudica
et frontis tenerae cupis videri,
cum sis inprobior, Malisiane,
quam qui compositos metro Tibulli
in Stellae recitat domo libellos.

VII.

Cur, here quod dederas, hodie, puer Hylle, negasti,
   durus tam subito qui modo mitis eras?
sed iam causaris barbamque annosque pilosque.
   o nox quam longa es quae facis una senem!
quid nos derides? here qui puer, Hylle, fuisti,

4. *La puzza di Bassa*

Il fetore di un acquitrino in secca,
delle nebbie sulfuree delle Albule,
d'un vivaio marino andato a male,
d'un caprone che monta una capretta,
delle scarpe d'un veterano stanco,
della lana gettata nella porpora
per due volte, del fiato delle donne
che digiunano il sabato, dell'ansito
dei rei confessi, della lucernetta
moribonda della sudicia Leda,
d'una volpe che fugge, d'un covile
di vipera,
li preferisco alla tua puzza, Bassa.

5. *Povero e buono*

Povero e buono, sincero di cuore
e di parola, che vieni a cercare,
Fabiano, a Roma? Tu che non sai fare
il ruffiano, né il compagnone d'orgia,
non sai citare in giudizio con voce
tremenda gli imputati, né sedurre
la moglie d'un amico, né arrazzarti
per vecchie gelide, né vender fumo
spacciandoti per introdotto a Corte
e nemmeno applaudire musicanti
tipo Cano o Glafiro; di che cosa,
infelice, vivrai? «Sono un amico
fedele, un uomo vero.»
      Questo è niente:
tu non diventerai Matusalemme.

6. *Il rossore*

Malisiano, vuoi essere creduto
più casto di una vergine, sul punto
di arrossire per un nonnulla: tu
che sei più sporcaccione del poeta
declamante canzoni priapee
in distici elegiaci.

7. *Notte lunga*

Quel che ieri m'hai dato, Illo, mi neghi
oggi; perché tu che eri tanto mite
sei diventato duro all'improvviso?
Ma mi porti a pretesti barba e peli
ed anni. O notte lunga, lunga tanto
da invecchiarti! Perché mi prendi in giro?

dic nobis, hodie qua ratione vir es?

VIII.

Prima salutantes atque altera conterit hora,
    exercet raucos tertia causidicos,
in quintam varios extendit Roma labores,
    sexta quies lassis, septima finis erit,
sufficit in nonam nitidis octava palaestris,
    imperat extructos frangere nona toros:
hora libellorum decuma est, Eupheme, meorum,
    temperat ambrosias cum tua cura dapes
et bonus aetherio laxatur nectare Caesar
    ingentique tenet pocula parca manu.
tunc admitte iocos: gressun metire licenti
    ad matutinum, nostra Thalia, Iovem?

IX.

Sotae filia clinici, Labulla,
deserto sequeris Clytum marito
et donas et amas: ἔχεις ἀσώτως.

X.

Dum novus est nec adhuc rasa mihi fronte libellus
    pagina dum tangi non bene sicca timet,
i puer et caro perfer leve munus amico
    qui meruit nugas primus habere meas.
curre, sed instructus: comitetur Punica librum
    spongea: muneribus convenit illa meis.
non possunt nostros multae, Faustine, liturae
    emendare iocos: una litura potest.

XI.

Dum nimium vano tumefactus nomine gaudes
    et Saturninum te, miser, esse pudet,
impia Parrhasia movisti bella sub ursa,
    qualia qui Phariae coniugis arma tulit.

Sino a ieri fanciullo, come mai
oggi sei uomo?

8. *Le ore*

L'ora prima, con la seconda, sfiacca
i clienti che vanno ad ossequiare,
la terza mette in moto gli avvocati,
Roma si dà da fare in vario modo
sino alla quinta, la sesta è la siesta
che termina alla settima, l'ottava
ci vuole unti in palestra, poi la nona
ordina a tutti di mettersi a tavola:
l'ora decima è quella dei miei libri,
Eufemo [3], quando tu apparecchi ambrosia
e il buon imperatore si rilassa
con nettare celeste e nella mano
possente tiene un piccolo bicchiere.
Ammetti allora i miei scherzetti, Talia
la mia musa non osa presentarsi
a salutare Giove la mattina.

9. *Labulla*

Labulla, figlia del medico Sòtade,
lasci il marito per seguire Clito,
gli fai dono di te, del tuo danaro:
non è un agire da figlia di Sòtade [4].

10. *La spugna*

Finché il libretto è nuovo e non ancora
passato a pomice, finché le pagine
non ancora ben secche hanno paura
d'esser toccate, va, ragazzo, e porta
questo piccolo dono a un caro amico
che merita ricevere per primo
le mie sciocchezze. Corri, ma munito
del necessario: s'accompagni al libro
una spugna africana, conveniente
al mio regalo. Le cancellature
non possono correggere i miei scherzi:
solo un colpo di spugna lo può fare.

11. *Saturnino*

Troppo orgoglioso del tuo nome, Antonio,
ma vergognoso d'essere soltanto
Saturnino, hai promosso un'empia guerra
– lassù al Nord, sotto la stella polare –
simile a quella accesa dal marito

excideratne adeo fatum tibi nominis huius,
    obruit Actiaci quod gravis ira freti?
an tibi promisit Rhenus quod non dedit illi
    Nilus, et Arctois plus licuisset aquis?
ille etiam nostris Antonius occidit armis,
    qui tibi conlatus, perfide, Caesar erat.

XII.

Nulli, Thaï, negas, sed si te non pudet istud,
    hoc saltem pudeat, Thaï, negare nihil.

XIII.

Claudia, Rufe, meo nubit Peregrina Pudenti:
    macte esto taedis, o Hymenaee, tuis.
tam bene rara suo miscentur cinnama nardo,
    Massica Theseis tam bene vina favis;
nec melius teneris iunguntur vitibus ulmi,
    nec plus lotos aquas, litora myrtus amat.
candida perpetuo reside, Concordia, lecto,
    tamque pari semper sit Venus aequa iugo:
diligat illa senem quondam, sed et ipsa marito
    tum quoque, cum fuerit, non videatur anus.

XIV.

Sili, Castalidum decus sororum,
qui periuria barbari furoris
ingenti premis ore perfidosque
astus Hannibalis levisque Poenos
magnis cedere cogis Africanis:
paulum seposita severitate,
dum blanda vagus alea December
incertis sonat hinc et hinc fritillis
et ludit tropa nequiore talo,
nostris otia commoda Camenis,
nec torva lege fronte, sed remissa
lascivis madidos iocis libellos.
sic forsan tener ausus est Catullus
magno mittere Passerem Maroni.

dell'egiziana. A questo punto avevi
dimenticato il destino dell'uomo
rovinato dal promontorio d'Azio?
O forse il Reno ti promise quello
che il Nilo non concesse all'altro Antonio?
Maggior licenza è data alle acque artiche?
Cedette alle nostre armi il vero Antonio
sebbene in tuo confronto fosse Cesare.

12. *Taide*

Non si nega a nessuno Taide, almeno
si vergogni di non negare nulla.

13. *Un matrimonio*

Rufo, va sposa Claudia Pellegrina
al mio Pudente, siano benedette
le tue faci, Imeneo. Mai così bene
si unisce il raro cinnamomo al nardo
che par fatto per lui, mai così bene
il miele greco si congiunge al Massico,
né meglio si maritano le viti
tenere all'olmo, né il loto ama più
l'acqua e il mirto le spiagge. Tu, Concordia,
presidia eternamente il loro letto;
e Venere sia sempre favorevole
a una coppia così bene assortita.
La moglie ami il marito anche da vecchio
ed ella a suo marito
non sembri vecchia quando lo sarà.

14. *A Silio Italico*

Onore delle nove Muse, Silio,
che con voce tonante controbatti
gli spergiuri d'un barbaro furore
e costringi le furberie d'Annibale
e i Punici bugiardi a soggiacere
al nostro grande Scipione Africano,
deponi per un po' l'austerità:
mentre dicembre porta in giro l'àlea
seducente del gioco e risuonare
di qui e di là fa i bossoli dei dadi
e gioca canagliescamente a tropa [5].
Dedica un poco del tuo tempo libero
alla mia Musa, leggi i miei libretti
pieni di scherzi osceni a fronte piana,
ridente e non crucciata. Così forse
il tenero Catullo osò mandare
al gran Virgilio il poema del passero.

XV.

Mille tibi nummos hesterna luce roganti
    in sex aut septem, Caeciliane, dies
«non habeo» dixi: sed tu causatus amici
    adventum lancem paucaque vasa rogas.
stultus es? an stultum me credis, amice? negavi
    mille tibi nummos, milia quinque dabo?

XVI.

Privignum non esse tuae te, Galle, novercae
    rumor erat, coniunx dum fuit illa patris.
non tamen hoc poterat vivo genitore probari.
    iam nusquam pater est, Galle, noverca domi est.
magnus ab infernis revocetur Tullius umbris
    et te defendat Regulus ipse licet,
non potes absolvi: nam quae non desinit esse
    post patrem, numquam, Galle, noverca fuit.

XVII.

Facere in Lyciscam, Paule, me iubes versus,
quibus illa lectis rubeat et sit irata.
o Paule, malus es: irrumare vis solus.

XVIII.

Qua vicina pluit Vipsanis porta columnis
    et madet adsiduo lubricus imbre lapis,
in iugulum pueri, qui roscida tecta subibat,
    decidit hiberno praegravis unda gelu:
cumque peregisset miseri crudelia fata,
    tabuit in calido volnere mucro tener.
quid non saeva sibi voluit Fortuna licere?
    aut ubi non mors est, si iugulatis aquae?

XIX.

Hanc tibi Sequanicae pinguem textricis alumnam,
    quae Lacedaemonium barbara nomen habet,

15. *Il prestito*

Ceciliano, m'hai chiesto ieri in prestito
mille sesterzi per sei giorni o sette.
Ti dissi: «Non ce l'ho». Ma tu adducendo
a pretesto l'arrivo d'un amico
mi domandi un vassoio e qualche vaso.
Tu sei matto o mi credi matto, amico.
Te ne ho negato mille, adesso credi
che ne dia cinquemila?

16. *La matrigna*

Si diceva che tu, Gallo, non fossi
proprio un figliastro per la tua matrigna:
questo quand'era moglie di tuo padre.
Ma nessuno poteva dimostrarlo
finché tuo padre era in vita; ma adesso
lui se ne è andato e lei rimane in casa.
Si chiami dall'inferno Cicerone
e ti difenda Regolo in persona
non ti si assolverebbe: una matrigna
che resta tale a babbo morto, Gallo,
non è mai stata una matrigna vera.

17. *Licisca*

Paolo, che vuoi da me? Che scriva versi
contro Licisca, per farla arrossire,
nel leggerli, di rabbia? Vuoi goderti
da solo i suoi pompini.

18. *Il ghiacciolo omicida*

Là dove sgocciola un'arcata accanto
al portico d'Agrippa e il lastricato
è scivoloso per l'assidua pioggia,
l'acqua mutata dal gelo in pesante
ghiacciolo taglia la gola a un fanciullo
che passava lì sotto: quella lama
dopo avere trafitto il poveretto
si sciolse nella ferita bruciante.
Cosa non si permette la Fortuna
atroce, dove non si cela morte
quando l'acqua medesima ti sgozza?

19. *La tuta*

Ti mando questa tuta, questa «endromida»
(per dirla alla spartana), veste barbara
e spessa, fatta da una tessitrice

sordida, sed gelido non aspernanda Decembri
    dona, peregrinam mittimus endromida: —
seu lentum ceroma teris tepidumve trigona
    sive harpasta manu pulverulenta rapis,
plumea seu laxi partiris pondera follis
    sive levem cursu vincere quaeris Athan —
ne madidos intret penetrabile frigus in artus
    neve gravis subita te premat Iris aqua.
ridebis ventos hoc munere tectus et imbris
    nec sic in Tyria sindone tutus eris.

XX.

Dicit se vetulam, cum sit Caerellia pupa.
    pupam se dicit Gellia, cum sit anus.
ferre nec hanc possis, possis, Colline, nec illam:
    altera ridicula est, altera putidula.

XXI.

Nullos esse deos, inane caelum
adfirmat Segius: probatque, quod se
factum, dum negat haec, videt beatum.

XXII.

Primos passa toros et adhuc placanda marito
    merserat in nitidos se Cleopatra lacus,
dum fugit amplexus. sed prodidit unda latentem;
    lucebat, totis cum tegeretur aquis:
condita sic puro numerantur lilia vitro,
    sic prohibet tenuis gemma latere rosas.
insilui mersusque vadis luctantia carpsi
    basia: perspicuae plus vetuistis aquae.

XXIII.

Dum tu lenta nimis diuque quaeris
quis primus tibi quisve sit secundus,
Graium quos epigramma conparavit,

lungo la Senna, regalo da poco
ma da non disprezzarsi nel dicembre
ghiacciato: sia che tu frequenti piste
unte d'olio o ti slanci su un pallone
tiepido a forza di toccarlo o prendi
la pallaovale in mano tra la polvere
o colpisci coi pugni il palloncino
leggero o aspiri a vincere alla corsa
il velocissimo Ata. Questa tuta
impedirà che il freddo penetrante
s'insinui nelle tue membra sudate
o che uno scroscio improvviso t'inzuppi.
T'infischierai del vento e della pioggia
coperto dal mio dono, più sicuro
che avvolto nella mussola di Tiro.

20. *Cerellia e Gellia*

Si dice una vecchietta ma è una bimba
Cerellia; Gellia si dice una bimba
ma è una vecchia. Non posso sopportare
l'una né l'altra, Collino, la prima
è ridicola l'altra disgustosa.

21. *Il bestemmiatore*

Segio dice che i Numi non esistono,
che il cielo è vuoto. Lo dimostra: visto
che bestemmiando è diventato ricco.

22. *Cleopatra*

Dopo la prima notte, non ancora
domata dal marito, per fuggire
altri amplessi Cleopatra s'era immersa
in un laghetto limpido. Ma l'acqua
la tradiva, più se ne ricopriva
più splendeva: così puoi numerare
i gigli chiusi dentro un puro vetro,
così il fine cristallo non permette
di celarsi alle rose.
                    Mi tuffai
ed immerso nell'onda trafugai
dei baci riluttanti: trasparenti
acque, voi mi vietaste d'andar oltre.

23. *Gli epigrammisti greci*

Mentre piena di dubbi ti domandi
a lungo, Talia, chi sia il primo e chi
il secondo dei due poeti greci

palmam Callimachus, Thalia, de se
facundo dedit ipse Brutiano.
qui si Cecropio satur lepore
Romanae sale luserit Minervae,
illi me facias, precor, secundum.

XXIV.

Omnes quas habuit, Fabiane, Lycoris amicas
    extulit: uxori fiat amica meae.

XXV.

Aemula Baianis Altini litora villis
    et Phaethontei conscia silva rogi,
quaeque Antenoreo Dryadum pulcherrima Fauno
    nupsit ad Euganeos Sola puella lacus,
et tu Ledaeo felix Aquileia Timavo,
    hic ubi septenas Cyllarus hausit aquas:
vos eritis nostrae requies portusque senectae,
    si iuris fuerint otia nostra sui.

XXVI.

Quod te mane domi toto non vidimus anno,
    vis dicam quantum, Postume, perdiderim?
tricenos, puto, bis, vicenos ter, puto, nummos.
    ignosces: togulam, Postume, pluris emo.

XXVII.

Saepe meos laudare soles, Auguste, libellos.
    invidus ecce negat: num minus ergo soles?
quid quod honorato non sola voce dedisti
    non alius poterat quae dare dona mihi?
ecce iterum nigros conrodit lividus ungues.
    da, Caesar, tanto tu magis, ut doleat.

che l'epigramma rendeva rivali,
spontaneamente lo stesso Callimaco
dette la palma al facondo Bruziano.
Venisse in mente a lui sazio di spirito
attico di scherzare alla romana,
ti prego, Musa, fammi suo secondo.

24. *Licoride*

Le amiche di Licoride son tutte
sotto terra, Fabiano: diventasse
amica di mia moglie!

25. *Il diritto al riposo*

Rive d'Altino, che rivaleggiate
con le ville di Baia, selva dove
fu il rogo di Fetonte e tu fanciulla [6]
Solana, la più bella delle Driadi,
maritata col fauno padovano
lungo le rive del tuo lago euganeo,
e tu Aquileia, lieta del Timavo
sacro ai figli di Leda, i due Dioscuri,
alle cui sette bocche bevve il loro
cavallo; voi sarete il mio rifugio,
il porto della mia vecchiaia, posto
che mi si accordi il diritto al riposo.

26. *Costa di più la toga*

Per non esser venuto a visitarti
mai la mattina in un anno, sai dirmi,
Postumo, quanto ho perso? Forse il doppio,
penso, di trenta sesterzi od il triplo
di venti. Non me ne volere, Postumo,
mi costa più una toga da strapazzo.

27. *L'invidioso*

Cesare Augusto, lodi i miei libretti
sovente, ma lo nega un invidioso:
per questo tu li loderai di meno?
Tu che mi hai reso onore non soltanto
a parole ma con regali quali
nessun altro che te poteva farmi.
Si roda le unghie sporche per la rabbia
quella carogna e tu, Cesare, dammi
di più perché di più ancora si roda.

XXVIII.

Donasti tenero, Chloe, Luperco
Hispanas Tyriasque coccinasque,
et lotam tepido togam Galaeso,
Indos sardonychas, Scythas zmaragdos,
et centum dominos novae monetae:
et quidquid petit usque et usque donas.
vae glabraria, vae tibi misella:
nudam te statuet tuus Lupercus.

XXIX.

Opstat, care Pudens, nostris sua turba libellis
    lectoremque frequens lassat et implet opus.
rara iuvant: primis sic maior gratia pomis,
    hibernae pretium sic meruere rosae;
sic spoliatricem commendat fastus amicam
    ianua nec iuvenem semper aperta tenet.
saepius in libro numeratur Persius uno
    quam levis in tota Marsus Amazonide.
tu quoque de nostris releges quemcumque libellis,
    esse puta solum: sic tibi pluris erit.

XXX.

Baiano procul a lacu, monemus,
piscator, fuge, ne nocens recedas.
sacris piscibus hae natantur undae,
qui norunt dominum manumque lambunt
illam, qua nihil est in orbe maius.
quid quod nomen habent et ad magistri
vocem quisque sui venit citatus?
hoc quondam Libys impius profundo,
dum praedam calamo tremente ducit,
raptis luminibus repente caecus
captum non potuit videre piscem,
et nunc sacrilegos perosus hamos
Baianos sedet ad lacus rogator.
at tu, dum potes, innocens recede
iactis simplicibus cibis in undas,
et pisces venerare delicatos.

XXXI.

Quod cupis in nostris dicique legique libellis
    et nonnullus honos creditur iste tibi,

28. *A Cloe*

Hai donato a Luperco, un ragazzino,
lane di Spagna tinte di scarlatto
e porpora, una toga messa a bagno
nel tiepido Galeso, poi sardoniche
indïane, smeraldi della Scizia
e cento talleri nuovi fiammanti:
qualsiasi cosa chieda gliela dai.
Mannaggia a te, cacciatrice d'implumi,
il tuo Luperco ti spoglierà nuda [7].

29. *Il troppio stroppia*

Caro Pudente, nuoce ai miei libretti
l'abbondanza, un eccesso di epigrammi
sazia e stanca il lettore. Invece piacciono
le rarità: per questo le primizie
vanno per la maggiore e nell'inverno
le rose costano care, perciò
l'amante che ti spoglia coi suoi «no»
si fa apprezzare; porta sempre aperta
non tiene i giovanotti. È più stimato
Persio, l'autore d'un unico libro,
che Marso con l'intera sua *Amazonide*.
Perciò se leggi un mio libretto, pensalo
come unico, ti piacerà di più.

30. *Stai lontano da Baia*

T'avverto, pescatore, stai lontano
da Baia, prima di scapparne via
reo d'un misfatto. Le acque son percorse
da pesci sacri qui che riconoscono
il padrone e ne baciano la mano,
la maggiore del mondo. Ognuno ha un nome
ed ognuno alla voce del padrone
corre quando è chiamato. Un giorno un Libico
in quest'acqua profonda prende un pesce;
mentre l'empio lo tira con la tremula
lenza a sé fatto cieco d'improvviso
non vede più quello che ha preso: adesso
maledicendo l'amo suo sacrilego
siede elemosinando sulla riva
di Baia. Vai via dunque senza colpa
finché lo puoi, getta in acqua bocconi
privi d'insidie e venera quei pesci.

31. *Ippodàmia*

Vuoi che ti si menzioni e ti si legga
nei miei versi, lo reputi un onore

ne valeam si non res est gratissima nobis
  et volo te chartis inseruisse meis.
sed tu nomen habes averso fonte sororum
  inpositum, mater quod tibi dura dedit;
quod nec Melpomene, quod nec Polyhymnia possit
  nec pia cum Phoebo dicere Calliope.
ergo aliquod gratum Musis tibi nomen adopta:
  non semper belle dicitur «Hippodame».

XXXII.

Et latet et lucet Phaethontide condita gutta,
  ut videatur apis nectare clusa suo.
dignum tantorum pretium tulit illa laborum:
  credibile est ipsam sic voluisse mori.

XXXIII.

Plena laboratis habeas cum scrinia libris,
  emittis quare, Sosibiane, nihil?
«edent heredes» inquis «mea carmina.» quando?
  tempus erat iam te, Sosibiane, legi.

XXXIV.

Sordida cum tibi sit, verum tamen, Attale, dicit,
  quisquis te niveam dicit habere togam.

XXXV.

Frontibus adversis molles concurrere dammas
  vidimus et fati sorte iacere pari.
spectavere canes praedam, stupuitque superbus
  venator cultro nil superesse suo.
unde leves animi tanto caluere furore?
  sic pugnant tauri, sic cecidere viri.

XXXVI.

Cana est barba tibi, nigra est coma: tinguere barbam
  non potes – haec causa est – et potes, Ole, comam.

di qualche peso; che mi venga un colpo
se non mi fa piacere, se non voglio
trovarti un posto in mezzo alle mie carte!
Ma a te hanno dato un nome che non entra
nella fontana delle Muse, imposto
da una madre ignorante, impronunziabile
da Melpomene come da Polimnia
e da Calliope, pure se aiutate
da Febo stesso. Adotta quindi un nome
gradevole alle Muse, non è sempre
bello dire Ippodàmia [8].

32. *L'ape nell'ambra*

Un'ape chiusa in una goccia d'ambra
vi splende e insieme vi si cela come
sepolta nel suo miele. Ha avuto un premio
degno del suo lavoro: lei medesima
si direbbe, ha voluto questa morte.

33. *Sosibiano*

Hai le scansie piene di manoscritti
ma non pubblichi nulla, Sosibiano.
«Li stamperanno i miei eredi» dici.
Quando? Sarebbe finalmente l'ora
di leggerti!

34. *La toga di Attalo*

Ha un bell'essere sporca la tua toga,
dice la verità chi la pretende
tale e quale alla neve [9].

35. *Le cerbiatte*

Abbiamo visto due cerbiatte timide
affrontarsi e cozzare e cader morte
vittime d'egual sorte. I cani stettero
a guardare la preda, il cacciatore
feroce si stupì che al suo coltello
non rimanesse da far nulla. Come
dolci anime bruciarono di rabbia
tale? I tori combattono così,
così gli eroi han saputo morire.

36. *Barba e capelli*

Hai barba bianca e capelli nerissimi,
Olo, ed ecco perché:
è difficile tingere la barba.

XXXVII.

«Centum Coranus et ducenta Mancinus,
trecenta debet Titius, hoc bis Albinus,
decies Sabinus alterumque Serranus;
ex insulis fundisque tricies soldum,
ex pecore redeunt ter ducena Parmensi»:
totis diebus, Afer, hoc mihi narras
et teneo melius ista quam meum nomen.
numeres oportet aliquid, ut pati possim:
cotidianam refice nauseam nummis:
audire gratis, Afer, ista non possum.

XXXVIII.

Galla, nega: satiatur amor nisi gaudia torquent:
  sed noli nimium, Galla, negare diu.

XXXIX.

Argenti genus omne conparasti,
et solus veteres Myronos artes
solus Praxitelus manum Scopaeque,
solus Phidiaci toreuma caeli,
solus Mentoreos habes labores.
nec desunt tibi vera Gratiana
nec quae Callaico linuntur auro
nec mensis anaglypta de paternis.
argentum tamen inter omne miror
quare non habeas, Charine, purum.

XL.

Atria Pisonum stabant cum stemmate toto
  et docti Senecae ter numeranda domus;
praetulimus tantis solum te, Postume, regnis:
  pauper eras et eques sed mihi consul eras.
tecum ter denas numeravi, Postume, brumas:
  communis nobis lectus et unus erat.
iam donare potes, iam perdere, plenus honorum,
  largus opum: expecto, Postume, quid facias.

37. *Le ricchezze di Afro*

«Cento Corano, duecento Mancino,
trecentomila me li deve Tizio
e Albino il doppio, un milione Sabino
e un altro Serrano. Appartamenti
e campagne mi danno tre milioni
tondi l'anno e le greggi nel Parmense
seicentomila.»
                Tutti i santi giorni
Afro, mi parli delle tue ricchezze
che ormai conosco meglio del mio nome.
Ora paga, se vuoi che ti sopporti,
medica la mia nausea quotidiana
coi soldi; non sto più a sentirti gratis.

38. *L'amore strazia*

Galla mi dice no. L'amore sazia
se un pochino non strazia.
Galla, non mi straziare troppo a lungo.

39. *Il collezionista di argenti*

Hai messo insieme argenti di ogni tipo,
sei solo a possedere pezzi antichi
di Mirone, lavori di Prassitele
e di Scopas, oggetti cesellati
da Fidia assieme ad opere di Mèntore.
Né ti mancano vasellami autentici
di Grazio, piatti aurati di Galizia,
mobili aviti pieni di rilievi.
Ma mi stupisce che fra tanti argenti
che tu tocchi nessuno più sia puro.

40. *Postumo ha imbrogliato*

Quand'era in piedi l'atrio dei Pisoni [10]
con la sua galleria degli antenati
ed era in piedi la casa del dotto
Seneca coi suoi tre nomi gloriosi
ho preferito te, soltanto te,
Postumo, a questi potenti patroni:
eri povero, appena cavaliere
ma un console per me. Con te ho veduto,
Postumo, trenta inverni: avevi un letto
solamente, ce lo dividevamo.
Ora puoi fare doni, puoi scialare,
pieno di onori, pieno di ricchezze:
e io voglio sapere cosa fai.
Non fai nulla: per me è già troppo tardi

nil facis et serum est alium mihi quaerere regem.
   hoc, Fortuna, placet? «Postumus inposuit.»

XLI.

Quid recitaturus circumdas vellera collo?
   conveniunt nostris auribus ista magis.

XLII

Si quis forte mihi possit praestare roganti,
   audi, quem puerum, Flacce, rogare velim.
Niliacis primum puer hic nascatur in oris:
   nequitias tellus scit dare nulla magis.
sit nive candidior: namque in Mareotide fusca
   pulchrior est quanto rarior iste color.
lumina sideribus certent mollesque flagellent
   colla comae: tortas non amo, Flacce, comas.
frons brevis atque modus leviter sit naribus uncis,
   Paestanis rubeant aemula labra rosis.
saepe et nolentem cogat nolitque volentem,
   liberior domino saepe sit ille suo;
et timeat pueros, excludat saepe puellas:
   vir reliquis, uni sit puer ille mihi.
«iam scio, nec fallis: nam me quoque iudice verum est.
   talis erat» dices «noster Amazonicus.»

XLIII.

Non dixi, Coracine, te cinaedum:
non sum tam temerarius nec audax
nec mendacia qui loquar libenter.
si dixi, Coracine, te cinaedum,
iratam mihi Pontiae lagonam,
iratum calicem mihi Metili:
iuro per Syrios tibi tumores,
iuro per Berecyntios furores.
quid dixi tamen? hoc leve et pusillum,
quod notum est, quod et ipse non negabis:
dixi te, Coracine, cunnilingum.

XLIV.

Hic est pampineis viridis modo Vesbius umbris,
   presserat hic madidos nobilis uva lacus:

per cercarmi un diverso protettore.
È questo che tu vuoi, Fortuna? «Postumo –
rispondi – m'ha imbrogliato.»

41. *Il cattivo lettore*

Perché prima di leggere
t'avvoltoli la sciarpa intorno al collo?
Starebbe meglio attorno ai nostri orecchi.

42. *Un ragazzo*

Se ci fosse qualcuno al mondo in grado
di soddisfare un desiderio, Flacco,
senti che ragazzino chiederei.
In primis che sia nato in riva al Nilo,
terra la più pervertita di tutte.
Poi che sia bianco come neve, tinta
tanto più bella in quanto molto rara
tra gli Egiziani bruni. Gli occhi splendano
come stelle, le chiome gli flagellino
il collo; non mi piacciono arricciate.
Fronte piccola, naso poco curvo,
labbra rosse che sfidino le rose
di Pesto. M'ecciti se non ho voglia,
mi respinga se ho voglia; si consideri
libero sempre, più del suo padrone;
si guardi dai ragazzi, alle ragazze
chiuda spesso la porta, uomo per tutti,
ragazzo per me solo. «Ho già capito –
mi dici – e a mio giudizio non ti sbagli:
è proprio tale e quale il mio Amazonico.»

43. *Coracino*

Coracino, non t'ho chiamato frocio;
non sono tanto temerario e audace
e non mi piace dire le bugie.
Se mai t'ho detto frocio, Coracino,
possa io bere il veleno di Ponzia [11]
o quello della coppa di Metilio:
lo giuro per l'idropisia dei Siri,
per la follia dei preti di Cibele.
Che cosa ho detto allora? Sciocchezzuole
note a tutti: che tu lecchi la fica.

44. *Sotto il vulcano*

Ecco il Vesuvio, un tempo verdeggiante
di folte vigne, un tempo produttore

haec iura, quam Nysae colles plus Bacchus amavit,
  hoc nuper Satyri monte dedere choros.
haec Veneris sedes, Lacedaemone gratior illi,
  hic locus Herculeo nomine clarus erat.
cuncta iacent flammis et tristi mersa favilla:
  nec superi vellent hoc licuisse sibi.

XLV.

Haec tibi pro nato plena dat laetus acerra,
  Phoebe, Palatinus munera Parthenius,
ut qui prima novo signat quinquennia lustro,
  impleat innumeras Burrus Olympiadas.
fac rata vota patris: sic te tua diligat arbor
  gaudeat et certa virginitate soror,
perpetuo sic flore mices, sic denique non sint
  tam longae Bromio quam tibi, Phoebe, comae.

XLVI.

Saturnalia divitem Sabellum
fecerunt: merito tumet Sabellus,
nec quemquam putat esse praedicatque
inter causidicos beatiorem.
hos fastus animosque dat Sabello
farris semodius fabaeque fresae,
et turis piperisque tres selibrae,
et Lucanica ventre cum Falisco,
et nigri Syra defruti lagona,
et ficus Libyca gelata testa
cum bulbis cocleisque caseoque.
Piceno quoque venit a cliente
parcae cistula non capax olivae,
et crasso figuli polita caelo
septenaria synthesis Sagunti,
Hispanae luteum rotae toreuma
et lato variata mappa clavo.
Saturnalia fructuosiora
annis non habuit decem Sabellus.

d'un eccellente vino: questo è il monte
che Bacco amò più dei colli di Nysa:
su queste balze i Satiri danzarono
in coro. E questa fu Pompei, città
prediletta da Venere, a lei cara
più della stessa Sparta:
e questa fu Ercolano, dedicata
al nome del grande Ercole.
Vedi, ora tutto è annerito, sommerso
dal fuoco e dalla cenere. Gli dèi
si pentono di quello che hanno fatto.

45. *Doni a Febo*

Partenio, il ciambellano del Palazzo,
t'offre di cuore questi doni, Febo,
a turiboli colmi per suo figlio,
perché compiuto il primo lustro ancora
conti Olimpiadi infinite. Esaudisci
questo voto del padre: così possa
l'albero che t'è sacro amarti sempre
e tua sorella godersi l'eterna
verginità, così tu possa splendere
di gioventù in eterno e possa Bacco
non avere capelli come i tuoi.

46. *I Saturnali di Sabello*

I Saturnali son venuti e andati
arricchendo Sabello, che ne è fiero
meritamente e si ritiene e dice
il più forte di tutti gli avvocati.
Tanto orgoglio a Sabello glielo danno
un mezzo moggio di farro e di fave,
tre mezze libbre d'incenso e di pepe,
una provvista di trippa e luganega,
una nera bottiglia di vincotto
della Siria, un vasetto di conserva
di fichi della Libia, del formaggio,
delle lumache, un mazzo di cipolle.
Infine da un cliente marchigiano
ha rimediato un cestello d'olive,
sette coppe d'argilla cesellata
di Sagunto, vero capolavoro
d'arte spagnola, e un tovagliolino
con i bordi di porpora.   Sabello
non ha avuto migliori Saturnali
almeno da dieci anni.

XLVII.

Encaustus Phaethon tabula tibi pictus in hac est.
    quid tibi vis, dipyrum qui Phaethonta facis?

XLVIII.

Percidi gaudes, percisus, Papyle, ploras.
    cur, quae vis fieri, Papyle, facta doles?
paenitet obscenae pruriginis? an magis illud
    fles, quod percidi, Papyle, desieris?

XLIX

Nescit, crede mihi, quid sint epigrammata, Flacce,
    qui tantum lusus illa iocosque vocat.
ille magis ludit qui scribit prandia saevi
    Tereos aut cenam, crude Thyesta, tuam,
aut puero liquidas aptantem Daedalon alas
    pascentem Siculas aut Polyphemon ovis.
a nostris procul est omnis vesica libellis
    Musa nec insano syrmate nostra tumet.
«illa tamen laudant omnes, mirantur, adorant.»
    confiteor: laudant illa sed ista legunt.

L.

Quid me, Thai, senem subinde dicis?
nemo est, Thai, senex ad irrumandum.

LI.

Cum tibi non essent sex milia, Caeciliane,
    ingenti late vectus es hexaphoro:
postquam bis decies tribuit dea caeca sinumque
    ruperunt nummi, factus es, ecce pedes.
quid tibi pro meritis et tantis laudibus optem?
    di reddant sellam, Caeciliane, tibi.

47. *L'encausto*

Hai dipinto Fetonte in questa tavola
all'encausto. Che cosa te ne viene
a bruciare Fetonte un'altra volta? [12].

48. *Papylo*

Godi a farti inculare ed inculato
piangi, Papylo. Sai dirmi perché
ti lamenti di ciò che t'è gradito?
Hai schifo di te stesso e piangi? O piangi
perché in un lampo tutto è già finito?

49. *Credimi, Flacco...*

Credimi, Flacco, non sa cosa sia
l'epigramma chi non ci vede altro
se non scherzi e sciocchezze. Ben più stolto
colui che scrive degli orrendi pranzi
di Tereo, della cena di Tieste [13]
delicato di stomaco, di Dedalo
che adatta al figlio ali di cera liquida,
di Polifemo che pascola il gregge
giù in Sicilia. Via, via dai miei libretti
vesciche vuote, la mia Musa mai
si pavoneggerà in abiti tragici.
«Ma quella roba tuttavia la ammirano
tutti, tutti la lodano, l'adorano.»
L'adorano ma leggono i miei versi.

50. *Nessuno è vecchio*

Taide, mi dici sempre che son vecchio.
Nessuno è vecchio per un bel pompino.

51. *La lettiga*

Quando non arrivavi neanche a seimila sesterzi, Ceciliano, andavi
per la città dentro una gran lettiga
con sei schiavi a portarti. Ora la cieca
Fortuna te ne ha dato due milioni,
i soldi t'hanno sfondato la borsa
ed ecco, vai a piedi. Cosa t'auguro
per le tue tante virtù e i tanti meriti?
Che gli dèi ti ridiano la lettiga.

LII.

Gestari iunctis nisi desinis, Hedyle, capris,
   qui modo ficus eras, iam caprificus eris.

LIII.

Hunc, quem saepe vides intra penetralia nostrae
   Pallados et templi limina, Cosme, novi
cum baculo peraque senem, cui cana putrisque
   stat coma et in pectus sordida barba cadit,
cerea quem nudi tegit uxor abolla grabati,
   cui dat latratos obvia turba cibos,
esse putas Cynicum deceptus imagine ficta:
   non est hic Cynicus, Cosme: quid ergo? canis.

LIV.

O cui Tarpeias licuit contingere quercus
   et meritas prima cingere fronde comas,
si sapis, utaris totis, Colline, diebus
   extremumque tibi semper adesse putes.
lanificas nulli tres exorare puellas
   contigit: observant quem statuere diem.
divitior Crispo, Thrasea constantior ipso
   lautior et nitido sis Meliore licet:
nil adicit penso Lachesis fusosque sororum
   explicat et semper de tribus una secat.

LV.

Luci, gloria temporum tuorum,
qui Caium veterem Tagumque nostrum
Arpis cedere non sinis disertis:
Argivas generatus inter urbes
Thebas carmine cantet aut Mycenas,
aut claram Rhodon aut libidinosae
Ledaeas Lacedaemonos palaestras:
nos Celtis genitos et ex Hiberis
nostrae nomina duriora terrae

52. *A Edilo*

Se non la smetti di farti portare
da un equipaggio di capri, i tuoi fichi
anali diverranno caprifichi.

53. *Il cinico*

Quel vecchio che tu vedi nel recinto
interno del santuario di Minerva
o sulla soglia del tempio d'Augusto
col bastone e la sacca e chioma bianca
e lercia, con la barba
lurida che gli cala giù sul petto,
quel vecchio che un robone unto riveste
e gli fa da coperta sul paglione,
quel vecchio che latrando implora cibo
ai passanti, potresti giudicarlo
dalle apparenze un filosofo cinico.
Non è un cinico, Cosmo, è un vero cane [14].

54. *Pregare non serve*

Tu che hai vinto l'alloro in Campidoglio,
Collino, e hai circondato per il primo
d'una corona meritata il capo,
fai buon uso delle ore d'ogni giorno,
se sei saggio, come se ognuno fosse
l'ultimo. Non è mai servito a nulla
pregare le sorelle filatrici:
quelle osservano il giorno stabilito.
Che tu sia ricco più di Crispo, fermo
più dello stesso Tràsea, raffinato
più dell'elegantissimo Migliore,
Làchesi non aggiungerà per questo
un filo alla tua lana, eternamente
attorce il fuso delle sue sorelle
e un'altra delle tre continuamente
taglia.

55. *A Lucio Liciniano*

Lucio, gloria del secolo, che vieti
che il bianco monte Caio e il nostro Tago
cedano il passo all'eloquente Arpino,
canti il poeta nato in città greche
Tebe e Micene, la splendente Rodi
o le palestre promiscue di Sparta
cara a Leda. Per quanto ci riguarda
noi nati dagli Iberici e dai Celti
non dobbiamo arrossire ricordando

grato non pudeat referre versu:
saevo Bilbilin optimam metallo,
quae vincit Chalybasque Noricosque,
et ferro Plateam suo sonantem,
quam fluctu tenui sed inquieto
armorum Salo temperator ambit,
tutelamque chorosque Rixamarum,
et convivia festa Carduarum,
et textis Peterin rosis rubentem,
atque antiqua patrum theatra Rigas,
et certos iaculo levi Silaos,
Turgontique lacus Perusiaeque,
et parvae vada pura Tvetonissae,
et sanctum Buradonis ilicetum,
per quod vel piger ambulat viator,
et quae fortibus excolit iuvencis
curvae Manlius arva Vativescae.
haec tam rustica, delicate lector,
rides nomina? rideas licebit,
haec tam rustica malo, quam Butuntos.

LVI.

Munera quod senibus viduisque ingentia mittis,
    vis te munificum, Gargiliane, vocem?
sordidius nihil est, nihil est te spurcius uno,
    qui potes insidias dona vocare tuas:
sic avidis fallax indulget piscibus hamus,
    callida sic stultas decipit esca feras.
quid sit largiri, quid sit donare docebo,
    si nescis: dona, Gargiliane, mihi.

LVII.

Dum nos blanda tenent lascivi stagna Lucrini
    et quae pumiceis fontibus antra calent,
tu colis Argei regnum, Faustine, coloni,
    quo te bis decimus ducit ab urbe lapis.
horrida sed fervent Nemeaei pectora monstri,
    nec satis est Baias igne calere suo.
ergo sacri fontes et litora grata valete,
    Nympharum pariter Nereïdumque domus.

con versi pieni di riconoscenza
i duri nomi della nostra terra:
Bilbili senza pari per l'acciaio
tanto da vincere Cabìli e Nòrici,
Platea tutta sonante del suo ferro
che il Salo tempratore d'armi cinge
d'una corrente sottile ma inquieta,
Tutela e i balli dei Rixani, i pranzi
allegri dei Carduani, Peterina
rossa di rose intrecciate, e poi Riga
teatro antico dei padri, i Silài
dal giavellotto infallibile, i laghi
e di Turgonto e di Turasia, l'onda
pura di Teutonissa piccolina
e il sacro lecceto di Burado
nel quale anche il più pigro dei viandanti
se ne va a spasso e i campi della curva
Vativesca che Manlio ara con forti
tori. Lettore schizzinoso, ridi
di nomi tanto rustici? Fai pure.
Li preferisco a quello di Bitonto.

56. *Doni e trappole*

Gargiliano, ti credi generoso
e vuoi che te lo dica, perché copri
di regali le vedove e i vecchietti?
Ma nulla di più sordido e spilorcio
di te, che puoi definire regali
le tue trappole: l'amo ingannatore
stuzzica i pesci in questo stesso modo,
in questo stesso modo l'esca acchiappa
astutamente le stupide belve.
T'insegnerò che cosa sia donare,
che cosa sia la generosità
se non lo sai: Gargiliano, regala
qualcosa a me.

57. *Addio, sacre fontane*

Mentre qui mi trattengono le dolci
acque lascive del Lucrino e gli antri
scaldati dalle sorgenti vulcaniche,
tu te ne stai, Faustino, a coltivare
il regno del colono d'Argo [15] a venti
miglia da Roma. Ma ecco il solleone
che già s'infiamma orribile al suo colmo
e non basta che Baia sia già calda
solo del proprio fuoco. Così addio,
sacre fontane e grati lidi, casa
delle nereidi e insieme delle ninfe.

Herculeos colles gelida vos vincite bruma,
 nunc Tiburtinis cedite frigoribus.

LVIII.

In tenebris luges amissum, Galla, maritum.
 nam plorare pudet te, puto, Galla virum.

LIX.

Flentibus Heliadum ramis dum vipera repit,
 fluxit in opstantem sucina gemma feram:
quae dum miratur pingui se rore teneri,
 concreto riguit vincta repente gelu.
ne tibi regali placeas, Cleopatra, sepulchro,
 vipera si tumulo nobiliore iacet.

LX.

Ardea solstitio Castranaque rura petantur
 quique Cleonaeo sidere fervet ager,
cum Tiburtinas damnet Curiatius auras
 inter laudatas ad Styga missus aquas.
nullo fata loco possis excludere: cum mors
 venerit, in medio Tibure Sardinia est.

LXI.

Donasse amicum tibi ducenta, Mancine,
nuper superbo laetus ore iactasti.
quartus dies est, in schola poetarum
dum fabulamur, milibus decem dixti
emptas lacernas munus esse Pompullae,
sardonycha verum lineisque ter cinctum
duasque similes fluctibus maris gemmas
dedisse Bassam Caeliamque iurasti.
here de theatro, Pollione cantante,
cum subito abires, dum fugis, loquebaris,
hereditatis tibi trecenta venisse,
et mane centum, et post meridie centum.

Con la bruma gelata voi vincete
i colli sacri ad Ercole; ma adesso
arrendetevi al fresco tiburtino.

58. *Piangi al buio*

Piangi il marito morto solo al buio.
Ti vergogni di farlo apertamente.

59. *La vipera nell'ambra*

Una vipera andava per i rami
lagrimosi d'un pioppo ed una goccia
d'ambra fluì sulla bestia, la quale
meravigliandosi d'essere presa
dalla spessa rugiada si bloccò
rigida dentro l'improvviso gelo.
Cleopatra non inorgoglirti più
del tuo regale sepolcro: una vipera
ne possiede uno ancora più magnifico.

60. *Ai giorni del solstizio*

Ai giorni del solstizio guadagnate
le campagne di Castro oppure Ardea
o qualsivoglia terra sia bruciata
dalla costellazione del Leone,
l'aria di Tivoli l'ha condannata
la sorte di Curiazio, da quelle acque
tanto famose e tanto salutari
sprofondato nell'acqua dello Stige.
Da nessun luogo puoi tenerla fuori
la morte: quando arriva
ti fa terra bruciata anche di Tivoli.

61. *Taci finalmente!*

Ci hai detto poco fa, con viso lieto
e orgoglioso, Mancino, che un amico
t'ha riempito di grana. Parlavamo
del più e del meno quattro giorni fa
al Club di Poesia: raccontavi
che Pompulla t'aveva regalato
un mantello da diecimila scudi,
che Celia e Bassa avevano sganciato
una un occhio di tigre, l'altra due
acquemarine. Ieri sei scappato
in furia dal teatro, con Pollione [16]
in scena, borbottando che correvi
per un'eredità. Questa mattina
ancora un'altra eredità, stasera

quid tibi sodales fecimus mali tantum?
miserere iam crudelis et sile tandem.
aut, si tacere lingua non potest ista,
aliquando narra quod velimus audire.

LXII.

Tibur in Herculeum migravit nigra Lycoris,
 omnia dum fieri candida credit ibi.

LXIII.

Dum petit a Baulis mater Caerellia Baias,
 occidit insani crimine mersa freti.
gloria quanta perit vobis! haec monstra Neroni
 nec iussae quondam praestiteratis, aquae.

LXIV.

Iuli iugera pauca Martialis
hortis Hesperidum beatiora
longo Ianiculi iugo recumbunt:
lati collibus eminent recessus
et planus modico tumore vertex
caelo perfruitur sereniore
et curvas nebula tagente valles
solus luce nitet peculiari:
puris leniter admoventur astris
celsae culmina delicata villae.
hinc septem dominos videre montis
et totam licet aestimare Romam,
Albanos quoque Tusculosque colles
et quodcumque iacet sub urbe frigus,
Fidenas veteres brevesque Rubras,
et quod virgineo cruore gaudet
Annae pomiferum nemus Perennae.
illinc Flaminiae Salariaeque
gestator patet essedo tacente,
ne blando rota sit molesta somno,
quem nec rumpere nauticum celeuma
nec clamor valet helciariorum,
cum sit tam prope Mulvius sacrumque
lapsae per Tiberim volent carinae.
hoc rus, seu potius domus vocanda est,
commendat dominus: tuam putabis,

una terza.
          Che male abbiamo fatto?
Pietà, crudele, taci finalmente!
E se non puoi tacere,
dicci almeno qualcosa che ci piaccia.

62. *Licori*

Licori tutta nera se ne è andata
a stare a Tivoli, la città d'Ercole,
pensa che lì tutto diventi bianco [17].

63. *Cerellia*

Una madre, Cerellia, navigando
verso Baia da Bacoli morì
travolta dalle onde. Quanta gloria
acque vi siete persa! Non avete
commesso un tale orrore neanche quando
ve lo ordinò Nerone [18].

64. *La casa sul Gianicolo*

La poca terra di Giulio Marziale [19]
si distende sul colle del Gianicolo
più lieta dei giardini delle Esperidi.
Il colle è terrazzato, la sua cima
pianeggiante e appena arrotondata
gode d'un cielo più sereno: quando
la nebbia copre il fondovalle splende
lui solo nella luce e il chiaro tetto
dell'alta casa si leva con grazia
verso stelle abbaglianti, nitidissime.
Di qui puoi dominare i sette colli,
vedere a colpo d'occhio tutta Roma,
Frascati, i monti Albani, la frescura
degli orti suburbani, la borgata
di Grottarossa, l'antica Fidene
e il fertile pomario di Perenna
innaffiato col sangue delle vergini.
Eccoti, in fondo, Flaminia e Salaria
percorse da carrozze silenziose:
quassù non turba il tuo sonno tranquillo
il chiasso delle ruote, né i comandi
cadenzati del capociurma e i gridi
dei facchini, sebbene Ponte Milvio
sia lì a due passi e le navi saettino
quasi volando lungo il sacro Tevere.
Questa villa in campagna (meglio, forse,
dire villa in città) te la fa cara
il suo padrone: puoi crederla tua

tam non invida tamque liberalis,
tam comi patet hospitalitate:
credas Alcinoi pios Penates
aut facti modo divitis Molorchi.
vos nunc omnia parva qui putatis,
centeno gelidum ligone Tibur
vel Praeneste domate pendulamque
uni dedite Setiam colono,
dum me iudice praeferantur istis
Iuli iugera pauca Martialis.

LXV.

Oculo Philaenis semper altero plorat.
quo fiat istud quaeritis modo? lusca est.

LXVI.

Egisti vitam semper, Line, municipalem,
    qua nihil omnino vilius esse potest.
Idibus et raris togula est excussa Kalendis
    duxit et aestates synthesis una decem.
saltus aprum, campus leporem tibi misit inemptum,
    silva gravis turdos exagitata dedit.
captus flumineo venit de gurgite piscis,
    vina ruber fudit non peregrina cadus.
nec tener Argolica missus de gente minister,
    sed stetit inculti rustica turba foci.
vilica vel duri conpressa est nupta coloni,
    incaluit quotiens saucia vena mero.
nec nocuit tectis ignis nec Sirius agris,
    nec mersa est pelago nec fuit ulla ratis.
subposita est blando numquam tibi tessera talo,
    alea sed parcae sola fuere nuces.
dic ubi sit decies, mater quod avara reliquit.
    nusquam est: fecisti rem, Line, difficilem.

LXVII.

Praetorem pauper centum sestertia Gaurus
    orabat cana notus amicitia,

tant'è liberalmente aperta, tanto
è generosa con l'ospite. Sembra
la casa santa del feace Alcinoo
o quella d'un Molorco fatto ricco.
Voi che stimate queste cose un nulla
andate a dissodare Palestrina
o la gelida Tivoli con cento
zappe, affidate a un unico colono
l'aerea Sezze: a tutto io preferisco
la poca terra di Giulio Marziale.

65. *Fileni*

Fileni piange con un occhio solo.
Che c'è di strano? È guercia.

66. *La vita di provincia*

Hai fatto sempre vita di provincia,
Lino, la meno costosa di tutte.
Una toga da poco, spolverata
una volta ogni mese, raramente
due volte, una vestaglia che ti dura
dieci estati. La macchia ti procura
cinghiali, la campagna lepri gratis,
neanche muovi le foglie nella selva
e giù bei tordi grassi. E i pesci arrivano
dai vortici del fiume ed una giara
rossa ti versa un vino fatto in casa.
Non tieni al tuo servizio un giovinetto
spedito dalla Grecia, ma una rustica
turba s'accalca attorno al focolare.
Ti sei fatta la moglie del fittavolo
o la perpetua ogni qual volta il vino
ha arroventato le tue vene gonfie.
Il fuoco casa tua non l'ha toccata
né Sirio ha danneggiato i tuoi raccolti,
né t'ha sommerso il mare bastimenti
che non avevi. Giochi alla *roulette*?
No, preferisci i dadi, con un pugno
di noci come posta. Dimmi allora
dov'è andato il milione di sesterzi
che t'ha lasciato la tua madre avara?
Sparito. Ne hai fatto una inverosimile!

67. *Cavaliere e cavallo*

Quel poveraccio di Gauro chiedeva
centomila sesterzi ad un pretore
cui lo legava un'antica amicizia;

dicebatque suis haec tantum desse trecentis,
    ut posset domino plaudere iustus eques.
  praetor ait «scis me Scorpo Thalloque daturum,
    atque utinam centum milia sola darem.»
  ah pudet ingratae, pudet ah male divitis arcae.
    quod non vis equiti, vis dare, praetor, equo?

LXVIII.

  Invitas centum quadrantibus et bene cenas.
    Vt cenem invitor, Sexte, an ut invideam?

LXIX.

  Tu Setina quidem semper vel Massica ponis,
    Papyle, sed rumor tam bona vina negat:
  diceris hac factus caeleps quater esse lagona.
    nec puto nec credo, Papyle, nec sitio.

LXX.

  Nihil Ammiano praeter aridam restem
  moriens reliquit ultimis pater ceris.
  fieri putaret posse quis, Marulline,
  ut Ammianus mortuum patrem nollet?

LXXI.

  Quaero diu totam, Safroni Rufe, per urbem,
    si qua puella neget: nulla puella negat.
  tamquam fas non sit, tamquam sit turpe negare,
    tamquam non liceat: nulla puella negat.
  casta igitur nulla est? sunt castae mille. quid ergo
    casta facit? non dat, non tamen illa negat.

LXXII.

  Exigis ut donem nostros tibi, Quinte, libellos.
    non habeo sed habet bybliopola Tryphon.
  «aes dabo pro nugis et emam tua carmina sanus?

e gli diceva che soltanto quelli
(poiché trecentomila ce li aveva)
gli mancavano al suo cavalierato
per poter applaudire in quello *status*
l'imperatore. «Sai che sono in debito
con Scorpo e Talio [20] – risponde il pretore
– e voglia il cielo che mi basti solo
un centone.» Vergogna sulla tua
cassaforte obliosa del passato
e maledetta, pretore! A un cavallo
dai quello che rifiuti a un cavaliere?

68. *Invito e invidia*

M'inviti a cento soldi e ceni bene.
Tu m'inviti solo perché t'invidii.

69. *Vedovo quattro volte*

Ci dai vino di Sezze oppure Massico,
Papylo, sempre, ma si dice in giro
che i tuoi vini non siano tanto buoni:
anzi, si dice che le tue bottiglie
t'abbiano quattro volte fatto vedovo.
Non lo so, non lo credo, non ho sete.

70. *Una corda*

Nient'altro che una corda nuda e cruda
ha lasciato ad Ammiano in testamento,
morendo, il padre. Avresti mai pensato
che Ammiano non volesse morto il padre?

71. *Nessuna dice no*

Sofronio Rufo, in tutta la città
cerco da tanto tempo una ragazza
che dica no: nessuna dice no.
Come fosse proibito, fosse turpe
o illecito, nessuna dice no.
Caste non ce ne sono più? Migliaia.
E cosa fa una casta? Non la dà,
e tuttavia non dice mai di no.

72. *Quinto insiste*

Tu insisti, Quinto, perché ti regali
i miei libri. Ma non ce li ho, ce li ha
il libraio Trifone. «Fossi matto
a comprare i tuoi versi, a dar quattrini

non» inquis «faciam tam fatue.» nec ego.

LXXIII.

Cum gravis extremas Vestinus duceret horas
    et iam per Stygias esset iturus aquas,
ultima volventis oravit pensa sorores,
    ut traherent parva stamina pulla mora,
iam sibi defunctus caris dum vivit amicis.
    moverunt tetricas tam pia vota deas.
tunc largas partitus opes a luce recessit
    seque mori post hoc credidit ille senem.

LXXIV.

Aspicis inbelles temptent quam fortia dammae
    proelia? tam timidis quanta sit ira feris?
in mortem parvis concurrere frontibus ardent.
    vis, Caesar, dammis parcere? mitte canes.

LXXV.

O felix animo, felix, Nigrina, marito
    atque inter Latias gloria prima nurus:
te patrios miscere iuvat cum coniuge census,
    gaudentem socio participique viro.
arserit Euhadne flammis iniecta mariti,
    nec minor Alcestin fama sub astra ferat:
tu melius: certo meruisti pignore vitae
    ut tibi non esset morte probandus amor.

LXXVI.

Milia misisti mihi sex bis sena petenti:
    ut bis sena feram bis duodena petam.

LXXVII.

Numquam divitias deos rogavi
contentus modicis meoque laetus:
paupertas, veniam dabis, recede.

per quattro stupidaggini – mi dici.
– Non sono così sciocco.» Ed io nemmeno.

73. *Vestino*

Arrivato Vestino all'ultima ora,
mentre stava per scendere allo Stige
pregò le tre sorelle che svolgevano
il suo gomitolo sino alla fine
di rallentare un poco i fili neri
per potersi occupare degli amici,
lui già morto ai propri occhi. Una preghiera
così cara commosse le tre dee.
Egli divise allora i propri beni
e abbandonò la luce; fatto questo
gli parve di morire in tarda età.

74. *Ancora cerbiatte*

Vedi con quanta furia le cerbiatte
benché imbelli combattono, che rabbia
scatena quelle timide bestiole?
Ardono dalla voglia di cozzare
con le fragili fronti a morte. Vuoi,
Cesare, risparmiarle? Manda i cani.

75. *Nigrina*

Felice per carattere, felice
di tuo marito, Nigrina, la prima,
la più gloriosa delle nostre spose!
Lieta hai voluto dividere i beni
paterni con il coniuge, l'hai fatto
socio e coerede. Salga al cielo il nome
di Evadne arsa sul rogo del marito
e goda di una fama non minore
Alcesti; ma tu meriti di più
che con un pegno certo dato in vita
senza morire hai provato il tuo amore.

76. *Dodici e ventiquattro*

Te ne chiedevo il doppio e mi hai mandato
solo seimila sesterzi: dovrò
domandartene allora ventiquattro.

77. *Il voto*

Non ho mai chiesto ricchezze agli dèi
lieto del poco e contento del mio,
eppure, povertà, te ne scongiuro

causast quae subiti novique voti?
pendentem volo Zoilum videre.

LXXVIII.

Condita cum tibi sit iam sexagensima messis
　et facies multo splendeat alba pilo,
discurris tota vagus urbe, nec ulla cathedra est
　cui non mane feras inrequietus Have;
et sine te nulli fas est prodire tribuno,
　nec caret officio consul uterque tuo;
et sacro decies repetis Palatia clivo
　Sigerosque meros Partheniosque sonas.
haec faciant sane iuvenes: deformius, Afer,
　omnino nihil est ardalione sene.

LXXIX.

Hospes eras nostri semper, Matho, Tiburtini.
　hoc emis. inposui: rus tibi vendo tuum.

LXXX.

Declamas in febre, Maron: hanc esse phrenesin
　si nescis, non es sanus, amice Maron.
declamas aeger, declamas hemitritaeos:
　si sudare aliter non potes, est ratio.
«magna tamen res est.» erras; cum viscera febris
　exurit, res est magna tacere, Maron.

LXXXI.

Epigramma nostrum cum Fabulla legisset
negare nullam quo queror puellarum,
semel rogata bisque terque neglexit
preces amantis. iam, Fabulla, promitte:
negare iussi, pernegare non iussi.

vattene via!
        Perché la novità
d'un voto simile? Voglio vedere
Zoilo impiccarsi per la gelosia.

78. *Il vecchio faccendiere*

Benché la sessantesima tua messe
sia già stata raccolta e la tua faccia
risplenda per il molto pelo bianco,
ti si vede scappare in su e in giù
per tutta la città e non c'è poltrona
di nobildonna alla quale al mattino
non porti frettoloso il tuo buongiorno.
Nessun tribuno può uscire di casa
senza di te, nessuno dei due consoli
fu mai privato della tua assistenza.
Dieci volte ti fai la scala santa
che va al sacro Palazzo, con in bocca
solo i nomi di Sìgero e Partenio [21].
Lascia correre i giovani: non c'è,
Afro, nulla che sia più disgustoso
d'un vecchio faccendiere.

79. *Mia e tua*

Matone, stavi sempre a casa mia
a Tivoli. La compri. T'ho fregato,
t'ho rivenduto quanto era già tuo.

80. *Il declamatore*

Hai la febbre e declami; se non sai
che questo è puro delirio sei pazzo,
Marone, amico mio. Declami sempre,
da malato, tremante di terzana,
cosa che è ragionevole soltanto
se non riesci a sudare in altro modo.
«Declamare è importante.» Sbagli, quando
la febbre arde le viscere è importante
solamente tacere.

81. *C'è un limite*

Fabulla, avendo letto l'epigramma
in cui deploro non vi sia ragazza
che dica no, pregata, una, due volte,
tre volte dall'amante dice no
di continuo. Rispondigli di sì,
Fabulla, ormai: t'ho detto di negarla
non di supernegarla.

LXXXII.

Hos quoque commenda Venuleio, Rufe, libellos
   inputet et nobis otia parva roga,
immemor et paulum curarum operumque suorum
   non tetrica nugas exigat aure meas.
sed nec post primum legat haec summumve trientem,
   sed sua cum medius proelia Bacchus amat.
si nimis est legisse duos, tibi charta plicetur
   altera: divisum sic breve fiet opus.

LXXXIII.

Securo nihil est te, Naevole, peius; eodem
   sollicito nihil est, Naevole, te melius.
securus nullum resalutas, despicis omnes,
   nec quisquam liber nec tibi natus homo est:
sollicitus donas, dominum regemque salutas,
   invitas. esto, Naevole, sollicitus.

LXXXIV.

Non est in populo nec urbe tota
a se Thaida qui probet fututam,
cum multi cupiant rogentque multi.
tam casta est, rogo, Thais? immo fellat.

LXXXV.

Nos bibimus vitro, tu murra, Pontice. quare?
   prodat perspicuus ne duo vina calix.

LXXXVI.

Si vis auribus Atticis probari,
exhortor moneoque te, libelle,
ut docto placeas Apollinari.
nil exactius eruditiusque est,
sed nec candidius benigniusque:
si te pectore, si tenebit ore,
nec rhonchos metues malignorum,

82. *Troppi due libri?*

Anche questi libretti raccomanda
a Venuleio, Rufo mio, pregandolo
di riservare a me qualche momento
di distensione; immemore, per poco,
di imbarazzi e di affari presti orecchio
non troppo arcigno alle mie sciocchezzuole.
E non le legga dopo il primo calice
né dopo l'ultimo, ma a metà, quando
Bacco è più favorevole. Gli sembrano
troppi due libri? Ne riavvolga uno:
divisa, l'opera sarà più breve.

83. *Rabbioso*

Niente peggio di te se sei tranquillo,
niente meglio di te se sei rabbioso,
Nevolo. Non saluti mai nessuno
se sei tranquillo, guardi tutti male,
per te non c'è nessuno che sia libero
anzi non c'è nessuno che sia uomo:
se sei rabbioso invece fai regali,
chiami il primo venuto re e padrone,
inviti. Sii rabbioso dunque, Nevolo.

84. *Castità di Taide*

In tutto il popolo di Roma
non c'è uno solo che possa vantarsi
d'aver fottuto Taide,
e sì che sono in tanti a supplicarla...
Casta? Per nulla affatto: specialista
in lavori di bocca.

85. *I due calici*

Noi beviamo nel vetro, tu in un vaso
murrino, perché nella trasparenza
non si nascondono vini diversi.

86. *L'esame*

Libretto mio, se vuoi l'esame attento
d'un orecchio che è attico davvero,
ti prego e ti consiglio di piacere
al dotto Apollinare, che nessuno
vince in erudizione, precisione,
purezza e onestà. Se ti terrà
sul petto e sulle labbra non dovrai
temere i risolini dei maligni

nec scombris tunicas dabis molestas.
si damnaverit, ad salariorum
curras scrinia protinus licebit,
inversa pueris arande charta.

LXXXVII.

Infantem secum semper tua Bassa, Fabulle,
    conlocat et lusus deliciasque vocat,
et, quo mireris magis, infantaria non est.
    ergo quid in causa est? pedere Bassa solet.

LXXXVIII.

Nulla remisisti parvo pro munere dona,
    et iam Saturni quinque fuere dies.
ergo nec argenti sex scripula Septiciani
    missa nec a querulo mappa cliente fuit,
Antipolitani nec quae de sanguine thynni
    testa rubet, nec quae cottana parva gerit,
nec rugosarum vimen breve Picenarum,
    dicere te posses ut meminisse mei?
decipies alios verbis voltuque benigno,
    nam mihi iam notus dissimulator eris.

LXXXIX.

Ohe, iam satis est, ohe, libelle,
iam pervenimus usque ad umbilicos.
tu procedere adhuc et ire quaeris,
nec summa potes in schida teneri,
sic tamquam tibi res peracta non sit,
quae prima quoque pagina peracta est.
iam lector queriturque deficitque,
iam librarius hoc et ipse dicit
«ohe, iam satis est, ohe, libelle».

né di farti cartoccio per gli sgombri
al cartoccio: se ti condannerà
sarà bene tu corra a perdifiato
sui banconi dei salumieri, buono
a farti scribacchiare sul di dietro,
al più, dai ragazzini.

87. *Il marmocchio*

La tua Bassa, Fabullo, gira sempre
con un marmocchio e lo chiama delizia,
tesoro mio; la cosa sembra strana
visto che lei non ama i bimbi. E allora?
La tua Bassa non fa che scorreggiare.

88. *Ti conosco...*

Non hai contraccambiato il mio modesto
regalo e siamo già nel quinto giorno
dei Saturnali. M'avessi mandato
sei pezzetti d'argento a basso conio
di Septiciano e una salvietta, dono
d'un cliente verboso, od un vasetto
insanguinato dal tonno di Antibes
o pieno di fichini della Siria,
o un panierino di olive picene,
così, tanto per dire che ti sei
ricordato di me! Corbella gli altri
a chiacchiere con quella faccia affabile,
oramai ti conosco, mascherina.

89. *Basta*

Basta, libretto, ohibò basta, ti dico,
siamo arrivati all'indice. E tu ancora
vorresti andare avanti e continuare
senza fermarti nell'ultima pagina,
come se avessi ancora da finire
quel che già era finito in prima pagina.
E il lettore ti lascia e si lamenta,
e persino il copista esclama: «Basta,
basta, libretto, ohibò basta, ti dico».

Note

[1] Giove fu partorito sull'Ida, in una caverna del monte Ditteo. Più sotto Minerva è detta Tritonide per essere nata in riva al lago Tritone. [2] Si allude qui alle campagne di Domiziano in Germania e a un figlio di Domiziano morto bambino. [3] Maggiordomo di Domiziano. [4] Soto in greco significa «conservo». [5] Dadi con sole quattro facce marcate invece di sei. [6] Ninfa del lago omonimo negli Euganei. [7] I Luperci, sacerdoti di Pan, in certi giorni correvano per la città nudi. [8] Significa «la cavalcatrice», il che

potrebbe essere un'allusione oscena. [9] Simile alla neve perché fredda. [10] Si allude alla congiura antineroniana dei Pisoni cui partecipò la casata degli Annei coi suoi tre illustri Seneca, Giulio Gallo e Pomponio Mela. [11] Famosa avvelenatrice. Sconosciuto invece è Metilio. [12] Fetonte arse col carro del sole. Poiché l'encausto è una pittura fatta con cera calda, dipingendolo lo si arderebbe una seconda volta. [13] Tereo mangiò il proprio figlio, Tieste pure. [14] Cinico in greco vuol dire «canino». [15] Tivoli sarebbe stata fondata da Catillo, profugo da Argo, ed era sacra ad Ercole. [16] Celebre citaredo. [17] Si attribuiva alle Acque Albule la virtù di sbianchire l'avorio. [18] Secondo Tacito, Nerone avrebbe tentato di far affogare la madre. [19] Giulio Marziale, amico e omonimo del poeta. Al pomario di Perenna, cui si accenna più sotto, si portavano i primi mestrui delle ragazze. [20] Famosi *drivers*. [21] Ministri di Domiziano.

Liber v

I.

Hoc tibi, Palladiae seu collibus uteris Albae,
  Caesar, et hinc Triviam prospicis, inde Thetin,
seu tua veridicae discunt responsa sorores,
  plana suburbani qua cubat unda freti,
seu placet Aeneae nutrix seu filia Solis
  sive salutiferis candidus Anxur aquis,
mittimus, o rerum felix tutela salusque,
  sospite quo gratum credimus esse Iovem.
tu tantum accipias: ego te legisse putabo
  et tumidus Galla credulitate fruar.

II.

Matronae puerique virginesque,
vobis pagina nostra dedicatur.
tu, quem nequitiae procaciores
delectant nimium salesque nudi,
lascivos lege quattuor libellos:
quintus cum domino liber iocatur;
quem Germanicus ore non rubenti
coram Cecropia legat puella.

III.

Accola iam nostrae Degis, Germanice, ripae,
  a famulis Histri qui tibi venit aquis,
laetus et attonitus viso modo praeside mundi,
  adfatus comites dicitur esse suos:
«sors mea quam fratris melior, cui tam prope fas est
  cernere, tam longe quem colit ille deum».

Libro quinto

1. Credulo come un gallo

Questo libro è per te, Cesare, sia
che tu ti goda le colline d'Alba
vedendo di qui il tempio di Diana
di là il mare, sia che tu ispiri oracoli
alle sorelle veritiere ad Anzio [1]
dove placida l'onda s'addormenta
intorno alla tua villa, sia che a te
piaccia stare a Gaeta o al Circeo
o a Terracina candida per le acque
salutari: è per te, te lo spedisco,
felice protettore dello Stato,
la cui salvezza agli occhi nostri prova
l'eterna gratitudine di Giove.
Degnati d'accettarlo; penserò
che l'abbia letto e tronfio sfoggerò
una credulità degna d'un Gallo.

2. Dedicato alle dame

Dame, fanciulle e vergini
questo libretto è dedicato a voi.
Tu che ti spassi con le porcherie
e le salacità più nude, leggi
i libri scollacciati, i primi quattro.
Il quinto scherza con il mio padrone:
lo legga senza arrossire Germanico
anche in presenza di Minerva.

3. Dalle acque del Danubio

L'abitatore della riva già
nostra, Germanico, è venuto qui
dalle acque ormai arrese del Danubio.
Lieto e stupito per avere visto
il padrone del mondo avrebbe detto
ai compagni: «Rispetto a mio fratello
quanto è migliore la mia sorte, io posso
vedere tanto da vicino il dio
che lui deve adorare di lontano».

IV.

Fetere multo Myrtale solet vino,
sed fallat ut nos, folia devorat lauri
merumque cauta fronde, non aqua miscet.
hanc tu rubentem prominentibus venis
quotiens venire, Paule, videris contra,
dicas licebit «Myrtale bibit laurum».

V.

Sexte, Palatinae cultor facunde Minervae,
   ingenio frueris qui propiore dei –
nam tibi nascentes domini cognoscere curas
   et secreta ducis pectora nosse licet –:
sit locus et nostris aliqua tibi parte libellis,
   qua Pedo, qua Marsus quaque Catullus erit.
ad Capitolini caelestia carmina belli
   grande cothurnati pone Maronis opus.

VI.

Si non est grave nec nimis molestum,
Musae, Parthenium rogate vestrum:
sic te serior et beata quondam
salvo Caesare finiat senectus
et sis invidia favente felix,
sic Burrus cito sentiat parentem:
admittas timidam brevemque chartam
intra limina sanctioris aulae.
nosti tempora tu Iovis sereni,
cum fulget placido suoque vultu,
quo nil supplicibus solet negare.
non est quod metuas preces iniquas:
numquam grandia nec molesta poscit
quae cedro decorata purpuraque
nigris pagina crevit umbilicis.
nec porrexeris ista, sed teneto
sic tamquam nihil offeras agasque.
si novi dominum novem sororum,
ultro purpureum petet libellum.

4. *Mìrtale*

Mìrtale sa di vino
ma perché non si senta tiene in bocca
foglie d'alloro; insomma non annacqua
il vino ma l'infoglia. Se la vedi
venirti avanti rossa, con le vene
gonfie, puoi dire che Mìrtale, Paolo
beve l'alloro [2].

5. *Un angolo*

Tu cultore facondo di Minerva
palatina, mio Sesto, che ti godi
da presso il genio dell'imperatore
divino, visto che ti fu concesso
conoscere sul nascere i pensieri
del padrone ed entrare nei segreti
suoi più riposti, trova ai miei libretti
un angolo da qualche parte, presso
Pedo, Marso e Catullo. Ma vicino
al canto celestiale della guerra [3]
capitolina poni la grande opera
del tragico Virgilio.

6. *Una preghiera*

Musa se non vi annoia e non vi pesa
dite così per me al vostro Partenio [4]:
«Possa una lunga e beata vecchiaia
mettere fine tardi alla tua vita
regnando sempre Cesare, e sia tu
felice col favore dell'invidia
persino: possa il tuo figliolo Burro
rendersi conto presto di che stoffa
suo padre è fatto. Ma tu ammetti queste
poche e timide carte entro la stanza
la più santa di tutte: lo sai bene
quando il Giove è sereno, quando splende
di bonomia il suo volto e non rifiuta
nulla a chi supplica. Tu non temere
richieste esagerate da foglietti
profumati di cedro, decorati
di porpora e arrotolati intorno
a bastoncini neri. Non lo porgere
ma tienilo con noncuranza in mano
come se non sapessi cosa farne.
Se conosco il padrone delle Muse
sarà lui stesso a chiedere il libretto».

VII.

Qualiter Assyrios renovant incendia nidos,
  una decem quotiens saecula vixit avis,
taliter exuta est veterem nova Roma senectam
  et sumpsit vultus praesidis ipsa sui.
iam precor oblitus notae, Vulcane, querelae
  parce: sumus Martis turba sed et Veneris:
parce, pater: sic Lemniacis lasciva catenis
  ignoscat coniunx et patienter amet.

VIII.

Edictum domini deique nostri,
quo subsellia certiora fiunt
et puros eques ordines recepit,
dum laudat modo Phasis in theatro,
Phasis purpureis ruber lacernis,
et iactat tumido superbus ore:
«tandem commodius licet sedere,
nunc est reddita dignitas equestris;
turba non premimur, nec inquinamur»:
haec et talia dum refert supinus,
illas purpureas et adrogantes
iussit surgere Leïtus lacernas.

IX.

Languebam: sed tu comitatus protinus ad me
  venisti centum, Symmache, discipulis.
centum me tetigere manus aquilone gelatae:
  non habui febrem, Symmache, nunc habeo.

X.

«Esse quid hoc dicam vivis quod fama negatur
  et sua quod rarus tempora lector amat?»
hi sunt invidiae nimirum, Regule, mores,
  praeferat antiquos semper ut illa novis.
sic veterem ingrati Pompei quaerimus umbram,
  sic laudant Catuli vilia templa senes,
Ennius est lectus salvo tibi, Roma, Marone;

7. *Una Roma nuova*

Siccome il fuoco rende nuovo il nido
assiro della Fenice ogni volta
che l'uccello ha vissuto dieci secoli,
così una Roma nuova ha assunto il volto
di colui che governa il suo destino
e si è tolta di dosso la vecchiaia.
Dimentica, Vulcano, le ben note
vicende, te ne prego: siamo gente
di Marte, siamo gente anche di Venere [5];
padre, perdonaci, la tua lasciva
sposa perdoni te, la tua catena
di Lemno e t'ami sempre fedelmente.

8. *A teatro*

Quell'editto del dio nostro e padrone
che fissa i posti con la precisione
dovuta e assegna gradinate scelte
ai cavalieri, Fasis lo lodava
a teatro, scarlatto in un mantello
di porpora, e gridava col vocione
gonfio d'orgoglio: «Adesso finalmente
si può sedere in maniera più comoda
e la dignità equestre è restaurata,
non siamo più pigiati e inquinati
dalla folla». Mentre così starnazza
bene spaparanzato, arriva Leito
che subito fa alzare quel mantello
scarlatto e arrogante.

9. *Il medico*

Ero malato, e tu
venisti a me coi tuoi cento discepoli,
cento mani gelate da Aquilone
che mi frugarono...
Io non avevo febbre. Ora ce l'ho.

10. *Pian piano*

«Come spieghi che si rifiuti ai vivi
la gloria e che soltanto pochi leggano
gli autori d'oggi?» È colpa dell'invidia,
che da sempre antepone il vecchio al nuovo.
Così andiamo a cercare scioccamente
l'ombra del porticato di Pompeo
perché antica, così i vecchioni ammirano
il brutto tempio di Lutazio Catulo [6].
E tu, Roma, ti dilettavi d'Ennio

          et sua riserunt saecula Maeoniden,
    rara coronato plausere theatra Menandro,
          norat Nasonem sola Corinna suum.
    vos tamen o nostri ne festinate libelli:
          si post fata venit gloria, non propero.

XI.

Sardonychas, zmaragdos, adamantas, iaspidas uno
     versat in articulo Stella, Severe, meus.
multas in digitis, plures in carmine gemmas
     invenies: inde est haec, puto, culta manus.

XII.

Quod nutantia fronte perticata
gestat pondera Masclion superbus,
aut grandis Ninus omnibus lacertis
septem quod pueros levat vel octo,
res non difficilis mihi videtur,
uno cum digito vel hoc vel illo
portet Stella meus decem puellas.

XIII.

Sum, fateor, semperque fui, Callistrate, pauper
     sed non obscurus nec male notus eques,
sed toto legor orbe frequens et dicitur «hic est,»
     quodque cinis paucis hoc mihi vita dedit.
at tua centenis incumbunt tecta columnis
     et libertinas arca flagellat opes,
magnaque Niliacae servit tibi gleba Syenes
     tondet et innumeros Gallica Parma greges.
hoc ego tuque sumus: sed quod sum non potes esse:
     tu quod es e populo quilibet esse potest.

XIV.

Sedere primo solitus in gradu semper
tunc, cum liceret occupare, Nanneius
bis excitatus terque transtulit castra,

quando Virgilio era già vivo; Omero
ai tempi suoi faceva quasi ridere;
Menandro era applaudito raramente
e raramente premiato; Corinna
era la sola a conoscere Ovidio.
Quanto a voi, miei libretti, niente fretta:
se la gloria verrà dopo la morte
sarà meglio procedere pian piano.

11. *La miniera*

Occhi di tigre, smeraldi, diaspri
e diamanti, Severo, il nostro Stella
porta alle dita. Trovi molte gemme
nelle sue dita ma ne troverai
nei suoi versi di più: lì la miniera
dove ha preso le gemme per le mani.

12. *Un dito solo*

Se Masclione è superbo di portare
pesi oscillanti sull'asta fissata
alla sua fronte, se il gigante Nino
coi suoi muscoli gonfi leva sette
ragazzi od otto, non ci vedo niente
di speciale: il mio Stella porta dieci [7]
ragazze a un dito solo, uno qualunque.

13. *Tu e io*

Lo confesso, Callistrato, son povero
e lo fui sempre, sono un cavaliere
non oscuro però, di buona fama,
son letto in tutto il mondo e chi mi vede
«È lui» dice. La gloria che la morte
ha dato a pochi a me la dà la vita.
Ma la tua grande casa poggia sopra
cento colonne, la tua cassaforte
contiene una ricchezza da liberto,
hai sterminate terre lungo il Nilo,
a Siene, e nella Gallia Cisalpina
Parma tosa per te greggi infinite.
Ecco che cosa siamo tu e io:
ma quel che sono io non lo puoi essere,
quel che sei tu può esserlo chiunque.

14. *Seduto e in piedi*

Seduto sempre in prima fila, sino
a che questo era lecito, Nanneio
scacciato due o tre volte ha traslocato,

et inter ipsas paene tertius sellas
post Gaiumque Luciumque consedit.
illinc cucullo prospicit caput tectus
oculoque ludos spectat indecens uno.
et hinc miser deiectus in viam transit,
subsellioque semifultus extremo
et male receptus altero genu iactat
equiti sedere Leïtoque se stare.

XV.

Quintus nostrorum liber est, Auguste, iocorum
  et queritur laesus carmine nemo meo,
gaudet honorato sed multus nomine lector,
  cui victura meo munere fama datur.
«quid tamen haec prosunt quamvis venerantia multos?»
  non prosint sane, me tamen ista iuvant.

XVI.

Seria cum possim, quod delectantia malo
  scribere, tu causa es, lector amice, mihi,
qui legis et tota cantas mea carmina Roma:
  sed nescis quanti stet mihi talis amor.
nam si falciferi defendere templa Tonantis
  sollicitisque velim vendere verba reis,
plurimus Hispanas mittet mihi nauta metretas
  et fiet vario sordidus aere sinus.
at nunc conviva est comissatorque libellus
  et tantum gratis pagina nostra placet.
sed non et veteres contenti laude fuerunt,
  cum minimum vati munus Alexis erat.
«belle» inquis «dixti: satis et laudabimus usque.»
  dissimulas? facies me, puto, causidicum.

XVII.

Dum proavos atavosque refers et nomina magna,
  dum tibi noster eques sordida condicio est,

e s'è andato a ficcare nello spazio
fra due sedili, in mezzo a Tizio e Caio.
Di qui, sporgendo il capo incappucciato,
s'affaccia e guarda miserabilmente
i giochi con un occhio solo. Espulso
anche di là si mette in corridoio
appoggiato alla fine dei sedili
con una chiappa: così può vantarsi
d'esser seduto in mezzo ai cavalieri
mentre per Leito sta diritto in piedi.

15. *Mi diverte*

Ed eccomi arrivato al quinto libro
di scherzi, Augusto, senza che nessuno
si sia mai lamentato dei miei versi,
anzi molti lettori son felici
d'esservi nominati, col regalo
assicurato d'una fama eterna.
«Che cosa ci guadagni tu, da tanti
regali?» Nulla, però mi diverte.

16. *Quanto mi costa*

Sei tu, lettore amico, la ragione
per cui potendo scrivere dei versi
seri li preferisco divertenti,
tu che li leggi e canti in tutta Roma:
ma non sai quanto costa tanto affetto.
Facessi l'avvocato del Tesoro
operando nel tempio di Saturno,
o fossi uno che vende le parole
agli imputati angosciati, vedresti
i marinai portarmi bei bidoni
d'olio di Spagna, e avrei la toga sporca
a forza di tenerci le palanche.
Ma il mio libretto è solo un commensale,
per ora, un buon compagno d'orgia, e i versi
piacciono solamente in quanto gratis.
Ma non s'accontentavano di lodi
i nostri antichi quando il bell'Alessi [8]
per un poeta era un regalo minimo.
«Parli bene; ti loderemo assai!»
mi dici. Finto tonto, mi farai
diventare avvocato.

17. *Un facchino*

E giù coi tuoi bisnonni e i tuoi trisnonni
e tutti i grandi nomi di famiglia,
e come ti sembrava cosa sordida

dum te posse negas nisi lato, Gellia, clavo
    nubere, nupsisti, Gellia, cistibero.

XVIII.

Quod tibi Decembri mense, quo volant mappae
gracilesque ligulae cereique chartaeque
et acuta senibus testa cum Damascenis,
praeter libellos vernulas nihil misi,
fortasse avarus videar aut inhumanus.
odi dolosas munerum et malas artes:
imitantur hamos dona: namque quis nescit
avidum vorata decipi scarum musca?
quotiens amico diviti nihil donat,
o Quintiane, liberalis est pauper.

XIX.

Si qua fides veris, praeferri, maxime Caesar,
    temporibus possunt saecula nulla tuis.
quando magis dignos licuit spectare triumphos?
    quando Palatini plus meruere dei?
pulchrior et maior quo sub duce Martia Roma?
    sub quo libertas principe tanta fuit?
est tamen hoc vitium sed non leve, sit licet unum,
    quod colit ingratas pauper amicitias.
quis largitur opes veteri fidoque sodali,
    aut quem prosequitur non alienus eques?
Saturnaliciae ligulam misisse selibrae
    flammarisve togae scripula tota decem
luxuria est, tumidique vocant haec munera reges:
    qui crepet aureolos forsitan unus erit.
quatenus hi non sunt, esto tu, Caesar, amicus:
    nulla ducis virtus dulcior esse potest.
iam dudum tacito rides, Germanice, naso
    utile quod nobis do tibi consilium.

XX.

Si tecum mihi, care Martialis,
securis liceat frui diebus,

il mio cavalierato, Gellia, degna
di sposare soltanto un senatore...
E alla fine hai sposato un facchino.

18. *Regali dei Saturnali*

Nel mese di dicembre, quando volano
dovunque tovaglioli, cucchiaini,
candeline di cera, bigliettini
d'auguri, vasi pieni di conserva
di prugne di Damasco, t'ho mandato
solo dei versi fatti in casa. Credi
che sia maleducato o tirchio? No,
odio l'arte insidiosa dei regali:
sono peggio degli ami. Chi non sa
come il pesce sia preso dalla mosca?
Quinziano, il povero che non regala
nulla a un amico ricco devi ammettere
che è proprio generoso.

19. *Un solo difetto*

Cesare massimo, se il vero è vero
mai nessun secolo vincerà il tuo.
Non si videro mai così grandiosi
trionfi, mai gli dèi del Palatino
meritarono più la gratitudine,
mai la marziale Roma fu maggiore,
fu più bella, mai tanta libertà
vi fu sotto altro principe. Però
c'è un difetto, uno solo e non leggero,
il povero non trova che amicizie
ingrate. Chi distribuisce a un vecchio
e fido amico le sue robe? Chi
si fa scortare da un suo cavaliere [9]?
Mandare ai Saturnali un cucchiaino
da mezza libbra o dieci monetine
d'oro, valore d'una toga, è folle
lusso: li chiamano regali i nostri
orgogliosi padroni. Dei quali uno
soltanto, forse, ti fa tintinnare
pezzi d'oro pesanti. Sii tu amico,
Cesare, al posto di costoro, visti
i fatti: non può esserci più dolce
virtù di principe. Ma tu da tempo,
Germanico, sorridi fra te e te,
poiché ti do un consiglio interessato.

20. *La vita vera*

Potessi, caro Marziale [10], godere
con te giorni tranquilli, a mio piacere

si disponere tempus otiosum
et verae pariter vacare vitae:
nec nos atria nec domos potentum
nec litis tetricas forumque triste
nossemus nec imagines superbas;
sed gestatio, fabulae, libelli,
campus, porticus, umbra, Virgo, thermae,
haec essent loca semper, hi labores.
nunc vivit necuter sibi, bonosque
soles effugere atque abire sentit,
qui nobis pereunt et inputantur.
quisquam vivere cum sciat, moratur?

XXI.

Quintum pro Decimo, pro Crasso, Regule, Macrum
   ante salutabat rhetor Apollodotus.
nunc utrumque suo resalutat nomine. Quantum
   cura laborque potest! Scripsit et edidicit.

XXII.

Mane domi nisi te volui meruique videre,
   sint mihi, Paule, tuae longius Esquiliae.
sed Tiburtinae sum proximus accola pilae,
   qua videt anticum rustica Flora Iovem:
alta Suburani vincenda est semita clivi
   et numquam sicco sordida saxa gradu,
vixque datur longas mulorum rumpere mandras
   quaeque trahi multo marmora fune vides.
illud adhuc gravius quod te post mille labores,
   Paule, negat lasso ianitor esse domi.
exitus hic operis vani togulaeque madentis:
   vix tanti Paulum mane videre fuit.
semper inhumanos habet officiosus amicos:
   rex, nisi dormieris, non potes esse meus.

disporre del mio tempo,
dividere con te la vita vera,
noi non conosceremmo certamente
le case dei potenti, le anticamere,
le liti tormentose, il tetro foro,
i superbi ritratti di famiglia,
bensì le librerie, le passeggiate,
le ciarle, il Campo di Marte, con l'ombra,
i portici, le terme, l'Acqua Vergine:
ecco le nostre occupazioni, i nostri
luoghi cari. Nessuno di noi due
però vive per sé; sente fuggire
e svanire per sempre i giorni, persi
e per di più messi sul nostro conto.
Perché perdere tempo se sai vivere?

21. *I nomi a mente*

Chiamava Quinto per Decimo, Macro
per Crasso Apollodoto salutandoli,
ora chiama ciascuno col suo nome.
Quanto non può il lavoro e la fatica!
Ha scritto i nomi e li ha imparati a mente.

22. *Dormi di più*

Se stamattina non ho avuto voglia
o non ho meritato di vederti
a casa tua, mi possano portare
ancora più lontano il tuo Esquilino.
Ma sto lì alla Colonna Tiburtina
dove l'agreste Flora guarda il vecchio
santuario di Giove, e arrampicarmi
mi tocca per la ripida salita
che porta alla Suburra, dai gradini
di pietre umide e sozze, a malapena
farmi strada fra le colonne lunghe
dei muletti e dei marmi che tu vedi
trascinare con molte funi. Infine,
quello che è peggio, quando sono stanco
dopo tante fatiche il portinaio
mi dice che tu a casa non ci sei.
Eccolo il frutto dei miei vani sforzi,
della mia povera toga bagnata
di sudore; il vederti stamattina,
Paolo, sì e no m'avrebbe compensato.
Cliente premuroso ha sempre amici
disumani. Vuoi essermi patrono?
Dormi di più al mattino.

XXIII.

Herbarum fueras indutus, Basse, colores,
    iura theatralis dum siluere loci.
quae postquam placidi censoris cura renasci
    iussit et Oceanum certior audit eques,
non nisi vel cocco madida vel murice tincta
    veste nites et te sic dare verba putas.
quadringentorum nullae sunt, Basse, lacernae
    aut meus ante omnis Cordus haberet equum.

XXIV.

Hermes Martia saeculi voluptas,
Hermes omnibus eruditus armis,
Hermes et gladiator et magister,
Hermes turba sui tremorque ludi,
Hermes, quem timet Helius, sed unum,
Hermes, cui cadit Advolans, sed uni,
Hermes vincere nec ferire doctus,
Hermes subpositicius sibi ipse,
Hermes divitiae locariorum,
Hermes cura laborque ludiarum,
Hermes belligera superbus hasta,
Hermes aequoreo minax tridente,
Hermes casside languida timendus,
Hermes gloria Martis universi,
Hermes omnia solus et ter unus.

XXV.

«Quadrigenta tibi non sunt, Chaerestrate: surge,
    Leïtus ecce venit: sta, fuge, curre, late.»
ecquis, io, revocat discedentemque reducit?
    ecquis, io, largas pandit amicus opes?
quem chartis famaeque damus populisque loquendum?
    quis Stygios non volt totus adire lacus?
hoc, rogo, non melius quam rubro pulpita nimbo
    spargere et effuso permaduisse croco?

23. *Non ci imbrogli*

Basso, vestivi del color dell'erba
quando la legge sui teatri ancora
non s'applicava. Rimessa in vigore
per cura d'un pacifico censore
ora che i cavalieri più sicuri
e autentici obbediscono ad Oceano [11],
tu risplendi in vestiti solo tinti
di scarlatto e di porpora e ti credi
d'imbrogliarci così. Ma non esiste
un mantello da quattrocentomila
sesterzi, o Cordo avrebbe il suo mantello
prima di tutti gli altri.

24. *A Ermes* [12]

Ermes gioia del secolo pei figli
di Marte, Ermes sapiente in ogni tipo
d'armi, maestro di scherma e gladiatore,
Ermes terrore
dei tuoi stessi seguaci, Ermes temuto
tu soltanto da Elio, tu soltanto
davanti al quale soccombe Advolante,
Ermes che senza ferire sai vincere,
Ermes che non hai per sostituto
che te medesimo, Ermes, fortuna
dei bagarini, angoscia delle donne
dei gladiatori, superbo con l'asta
bellicosa, tremendo col tridente
di Nettuno, terribile col casco
piumato, gloria di tutte le specie
di duelli, tu solo
tre volte unico.

25. *Cherestrato*

«Alzati su, Cherestrato, non hai
i quattrocentomila che ti servono;
ecco che arriva Leito! In piedi, scappa,
corri, nasconditi!» Ohibò, c'è qualcuno
che lo richiami e lo riporti indietro?
Ohibò, non c'è un amico che sia pronto
a offrirgli largamente il suo danaro?
Che nome scriverò nelle mie carte
per fare sì che il popolo lo lodi?
Chi non vuole sparire interamente
nel fiume Stige? Non sarebbe meglio
spendere i soldi in questo modo invece
di velare il proscenio d'una nuvola

quam non sensuro dare quadringenta caballo,
      aureus ut Scorpi nasus ubique micet?
o frustra locuples, o dissimulator amici,
      haec legis et laudas? quae tibi fama perit!

XXVI.

Quod alpha dixi, Corde, paenulatorum
te nuper, aliqua cum iocarer in charta,
si forte bilem movit hic tibi versus,
dicas licebit beta me togatorum.

XXVII.

Ingenium studiumque tibi moresque genusque
   sunt equitis, fateor: cetera plebis habes.
bis septena tibi non sint subsellia tanti,
   ut sedeas viso pallidus Oceano.

XXVIII.

Vt bene loquatur sentiatque Mamercus,
efficere nullis, Aule, moribus possis:
pietate fratres Curvios licet vincas,
quiete Nervas, comitate Rusones,
probitate Macros, aequitate Mauricos,
oratione Regulos, iocis Paulos:
robiginosis cuncta dentibus rodit.
hominem malignum forsan esse tu credas:
ego esse miserum credo, cui placet nemo.

XXIX.

Si quando leporem mittis mihi, Gellia, dicis:
   «formonsus septem, Marce, diebus eris».
si non derides, si verum, lux mea, narras,
   edisti numquam, Gellia, tu leporem.

rossa (effetti speciali) o profumare
il pubblico di zafferano? O dare
quei quattrocentomila ad un cavallo
che non ne sa un bel niente, perché luccichi [13]
dovunque il naso dorato di Scorpo?
Tu vanamente ricco, che rinneghi
l'amico, leggi questo e scioccamente
applaudi? Quanta gloria lasci perdere...

26. *Primo e secondo*

Tempo fa, Cordo, tanto per giocare
a graffiar carta, t'ho chiamato «principe
di tutti i portatori di mantello»;
se ti sei arrabbiato ti permetto
di chiamarmi il secondo dei togati.

27. *Alla vista di Ocèano*

Per cultura, costumi, sangue, spirito
saresti cavaliere, te lo ammetto,
il resto è da plebeo. Ma non dar tanto
valore a quelle quattordici file [14]
da sedervici pallido alla sola
vista di Ocèano.

28. *Un infelice*

Non potrai mai riuscire in alcun modo
e per nessun tuo merito a convincere
Mamerco a pensar bene e a dire bene,
Aulo, di te; potresti pure battere
in fatto di pietà i fratelli Curvi,
i Nerva nella calma, in cortesia
liberale i Rusoni, in probità
i Macri ed i Maurici in equità,
in eloquenza i Regoli e i Paoli
negli scherzi eleganti: lui rosicchia
tutti e tutto coi suoi denti cariati.
Tu lo credi malvagio forse, io credo
che un uomo cui non piace mai nessuno
sia solo un infelice.

29. *La lepre*

Mi regali una lepre, Gellia, e scrivi:
«Marziale, sarai bello sette giorni».
Forse mi prendi in giro, ma se dici
la verità, stella mia, ciò significa
che lepri tu non ne hai mangiato mai.

XXX.

Varro, Sophocleo non infitiande cothurno
  nec minus in Calabra suspiciende lyra,
differ opus nec te facundi scaena Catulli
  detineat cultis aut elegia comis;
sed lege fumoso non aspernanda Decembri
  carmina, mittuntur quae tibi mense suo:
commodius nisi forte tibi potiusque videtur
  Saturnalicias perdere, Varro, nuces.

XXXI.

Aspice quam placidis insultet turba iuvencis
  et sua quam facilis pondera taurus amet.
cornibus hic pendet summis, vagus ille per armos
  currit et in toto ventilat arma bove.
at feritas inmota riget: non esset harena
  tutior et poterant fallere plana magis.
nec trepidant gestus, sed de discrimine palmae
  securus puer est sollicitumque pecus.

XXXII.

Quadrantem Crispus tabulis, Faustine, supremis
  non dedit uxori. «cui dedit ergo?» sibi.

XXXIII.

Carpere causidicus fertur mea carmina: qui sit
  nescio: si sciero, vae tibi, causidice.

XXXIV.

Hanc tibi, Fronto pater, genetrix Flaccilla, puellam
  oscula commendo deliciasque meas,
parvola ne nigras horrescat Erotion umbras
  oraque Tartarei prodigiosa canis.

30. *Leggi i miei versi*

Varrone, non indegno del coturno
sofocleo e ammirabile
non meno con la lira calabrese,
sospendi il tuo lavoro. Non ti prendano
i mimi di Catullo [15] o l'elegia
dai riccioli ben pettinati. Leggi
piuttosto i versi miei, non disprezzabili
quando dicembre fa fumare i tetti
e che ti mando nel mese più adatto.
A meno che non preferisca perdere
giocandole, Varrone, le tue noci
dei Saturnali.

31. *Ragazzi e tori*

Guarda che banda di ragazzi sfotte
i placidi giovenchi e come il toro
sopporti il loro peso in tutta calma.
Uno s'appende alle sue corna, l'altro
corre su e giù per la sua schiena e agita
in aria le armi. Ma la fiera è rigida,
immobile, non è meno sicura
dell'arena; potresti incespicare
più facilmente su un terreno piano.
Nessun moto inconsulto, tutto è fermo:
ma sull'attribuzione della palma
il ragazzo è tranquillo, incerto il toro.

32. *Morte di Crispo*

Crispo non ha lasciato neanche un soldo
alla moglie, s'è preso tutto lui.

33. *Guai a te!*

Dicono che un avvocato
ce l'abbia coi miei versi e io non so
chi sia.
Ah, ma se mai lo saprò
guai a te, avvocato!

34. *Epitaffio a Erotion*

Padre Frontone, madre
Flaccilla: ecco
ve l'affido la mia delizia,
che la piccola Erotion non abbia paura
delle ombre nere e del muso
terribile del cane tartareo.

inpletura fuit sextae modo frigora brumae,
　　vixisset totidem ni minus illa dies.
inter tam veteres ludat lasciva patronos
　　et nomen blaeso garriat ore meum.
mollia non rigidus caespes tegat ossa nec illi,
　　terra, gravis fueris: non fuit illa tibi.

XXXV.

Dum sibi redire de Patrensibus fundis
ducena clamat coccinatus Euclides
Corinthioque plura de suburbano
longumque pulchra stemma repetit a Leda
et suscitanti Leïto reluctatur,
equiti superbo, nobili, locupleti
cecidit repente magna de sinu clavis.
numquam, Fabulle, nequior fuit clavis.

XXXVI.

Laudatus nostro quidam, Faustine, libello
　　dissimulat, quasi nil debeat: inposuit.

XXXVII.

Puella senibus dulcior mihi cycnis,
agna Galaesi mollior Phalantini,
concha Lucrini delicatior stagni,
cui nec lapillos praeferas Erythraeos
nec modo politum pecudis Indicae dentem
nivesque primas liliumque non tactum;
quae crine vicit Baetici gregis vellus
Rhenique nodos aureamque nitelam;
fragravit ore quod rosarium Paesti,
quod Atticarum prima mella cerarum,
quod sucinorum rapta de manu gleba;
cui conparatus indecens erat pavo,

Avrebbe appena veduto
le brume e i freddi del suo sesto inverno
solo avesse vissuto altri sei giorni.
Ma adesso giochi felice con voi
suoi antichi custodi
e balbetti il mio nome.
E le tenere ossa non ricopra
dura la zolla: a lei così ti prego,
terra,
com'ella lo fu a te, d'esser leggera.

35. *La chiave*

Euclide, tutto vestito di rosso,
proclamava a gran voce di ricevere
dai suoi possedimenti di Patrasso
duecentomila sesterzi e più ancora
dai fondi suburbani di Corinto,
facendo risalire sino a Leda
l'interminabile genealogia,
e intanto protestava contro Lèito
che lo voleva far alzare. Ed ecco
che a quel superbo, fiero, ricco, nobile
cavaliere cade improvvisamente
dalla tasca una chiave enorme. Mai,
Fabullo, ci fu chiave più maligna [16].

36. *Il finto tonto*

Un tizio che ho lodato in un mio libro
fa il finto tonto, quasi non mi fosse
debitore di nulla. Che imbroglione!

37. *Erotion*

Bambina dalla voce più armoniosa
al mio orecchio dei cigni
morenti, tenera più di un agnello
tarantino, squisita più di un'ostrica
del Lucrino, che avresti preferito
alle perle africane, al puro avorio
dell'elefante indiano, al giglio mai
sfiorato e alla neve intatta; lei
gloriosa d'una chioma che vinceva
le trecce delle renane, la lana
delle greggi spagnole, la pelliccia
d'oro del ghiro; lei cui profumava
l'alito come i roseti di Pesto,
il primo miele dei favi dell'Attica,
un pezzo d'ambra riscaldato in mano;
lei davanti alla quale era indecente

sexta peregit hieme, nec tamen tota,
quam pessimorum lex amara fatorum
adhuc recenti tepet Erotion busto,
inamabilis sciurus et frequens phoenix,
nostros amores gaudiumque lususque.
et esse tristem me meus vetat Paetus,
pectusque pulsans pariter et comam vellens:
«deflere non te vernulae pudet mortem?
ego coniugem» inquit «extuli et tamen vivo,
notam, superbam, nobilem, locupletem».
quid esse nostro fortius potest Paeto?
ducentiens accepit et tamen vivit.

XXXVIII.

Calliodorus habet censum – quis nescit? – equestrem,
   Sexte, sed et fratrem Calliodorus habet.
«quadringenta seca» qui dicit σῦκα μερίζει:
   uno credis equo posse sedere duos?
quid cum fratre tibi, quid cum Polluce molesto?
   non esset Pollux si tibi, Castor eras.
unus cum sitis, duo, Calliodore, sedebis?
   surge: σολοικισμόν, Calliodore, facis.
aut imitare genus Ledae – cum fratre sedere
   non potes –: alternis, Calliodore, sede.

XXXIX.

Supremas tibi triciens in anno
signanti tabulas, Charine, misi
Hyblaeis madidas thymis placentas.
defeci: miserere iam, Charine:
signa rarius, aut semel fac illud,
mentitur tua quod subinde tussis.
excussi loculosque sacculumque:
Croeso divitior licet fuissem,
Iro pauperior forem, Charine,
si conchem totiens meam comesses.

XL.

Pinxisti Venerem, colis, Artemidore, Minervam:
   et miraris opus displicuisse tuum?

il pavone, ben goffo lo scoiattolo,
uccello assai comune la Fenice;
Erotion è poca cenere oramai,
tiepida ancora, uccisa dalla legge
stolta d'un amarissimo destino
quando era ancora nel suo sesto inverno,
lei gioia mia, mio spasso, amore mio!
Ma Peto mi proibisce d'esser triste,
si batte il petto, si strappa i capelli:
«Non ti vergogni di piangere tanto
una schiavetta nata in casa? Ho perso
una moglie superba, ricca, nobile,
famosa eppure vivo!». Che gran forza
d'animo ha il nostro Peto! Ha ereditato
dei bei milioni eppure ancora vive.

38. *I fratelli*

Chi non lo sa che Calliodoro, Sesto,
ha censo equestre? Ci ha pure un fratello
però, spartire i quattrocentomila
è come dire fare un fico a mezzo:
si può sedere in due sopra un cavallo?
Che cos'hai da spartire, Calliodoro,
con tuo fratello, Pollùce molesto?
Senza Pollùce tu saresti Càstore [17].
Se siete uno vi sedete in due?
Alzati, questo sarebbe un errore.
Segui l'esempio dei figli di Leda,
se non potete accomodarvi insieme
fatelo a giorni alterni.

39. *Tasche vuote*

Carino, a te che trenta volte l'anno
fai testamento mando delle torte
dolci di miele siciliano al timo.
Errore! Abbi pietà, fai testamento
più raramente o fa' per una volta
quel che la tosse tua bugiarda invano
promette. Son ridotto a tasche vuote:
ma fossi stato ricco come Creso,
t'avessi solo mantenuto a fave
ogni volta che hai fatto testamento,
mi troverei più povero di Iro [18].

40. *Artemidoro*

Hai dipinto una Venere, devoto
tu di Minerva; e poi ti meravigli
che il lavoro non sia proprio piaciuto?

XLI.

Spadone cum sis eviratior fluxo,
et concubino mollior Celaenaeo,
quem sectus ululat matris entheae Gallus,
theatra loqueris et gradus et edicta
trabeasque et Idus fibulasque censusque,
et pumicata pauperes manu monstras.
sedere in equitum liceat an tibi scamnis
videbo, Didyme: non licet maritorum.

XLII.

Callidus effracta nummos fur auferet arca,
    prosternet patrios impia flamma lares:
debitor usuram pariter sortemque negabit,
    non reddet sterilis semina iacta seges:
dispensatorem fallax spoliabit amica,
    mercibus extructas obruet unda rates.
extra fortunam est quidquid donatur amicis:
    quas dederis solas semper habebis opes.

XLIII.

Thais habet nigros, niveos Laecania dentes.
    quae ratio est? emptos haec habet, illa suos.

XLIV.

Quid factum est, rogo, quid repente factum,
ad cenam mihi, Dento, quod vocanti, –
quis credat? – quater ausus es negare?
sed nec respicis et fugis sequentem,
quem thermis modo quaerere et theatris
et conclavibus omnibus solebas.
sic est, captus es unctiore mensa
et maior rapuit canem culina.
iam te, sed cito, cognitum et relictum
cum fastidierit popina dives,
antiquae venies ad ossa cenae.

41. Tra i mariti

Floscio più di un eunuco, molle più
del ragazzino Attis il cui nome
urla il prete castrato di Cibele
gran madre degli dèi,
tu non fai che parlare di teatri,
di posti numerati, bandi, editti,
bande di porpora, Idi, censi, fibbie [19],
e additi con la mano levigata
dalla pomice i poveri. Ti vedo
sedere tra i cavalieri e non so,
Didimo se t'è lecito far questo:
non t'è lecito stare tra i mariti.

42. Ho quel che ho donato

Un ladro furbo, forzata la cassa
ti fregherà il danaro, la tua casa
paterna la consumerà un incendio
irrispettoso, un debitore infame
ti negherà capitale e interessi,
sterili campi non ti renderanno
il seme che ci hai gettato, un'amante
spoglierà il tuo cassiere, inghiottirà
il mare le tue navi caricate
d'ogni bene. Ma fuori d'ogni rischio
è quello che regali ai tuoi amici:
avrai soltanto quello che hai donato.

43. I denti

Neri i denti di Taide, come neve
i denti di Leuconia. Sai perché?
La prima ha i suoi, la seconda li compra.

44. Dentone

Che t'è successo, dimmi, che è successo,
Dentone? T'ho invitato quattro volte
a cena e (chi lo crederebbe?) quattro
volte hai detto di no. E ora mi fuggi
senza voltarti indietro: mentre prima
mi cercavi alle terme, nei teatri,
nelle feste. È così; t'ha conquistato
una mensa più grassa, una cucina
più ricca, povero cane. Ma presto
sarai messo da parte, la cucina
ricca si stancherà di te, verrai
di nuovo agli ossi dell'antica cena.

XLV.

Dicis formonsam, dicis te, Bassa, puellam.
 istud quae non est dicere, Bassa, solet.

XLVI.

Basia dum nolo nisi quae luctantia carpsi
 et placet ira mihi plus tua quam facies,
ut te saepe rogem, caedo, Diadumene, saepe:
 consequor hoc, ut me nec timeas nec ames.

XLVII.

Numquam se cenasse domi Philo iurat, et hoc est:
 non cenat, quotiens nemo vocavit eum.

XLVIII.

Quid non cogit amor? secuit nolente capillos
 Encolpos domino, non prohibente tamen.
permisit flevitque Pudens: sic cessit habenis
 audaci questus de Phaethonte pater:
talis raptus Hylas, talis deprensus Achilles
 deposuit gaudens, matre dolente, comas.
sed tu ne propera – brevibus ne crede capillis –
 tardaque pro tanto munere, barba, veni.

XLIX.

Vidissem modo forte cum sedentem
solum te, Labiene, tres putavi.
calvae me numerus tuae fefellit:
sunt illinc tibi, sunt et hinc capilli
quales vel puerum decere possunt;
nudumst in medio caput nec ullus
in longa pilus area notatur.
hic error tibi profuit Decembri,
tunc cum prandia misit Imperator:
cum panariolis tribus redisti.
talem Geryonen fuisse credo.
vites censeo porticum Philippi:
si te viderit Hercules, peristi.

45. Bella e vergine

Bassa tu ti dichiari bella e vergine.
Chi lo dice di solito non lo è.

46. I baci

Non voglio baci se non quelli colti
a forza e la tua collera mi piace
più del tuo viso. Così, Diadumeno,
per eccitarti spesso ti percuoto.
A che serve? Non m'ami e non mi temi.

47. Filone

Filone giura di non aver mai
cenato a casa propria. Lo so bene,
non cena se qualcuno non lo invita.

48. Capelli e barba

Ahi, l'amore che cosa non fa fare!
S'è tagliato i capelli Encolpo, contro
la volontà del padrone che pure
non l'ha proibito. Disse sì Pudente
e insieme pianse. Alla stessa maniera
il padre di Fetonte cedé al figlio
le briglie pur temendone l'audacia,
e Hyla fu rapito, e Achille lieto
– scoperto uomo – si tagliò i capelli
tra i pianti della madre. Ma tu barba
ritarda molto a crescere, in compenso
di tanto sacrificio, senza credere
a quei capelli corti.

49. Uno e trino

Per caso t'ho veduto seder solo,
Labieno, e ho pensato foste in tre.
La tua speciale calvizie m'ha tratto
in inganno: hai di qua e di là capelli
lunghi, tanto da star bene solo
a un ragazzo, nel mezzo tu sei calvo
immensamente, senza neanche un pelo.
T'è andata bene lo scorso dicembre
quando l'Augusto ha regalato pranzi
e tu ti sei sbafato tre cestini.
Io penso che il tricipite Gerione
fosse simile a te. Ti prego, scansa
il porticato di Filippo, l'Ercole [20]
di lì manco ti vede che t'ammazza.

L.

Ceno domi quotiens, nisi te, Charopine, vocavi,
    protinus ingentes sunt inimicitiae,
meque potes stricto medium transfigere ferro,
    si nostrum sine te scis caluisse focum.
nec semel ergo mihi furtum fecisse licebit?
    inprobius nihil est hac, Charopine, gula.
desine iam nostram, precor, observare culinam,
    atque aliquando meus det tibi verba cocus.

LI.

Hic, qui libellis praegravem gerit laevam,
notariorum quem premit chorus levis,
qui codicillis hinc et inde prolatis
epistolisque commodat gravem voltum
similis Catoni Tullioque Brutoque,
exprimere, Rufe, fidiculae licet cogant,
have Latinum, χαῖρε non potest Graecum.
si fingere istud me putas, salutemus.

LII.

Quae mihi praestiteris memini semperque tenebo.
    cur igitur taceo, Postume? tu loqueris.
incipio quotiens alicui tua dona referre,
    protinus exclamat «dixerat ipse mihi».
non belle quaedam faciunt duo: sufficit unus
    huic operi: si vis ut loquar, ipse tace.
crede mihi, quamvis ingentia, Postume, dona
    auctoris pereunt garrulitate sui.

LIII.

Colchida quid scribis, quid scribis, amice, Thyesten?
    quo tibi vel Nioben, Basse, vel Andromachen?
materia est, mihi crede, tuis aptissima chartis
    Deucalion vel, si non placet hic, Phaethon.

50. Caropino

Se pranzo a casa e non t'invito, subito,
Caropino, mi giuri inimicizia
e potresti passarmi per le armi
sapendo che il mio fuoco brucia allegro
senza la tua presenza. Caropino
dunque non potrò mai prenderti in giro?
Peggio della tua gola non c'è niente.
Piantala di spiarmi la cucina,
e lascia che ogni tanto il cuoco mio
ti porga da mangiare solo chiacchiere.

51. Non saluta

Costui che ha la sinistra piena zeppa
di cartuccelle ed è oppresso da un coro
veloce di stenografi, che accoglie
i biglietti e le lettere piovuti
di qui e di là con una faccia seria
come fosse un Catone, un Tullio, un Bruto,
neanche fosse legato al cavalletto
della tortura ti saluterebbe
sia in latino che in greco. Non ci credi?
Prova un po' a salutarlo.

52. Perché taccio

Postumo, avrò sempre nel cuore il bene
che mi hai fatto. Perché ne taccio allora?
Perché ne parli tu. Tutte le volte
che racconto a qualcuno i benefici
dei quali m'hai colmato: «Me l'ha detto
lui stesso», mi rispondono d'un tratto.
Ci son cose che non si fanno in due:
uno basta e avanza. Vuoi che parli?
Stai zitto tu. Credimi pure, Postumo,
anche i maggiori doni si deprezzano
se chi li ha fatti se ne vanta troppo.

53. Argomenti adatti

Amico, perché scrivi di Medea
o di Tieste? Basso, che t'importa
di Nìobe o d'Andromaca? Ecco qui
argomenti adattissimi ai tuoi versi:
Deucalione o Fetonte [21].

LIV.

Extemporalis factus est meus rhetor:
Calpurnium non scripsit, et salutavit.

LV.

Dic mihi, quem portas, volucrum regina? «Tonantem.»
   Nulla manu quare fulmina gestat? «Amat.»
quo calet igne deus? «pueri.» cur mitis aperto
   respicis ore Iovem? «de Ganymede loquor.»

LVI.

Cui tradas, Lupe, filium magistro
quaeris sollicitus diu rogasque.
omnes grammaticosque rhetorasque
devites moneo: nihil sit illi
cum libris Ciceronis aut Maronis,
famae Tutilium suae relinquat;
si versus facit, abdices poetam.
artes discere vult pecuniosas?
fac discat citharoedus aut choraules;
si duri puer ingeni videtur,
praeconem facias vel architectum.

LVII.

Cum voco te dominum, noli tibi, Cinna, placere:
   saepe etiam servum sic resaluto tuum.

LVIII.

Cras te victurum, cras dicis, Postume, semper.
   dic mihi, cras istud, Postume, quando venit?
quam longe cras istud? ubi est? aut unde petendum?
   numquid apud Parthos Armeniosque latet?
iam cras istud habet Priami vel Nestoris annos.
   cras istud quanti, dic mihi, posset emi?
cras vives? hodie iam vivere, Postume, serum est:
   ille sapit quisquis, Postume, vixit heri.

54. *Ancora i nomi a mente*
S'è messo a improvvisare Apollodoto.
Ha salutato Calpurnio per nome
senz'esserselo scritto.

55. *L'aquila e Giove*
Chi porti, di', regina degli uccelli?
«Giove tonante.» Perché non ha fulmini
nelle mani? «Ama.» Di che fuoco brucia?
«D'un ragazzo.» Perché tu guardi Giove
col becco aperto, mite? «Perché parlo
di Ganimede.»

56. *Il maestro*
Lupo, mi chiedi molto preoccupato
a che maestro affidare tuo figlio.
T'ordino di evitare tutti i retori
e i grammatici: egli non abbia nulla
a che fare coi libri di Virgilio
e Cicerone, lasci alla sua fama
Tutilio; se fa versi diserèdalo.
Che impari a suonar bene la chitarra
o il clarino: se poi ti sembra duro
di testa fagli fare l'architetto
o meglio ancora il banditore d'asta.

57. *Signore e cameriere*
È inutile che ti compiaccia
quando ti dico «signore»:
spesso lo dico pure al cameriere.

58. *Il domani*
«Domani – mi dici sempre – domani
comincerò a vivere.» Postumo,
quando viene domani?
Quanto è lontano domani? Dov'è
questo domani? Dove
lo cercherai? Nascosto tra gli Armeni
o magari tra i Parti?
Ah, che questo domani ormai ha gli anni
di Nestore e di Priamo!
E dimmi, quanto costa
questo domani? Lo si può comprare?
Vivrai domani! Postumo, è già tardi
vivere oggi.
Postumo, saggio è chi ha vissuto ieri.

LIX.

Quod non argentum, quod non tibi mittimus aurum
  hoc facimus causa, Stella diserte, tua.
quisquis magna dedit, voluit sibi magna remitti;
  fictilibus nostris exoneratus eris.

LX.

Adlatres licet usque nos et usque
et gannitibus inprobis lacessas,
certum est hanc tibi pernegare famam,
olim quam petis, in meis libellis
qualiscumque legaris ut per orbem.
nam te cur aliquis sciat fuisse?
ignotus pereas, miser, necesse est.
non derunt tamen hac in urbe forsan
unus vel duo tresve quattuorve,
pellem rodere qui velint caninam:
nos hac a scabie tenemus ungues.

LXI.

Crispulus iste quis est, uxori semper adhaeret
  qui, Mariane, tuae? crispulus iste quis est?
nescio quid dominae teneram qui garrit in aurem
  et sellam cubito dexteriore premit?
per cuius digitos currit levis anulus omnis,
  crura gerit nullo qui violata pilo?
nil mihi respondes? «uxoris res agit» inquis
  «iste meae.» sane certus et asper homo est,
procuratorem voltu qui praeferat ipso:
  acrior hoc Chius non erit Aufidius.
o quam dignus eras alapis, Mariane, Latini:
  te successurum credo ego Panniculo.
res uxoris agit? res ullas crispulus iste?
  res non uxoris, res agit iste tuas.

LXII.

Iure tuo nostris maneas licet, hospes, in hortis,
  si potes in nudo ponere membra solo,
aut si portatur tecum tibi magna supellex:
  nam mea iam digitum sustulit hospitibus.
nulla tegit fractos – nec inanis – culcita lectos,
  putris et abrupta fascia reste iacet.

59. *Il tuo interesse*

Se non ti mando dell'argenteria
o dell'oro, mio Stella, faccio solo
il tuo interesse. Chi fa gran regali
grandi regali esige in contraccambio:
i miei coccetti t'hanno esonerato.

60. *Latrami appresso*

Latrami appresso quanto e come vuoi,
straziami coi tuoi tristi mugolii,
son deciso a negarti quella fama
che ricerchi da tanto nei miei libri
perché, sia come sia, tutti ti leggano
nel mondo. E chi dovrebbe mai sapere
che tu esisti? Perché? Muori, infelice,
del tutto sconosciuto. Forse a Roma
ci saranno tre o quattro anche disposti
a rodere la tua pelle di cane:
da quella rogna me ne sto alla larga.

61. *Il ricciutello*

Mariano, chi sarà quel ricciutello
che tua moglie si porta sempre appresso?
Quel ricciutello che sussurra al tenero
orecchio della dama e poggia il gomito
sullo schienale della sua poltrona?
Che porta un anellino ad ogni dito
e sfoggia gambe senza neanche un pelo?
Non mi rispondi? «È un tizio che fa affari
per conto di mia moglie» dici. Ammappelo
che uomo di fiducia, che facciaccia
da faccendiere! Non sarà più dritto
lo stesso Aufidio di Chio [22].
                            Tu, Mariano,
sei degno delle beffe di Latino,
sei degno di succedere a Pannicolo.
Quel ricciuto farebbe degli affari
per conto di tua moglie? Si fa i cazzi,
Mariano, tuoi.

62. *Il mio giardino*

Puoi stare quanto vuoi nel mio giardino
se osi sdraiarti sulla nuda terra
o se porti i tuoi mobili con te,
poiché da tempo i miei si sono arresi.
Non c'è nemmeno un materasso sgonfio
sui miei divani rotti, con le cinghie

sit tamen hospitium nobis commune duobus:
    emi hortos; plus est: instrue tu; minus est.

LXIII.

«Quid sentis» inquis «de nostris, Marce, libellis?»
  sic me sollicitus, Pontice, saepe rogas.
admiror, stupeo: nihil est perfectius illis,
  ipse tuo cedet Regulus ingenio.
«hoc sentis?» inquis «faciat tibi sic bene Caesar,
  sic Capitolinus Iuppiter.» immo tibi.

LXIV.

Sextantes, Calliste, duos infunde Falerni,
  tu super aestivas, Alcime, solve nives,
pinguescat nimio madidus mihi crinis amomo
  lassenturque rosis tempora sutilibus.
tam vicina iubent nos vivere Mausolea,
  cum doceant ipsos posse perire deos.

LXV.

Astra polumque dedit, quamvis opstante noverca,
  Alcidae Nemees terror et Arcas aper
et castigatum Libycae ceroma palaestrae
  et gravis in Siculo pulvere fusus Eryx,
silvarumque tremor, tacita qui fraude solebat
  ducere non rectas Cacus in antra boves.
ista tuae, Caesar, quota pars spectatur harenae?
  dat maiora novus proelia mane dies.
quot graviora cadunt Nemeaeo pondera monstro!
  quot tua Maenalios conlocat hasta sues!
reddatur si pugna triplex pastoris Hiberi,
  est tibi qui possit vincere Geryonen.
saepe licet Graiae numeretur belua Lernae,

e le molle spezzate. Tuttavia
possiamo ben dividere a metà
i doveri dell'ospitalità.
Io ci metto il giardino, che è il di più,
e tu me lo ammobìlii, che è il di meno.

63. *No a te*

«Marco, che dici dei miei libri?», Pontico,
me lo domandi spesso, preoccupato.
Son stupito, ammirato: non c'è nulla
di più perfetto. Al tuo talento cede
lo stesso Regolo. «Così la pensi?
Altrettanto propizio a te sia Cesare
e Giove Capitolino.» No a te.

64. *Versa Falerno*

Versa due bicchieroni di Falerno,
Callisto e tu scioglici sopra, Alcimo,
le nevi conservate per l'estate.
I miei capelli stillino d'amomo,
le tempie s'inghirlandino di rose.
Mi comanda di vivere il vicino
Mausoleo, che ci insegna
come anche i numi possano morire [23].

65. *Il cielo tardi*

L'assunzione alle stelle: ecco che cosa
han procacciato ad Ercole (benché
vi s'opponesse la matrigna) il mostro [24]
terrore di Nemea,
il cinghiale d'Arcadia, la sconfitta
del campione della palestra d'Africa,
il grande Erice steso nella polvere
siciliana e il terrore delle selve
Caco, che con inganno silenzioso
spingeva i bovi a ritroso nell'antro.
Tutto questo è ben poco in paragone
di quello che vediamo nell'arena,
Cesare, grazie a te.
Ogni giorno che viene ci regala
lotte sempre più gravi. Quanti mostri
cadono, ben maggiori del leone
nemeo, quanti cinghiali del Menalo
trafitti dalle lance tue. La lotta
combattuta tre volte dal pastore
iberico la si ripeta adesso,
tu ce l'hai chi può vincere Gerione.
Si parla spesso delle tante teste

 inproba Niliacis quid facit Hydra feris?
pro meritis caelum tantis, Auguste, dederunt
 Alcidae cito di, sed tibi sero dabunt.

LXVI.

Saepe salutatus numquam prior ipse salutas:
 sic eris Aeternum, Pontiliane, Vale.

LXVII.

Hibernos peterent solito cum more recessus
 Atthides, in nidis una remansit avis.
deprendere nefas ad tempora verna reversae
 et profugam volucres diripuere suae.
sero dedit poenas: discerpi noxia mater
 debuerat, sed tunc cum laceravit Ityn.

LXVIII.

Arctoa de gente comam tibi, Lesbia, misi,
 ut scires quanto sit tua flava magis.

LXIX.

Antoni Phario nihil obiecture Pothino
 et levius tabula quam Cicerone nocens:
quid gladium demens Romana stringis in ora?
 hoc admisisset nec Catilina nefas.
impius infando miles corrumpitur auro,
 et tantis opibus vox tacet una tibi.
quid prosunt sacrae pretiosa silentia linguae?
 incipient omnes pro Cicerone loqui.

LXX.

Infusum sibi nuper a patrono
plenum, Maxime, centiens Syriscus

della belva di Lerna, ma cos'è
l'idra feroce a fronte dei coccodrilli?
Gli dèi per tanti meriti hanno dato
presto ad Ercole il cielo, Augusto, a te
lo diano tardi!

66. *Pontiliano*

Ti saluto per primo spesso, mai
mi saluti per primo, Pontiliano.
Ricevi dunque l'estremo mio addio.

67. *Le rondini*

Partiti come al solito gli uccelli [25]
d'Attica verso i rifugi invernali
una rimase nel nido. Tornati
a primavera fu scoperto il crimine
e la colpevole fu fatta a pezzi
dalle compagne. Tardiva la pena:
quella madre assassina andava uccisa
il giorno in cui straziava il corpo d'Iti.

68. *La chioma bionda*

Lesbia, ti mando una chioma
dei favolosi popoli del Nord,
perché tu sappia che la tua è più bionda.

69. *Al posto di Cicerone*

Antonio, tu non puoi rimproverare
un bel niente a Potino d'Alessandria [26]
Tu più colpevole per l'assassinio
di Cicerone che per le tue liste
di proscritti, perché vibri la spada
nella tua gran follia contro la bocca
medesima di Roma?
Avrebbe indietreggiato Catilina
persino! E invece tu compri con l'oro
scellerato un soldato senza fede,
spendi tanto danaro per zittire
solamente una voce. A che ti serve
il silenzio di quella lingua tanto
pagato caro? Tutti parleranno
al posto di Cicerone.

70. *Sinisco*

Sinisco, poco fa beneficato
dal suo padrone con dieci milioni

    in sellariolis vagus popinis
    circa balnea quattuor peregit.
    o quanta est gula, centiens comesse!
    quanto maior adhuc, nec accubare!

LXXI.

Vmida qua gelidas summittit Trebula valles
  et viridis cancri mensibus alget ager,
rura Cleonaeo numquam temerata leone
  et domus Aeolio semper amica Noto
te, Faustine, vocant: longas his exige messes
  collibus; hibernum iam tibi Tibur erit.

LXXII.

Qui potuit Bacchi matrem dixisse Tonantem,
  ille potest Semelen dicere, Rufe, patrem.

LXXIII.

Non donem tibi cur meos libellos
oranti totiens et exigenti
miraris, Theodore? magna causa est:
dones tu mihi ne tuos libellos.

LXXIV.

Pompeios iuvenes Asia atque Europa, sed ipsum
  terra tegit Libyes, si tamen ulla tegit.
quid mirum toto si spargitur orbe? iacere
  uno non poterat tanta ruina loco.

LXXV.

Quae legis causa nupsit tibi Laelia, Quinte,
  uxorem potes hanc dicere legitimam.

LXXVI.

Profecit poto Mithridates saepe veneno
  toxica ne possent saeva nocere sibi.

di bei sesterzi tondi tondi, tutto
ha fatto fuori andandosene a zonzo
per quelle tavolacce calde, strette
attorno ai bagni pubblici. Che gola
papparsi tanti milioni; ma il peggio
è averlo fatto in posti così scomodi.

71. *A Trebula*

Là dove la nebbiosa
Trebula [27] domina vallate gelide
e nei mesi del Cancro la campagna
verde rabbrividisce per il freddo:
dei campi che il solleone non tocca,
una casuccia aperta a tutti i venti
ti chiamano, Faustino, passa qui
su questi colli il tempo delle messi,
Tivoli ti parrà luogo da starci
d'inverno.

72. *Giove e Semele*

Chi ha potuto chiamare Giove madre
di Bacco, Rufo, può dire Semele
padre di Bacco [28].

73. *A Teodoro*

Ti stupisce che neghi i miei libretti
a te che me li hai chiesti tante volte?
C'è un motivo: non voglio in cambio i tuoi.

74. *Tanta rovina*

I figli di Pompeo sono sepolti
uno in Europa, l'altro in Asia: il padre
in Libia, se mai terra lo ricopre.
Non stupisce una tale dispersione.
Tanta rovina non poteva stare
in un luogo soltanto.

75. *Lelia*

La Lelia che per legge tu hai sposato [29],
la puoi ben dire legittima sposa.

76. *Mitridatizzazione*

A forza di bere veleno
a piccole dosi

tu quoque cavisti cenando tam male semper
    ne posses umquam, Cinna, perire fame.

LXXVII.

  Narratur belle quidam dixisse, Marulle,
    qui te ferre oleum dixit in auricula.

LXXVIII.

  Si tristi domicenio laboras,
  Torani, potes esurire mecum.
  non derunt tibi, si soles προπίνειν,
  viles Cappadocae gravesque porri,
  divisis cybium latebit ovis.
  ponetur digitis tenendus ustis
  nigra coliculus virens patella,
  algentem modo qui reliquit hortum,
  et pultem niveam premens botellus,
  et pallens faba cum rubente lardo.
  mensae munera si voles secundae,
  marcentes tibi porrigentur uvae
  et nomen pira quae ferunt Syrorum,
  et quas docta Neapolis creavit,
  lento castaneae vapore tostae:
  vinum tu facies bonum bibendo.
  post haec omnia forte si movebit
  Bacchus quam solet esuritionem,
  succurrent tibi nobiles olivae,
  Piceni modo quas tulere rami,
  et fervens cicer et tepens lupinus.
  parva est cenula, – quis potest negare? –
  sed finges nihil audiesve fictum
  et voltu placidus tuo recumbes;
  nec crassum dominus leget volumen,
  nec de Gadibus inprobis puellae
  vibrabunt sine fine prurientes
  lascivos docili tremore lumbos;
  sed quod nec grave sit nec infacetum,
  parvi tibia Condyli sonabit.
  haec est cenula. Claudiam sequeris.
  quam nobis cupis esse tu priorem?

Mitridate si mitridatizzò.
Così tu, Cinna, a forza
di cenar tanto male
non potrai mai morire di fame.

77. *L'orecchio oliato*

Ne dicono una bella a tuo proposito,
Marullo, che hai un orecchio bene oliato [30].

78. *A far penitenza*

Se ti rattrista startene da solo
a cena in casa, Toranio, t'aspetto
da me a far penitenza. Ci saranno
– se sei abituato agli antipasti –
lattuga, porri dall'odore acuto
e una trancia di tonno ricoperta
d'uova sode a fettine. Verrà in tavola
in una nera padella bollente
da scottarsi le dita un verde cavolo
salito appena su dalla frescura
dell'orto, un salsicciotto incoronato
da una bianca polenta e fave pallide
con pancetta rosata. Per *dessert*
uva in conserva, quelle pere dette
di Siria, le castagne della dotta
Napoli abbrustolite a fuoco lento.
Quanto al vino lo farai buono tu
bevendolo. Se dopo tutto questo
per caso Bacco ti ridesterà
come è solito fare l'appetito,
ti verranno in aiuto le famose
olive colte da poco sugli alberi
del Piceno, con dei lupini tiepidi
e dei ceci bollenti. Una cenetta
da poco – chi lo nega? – ma in compenso
non dovrai né mentire né ascoltare
menzogne, tu riposerai tranquillo
con la tua piana faccia d'ogni giorno.
Il padrone di casa non vorrà
leggerti un volumone, non verranno
ballerine di Cadice a eccitarti
con una danza del ventre lasciva
quanto sapiente: il giovane Condylo
suonerà qualche cosa di discreto
e grazioso sul flauto. La cenetta
è tutta qui. Avrai vicino Claudia,
chi preferisci sia la mia vicina?

LXXIX.

Vndecies una surrexti, Zoile, cena,
  et mutata tibi est synthesis undecies,
sudor inhaereret madida ne veste retentus
  et laxam tenuis laederet aura cutem.
quare ego non sudo, qui tecum, Zoile, ceno?
  frigus enim magnum synthesis una facit.

LXXX.

Non totam mihi, si vacabis, horam
dones et licet inputes, Severe,
dum nostras legis exigisque nugas.
«durum est perdere ferias»: rogamus
iacturam patiaris hanc ferasque.
quod si legeris ista cum diserto
– sed numquid sumus inprobi? – Secundo,
plus multo tibi debiturus hic est
quam debet domino suo libellus.
nam securus erit, nec inquieta
lassi marmora Sisyphi videbit,
quem censoria cum meo Severo
docti lima momorderit Secundi.

LXXXI.

Semper pauper eris, si pauper es, Aemiliane.
  dantur opes nullis nunc nisi divitibus.

LXXXII.

Quid promittebas mihi milia, Gaure, ducenta,
  si dare non poteras milia, Gaure, decem?
an potes et non vis? rogo, non est turpius istud?
  i, tibi dispereas, Gaure: pusillus homo es.

LXXXIII.

Insequeris, fugio; fugis, insequor; haec mihi mens est:
  velle tuum nolo, Dindyme, nolle volo.

LXXXIV.

Iam tristis nucibus puer relictis
clamoso revocatur a magistro,

79. Undici volte

Zoilo, ti sei alzato undici volte
a cena per cambiarti undici volte,
onde non ti si appiccicasse addosso
il tessuto bagnato di sudore
ed un leggero spiffero non desse
fastidio alla tua pelle rilassata.
Io che ceno con te perché non sudo?
Chi ha soltanto un vestito ha sempre fresco.

80. Un'ora sola

Severo, dammi solamente un'ora
delle tue ferie e mettimela in conto,
tanto che tu li legga e poi li giudichi
i miei scherzetti. «È duro rovinarsi
le vacanze.» Ti prego, ti scongiuro,
sopporta bene questa fregatura.
Se leggerai i miei versi in compagnia
del brillantissimo Secondo (chiedo
troppo?), questo libretto ti dovrà
molto di più di quanto debba a me.
Andrà sicuro infatti, senza il dubbio
d'aver girato a vuoto – come Sisifo
col suo blocco di marmo – se la lima
dell'acuto Secondo, unitamente
alla critica mente di Severo,
l'avranno levigato.

81. Soldi chiamano soldi

Se sei povero sempre lo sarai,
i soldi vanno solamente ai ricchi.

82. Sei meschino

Perché promettermi duecentomila
sesterzi, Gauro, quando non puoi darmene
neppure diecimila? O forse puoi
ma non lo vuoi, vergogna ancor peggiore?
Alla malora, Gauro, sei meschino.

83. A Dindimo

Mi cerchi, fuggo; mi fuggi, ti cerco.
Non voglio il tuo consenso ma il rifiuto.

84. Fine dei Saturnali

Ahi, che già triste il fanciullo
abbandonato il gioco delle noci

et blando male proditus fritillo,
arcana modo raptus e popina,
aedilem rogat udus aleator.
Saturnalia transiere tota,
nec munuscula parva nec minora
misisti mihi, Galla, quam solebas.
sane sic abeat meus December:
scis certe, puto, vestra iam venire
Saturnalia, Martias Kalendas;
tunc reddam tibi, Galla, quod dedisti.

è chiamato dai gridi del maestro:
e il giocatore, tradito
dalle lusinghe dei dadi
s'inchina supplice davanti all'Edìle!
Galla, passarono già i Saturnali
e invano ho atteso quei piccoli doni
che pure un tempo solevi mandarmi.
Ma se ne vada così il mio dicembre:
dovranno bene venire
i tuoi giorni festivi, le Calende
di marzo.
Ciò che m'hai dato ti renderò allora.

Note

[1] Due statue della Fortuna, nella villa imperiale di Anzio, avrebbero oracoleggiato su ispirazione di Domiziano. [2] La sacerdotessa d'Apollo a Delfi masticava alloro per farsi venire l'ispirazione. [3] Sesto era bibliotecario di Domiziano, il quale in gioventù aveva scritto un poema sull'attacco al Campidoglio dei partigiani di Vitellio. [4] Segretario di Domiziano e dilettante di poesia. [5] Vulcano fu tradito da Venere con Marte; per vendetta riuscì a incatenare la coppia nell'isola di Lemno. [6] Tempio di Giove Capitolino, arso nell'84 a.C. e mal restaurato nel 62 da Catulo. [7] Evidentemente anelli con cammei. [8] Mecenate donò Alessi a Virgilio. [9] Un cavaliere fatto da lui mediante l'esborso di quattrocentomila sesterzi. [10] Giulio Marziale, amico del poeta. [11] Inserviente del teatro. [12] Gladiatore famoso, così come Elio e Advolante. [13] Ai vincitori di gare si erigevano statue dorate. [14] Riservate ai cavalieri. [15] Scrittore comico di teatro, non il poeta. [16] Dimostrava che Euclide non era che un portinaio o il custode d'un magazzino. [17] L'epigramma allude ai posti riservati ai cavalieri e cita i Diòscuri figli di Leda, il «cavaliere» Càstore e il pugilatore Pollùce, i quali morendo ottennero dagli dèi di poter tornare in vita a giorni alterni. [18] Il pitocco dell'*Odissea*. [19] Tutti distintivi dei cavalieri, che agli Idi di marzo facevano una processione addobbati di tutto punto. [20] Una statua di Ercole che avrebbe scambiato Labieno per Gerione. [21] Invito a buttar via quei versi, come faceva Deucalione con le pietre, o a bruciarli come Fetonte. [22] Liberto e famoso leguleio. [23] Il Mausoleo d'Augusto. [24] Il leone. Si citano qui varie imprese di Ercole. [25] Le rondini. Procne, principessa ateniese, per vendetta contro il marito Tereo uccise il figlio Iti e glielo fece mangiare. Fu trasformata in rondine. [26] Vedi l'epigramma 66 del libro terzo. [27] Città sabina. [28] Allusione alla nascita di Bacco. L'epigramma vorrebbe forse deridere modi di dire troppo bizzarri e ricercati, ma non è chiaro. [29] La *Lex Julia* sull'adulterio. [30] Che ascolta volentieri confidenze e delazioni.

Liber VI

I.

Sextus mittitur hic tibi libellus,
in primis mihi care Martialis:
quem si terseris aure diligenti,
audebit minus anxius tremensque
magnas Caesaris in manus venire.

II.

Lusus erat sacrae conubia fallere taedae,
   lusus et immeritos execuisse mares.
utraque tu prohibes, Caesar, populisque futuris
   succurris, nasci quos sine fraude lubes.
nec spado iam nec moechus erit te praeside quisquam:
   at prius – o mores! – et spado moechus erat.

III.

Nascere Dardanio promissum nomen Iulo
   vera deum suboles; nascere, magne puer,
cui pater aeternas post saecula tradat habenas,
   quique regas orbem cum seniore senex.
ipsa tibi niveo trahet aurea pollice fila
   et totam Phrixi Iulia nebit ovem.

IV.

Censor maxime principumque princeps,
cum tot iam tibi debeat triumphos,
tot nascentia templa, tot renata,
tot spectacula, tot deos, tot urbes:
plus debet tibi Roma quod pudica est.

Libro sesto

1. *Con meno ansia*

Eccoti questo mio sesto libretto
Giulio Marziale, amico tra i migliori:
se lo correggerai con attenzione
s'azzarderà a venire nelle mani
di Cesare con un po' meno d'ansia
e di timore.

2. *Sembrava un gioco*

Sembrava un gioco eludere le sacre
leggi nuziali, un gioco fare eunuchi
incolpevoli maschi. Finalmente,
Cesare, tu proibisci le due cose,
corri in aiuto alle generazioni
che verranno, comandi ch'esse nascano
senza inganno. Né adùlteri né eunuchi
sotto il tuo buon governo. Prima invece
anche il castrato diventava adùltero.

3. *Nasci dunque*

Nasci dunque, promesso erede a Julo
troiano, vero rampollo divino,
nasci, grande fanciullo al quale il padre
porgerà dopo secoli le redini
eterne con cui reggerai il mondo,
tu vecchio insieme a lui più vecchio ancora.
Giulia in persona con le dita nivee [1]
ordirà la tua trama tutta d'oro,
ti filerà il tosone caro a Frisso.

4. *Il pudore*

Massimo dei censori, grande principe
dei principi, benché ti debba tanti
trionfi, tanti templi che s'inalzano
e tanti che rinascono, e spettacoli
tanti, e poi tanti dèi, tante città,
Roma ti deve anche di più: il pudore.

V.

Rustica mercatus multis sum praedia nummis:
   mutua des centum, Caeciliane, rogo.
nil mihi respondes? tacitum te dicere credo
   «non reddes»: ideo, Caeciliane, rogo.

VI.

Comoedi tres sunt, sed amat tua Paula, Luperce,
   quattuor: et κωφὸν Paula πρόσωπον amat.

VII.

Iulia lex populis ex quo, Faustine, renata est
   atque intrare domos iussa Pudicitia est,
aut minus aut certe non plus tricesima lux est,
   et nubit decimo iam Telesilla viro.
quae nubit totiens, non nubit: adultera lege est.
   offendor moecha simpliciore minus.

VIII.

Praetores duo, quattuor tribuni,
septem causidici, decem poetae
cuiusdam modo nuptias petebant
a quodam sene. non moratus ille
praeconi dedit Eulogo puellam.
dic, numquid fatue, Severe, fecit?

IX.

In Pompeiano dormis, Laevine, theatro:
   et quereris si te suscitat Oceanus?

X.

Pauca Iovem nuper cum milia forte rogarem,
   «ille dabit» dixit «qui mihi templa dedit».
templa quidem dedit ille Iovi sed milia nobis
   nulla dedit: pudet, ah, pauca rogasse Iovem.

5. *Il prestito*

Ceciliano, ti chiedo di prestarmi
centomila sesterzi: ho speso troppo
d'un podere in campagna.
Non mi rispondi? Il tuo silenzio credo
dica: «Ma tu non me li rendi». È chiaro.
E perciò te li chiedo, Ceciliano.

6. *Quello che non parla*

La commedia ha tre attori, la tua Paola
ne ama quattro; perfino il personaggio
che non parla, Luperco.

7. *Il decimo marito*

Non son trascorsi più di trenta giorni,
anzi meno, da che la legge Giulia
è rinata tra i popoli, Faustino,
e al pudore è stato comandato
di entrare nelle case: e Telesilla
eccola sposa al decimo marito.
Non si sposa sul serio chi si sposa
tante volte: è un'adùltera legale.
M'offende meno una puttana schietta.

8. *Pretori due...*

Pretori due, tribuni quattro, sette
avvocati, poeti
dieci: tutti chiedevano la mano
della figlia ad un vecchio, poco fa.
Senza esitare quello la ragazza
la dette a un ufficiale giudiziario.
Severo, avrebbe agito da cretino?

9. *Dormi a teatro*

Tu dormi nel teatro di Pompeo
Levino: ti lamenti
quando Ocèano ti fa levare in piedi?

10. *La supplica*

Ho domandato a Giove poco fa
poche migliaia di sesterzi, «Chi
mi ha eretto templi, lui te li darà»,
m'ha risposto. Colui che ha eretto templi
a Giove, non mi ha dato proprio nulla:
mi vergogno d'avere chiesto poco.

at quam non tetricus, quam nulla nubilus ira,
    quam placido nostras legerat ore preces!
talis supplicibus tribuit diademata Dacis
    et Capitolinas itque reditque vias.
dic precor, o nostri dic conscia virgo Tonantis,
    si negat hoc vultu, quo solet ergo dare?
sic ego: sic breviter posita mihi Gorgone Pallas:
    «quae nondum data sunt, stulte, negata putas?»:

XI.

Quod non sit Pylades hoc tempore, non sit Orestes
    miraris? Pylades, Marce, bibebat idem,
nec melior panis turdusve dabatur Orestae,
    sed par atque eadem cena duobus erat.
tu Lucrina voras, me pascit aquosa peloris:
    non minus ingenua est et mihi, Marce, gula.
te Cadmea Tyros, me pinguis Gallia vestit:
    vis te purpureum, Marce, sagatus amem?
ut praestem Pyladen, aliquis mihi praestet Oresten.
    hoc non fit verbis, Marce: ut ameris, ama.

XII.

Iurat capillos esse, quos emit, suos
Fabulla: numquid ergo, Paule, peierat?

XIII.

Quis te Phidiaco formatam, Iulia, caelo,
    vel quis Palladiae non putet artis opus?
candida non tacita respondet imagine lygdos
    et placido fulget vivus in ore decor.
ludit Acidalio, sed non manus aspera, nodo,
    quem rapuit collo, parve Cupido, tuo.

Ma con che viso benevolo ha letto
la mia supplica, senza annuvolarsi
per l'ira, senza accigliarsi per nulla:
come quando distribuisce ai supplici
Daci diademi, o sale e scende il colle
Capitolino. Vergine che sai
tutti i pensieri del nostro Tonante,
dimmi, ti prego, dimmi, se rifiuta
con un volto così sereno, come
sarà quando concede? Brevemente,
posata la sua Gorgone, risponde
Pallade: «Quel che ancora non t'è dato,
sciocco, perché lo credi rifiutato?».

11. *Pilade e Oreste*

Ti meravigli che non ci sia Pilade
ai giorni nostri e tanto meno Oreste?
Ma Pilade beveva come Oreste,
Marco, a Oreste non davano del pane
migliore o un miglior tordo: tutti e due
consumavano insieme eguale cena.
Ma tu ti sbafi ostriche del Lucrino,
io un acquoso mollusco, ed ho un palato
non meno fine del palato tuo.
Ti veste Tiro, la patria di Cadmo [2],
la grossolana Gallia veste me:
e come posso amare un porporato
quando non ho che un saio? Sarò Pilade
se qualcuno per me diventa Oreste.
Poche chiacchiere, Marco, ama se vuoi
essere amato.

12. *La parrucca*

Fabulla giura che son proprio suoi
i capelli comprati.
Tu, Paolo, la diresti una spergiura?

13. *Il ritratto di Giulia* [3]

Chi non ti crederebbe cesellata
dalla mano di Fidia o addirittura
opera di Minerva, Giulia? Il candido
marmo di Paro parla nell'immagine
e una bellezza sorridente splende
sul tuo volto. La mano tua leggera
gioca col cinto di Venere avvinto
al collo di Cupido. A te lo chiedano
quel cinto, per rinfocolar di nuovo

ut Martis revocetur amor summique Tonantis,
      a te Iuno petat ceston et ipsa Venus.

XIV.

Versus scribere posse te disertos
adfirmas, Laberi: quid ergo non vis?
versus scribere qui potest disertos,
conscribat, Laberi: virum putabo.

XV.

Dum Phaethontea formica vagatur in umbra,
   inplicuit tenuem sucina gutta feram.
sic modo quae fuerat vita contempta manente,
   funeribus facta est nunc pretiosa suis.

XVI.

Tu qui pene viros terres et falce cinaedos,
   iugera sepositi pauca tuere soli.
sic tua non intrent vetuli pomaria fures,
   sed puer et longis pulchra puella comis.

XVII.

Cinnam, Cinname, te iubes vocari.
non est hic, rogo, Cinna, barbarismus?
tu si Furius ante dictus esses,
Fur ista ratione dicereris.

XVIII.

Sancta Salonini terris requiescit Hiberis,
   qua melior Stygias non videt umbra domos.
sed lugere nefas: nam qui te, Prisce, reliquit,
   vivit qua voluit vivere parte magis.

XIX.

Non de vi neque caede nec veneno,
sed lis est mihi de tribus capellis:

l'amor di Marte e quello del Tonante
la stessa Venere e insieme Giunone.

14. *Laberio*

Laberio, ti dichiari capacissimo
di scrivere bei versi e non lo fai.
Laberio, chi sa scrivere bei versi
li scriva! È un uomo vero, penserò.

15. *La formica nell'ambra*

Una formica vagava nell'ombra
d'un pioppo, caro a Fetonte [4],
e una stilla d'ambra imprigionò
– stupenda bara – il minuscolo insetto.
Viva la disprezzavi, ora la ammiri,
resa preziosa da ciò che la uccise.

16. *A Priapo*

Tu che con la verga spaventi
gli uomini e con la falce
i cinedi, proteggi
questi miei campi, pochi e solitari.
Fa che nell'orto ove sorgi non entrino
ladroni vecchi, incalliti,
ma solo un bimbo e una bella fanciulla
dai sontuosi capelli.

17. *Un barbarismo*

Cinna, ti fai chiamare Cinnamone [5]:
ma non è questo un vero barbarismo?
Se ti fossi chiamato invece Lazzaro
saresti senza dubbi lazzarone.

18. *Salonino*

L'ombra di Salonino, santa, dorme
ora in terra spagnola; nessun'altra
di lei migliore contempla le case
dello Stige. Ma non bisogna piangere,
Prisco, colui che ti ha lasciato vive
in te, dove voleva sempre vivere.

19. *Tre caprette*

Non si tratta di strage, di violenza
o di avvelenamento, la mia lite

vicini queror has abesse furto.
hoc iudex sibi postulat probari:
tu Cannas Mithridaticumque bellum
et periuria Punici furoris
et Sullas Mariosque Muciosque
magna voce sonas manuque tota.
iam dic, Postume, de tribus capellis.

XX.

Mutua te centum sestertia, Phoebe, rogavi,
   cum mihi dixisses «Exigis ergo nihil?».
inquiris, dubitas, cunctaris meque diebus
   teque decem crucias: iam rogo, Phoebe, nega.

XXI.

Perpetuam Stellae dum iungit Ianthida vati
   laeta Venus, dixit «plus dare non potui».
haec coram domina; sed nequius illud in aure:
   «tu ne quid pecces, exitiose, vide.
saepe ego lascivom Martem furibunda cecidi,
   legitimos esset cum vagus ante toros.
sed postquam meus est, nulla me paelice laesit:
   tam frugi Iuno vellet habere virum».
dixit et arcano percussit pectora loro.
   plaga iuvat: sed tu iam, dea, caede duos.

XXII.

Quod nubis, Proculina, concubino
et, moechum modo, nunc facis maritum,
ne lex Iulia te notare possit:
non nubis, Proculina, sed fateris.

XXIII.

Stare iubes semper nostrum tibi, Lesbia, penem:
   crede mihi, non est mentula quod digitus.
tu licet et manibus blandis et vocibus instes,
   te contra facies imperiosa tua est.

riguarda tre caprette del cui furto
accuso il mio vicino: è solo questo
che il giudice pretende sia provato.
E tu mi tiri fuori Mitridate
con la sua guerra, Canne, gli spergiuri
di Cartagine e Silla e Mario e i Muzii:
urli a gran voce e tranci gesti immensi.
Postumo, parla delle tre caprette.

20. *Dimmi di no*

Febo, t'ho chiesto centomila in prestito
quando m'avevi detto: «Che ti serve
da me?». Ora dubiti, t'informi, prendi
tempo e mi metti in croce (insieme a te)
da dieci giorni. Febo, te ne supplico,
dimmi di no.

21. *Evita di peccare*

Sposando Janti col poeta Stella
Venere disse allegra: «Non potevo
darti di più». Lo disse apertamente,
davanti alla sposina, ma allo sposo
sussurrò nell'orecchio qualche cosa
di più maligno: «Evita di peccare,
uomo pericoloso. Troppe volte,
prima d'essergli unita legalmente,
ho preso a botte quel gran puttaniere [6]
di Marte perché andava troppo a zonzo.
Da quando è mio non m'ha più messo corna,
lo vorrebbe Giunone un maritino
così fedele». Disse e dette un colpo
col cinto a Stella. Vada per il colpo,
divina, ma colpisci tutti e due.

22. *Proculina*

Proculina, se sposi il concubino
e dell'amante ne fai tuo marito
perché la legge Giulia non ti fotta:
questa è una confessione, Proculina,
ben più che un matrimonio.

23. *Non è dito*

Lesbia, vuoi che il mio membro ti stia dritto
agli ordini, ma il cazzo non è dito.
Lo accarezzi con dolci paroline
ma il tuo viso imperioso lo deprime.

XXIV.

Nil lascivius est Charisiano:
Saturnalibus ambulat togatus.

XXV.

Marcelline, boni suboles sincera parentis,
   horrida Parrhasio quem tegit ursa iugo,
ille vetus pro te patriusque quid optet amicus
   accipe et haec memori pectore vota tene:
cauta sit ut virtus nec te temerarius ardor
   in medios enses saevaque tela ferat.
bella velint Martemque ferum rationis egentes,
   tu potes et patris miles et esse ducis.

XXVI.

Periclitatur capite Sotades noster.
reum putatis esse Sotaden? non est.
arrigere desît posse Sotades: lingit.

XXVII.

Bis vicine Nepos – nam tu quoque proxima Florae
   incolis et veteres tu quoque Ficelias –
est tibi, quae patria signatur imagine voltus,
   testis maternae nata pudicitiae.
tu tamen annoso nimium ne parce Falerno,
   et potius plenos aere relinque cados.
sit pia, si locuples, et potet filia mustum:
   amphora cum domina nunc nova fiet anus.
Caecuba non solos vindemia nutriat orbos:
   possunt et patres vivere, crede mihi.

XXVIII.

Libertus Melioris ille notus,
tota qui cecidit dolente Roma,
cari deliciae breves patroni,
hoc sub marmore Glaucias humatus

24. *Un frivolo*

Nulla è più frivolo di Carisiano:
va in giro in frack durante i Saturnali.

25. *A Marcellino*

Sincero figlio d'un padre eccellente,
Marcellino, che l'Orsa boreale
sormonta col suo carro, ascolta i voti
che ti rivolge un vecchio amico, tuo
e di tuo padre, e serbali nel cuore.
Il tuo valore sia prudente, ardito
sì ma non temerario
evita di gettarti tra le spade
e le orribili lance. Solo ai matti
può piacere la guerra e il fiero Marte,
tu sei soldato dell'imperatore
ma insieme di tuo padre.

26. *Sotàde*

Sotàde se la vede nera. È reo?
No, non addrizza più, lecca soltanto.

27. *Godersi la vita*

Nepote, ben due volte mio vicino
(anche tu stai sul Quirinale accanto
al santuario di Flora e hai poderi
sulla Via Nomentana), la tua bimba
reca in volto l'immagine paterna
e testimonia della castità
della mamma. Non risparmiare troppo
il tuo Falerno vecchio e serba invece
le giare piene di monete. T'auguro
che tua figlia sia ricca, che sia piena
di virtù ma che beva vino nuovo:
la bottiglia oggi nuova invecchierà
con la sua padroncina. Il rosso Cecubo
non è fatto soltanto per gli scapoli;
dammi retta, anche i padri di famiglia
hanno diritto a godersi la vita.

28. *Glaucìa*

Quel ben noto liberto di Meliore
la cui morte ha ridotto tutta Roma
in lutto, breve gioia del padrone,
quel Glaucìa che sepolto sotto un marmo

iuncto Flaminiae iacet sepulchro:
castus moribus, integer pudore,
velox ingenio, decore felix.
bis senis modo messibus peractis
vix unum puer adplicabat annum.
qui fles talia, nil fleas, viator.

XXIX.

Non de plebe domus nec avarae verna catastae,
    sed domini sancto dignus amore puer,
munera cum posset nondum sentire patroni,
    Glaucia libertus iam Melioris erat.
moribus hoc formaeque datum: quis blandior illo?
    aut quis Apollineo pulchrior ore fuit?
inmodicis brevis est aetas et rara senectus.
    quidquid amas, cupias non placuisse nimis.

XXX.

Sex sestertia si statim dedisses,
cum dixti mihi «sume, tolle, dono»,
deberem tibi, Paete, pro ducentis.
at nunc cum dederis diu moratus,
post septem, puto, vel novem Kalendas,
vis dicam tibi veriora veris?
sex sestertia, Paete, perdidisti.

XXXI.

Vxorem, Charideme, tuam scis ipse sinisque
    a medico futui: vis sine febre mori.

XXXII.

Cum dubitaret adhuc belli civilis Enyo
    forsitan et posset vincere mollis Otho,
damnavit multo staturum sanguine Martem
    et fodit certa pectora tota manu.

giace sul bordo della Via Flaminia:
di costumi era casto, era pudico
di sentimenti, veloce d'ingegno,
splendido d'apparenza. Ai dodici anni
già compiuti il fanciullo stava appena
per aggiungerne un altro. Possa tu,
passante che lo piangi, più non piangere
nient'altro.

29. *Ancora Glaucìa*

Ragazzo degno dell'amore puro
del padrone, mai stato nella ciurma
degli schiavi di casa né sul palco
d'un avaro mercante,
Glaucìa era liberto di Meliore
già prima di poter rendersi conto
del dono del padrone, dono fatto
al suo carattere e alla sua bellezza.
Nessuno fu più tenero di lui
o più bello con quel suo viso degno
di Apollo. Agli esseri straordinari
raramente è concessa la vecchiaia,
la loro vita è breve. Quello che ami
devi augurarti che non piaccia troppo.

30. *La verità*

M'avessi dato subito seimila
sesterzi quando hai detto: «Prendi su,
te li regalo», Peto, ti sarei
riconoscente come per duecento
mila. Però, siccome me li hai dati
dopo avere indugiato a lungo, sette
o nove mesi, credo, vuoi sapere
la verità più vera?
Peto, hai perduto seimila sesterzi.

31. *Caridemo*

Caridemo, permetti che tua moglie
se la fotta il dottore.
Vuoi morir senza febbre.

32. *Otone* [7]

Era incerta la furia della guerra
civile e forse il molle Otone ancora
poteva vincere: ma condannando
una contesa tanto sanguinosa
si trapassò da parte a parte il petto

sit Cato, dum vivit, sane vel Caesare maior:
   dum moritur, numquid maior Othone fuit?

XXXIII.

Nil miserabilius, Matho, pedicone Sabello
   vidisti, quo nil laetius ante fuit.
furta, fugae, mortes servorum, incendia, luctus
   adfligunt hominem, iam miser et futuit.

XXIV.

Basia da nobis, Diadumene, pressa. «quot» inquis?
   Oceani fluctus me numerare iubes
et maris Aegaei sparsas per litora conchas
   et quae Cecropio monte vagantur apes,
quaeque sonant pleno vocesque manusque theatro,
   cum populus subiti Caesaris ora videt.
nolo quot arguto dedit exorata Catullo
   Lesbia: pauca cupit qui numerare potest.

XXXV.

Septem clepsydras magna tibi voce petenti
   arbiter invitus, Caeciliane, dedit.
at tu multa diu dicis vitreisque tepentem
   ampullis potas semisupinus aquam.
Vt tandem saties vocemque sitimque, rogamus
   iam de clepsydra, Caeciliane, bibas.

XXXVI.

Mentula tam magna est quantus tibi, Papyle, nasus,
   ut possis, quotiens arrigis, olfacere.

XXXVII.

Secti podicis usque ad umbilicum
nullas reliquias habet Charinus,
et prurit tamen usque ad umbilicum.

con mano ferma. Poniamo che in vita
Catone fosse grande più di Cesare,
in morte forse lo fu più di Otone?

33. *Quante disgrazie!*

Hai visto mai nulla di più pietoso
di quel frocione di Sabello? E sì
che prima era davvero un allegrone.
Fughe e morti di schiavi, incendi, furti
e lutti lo perseguitano, in più
è costretto a scopare.

34. *Baci infiniti*

Dammi un mucchio di baci, Diadumeno.
«Quanti?» mi chiedi. Allora vuoi che conti
i flutti dell'oceano, le conchiglie
sparse lungo le spiagge dell'Egeo,
le api vaganti sui colli d'Atene
e le voci e le mani che rimbombano
nel teatro gremito
quando la gente all'improvviso vede
apparire il suo Cesare. Non so
quanti mai baci dette Lesbia, vinta
dalle tante preghiere, al suo Catullo:
chi può contare i baci ne vuol pochi.

35. *La clessidra*

Hai richiesto a gran voce, per il tempo
della tua arringa Ceciliano, sette
clessidre e il giudice te le ha concesse
sia pure controvoglia. E adesso impazzi
con loquela abbondante e lunga, e bevi
a garganella coppe d'acqua tiepida.
Per placare alla fine la tua sete
e la tua voce ti preghiamo: bevi
ormai dalla clessidra, Ceciliano.

36. *Il naso lungo*

Tieni una minchia lunga quanto il naso,
così quando si drizza puoi fiutartela.

37. *Il culattone*

Carino non ha manco le reliquie
del culo, rotto sino all'ombelico,
però gli rode sino all'ombelico.

o quanta scabie miser laborat!
culum non habet, est tamen cinaedus.

XXXVIII.

Aspicis ut parvus nec adhuc trieteride plena
    Regulus auditum laudet et ipse patrem?
maternosque sinus viso genitore relinquat
    et patrias laudes sentiat esse suas?
iam clamor centumque viri densumque corona
    volgus et infanti Iulia tecta placent.
acris equi suboles magno sic pulvere gaudet,
    sic vitulus molli proelia fronte cupit.
Di, servate, precor, matri sua vota patrique,
    audiat ut natum Regulus, illa duos.

XXXIX.

Pater ex Marulla, Cinna, factus es septem
non liberorum: namque nec tuus quisquam
nec est amici filiusve vicini,
sed in grabatis tegetibusque concepti
materna produnt capitibus suis furta.
hic qui retorto crine Maurus incedit
subolem fatetur esse se coci Santrae.
at ille sima nare, turgidis labris
ipsa est imago Pannychi palaestritae.
pistoris esse tertium quis ignorat,
quicumque lippum novit et videt Damam?
quartus cinaeda fronte, candido voltu
ex concubino natus est tibi Lygdo:
percide, si vis, filium: nefas non est.
hunc vero acuto capite et auribus longis,
quae sic moventur ut solent asellorum,
quis morionis filium negat Cyrtae?
duae sorores, illa nigra et haec rufa,
Croti choraulae vilicique sunt Carpi.

Che razzaccia di rogna lo consuma:
essere culattone senza culo.

38. *Il piccolo Regolo*

Vedete come quel piccolo Regolo,
che non ha ancora tre anni, già applaude
l'orazione del padre e nel vederlo
subito lascia il seno della madre
e sente propria la gloria paterna?
Al bimbo diggià piacciono gli applausi,
la Basilica Giulia, il tribunale
dei centumviri, quella folla attorno
che s'accalca. Così il puledro, figlio
d'un cavallo veloce, s'innamora
delle nubi di polvere, così
il vitellino aspira a dar di cozzo
malgrado abbia la fronte ancora tenera.
Dèi, conservate al padre ed alla madre
l'oggetto delle loro aspirazioni:
Regolo possa ascoltare suo figlio,
la madre tutti e due.

39. *Sette bastardi*

Cinna, sei stato fatto da Marulla
padre ben sette volte; ma nessuno
di questi sette figli è un uomo libero,
vuoi figlio tuo vuoi figlio d'un vicino
o d'un amico: tutti concepiti
su stuoie o paglieriacci hanno stampati
in faccia i tradimenti della madre.
Questo moretto che ti viene avanti
coi suoi capelli crespi si confessa
all'apparenza figlio del tuo cuoco
Santra: quell'altro coi labbroni tumidi
ed il naso schiacciato è in fotocopia
Pannichio il lottatore. Chi non sa
che il terzo è figlio del tuo panettiere
vedendo lui e vedendo poi Dama
così cisposo? E il quarto? Il quarto, pallido
in volto e con la faccia effeminata,
è figliolo di Lindo, il personale
tuo concubino: inculalo se vuoi,
non è reato. Quanto al quinto – testa
a punta, orecchie lunghe che si muovono
come quelle d'un asino – chi può
negare che sia figlio del buffone?
Le due sorelle, infine, una rossiccia
l'altra mora, son figlie una di Carpo
fattore l'altra del flautista Croto.

iam Niobidarum grex tibi foret plenus
si spado Coresus Dindymusque non esset.

XL.

Femina praeferri potuit tibi nulla, Lycori:
   praeferri Glycerae femina nulla potest.
haec erit hoc quod tu: tu non potes esse quod haec est.
   tempora quid faciunt! hanc volo, te volui.

XLI.

Qui recitat lana fauces et colla revinctus,
   hic se posse loqui, posse tacere negat.

XLII.

Etrusci nisi thermulis lavaris,
inlotus morieris, Oppiane.
nullae sic tibi blandientur undae,
non fontes Aponi rudes puellis,
non mollis Sinuessa fervidique
fluctus Passeris aut superbus Anxur,
non Phoebi vada principesque Baiae.
nusquam tam nitidum vacat serenum:
lux ipsa est ibi longior, diesque
nullo tardius a loco recedit.
illic Taygeti virent metalla
et certant vario decore saxa,
quae Phryx et Libys altius cecidit.
siccos pinguis onyx anhelat aestus
et flamma tenui calent ophitae:
ritus si placeant tibi Laconum,
contentus potes arido vapore
cruda Virgine Marciave mergi;
quae tam candida, tam serena lucet
ut nullas ibi suspiceris undas
et credas vacuam nitere lygdon.
non adtendis et aure me supina
iam dudum quasi neglegenter audis.

E avresti un vero gregge di bastardi,
tanti quanti i Nìobidi [8] se Dìndimo
e Coreso non fossero castrati.

40. Tempo e bellezza

Nessuna donna era meglio di te,
Lìcori, e oggi nessuna
è meglio di Glicera.
Quel che adesso sei tu lo sarà lei
domani: ma tu non puoi
tornare ad essere quello che è lei.
Il tempo che ti combina...
Volevo te, voglio lei.

41. Né parlare né tacere

Leggere con la sciarpa al collo in pubblico
vuol dire non sapere né parlare
né tacere.

42. Cos'è un bagno

Se non ti bagni alle terme d'Etrusco,
Oppiano, morirai senza sapere
cos'è un bagno. Non t'accarezzerà
nessun'acqua così, né le sorgenti
d'Apona, proïbite alle ragazze [9]
né la dolce Sinuessa, né la polla
calda del Passero, né Terracina
la superba, né le acque Apollinari
e nemmeno la principesca Baia.
In nessun luogo splende più il sereno:
la luce stessa vi rimane a lungo
più che altrove e il giorno se ne va
più lentamente. I marmi del Taigeto
vi rilucono verdi e rivaleggiano
con diversa bellezza i blocchi tolti
da cave più profonde in Frigia e in Libia.
L'onice alabastrina untuosa suda
vapori secchi e i marmi serpentini
si scaldano d'una sottile fiamma.
Se ti piace bagnarti alla spartana
puoi contentarti d'una sauna asciutta
per poi tuffarti dentro l'acqua Vergine
o dentro l'acqua Marcia naturale,
che splende così candida e serena
da darti l'impressione che la vasca
sia vuota e l'acqua dentro non ci sia.
Ma tu ti sei distratto e già da tempo
mi ascolti con orecchie negligenti:

inlotus morieris, Oppiane.

XLIII.

Dum tibi felices indulgent, Castrice, Baiae
   canaque sulphureis nympha natatur aquis,
me Nomentani confirmant otia ruris
   et casa iugeribus non onerosa suis.
hoc mihi Baiani soles mollisque Lucrinus,
   hoc vestrae mihi sunt, Castrice, divitiae.
quondam laudatas quocumque libebat ad undas
   currere nec longas pertimuisse vias,
nunc urbis vicina iuvant facilesque recessus,
   et satis est pigro si licet esse mihi.

XLIV.

Festive credis te, Calliodore, iocari
   et solum multo permaduisse sale.
omnibus adrides, dicteria dicis in omnis;
   sic te convivam posse placere putas.
at si ego non belle, sed vere dixero quiddam,
   nemo propinabit, Calliodore, tibi.

XLV.

Lusistis, satis est: lascivi nubite cunni:
   permissa est vobis non nisi casta Venus.
haec est casta Venus? nubit Laetoria Lygdo:
   turpior uxor erit quam modo moecha fuit.

XLVI.

Vapulat adsidue veneti quadriga flagello
   nec currit: magnam rem, Catiane, facit.

XLVII.

Nympha, mei Stellae quae fonte domestica puro
   laberis et domini gemmea tecta subis,

Oppiano, morirai senza sapere
che cos'è un bagno.

43. *Impigrirmi*

Castrico, mentre la felice Baia
ti conforta e ti tuffi dentro le acque
che una pallida ninfa fa sulfuree,
io riprendo le forze qui a Mentana,
in questa casa mia che poco pesa
sui suoi campi. È ben questa la mia Baia
con i suoi soli, questo il mio Lucrino
voluttuoso, queste le mie ricchezze,
Castrico. Un tempo mi piaceva correre
dovunque ci fosse acqua rinomata
senza paura della lunga via;
adesso preferisco rifugiarmi
comodamente presso alla città,
purché mi si permetta d'impigrirmi.

44. *Lo spiritoso*

Calliodoro, tu credi di scherzare
piacevolmente ed essere tu solo
spiritosissimo. Ridi di tutti,
sfotti tutti e ritieni di passare
così per un piacevole compagno
di tavola. Ma ti dirò una cosa
certo non bella ma vera: nessuno
brinderà a te nel tuo stesso bicchiere.

45. *Letoria*

Ve la siete spassata, adesso basta
fiche porche: sposatevi, per voi
non c'è più che una castigata Venere.
Ma sarebbe una castigata Venere
il matrimonio di Letoria e Ligdo?
La moglie sarà peggio dell'amante.

46. *La quadriga blu* [10]

Assiduamente s'abbatte la frusta
sulla quadriga blu: però non corre.
Caziano, questo è un miracolo vero.

47. *A una ninfa*

Ninfa che vieni da una fonte pura
nella dimora del mio Stella e scorri
nell'atrio splendido di pietre rare,

sive Numae coniunx Triviae te misit ab antris
   sive Camenarum de grege nona venis:
exolvit votis hac se tibi virgine porca
   Marcus, furtivam quod bibit, aeger, aquam.
tu contenta meo iam crimine gaudia fontis
   da secura tui: sit mihi sana sitis.

XLVIII.

Quod tam grande sophos clamat tibi turba togata,
   non tu, Pomponi, cena diserta tua est.

XLIX.

Non sum de fragili dolatus ulmo,
nec quae stat rigida supina vena
de ligno mihi quolibet columna est,
sed viva generata de cupressu:
quae nec saecula centiens peracta
nec longae cariem timet senectae.
hanc tu, quisquis es o malus, timeto.
nam si vel minimos manu rapaci
hoc de palmite laeseris racemos,
nascetur, licet hoc velis negare,
inserta tibi ficus a cupressu.

L.

Cum coleret puros pauper Telesinus amicos,
   errabat gelida sordidus in togula:
obscenos ex quo coepit curare cinaedos,
   argentum, mensas, praedia solus emit.
vis fieri dives, Bithynice? conscius esto.
   nil tibi vel minimum basia pura dabunt.

LI.

Quod convivaris sine me tam saepe, Luperce,
   inveni noceam qua ratione tibi.
irascor: licet usque voces mittasque rogesque –
   «quid facies?» inquit. quid faciam? veniam.

sia che t'abbia mandato dalle grotte
di Diana la sposa di Pompilio [11]
sia che tu sia la nona delle Muse,
esaudi il voto che ti faccio offrendoti
una vergine scrofa: sono infermo
da quando ti ho bevuto di nascosto
un po' d'acqua. Perdona il mio delitto
e lascia che mi goda in sicurezza
la tua fontana: fa che la mia sete
sia sana.

48. *Cena eloquente*

Come applaude la turba dei clienti,
Pomponio! L'eloquente non sei tu
ma la tua cena.

49. *Il Priapo*

Non son stato sgrossato con l'accetta
da un olmo fragile e questa colonna
che s'alza dritta e gonfia non è fatta
d'un legnaccio qualunque ma di un vivo
cipresso che non teme cento secoli
né l'imputridimento dell'età.
Attento, malintenzionato, chiunque
tu sia: se metti mano a qualche grappolo
della vigna, malgrado i tuoi dinieghi
questo cipresso ti farà sbocciare
cento grappoli in culo [12].

50. *Vai coi froci*

Nel tempo in cui Telesino era povero
e non aveva che amicizie oneste
andava scalcinato in una toga
da quattro soldi, tremando di freddo.
Ma da quando s'è messo coi frocioni
eccolo lì a comprare più di ogni altro
mobili, argenteria, possedimenti.
Vuoi diventare ricco? Vai coi froci.
I baci onesti non rendono niente.

51. *Verrò*

Poiché dai tante cene e non m'inviti,
Luperco, ho escogitato la maniera
di sfotterti. M'incavolo: tu invitami,
chiamami, mandami un messaggio, supplica.
«Che farai?» dici. Che farò? Verrò.

LII.

Hoc iacet in tumulo raptus puerilibus annis
  Pantagathus, domini cura dolorque sui,
vix tangente vagos ferro resecare capillos
  doctus et hirsutas excoluisse genas.
sis licet, ut debes, tellus, placata levisque,
  artificis levior non potes esse manu.

LIII.

Lotus nobiscum est, hilaris cenavit, et idem
  inventus mane est mortuus Andragoras.
tam subitae mortis causam, Faustine, requiris?
  in somnis medicum viderat Hermocraten.

LIV.

Tantos et tantas si dicere Sextilianum,
  Aule, vetes, iunget vix tria verba miser.
«quid sibi vult?» inquis. dicam quid suspicer esse:
  tantos et tantas Sextilianus amat.

LV.

Quod semper casiaque cinnamoque
et nido niger alitis superbae
fragras plumbea Nicerotiana,
rides nos, Coracine, nil olentis:
malo quam bene olere nil olere.

LVI.

Quod tibi crura rigent saetis et pectora villis,
  verba putas famae te, Charideme, dare?
extirpa, mihi crede, pilos de corpore toto
  teque pilare tuas testificare natis.

52. *Pantagato*

Riposa in questa tomba Pantagato
morto in anni puerili, tenerezza,
strazio del suo padrone; così bravo
a tagliare i capelli fuori posto
proprio in punta di forbici e a rasare
guance irsute. Per quanto tu possa essere
su di lui dolce e lieve come devi,
terra, non sarai mai così leggera
com'era la sua mano.

53. *Andragora*

S'è bagnato con noi, tranquillamente
Andragora ha cenato in allegria
e stamattina l'han trovato morto.
Vuoi sapere la causa d'un decesso
tanto improvviso, Faustino? Ha sognato
Ermocrate, quel medico.

54. *Grandi e grosse*

Proibisci a Sestiliano di parlare
di «grandi tanto» e «grosse tanto» e subito,
Aulo, tu lo vedrai mettere insieme
a stento tre parole. «Cosa vuole?»,
mi chiedi. Lo sospetto: Sestiliano
adora quei tipacci grandi tanto
con minchie grosse tanto.

55. *Coracino*

Coracino, tu nero di cannella
sempre e di cassia e cinnamomo tolti
al nido della splendida Fenice [13],
tu che profumi di tutte le essenze
che Nicerote chiude nei suoi vasi
plumbei, ridi di me che non odoro
di nulla. Preferisco non sapere
d'un bel nulla piuttosto che odorare
troppo bene.

56. *Caridemo*

Con quelle gambe irsute ed il torace
villoso, Caridemo, chi ti credi
di buggerare? Ascolta, strappa pure
tutti i peli dal corpo, fai vedere
che ti depili le chiappe. «Perché?»,

«quae ratio est?» inquis. scis multos dicere multa:
    fac pedicari te, Charideme, putent.

LVII.

Mentiris fictos unguento, Phoebe, capillos
    et tegitur pictis sordida calva comis.
tonsorem capiti non est adhibere necesse:
    radere te melius spongea, Phoebe, potest.

LVIII.

Cernere Parrhasios dum te iuvat, Aule, triones
    comminus et Getici sidera pigra poli,
o quam paene tibi Stygias ego raptus ad undas
    Elysiae vidi nubila fusca plagae!
quamvis lassa tuos quaerebant lumina vultus
    atque erat in gelido plurimus ore Pudens.
si mihi lanificae ducunt non pulla sorores
    stamina nec surdos vox habet ista deos,
sospite me sospes Latias reveheris ad urbes
    et referes pili praemia clarus eques.

LIX.

Et dolet et queritur sibi non contingere frigus
    propter sescentas Baccara gausapinas,
optat et obscuras luces ventosque nivesque
    odit et hibernos, si tepuere, dies.
quid fecere mali nostrae tibi, saeve, lacernae
    tollere de scapulis quas levis aura potest?
quanto simplicius, quanto est humanius illud,
    mense vel Augusto sumere gausapinas!

LX.

Laudat, amat, cantat nostros mea Roma libellos,
    meque sinus omnes, me manus omnis habet.
ecce rubet quidam, pallet, stupet, oscitat, odit.
    hoc volo: nunc nobis carmina nostra placent.

mi chiedi. Lo sai bene quante chiacchiere
si fanno su di te: meglio se credono
che lo prendi nel culo.

57. *Una spugna*

Ti disegni capelli menzogneri
con le tinture, Febo, e la tua sudicia
pelata copri con chiome dipinte.
Febo, non c'è bisogno di barbiere
per la tua testa, basterà una spugna.

58. *A Aulo Pudente*

Aulo, mentre ti stavi a contemplare
in cielo il carro dell'Orsa e le pigre
stelle getiche, proprio per un pelo
non mi hai perduto, trascinato all'onda
stigia e alla nebbiosa oscurità
dei Campi Elisi. Benché stanchi gli occhi
cercavano il tuo volto e sulle labbra
gelide il nome di Pudente errava
spesso. Se le sorelle filatrici
non tramano per me dei neri stami,
se la mia voce trova ascolto in cielo,
me salvo tornerai salvo nel Lazio
primipilo e illustre cavaliere.

59. *La pelliccia d'agosto*

Baccara è desolato e si lamenta,
non fa abbastanza freddo per sfoggiare
quelle sue innumerevoli pellicce,
vuole giornate scure, vento, neve,
odia l'inverno, come adesso, tiepido.
Che t'ha fatto di male il mio mantello
così leggero che un soffio di brezza
me lo toglie di dosso? Non sarebbe
più semplice, più umano
mettersi la pelliccia anche d'agosto?

60. *I miei epigrammi*

Questi miei epigrammi li ama e loda
e canta tutta Roma;
io sono in ogni tasca e in ogni mano.
Ecco uno che stupisce, impallidisce,
arrossisce, mi odia...
Questo volevo, adesso
piacciono pure a me.

LXI.

Rem factam Pompullus habet, Faustine: legetur
　　et nomen toto sparget in orbe suum.
«sic leve flavorum valeat genus Vsiporum
　　quisquis et Ausonium non amat imperium.»
ingeniosa tamen Pompulli scripta feruntur:
　　«sed famae non est hoc, mihi crede, satis:
quam multi tineas pascunt blattasque diserti
　　et redimunt soli carmina docta coci!
nescio quid plus est, quod donat saecula chartis:
　　victurus genium debet habere liber».

LXII.

Amisit pater unicum Salanus:
cessas munera mittere, Oppiane?
heu crudele nefas malaeque Parcae!
cuius vulturis hoc erit cadaver?

LXIII.

Scis te captari, scis hunc qui captat, avarum,
　　et scis qui captat quid, Mariane, velit.
tu tamen hunc tabulis heredem, stulte, supremis
　　scribis et esse tuo vis, furiose, loco.
«munera magna tamen misit.» sed misit in hamo;
　　et piscatorem piscis amare potest?
hicine deflebit vero tua fata dolore?
　　si cupis, ut ploret, des, Mariane, nihil.

LXIV.

Cum sis nec rigida Fabiorum gente creatus
nec qualem Curio, dum prandia portat aranti,
hirsuta peperit rubicunda sub ilice coniunx,
sed patris ad speculum tonsi matrisque togatae
filius et possit sponsam te sponsa vocare:
emendare meos, quos novit fama, libellos
et tibi permittis felicis carpere nugas, –
has, inquam, nugas, quibus aurem advertere totam

61. *Ingegno e genio*

Pompullo gliel'ha fatta: lo si legge,
Faustino, e il nome suo per l'universo
si spande. «Prosperi allo stesso modo
la razza falsa dei Germani biondi
e tutti quelli che odiano l'impero!»
Si dice tuttavia che abbiano ingegno
gli scritti di Pompullo. «Ci vuol altro,
dammi retta, per una vera gloria.
Quanti scrittori ingegnosi alimentano
tignole e scarafaggi: solo i cuochi
comprano i loro poemi ingegnosi.
C'è un nonsocché di più che affida ai secoli
gli scritti: per sopravvivere un libro
ha bisogno di genio.»

62. *A che avvoltoio?*

Salano ha perso il proprio unico figlio:
e tu smetti di fargli dei regali,
Oppiano? Crudelissimo destino!
A che avvoltoio spetterà quel morto?

63. *Circonvenzione*

Sai che ti si circuisce, sai che è un avido
colui che ti circuisce e sai, Mariano,
cosa vuole colui che ti circuisce.
E tu nelle supreme volontà,
pazzo furioso, lo nomini erede,
vuoi che prenda il tuo posto. «Sai che doni
m'ha fatto?» Ma l'ha messi in cima all'amo;
ed il pesce può amare il pescatore?
Credi che morto tu colui ti pianga
con un dolore vero? Fallo piangere,
Mariano, non lasciargli proprio niente.

64. *Contro un critico*

Sebbene tu non sia della severa
stirpe dei Fabi, o partorito come
Curio sotto una quercia da una donna
rossa di sole che portava il pranzo
al marito che arava, ma sia figlio
d'un padre che si rade nello specchio [14]
e d'una madre di costumi facili,
benché tua moglie ti possa chiamare
moglie a tua volta, pure ti permetti
di criticare i miei libri, ben noti
alla Fama, e dir male dei miei versi

et repetit totiens facundo Regulus ore,
quas et perpetui dignantur scrinia Sili
non aspernantur proceres urbisque forique,
quique videt propius magni certamina Circi
laudat Aventinae vicinus Sura Dianae,
ipse etiam tanto dominus sub pondere rerum
non dedignatur bis terque revolvere Caesar.
sed tibi plus mentis, tibi cor limante Minerva
acrius et tenues finxerunt pectus Athenae.
ne valeam, si non multo sapit altius illud,
quod cum panticibus laxis et cum pede grandi
et rubro pulmone vetus nasisque timendum
omnia crudelis lanius per compita portat.
audes praeterea, quos nullus noverit, in me
scribere versiculos miseras et perdere chartas.
at si quid nostrae tibi bilis inusserit ardor,
vivet et haerebit totoque legetur in orbe
stigmata nec vafra delebit Cinnamus arte.
sed miserere tui rabido nec perditus ore
fumantem nasum vivi temptaveris ursi.
sit placidus licet et lambat digitosque manusque,
si dolor et bilis, si iusta coegerit ira,
ursus erit: vacua dentes in pelle fatiges
et tacitam quaeras, quam possis rodere, carnem.

LXV.

«Hexametris epigramma facis» scio dicere Tuccam.
    Tucca, solet fieri, denique, Tucca, licet.
«sed tamen hoc longum est.» solet hoc quoque, Tucca, licetque:
    si breviora probas, disticha sola legas.
conveniat nobis ut fas epigrammata longa
    sit transire tibi, scribere, Tucca, mihi.

più felici. Quei versi ai quali principi
del foro e personalità politiche
non disdegnano porgere l'orecchio
con attenzione, quei versi che Silio
l'immortale si tiene in biblioteca,
che Regolo ripete tante volte
con la bocca eloquente e Sura loda
– Sura che sta vicino alla Diana
dell'Aventino e vede bene il Circo
Massimo con le sue gare – quei versi
che persino il padrone dell'impero
nonostante la mole dei suoi impegni
si compiace di leggere e rileggere.
Ma tu sei spiritoso più di loro,
Minerva t'ha donato intelligenza
più acuta ed il tuo gusto s'è affinato
sugli esempi ateniesi. Ma ch'io possa
morire se non c'è molto più gusto
in quella vecchia carcassa, tremenda
all'olfatto, dalle budella flosce,
piedi enormi e polmoni paonazzi
che un macellaio feroce trascina
per i crocicchi. Ed hai pure il coraggio
di scrivere ridicoli versetti
contro di me che non legge nessuno,
sciupando della carta?   Se ti marchia
a fuoco la mia bile resterà
eterno il segno, lo vedranno tutti
per tutta la città, non basteranno
Cinnamo e l'arte sua per cancellare
la cicatrice. Abbi pietà di te,
non impazzire al punto di tentare
coi tuoi denti rabbiosi il muso caldo
e fumante d'un orso. Sia pur placido
e lecchi dita e mani è sempre un orso
e lo dimostra, se una giusta collera
e il dolore e la rabbia lo costringono.
Stanca i tuoi denti in una pelle vuota,
cerca una carne muta se vuoi rodere.

65. *Epigrammi in esametri*

«Epigrammi in esametri!» Lo so,
Tucca si scandalizza. Si può fare,
Tucca si suole fare. «Così lunghi?»
Si può fare anche questo, è nelle regole;
se ti piacciono corti leggi solo
i distici. Mettiamoci d'accordo:
a me la libertà di farli lunghi,
a te di sorvolarli.

LXVI.

Famae non nimium bonae puellam,
quales in media sedent Subura,
vendebat modo praeco Gellianus.
parvo cum pretio diu liceret,
dum puram cupit adprobare cunctis,
adtraxit prope se manu negantem
et bis terque quaterque basiavit.
quid profecerit osculo requiris?
sescentos modo qui dabat negavit.

LXVII.

Cur tantum eunuchos habeat tua Gellia quaeris,
  Pannyche? volt futui Gellia nec parere.

LXVIII.

Flete nefas vestrum sed toto flete Lucrino,
  Naides, et luctus sentiat ipsa Thetis.
inter Baianas raptus puer occidit undas
  Eutychos ille, tuum, Castrice, dulce latus.
hic tibi curarum socius blandumque levamen,
  hic amor, hic nostri vatis Alexis erat.
numquid te vitreis nudum lasciva sub undis
  vidit et Alcidae nympha remisit Hylan?
an dea femineum iam neglegit Hermaphroditum
  amplexu teneri sollicitata viri?
quidquid id est, subitae quaecumque est causa rapinae,
  sit, precor, et tellus mitis et unda tibi.

LXIX.

Non miror quod potat aquam tua Bassa, Catulle:
  miror quod Bassae filia potet aquam.

LXX.

Sexagesima, Marciane, messis
acta est et, puto, iam secunda Cottae

66. Il risultato dei baci

Galliano il banditore poco fa
vendeva una ragazza alquanto dubbia,
come quelle che vedi alla Suburra
sedute per la strada, ma le offerte
ristagnavano. Allora, per provare
a tutti che la donna era perbene,
l'attirò a sé, malgrado i suoi dinieghi,
e la baciò tre o quattro volte. Sai
il risultato di quei baci? Chi
era arrivato a seicento sesterzi
ha ritirato subito l'offerta.

67. Gellia

Pannichio, ti domandi perché mai
si circonda di eunuchi la tua Gellia?
Vuole scopare senza partorire.

68. Morte di Eutichio

Piangete, Naiadi, il vostro delitto
per tutto il lago Lucrino e la stessa
Teti lo senta questo vostro lutto.
A Baia è morto un giovinetto, preda
dell'onda, Eutichio, il tuo compagno dolce,
Castrico, che tenevi sempre accanto
nei tuoi lavori letterari, come
sapesse alleggerirli. Era l'amore
vero, l'Alessi del nostro poeta,
del nostro Castrico. Forse la ninfa [15]
lasciva ha visto la sua nudità
nell'acqua cristallina e ha reso ad Ercole
il suo Hyla? O la dea stanca del molle
Ermafrodito ormai l'ha rifiutato
ed esige l'amplesso d'un virile
adolescente? Sia quella che sia
la causa dell'improvvisa rapina
prego che gli diventino leggere
sia la terra sia l'acqua.

69. Bassa e l'acqua

Che Bassa beva l'acqua non stupisce,
stupisce che la beva anche sua figlia [16].

70. Vita è salute

Marciano, Cotta ha già visto sessanta
primavere, forse anche due di più,

nec se taedia lectuli calentis
expertum meminit die vel uno.
ostendit digitum, sed inpudicum,
Alconti Dasioque Symmachoque.
at nostri bene conputentur anni
et quantum tetricae tulere febres
aut languor gravis aut mali dolores
a vita meliore separentur:
infantes sumus et senes videmur.
Aetatem Priamique Nestorisque
longam qui putat esse, Marciane,
multum deciphiturque falliturque.
non est vivere, sed valere vita est.

LXXI.

Edere lascivos ad Baetica crusmata gestus
    et Gaditanis ludere docta modis,
tendere quae tremulum Pelian Hecubaeque maritum
    posset ad Hectoreos sollicitata rogos,
urit et excruciat dominum Telethusa priorem:
    vendidit ancillam, nunc redimit dominam.

LXXII.

Fur notae nimium rapacitatis
conpilare Cilix volebat hortum,
ingenti sed erat, Fabulle, in horto
praeter marmoreum nihil Priapum.
dum non vult vacua manu redire,
ipsum subripuit Cilix Priapum.

LXXIII.

Non rudis indocta fecit me falce colonus:
    dispensatoris nobile cernis opus.
nam Caeretani cultor ditissimus agri
    hos Hilarus colles et iuga laeta tenet.
aspice quam certo videar non ligneus ore
    nec devota focis inguinis arma geram,
sed mihi perpetua numquam moritura cupresso
    Phidiaca rigeat mentula digna manu.

e non ricorda d'aver mai passato
un solo giorno di febbre e di noia
a letto. Fa scongiuri da sfacciato
ai medici: ad Alconte, Dasio, Simmaco.
Ma noi contiamo bene i nostri annetti
e sottraiamo dalla vita bella
tutto il tempo che ci han portato via
febbre, dolori, gravi esaurimenti
ed ecco qui: noi siamo dei bambini
con l'apparenza di vecchi. Marciano,
chi crede lunghe le vite di Priamo
e Nèstore s'illude e sbaglia. Vita
non è soltanto vivere, è salute.

71. *Teletusa*

Brava nel prendere pose lascive
al suono delle nacchere e a giocare
nella danza del ventre, capacissima
di far drizzare il tremolante Pelia
e di arrapare Priamo davanti
alla pira d'Ettorre, Teletusa
brucia e tortura il suo signore: prima
la vendette da schiava, la ricompra
adesso come amante.

72. *Il Cilicio*

Un Cilicio, ladrone di ben nota
rapacità, voleva saccheggiare
un orto, ma sebbene fosse vasto
l'orto, Fabullo, lì non c'era niente
se non un Priapo di marmo. Il Cilicio
non volendo tornare a mani vuote
rubò lo stesso Priapo.

73. *L'opera d'un artista*

Non mi fece un bifolco grossolano
con un falcetto inabile: vedete
in me l'opera nobile d'un vero
artista. Infatti questi colli e questi
ameni clivi sono proprietà
dell'agrario più ricco di Cerveteri,
Ilaro. Guarda la mia faccia, certo
non ti sembro di legno, e questa fava
che porto sotto il ventre non è certo
robaccia da bruciare. Tengo un cazzo
di cipresso, durevole, immortale,
che si drizza con una grazia degna

et bis septenis parcite iugeribus.
vicini, moneo, sanctum celebrate Priapum

LXXIV.

Medio recumbit imus ille qui lecto,
calvam trifilem semitatus unguento,
foditque tonsis ora laxa lentiscis,
mentitur, Aefulane: non habet dentes.

LXXV.

Cum mittis turdumve mihi quadramve placentae,
   sive femur leporis sive quid his simile est,
buccellas misisse tuas te, Pontia, dicis.
   has ego non mittam, Pontia, sed nec edam.

LXXVI.

Ille sacri lateris custos Martisque togati,
   credita cui summi castra fuere ducis,
hic situs est Fuscus. Licet hoc, Fortuna, fateri:
   non timet hostilis iam lapis iste minas;
grande iugum domita Dacus cervice recepit
   et famulum victrix possidet umbra nemus.

LXXVII.

Cum sis tam pauper quam nec miserabilis Iros,
   tam iuvenis quam nec Parthenopaeus erat,
tam fortis quam nec cum vinceret Artemidorus,
   quid te Cappadocum sex onus esse iuvat?
rideris multoque magis traduceris, Afer,
   quam nudus medio si spatiere foro.
non aliter monstratur Atlans cum compare ginno
   quaeque vehit similem belua nigra Libyn.
invidiosa tibi quam sit lectica requiris?
   non debes ferri mortuus hexaphoro.

della mano di Fidia. Su, vicini,
onorate San Priapo e risparmiate
questi quattordici iugeri.

74. *Un mentitore*

Quel tizio là che giace in fondo al letto [17]
di mezzo, zucca pelata con tre
soli capelli e gli altri disegnati
a forza di tinture, e che tormenta
con gli stuzzicadenti di lentisco
le mascelle cascanti è un mentitore,
Epulano, non ha nemmeno un dente.

75. *Regali pericolosi*

Quando mi fai avere una porzione
di dolce o un tordo o una coscia di lepre
o qualcosa del genere, mi dici,
Ponzia, che mi hai mandato i tuoi migliori
bocconcini. Non li regalerò
di certo, Ponzia, e non li mangerò [18].

76. *Epitaffio di Fusco* [19]

Giace qui Fusco – custode d'un uomo
sacro, d'un Marte in toga – al quale fu
affidato il comando del Pretorio.
Lo si dica ben forte, questa lapide
non teme le minacce del nemico.
Il Dace ha ricevuto il grande giogo
sulla testa domata, e vittoriosa
l'ombra di Fusco si gode un boschetto
oramai familiare.

77. *La lettiga di Afro*

Tu povero più d'Iro l'accattone [20],
tu giovane più di Partenopeo,
tu forte più di Artemidoro quando
vinceva: a che ti giova esser portato
a spalla da sei grandi Cappadoci?
Di te si ride e ti si mostra a dito,
Afro, più che se andassi in giro nudo.
Ti si fa capannello intorno come
a un Atlante montato su un muletto
o a un elefante negro della Libia
con sopra un negro. Vuoi sapere quanto
ti danneggia la tua lettiga? Neanche
da morto ti ci devi far portare.

LXXVIII.

Potor nobilis, Aule, lumine uno
luscus Phryx erat alteroque lippus.
huic Heras medicus «bibas caveto:
vinum si biberis, nihil videbis.»
ridens Phryx oculo «valebis» inquit.
misceri sibi protinus deunces
sed crebros iubet. exitum requiris?
vinum Phryx, oculus bibit venenum.

LXXIX.

Tristis es et felix. Sciat hoc Fortuna caveto:
   ingratum dicet te, Lupe, si scierit.

LXXX.

Vt nova dona tibi, Caesar, Nilotica tellus
   miserat hibernas ambitiosa rosas.
navita derisit Pharios Memphiticus hortos,
   urbis ut intravit limina prima tuae:
tantus veris honos et odorae gratia Florae
   tantaque Paestani gloria ruris erat;
sic, quacumque vagus gressumque oculosque ferebat,
   tonsilibus sertis omne rubebat iter.
at tu Romanae iussus iam cedere brumae
   mitte tuas messes, accipe, Nile, rosas.

LXXXI.

Iratus tamquam populo, Charideme, lavaris:
   inguina sic toto subluis in solio.
nec caput hic vellem sic te, Charideme, lavare.
   et caput ecce lavas: inguina malo laves.

LXXXII.

Quidam me modo, Rufe, diligenter
inspectum, velut emptor aut lanista,
cum vultu digitoque subnotasset,

78. *Il beone*

Frige, beone formidabile, era
cieco da un occhio, cisposo dall'altro.
«Stai lontano dal vino – gli fa il medico
Heras – se no diventi cieco.» Scoppia
a ridere il beone e dice all'occhio:
«Addio». Si fa portare lì per lì
degli enormi boccali e se li vuota
sino all'ultima goccia. Frige beve
vino, l'occhio veleno.

79. *Ingrato*

Sei triste in mezzo alle ricchezze. Meglio,
Lupo, che non lo sappia la Fortuna.
Se lo sapesse ti direbbe ingrato.

80. *Rose di Roma*

Come fosse un regalo straordinario
l'Egitto presuntuosamente manda
rose d'inverno, Cesare. Ma rise
dei giardini del Nilo il marinaio
di Menfi appena entrato dalla porta
nella tua Roma, tanto risplendeva
di primavera e profumava tutta
di fiori nella gloria delle rose
di Pesto; cosicché dovunque andasse,
dovunque gli cadesse l'occhio, tutte
le strade s'arrossavano di rose
in serti lunghi. Egitto, cedi ormai
alle brume romane, manda biade,
prendi le nostre rose.

81. *Il bagno di Caridemo*

Quando ti lavi, Caridemo, sembra
che tu ce l'abbia con l'intero popolo
tanto sbatti le palle in lungo e in largo
per l'intera piscina: e non vorrei
che così ti lavassi anche la testa.
Te la lavi: le palle erano meglio.

82. *Il mantello*

Un tale, Rufo, diligentemente
mi squadrava, dall'alto in basso, al modo
d'un mercante di schiavi o d'un maestro
di lotta, e dopo avermi misurato
con gli occhi e fatto cenni con le dita

«tune es, tune» ait «ille Martialis,
cuius nequitias iocosque novit
aurem qui modo non habet Batavam?»
subrisi modice, levique nutu
me quem dixerat esse non negavi.
«cur ergo» inquis «habes malas lacernas?»
respondi: «quia sum malus poeta.»
hoc ne saepius accidat poetae,
mittas, Rufe, mihi bonas lacernas.

LXXXIII.

Quantum sollicito fortuna parentis Etrusco,
    tantum, summe ducum, debet uterque tibi.
nam tu missa tua revocasti fulmina dextra:
    hos cuperem mores ignibus esse Iovis;
si tua sit summo, Caesar, natura Tonanti,
    utetur toto fulmine rara manus.
muneris hoc utrumque tui testatur Etruscus,
    esse quod et comiti contigit et reduci.

LXXXIV.

Octaphoro sanus portatur, Avite, Philippus.
    hunc tu si sanum credis, Avite, furis.

LXXXV.

Editur en sextus sine te mihi, Rufe Camoni,
    nec te lectorem sperat, amice, liber:
impia Cappadocum tellus et numine laevo
    visa tibi cineres reddit et ossa patri.
funde tuo lacrimas orbata Bononia Rufo,
    et resonet tota planctus in Aemilia:
heu qualis pietas, heu quam brevis occidit aetas!
    viderat Alphei praemia quinta modo.
pectore tu memori nostros evolvere lusus,
    tu solitus totos, Rufe, tenere iocos,
accipe cum fletu maesti breve carmen amici
    atque haec absentis tura fuisse puta.

«Sei proprio tu – mi dice – quel Marziale
i cui scherzi e le cui malignità
li conosce chiunque abbia le orecchie
non del tutto da barbaro?». Sorrisi
appena e con un cenno della testa
ammisi d'esser quello che diceva.
«Perché – mi fa – porti un così cattivo
mantello?» «Sono un cattivo poeta»,
risposi. Perché questo non accada
più, Rufo, mandami un mantello buono.

83. *Etrusco*

Quanto il padre di Etrusco deve al figlio,
alla sua preoccupata tenerezza,
altrettanto a te devono, signore
supremo, padre e figlio: hai revocato
la folgore che avevi già scagliato.
Si vorrebbe che i fulmini di Giove
facessero lo stesso: se il Tonante,
Cesare sommo, avesse il tuo carattere,
ne userebbe di meno la potenza.
Etrusco è debitore tuo due volte:
ha accompagnato il padre nell'esilio,
l'ha riportato a casa.

84. *Filippo*

Filippo va su una lettiga ad otto
portatori ed è sano. Se lo credi
sano davvero, Avito, tu sei pazzo.

85. *Morte di Camonio Rufo*

Ecco, sta per uscire questo libro
e tu, Camonio Rufo, non ci sei,
e non c'è più speranza, amico mio,
che lo legga. Una terra disumana,
la Cappadocia, da te visitata
sotto cattivi presagi ora rende
cenere e ossa a tuo padre. Bologna
privata del suo Rufo sparga lagrime
senza fine, l'Emilia tutta intera
suoni di pianto! Che pietà filiale,
che giovinezza è morta! (Aveva visto
solamente la sua quinta Olimpiade.)
Rufo, tu che solevi recitare
a memoria tanti epigrammi miei,
insieme al pianto triste dell'amico
ricevi questo libro, quasi fosse
incenso che ti arriva di lontano.

LXXXVI.

Setinum dominaeque nives densique trientes,
    quando ego vos medico non prohibente bibam?
stultus et ingratus nec tanto munere dignus
    qui mavult heres divitis esse Midae.
possideat Libycas messis Hermumque Tagumque,
    et potet caldam, qui mihi livet, aquam.

LXXXVII.

Di tibi dent et tu, Caesar, quaecumque mereris:
    di mihi dent et tu quae volo, si merui.

LXXXVIII.

Mane salutavi vero te nomine casu
    nec dixi dominum, Caeciliane, meum.
quanti libertas constat mihi tanta, requiris?
    centum quadrantes abstulit illa mihi.

LXXXIX.

Cum peteret seram media iam nocte matellam
    arguto madidus pollice Panaretus,
Spoletina data est sed quam siccaverat ipse,
    nec fuerat soli tota lagona satis.
ille fide summa testae sua vina remensus
    reddidit oenophori pondera plena sui.
miraris, quantum biberat, cepisse lagonam?
    desine mirari, Rufe: merum biberat.

XC.

Moechum Gellia non habet nisi unum.
    turpe est hoc magis: uxor est duorum.

XCI.

Sancta ducis summi prohibet censura vetatque
    moechari. gaude, Zoile, non futuis.

86. *Vino di Sezze*

Vino di Sezze e neve e tante coppe
offerte da colei che mi protegge,
quando vi potrò bere col permesso
del mio medico? Stolto e ingrato e indegno
di tanto dono chi vi anteporrebbe
l'eredità del ricchissimo Mida.
Si tenga pure, chi mi guarda male,
tutte le messi d'Africa con l'oro
e dell'Ermo e del Tago, ma si beva
solo dell'acqua calda.

87. *Qualche merito*

Possano i numi, Cesare, e tu stesso
ciò che meriti darti: i numi possano
insieme a te darmi quello che merito.

88. *La libertà costa*

Stamane, Ceciliano, t'ho chiamato
per nome, senza darti del signore.
Sai che mi costa tanta libertà?
Cento soldi di mancia.

89. *Panareto*

Panareto, già sbronzo, a tarda notte
reclama l'orinale in tutta urgenza
schioccando il pollice, gli viene data
un'anfora di vino di Spoleto
da lui stesso vuotata poco prima,
senza che neanche gli fosse bastata.
Restituendo fedelmente il vino
all'anfora ridette al recipiente
il peso primitivo. Non stupirti,
Rufo, aveva bevuto vino puro.

90. *Gellia*

Gellia non ha che un solo amante. Male,
molto male, è sposata a due mariti.

91. *Allegro Zoilo!*

Un editto del sommo imperatore
vieta severamente l'adulterio.
Allegro, Zoilo, tanto tu non chiavi.

XCII.

Caelatus tibi cum sit, Anniane,
serpens in patera Myronos arte,
Vaticana bibis: bibis venenum.

XCIII.

Tam male Thais olet quam non fullonis avari
   testa vetus media sed modo fracta via,
non ab amore recens hircus, non ora leonis,
   non detracta cani transtiberina cutis,
pullus abortivo nec cum putrescit in ovo,
   amphora corrupto nec vitiata garo.
virus ut hoc alio fallax permutet odore,
   deposita quotiens balnea veste petit,
psilothro viret aut acida latet oblita creta
   aut tegitur pingui terque quaterque faba.
cum bene se tutam per fraudes mille putavit,
   omnia cum fecit, Thaida Thais olet.

XCIV.

Ponuntur semper chrysendeta Calpetiano
   sive foris seu cum cenat in urbe domi.
sic etiam in stabulo semper, sic cenat in agro.
   non habet ergo aliud? non habet immo suum.

92. *Vino vaticano*

Tu possiedi una coppa dove l'arte,
Ammiano, di Mirone ha cesellato
un serpente e ci bevi quel vinaccio
del Vaticano: bevi del veleno.

93. *Puzza di Taide*

Pensa alla vecchia giara d'un tintore [21]
spilorcio rotta sulla via, al caprone
che ha appena fatto l'amore, alla bocca
d'un leone, alla pelle da conciare
strappata via ad un cane di Trastevere,
ad un feto di pollo imputridito
nell'uovo, ad un vasetto di caviale
marcito: Taide puzza assai di più.
Onde sostituire a tanta puzza
un odore diverso, ogniqualvolta
si spoglia per il bagno si cosparge
d'un verde depilatore, si impiastra
di creta con l'aceto, si ricopre
di farina di fave in quattro strati.
Ma quando dopo tanti trucchi crede
d'esser sicura e ha fatto proprio tutto,
Taide puzza di Taide.

94. *Piatti dorati*

Per Calpetano solamente piatti
dorati, sia che ceni fuori o a casa
sia che ceni in campagna o all'osteria.
Non ha nient'altro? Niente che sia suo [22].

Note

[1] L'epigramma è per un figlio di Domiziano la cui nascita era imminente. Giulia, figlia di Tito e quindi cugina del nascituro, era stata deificata dopo la morte: qui è vista come benevola Parca. [2] Figlio di Agenore, re di Tiro. [3] Vedi l'epigramma terzo. [4] Fetonte, figlio di Apollo, arse col carro paterno. Le Eliadi, sue sorelle, a forza di piangerlo divennero pioppi. [5] Gioco di parole che si è cercato di fare italiano diversamente. [6] Qui Marziale inventa disinvoltamente una sua mitologia, facendo sposare Venere con Marte. [7] Fece uccidere Galba e si proclamò imperatore. Sconfitto da Vitellio si uccise. [8] I figli di Niobe erano sette maschi e sette femmine. [9] Rassegna di acque termali: Apona era vicino a Padova, Sinuessa è l'odierna Sessa Aurunca, il Passero era in Etruria, le acque Apollinari sono le attuali Terme di Vicarello presso Bracciano. [10] La parte dei blu era invisa a Domiziano, perciò non doveva vincere mai. [11] Le grotte di Diana erano ad Ariccia; la sposa di Numa Pompilio era la ninfa Egeria. [12] Il solito scherzo sulle emorroidi. [13] Il nido della Fenice era intessuto d'erbe aromatiche. [14] Radersi guardandosi allo specchio era considerato uso da effeminati. [15] Hyla, amasio di Ercole, lo tradì con una ninfa. La dea di cui subito dopo è Salmace, amante di Ermafrodito. [16] Vedi l'epigramma 50 del libro secondo. [17] Inutile ricordare come allora si mangiasse sdraiati su letti. [18] Ponzia era una famosa avvelenatrice. [19] Cor-

nelio Fusco, già comandante dei pretoriani di Domiziano, fu ucciso in una spedizione contro i Daci i quali, poco dopo, si sottomisero. [20] Iro era il pitocco dell'Odissea, Partenopeo uno dei sette contro Tebe nonché esempio di gioventù e bellezza, Artemidoro un famoso atleta greco. [21] I tintori usavano anche orina, che tenevano in giare messe per strada. [22] Son tutti piatti presi in prestito o comprati a credito.

Liber VII

I.

Accipe belligerae crudum thoraca Minervae,
 ipsa Medusaeae quem timet ira comae.
dum vacat, haec, Caesar, poterit lorica vocari:
 pectore cum sacro sederit, aegis erit.

II.

Invia Sarmaticis domini lorica sagittis
 et Martis Getico tergore fida magis,
quam vel ad Aetolae securam cuspidis ictus
 texuit innumeri lubricus unguis apri:
felix sorte tua, sacrum cui tangere pectus
 fas erit et nostri mente calere dei.
i comes et magnos inlaesa merere triumphos
 palmataeque ducem, sed cito, redde togae.

III.

Cur non mitto meos tibi, Pontiliane, libellos?
 ne mihi tu mittas, Pontiliane, tuos.

IV.

Esset, Castrice, cum mali coloris,
versus scribere coepit Oppianus.

V.

Si desiderium, Caesar, populique patrumque
 respicis et Latiae gaudia vera togae,
redde deum votis poscentibus. invidet hosti

Libro settimo

1. *L'Ègida*

Indossa la corazza nuova, fatta
a immagine di quella di Minerva,
tu che incuti terrore anche ai rabbiosi
capelli di Medusa. Finché è vuota,
Cesare, può chiamarsi una corazza,
sul tuo torace diventerà un'Ègida [1].

2. *La Lorìca*

Lorìca del sovrano, impenetrabile
alle saette dei Sarmati, fida
più dello scudo getico di Marte,
composta tutta d'unghie scivolose
di innumerevoli cinghiali, tale
da resistere ai colpi della lancia
di Meleagro persino: felice
la tua sorte ché puoi toccare il petto
del nostro dio, riscaldarti al calore
del suo pensiero. Accompagnalo ovunque,
conquista illesa splendidi trionfi,
ma rendilo al più presto alla sua toga
bordata d'oro.

3. *A Pontiliano*

Perché non ti regalo i miei libretti?
Pontiliano, non voglio in cambio i tuoi.

4. *I poeti sono pallidi*

Vedendosi un pallore da poeta
Oppiano ha cominciato a scriver versi.

5. *Roma è gelosa*

Cesare, se dai retta ai desideri
di popolo e senato ed alla vera
gioia dei cittadini, rendi il dio
a noi che lo chiediamo, torna a casa.

Roma suo, veniat laurea multa licet:
terrarum dominum propius videt ille tuoque
    terretur vultu barbarus et fruitur.

VI.

Ecquid Hyperboreis ad nos conversus ab oris
    Ausonias Caesar iam parat ire vias?
certus abest auctor sed vox hoc nuntiat omnis:
    credo tibi, verum dicere, Fama, soles.
publica victrices testantur gaudia chartae,
    Martia laurigera cuspide pila virent.
rursus, io, magnos clamat tibi Roma triumphos
    INVICTVSque tua, Caesar, in urbe sonas.
sed iam laetitiae quo sit fiducia maior,
    Sarmaticae laurus nuntius ipse veni.

VII.

Hiberna quamvis Arctos et rudis Peuce
et ungularum pulsibus calens Hister
fractusque cornu iam ter inprobo Rhenus
teneat domantem regna perfidae gentis
te, summe mundi rector et parens orbis:
abesse nostris non tamen potes votis.
illic et oculis et animis sumus, Caesar,
adeoque mentes omnium tenes unus
ut ipsa magni turba nesciat Circi
utrumne currat Passerinus an Tigris.

VIII.

Nunc hilares, si quando mihi, nunc ludite, Musae:
    victor ab Odrysio redditur orbe deus.
certa facis populi tu primus vota, December:
    iam licet ingenti dicere voce «venit!».
felix sorte tua! poteras non cedere Iano,
    gaudia si nobis quae dabit ille dares.

Roma è gelosa del nemico suo
– nonostante gli annunzi di vittoria –
perché vede il padrone della terra
più da vicino: il barbaro atterrito
è del tuo volto ed insieme ne gode.

6. *Torna Cesare?*

Sarà vero che, volto verso noi
dalle spiagge iperboree, si prepara
a ritornare sulle strade ausonie
Cesare nostro? La notizia è incerta
ma tutti la propagano ed io credo,
Fama, che tu dica la verità.
Gli annunzi di vittoria testimoniano
dell'esultanza generale, il lauro
verdeggia sulla punta delle lance.
Evviva, Roma applaude nuovamente
i tuoi grandi trionfi, la città
ti proclama a gran voce INVITTO, Cesare;
ma perché sia più certa la letizia
arriva qui tu stesso, messaggero
dell'alloro sarmatico.

7. *Siamo con te*

Per quanto ti trattengano, occupato
a soggiogare la terra d'un popolo
perfido, l'Orsa invernale, la ruvida
Pence, il Danubio caldo di migliaia
di scalpitanti zoccoli, col Reno
dalle corna spezzate per tre volte [2],
pure tu, padre della terra e sommo
dominatore e re dell'universo,
non ti potrai sottrarre ai nostri voti.
Siamo laggiù con te, Cesare, gli occhi
e i cuori, solo tu sei nei pensieri
di tutti, al punto che persino il pubblico
che affolla il Circo Massimo non sa
se corra Passerino oppure Tigri.

8. *Alle Muse*

Muse, adesso è il momento di gioire
se foste mai allegre! Il nostro dio
ritorna vincitore dal paese
degli Odrisi. Dicembre, tu per primo
esaudisci l'augurio popolare:
si può dire a gran voce adesso: «Viene».
Te felice, dicembre! E avresti pure
vinto gennaio se potessi darci

inter laurigeros cum comes ibit equos.
fas audire iocos levioraque carmina, Caesar,
   et tibi, si lusus ipse triumphus amat.

IX.

Cum sexaginta numeret Cascellius annos,
   ingeniosus homo est: quando disertus erit?

X.

Pedicatur Eros, fellat Linus: Ole, quid ad te
   de cute quid faciant ille vel ille sua?
centenis futuit Matho milibus: Ole, quid ad te?
   non tu propterea sed Matho pauper erit.
in lucem cenat Sertorius: Ole, quid ad te,
   cum liceat tota stertere nocte tibi?
septingenta Tito debet Lupus: Ole, quid ad te?
   assem ne dederis crediderisve Lupo.
illud dissimulas ad te quod pertinet, Ole,
   quodque magis curae convenit esse tuae.
pro togula debes: hoc ad te pertinet, Ole.
   quadrantem nemo iam tibi credit: et hoc.
uxor moecha tibi est: hoc ad te pertinet, Ole.
   poscit iam dotem filia grandis: et hoc.
dicere quindecies poteram quod pertinet ad te:
   sed quid agas ad me pertinet, Ole, nihil.

XI.

Cogis me calamo manuque nostra
emendare meos, Pudens, libellos.
o quam me nimium probas amasque
qui vis archetypas habere nugas!

XII.

Sic me fronte legat dominus, Faustine, serena
   excipiatque meos qua solet aure iocos,

le belle gioie che lui ci darà.
Incoronato a festa scherzerà
sboccatamente il soldato marciando
tra cavalli parati con l'alloro.
Sia lecito anche a te, Cesare, udire
le mie sciocchezze, i versi un po' leggeri,
se persino il trionfo militare
ama gli scherzi e i giochi.

9. *Cascellio*

Cascellio è una promessa a sessant'anni.
Quando sarà un oratore finito?

10. *Olo*

Eros lo prende in culo, Lino in bocca:
Olo, che te ne frega? Ognuno fa
quello che vuole della propria pelle.
Mato ha pagato centomila svanziche
una scopata, a te che te ne frega?
Andrà in rovina Mato ma non tu.
Sertorio siede a cena sino all'alba,
Olo che te ne frega, quando tu
ronfi tranquillo per l'intera notte?
Lupo ne deve settecentomila
a Tito, a te che te ne frega visto
che a Lupo non gli presteresti un soldo?
Olo, ma tu però nascondi quello
di cui ti frega e assai più ti dovrebbe
fregare. La tua toga è da pagare,
Olo, di questo sì che te ne frega.
Non c'è chi voglia prestarti una lira,
Olo, di questo sì che te ne frega.
Tua moglie è una puttana: Olo, di questo
sì che ti frega. Tua figlia è già grande
e domanda la dote: Olo, di questo
sì che ti frega. Insomma potrei dire
quindici cose di cui te ne frega:
ma di quel che fai tu che me ne frega?

11. *In autografo*

Pretendi che corregga i miei libretti,
Pudente, a penna e di mia mano. Troppo
mi stimi, troppo m'ami se tu vuoi
i miei giochi in autografo!

12. *Non ho offeso*

Possa Cesare leggermi, Faustino,
con la fronte serena ed ascoltare

festa coronatus ludet convicia miles,
    inter laurigeros cum comes ibit equos.
ut mea nec iuste quos odit pagina laesit
    et mihi de nullo fama rubore placet.
quid prodest, cupiant cum quidam nostra videri,
    si qua Lycambeo sanguine tela madent,
vipereumque vomat nostro sub nomine virus,
    qui Phoebi radios ferre diemque negat?
ludimus innocui: scis hoc bene: iuro potentis
    per genium Famae Castaliumque gregem
perque tuas aures, magni mihi numinis instar,
    lector inhumana liber ab invidia.

XIII.

Dum Tiburtinis albescere solibus audit
    antiqui dentis fusca Lycoris ebur,
venit in Herculeos colles. quid Tiburis alti
    aura valet! parvo tempore nigra redit.

XIV.

Accidit infandum nostrae scelus, Aule, puellae;
    amisit lusus deliciasque suas:
non quales teneri ploravit amica Catulli
    Lesbia, nequitiis passeris orba sui,
vel Stellae cantata meo quas flevit Ianthis,
    cuius in Elysio nigra columba volat:
lux mea non capitur nugis neque moribus istis
    nec dominae pectus talia damna movent:
bis denos puerum numerantem perdidit annos,
    mentula cui nondum sesquipedalis erat.

XV.

Quis puer hic nitidis absistit Ianthidos undis?
    effugit dominam Naida numquid Hylas?

gli scherzi miei con orecchi benevoli
come suole, visto che la mia pagina
non ha offeso nessuno, neanche quelli
che pure avrebbe il diritto di odiare,
e non voglio la fama dal rossore
altrui. Ma a che mi vale tutto questo
quando c'è chi vuol far passar per miei
strali intinti nel sangue di Licambo [3],
e vomita veleno viperino
sotto il mio nome chi non sa affrontare
il chiaro giorno e la luce del sole?
Gli scherzi miei son stati sempre innocui,
lo sai bene: lo giuro per il genio
potente della Fama, per la schiera
delle Muse come per le tue orecchie
o tu, per me grandioso come un nume,
tu che mi leggi libero
dall'invidia inumana.

13. *L'aria di Tivoli*

Sentito dire che l'aria di Tivoli
sbianca l'avorio degli antichi denti
corre la bruna Lìcori sui colli
d'Ercole. Oh, la potenza di quell'aria
delle alture di Tivoli, in un lampo
se ne ritorna indietro tutta nera.

14. *Una disgrazia*

Che disgrazia indicibile è successa,
Aulo, alla mia ragazza! Ha perso tutte
le sue delizie, tutto il suo trastullo.
Delizie che non erano del genere
di quella che piangeva Lesbia, amica
del voluttuoso Catullo, privata
delle carezze del suo passerotto,
o di quell'altra che piangeva Janti
cantata dal mio Stella, una colomba
che adesso vola nera in paradiso.
La luce mia non s'occupa di tali
sciocchezzuole, non sono questi i danni
che possono commuoverla: ha perduto
uno schiavetto di appena vent'anni
la cui fava non arrivava ancora
al mezzo metro.

15. *Statua di giovinetto*

Chi sarà mai quel giovinetto lì
che si tiene lontano dalla fonte

o bene quod silva colitur Tirynthius ista
    et quod amatrices tam prope servat aquas!
securus licet hos fontes, Argynne, ministres:
    nil facient Nymphae: ne velit ipse cave.

XVI.

Aera domi non sunt, superest hoc, Regule, solum
    ut tua vendamus munera: numquid emis?

XVII.

Ruris bibliotheca delicati,
vicinam videt unde lector urbem,
inter carmina sanctiora si quis
lascivae fuerit locus Thaliae,
hos nido licet inseras vel imo,
septem quos tibi misimus libellos
auctoris calamo sui notatos:
haec illis pretium facit litura.
at tu munere delicata parvo
quae cantaberis orbe nota toto,
pignus pectoris hoc mei tuere,
Iuli bibliotheca Martialis.

XVIII.

Cum tibi sit facies de qua nec femina possit
    dicere, cum corpus nulla litura notet,
cur te tam rarus cupiat repetatque fututor
    miraris? vitium est non leve, Galla, tibi.
accessi quotiens ad opus mixtisque movemur
    inguinibus, cunnus non tacet, ipsa taces.
di facerent ut tu loquereris et ille taceret:
    offendor cunni garrulitate tui.
pedere te mallem: namque hoc nec inutile dicit
    Symmachus et risum res movet ista simul.
quis ridere potest fatui poppysmata cunni?
    cum sonat hic, cui non mentula mensque cadit?
dic aliquid saltem clamosoque obstrepe cunno

cristallina di Janti? Forse è Hyla
che fugge dalla naiade padrona?
Per fortuna la selva è sacra ad Ercole
che veglia su queste onde innamorate!
Quindi, Arginno, tu in piena sicurezza [4]
versaci l'acqua: ti risparmieranno
le ninfe. Ma sta' attento non ti voglia
lo stesso dio.

16. *Vendo regali*

Non ho una lira, Regolo, mi tocca
vendere i tuoi regali. Li ricompri?

17. *La libreria*

Libreria d'una villa raffinata
dalla quale chi legge vede Roma
vicinissima, se c'è un po' di posto
per la viziosa Talia tra poemi
sacrosanti, ti prego, trova un angolo,
anche il più basso, per i sette libri
che t'ho mandato con le correzioni
di pugno dell'autore: il che li rende
più preziosi. Ma tu che in tutto il mondo
– poiché t'ho dedicato questo piccolo
regalo – sarai nota e celebrata,
proteggi bene il pegno del mio cuore
o libreria di Giulio Marziale.

18. *Il difetto di Galla*

Benché abbia un viso che neanche una donna
potrebbe criticare e un corpo senza
imperfezioni, Galla, pure è raro
che qualcuno ti voglia un'altra volta
dopo averti chiavato. Il fatto si è
che riveli un difetto molto grave.
Tutte le volte che mi stringo a te
e cominciamo l'opera con gli inguini
saldati, tu stai zitta e invece brontola
la tua fica. Volessero gli dei
che stesse zitta lei, parlassi tu:
ma la garrulità della tua fica
m'offende. Meglio una scorreggia allora
che per Simmaco è cosa salutare [5]
e almeno ci si ride sopra insieme.
Chi può ridere invece d'uno sciocco
gorgogliare di fica? A chi non cade,
ascoltandone il suono, fava e voglia?
Almeno, Galla, dimmi qualche cosa

et, si adeo muta es, disce vel inde loqui.

XIX.

Fragmentum quod vile putas et inutile lignum,
   haec fuit ignoti prima carina maris,
quam nec Cyaneae quondam potuere ruinae
   frangere nec Scythici tristior ira freti.
saecula vicerunt: sed quamvis cesserit annis,
   sanctior est salva parva tabella rate.

XX.

Nihil est miserius neque gulosius Santra.
rectam vocatus cum cucurrit ad cenam,
quam tot diebus noctibusque captavit,
ter poscit apri glandulas, quater lumbum,
et utramque coxam leporis et duos armos,
nec erubescit peierare de turdo
et ostreorum rapere lividos cirros.
buccis placentae sordidam linit mappam;
illic et uvae conlocantur ollares
et Punicorum pauca grana malorum
et excavatae pellis indecens volvae
et lippa ficus debilisque boletus.
sed mappa cum iam mille rumpitur furtis,
rosos tepenti spondylos sinu condit
et devorato capite turturem truncum.
colligere longa turpe nec putat dextra
analecta quidquid et canes reliquerunt.
nec esculenta sufficit gulae praeda,
mixto lagonam replet ad pedes vino.
haec per ducentas cum domum tulit scalas
seque obserata clusit anxius cella
gulosus ille, postero die vendit.

XXI.

Haec est illa dies, magni quae conscia partus
   Lucanum populis et tibi, Polla, dedit.

che copra quella fica clamorosa:
se vuoi tacere insegnale a parlare.

19. *Il relitto della nave Argo*

Questo che tu ritieni un vile e inutile
pezzo di legno appartiene alla prima
carena che affrontasse un mare ignoto,
nave che non poterono distruggere
né le Rocce Turchine [6] né la rabbia
ancora più tremenda del Mar Nero.
I secoli hanno vinto, ma benché
abbia ceduto agli anni questa tavola
da nulla ci sembra ancora più sacra
di quanto non lo fu la nave intera.

20. *Venderà tutto*

Nessuno è più goloso e miserabile
di Santra. Quando corre ad un banchetto
cui è stato invitato e che ha aspettato
per tanti giorni e tante notti, chiede
per tre volte interiora di cinghiale,
per quattro volte lombata, due cosce
e due spalle di lepre; giura il falso
senza arrossire per i tordi, razzola
entro la nebbia livida delle ostriche.
Riempie il suo tovagliolo luridissimo
di pezzi di focaccia, d'uva passa,
chicchi di melagrana, pelle vuota
d'una vulva di troia, fichi fatti
e con la goccia, funghi rammolliti.
Poi, quando il tovagliolo sta per rompersi
per questi mille furti, fa sparire
nel suo petto accaldato cotolette
rosicchiate, con una tortorella
mutila, ché ne ha mangiato il capo.
Non considera turpe ramazzare
a mano tesa pure i rimasugli
rifiutati dai cani, né gli basta
la roba mangereccia come preda:
ha riempito ai suoi piedi un bottiglione
di vino misto ad acqua. E poi su, su
per duecento scalini fino a casa
con tutta quella roba, per rinchiudersi
ansando in camera. Quel golosone
il giorno dopo si venderà tutto.

21. *Anniversario di Lucano*

Eccolo il giorno, conscio di una nascita
eccezionale, che regalò al mondo

heu! Nero crudelis nullaque invisior umbra,
   debuit hoc saltem non licuisse tibi.

XXII.

Vatis Apollinei magno memorabilis ortu
   lux redit: Aonidum turba, favete sacris.
haec meruit, cum te terris, Lucane, dedisset,
   mixtus Castaliae Baetis ut esset aquae.

XXIII.

Phoebe, veni, sed quantus eras cum bella tonanti
   ipse dares Latiae plectra secunda lyrae.
quid tanta pro luce precer? tu, Polla, maritum
   saepe colas et se sentiat ille coli.

XXIV.

Cum Iuvenale meo quae me committere temptas,
   quid non audebis, perfida lingua, loqui?
te fingente nefas Pyladen odisset Orestes,
   Thesea Pirithoi destituisset amor,
tu Siculos fratres et maius nomen Atridas
   et Ledae poteras dissociare genus.
hoc tibi pro meritis et talibus inprecor ausis,
   ut facias illud quod, puto, lingua, facis.

XXV.

Dulcia cum tantum scribas epigrammata semper
   et cerussata candidiora cute,
nullaque mica salis nec amari fellis in illis
   gutta sit, o demens, vis tamen illa legi!
nec cibus ipse iuvat morsu fraudatus aceti,

e a te, Polla, Lucano. Ahimè, crudele
Nerone, che nessun'altra tua vittima
ha reso maggiormente odioso, almeno
questo delitto non dovevi compierlo!

22. *Stesso soggetto*

Ritorna il giorno reso memorabile
dalla nascita grande del poeta
d'Apollo: vergini d'Aonia, siate
propizie ai sacri riti. Ha meritato
omaggi tali il giorno che t'ha offerto,
Lucano, al mondo, onde il Guadalquivir [7]
si mescolasse alla fonte Castalia.

23. *Ancora lo stesso soggetto*

Apollo, vieni, ma radioso, quanto
lo fosti quando di tua mano hai dato
al cantore tonante della guerra
il plettro numero due della lira
latina. Cosa mai potrò augurare
in un simile giorno? Che tu, Polla,
possa onorare a lungo tuo marito,
che lui si renda conto dell'onore.

24. *Una linguaccia*

Cosa non osi dire tu, linguaccia
che mi vorresti far venire a lite
col caro Giovenale? Per calunnie
come le tue Oreste avrebbe odiato
Pilade, si sarebbe allontanato
da Piritoo l'amore di Teseo,
e tu avresti potuto separare
i due fratelli siciliani, i due
ben più famosi Atridi e i due gemelli [8]
di Leda. In ricompensa
di tali tentativi e tali meriti,
linguaccia, t'auguro di fare quello
che ritengo tu faccia.

25. *Epigrammi dolci*

Benché scriva epigrammi tanto dolci,
più bianchi d'una pelle impomatata,
senza un grano di sale né una goccia
di fiele amaro tuttavia tu, pazzo,
vorresti essere letto.
Ma se nemmeno il cibo dà piacere
senza una punta d'aceto, e un bel viso

nec grata est facies cui gelasinus abest.
infanti melimela dato fatuasque mariscas:
  nam mihi, quae novit pungere, Chia sapit.

XXVI.

Apollinarem conveni meum, scazon,
et si vacabit – ne molestus accedas –,
hoc qualecumque, cuius aliqua pars ipse est,
dabis: haec – facetum carmen – inbuant aures.
si te receptum fronte videris tota,
noto rogabis ut favore sustentet.
quanto mearum, scis, amore nugarum
flagret: nec ipse plus amare te possum.
contra malignos esse si cupis tutus,
Apollinarem conveni meum, scazon.

XXVII.

Tuscae glandis aper populator et ilice multa
  iam piger, Aetolae fama secunda ferae,
quem meus intravit splendenti cuspide Dexter,
  praeda iacet nostris invidiosa focis.
pinguescant madido laeti nidore penates
  flagret et exciso festa culina iugo.
sed cocus ingentem piperis consumet acervum
  addet et arcano mixta Falerna garo:
ad dominum redeas, noster te non capit ignis,
  conturbator aper: vilius esurio.

XXVIII.

Sic Tiburtinae crescat tibi silva Dianae
  et properet caesum saepe redire nemus,
nec Tartesiacis Pallas tua, Fusce, trapetis
  cedat et inmodici dent bona musta lacus;
sic fora mirentur, sic te Palatia laudent,
  excolat et geminas plurima palma fores:
otia dum medius praestat tibi parva December,
  exige, sed certa, quos legis, aure iocos.

non ha fascino senza una fossetta
riderella! Dai pure a un ragazzino
melucce e insipidi fichi fioroni:
han sapore per me solo i piccanti
fichi di Chio.

26. *Da Apollinare*

Corri da Apollinare, endecasillabo,
e se non ha da fare (non scocciarlo
però) dagli il libretto, prescindendo
dal valore, di cui lui stesso è parte [9]:
il suo orecchio sia il primo ad ascoltare
i miei versi faceti. Se ti vedi
accolto con benigna fronte pregalo
che ti sostenga col suo noto credito.
Tu sai quanto egli adori le cosucce
che scrivo: non potrei di più io stesso.
Se vuoi stare al sicuro dalle critiche
corri da Apollinare, endecasillabo.

27. *Un cinghiale*

Cinghiale sterminatore di ghiande
toscane, bene ingrassato dai lecci,
secondo solo alla bestiaccia etolica [10],
tu che Destro ha trafitto con la lancia
splendente, adesso, invidiata preda
giaci disteso sul mio focolare.
S'impinguino i Penati allegri al fuoco
ed al vapore e la cucina in festa
bruci un intero colle disboscato.
Ohibò, che il cuoco mi consumerà
un mucchio enorme di pepe, e Falerno,
e salse costosissime. Ritorna
dal padrone cinghiale imbarazzante,
per te il mio focolare è troppo piccolo:
aver fame mi costa molto meno.

28. *Verità dura*

Cresca il tuo bosco di Diana a Tivoli,
si sbrighi a rinfoltirsi in fretta il ceduo
dopo i frequenti tagli, Fusco, l'olio
non sia inferiore a quello di Tartesso,
le botti smisurate ti trabocchino
d'ottimi mosti; ti si ammiri al foro,
ti si lodi a Palazzo, palme e palme
decorino i battenti delle porte!
Questo t'auguro, e tu a metà dicembre
quando avrai tempo leggi questi versi

«scire libet verum? res est haec ardua.» sed tu
    quod tibi vis dici dicere, Fusce, potes.

XXIX.

Thestyle, Victoris tormentum dulce Voconi,
    quo nemo est toto notior orbe puer,
sic etiam positis formonsus amere capillis
    et placeat vati nulla puella tuo:
paulisper domini doctos sepone libellos,
    carmina Victori dum lego parva tuo.
et Maecenati, Maro cum cantaret Alexin,
    nota tamen Marsi fusca Melaenis erat.

XXX.

Das Parthis, das Germanis, das, Caelia, Dacis,
    nec Cilicum spernis Cappadocumque toros;
et tibi de Pharia Menphiticus urbe fututor
    navigat, a rubris et niger Indus aquis;
nec recutitorum fugis inguina Iudaeorum,
    nec te Sarmatico transit Alanus equo.
qua ratione facis, cum sis Romana puella,
    quod Romana tibi mentula nulla placet?

XXXI.

Raucae chortis aves et ova matrum
et flavas medio vapore Chias
et fetum querulae rudem capellae
nec iam frigoribus pares olivas
et canum gelidis holus pruinis
de nostro tibi missa rure credis?
o quam, Regule, diligenter erras!
nil nostri, nisi me, ferunt agelli.
quidquid vilicus umber aut colonus
aut rus marmore tertio notatum

con occhio critico. «La verità
tu vuoi sapere? È dura.» Ma tu, Fusco,
puoi dirmi quel che vuoi che ti si dica.

29. *A Tèstilo*

Tèstilo, croce e delizia
di Voconio Vittore, giovinetto
il più famoso al mondo, possa tu
essere sempre bello e sempre amato
anche quando ti taglierai la chioma,
e nessuna ragazza possa mai
piacere al tuo poeta! Per un poco
deponi i libri dotti del padrone
mentre leggo a Vittore queste piccole
poesiole. Persino Mecenate,
mentre Virgilio cantava il suo Alessi
non disdegnava interessarsi a Marso
e alla bruna Melenis [11].

30. *L'internazionalista*

Celia, la dai ai Parti ed ai Germani
e non disprezzi il letto dei Cilici
come dei Cappadoci. Il chiavatore
di Menfi lascia la città natale
e viene navigando sino a te,
e fa altrettanto l'Indiano nero
traversando il Mar Rosso. Non rifiuti
l'affare circonciso dei Giudei.
Da te si ferma l'Alano che passa
sul cavallo sarmatico.
                        Ragazza
ma tu sei nata a Roma, come mai
non c'è fava romana che ti piaccia?

31. *Doni del mercato*

Pollame roco da cortile ed uova
gallate e fichi piccoli di Chio
giallastri per il poco caldo e il bruto
figliolo d'una querula capretta
e olive un po' malconce per il freddo
e cavoli sbiancati dalla brina
pensi che te li mandi dal podere?
Regolo, come ti sbagli di grosso.
Il mio campo non porta altro che me.
Quello che ti spedisce il tuo fattore
o il tuo colono dall'Umbria e la terra
del Terzo Miglio e i tuoi possedimenti

aut Tusci tibi Tusculive mittunt,
id tota mihi nascitur Subura.

XXXII.

Attice, facundae renovas qui nomina gentis
   nec sinis ingentem conticuisse domum,
te pia Cecropiae comitatur turba Minervae,
   te secreta quies, te sophos omnis amat.
at iuvenes alios fracta colit aure magister
   et rapit inmeritas sordidus unctor opes.
non pila, non follis, non te paganica thermis
   praeparat aut nudi stipitis ictus hebes,
vara nec in lento ceromate bracchia tendis,
   non harpasta vagus pulverulenta rapis,
sed curris niveas tantum prope Virginis undas
   aut ubi Sidonio taurus amore calet.
per varias artes, omnis quibus area servit,
   ludere, cum liceat currere, pigritia est.

XXXIII.

Sordidior caeno cum sit toga, calceus autem
   candidior prima sit tibi, Cinna, nive:
deiecto quid, inepte, pedes perfundis amictu?
   collige, Cinna, togam; calceus ecce perit.

XXXIV.

Quo possit fieri modo, Severe,
ut vir pessimus omnium Charinus
unam rem bene fecerit, requiris?
dicam, sed cito. quid Nerone peius?
quid thermis melius Neronianis?
non dest protinus, ecce, de malignis
qui sic rancidulo loquatur ore:
«ut quid tu domini deique nostri
praefers muneribus, Neronianas?».

di Tuscolo e di Tuscia, per me nasce
nei mercati di tutta la Suburra.

32. *Correre è bello*

Attico, che rinnovelli la fama
d'una gente eloquente e non permetti
che una gran casa piombi nel silenzio,
s'affianca a te la pia turba seguace
di Minerva, t'adorano i filosofi,
gli amici degli studi e della quiete.
Ma gli altri giovanotti se li alleva
un maestro di lotta dall'orecchio
monco, e un massaggiatore li deruba
immeritatamente. Tu non usi
prima del bagno caldo gareggiare
alla palla, al pallone, alla pelota,
dare colpi di spada ad un paletto,
distendere le braccia arcuate ed unte
di crema in esercizi a corpo libero,
gettarti nella polvere abbrancando
la palla ovale, tu soltanto corri
sia lungo l'acqua Vergine gelata
sia dove il toro brucia per Europa [12].
Darsi a degli altri *sport*, dovunque sia,
laddove si può correre è soltanto
pura pigrizia.

33. *Toga e scarpe*

La tua toga è più sozza della merda
ma le scarpe più bianche della neve,
Cinna, e tu, idiota, fai scendere l'orlo
della toga sui piedi? Tira su
l'orlo, Cinna, o le scarpe son fottute.

34. *I bagni di Nerone*

«Come cacchio può essere – mi chiedi –
che quella feccia dell'umanità
di Carino abbia fatto qualche cosa
di buono?» Ti risponderò, Severo,
rapidamente. Peggio di Nerone
chi c'era? Eppure cosa c'è di meglio
dei bagni di Nerone?
                    Ecco che arriva
subito un maldicente che mi dice
in tono agro: «Perché anteponi quelli
ai tanti monumenti regalatici
dal nostro dio e signore?». Di gran lunga

thermas praefero balneis cinaedi.

XXXV.

Inguina succinctus nigra tibi servos aluta
    stat, quotiens calidis tota foveris aquis.
sed meus, ut de me taceam, Laecania, servos
    Iudaeum nuda sub cute pondus habet,
sed nudi tecum iuvenesque senesque lavantur.
    an sola est servi mentula vera tui?
ecquid femineos sequeris, matrona, recessus,
    secretusque tua, cunne, lavaris aqua?

XXXVI.

Cum pluvias madidumque Iovem perferre negaret
    et rudis hibernis villa nataret aquis,
plurima, quae posset subitos effundere nimbos,
    muneribus venit tegula missa tuis.
horridus, ecce, sonat Boreae stridore December:
    Stella, tegis villam, non tegis agricolam.

XXXVII.

Nosti mortiferum quaestoris, Castrice, signum?
    est operae pretium discere theta novum:
exprimeret quotiens rorantem frigore nasum,
    letalem iuguli iusserat esse notam.
turpis ab inviso pendebat stiria naso,
    cum flaret madida fauce December atrox:
collegae tenuere manus: quid plura requiris?
    emungi misero, Castrice, non licuit.

XXXVIII.

Tantus es et talis nostri, Polypheme Severi,
    ut te mirari possit et ipse Cyclops.
sed nec Scylla minor. quod si fera monstra duorum

io preferisco i bagni di Nerone
a quelli d'un frocione.

35. *Lecania*

Con il sesso nascosto da una banda
di cuoio nero un servo ti sta accanto
ogni volta che tu nell'acqua calda
sprofondi, mentre il servo mio, Lecania,
per tacere di me, sotto la sola
nuda pelle esibisce un mazzo enorme,
da Giudeo [13], e mentre vecchi e giovanotti
nudi si lavano con te. La minchia
preziosa del tuo servo sola è autentica?
Mia dama, tu frequenti unicamente
posti da donne? Ti lavi la fica
in un'acqua a te sola riservata?

36. *Il campagnolo*

La mia povera casa di campagna
non ci riusciva proprio più a resistere
alle piogge ed al cielo tempestoso,
e arriva un tuo regalo: tante tegole
pronte a reggere scrosci repentini.
Ma ecco che dicembre orrido grida
con lo stridore della tramontana;
Stella copri la casa di campagna
e non il campagnolo?

37. *Il segnale di morte*

Tu conosci il segnale del questore,
con cui dà morte, Càstrico? Conviene
saperlo questo nuovissimo *thèta* [14].
Tutte le volte che si soffia il naso
gocciolante dal freddo, ecco il letale
segno di messa a morte. Un candelotto
disgustoso pendeva dal suo naso
orrendo: era il terribile dicembre
che soffiava con la sua gola umida.
I colleghi gli tennero le mani.
Che cosa vuoi sapere di più, Càstrico?
Il poveraccio non potè soffiarsi.

38. *I mostri di Severo*

Sei così grosso e brutto, Polifemo,
che potresti stupire anche il Ciclope,
ma Scilla – schiava anch'ella di Severo –
non è da meno di te. Ad accoppiarli

iunxeris, alterius fiet uterque timor.

XXXIX.

Discursus varios vagumque mane
et fastus et have potentiorum
cum perferre patique iam negaret,
coepit fingere Caelius podagram.
quam dum volt nimis adprobare veram
et sanas linit obligatque plantas
inceditque gradu laborioso,
– quantum cura potest et ars doloris! –
desît fingere Caelius podagram.

XL.

Hic iacet ille senex Augusta notus in aula,
    pectore non humili passus utrumque deum;
natorum pietas sanctis quem coniugis umbris
    miscuit: Elysium possidet ambo nemus.
occidit illa prior viridi fraudata iuventa:
    hic prope ter senas vixit Olympiadas.
sed festinatis raptum tibi credidit annis,
    aspexit lacrimas quisquis, Etrusce, tuas.

XLI.

Cosmicos esse tibi, Semproni Tucca, videris:
    cosmica, Semproni, tam mala quam bona sunt.

XLII.

Muneribus cupiat si quis contendere tecum,
    audeat hic etiam, Castrice, carminibus.
nos tenues in utroque sumus vincique parati:
    inde sopor nobis et placet alta quies.
tam mala cur igitur dederim tibi carmina, quaeris?
    Alcinoo nullum poma dedisse putas?

questi due fieri mostri si farebbero
paura uno con l'altro.

39. *La gotta*

Non potendone più di sopportare,
soffrendone, le corse d'ogni genere,
l'andare in giro la mattina presto,
l'arroganza e il buongiorno dei potenti,
Celio s'è messo a fingere la gotta.
Ma cercando di dimostrare vera
la malattia, a forza di bendarsi
ed ungersi dei piedi troppo sani,
di camminare come un impedito
(potenza della volontà e dell'arte
di coltivare il dolore), ora Celio
la gotta non la finge più: ce l'ha.

40. *Etrusco e suo padre*

Qui giace un vecchio celebre alla Corte
augusta, che sopportò nobilmente
disfavore e favore del dio nostro.
La pietà dei figlioli l'ha congiunto
all'ombra santa della moglie: il bosco
degli Elisi li ospita tutti e due.
È morta lei per prima, defraudata
della sua verde giovinezza: lui
ha vissuto per quasi novant'anni.
Ma chi ha veduto, Etrusco, le tue lagrime
ha pensato ti fosse stato tolto
nel fior degli anni.

41. *A Tucca*

Ti credi profumato, ma i profumi
a volte sono buoni a volte no.

42. *Mi piace il sonno*

Se c'è chi vuol contendere con te
in fatto di regali abbia il coraggio,
Càstrico, di farlo anche in poesia.
Sono debole in tutte e due le cose
e preparato a perdere: per questo
mi piace il sonno e la profonda quiete.
Mi domandi perché t'abbia mandato
dei versi così brutti? Credi forse
che nessuno abbia regalato frutta
a un grande produttore come Alcinoo [15]?

XLIII.

Primum est ut praestes, si quid te, Cinna, rogabo;
   illud deinde sequens ut cito, Cinna, neges,
diligo praestantem; non odi, Cinna, negantem:
   sed tu nec praestas nec cito, Cinna, negas.

XLIV.

Maximus ille tuus Ovidi, Caesonius hic est,
   cuius adhuc vultum vivida cera tenet.
hunc Nero damnavit: sed tu damnare Neronem
   ausus es et profugi, non tua, fata sequi:
aequora per Scyllae magnus comes exulis isti,
   qui modo nolueras consulis ire comes.
si victura meis mandantur nomina chartis
   et fas est cineri me superesse meo:
audiet hoc praesens venturaque turba fuisse
   illi te, Senecae quod fuit ille suo.

XLV.

Facundi Senecae potens amicus,
caro proximus aut prior Sereno
hic est Maximus ille, quem frequenti
felix littera pagina salutat.
hunc tu per Siculas secutus undas,
o nullis, Ovidi, tacende linguis,
sprevisti domini furentis iras.
miretur Pyladen suum vetustas,
haesit qui comes exuli parentis.
quis discrimina conparet duorum?
haesisti comes exuli Neronis.

XLVI.

Commendare tuum dum vis mihi carmine munus
   Maeonioque cupis doctius ore loqui,
excrucias multis pariter me teque diebus,
   et tua de nostro, Prisce, Thalia tacet.
divitibus poteris musas elegosque sonantes

43. Né sì né no

Se ti chiedo qualcosa, Cinna, *in primis*
dimmi di sì, semmai dimmi di no.
Amo chi dà, non odio chi non dà;
ma tu non dici sì né dici no.

44. L'amicizia

Ovidio, ecco il tuo Massimo Cesonio,
una vivida cera ne conserva
l'immagine. Lo condannò Nerone,
e tu a tua volta osasti condannare
Nerone ed affiancare il tuo destino
a quello d'un bandito. Per il mare
di Scilla sei andato in compagnia
d'un esiliato che quand'era console [16]
non avevi voluto accompagnare.
Se i nomi che ho affidato alle mie carte
vivranno, se potrò mai sopravvivere
alla mia morte, il popolo presente
e il popolo a venire impareranno
che tu fosti per lui quel che lui fu
per il suo Seneca.

45. Stesso soggetto

Potente amico del facondo Seneca
che lo teneva caro, appena dopo
Sereno per non dire appena prima,
ecco il famoso Massimo Cesonio
che la felice lettera [17] saluta.
Tante volte tu l'hai seguito, Ovidio
(nome che mai nessuno tacerà),
nel mare di Sicilia, non curante
della rabbia d'un despota furente.
L'antichità ammiri pure il suo Pilade
compagno d'uno che la madre aveva
esiliato. Che paragone c'è
tra i rischi tuoi e quelli del buon Pilade?
Tu avevi accompagnato uno esiliato
dal tremendo Nerone.

46. Dono e versi

Vorresti avvalorare con dei versi
il tuo regalo, essere più eloquente
d'Omero, Prisco, e son parecchi giorni
che metti alla tortura me con te
e la tua Musa tace a spese mie.

mittere: pauperibus munera πεζά dato.

XLVII.

Doctorum Licini celeberrime Sura virorum,
   cuius prisca gravis lingua reduxit avos,
redderis – heu, quanto fatorum munere! – nobis
   gustata Lethes paene remissus aqua.
perdiderant iam vota metum securaque flebat
   tristities et lacrimis iamque peractus eras:
non tulit invidiam taciti regnator Averni
   et ruptas Fatis reddidit ipse colus.
scis igitur quantas hominum mors falsa querelas
   moverit et frueris posteritate tua.
vive velut rapto fugitivaque gaudia carpe:
   perdiderit nullum vita reversa diem.

XLVIII.

Cum mensas habeat fere trecentas,
pro mensis habet Annius ministros:
transcurrunt gabatae volantque lances.
has vobis epulas habete, lauti:
nos offendimur ambulante cena.

XLIX.

Parva suburbani munuscula mittimus horti:
   faucibus ova tuis, poma, Severe, gulae.

L.

Fons dominae, regina loci quo gaudet Ianthis,
   gloria conspicuae deliciumque domus,
cum tua tot niveis ornetur ripa ministris
   et Ganymedeo luceat unda choro:
quid facit Alcides silva sacratus in ista?
   tam vicina tibi cur tenet antra deus?

Mandali ai ricchi i versi e le elegie
sonanti, a me basta il regalo solo.

47. *A Sura*

Licinio Sura, tu celebratissimo
fra i sapienti, che col tuo stile arcaico
ci hai ridato il parlare dei nostri avi,
ritorni a noi, per dono del destino,
dopo aver quasi quasi assaporato
l'acqua del Lete. Già disperavamo,
anzi eravamo sicuri del peggio
e la tristezza si sfogava in pianti:
ma il sovrano del silenzioso Averno
non sopportò l'odio nostro e lui stesso
rimise insieme il filo già spezzato.
Sappi ora dunque che questa tua falsa
morte ha destato il pianto universale
e godi della tua sopravvivenza.
Vivi come si vive una ricchezza
rubata e godi gioie fuggitive:
fai che la vita che ti è stata resa
non sprechi un giorno solo, uno soltanto.

48. *Cena ambulante*

Sebbene abbia trecento tavolini
Annio ha deciso di sostituirli
coi camerieri, così via trascorrono [18]
le insalatiere, volano i vassoi.
Teneteli per voi questi festini,
o ricconi, mi offende
una cena ambulante.

49. *Uova e mele*

Severo, dal mio orto suburbano
ti mando piccoli regali: uova
per la tua fame, mele per la gola.

50. *Fonte di Janti*

Fonte, che la signora, la regina
del luogo, Janti, preferisce a tutte,
gloria e delizia di una casa illustre,
poiché sulle tue rive è nato un coro
di candidi coppieri e l'onda specchia
sciami di Ganimedi, cosa fa
l'Ercole al quale questa selva è sacra?
Perché il dio si nasconde nella grotta
lì vicino? Forse per sorvegliare

numquid Nympharum notos observat amores,
    tam multi pariter ne rapiantur Hylae?

LI.

Mercari nostras si te piget, urbice, nugas
    et lasciva tamen carmina nosse libet,
Pompeium quaeres – et nosti forsitan – Auctum
    ultoris prima Martis in aede sedet:
iure madens varioque togae limatus in usu
    non lector meus hic, urbice, sed liber est.
sic tenet absentes nostros cantatque libellos
    ut pereat chartis littera nulla meis:
denique, si vellet, poterat scripsisse videri;
    sed famae mavult ille favere meae.
hunc licet a decuma – neque enim satis ante vacabit –
    sollicites, capiet cenula parva duos;
ille leget, bibe tu; nolis licet, ille sonabit:
    et cum «Iam satis est» dixeris, ille leget.

LII.

Gratum est quod Celeri nostros legis, Aucte, libellos,
    si tamen et Celerem quod legis, Aucte, iuvat.
ille meas gentes et Celtas rexit Hiberos,
    nec fuit in nostro certior orbe fides.
maior me tanto reverentia turbat et aures
    non auditoris, iudicis esse puto.

LIII.

Omnia misisti mihi Saturnalibus, umber,
    munera, contulerant quae tibi quinque dies:
bis senos triplices et dentiscalpia septem;
    his comes accessit spongea, mappa, calix,

gli amori malfamati delle ninfe,
ché tanti Hyla non vengano rapiti
alla stessa maniera?

51. *Il lettore implacabile*

Urbico, se non hai nessuna voglia
di comprare i miei scherzi, ma ti piace
conoscere i miei versi libertini,
cerca Pompeio Aucto, che tu forse
conosci, il quale siede in tribunale
proprio all'entrata del tempio di Marte.
Per quanto sia impregnato di diritto
e rotto ad ogni astuzia della legge,
egli non è soltanto un mio lettore
ma addirittura un mio libro. Ritiene
così bene i miei versi, li declama
così bene, pure se non ce li ha
davanti agli occhi, che non una lettera
delle mie pagine va mai perduta:
insomma, se volesse, egli potrebbe
farsi passare per il loro autore,
ma preferisce darsi a favorire
la fama mia. Tu vallo a trovare
passata l'ora decima (difficile
che prima sia un po' libero): una piccola
stanza da pranzo vi riceverà.
Tu berrai, mentre lui mi leggerà.
Non ne avrai voglia, ma declamerà
ancora. «Ne ho abbastanza!» griderai.
Egli implacabilmente leggerà.

52. *Un giudice*

Sono contento che tu legga a Celere
i miei libretti, Aucto, purché a Celere
piaccia quello che leggi. Ha governato
la gente mia e quella dei Celtiberi
e il nostro mondo non ha mai veduto
un uomo così onesto. A me perciò
turba tanto maggiore reverenza,
e penso che le sue siano le orecchie
di un giudice più che di un uditore.

53. *Regali di Umbro*

Umbro, tu m'hai mandato ai Saturnali
tutto quel che le feste t'hanno reso:
ben dodici rubriche da tre pagine,
sette stuzzicadenti. Ci hai aggiunto
una spugna, una coppa, una salvietta,

semodiusque fabae cum vimine Picenarum
    et Laletanae nigra lagona sapae;
  parvaque cum canis venerunt cottana prunis
    et Libycae fici pondere testa gravis.
  vix puto triginta nummorum tota fuisse
    munera quae grandes octo tulere Syri.
  quanto commodius nullo mihi ferre labore
    argenti potuit pondera quinque puer!

LIV.

Semper mane mihi de me mera somnia narras,
  quae moveant animum sollicitentque meum.
iam prior ad faecem, sed et haec vindemia venit,
  exorat noctes dum mihi saga tuas;
consumpsi salsasque molas et turis acervos;
  decrevere greges, dum cadit agna frequens;
non porcus, non chortis aves, non ova supersunt.
  aut vigila aut dormi, Nasidiane, tibi.

LV.

Nulli munera, Chreste, si remittis,
nec nobis dederis remiserisque:
credam te satis esse liberalem.
sed si reddis Apicio Lupoque
et Gallo Titioque Caesioque,
linges non mihi – nam proba et pusilla est –
sed quae de Solymis venit perustis
damnatam modo mentulam tributis.

LVI.

Astra polumque pia cepisti mente, Rabiri,
  Parrhasiam mira qui struis arte domum.
Phidiaco si digna Iovi dare templa parabit,

mezzo moggio di fave, un panierino
d'olive del Piceno e un bottiglione
di mosto nero fatto a Tarragona.
In più da te mi son venuti piccoli
fichi di Siria, delle prugne secche
e un'anfora di fichi della Libia.
Penso sì e no valesse trenta soldi
questa roba che m'han carreggiato otto
giganteschi Siriani. Quanto più
comodamente m'avrebbe portato
senza fatica un bimbo cinque libbre
d'argenteria!

54. *Gli esorcismi*

Ogni mattina, sempre, mi racconti
vani sogni su me, tali da muovermi
l'animo, tali da farmi paura.
Già arrivato alla feccia
il vino dell'altro anno, consumato
sta per essere quello di quest'anno
perché una strega esorcizzi i tuoi sogni.
Mucchi d'incenso e focacce salate
ho sprecato in incanti; il gregge cala
a vista d'occhio, tanti agnelli devo
immolare ai tuoi sogni!
Non mi restano più polli né uova
e nemmeno maiali.
Nasidiano, stai sveglio oppure sogna
solo di te!

55. *A Cresto*

Se non scambi regali con nessuno,
Cresto, e neanche con me, ti riterrò
generoso abbastanza. Se ne fai
a Lupo, Apicio, Gallo, Tizio e Cesio,
non ti farò leccare il cazzo mio
– onesto e di non grandi dimensioni –
ma quello d'un Giudeo testè scampato
alla rovina di Gerusalemme [19]
e condannato a pagare le tasse.

56. *Rabirio* [20]

Rabirio, che costruisci con arte
mirabile la *Domus* Palatina,
la tua mente devota ha concepito
un bel cielo stellato. Se mai Pisa
volesse dare un tempio degno al Giove

has petet a nostro Pisa Tonante manus.

LVII.

Castora de Polluce Gabinia fecit Achillan:
    πὺξ ἀγαθός fuerat, nunc erit ἱππόδαμος.

LVIII.

Iam sex aut septem nupsisti, Galla, cinaedis,
    dum coma te nimium pexaque barba iuvat.
deinde experta latus madidoque simillima loro
    inguina nec lassa stare coacta manu
deseris inbelles thalamos mollemque maritum,
    rursus et in similes decidis usque toros.
quaere aliquem Curios semper Fabiosque loquentem,
    hirsutum et dura rusticitate trucem:
invenies: sed habet tristis quoque turba cinaedos:
    difficile est vero nubere, Galla, viro.

LIX.

Non cenat sine apro noster, Tite, Caecilianus.
    bellum convivam Caecilianus habet.

LX.

Tarpeiae venerande rector aulae,
quem salvo duce credimus Tonantem,
cum votis sibi quisque te fatiget
et poscat dare quae dei potestis:
nil pro me mihi, Iuppiter, petenti
ne suscensueris velut superbo.
te pro Caesare debeo rogare:
pro me debeo Caesarem rogare.

LXI.

Abstulerat totam temerarius institor urbem
    inque suo nullum limine limen erat.
iussisti tenuis, Germanice, crescere vicos,
    et modo quae fuerat semita, facta via est.

di Fidia, chiederebbe le tue mani
al nostro Giove.

57. *Pugile e cavaliere*

Gabinia ha trasformato Achilla in Càstore
da Pollùce che era, un cavaliere
ha trovato in un pugile.

58. *I mariti froci*

Hai già sposato sei o sette froci,
Galla, ti piaccion troppo quelle chiome
e quelle barbe così pettinate;
poi fatta esperta della debolezza
di quelle reni e di quei cazzi mosci
come cuoio bagnato, che la mano
si stanca inutilmente a tirar su,
non ne vuoi più sapere di mariti
molli e di letti imbelli. Cerca un uomo
che parli sempre dei Curi e dei Fabi,
irsuto e truce di rusticità:
trovalo. Ma fra i molti tipi austeri
i frocioni non mancano. Mia Galla,
difficile è sposare un uomo vero.

59. *Ceciliano e il cinghiale*

Il nostro Ceciliano, Tito, mai
si mette a tavola senza un cinghiale.
Ha un gran bel commensale Ceciliano.

60. *A Giove*

Venerando rettore della Rupe
Tarpea, che reputiamo il Tonante
perché proteggi il nostro imperatore,
tutti ti stancano con le preghiere
e ti chiedono quello che può dare
un nume: non ti chiedo proprio nulla
per me, ma non mi credere superbo.
Devo pregare te solo per Cesare,
devo pregare Cesare per me.

61. *Roma, una taverna*

S'era fregato tutta la città
lo sfacciato ambulante, più non c'era
manco una sola soglia ancora libera.
Germanico, tu hai comandato ai vicoli [21]
d'allargarsi: dov'era un sentierino

nulla catenatis pila est praecincta lagonis
      nec praetor medio cogitur ire luto,
   stringitur in densa nec caeca novacula turba
      occupat aut totas nigra popina vias.
   tonsor, copo, cocus, lanius sua limina servant.
      nunc Roma est, nuper magna taberna fuit.

LXII.

Reclusis foribus grandes percidis, Amille,
   et te deprendi, cum facis ista, cupis,
ne quid liberti narrent servique paterni
   et niger obliqua garrulitate cliens.
non pedicari se qui testatur, Amille,
   illud saepe facit quod sine teste facit.

LXIII.

Perpetui numquam moritura volumina Sili
   qui legis et Latia carmina digna toga,
Pierios tantum vati placuisse recessus
   credis et Aoniae Bacchica serta comae?
sacra cothurnati non attigit ante Maronis
   implevit magni quam Ciceronis opus:
hunc miratur adhuc centum gravis hasta virorum,
   hunc loquitur grato plurimus ore cliens.
postquam bis senis ingentem fascibus annum
   rexerat adserto qui sacer orbe fuit,
emeritos Musis et Phoebo tradidit annos
   proque suo celebrat nunc Helicona foro.

LXIV.

Qui tonsor fueras tota notissimus urbe
   et post hoc dominae munere factus eques,
Sicanias urbes Aetnaeaque regna petisti,
   Cinname, cum fugeres tristia iura fori.
qua nunc arte graves tolerabis inutilis annos?

adesso c'è una strada.
Basta coi bottiglioni incatenati
ai pilastri, col pretore costretto
a marciare nel fango, coi rasoi
impugnati alla cieca tra la folla
fittissima, con le osterie fumose
proprio in mezzo alla via.
Ora barbiere, cuoco, macellaio,
trattore, ognuno sta al suo posto: Roma
ora è Roma, prima era una taverna.

62. *Amillo*

Amillo, tu t'inculi a porte aperte
ragazzi ormai adulti, con la voglia
d'esser preso sul fatto, perché temi
le chiacchiere dei servi di famiglia,
dei tuoi liberti, d'un cliente orrendo
per la malignità. Ma chi pretende
di dimostrare a mezzo testimoni
di non prenderlo in culo, Amillo, spesso
lo fa senza nessuno a testimone.

63. *Il poeta console*

O tu che leggi i volumi immortali
di Silio, i versi degni della toga
romana, pensi che a questo poeta
siano piaciuti soltanto i recessi
cari alle Muse e sull'aonia chioma
i tralci delle vite?
Non approdò alla sacra, coturnata
arte del sommo Virgilio che dopo
aver compiuto l'opera del grande
Cicerone: la lancia dei Centùmviri [22]
l'ammira ancora, ne tesse le lodi
più d'un cliente con riconoscenza.
Dopo aver retto coi dodici fasci
l'anno sacro alla libertà del mondo,
ha dedicato ad Apollo e alle Muse
gli anni della pensione e dopo il foro
frequenta l'Elicona.

64. *L'ex barbiere*

Tu che fosti barbiere celeberrimo
in Roma, e fosti fatto cavaliere
dalla benevolenza della tua
padrona, sei scappato giù in Sicilia,
nelle terre dell'Etna, per scampare
a pasticci legali. Cosa fai

    quid facit infelix et fugitiva quies?
non rhetor, non grammaticus ludive magister,
    non Cynicus, non tu Stoicus esse potes,
vendere nec vocem Siculis plausumque theatris:
    quod superest, iterum, Cinname, tonsor eris.

LXV.

Lis te bis decumae numerantem frigora brumae
    conterit una tribus, Gargiliane, foris.
ah miser et demens! viginti litigat annis
    quisquam cui vinci, Gargiliane, licet?

LXVI.

Heredem Fabius Labienum ex asse reliquit:
    plus meruisse tamen se Labienus ait.

LXVII.

Pedicat pueros tribas Philaenis
et tentigine saevior mariti
undenas dolat in die puellas.
harpasto quoque subligata ludit
et flavescit haphe, gravesque draucis
halteras facili rotat lacerto,
et putri lutulenta de palaestra
uncti verbere vapulat magistri:
nec cenat prius aut recumbit ante
quam septem vomuit meros deunces;
ad quos fas sibi tunc putat redire,
cum coloephia sedecim comedit.
post haec omnia cum libidinatur,
non fellat – putat hoc parum virile –,
sed plane medias vorat puellas.
di mentem tibi dent tuam, Philaeni,
cunnum lingere quae putas virile.

LXVIII.

Commendare meas, Instanti Rufe, Camenas
    parce precor socero: seria forsan amat.
quod si lascivos admittit et ille libellos,

per ammazzare il tempo, inutile uomo?
È una pace la pace dell'esilio?
Non puoi essere retore o grammatico
né maestro, né cinico né stoico,
non puoi vendere voce e battimani
a teatro: non ti rimane, Cinnamo,
che ritornare ad essere barbiere.

65. *Lite ventennale*

Ti consuma una lite, Gargiliano,
davanti a tre tribunali, e son già
venti gelidi inverni che va avanti.
Povero pazzo, litighi vent'anni
quando perdere subito è più facile?

66. *L'erede*

Fabio ha lasciato erede universale
Labieno. Quello
protesta che meritava di più.

67. *La lesbica*

Incula i ragazzini quella lesbica
di Filene, poi piena di libidine
più d'un maschio fa fuori una dozzina
di ragazzine al giorno. In veste corta
gioca a pallone, con facilità
ruota manubri tali da stancare
dei giovanotti non troppo virili,
infine sporca della tanta polvere
della palestra si fa massaggiare
a grandi colpi da un unto maestro
di ginnastica. Non si mette a tavola
senza aver vomitato sette litri
di vino puro e se ne fa altrettanti
dopo mangiate sedici porzioni.
Compiute queste prodezze, arrapata,
non fa pompini – che le sembra cosa
poco virile – ma accanitamente
s'attacca al ventre delle ragazzine.
Ti diano i numi una mentalità
più consona al tuo sesso, tu che credi
che leccare la fica sia virile!

68. *Il suocero di Rufo*

Instanzio Rufo, non raccomandare
la mia Musa a tuo suocero: lui forse
ama le cose serie. Se per caso

haec ego vel Curio Fabricioque legam.

LXIX.

Haec est illa tibi promissa Theophila, Cani,
   cuius Cecropia pectora dote madent.
hanc sibi iure petat magni senis Atticus hortus,
   nec minus esse suam Stoica turba velit.
vivet opus quodcumque per has emiseris aures;
   tam non femineum nec populare sapit.
non tua Pantaenis nimium se praeferat illi,
   quamvis Pierio sit bene nota choro.
carmina fingentem Sappho laudabat amatrix:
   castior haec et non doctior illa fuit.
ut vocem mihi commodes patronam

LXX.

Ipsarum tribadum tribas, Philaeni,
   recte, quam futuis, vocas amicam.

LXXI.

Ficosa est uxor, ficosus et ipse maritus,
   filia ficosa est et gener atque nepos,
nec dispensator nec vilicus ulcere turpi
   nec rigidus fossor sed nec arator eget.
cum sint ficosi pariter iuvenesque senesque,
   res mira est, ficos non habet unus ager.

LXXII.

Gratus sic tibi, Paule, sit December
nec vani triplices brevesque mappae
nec turis veniant leves selibrae,
sed lances ferat et scyphos avorum
aut grandis reus aut potens amicus:
seu quod te potius iuvat capitque,
sic vincas Noviumque Publiumque
mandris et vitreo latrone clusos;
sic palmam tibi de trigone nudo
unctae det favor arbiter coronae

dovessero piacergli i miei libretti
scollacciati, potrei davvero leggerli
ai Padri della Patria.

69. *Ritratto di poetessa*

Ecco Teòfila, tua fidanzata,
Canio, mente impregnata di sapienza
attica. La reclamerebbe a sé
con diritto il giardino del gran vecchio [23]
d'Atene, né la folla degli stoici
la vorrebbe di meno. Certamente
quel che sarà filtrato dal suo orecchio
vivrà: il suo gusto non è femminile
né volgare. Non è meglio di lei
la tua Pantène, benché nota al coro [24]
delle Pieridi. L'amorosa Saffo
lodava i versi di Pantène; casta
di più ma certo non meno sapiente,
Canio, è la tua Teòfila.

70. *A Filene*

Lesbica delle lesbiche, ben giusto
che chiami «amica» quella che ti fotti [25].

71. *I soliti «fichi»*

La moglie ha le ficozze, col marito
e la figlia ed il genero e il nipote,
ficozze hanno il fattore, il maggiordomo,
il rude terrazziere, l'aratore.
Giovani e vecchi hanno ficozze. Strano:
sui loro campi non c'è neanche un fico.

72. *Auguri a Paolo*

Paolo, ti sia gradito il tuo dicembre:
non t'arrivino stupidi taccuini
a tre foglietti, né tovagliolini,
né bustine d'incenso troppo piccole.
Piuttosto un ricco imputato o un amico
potente ti regalino vassoi
e vasi autentici d'antiquariato;
e meglio ancora (cosa che ti piace
e attira ben di più) possa tu battere
e Nevio e Publio dopo avergli dato
scaccomatto. In identica maniera
trionfale una corona di unti
atleti spettatori dia la palma
a te, nudo campione di pallone,

nec laudet Polybi magis sinistras:
carmina fingentem Sappho laudabat amatrix:
atro carmina quae madent veneno,
ut vocem mihi commodes patronam
et quantum poteris, sed usque, clames:
«non scripsit meus ista Martialis.»

LXXIII.

Esquiliis domus est, domus est tibi colle Dianae,
    et tua patricius culmina vicus habet;
hinc viduae Cybeles, illinc sacraria Vestae,
    inde novum, veterem prospicis inde Iovem.
dic ubi conveniam, dic qua te parte requiram:
    quisquis ubique habitat, Maxime, nusquam habitat.

LXXIV.

Cyllenes caelique decus, facunde minister,
    aurea cui torto virga dracone viret:
sic tibi lascivi non desit copia furti,
    sive cupis Paphien seu Ganymede cales;
maternaeque sacris ornentur frondibus Idus
    et senior parca mole prematur avus:
hunc semper Norbana diem cum coniuge Carpo
    laeta colat, primis quo coiere toris.
hic pius antistes sophiae sua dona ministrat,
    hic te ture vocat fidus et ipse Iovi.

LXXV.

Vis futui gratis, cum sis deformis anusque.
    res perridicula est: vis dare nec dare vis.

LXXVI.

Quod te diripiunt potentiores
per convivia, porticus, theatra,
et tecum, quotiens ita incidisti,
gestari iuvat et iuvat lavari:

e non si lodi più il sinistro magico
di Polibio [26]. In compenso, se qualcuno
m'attribuirà malignamente versi
velenosi mi presterai la voce
d'avvocato gridando a più non posso
e ininterrottamente: «Questa roba
non l'ha scritta davvero il mio Marziale!».

73. *Abiti dappertutto*

Hai casa all'Esquilino, un'altra casa
all'Aventino e sotto l'Esquilino
una terza: di lì vedi il santuario
di Cibele, di là quello di Vesta,
qui il tempio nuovo di Giove, laggiù
il vecchio. Dimmi dove vuoi che venga,
Massimo, dove posso ritrovarti:
chi abita dappertutto, veramente
non abita.

74. *A Mercurio*

Mercurio, gloria del monte Cillene
e del cielo, facondo messaggero
sul cui dorato bastoncino serpi
verdi s'attorcono: mai non ti manchino
furti d'amore, sia che tu desideri
Venere o ti riscaldi Ganimede,
il mese di tua madre lussureggi [27]
di fronde sacre e a tuo nonno vecchissimo
sembri leggero il mondo. In cambio sempre
Norbana col marito Carpo lieta
onori questo giorno che li vide
a letto insieme per la prima volta.
Pio sacerdote egli offre dei regali
alla Sapienza, t'invoca, t'incensa,
fedele al proprio nume Domiziano
come tu a Giove.

75. *Darti e non dare*

Vecchia e deforme vuoi scopare gratis:
darti e non dare, pretesa ridicola.

76. *Filomuso*

Filomuso, i potenti ti si litigano
ai conviti, nei portici, a teatro,
se per caso t'incontrano, ogni volta
t'invitano a bagnarti o in portantina.

nolito nimium tibi placere.
delectas, Philomuse, non amaris.

LXXVII.

Exigis ut nostros donem tibi, Tucca, libellos.
    non faciam: nam vis vendere, non legere.

LXXVIII.

Cum Saxetani ponatur coda lacerti
    et, bene si cenas, conchis inuncta tibi:
sumen, aprum, leporem, boletos, ostrea, mullos
    mittis: habes nec cor, Papyle, nec genium.

LXXIX.

Potavi modo consulare vinum.
quaeris quam vetus atque liberale?
prisco consule conditum: sed ipse
qui ponebat erat, Severe, consul.

LXXX.

Quatenus Odrysios iam pax Romana triones
    temperat et tetricae conticuere tubae,
hunc Marcellino poteris, Faustine, libellum
    mittere: iam chartis, iam vacat ille iocis.
sed si parva tui munuscula quaeris amici
    commendare, ferat carmina nostra puer:
non qualis Geticae satiatus lacte iuvencae
    Sarmatica rigido ludit in amne rota,
sed Mitylenaei roseus mangonis ephebus
    vel non caesus adhuc matre iubente Lacon.
at tibi captivo famulus mittetur ab Histro
    qui Tiburtinas pascere possit oves.

LXXXI.

«Triginta toto mala sunt epigrammata libro.»
    si totidem bona sunt, Lause, bonus liber est.

Ma per questo non ti ringalluzzire:
tu li fai divertire ma non t'amano.

77. *Tucca e i libri*

Tucca, vorresti i miei libri in regalo.
Non te li do: vuoi venderli non leggere.

78. *Non hai gusto*

Ti si serve una coda di lacerto
spagnolo e quando ceni bene un piatto
di fave all'olio: però tu regali
tetta di scrofa, cinghiale, porcini,
ostriche, lepre, triglie. Non hai gusto
né buon senso Papylo.

79. *Vino consolare* [28]

Ho bevuto del vino consolare.
Vuoi sapere quant'era generoso
e stravecchio? Era stato imbottigliato
sotto un console antico: per di più
ce lo ha servito un console in persona.

80. *Un libro e un ragazzo*

Poiché la pace romana ormai placa
i Traci del settentrione e le trombe
tristi si sono ammutolite, puoi
finalmente mandare a Marcellino
questo libretto, Faustino; ora ha tempo
per gli scherzi e per la letteratura.
Se poi vuoi fare più gradito il piccolo
dono, ci sia un ragazzo che gli porti
i miei versi: ma non uno di quelli
tirati su col latte di giovenche
getiche, che si spassano col cerchio
sul Danubio ghiacciato, bensì un roseo
fanciullo messo all'asta da un mercante
di Mitilene o un giovane spartano
non ancora frustato dalla madre [29].
E tu avrai dal Danubio ormai domato
un famiglio capace di condurti
al pascolo le greggi tiburtine.

81. *Trenta buoni*

«Ci sono trenta epigrammi cattivi
nel libro.» Ce ne sono trenta buoni?
Allora è buono tutto il libro, Lauso.

LXXXII.

Menophili penem tam grandis fibula vestit
    ut sit comoedis omnibus una satis.
hunc ego credideram – nam saepe lavamur in unum –
    sollicitum voci parcere, Flacce, suae:
dum ludit media populo spectante palaestra,
    delapsa est misero fibula: verpus erat.

LXXXIII.

Eutrapelus tonsor dum circuit ora Luperci
    expingitque genas, altera barba subit.

LXXXIV.

Dum mea Caecilio formatur imago Secundo
    spirat et arguta picta tabella manu,
i, liber, ad Geticam Peucen Histrumque iacentem:
    haec loca perdomitis gentibus ille tenet.
parva dabis caro sed dulcia dona sodali:
    certior in nostro carmine vultus erit;
casibus hic nullis, nullis delebilis annis
    vivet, Apelleum cum morietur opus.

LXXXV.

Quod non insulse scribis tetrasticha quaedam,
    disticha quod belle pauca, Sabelle, facis,
laudo nec admiror. facile est epigrammata belle
    scribere, sed librum scribere difficile est.

LXXXVI.

Ad natalicias dapes vocabar,
essem cum tibi, Sexte, non amicus.
quid factum est, rogo, quid repente factum est,
post tot pignora nostra, post tot annos
quod sum praeteritus vetus sodalis?

82. *La fibbia*

Una fibbiona enorme copre il cazzo [30]
di Menofilo, quale basterebbe
a tutti i commedianti. Ero sicuro
(noi ci bagniamo spesso insieme) fosse
per via della sua voce, Flacco: invece
mentre si esercitava giù in palestra
davanti a tutti salta via la fibbia
e si vide che era circonciso.

83. *Il barbiere lento*

Il barbiere Eutrapelo compie il giro
del viso di Luperco, scorticandogli
le guance: intanto nasce un'altra barba.

84. *Il ritratto*

E mentre prende forma la mia immagine
che ho destinato a Cecilio Secondo
e la piccola tavola respira
sotto l'acuta mano del pittore,
va, libro, a Peuce, va verso il Danubio
sconfitto: queste sono le contrade
ch'egli governa, proprio i loro popoli
egli ha domato. Piccolo regalo
al mio vecchio compagno ma gradito:
benché il mio volto emerga più preciso
dalla mia poesia. Né i tanti casi
della vita, né gli anni impediranno
d'esistere a quest'opera: vivrà
persino quando l'opera di Apelle
scomparirà.

85. *Scrivere un libro*

Scrivi qualche quartina spiritosa,
Sabello, e pochi distici brillanti,
lodo ma non ammiro. Troppo facile
tornire pochi epigrammi: difficile
scrivere un libro.

86. *So il perché*

Anche quando non ti ero amico intimo,
Sesto, m'avevi sempre convitato
per il tuo compleanno. Adesso cosa
è successo, mi chiedo, tutto a un tratto,
dopo esserci scambiati tanti pegni,
dopo tanti anni, perché ti scordassi

sed causam scio. nulla venit a me
Hispani tibi libra pustulati
nec levis toga nec rudes lacernae.
non est sportula quae negotiatur;
pascis munera, Sexte, non amicos.
iam dices mihi «vapulet vocator.»

LXXXVII.

Si meus aurita gaudet lagalopece Flaccus,
   si fruitur tristi Canius Aethiope;
Publius exiguae si flagrat amore catellae,
   si Cronius similem cercopithecon amat;
delectat Marium si perniciosus ichneumon,
   pica salutatrix si tibi, Lause, placet;
si gelidum collo nectit Glaucilla draconem,
   luscinio tumulum si Telesilla dedit:
blanda Cupidinei cur non amet ora Labycae
   qui videt haec dominis monstra placere suis?

LXXXVIII.

Fertur habere meos, si vera est fama, libellos
   inter delicias pulchra Vienna suas.
me legit omnis ibi senior iuvenisque puerque
   et coram tetrico casta puella viro.
hoc ego maluerim quam si mea carmina cantent
   qui Nilum ex ipso protinus ore bibunt;
quam meus Hispano si me Tagus impleat auro
   pascat et Hybla meas, pascat Hymettos apes.
non nihil ergo sumus nec blandae munere linguae
   decipimur: credam iam, puto, Lause, tibi.

LXXXIX.

I, felix rosa, mollibusque sertis
nostri cinge comas Apollinaris.
quas tu nectere candidas, sed olim,
sic te semper amet Venus, memento.

d'un vecchio amico come sono io?
Ma so il perché. Da me non hai avuto
una libbra d'argento raffinato
di Spagna, né una toga ben tessuta,
né un mantellone. Che ospitalità
può esserci nella speculazione?
Sesto, inviti i regali, non gli amici.
Ma già ti sento: «Frusterò lo schiavo!» [31]

87. *De gustibus...*

Se il mio Flacco va pazzo d'una lince
orecchiuta, se Canio adora un tristo
Etiope e Publio per la sua capretta
brucia d'amore e Cronio ama un suo sosia
cercopiteco, se un pericoloso
icneumone è di Mario la delizia,
se a te garba una gazza che saluta,
o Lauso, se Glaucilla intorno al collo
s'allaccia un gelido pitone e un tumulo
Telesilla ha innalzato a un usignolo;
come non amerà il visino bello
di Labirta, ben degno di Cupido,
chi vede quanto tali mostri piacciano
ad i loro padroni?

88. *A Vienna* [32]

Se dicono la verità la bella
Vienna pone tra le sue delizie
i miei libretti: mi leggono tutti,
vecchi, fanciulli e giovani, la casta
sposa davanti al severo consorte.
Questo mi piace più che se i miei versi
li recitassero quelli che bevono
il Nilo alla sorgente, che se il Tago
mi riempisse la borsa di tanto oro
spagnolo, che se l'Ibla e se l'Imetto
pascessero i miei sciami d'api. Dunque
io sono ben qualcuno e non mi ingannano
le lingue degli adulatori: Lauso
penso ti possa credere davvero.

89. *Felice rosa*

Felice rosa va, con molle serto
cingi la chioma al nostro Apollinare.
Incoronala quando sarà bianca
tra moltissimi anni, tu ricordalo:
in premio sarai sempre cara a Venere.

XC.

Iactat inaequalem Matho me fecisse libellum:
    si verum est, laudat carmina nostra Matho.
aequales scribit libros Calvinus et Umber:
    aequalis liber est, Cretice, qui malus est.

XCI.

De nostro, facunde, tibi, Iuvenalis, agello
    Saturnalicias mittimus, ecce, nuces.
cetera lascivis donavit poma puellis
    mentula custodis luxuriosa dei.

XCII.

«Si quid opus fuerit, scis me non esse rogandum»
    uno bis dicis, Baccara, terque die.
appellat rigida tristis me voce Secundus:
    audis et nescis, Baccara, quid sit opus.
pensio te coram petitur clareque palamque:
    audis et nescis, Baccara, quid sit opus.
esse queror gelidasque mihi tritasque lacernas:
    audis et nescis, Baccara, quid sit opus.
Hoc opus est, subito fias ut sidere mutus,
    dicere ne possis, Baccara: 'si quid opus.'

XCIII.

Narnia, sulphureo quam gurgite candidus amnis
    circuit, ancipiti vix adeunda iugo,
quid tam saepe meum nobis abducere Quintum
    te iuvat et lenta detinuisse mora?
quid Nomentani causam mihi perdis agelli,
    propter vicinum qui pretiosus erat?
sed iam parce mihi, nec abutere, Narnia, Quinto:
    perpetuo liceat sic tibi ponte frui.

XCIV.

Unguentum fuerat, quod onyx modo parva gerebat:
    olfecit postquam Papylus, ecce, garumst.

90. *Un libro inuguale*

Ho fatto un libro inuguale, secondo
Mato. Se è vero Mato assai mi loda.
Umbro e Calvino fanno libri uguali:
un libro uguale, Crètico, è cattivo.

91. *Tutte regalate*

Facondo Giovenale, ecco ti mando
noci di Carnevale dal mio campo.
Le altre frutta le ha tutte regalate
alle ragazze sfacciate la minchia
lussuriosa di Priapo.

92. *Se ti serve*

«Se ti serve qualcosa chiedi pure»
mi dici due o tre volte al giorno, Bàccara.
Secondo, l'usuraio, m'importuna
con la sua voce dura e tu non sai
cosa mi serve, Bàccara. Mi chiedono
davanti a te l'affitto ad alta voce
e tu non sai cosa mi serve, Bàccara.
Mi lamento del mio mantello liso
e tu non sai cosa mi serve, Bàccara.
Ecco cosa mi serve, un accidente
a secco che ti renda muto, Bàccara,
così non potrai dirmi: «Se ti serve...».

93. *A Narni*

Narni, che un candido fiume circonda
di correnti sulfuree, a malapena
raggiungibile sul tuo doppio colle,
perché mi vuoi strappare così spesso
l'amico Quinto, tanto trattenendolo?
Perché vuoi farmi perdere i vantaggi
del mio campetto di Mentana, ch'era
prezioso perché avevo lui vicino?
Narni, risparmiami, non abusare
del mio Quinto: in compenso godi pure
del tuo ponte in eterno.

94. *Profumo e puzza*

Era un profumo chiuso in un vasetto
d'onice: respirato da Papirio
puzza di gorgonzola.

XCV.

Bruma est et riget horridus December,
audes tu tamen osculo nivali
omnes obvius hinc et hinc tenere
et totam, Line, basiare Romam.
quid posses graviusque saeviusque
percussus facere atque verberatus?
hoc me frigore basiet nec uxor
blandis filia nec rudis labellis,
sed tu dulcior elegantiorque,
cuius livida naribus caninis
dependet glacies rigetque barba,
qualem forficibus metit supinis
tonsor Cinyphio Cilix marito.
centum occurrere malo cunnilingis
et Gallum timeo minus recentem.
quare si tibi sensus est pudorque,
hibernas, Line, basiationes
in mensem rogo differas Aprilem.

XCVI.

Conditus hic ego sum Bassi dolor, Urbicus infans,
    cui genus et nomen maxima Roma dedit.
sex mihi de prima derant trieteride menses,
    ruperunt tetricae cum male pensa deae.
quid species, quid lingua mihi, quid profuit aetas?
    da lacrimas tumulo, qui legis ista, meo:
sic ad Lethaeas, nisi Nestore serior, undas
    non eat, optabis quem superesse tibi.

XCVII.

Nosti si bene Caesium, libelle,
montanae decus Umbriae Sabinum,
Auli municipem mei Pudentis,
illi tu dabis haec vel occupato:
instent mille licet premantque curae,
nostris carminibus tamen vacabit:
nam me diligit ille proximumque
Turni nobilibus legit libellis.
o quantum tibi nominis paratur!
o quae gloria! quam frequens amator!
te convivia, te forum sonabit,
aedes, compita, porticus, tabernae.

95. Baci invernali

Quanta nebbia! Dicembre orrido gela
e tu, Lino, hai il coraggio di aggredire
chi incontri coi bacetti tuoi di neve
e di baciare Roma tutta intera.
Cosa potresti fare mai di peggio
anche se preso a calci e bastonate?
Con questo freddo non mi bacerebbero
mia moglie né mia figlia che ha le labbra
tenere, ma tu sì, tu sei più dolce,
più elegante, tu dalle cui narici
canine pende un pallido ghiacciolo
e dalla barba dura più di quella
che un barbiere cilicio tosa a un becco.
Mi fanno meno paura, a incontrarli,
un prete di Cibele – fatto eunuco
poco fa – insieme a cento leccafregna.
Perciò Lino, se ancora hai del buon senso
ed un po' di pudore, questi baci
invernali rimandali ad aprile.

96. Ùrbico

Sono sepolto qui, per il dolore
di Basso, mi chiamo Ùrbico, bambino
cui Roma grande dette nome e stirpe.
Mancavano sei mesi ai miei tre anni
quando le dee spietate mi spezzarono
la vita. A cosa mi sono servite
quelle ciarle infantili e la bellezza?
Tu che leggi, piangi su questo tumulo:
chi vorrai sopravviva alla tua vita
scenda all'onde del Lete in età vecchia
più di quella di Nèstore.

97. Ti leggeranno tutti

Libro, se tu conosci bene Cesio
Sabino, onore dell'Umbria montuosa,
concittadino dell'amico mio
Aulo Pudente, confidati a lui
per quanto sia occupato: anche se addosso
gli stanno mille assilli e mille affari
per le mie poesie troverà tempo.
Gli piaccio infatti e so che dopo i libri
di Turno [33] legge sempre quelli miei.
Pensa alla fama che ti si prepara,
alla gloria, alla folla di amatori!
Si parlerà di te per i conviti,
nel foro, nelle case, nei crocicchi,

uni mitteris, omnibus legeris.

XCVIII.

Omnia, Castor, emis: sic fiet ut omnia vendas.

XCIX.

Sic placidum videas semper, Crispine, Tonantem
   nec te Roma minus quam tua Memphis amet:
carmina Parrhasia si nostra legentur in aula,
   – namque solent sacra Caesaris aure frui –
dicere de nobis ut lector candidus aude:
   «temporibus praestat non nihil iste tuis,
nec Marso nimium minor est doctoque Catullo».
   hoc satis est: ipsi cetera mando deo.

sotto i portici e nelle librerie.
Vai da uno, ti leggeranno tutti.

98. *Càstore compra*

Càstore compra, poi venderà tutto.

99. *Basta così*

Crispino, possa tu vedere sempre
sereno il volto dell'imperatore
e Roma t'ami almeno quanto Menfi
tua patria, se al momento in cui si leggono
i miei versi nell'aula in Palatino
(poiché spesso ne godono le orecchie
sacre del Giove) tu lettore in buona
fede dica di me: «Questo poeta
rende onore al suo tempo, non è meno
di Marso e del dottissimo Catullo».
Basta così: penserà al resto dio.

Note

[1] Domiziano guerreggiava contro i Sàrmati con una corazza che aveva sul davanti una testa di Medusa. [2] Si allude alle sconfitte subite dai Germani. La Peuce di più sopra era un'isola alle foci del Danubio. Passerino e Tigri dell'ultimo verso erano famosi cavalli. [3] Spinto al suicidio dai versi satirici che gli avrebbe indirizzato Archiloco. [4] Favorito di Agamennone. Qui è detto genericamente per bel ragazzo. [5] Simmaco era un noto medico. [6] Isole presso il Bosforo. [7] Lucano era di Cordova, bagnata dal Guadalquivir. [8] Esempi notissimi di amor fraterno. I siciliani erano Anfinomo e Anapio. [9] Avrebbe dato spesso consigli a Marziale. [10] Il cinghiale di Meleagro. [11] Marso avrebbe cantato nei suoi epigrammi Melenis. [12] Il portico d'Europa, più volte citato. [13] Si consideravano gli ebrei superdotati. [14] Iniziale di *thànatos*, in greco morte. [15] Re dei Feaci, proprietario di frutteti miracolosi. [16] Cesonio, amico di Seneca e esiliato da Nerone, precedentemente era stato proconsole in Africa, posizione che poteva garantire notevoli vantaggi agli uomini del suo seguito. [17] La esse di salve, è anche la lettera iniziale di Seneca. [18] Era di moda mandare attorno i camerieri con le pietanze, invece di posarle sui tavolini. [19] Incendiata da Tito nel 70 d.C. [20] Architetto che aggiunse una cupola al Palazzo imperiale. La Pisa a cui qui si fa cenno è città greca. [21] Un editto di Domiziano regolò il commercio ambulante. [22] Tribunale che aveva una lancia per insegna. Più sotto si ricorda che Silio Italico era stato console nell'anno dell'uccisione di Nerone, anno «sacro alla libertà». [23] Epicuro. [24] Pantène, poetessa rivale di Saffo, sarebbe stata oggetto di scritti di Canio. [25] Gioco tra amica in senso normale e nel senso di amante. [26] Polibio, come Nevio e Publio, sono personaggi non identificati. [27] Maggio, mese di Maia madre di Mercurio. [28] I vini vecchi venivano imbottigliati col nome del console in carica al momento della vendemmia. [29] I ragazzi spartani venivano frustati per allenarli alla sofferenza. Ciò accadeva, evidentemente, in età non tenerissima. [30] Una sorta di cintura di castità imposta sovente ad attori e cantanti nell'idea che la castità giovasse alla voce. [31] Avrebbe dimenticato di portare l'invito. [32] Vienne sul Rodano. [33] Poeta sconosciuto.

Liber VIII

IMPERATORI DOMITIANO CAESARI AUGUSTO GERMANICO
DACICO VALERIUS MARTIALIS S.

Omnes quidem libelli mei, domine, quibus tu famam, id est vitam, dedisti, tibi supplicant; et, puto, propter hoc legentur. Hic tamen, qui operis nostri octavus inscribitur, occasione pietatis frequentius fruitur. Minus itaque ingenio laborandum fuit, in cuius locum materia successerat: quam quidem subinde aliqua iocorum mixtura variare temptavimus, ne caelesti verecundiae tuae laudes suas, quae facilius te fatigare possint quam nos satiare, omnis versus ingereret. Quamvis autem epigrammata a severissimis quoque et summae fortunae viris ita scripta sint ut mimicam verborum licentiam adfectasse videantur, ego tamen illis non permisi tam lascive loqui quam solent. Cum pars libri et maior et melior ad maiestatem sacri nominis tui alligata sit, meminerit non nisi religiosa purificatione lustratos accedere ad templa debere. Quod ut custoditurum me lecturi sciant, in ipso libelli huius limine profiteri brevissimo placuit epigrammate.

I.

Laurigeros domini, liber, intrature penates
    disce verecundo sanctius ore loqui.
nuda recede Venus; non est tuus iste libellus:
    tu mihi, tu Pallas Caesariana, veni.

II.

Fastorum genitor parensque Ianus
victorem modo cum videret Histri,
tot vultus sibi non satis putavit
optavitque oculos habere plures:
et lingua pariter locutus omni
terrarum domino deoque rerum
promisit Pyliam quater senectam.
addas, Iane pater, tuam rogamus.

Libro ottavo

All'Imperatore Domiziano Cesare Augusto Germanico Dacico Valerio Marziale augura salute

In verità tutti i miei libretti, Signore, ai quali tu hai dato fama e quindi vita, stanno sotto la tua protezione e proprio perciò, credi, sono letti. Questo tuttavia, che è l'ottavo della mia opera, gode più spesso dell'opportunità di manifestarti la mia venerazione. Perciò ho dovuto lavorar meno d'invenzione, poiché la materia abbondava: materia che ho cercato però di variare qua e là con qualche scherzetto perché non tutti i versi offrissero alla tua modestia divina lodi che potrebbero stancare te più facilmente di quanto non potrebbero saziare me. E sebbene gli epigrammi siano stati scritti, anche da uomini severissimi e di altissima condizione, in stile tale da parer imitato dal linguaggio licenzioso dei mimi, pure io non ho loro permesso di parlare con la consueta scurrilità. Poiché la parte maggiore e migliore del libro è legata alla maestà del tuo sacro nome, è necessario che esso si ricordi che non si può accedere ai templi senza essersi prima religiosamente purificati. E perché i lettori sappiano che rimarrò fedele a quest'obbligo, m'è piaciuto dichiararlo, ad apertura di libretto, nel primo brevissimo epigramma.

1. *Venere nuda vattene*

Tu, libro, destinato ad inoltrarti
fino alle sale cariche di allori
del mio signore, impara ora a parlare
più santamente, con bocca pudica.
Venere nuda, vattene! Non è
tuo questo libro; arriva tu, Minerva,
cesariana.

2. *La promessa di Giano*

Il creatore e padre degli Annali
nostri, Giano, vedendo il vincitore
del Danubio, pensò d'avere pochi
visi e desiderò d'aver più occhi [1]:
poi parlando con tutte le sue lingue
promise al dio padrone della terra
quattro volte la tarda età di Nèstore.
Aggiungi pure la tua, padre Giano,
te ne preghiamo.

III.

«Quinque satis fuerant: nam sex septemve libelli
  est nimium: quid adhuc ludere, Musa, iuvat?
sit pudor et finis: iam plus nihil addere nobis
  fama potest: teritur noster ubique liber;
et cum rupta situ Messalae saxa iacebunt
  altaque cum Licini marmora pulvis erunt,
me tamen ora legent et secum plurimus hospes
  ad patrias sedes carmina nostra feret.»
finieram, cum sic respondit nona sororum,
  cui coma et unguento sordida vestis erat:
«tune potes dulcis, ingrate, relinquere nugas?
  dic mihi, quid melius desidiosus ages?
an iuvat ad tragicos soccum transferre cothurnos
  aspera vel paribus bella tonare modis,
praelegat ut tumidus rauca te voce magister
  oderit et grandis virgo bonusque puer?
scribant ista graves nimium nimiumque severi,
  quos media miseros nocte lucerna videt.
at tu Romano lepidos sale tinge libellos:
  adgnoscat mores vita legatque suos.
angusta cantare licet videaris avena,
  dum tua multorum vincat avena tubas».

IV.

Quantus, io, Latias mundi concentus ad aras
  suscipit et solvit pro duce vota suo!
non sunt haec hominum, Germanice, gaudia tantum,
  sed faciunt ipsi nunc, puto, sacra dei.

V.

Dum donas, Macer, anulos puellis,
desisti, Macer, anulos habere.

VI.

Archetypis vetuli nihil est odiosius Eucti
  – ficta Saguntino cymbia malo luto –;

3. Musa, finiscila!

«Cinque bastavano: sei, sette libri
sono troppi. Perché, Musa, scherzare
ancora? Su, vergognati e finiscila!
La fama non può aggiungermi più nulla,
corrono i libri miei per tutto il mondo:
e quando i sassi di Messala andranno
in pezzi e gli alti marmi di Licino [2]
saranno polvere, ecco delle bocche
declamarmi e degli ospiti stranieri
ritornare al paese coi miei versi.»
Avevo detto e la Musa, capelli
e veste profumati, mi risponde:
«Ingrato, tu vorresti lasciar perdere
le tue cosucce dolci e oziare? Cosa
vorresti fare di meglio? Passare
dalle ciabatte al tragico coturno
o con voce tonante celebrare
aspre guerre in sonanti endecasillabi,
onde un pomposo maestro di scuola
ti declami con voce rauca e t'odino
ragazze e ragazzini nati bene?
Scrivano queste cose tipi gravi
e severi che la lucerna vede
miseramente affaticarsi in piena
notte: ma tu continua a insaporire
con un sale romano i tuoi libretti;
la vita riconosca alla lettura
il proprio modo d'essere. Può darsi
che tu paia cantare con un piccolo
zufolo; però vince, quello zufolo,
i tromboni di molti».

4. I sacrifici

Evviva, tutto il mondo si raccoglie
ai piedi degli altari per esprimere
voti a favore del capo supremo.
Non sono solo gli uomini a esultare,
Germanico, ritengo che gli dèi
facciano sacrifici oggi per te.

5. Gli anelli

Macro regala anelli alle ragazze
e finirà per non aver più anello [3].

6. Antichità di Eucto

Nulla più odioso delle antichità
del vecchio Eucto (preferisco i vasi

argenti furiosa sui cum stemmata narrat
      garrulus et verbis mucida vina facit:
«Laomedonteae fuerant haec pocula mensae:
      ferret ut haec muros struxit Apollo lyra.
hoc cratere ferox commisit proelia Rhoetus
      cum Lapithis: pugna debile cernis opus.
hi duo longaevo censentur Nestore fundi:
      pollice de Pylio trita columba nitet.
hic scyphus est in quo misceri iussit amicis
      largius Aeacides vividiusque merum.
hac propinavit Bitiae pulcherrima Dido
      in patera, Phrygio cum data cena viro est».
miratus fueris cum prisca toreumata multum,
      in Priami calathis Astyanacta bibes.

VII.

Hoc agere est causas, hoc dicere, Cinna, diserte,
      horis, Cinna, decem dicere verba novem?
sed modo clepsydras ingenti voce petisti
      quattuor. o quantum, Cinna, tacere potes!

VIII.

Principium des, Iane, licet, velocibus annis
      et renoves voltu saecula longa tuo,
te primum pia tura rogent, te vota salutent,
      purpura te felix, te colat omnis honos:
tu tamen hoc mavis, Latiae quod contigit urbi
      mense tuo reducem, Iane, videre deum.

IX.

Solvere dodrantem nuper tibi, Quinte, volebat
      lippus Hylas, luscus vult dare dimidium.
accipe quam primum; brevis est occasio lucri:
      si fuerit caecus, nil tibi solvet Hylas.

torniti nell'argilla di Sagunto),
quando quel chiacchierone ti racconta
le storie deliranti del suo argento
e con le ciarle fa ammuffire il vino.
«Queste tazze appartennero alla mensa
di Laomedonte [4]: Apollo per averle
tirò su i muri al suono della lira.
Con questo vaso combatté i Lapiti
Reto il feroce, vedilo ammaccato
per il combattimento. Queste coppe
valgono perché furono di Nèstore,
la colomba costì brilla sfregata
dal pollice del vecchio re di Pilo.
Ecco la coppa nella quale Achille
ordinò si mescesse ai propri amici
un vino più abbondante e generoso.
In questa tazza la bella Didone
bevette alla salute del buon Bizia
quando dette il banchetto per Enea.»
Ammirato moltissimo il lavoro
degli antichi ceselli, berrai vino
nuovissimo nei calici di Prìamo.

7. *L'avvocato che sta zitto*

Cinna, ti pare il modo di trattare
le cause, il modo d'essere eloquente
dire nove parole in dieci ore?
Pure a gran voce chiedi ancora quattro
clessidre. Quanto tempo puoi star zitto!

8. *A Giano*

O Giano, tu che dai principio agli anni
veloci, che rinnovi col tuo volto
i secoli passati ti salutino
per primo i nostri incensi e le preghiere,
ti veneri la porpora felice
dei consoli con tutte quante le altre
autorità. Ma tuttavia ecco qui
ciò che t'è più gradito. Nel tuo mese
Roma ha visto tornare il nostro dio.

9. *Pochi e subito!*

Ila, quand'era strabico, voleva
darti solo tre quarti del suo debito:
ora che è guercio arriva alla metà.
Arraffa, presto! Pochi, maledetti
e subito! Se quello
diventa cieco non ti paga più.

X.

Emit lacernas milibus decem Bassus
Tyrias coloris optimi. lucrifecit.
«adeo bene emit?» inquis. immo non solvet.

XI.

Pervenisse tuam iam te scit Rhenus in urbem;
    nam populi voces audit et ille tui:
Sarmaticas etiam gentes Histrumque Getasque
    laetitiae clamor terruit ipse novae.
dum te longa sacro venerantur gaudia Circo,
    nemo quater missos currere sensit equos.
nullum Roma ducem, nec te sic, Caesar, amavit:
    te quoque iam non plus, ut velit ipsa, potest.

XII.

Uxorem quare locupletem ducere nolim
    quaeritis? uxori nubere nolo meae.
inferior matrona suo sit, Prisce, marito:
    non aliter fiunt femina virque pares.

XIII.

Morio dictus erat: viginti milibus emi.
    redde mihi nummos, Gargiliane: sapit.

XIV.

Pallida ne Cilicum timeant pomaria brumam
    mordeat et tenerum fortior aura nemus,
hibernis obiecta notis specularia puros
    admittunt soles et sine faece diem.
at mihi cella datur non tota clusa fenestra
    in qua nec Boreas ipse manere velit.
sic habitare iubes veterem crudelis amicum?
    arboris ergo tuae tutior hospes ero.

10. *Il mantello*

Basso ha preso un mantello della porpora
più bella a diecimila: un vero affare.
«Un vero affare?» Certo, non lo paga.

11. *Il massimo dell'amore*

Il Reno lo sa già che sei tornato
nella tua Roma, ha sentito anche lui
le acclamazioni del popolo. I Geti
e i Sarmati e il Danubio ha interrorito
questo clamore di nuova allegria.
Mentre una lunga ovazione ti venera
nel circo, sacro per la tua presenza,
non s'accorge nessuno che i cavalli
hanno già corso almeno quattro volte.
Oh, Roma non ha amato mai nessuno
come te, non ha amato neanche te
tanto così: volesse amarti più
non lo potrebbe.

12. *La sposa ricca*

Mi chiedete perché non sposerò
mai una donna ricca?
Non voglio fare il principe consorte.
Prisco, la moglie è bene sia inferiore
al marito, se no non è possibile
che tra i due ci sia vera parità.

13. *Il matto* [5]

Passava per un matto, l'ho pagato
ventimila sesterzi. Gargiliano,
ridammi i soldi, ha troppo sale in zucca.

14. *Il cattivo ospite*

Perché non tema il freddo il tuo frutteto,
pallido nei suoi fiori, e l'aria diaccia
non morda i rami teneri, una serra
alza le sue vetrate contro i venti
dell'inverno, filtrando solo luce
pura, limpido sole. Invece a me
hai dato una stanzuccia dalle imposte
che non chiudono, dove non starebbe
la Tramontana in persona. Così,
sciagurato, festeggi un vecchio amico?
M'ospiterebbe meglio una tua pianta.

XV.

Dum nova Pannonici numeratur gloria belli,
  omnis et ad reducem dum litat ara Iovem,
dat populus, dat gratus eques, dat tura senatus,
  et ditant Latias tertia dona tribus:
hos quoque secretos memoravit Roma triumphos,
  nec minor ista tuae laurea pacis erat,
quod tibi de sancta credis pietate tuorum.
  principis est virtus maxima nosse suos.

XVI.

Pistor qui fueras diu, Cypere,
causas nunc agio et ducena quaeris:
sed consumis et usque mutuaris.
a pistore, Cypere, non recedis:
et panem facis et facis farinam.

XVII.

Egi, Sexte, tuam pactus duo milia causam.
  misisti nummos quod mihi mille quid est?
«narrasti nihil» inquis «et a te perdita causa est.»
  tanto plus debes, Sexte, quod erubui.

XVIII.

Si tua, Cerrini, promas epigrammata vulgo,
  vel mecum possis vel prior ipse legi:
sed tibi tantus inest veteris respectus amici
  carior ut mea sit quam tua fama tibi.
sic Maro nec Calabri temptavit carmina Flacci,
  Pindaricos nosset cum superare modos,
et Vario cessit Romani laude cothurni,
  cum posset tragico fortius ore loqui.
aurum et opes et rura frequens donabit amicus:

15. *La virtù maggiore*

Mentre la nuova gloria della guerra
di Pannonia si aggiunge a tutte le altre,
e ogni altare sacrifica al ritorno
del nostro Giove, e popolo e senato
e cavalieri grati offrono incenso,
e per la terza volta le tribù
latine han ricevuto un tuo regalo [6],
Roma parla di te, del tuo trionfo
che hai voluto segreto, e quest'alloro
della tua pace non ha meno gloria;
segno che tu confidi nella santa
venerazione dei tuoi. La maggiore
virtù d'un principe sta nel conoscere
profondamente i suoi.

16. *L'avvocato panettiere*

Tu che sei stato a lungo panettiere,
Cipero, adesso tratti cause e chiedi
duecentomila a parcella: ma sprechi
tutto e sei sempre carico di debiti.
Continui sempre a fare il panettiere:
la farina del diavolo va in crusca.

17. *L'avvocato che arrossisce*

Ho sostenuto la tua causa, Sesto,
per duemila sesterzi, come detto;
ora perché me ne dai solo mille?
«Non hai esposto bene i fatti ed ecco
che per tua colpa la causa è perduta.»
Tanto più devi darmi gli altri mille
in quanto m'hai costretto ad arrossire [7].

18. *A Cerrino*

Pubblicassi, Cerrino, gli epigrammi
che scrivi, tu potresti farti leggere
come me, forse pure più di me:
ma rispetti talmente un vecchio amico
che la mia rinomanza t'è più cara
della tua. Nell'identica maniera
Virgilio non tentò i modi di Orazio,
anche potendo superare le odi
di Pindaro, e cedette a Vario il vanto
della tragedia romana, capace
come sarebbe stato di parlare
con ben maggiore forza in versi tragici.
È facile trovare chi ti doni

qui velit ingenio cedere rarus erit.

XIX.

Pauper videri Cinna vult; et est pauper.

XX.

Cum facias versus nulla non luce ducenos,
  Vare, nihil recitas. non sapis, atque sapis.

XXI.

Phosphore, redde diem: quid gaudia nostra moraris?
  Caesare venturo, Phosphore, redde diem.
Roma rogat. placidi numquid te pigra Bootae
  plaustra vehunt, lento quod nimis axe venis?
Ledaeo poteras abducere Cyllaron astro:
  ipse suo cedet nunc tibi Castor equo.
quid cupidum Titana tenes? iam Xanthus et Aethon
  frena volunt, vigilat Memnonis alma parens.
tarda tamen nitidae non cedunt sidera luci,
  et cupit Ausonium luna videre ducem.
iam, Caesar, vel nocte veni: stent astra licebit,
  non derit populo te veniente dies.

XXII.

Invitas ad aprum, ponis mihi, Gallice, porcum.
  hybrida sum, si das, Gallice, verba mihi.

XXIII.

Esse tibi videor saevus nimiumque gulosus,
  qui propter cenam, Rustice, caedo cocum.
si levis ista tibi flagrorum causa videtur,
  ex qua vis causa vapulet ergo cocus?

oro, ricchezze, terre; eccezionale
chi ti ceda la gloria.

19. *Il posatore*

Cinna la posa a povero: e lo è.

20. *A Varo*

Benché faccia duecento versi al giorno
te li tieni per te:
sei stupido ma insieme intelligente.

21. *Alla stella del mattino*

Rendici il giorno, stella del mattino,
perché ritardi la nostra allegria?
Cesare torna; Roma te ne prega:
rendici il giorno, stella del mattino.
Forse perché ti porta il carro pigro
del placido Boote vieni lenta
con ruote troppo lente? Ben potevi
toglier Cillàro alla costellazione
di Leda, Càstore l'avrebbe dato
di certo il suo cavallo. Perché freni
lo smanioso Titano? Etone e Xanto [8]
vogliono il morso, è sveglia l'alma madre
di Mèmnone. Le stelle tuttavia
tardano a cedere alla luce nitida,
la luna vuol vedere il duce ausonio.
Vieni, Cesare, vieni anche di notte:
le stelle si potranno ben fermare,
venendo tu non mancherà la luce.

22. *Porco per cinghiale*

M'inviti ad un cinghiale, mi dai porco,
Gallico: sarò un figlio d'una troia
se riesci ad imbrogliarmi.

23. *A Rustico*

Io ti sembro malvagio e golosissimo,
Rustico, perché do frustate al cuoco
per una cena cattiva. Se questo
non ti pare motivo di frustate
per che cosa si può picchiare un cuoco?

XXIV.

Si quid forte petam timido gracilique libello,
    inproba non fuerit si mea charta, dato.
et si non dederis, Caesar, permitte rogari:
    offendunt numquam tura precesque Iovem.
qui fingit sacros auro vel marmore vultus,
    non facit ille deos: qui rogat, ille facit.

XXV.

Vidisti semel, Oppiane, tantum
aegrum me: male saepe te videbo.

XXVI.

Non tot in Eois timuit Gangeticus arvis
    raptor, in Hyrcano qui fugit albus equo,
quot tua Roma novas vidit, Germanice, tigres:
    delicias potuit nec numerare suas.
vincit Erythraeos tua, Caesar, harena triumphos
    et victoris opes divitiasque dei:
nam cum captivos ageret sub curribus Indos,
    contentus gemina tigride Bacchus erat.

XXVII.

Munera qui tibi dat locupleti, Gaure, senique,
    si sapis et sentis, hoc tibi ait «morere».

XXVIII.

Dic, toga, facundi gratum mihi munus amici,
    esse velis cuius fama decusque gregis?
Apula Ledaei tibi floruit herba Phalanthi,
    qua saturat Calabris culta Galaesus aquis?
an Tartesiacus stabuli nutritor Hiberi
    Baetis in Hesperia te quoque lavit ove?

24. *Chi fa gli dèi*

Se per caso ti chiedo qualche cosa,
Cesare, nel mio gracile libretto,
e se non t'è sembrata troppo ardita
la mia pagina, dammela ti prego.
E se non dai, permetti che ti supplichi:
le preghiere e l'incenso non offendono
mai Giove. Non li fa certo gli dèi
colui che ne scolpisce in oro e in marmo
i sacri volti, ma colui che prega.

25. *Oppiano*

M'hai veduto una sola volta, Oppiano [9],
quand'ero un po' malato. Stessi male
veramente t'avrei sempre tra i piedi.

26. *Quante tigri!*

Il cacciatore del Gange che fugge
pallido di paura su un cavallo
d'Ircania là nei campi dell'Aurora
poiché ha rubato i cuccioli, non teme
tante tigri quante ne vede Roma
in questi giorni, Roma che non riesce,
Germanico, a contare i suoi piaceri.
Cesare, la tua arena vince i trionfi
dell'India e i beni e tutte le ricchezze
del vittorioso dio: s'accontentava
Diòniso d'una semplice pariglia
di tigri quanto trascinava i vinti
prigionieri indiani col suo carro.

27. *A Gauro*

Chi ti fa dei regali, Gauro, a te
che sei ricco e sei vecchio, ti sussurra,
se sai capirlo: «Muori».

28. *Una toga*

Toga, dono gradito d'un amico
eloquente, di quale gregge sei
il vanto? Dimmi, ha fiorito per te
la prateria pugliese di Falanto
spartano, là dove il Galeso innaffia
con le sue acque calabresi i campi?
O t'ha lavato il fiume di Tartesso,
il mio Guadalquivir – che greggi e stalle

an tua multifidum numeravit lana Timavum,
      quem pius astrifero Cyllarus ore bibit?
   te nec Amyclaeo decuit livere veneno
      nec Miletos erat vellere digna tuo.
   lilia tu vincis nec adhuc delapsa ligustra
      et Tiburtino monte quod alget ebur;
   Spartanus tibi cedet olor Paphiaeque columbae,
      cedet Erythraeis eruta gemma vadis:
   sed licet haec primis nivibus sint aemula dona
      non sunt Parthenio candidiora suo.
   non ego praetulerim Babylonos picta superbae
      texta Samiramia quae variantur acu;
   non Athamanteo potius me mirer in auro,
      Aeolium dones si mihi, Phrixe, pecus.
   o quantos risus pariter spectata movebit
      cum Palatina nostra lacerna toga!

XXIX.

   Disticha qui scribit, puto, vult brevitate placere.
      quid prodest brevitas, dic mihi, si liber est?

XXX.

   Qui nunc Caesareae lusus spectatur harenae,
      temporibus Bruti gloria summa fuit.
   aspicis ut teneat flammas poenaque fruatur
      fortis et attonito regnet in igne manus!
   ipse sui spectator adest et nobile dextrae
      funus amat: totis pascitur illa sacris;
   quod nisi rapta foret nolenti poena, parabat
      saevior in lassos ire sinistra focos.
   scire piget post tale decus quid fecerit ante:
      quam vidi satis hanc est mihi nosse manum.

abbevera di Spagna – sulla schiena
d'una pecora nata in occidente?
O la tua lana ha contato le molte
imboccature del Timavo, dove
bevve Cillàro prima di salire
alle stelle? Non era degna Amicle [10]
di scurirti, di tingerti Mileto.
Tu vinci i gigli, i fiori di ligustro
pronti a cadere, tu vinci l'avorio
che gela sulle alture tiburtine;
a te s'arrendono il cigno di Sparta,
le colombe di Venere, la perla
pescata in fondo agli abissi eritrei.
Ma il dono, benché bianco come neve
fresca, non è più candido del suo
donatore, Partenio. Non saprei
preferire gli arazzi di Babele
la superba, tracciati su diversi
motivi dall'ago di Semiramide,
non mi farebbe più piacere l'oro
d'Atamante se tu, Frisso, mi dessi
il tosone. Ma quanto farà ridere
il mio mantello posto in paragone
di una toga che viene da Palazzo!

29. *I distici*

Uno che scrive distici desidera
piacere per la brevità. Perché
di tante brevità comporre un libro?

30. *Un nuovo Scevola*

Quello che adesso è un gioco che si vede
nell'arena di Cesare, fu ai tempi
di Bruto gloria somma. Vedi come
stringe le fiamme quella mano forte
godendo del castigo e come domina
il fuoco esterrefatto? Il suppliziato
è spettatore di se stesso ed ama
il funerale nobile di questa
destra che dalla parte sua si nutre
del sacrificio totale; e se a forza
non fosse stata sottratta al supplizio
ancora più feroce la sinistra
si sarebbe gettata in quelle fiamme
oramai stanche. Dopo tale azione
non m'interessa sapere che cosa
aveva fatto prima quella mano [11],
mi basta l'aver visto ciò che ho visto.

XXXI.

Nescio quid de te non belle, Dento, fateris,
   coniuge qui ducta iura paterna petis.
sed iam supplicibus dominum lassare libellis
   desine et in patriam serus ab urbe redi:
nam dum tu longe deserta uxore diuque
   tres quaeris natos, quattuor invenies.

XXXII.

Aëra per tacitum delapsa sedentis in ipsos
   fluxit Aratullae blanda columba sinus.
luserat hoc casus, nisi inobservata maneret
   permissaque sibi nollet abire fuga.
si meliora piae fas est sperare sorori
   et dominum mundi flectere vota valent,
haec a Sardois tibi forsitan exulis oris,
   fratre reversuro, nuntia venit avis.

XXXIII.

De praetoricia folium mihi, Paule, corona
   mittis et hoc phialae nomen habere iubes.
hac fuerat nuper nebula tibi pegma peructum,
   pallida quam rubri diluit unda croci.
an magis astuti derasa est ungue ministri
   brattea, de fulcro quam reor esse tuo?
illa potest culicem longe sentire volantem
   et minimi pinna papilionis agi;
exiguae volitat suspensa vapore lucernae
   et leviter fuso rumpitur icta mero.
hoc linitur sputo Iani caryota Kalendis,
   quam fert cum parco sordidus asse cliens.

31. *Tre figli* [12]

Di te confessi cose poco belle,
Dentone, quando dopo il matrimonio
solleciti i diritti dei tre figli.
Smettila finalmente di stancare
l'imperatore con queste tue suppliche
e torna, anche se tardi, alla tua patria.
Infatti, dato che da troppo tempo
tua moglie l'hai lasciata sola, mentre
chiedi i tre figli rischi, al tuo ritorno,
di trovartene quattro.

32. *La colomba*

Scivolando per l'aria silenziosa
una dolce colomba si posò
nel grembo di Aretulla che sedeva.
Poteva essere un caso senonché,
benché libera in tutti i movimenti
la colomba rimase rifiutando
di fuggire. Se è lecito
a una sorella pietosa sperare
tempi migliori e le preghiere possono
intenerire il signore del mondo,
forse questa colomba ci è venuta
dalle spiagge d'esilio di Sardegna
annunziando il ritorno del fratello [13].

33. *La coppa di Paolo*

Paolo, mi fai avere una foglietta
della tua coroncina di pretore [14]
e stabilisci che si chiami coppa.
La piattaforma sulla quale stavi
poco fa era coperta da uno strato
come questo che avrebbe dilavato
una leggera tintura di croco.
O forse era la scaglia di metallo
strappata via con l'unghia, credo, al piede
del tuo letto da un furbo servitore?
È così trasparente questa coppa
che trema nel sentire una lontana
zanzara e per un'ala di farfalla
sussulta; e vola sospesa sul fumo
d'una lucerna piccola e si rompe
sotto il colpo, versandoci del vino
pian piano. Tanto sottile è lo sputo
steso sui datteri per rinfrescarli
alle Calende di gennaio, quando
li porta il povero cliente insieme

lenta minus gracili crescunt colocasia filo,
    plena magis nimio lilia sole cadunt;
nec vaga tam tenui discurrit aranea tela,
    tam leve nec bombyx pendulus urget opus.
crassior in facie vetulae stat creta Fabullae,
    crassior offensae bulla tumescit aquae;
fortior et tortos servat vesica capillos
    et mutat Latias spuma Batava comas.
hac cute Ledaeo vestitur pullus in ovo,
    talia lunata splenia fronte sedent.
quid tibi cum phiala, ligulam cum mittere possis,
    mittere cum possis vel cocleare mihi, –
magna nimis loquimur – cocleam cum mittere possis,
    denique cum possis mittere, Paule, nihil?

XXXIV.

Archetypum Myos argentum te dicis habere.
    quod sine te factum est hoc magis archetypum est?

XXXV.

Cum sitis similes paresque vita,
uxor pessima, pessimus maritus,
miror non bene convenire vobis.

XXXVI.

Regia pyramidum, Caesar, miracula ride;
    iam tacet Eoum barbara Memphis opus:
pars quota Parrhasiae labor est Mareoticus aulae?
    clarius in toto nil videt orbe dies.
septenos pariter credas adsurgere montes,
    Thessalicum brevior Pelion Ossa tulit;
aethera sic intrat nitidis ut conditus astris

al soldo portafortuna. Le fila
delle fave d'Egitto son più grosse,
più pieni i petali dei gigli sfatti
dal troppo sole, e il ragno vagabondo
va su e va giù per una tela meno
fine, ed il baco da seta sospeso
nell'aria si affatica ad un lavoro
meno leggero. La creta che è in faccia
alla vecchia Fabulla è ben più spessa,
e altrettanto si dica della bolla
che fa l'acqua sbattuta, della rete
che contiene le chiome, della schiuma
olandese che muta di colore
i capelli romani. Una pellicola
così ricopre il pulcino di cigno
nell'uovo, così lievi finti nei
poggiano su una fronte. Ma perché
mi hai mandato una coppa, Paolo, quando
mi puoi mandare un semplice cucchiaio,
che dico, un cucchiaino (forse è troppo,
meglio calare), un guscio di lumaca
o addirittura non mandarmi nulla?

34. *L'antiquario falsario*

Tu pretendi di possedere un vaso
d'argento, opera autentica di Mys.
Quel che tu non hai fatto è tutto autentico?

35. *Gli sposi*

Visto come vi assomigliate (simili
sono le vostre vite: moglie pessima
e pessimo marito), mi stupisco,
che non andiate del tutto d'accordo.

36. *Il palazzo*

Cesare, puoi beffarti del miracolo
regale delle Piramidi, Menfi
la barbara non parla più di questi
monumenti d'oriente: poca cosa
è l'opera egiziana a paragone
dell'edificio sorto sopra il colle
Palatino. Nulla di meglio al mondo
il sole guarda. Credi di vedere
i sette colli gli uni sopra gli altri:
l'Ossa col Pelio sopra è più piccino [15]
Il tuo palazzo penetra nell'etere
così che il suo fastigio sta sereno

　　　　inferiore tonet nube serenus apex
　　et prius arcano satietur numine Phoebi
　　　　nascentis Circe quam videt ora patris.
　　haec, Auguste, tamen, quae vertice sidera pulsat,
　　　　par domus est caelo sed minor est domino.

XXXVII.

Quod Caietano reddis, Polycharme, tabellas,
　　milia te centum num tribuisse putas?
«debuit haec» inquis. tibi habe, Polycharme, tabellas
　　et Caietano milia crede duo.

XXXVIII.

Qui praestat pietate pertinaci
sensuro bona liberalitatis,
captet forsitan aut vicem reposcat:
at si quis dare nomini relicto
post manes tumulumque perseverat,
quaerit quid nisi parcius dolere?
refert sis bonus an velis videri.
praestas hoc, Melior, sciente fama,
qui sollemnibus anxius sepulti
nomen non sinis interire Blaesi,
et de munifica profusus arca
ad natalicium diem colendum
scribarum memori piaeque turbae
quod donas, facis ipse Blaesianum.
hoc longum tibi, vita dum manebit,
hoc et post cineres erit tributum.

XXXIX.

Qui Palatinae caperet convivia mensae
　　ambrosiasque dapes non erat ante locus:
hic haurire decet sacrum, Germanice, nectar
　　et Ganymedea pocula mixta manu.
esse velis, oro, serus conviva Tonantis:

tra le stelle lucenti e ascolta il tuono
rullare nelle nuvole più basse,
e gode del potere misterioso
del sole prima che Circe la faccia
veda del padre appena nato. Eppure
questa casa che batte contro gli astri,
Augusto, questa casa eguale al cielo
è assai minore del suo proprietario.

37. *Le ricevute*

Poiché restituisci a Gaetano
le ricevute credi forse avergli
regalato quei centomila? «Ma
me li doveva» dici. Policarmo,
tieni le ricevute e a Gaetano
prestagliene duemila.

38. *In onore di Bleso*

Donare con tenacia, lungamente
i beni della generosità
a chi ne è ben cosciente può nascondere
un'insida, l'idea di averne almeno
qualcosa in cambio: ma chi dona a un nome,
solo rimasto dopo i funerali
e la tomba, che cosa può cercare
se non di addormentare il suo dolore?
Ben altra cosa essere generoso
dal volerlo sembrare. Tu, Migliore,
lo sei davvero, come tutti sanno;
tu che con grandi esequie ti preoccupi
che il nome del defunto sopravviva,
ed attingendo alla tua generosa
cassaforte – perché sia celebrato
il giorno della nascita di Bleso –
fai donazione alla corporazione
memore e pia degli scribi, e tu stesso
fondi un Blesiano [16]. Ecco un omaggio eterno
che potrai rendergli finché vivrai
ed anche quando non sarai che cenere.

39. *La sala di Germanico*

Prima non v'era sala che accogliesse
gli invitati a Palazzo per gustare
le vivande celesti: adesso qui,
Germanico, si può mescere il nettare
divino e bere coppe che ha colmato
un Ganimede. Acconsenti, ti prego,

at tu si properas, Iuppiter, ipse veni.

XL.

Non horti neque palmitis beati
sed rari nemoris, Priape, custos,
ex quo natus es et potes renasci,
furaces, moneo, manus repellas
et silvam domini focis reserves:
si defecerit haec, et ipse lignum es.

XLI.

«Tristis Athenagoras non misit munera nobis
    quae medio brumae mittere mense solet.»
an sit Athenagoras tristis, Faustine, videbo:
    me certe tristem fecit Athenagoras.

XLII.

Si te sportula maior ad beatos
non corruperit, ut solet, licebit
de nostro, Matho, centies laveris.

XLIII.

Effert uxores Fabius, Chrestilla maritos,
    funereamque toris quassat uterque facem.
victores committe, Venus: quos iste manebit
    exitus una duos ut Libitina ferat.

XLIV.

Titulle, moneo, vive: semper hoc serum est;
sub paedagogo coeperis licet, serum est.
at tu, miser Titulle, nec senex vivis,
sed omne limen conteris salutator
et mane sudas urbis osculis udus,
foroque triplici sparsus ante equos omnis
aedemque Martis et colosson Augusti
curris per omnes tertiasque quintasque.
rape, congere, aufer, posside: relinquendum est.
superba densis arca palleat nummis,

ad esser tardi un ospite di Giove:
se Giove ha fretta venga qui lui stesso.

40. *Il Priapo di legno*

Priapo, custode non d'un orto o d'una
fertile vigna ma d'un bosco rado
da cui sei nato e da cui puoi rinascere,
tieni lontane le mani furtive
e serba il bosco ai fuochi del padrone:
se fallisci, ricorda che sei legno [17].

41. *I lutti*

«Atenagora è in lutto e non m'ha fatto
i regali che è solito mandarmi
nel bel mezzo del mese della bruma.»
Faustino, se sia in lutto non lo so
ma so che certo ha messo in lutto me [18].

42. *La mancia*

Se una mancia maggiore non ti spinge
alle case dei ricchi come al solito,
Mato, tu avrai da me quanto ti basta
per cento bagni [19].

43. *Fabio e Crestilla*

Fabio sotterra le mogli, Crestilla
seppellisce i mariti: tutti e due
scuotono a letto la funebre face.
Venere, accoppia entrambi i vittoriosi:
che un solo funerale se li porti...

44. *A Titullo*

Vivi, Titullo, goditi la vita;
per questo sarà sempre tardi, avessi
cominciato sui banchi della scuola
sarebbe tardi lo stesso. E tu, povero
Titullo non sai vivere nemmeno
da vecchio perché logori ogni soglia
per salutare i potenti e all'aurora
sei già sudato ed umido dei baci
di tutta la città, girovagando
davanti a tutti i cavalli dei fori
davanti al tempio di Marte e al Colosso
d'Augusto e corri da mattina a sera.
Arraffa, ammucchia, acquista, ruba: tutto
dovrai lasciare. Il forziere superbo

centum explicentur paginae Kalendarum,
iurabit heres te nihil reliquisse,
supraque pluteum te iacente vel saxum,
fartus papyro dum tibi torus crescit,
flentis superbus basiabit eunuchos;
tuoque tristis filius, velis nolis,
cum concubino nocte dormiet prima.

XLV.

Priscus ad Aetnaeis mihi, Flacce, Terentius oris
   redditur: hanc lucem lactea gemma notet;
defluat et lento splendescat turbida lino
   amphora centeno consule facta minor.
continget nox quando meis tam candida mensis?
   tam iusto dabitur quando calere mero?
cum te, Flacce, mihi reddet Cythereia Cypros,
   luxuriae fiet tam bona causa meae.

XLVI.

Quanta tua est probitas tanta est infantia formae,
   Ceste puer, puero castior Hippolyto.
te secum Diana velit doceatque natare,
   te Cybele totum mallet habere Phryga;
tu Ganymedeo poteras succedere lecto,
   sed durus domino basia sola dares.
felix, quae tenerum vexabit sponsa maritum
   et quae te faciet prima puella virum!

XLVII.

Pars maxillarum tonsa est tibi, pars tibi rasa est,
   pars vulsa est. Unum quis putat esse caput?

è giallo di monete d'oro, i prestiti
a usura riempion più di cento pagine
del tuo libro di conti, ma l'erede
spergiurerà che non gli lasci nulla
su te disteso sopra un catafalco
o un marmo, e mentre già si leva il rogo
imbottito di canne e di papiri
l'insolente palpeggerà gli eunuchi
in lagrime. Che tu lo voglia o no
tuo figlio in lutto passerà la notte
con il tuo favorito.

45. *A Flacco*

Mi è ritornato Prisco dalle spiagge
sotto l'Etna. Segniamo questo giorno
con una perla bianca come il latte!
Flacco, stapperò un'anfora ove il vino
per cento consolati s'è ristretto
e intorbidato, ma che splenderà
filtrato in lino soffice! Ma quando
una notte così toccherà ancora
alla mia mensa, quando parrà giusto
riscaldarsi col vino nella stessa
maniera? Quando la venerea Cipro
mi renderà il mio Flacco, vi saranno
altrettante ragioni di baldoria.

46. *A Cesto*

Giovane Cesto, casto più d'Ippolito,
virtüoso fanciullo, la cui grazia
infantile pareggia la modestia.
Ti vorrebbe con sé, per insegnarti
a nuotare, Diana; anteporrebbe
Cibele te, che sei integro in tutto,
al suo bell'Attis; ed avresti potuto
succedere nel letto a Ganimede
ma al tuo padrone, duro, avresti dato
soltanto baci. Felice la sposa
che si godrà un marito così tenero,
felice la ragazza che per prima
ti farà uomo.

47. *Una testa sola*

In parte le tue guance son tosate,
in parte depilate
ed in parte rasate.
Chi crederà la tua una testa sola?

XLVIII.

Nescit cui dederit Tyriam Crispinus abollam,
  dum mutat cultus induiturque togam.
quisquis habes, umeris sua munera redde, precamur:
  non hoc Crispinus te sed abolla rogat.
non quicumque capit saturatas murice vestes
  nec nisi deliciis convenit iste color.
si te praeda iuvat foedique insania lucri,
  qua possis melius fallere, sume togam.

XLIX.

Quanta Gigantei memoratur mensa triumphi
  quantaque nox superis omnibus illa fuit,
qua bonus accubuit genitor cum plebe deorum
  et licuit Faunis poscere vina Iovem:
tanta tuas celebrant, Caesar, convivia laurus;
  exhilarant ipsos gaudia nostra deos.
vescitur omnis eques tecum populusque patresque
  et capit ambrosias cum duce Roma dapes.
grandia pollicitus quanto maiora dedisti!
  promissa est nobis sportula, recta data est.

L.

Quis labor in phiala? docti Myos anne Myronos?
  Mentoris haec manus est an, Polyclite, tua?
livescit nulla caligine fusca nec odit
  exploratores nubila massa focos;
vera minus flavo radiant electra metallo
  et niveum felix pustula vincit ebur.
materiae non cedit opus: sic alligat orbem,
  plurima cum tota lampade luna nitet.
stat caper Aeolio Thebani vellere Phrixi
  cultus: ab hoc mallet vecta fuisse soror;
hunc nec Cinyphius tonsor violaverit et tu

48. *Il manto di Crispino*

Crispino ha regalato non so a chi
il suo manto di porpora, cambiando
i vestiti e mettendosi la toga.
Chiunque sia che ce l'ha, lo prego, renda
quel mantello alle spalle per le quali
fu fatto: non lo chiede già Crispino
ma il mantello medesimo. Non è
da tutti mettersi addosso la porpora
che conviene soltanto agli eleganti.
Se vuoi rubare, se ami fare illeciti
profitti indossa la toga, così
potrai passare meglio inosservato.

49. *Il banchetto di Domiziano*

Quale ci si ricorda fu il banchetto
che festeggiò il trionfo sui Titani,
quale fu pei celesti quella notte
quando il buon padre Giove si sedette
tra la plebaglia degli dèi minori
e fu permesso ai fauni domandare
del vino a Giove in persona, così
si festeggia la tua vittoria, Cesare,
da tanti: esilara la nostra gioia
i celesti medesimi. Banchettano
i senatori con te, i cavalieri,
la plebe; Roma divide col principe
le vivande divine. Tu hai promesso
cose grandi per dare ben di più!
Noi speravamo in una merendina,
ci hai servito un banchetto in piena regola.

50. *La coppa lavorata*

Lavorò questa coppa il grande Mys
o Mirone? C'è la tua mano, Mentore,
o la tua, Policleto? Non la macchia
nessun vapore impuro, non la annebbia
neanche la prova del fuoco; la vera
ambra splende di meno del suo giallo
metallo, la felice caratura
del suo argento è più nivea dell'avorio.
E il lavoro non cede alla materia:
così la luna piena, tutta tonda
splende del massimo della sua luce.
Sta dritto in piedi il montone che il figlio [20]
d'Eolo trasmise a Frisso: la sorella
di Frisso lo vorrebbe cavalcare.
Il tosatore Atamante non seppe

    ipse tua pasci vite, Lyaee, velis.
terga premit pecudis geminis Amor aureus alis,
    Palladius tenero lotos ab ore sonat:
sic Methymnaeo gavisus Arione delphin
    languida non tacitum per freta vexit onus.
imbuat egregium digno mihi nectare munus
    non grege de domini sed tua, Ceste, manus;
Ceste, decus mensae, misce Setina: videtur
    ipse puer nobis, ipse sitire caper.
det numerum cyathis Instanti littera Rufi:
    auctor enim tanti muneris ille mihi:
si Telethusa venit promissaque gaudia portat,
    servabor dominae, Rufe, triente tuo;
si dubia est, septunce trahar; si fallit amantem,
    ut iugulem curas, nomen utrumque bibam.

LI.

Formonsam sane sed caecus diligit Asper.
    plus ergo, ut res est, quam videt Asper amat.

LII.

Tonsorem puerum sed arte talem
qualis nec Thalamus fuit Neronis,
Drusorum cui contigere barbae,
aequandas semel ad genas rogatus
Rufo, Caediciane, commodavi.
dum iussus repetit pilos eosdem,
censura speculi manum regente,
expingitque cutem facitque longam
detonsis epaphaeresin capillis,
barbatus mihi tonsor est reversus.

LIII.

Auditur quantum Massyla per avia murmur,
    innumero quotiens silva leone furit,

e non volle tosarlo e tu medesimo,
Bacco, tollereresti che brucasse
la tua vite. Sul dorso della bestia
sta un amorino d'oro con due alucce,
sulle sue labbra tenere risuona
il flauto in legno di loto di Pallade:
così un delfino incantato portava
per il mare in bonaccia il melodioso
peso di Arione di Metimna. Riempia
questo regalo stupendo d'un nettare
che ne sia degno non uno dei tanti
servitori ma proprio la tua mano,
Cesto. Cesto, splendore della mensa,
mesci vino di Sezze: hanno già sete,
mi sembra, anche il fanciullo, anche il montone.
Le lettere del nome Instante Rufo,
autore d'un regalo così splendido,
daranno un numero alle coppe: se
Teletusa verrà e mi porterà
la gioia che ha promesso, per serbarmi
tutto a lei berrò solo quattro coppe,
quelle di Rufo, se mi lascia in dubbio
berrò le sette di Instante, alla fine
se l'amante non viene berrò tutto,
nome e cognome, per dimenticare.

51. *Ciecamente*

Aspro ama una donna proprio bella
ma è cieco: ama di più di quanto vede.

52. *Il barbieretto*

Avevo un barbieretto adolescente
ma così bravo che nemmeno Talamo,
cui toccarono in sorte sia la barba
di Claudio sia la barba di Nerone.
Un giorno, Cecidiano, l'ho prestato,
dietro le sue preghiere, al nostro Rufo
per lisciargli le guance. Stando agli ordini
torna e ritorna sui peli, seguendo
lo specchio, liscia quanto può la pelle,
ripassa ancora a lungo sui capelli
tagliati. Il barbieretto adolescente
m'è tornato barbuto.

53. *Un leone smisurato*

Quel mormorio feroce che risuona
tremendo nei deserti dei Massìli [21]
le volte che la foresta s'infuria

pallidus attonitos ad Poena mapalia pastor
    cum revocat tauros et sine mente pecus:
tantus in Ausonia fremuit modo terror harena.
    quis non esse gregem crederet? unus erat,
sed cuius tremerent ipsi quoque iura leones,
    cui diadema daret marmore picta Nomas.
o quantum per colla decus, quem sparsit honorem
    aurea lunatae, cum stetit, umbra iubae!
grandia quam decuit latum venabula pectus
    quantaque de magna gaudia morte tulit!
unde tuis, Libye, tam felix gloria silvis?
    a Cybeles numquid venerat ille iugo?
an magis Herculeo, Germanice, misit ab astro
    hanc tibi vel frater vel pater ipse feram?

LIV.

Formosissima quae fuere vel sunt,
sed vilissima quae fuere vel sunt
o quam te fieri, Catulla, vellem
formonsam minus aut magis pudicam!

LV.

Temporibus nostris aetas cum cedat avorum
    creverit et maior cum duce Roma suo
ingenium sacri miraris desse Maronis
    nec quemquam tanta bella sonare tuba.
sint Maecenates, non derunt, Flacce, Marones
    Vergiliumque tibi vel tua rura dabunt.
iugera perdiderat miserae vicina Cremonae
    flebat et abductas Tityrus aeger oves:
risit Tuscus eques paupertatemque malignam
    reppulit et celeri iussit abire fuga.
«accipe divitias et vatum maximus esto;
    tu licet et nostrum» dixit «Alexin ames.»

di innumerevoli leoni e pallido
il pastore riporta tori attoniti
e pecore impazzite di paura
a ricoveri punici: lo stesso
terrore poco fa fece tremare
la nostra arena. Si pensava a un'orda
di leoni, ma invece era uno solo:
uno al quale però tutti i leoni
tremando si sarebbero inchinati
e al quale la Numidia, variopinta
di marmi, avrebbe dato la corona.
Quanto decoro, quanta dignità
sparse sul collo l'ombra d'oro della
sua criniera lunata quando s'erse!
Che giavellotti tremendi ci vollero
per quell'enorme petto e quanto onore
e quanta gioia ebbe dalla sua morte!
Libia, le tue foreste donde trassero
una belva così gloriosa e fiera?
Forse viene dal carro di Cibele?
O forse sono stati tuo fratello
e tuo padre, Germanico, a mandartelo
dalla costellazione del Leone?

54. *Catulla*

Bellissima fra quante mai vi furono
e sono ma puttana
altrettanto, Catulla!
Come vorrei tu fossi meno bella,
meno puttana.

55. *I Mecenati*

Benché i tempi dei nonni siano meno
importanti dei nostri (Roma è grande
con il suo imperatore) ti stupisce
che ci manchi l'ingegno del divino
Virgilio, che nessuno come lui
sappia suonar la tromba e celebrare
le battaglie. Ci siano Mecenati,
Flacco, e i Virgili non ci mancheranno,
anche il tuo campo ci darà un Marone.
Titiro, perse le terre vicine
all'infelice Cremona, avvilito
piangeva sulle sue pecore erranti:
il cavaliere etrusco allontanò [22]
ridendo la maligna povertà,
le domandò di andare via di fretta.
«Prendi queste ricchezze – disse – e sii
il nostro massimo poeta: puoi

adstabat domini mensis pulcherrimus ille
    marmorea fundens nigra Falerna manu,
et libata dabat roseis carchesia labris
    quae poterant ipsum sollicitare Iovem.
excidit attonito pinguis Galatea poetae
    Thestylis et rubras messibus usta genas;
protinus ITALIAM concepit et ARMA VIRUMQUE,
    qui modo vix Culicem fleverat ore rudi.
quid Varios Marsosque loquar ditataque vatum
    nomina, magnus erit quos numerare labor?
ergo ego Vergilius, si munera Maecenatis
    des mihi? Vergilius non ero, Marsus ero.

LVI.

Magna licet totiens tribuas, maiora daturus
    dona, ducum victor, victor et ipse tui,
diligeris populo non propter praemia, Caesar,
    te propter populus praemia, Caesar, amat.

LVII.

Tres habuit dentes, pariter quos expuit omnes,
    ad tumulum Picens dum sedet ipse suum;
collegitque sinu fragmenta novissima laxi
    oris et adgesta contumulavit humo.
ossa licet quondam defuncti non legat heres:
    hoc sibi iam Picens praestitit officium.

LVIII.

Cum tibi tam crassae sint, Artemidore, lacernae,
    possim te Sagarim iure vocare meo.

LIX.

Aspicis hunc uno contentum lumine, cuius
    lippa sub adtrita fronte lacuna patet?
ne contemne caput, nihil est furacius illo;

anche amare il mio Alessi.» Stava accanto
alla mensa quel giovane bellissimo,
versando nero Falerno con mano
marmorea e presentandogli la coppa
libata appena con labbra di rosa
che avrebbero eccitato Giove stesso.
Caddero dalla testa del poeta
attonito la pingue Galatea,
Tèstili rossa di guance, bruciata
dal sole ardente delle mietiture,
e pensa subito all'Italia, alle «armi
e all'uomo»: lui che poco prima giù
lagrime per una zanzara, in versi
acerbetti. A che serve enumerare
con gran fatica e Varii e Marsi e tutti
quelli che Mecenate ha fatto ricchi?
Sarò un Virgilio anch'io se mi darai
quello che dava Mecenate? No,
non un Virgilio, un Marso diverrò.

56. *A Domiziano*

Tu che fai gran regali e ne farai
di maggiori, che superi ogni principe
e persino te stesso, sei amato
dal tuo popolo non per i regali:
esso ama i doni tuoi perché ama te.

57. *I denti di Picente*

Tre denti rimanevano a Picente
e li sputò in un colpo solo mentre
stava seduto sulla propria tomba.
Li raccolse in un lembo del mantello
questi ultimi frammenti d'una bocca
cadente, poi radunò un monticello
di terra e ve li seppellì. L'erede
un giorno non avrà così bisogno
di raccogliere le ossa di Picente:
lui stesso s'è già reso un tale ufficio.

58. *Il manto*

Artemidoro porta un grosso manto,
per questo potrei dirlo nato a Mantova.

59. *Il guercio*

Vedi quel tizio con un occhio solo
che mostra sotto la fronte sfacciata
un buco purulento? Non guardarlo

non fuit Autolyci tam piperata manus.
hunc tu convivam cautus servare memento:
    tunc furit atque oculo luscus utroque videt:
pocula sollicta perdunt ligulasque ministri
    et latet in tepido plurima mappa sinu;
lapsa nec a cubito subducere pallia nescit
    et tectus laenis saepe duabus abit;
nec dormitantem vernam fraudare lucerna
    erubuit fallax, ardeat illa licet.
si nihil invasit, puerum tunc arte dolosa
    circuit et soleas subripit ipse suas.

LX.

Summa Palatini poteras aequare Colossi,
    si fieres brevior, Claudia, sesquipede.

LXI.

Livet Charinus, rumpitur, furit, plorat
et quaerit altos unde pendeat ramos:
non iam quod orbe cantor et legor toto,
nec umbilicis quod decorus et cedro
spargor per omnes Roma quas tenet gentes:
sed quod sub urbe rus habemus aestivum
vehimurque mulis non ut ante conductis.
quid inprecabor, o Severe, liventi?
hoc opto: mulas habeat et suburbanum.

LXII.

Scribit in aversa Picens epigrammata charta,
    et dolet averso quod facit illa deo.

LXIII.

Thestylon Aulus amat sed nec minus ardet Alexin,
    forsitan et nostrum nunc Hyacinthon amat.

dall'alto in basso, è un ladro patentato,
non fu più piena di pepe la mano
d'Autolico [23]. Sta' attento se l'inviti,
il guercio allora non si tiene più,
ci vede bene con tutti e due gli occhi.
I servitori preoccupati vedono
sparire coppe e cucchiai, le salviette
vanno a finire nel suo petto tiepido,
e lui sa bene tirar su il mantello
scivolato da qualche spalla e andarsene
con due mantelli addosso, né arrossisce
nel rubare la lampada, anche accesa
a uno schiavo dormiente. Se per caso
non ha uncinato nulla circuisce
con astutissima arte il proprio servo
per rubare i suoi sandali medesimi.

60. *Claudia*

Fossi più piccola d'un mezzo metro,
Claudia, saresti uguale a quel colosso
che sta sul Palatino.

61. *L'invidia di Carino*

Carino è livido d'invidia, crepa,
è furibondo, piange, cerca un ramo
che sia alto abbastanza per appendervisi:
mica perché son letto e declamato
per tutto il mondo ed i miei libri, belli
di bacchette sontuose ed odorosi
di cedro, son diffusi in tutti i popoli
che Roma regge, ma perché ho una casa
estiva di campagna vicinissima
alla città e mi ci faccio portare
da mule non più prese come prima
in affitto. Severo, all'invidioso
cosa posso augurare? Che possieda
le mule e la mia casa di campagna [24].

62. *Picente*

Picente scrive versi sul rovescio
del foglio e si lamenta
che quel che scrive gli vada a rovescio.

63. *Aulo*

Aulo ama Testilo, arde per Alessi,
forse gli piace pure il mio Giacinto [25].

i nunc et dubita vates an diligat ipsos,
   delicias vatum cum meus Aulus amet.

LXIV.

Ut poscas, Clyte, munus exigasque,
uno nasceris octiens in anno
et solas, puto, tresve quattuorve
non natalicias habes Kalendas.
sit vultus tibi levior licebit
tritis litoris aridi lapillis,
sit moro coma nigrior caduco,
vincas mollitia tremente plumas
aut massam modo lactis alligati,
et talis tumor excitet papillas
qualis cruda viro puella servat,
tu nobis, Clyte, iam senex videris:
tam multos quis enim fuisse credat
natalis Priamive Nestorisve?
sit tandem pudor et modus rapinis.
quod si ludis adhuc semelque nasci
uno iam tibi non sat est in anno,
natum te, Clyte, nec semel putabo.

LXV.

Hic ubi Fortunae Reducis fulgentia late
   templa nitent, felix area nuper erat:
hic stetit Arctoi formonsus pulvere belli
   purpureum fundens Caesar ab ore iubar;
hic lauru redimita comas et candida cultu
   Roma salutavit voce manuque ducem.
grande loci meritum testantur et altera dona:
   stat sacer et domitis gentibus arcus ovat;
hic gemini currus numerant elephanta frequentem,
   sufficit inmensis aureus ipse iugis.
haec est digna tuis, Germanice, porta triumphis;
   hos aditus urbem Martis habere decet.

LXVI.

Augusto pia tura victimasque
pro vestro date Silio, Camenae.

Pensa un po' se Aulo non ama i poeti,
visto che ama gli amori dei poeti.

64. *Il giovane vecchio*

Per chiedere un regalo, Clito, esigerlo
a buon diritto in un sol anno nasci
otto volte e sì e no tre o quattro mesi
non portano un tuo giorno natalizio.
Così puoi pure avere un volto liscio
come i sassi politi su una spiaggia
arida, puoi avere dei capelli
neri come una mora stramatura,
vincere in morbidezza delle carni
un piumino o una mozzarella fresca,
gonfiarti il petto in due vere mammelle
quali una giovinetta ancora acerba
conserva per il futuro marito,
pure, Clito, tu già mi sembri vecchio.
Chi crederebbe che Prìamo, che Nèstore
contassero altrettanti compleanni?
Vergogna, smettila con le rapine!
Se vuoi prenderci in giro e non ti basta
nascere all'anno una volta soltanto,
io riterrò che tu non sia mai nato.

65. *La porta trionfale*

In questo luogo dove di lontano
riluce il tempio della dea Fortuna
dei Reduci, non molto tempo fa
era un felice spazio vuoto. Qui
stette Cesare, bello della polvere
della guerra artica, radioso in volto
di splendore divino, qui recinta
d'alloro e in sacra toga bianca Roma
lo salutò alla voce e con la mano.
Ma un altro dono fatto a Roma attesta
il grande merito del luogo; un arco
qui sorge e plaude alla vittoria e ai popoli
domati. Vi si vedono due carri
tirati da elefanti ed in ognuno
l'imperatore stesso, tutto d'oro,
regge gli immensi gioghi. Questa è porta
degna, Germanico, dei tuoi trionfi,
giusta entrata nella città di Roma.

66. *I consolati di Silio*

Muse, offrite ad Augusto incenso e vittime
pietose per il vostro Silio Italico.

bis senos iubet en redire fasces,
nato consule, nobilique virga
vatis Castaliam domum sonare
rerum prima salus et una Caesar.
gaudenti superest adhuc quod optet,
felix purpura tertiusque consul.
Pompeio dederit licet senatus
et Caesar genero sacros honores,
quorum pacificus ter ampliavit
Ianus nomina: Silius frequentes
mavult sic numerare consulatus.

LXVII.

Horas quinque puer nondum tibi nuntiat et tu
    iam conviva mihi, Caeciliane, venis,
cum modo distulerint raucae vadimonia quartae
    et Floralicias lasset harena feras.
curre, age, et inlotos revoica, Calliste, ministros;
    sternantur lecti: Caeciliane, sede.
caldam poscis aquam: nondum mihi frigida venit;
    alget adhuc nudo clusa culina foco.
mane veni potius; nam cur te quinta moretur?
    ut iantes, sero, Caeciliane, venis.

LXVIII.

Qui Corcyraei vidit pomaria regis,
    rus, Entelle, tuae praeferet ille domus.
invida purpureos urat ne bruma racemos
    et gelidum Bacchi munera frigus edat,
condita perspicua vivit vindemia gemma
    et tegitur felix nec tamen uva latet:
femineum lucet sic per bombycina corpus,
    calculus in nitida sic numeratur aqua.
quid non ingenio voluit natura licere?
    autumnum sterilis ferre iubetur hiems.

Colui che è prima ed unica salvezza
dell'universo, Cesare, ha ordinato
che a casa sua vi ritornino i dodici
fasci in onore di suo figlio console [26]
e che la verga del littore batta
alla porta di casa del poeta.
Ed egli è in festa, cosa più gli manca?
La porpora d'un terzo consolato
per il secondo figlio. Quest'onore
il senato l'attribuì a Pompeo,
Augusto al genero Agrippa: tre volte
iscritti nelle liste consolari
chiuse nel tempio di Giano pacifico.
Ma tanti consolati a Silio basta
numerarli in famiglia.

67. *L'ospite in anticipo*

Il tuo schiavetto ancora non t'annunzia
l'ora quinta e tu arrivi, Ceciliano,
a cena a casa mia, quando la rauca [27]
ora quarta da poco ha rimandato
i litiganti e l'arena affatica
le belve che si uccidono ai Florali.
Corri, Callisto, affrettati, richiama
gli schiavi prima ancora che si lavino,
si dispongano i letti: Ceciliano
siediti. Chiedi l'acqua calda, ma
non mi arriva nemmeno l'acqua fredda,
e la cucina è chiusa, senza fuoco,
gelida. Vieni allora domattina,
perché aspettare fino all'ora quinta?
È tardi per la prima colazione.

68. *La serra*

Chi ha veduto i frutteti del re Alcinoo,
Entello, preferisce la campagna
intorno alla tua casa. Perché il freddo
non sciupi i doni di Bacco e la brina
non bruci i grappoli purpurei, vive
la tua vendemmia protetta da vetri
trasparenti; così l'uva è coperta
felicemente ed è tutta visibile,
come un corpo di donna nella seta
o un ciottolo nell'acqua cristallina.
Che cosa non permette la natura
all'ingegno dell'uomo! Su comando
l'inverno sterile diventa autunno.

LXIX.

Miraris veteres, Vacerra, solos
nec laudas nisi mortuos poetas.
ignoscas petimus, Vacerra: tanti
non est, ut placeam tibi, perire.

LXX.

Quanta quies placidi tantast facundia Nervae,
    sed cohibet vires ingeniumque pudor.
cum siccare sacram largo Permessida posset
    ore, verecundam maluit esse sitim,
Pieriam tenui frontem redimire corona
    contentus famae nec dare vela suae.
sed tamen hunc nostri scit temporis esse Tibullum,
    carmina qui docti nota Neronis habet.

LXXI.

Quattuor argenti libras mihi tempore brumae
    misisti ante annos, Postumiane, decem;
speranti plures – nam stare aut crescere debent
    munera – venerunt plusve minusve duae;
tertius et quartus multo inferiora tulerunt;
    libra fuit quinto Septiciana quidem;
besalem ad scutulam sexto pervenimus anno;
    post hunc in cotula rasa selibra data est;
octavus ligulam misit sextante minorem;
    nonus acu levius vix cocleare tulit.
quod mittat nobis decumus iam non habet annus:
    quattuor ad libras, Postumiane, redi.

LXXII.

Nondum murice cultus asperoque
morsu pumicis aridi politus
Arcanum properas sequi, libelle,
quem pulcherrima iam redire Narbo,
docti Narbo Paterna Votieni,
ad leges iubet annuosque fasces:

69. *Il passatista*

Tu non ammiri che i poeti antichi
e non lodi che i morti.
Chiedo scusa, Vacerra, ma non vale
la pena di morire per piacerti.

70. *Nerva*

Quanto il placido Nerva [28] ama la quiete
tanto è eloquente, ma la sua modestia
ne tiene a bada il genio ed il talento.
Poteva bere alla fontana sacra
d'Elicona a gran sorsi e ha preferito
per timidezza la sete, contento
di cingere la fronte di poeta
d'una esile corona senza dare
vento alla vela della propria fama.
Ma tuttavia lo sa ch'egli è il Tibullo
del nostro tempo colui che conosce
le poesie sapienti di Nerone.

71. *Regali decrescenti*

Postumiano, nel tempo delle brume
dieci anni fa mi desti quattro libbre
d'argento. L'anno dopo ne speravo
di più – poiché i regali vanno a crescere
o a rimanere uguali tutt'al più –
e invece me ne son venute due
e pure scarse. Otto e sette anni fa
ho avuto ancora meno; l'anno appresso
ecco appena una libbra d'argentaccio
basso di Setticiano [29]; or son cinque anni
m'è toccato un piattino oblungo, peso
otto once. Poi che più: quattr'anni fa
mezza libbra d'argento, una tazzina
pulita; tre anni fa un bel cucchiaino
di meno di due once; l'anno dopo
una forchetta da lumache lieve
quanto un ago; poi niente. Postumiano
torna, ti prego, alle tue quattro libbre.

72. *A Narbona*

Non ancora lisciato con la pomice
e vestito di porpora, libretto,
corri via con Arcano che la splendida
Narbona ha richiamato (la paterna
Narbona, patria del dotto Votieno)
per rendere giustizia e per l'annuale

votis quod paribus tibi petendum est,
continget locus ille et hic amicus.
quam vellem fieri meus libellus!

LXXIII.

Instanti, quo nec sincerior alter habetur
   pectore nec nivea simplicitate prior,
si dare vis nostrae vires animosque Thaliae
   et victura petis carmina, da quod amem.
Cynthia te vatem fecit, lascive Properti;
   ingenium Galli pulchra Lycoris erat;
fama est arguti Nemesis formosa Tibulli;
   Lesbia dictavit, docte Catulle, tibi:
non me Paeligni nec spernet Mantua vatem
   si qua Corinna mihi, si quis Alexis erit.

LXXIV.

Oplomachus nunc es, fueras opthalmicus ante.
   fecisti medicus quod facis oplomachus.

LXXV.

Dum repetit sera conductos nocte penates
   Lingonus a Tecta Flaminiaque recens,
expulit offenso vitiatum pollice talum
   et iacuit toto corpore fusus humi.
quid faceret Gallus, qua se ratione moveret?
   ingenti domino servulus unus erat,
tam macer ut minimam posset vix ferre lucernam:
   succurrit misero casus opemque tulit.
quattuor inscripti portabant vile cadaver,
   accipit infelix qualia mille rogus;
hos comes invalidus summissa voce precatur,
   ut quocumque velint corpus inane ferant:
permutatur onus stipataque tollitur alte

magistratura. Il tuo destino doppio
e felice, che tu ringrazierai
con voti doppi, è di avere una tale
residenza ed un tale ottimo amico.
Come vorrei cambiarmi nel mio libro!

73. *Un amore*

Instante, tu che sei così sincero
quanto nessuno al mondo e che sei primo
per la franchezza immacolata d'animo,
se vuoi dar forza alla mia Musa e ardore
nel lavoro, se da me aspetti versi
immortali regalami un amore.
Voluttuoso Properzio, è stata Cinzia
a far di te un poeta vero, Lìcori
è stata l'ispirazione di Gallo,
la fama di Tibullo è stata fatta
dalla graziosa Nèmesi: a Catullo
così dotto dettava i versi Lesbia.
Mi vorrebbero e Mantova e Sulmona [30]
come poeta, se avessi un Alessi
o una Corinna.

74. *Il gladiatore*

Sei gladiatore e prima
facevi l'oculista:
ma in fondo è sempre lo stesso lavoro.

75. *Un Gallo morto* [31]

Tornando ad alta notte al proprio albergo
un Lingone lasciando la Flaminia
e la Strada Coperta urtò con l'alluce
in una pietra e, slogandosi il piede,
piombò disteso al suolo. Cosa fare?
Come poteva muoversi quel Gallo?
Egli era enorme ed aveva soltanto
uno schiavetto, così magro e misero
che a malapena riusciva a portare
un lanternino: per fortuna il caso
venne in soccorso al poveretto. Quattro
pubblici beccamorti trasportavano
un cadavere vile quale mille
ne brucia il rogo dei poveri: prega
costoro l'accompagnatore invalido
con vocina sommessa, via si portino
quel corpo inanimato, dove vogliono.
Si cambia carico, il grande fardello
è sollevato a braccia e in qualche modo

grandis in angusta sarcina sandapila.
hic mihi de multis unus, Lucane, videtur
    cui merito dici «mortue Galle» potest.

LXXVI.

«Dic verum mihi, Marce, dic amabo
nil est quod magis audiam libenter.»
sic et cum recitas tuos libellos,
et causam quotiens agis clientis,
oras, Gallice, me rogasque semper.
durum est me tibi quod petis negare.
vero verius ergo quid sit audi:
verum, Gallice, non libenter audis.

LXXVII.

Liber, amicorum dulcissima cura tuorum
    Liber, in aeterna vivere digne rosa,
si sapis, Assyrio semper tibi crinis amomo
    splendeat et cingant florea serta caput;
candida nigrescant vetulo crystalla Falerno
    et caleat blando mollis amore torus.
qui sic vel medio finitus vixit in aevo,
    longior huic facta est quam data vita fuit.

LXXVIII.

Quos cuperet Phlegraea suos victoria ludos,
    Indica quos cuperet pompa, Lyaee, tuos
fecit Hyperborei celebrator Stella triumphi,
    o pudor! o pietas! et putat esse parum.
non illi satis est turbato sordidus auro
    Hermus et Hesperio qui sonat orbe Tagus.
omnis habet sua dona dies: nec linea dives
    cessat et in populum multa rapina cadit;
nunc veniunt subitis lasciva nomismata nimbis,
    nunc dat spectatas tessera larga feras,

ficcato dentro quell'angusto feretro.
Solo quest'uomo in mezzo a tanti sembra,
Lucano, l'unico cui possa dirsi
meritatamente: «Sei un Gallo morto».

76. *La verità*

«Dimmi la verità, Marco, lo voglio:
nient'altro sentirò più volentieri.»
Mi preghi sempre così quando leggi
in pubblico i tuoi libri o quando tratti
la causa d'un cliente. Mi dispiace,
Gallico, rifiutarti ciò che chiedi.
Ascolta dunque una cosa più vera
del vero: tu non senti volentieri
la verità.

77. *A Libero*

Libero, dolce affetto degli amici,
degno di vivere tra rose eterne,
se la sai lunga fa' che i tuoi capelli
splendano sempre di balsamo assiro
e ghirlande di fiori t'incoronino
e i candidi cristalli s'anneriscano
di un antico Falerno e il letto morbido
sia scaldato da voluttuosi amori.
Chi è vissuto così, morisse pure
nel fiore dell'età,
avrà avuto una vita ben più lunga
di quella aggiudicatagli dal Fato.

78. *I giochi di Stella*

I giochi che la vittoria flegrea [32]
avrebbe ben voluto organizzare,
e che sarebbero piaciuti a Bacco
per il trionfo sugli Indiani, adesso
li indìce Stella per solennizzare
la vittoria sui popoli del nord
e (vedi quanta modestia e rispetto
per il sovrano) gli sembrano cosa
da nulla. Non gli basterebbe l'Ermo
torbido del tanto oro che trascina
o il Tago che risuona di pepite
nell'estremo occidente. Non c'è giorno
che non porti i suoi doni: è sempre mossa
la corda dei regali e molte cose
cadono sopra il popolo che al volo
le arraffa. Adesso piovono marchette
in improvvisi nembi, ora gettoni

nunc implere sinus securos gaudet et absens
      sortitur dominos, ne laceretur, avis.
quid numerem currus ter denaque praemia palmae,
      quae dare non semper consul uterque solet?
omnia sed, Caesar, tanto superantur honore,
      quod spectatorem te tua laurus habet.

LXXIX.

Omnis aut vetulas habes amicas
aut turpis vetulisque foediores.
has ducis comites trahisque tecum
per convivia, porticus, theatra.
sic formosa, Fabulla, sic puella es.

LXXX.

Sanctorum nobis miracula reddis avorum
   nec pateris, Caesar, saecula cana mori,
cum veteres Latiae ritus renovantur harenae
   et pugnat virtus simpliciore manu.
sic priscis servatur honos te praeside templis
   et casa tam culto sub Iove numen habet;
sic nova dum condis, revocas, Auguste, priora:
   debentur quae sunt quaeque fuere tibi.

LXXXI.

Non per mystica sacra Dindymenes
nec per Niliacae bovem iuvencae,
nullos denique per deos deasque
iurat Gellia, sed per uniones.
hos amplectitur, hos perosculatur,
hos fratres vocat, hos vocat sorores,
hos natis amat acrius duabus.
his si quo careat misella casu,
victuram negat esse se nec horam.

si danno a iosa per tirare a sorte
i piccoli animali dell'arena;
così l'uccello è lieto di accucciarsi
al sicuro nel lembo d'una toga,
e un padrone gli viene dato in sorte
in modo che non venga fatto a pezzi
dai tanti che gridando se lo disputano.
Perché contare i carri e i tanti premi
attribuiti ai vincitori, quanti
non sempre danno i due consoli uniti?
Ma tutto questo, Cesare, è pur vinto
da questo sommo onore, che tu stesso
del tuo trionfo sei lo spettatore.

79. *Fabulla*

Hai solo amiche vecchie o peggio ancora,
e te le porti dietro
ai banchetti, nei portici, a teatro.
Così, Fabulla, sembri bella e giovane.

80. *I miracoli*

Tu ci rendi i miracoli dei santi
antenati e non tolleri che muoia
il canuto passato, Domiziano;
ora che i vecchi riti dell'arena
latina sono rimessi in onore
e il valore combatte a braccia nude [33].
Così sotto di te si officia ancora
nei templi antichi e la casa di Romolo
pur sotto il culto di Giove è comunque
considerata sacra. Così, Augusto,
mentre coltivi il nuovo serbi in vita
l'antico: ti dobbiamo
quello che c'è ed insieme quel che fu.

81. *Gellia e le perle*

Non giura per i sacri misticismi
del Dindimo e nemmeno per il bove
della vacca del Nilo e per nessuno
degli dèi e delle dee Gellia, lei giura
solo per le sue perle. Le accarezza,
le sbaciucchia, le chiama fratellini
e sorelline, l'ama assai di più
dei suoi due figli e si proclama, povera,
incapace di vivere anche un'ora
se per un caso ne fosse privata.

Annaei faceret manus Sereni!

LXXXII.

eheu, quam bene nunc, Papiriane,
Dante tibi turba querulos, Auguste, libellos
   nos quoque quod domino carmina parva damus,
posse deum rebus pariter Musisque vacare
   scimus et haec etiam serta placere tibi.
fer vates, Auguste, tuos: nos gloria dulcis,
   nos tua cura prior deliciaeque sumus.
non quercus te sola decet nec laurea Phoebi:
   fiat et ex hedera civica nostra tibi.

Ah, Papiriano, quanto bene andrebbe
la mano d'Anneo Sereno... [34]

82. *A Domiziano*

Augusto, mentre la folla ti porge
una marea di suppliche lagnose,
se a mia volta ti dono i miei versucci
è perché so che un dio può in egual modo
porgere orecchio agli affari di Stato
ed alle Muse e so che può piacergli
questa ghirlanda poetica. Augusto,
sii generoso verso i tuoi poeti,
noi siamo la tua dolce gloria, primo
dei tuoi pensieri e somma tua delizia.
Non ti conviene solo la corona
di quercia e quella d'alloro di Febo,
voglio intrecciartene una tutta d'edera [35].

Note

[1] Nel Foro Romano v'era il tempio di Giano Gemino. Domiziano restaurò il tempio di Giano Quadrifronte nel Foro transitorio. [2] Le tombe di Messala e di Licino erano particolarmente imponenti. [3] L'anello da cavaliere. [4] Laomedonte, mitico fondatore di Troia; Reto, centauro protagonista della lotta contro i Lapiti. [5] Schiavi matti, o finti tali, venivano comprati come buffoni. [6] Quella in Pannonia era la terza vittoria di Domiziano, che quindi per la terza volta fece una elargizione al popolo. Per questa vittoria Domiziano rifiutò il trionfo limitandosi a offrire un ramo d'alloro a Giove Capitolino. [7] Per l'evidente indifendibilità del cliente. [8] Cillàro è il cavallo di Càstore; Etone e Xanto i cavalli di Titano, cioè il sole; la madre di Memnone è l'Aurora. [9] Evidentemente un cacciatore d'eredità. [10] Amicle e Mileto erano città note per la porpora. Partenio, donatore della toga, era ciambellano di Domiziano. Atamante, figlio d'Eolo, era padre di Frisso cui apparteneva il toson d'oro. [11] Cioè che delitto aveva commesso. [12] La legge dei tre figli di cui s'è detto altrove. [13] Il fratello di Aretulla era evidentemente stato esiliato in Sardegna. [14] In alcune occasioni sul capo dei pretori veniva tenuta una coroncina d'oro. [15] L'Ossa e il Pelio furono sovrapposti dai Titani che cercavano di dare la scalata all'Olimpo. L'isola di Circe, figlia del sole, si diceva fosse la prima terra a vederlo sorgere. [16] Una fondazione destinata, come si usava, a celebrare il giorno natale di Blesio. [17] Il legno può essere bruciato. [18] I regali di Atenagora a Faustino erano da questi «girati» a Marziale. [19] Cioè cento soldi. [20] Sul toson d'oro vedi la nota decima. [21] Popolazione nordafricana. [22] Mecenate. [23] Figlio di Ermes e nonno di Ulisse, ladro leggendario. [24] Casa e mule di ben poco valore. [25] Testilo era l'amasio del poeta Voconio, Alessi di Virgilio, Giacinto dello stesso Marziale. [26] I dodici fasci erano l'insegna del console e lo seguivano sino a casa sua dove il littore bussava alla porta con un bastone. [27] All'ora quarta si chiudevano i tribunali; i Florali citati più sotto erano i giochi in onore di Flora; Callisto era il primo schiavo di Marziale. [28] Epigramma adulatorio di Nerva, futuro imperatore e poeta dilettante. L'accenno finale a Nerone, in realtà pessimo poeta, voleva essere un complimento indiretto allo stesso Nerva, parente di Nerone. [29] Argentiere assai andante. [30] Allusione a Virgilio e Ovidio. [31] «Sei un Gallo morto.» Lo diceva il gladiatore reziario per intimorire il gladiatore gallo contro il quale doveva combattere. Il «Lingone» di più sotto era un abitante di una regione gallica. [32] Nei Campi Flegrei si svolse la battaglia finale tra gli Dei e i Titani. La «corda dei regali» di cui si parla più sotto era una corda con doni attaccati che veniva calata e mossa a portata di mano del popolino. Le «marchette» erano tessere d'ingresso gratuito alle case di tolleranza. [33] Domiziano aveva rimesso in vigore antiche leggi che imponevano ai gladiatori di combattere con scarso armamento difensi-

vo. [34] Si ipotizza che Anneo Sereno fosse un famoso ladro di gioielli. [35] La corona di quercia spettava ai salvatori in guerra di vite altrui e all'imperatore in quanto salvatore e conservatore dell'impero, quella d'alloro ai vittoriosi, quella d'edera ai poeti. Come già s'è detto, Domiziano in gioventù aveva scritto dei versi sull'assalto al Campidoglio dei partigiani di Vitellio.

Liber IX

Have, mi Torani, frater carissime. Epigramma, quod extra ordinem paginarum est, ad Stertinium clarissimum virum scripsimus, qui imaginem meam ponere in bibliotheca sua voluit. De quo scribendum tibi putavi, ne ignorares Avitus iste quis vocaretur. Vale et para hospitium.

Note, licet nolis, sublimi pectore vates,
 cui referet serus praemia digna cinis,
hoc tibi sub nostra breve carmen imagine vivat,
 quam non obscuris iungis, Avite, viris:
«ille ego sum nulli nugarum laude secundus,
 quem non miraris sed puto, lector, amas.
maiores maiora sonent: mihi parva locuto
 sufficit in vestras saepe redire manus».

I.

Dum Ianus hiemes, Domitianus autumnos,
Augustus annis commodabit aestates,
dum grande famuli nomen adseret Rheni
Germanicarum magna lux Kalendarum,
Tarpeia summi saxa dum patris stabunt,
dum voce supplex dumque ture placabit
matrona divae dulce Iuliae numen:
manebit altum Flaviae decus gentis
cum sole et astris cumque luce Romana.
invicta quidquid condidit manus, caeli est.

II.

Pauper amicitiae cum sis, Lupe, non es amicae
 et queritur de te mentula sola nihil.

Libro nono

Salute, Toranio mio, fratello carissimo. Quest'epigramma che è fuori dell'ordine delle pagine del libro l'ho scritto per Stertinio, uomo chiarissimo, che ha voluto porre la mia immagine nella sua biblioteca. Ho creduto opportuno parlartene per farti sapere chi è l'Avito al quale mi rivolgo. Addio e preparati a ospitarmi.

Tu che, anche non volendo, sei ben noto
come poeta d'alta ispirazione,
tu al quale una tardiva tomba premi
darà ben meritati, accetta questo
piccolo componimento che viva
sotto l'immagine mia che tu, Avito,
hai voluto inserire in una serie
d'uomini non oscuri.
«Sono il poeta a nessuno secondo
nell'arte delle sciocchezze, lettore,
forse tu non mi ammiri ma per certo
mi vuoi bene. I maggiori di me cantino
cose maggiori: a me, che parlo basso,
basta che mi si prenda spesso in mano.»

1. *Tutto è del cielo*

Finché Giano gli inverni, Domiziano [1]
gli autunni e Augusto fornirà le estati
agli anni, fino a che la luce splendida
del primo di settembre prenderà
il gran nome dal Reno fatto schiavo,
e sulla Rupe Tarpea s'alzerà
il tempio del gran padre degli dèi,
e la matrona supplice farà
voti con le preghiere e con l'incenso
alla divinità dolce di Giulia
ormai celeste: la gloria dei Flavi
durerà con il sole, con le stelle,
con la luce romana. Ciò che fonda
una mano invincibile è del cielo.

2. *Lupo*

Povero per gli amici, Lupo, ricco
per la tua amante: solo la tua minchia

illa siligineis pinguescit adultera cunnis,
    convivam pascit nigra farina tuum.
incensura nives dominae Setina liquantur,
    nos bibimus Corsi pulla venena cadi;
empta tibi nox est fundis non tota paternis,
    non sua desertus rura sodalis arat;
splendet Erythraeis perlucida moecha lapillis
    ducitur addictus, te futuente, cliens;
octo Syris suffulta datur lectica puellae,
    nudum sandapilae pondus amicus erit.
i nunc et miseros, Cybele, praecide cinaedos:
    haec erat, haec cultris mentula digna tuis.

III.

Quantum iam superis, Caesar, caeloque dedisti
    si repetas et si creditor esse velis,
grandis in aetherio licet auctio fiat Olympo
    coganturque dei vendere quidquid habent,
conturbabit Atlans et non erit uncia tota
    decidat tecum qua pater ipse deum:
pro Capitolinis quid enim tibi solvere templis,
    quid pro Tarpeiae frondis honore potest?
quid pro culminibus geminis matrona Tonantis?
    Pallada praetereo: res agit illa tuas.
quid loquar Alciden Phoebumque piosque Laconas?
    addita quid Latio Flavia templa polo?
expectes et sustineas, Auguste, necesse est:
    nam tibi quod solvat non habet arca Iovis.

IV.

Aureolis futui cum possit Galla duobus
    et plus quam futui, si totidem addideris:
aureolos a te cur accipit, Aeschyle, denos?
    non fellat tanti Galla. quid ergo? tacet.

non si lagna di te. Quella puttana
s'ingrassa di pagnotte fini a forma
di fica, mentre agli invitati dai
polenta nera; si filtra per lei
vin di Sezze da accendere la neve
e a noi fai bere il torbido veleno
d'una giara di Corsica. Hai comprato
una notte d'amore, e neanche intera,
coi campi di tuo padre; e un vecchio amico
abbandonato da te ara una terra
non sua. La meretrice splende tutta
di perle, e mentre chiavi va in galera
un tuo cliente; le si dona un'ampia
portantina con otto schiavi siri,
e il cadavere nudo d'un amico
andrà in barella al cimitero. E tu,
Cibele, perdi tempo a mutilare [2]
dei poveri frocetti? Ecco una fava
degna del tuo coltello veramente.

3. *In credito col cielo*

Cesare, se volessi reclamare
quanto hai dato agli dèi ed al cielo e avessi
voglia d'esigere il credito, grande
vendita all'asta si terrebbe su
in Olimpo; sarebbero costretti
i numi a dar via tutti i loro beni.
Atlante fallirebbe col suo cielo,
persino il padreterno non avrebbe
quel tanto da venire con te a patti.
Come potrebbe ripagarti infatti
del tempio in Campidoglio, della quercia
che premia i giochi tuoi capitolini?
E Giunone cosa potrebbe darti
in cambio dei due templi che la onorano?
Taccio di Pallade, tua socia. Ma
che cosa dire d'Ercole, di Febo,
dei due spartani Càstore e Pollùce,
del tempio Flavio, dono fatto al cielo?
Augusto, è necessario aver pazienza
e aspettare, perché la cassaforte
di Giove non ha tanto da pagarti.

4. *Bocca chiusa*

Si può fottere Galla per duemila,
se raddoppi la cifra altro che fottere!
Eschilo paga dieci quella bocca
che vale meno, ma la vuole chiusa.

V.

Tibi, summe Rheni domitor et parens orbis,
pudice princeps, gratias agunt urbes:
populos habebunt; parere iam scelus non est.
non puer avari sectus arte mangonis
virilitatis damna maeret ereptae,
nec quam superbus conputet stipem leno
dat prostituto misera mater infanti.
qui nec cubili fuerat ante te quondam,
pudor esse per te coepit et lupanari.

VI.

Dicere de Libycis reduci tibi gentibus, Afer,
    continuis volui quinque diebus Have:
«non vacat» aut «dormit» dictum est bis terque reverso.
    iam satis est: non vis, Afer, havere: vale.

VII.

Tamquam parva foret sexus iniuria nostri
    foedandos populo prostituisse mares,
iam cunae lenonis erant, ut ab ubere raptus
    sordida vagitu posceret aera puer:
inmatura dabant infandas corpora poenas.
    non tulit Ausonius talia monstra pater,
idem qui teneris nuper succurrit ephebis,
    ne faceret steriles saeva libido viros.
dilexere prius pueri iuvenesque senesque,
    at nunc infantes te quoque, Caesar, amant.

VIII.

Nil tibi legavit Fabius, Bithynice, cui tu
    annua, si memini, milia sena dabas.

5. *Le città ti ringraziano*

Domatore del Reno, sommo padre
del mondo, principe virtuoso, tutte
le città ti ringraziano: saranno
più popolose, non è più un delitto
partorire. Non si vedrà mai più
un bimbo mutilato con sapienza
da un avaro mercante lamentarsi
della perduta sua virilità,
né una povera madre dare al figlio [3]
prostituto il danaro che un ruffiano
superbo le ha contato nella mano.
Quel pudore che prima del tuo regno
non c'era neanche nel letto nuziale
comincia a frequentare anche il bordello.

6. *Un maleducato*

Da quando sei tornato dalla Libia
almeno cinque volte, Afro, ho cercato
di darti il mio buongiorno. E due e tre volte
m'hanno risposto: «Non c'è», oppure: «Dorme».
Non lo vuoi il mio buongiorno? Allora addio.

7. *I bimbi t'amano*

Come se fosse un'ingiuria da poco
prostituire i nostri bimbi maschi
agli affronti di chiunque li volesse [4],
le culle addirittura erano preda
dei ruffiani, sicché sembrava quasi
che, strappato dal seno della madre,
coi vagiti il bambino domandasse
il sordido salario: pene infami
erano inflitte a quei corpi immaturi.
Ma il padre della Patria non soffrì
tali mostruosità, lui che da poco
era andato in soccorso di quei teneri
adolescenti, ché una deviata
libidine non li facesse sterili.
Cesare, t'hanno amato i ragazzini
prima, i giovani e i vecchi; ora t'adorano
anche i bambini in culla.

8. *Eredità annuale*

Fabio non t'ha lasciato proprio nulla,
Bitinico, benché tu – mi ricordo –
gli facessi regali tutti gli anni
per seimila sesterzi. Ma non ha

plus nulli dedit ille: queri, Bithynice, noli:
    annua legavit milia sena tibi.

IX.

Cenes, Canthare, cum foris libenter,
clamas et maledicis et minaris.
deponas animos truces monemus:
liber non potes et gulosus esse.

X.

Nubere vis Prisco: non miror, Paula; sapisti.
    ducere te non vult Priscus: et ille sapit.

XI.

Nomen cum violis rosisque natum,
quo pars optima nominatur anni,
Hyblam quod sapit Atticosque flores,
quod nidos olet alitis superbae;
nomen nectare dulcius beato,
quo mallet Cybeles puer vocari
et qui pocula temperat Tonanti,
quod si Parrhasia sones in aula,
respondent Veneres Cupidinesque
nomen nobile, molle, delicatum
versu dicere non rudi volebam:
sed tu syllaba contumax rebellas.
dicunt Eiarinon tamen poetae,
sed Graeci quibus est nihil negatum
et quos Ἄρες ἴΑρες decet sonare:
nobis non licet esse tam disertis
qui Musas colimus severiores.

XII.

Nomen habes teneri quod tempora nuncupat anni,
    cum breve Cecropiae ver populantur apes:
nomen Acidalia meruit quod harundine pingi,
    quod Cytherea sua scribere gaudet acu;
nomen Erythraeis quod littera facta lapillis,
    gemma quod Heliadum pollice trita notet;

lasciato nulla a nessuno. Bitinico,
non lamentarti: erediti seimila
sesterzi all'anno.

9. *O libero o ghiottone*

Tu ceni volentieri fuori, Càntaro,
e sgridi tutti, sparli, maledici.
Dammi retta trattieni il tuo veleno:
non puoi essere libero e ghiottone.

10. *Paola e Prisco*

Paola vuol sposar Prisco, non è fessa.
Ma lui non vuole. Ccà nisciuno è fesso.

11. *Un nome*

O nome nato insieme con le viole
e le rose, dal quale prende nome
la stagione più splendida dell'anno;
nome che sa del miele degli Iblei
e dei fiori dell'Attica, e ricorda
il profumo del nido dell'uccello
Fenice, nome più dolce del nettare
beato, con il quale si vorrebbero
chiamare Ganimede ed Attis, nome
che detto nelle sale Palatine
avrebbe una risposta dalle Veneri
e dagli Amori. Nome delicato,
tenero e nobile: non ti vorrei
evocare in un verso zoppicante,
ma tu ti opponi, contumace sillaba [5].
Qualche poeta ha detto Eiarinos,
ma ai Greci nulla sembra mai negato
sì che possono fare lunga o breve
la A di Ares. Siamo più severi
noialtri e non possiamo
alterare le leggi della metrica.

12. *Lo stesso nome*

Quel tuo nome designa la stagione
più giovane dell'anno; quando le api
dell'Attica saccheggiano la breve
primavera. Quel nome da dipingersi
con una canna d'Acidalia [6], nome
che Venere godrebbe a ricamare,
quel nome che dovrebbe essere scritto
con le perle e con ambre strofinate
dal pollice, quel nome che le gru

    quod pinna scribente grues ad sidera tollant;
        quod decet in sola Caesaris esse domo.

XIII.

Si daret autumnus mihi nomen, Oporinos essem,
    horrida si brumae sidera, Chimerinos;
dictus ab aestivo Therinos tibi mense vocarer:
    tempora cui nomen verna dedere quis est?

XIV.

Hunc quem mensa tibi, quem cena paravit amicum
    esse putas fidae pectus amicitiae?
aprum amat et mullos et sumen et ostrea, non te.
    tam bene si cenem, noster amicus erit.

XV.

Inscripsit tumulis septem scelerata virorum
    «se fecisse» Chloe. quid pote simplicius?

XVI.

Consilium formae speculum dulcisque capillos
    Pergameo posuit dona sacrata deo
ille puer tota domino gratissimus aula,
    nomine qui signat tempora verna suo.
felix quae tali censetur munere tellus!
    nec Ganymedeas mallet habere comas.

XVII.

Latonae venerande nepos, qui mitibus herbis
    Parcarum exoras pensa brevesque colos,
hos tibi laudatos domino, rata vota, capillos
    ille tuus Latia misit ab urbe puer;
addidit et nitidum sacratis crinibus orbem,
    quo felix facies iudice tuta fuit.

disegnandolo in cielo via lo portano
sino alle stelle quel nome che sola
può contenerlo la casa di Cesare.

13. *Ancora lo stesso nome*

Se avessi avuto nome dall'autunno
io sarei Oporinos, dall'inverno
orrendo per il gelo Chimerinos,
dall'estate Therinos.
Chi ha avuto nome dalla primavera
come si chiamerà?

14. *Il falso amico*

Colui che la tua mensa e le tue cene
t'han fatto amico credi che davvero
abbia cuore d'amico? Ama il cinghiale
e le triglie e le ostriche e le tette
di scrofa ma non te. Se anch'io cenassi
così bene sarebbe amico mio.

15. *Cloe*

Cloe, quella scellerata, ha fatto incidere
sulla tomba dei suoi sette mariti:
«Opera mia». Che santa ingenuità!

16. *I capelli tagliati*

Lo specchio, consigliere di bellezza,
e i suoi dolci capelli consacrò
al dio di Pergamo [7] il fanciullo, caro
al suo padrone più di tutta quanta
la servitù del Palazzo, dal nome
che evoca primavera. Sia felice
la terra che può dire suo quel dono!
Non gli preferirebbe mai la chioma
di Ganimede.

17. *A Esculapio*

Venerando nipote di Latona,
tu che con erbe salutari mitighi
la brevità dei fili delle Parche,
un fanciullo ti manda i suoi capelli,
tanto ammirati dal padrone in voto
dalla città di Roma ed ha voluto,
quel tuo compatriota, a quei capelli
aggiungere lo specchio il cui giudizio
confortava la sua pura bellezza.

tu iuvenale decus serva, ne pulchrior ille
    in longa fuerit quam breviore coma.

XVIII.

Est mihi – sitque precor longum te praeside, Caesar –
    rus minimum, parvi sunt et in urbe lares.
sed de valle brevi quas det sitientibus hortis
    curva laboratas antlia tollit aquas:
sicca domus queritur nullo se rore foveri,
    cum mihi vicino Marcia fonte sonet.
quam dederis nostris, Auguste, penatibus undam,
    Castalis haec nobis aut Iovis imber erit.

XIX.

Laudas balnea versibus trecentis
cenantis bene Pontici, Sabelle.
vis cenare, Sabelle, non lavari.

XX.

Haec, quae tota patet tegiturque et marmore et auro,
    infantis domini conscia terra fuit,
felix o, quantis sonuit vagitibus et quas
    vidit reptantis sustinuitque manus:
hic steterat veneranda domus quae praestitit orbi
    quod Rhodos astrifero, quod pia Creta polo.
Curetes texere Iovem crepitantibus armis,
    semiviri poterant qualia ferre Phryges:
at te protexit superum pater et tibi, Caesar,
    pro iaculo et parma fulmen et aegis erat.

XXI.

Artemidorus habet puerum sed vendidit agrum;
    agrum pro puero Calliodorus habet.
dic uter ex istis melius rem gesserit, Aucte:
    Artemidorus amat. Calliodorus arat

Conserva la sua grazia giovanile,
fai sì che non sia meno bello adesso
di quando aveva tutta la sua chioma.

18. *L'acqua in casa*

Posseggo – e prego che sia a lungo mia,
Cesare, te regnante – una campagna
minima e una casetta di città.
Ma la leva ricurva di una pompa
solleva da una vena scarsa poca
e faticata l'acqua che si spande
sul mio orto assetato: ed in città
la casa è a secco e molto si lamenta
di non godere d'un po' di rugiada
mentre a un passo risuona l'acqua Marcia [8].
Augusto, se mai mi concedi l'acqua
per me sarà come il fonte Castalio
o la pioggia di Giove.

19. *Sabello*

Lodi i bagni del generoso Pontico
in non so quanti versi.
Vuoi mangiare, Sabello, non lavarti!

20. *Il luogo di Cesare*

Questo terreno che ti s'apre avanti
ed è coperto d'oro e marmo vide
l'imperatore bimbo. Lui felice
che risuonò dei suoi alti vagiti
e che vide e sostenne quelle mani
che andavano carponi. Qui sorgeva
la casa che donò all'orbe terrestre
quello che Rodi e Creta regalarono [9]
al mondo delle stelle. Se i Cureti
proteggevano Giove con quelle armi
che potevano avere degli eunuchi
frigi, per te fu il padre degli dèi
il protettore, Cesare, con l'Ègida
e col fulmine invece degli scudi
e delle lance.

21. *Chi ama e chi lavora*

Artemidoro per un bel fanciullo
vendette un campo; Calliodoro un campo
ebbe per un fanciullo. Dimmi tu,
Aucto, chi ha fatto l'affare migliore?
Uno ama, l'altro lavora la terra.

XXII.

Credis ob haec me, Pastor, opes fortasse rogare
   propter quae populus crassaque turba rogat,
ut Setina meos consumat gleba ligones
   et sonet innumera compede Tuscus ager;
ut Mauri Libycis centum stent dentibus orbes
   et crepet in nostris aurea lamna toris,
nec labris nisi magna meis crystalla terantur
   et faciant nigras nostra Falerna nives;
ut canusinatus nostro Surus assere sudet
   et mea sit culto sella cliente frequens;
aestuet ut nostro madidus conviva ministro,
   quem permutatum nec Ganymede velis;
ut lutulenta linat Tyrias mihi mula lacernas
   et Massyla meum virga gubernet equum.
est nihil ex istis: superos ac sidera testor.
   ergo quid? ut donem, Pastor, et aedificem.

XXIII.

O cui virgineo flavescere contigit auro,
   dic ubi Palladium sit tibi, Care, decus.
«aspicis en domini fulgentes marmore vultus?
   venit ad has ultro nostra corona comas.»
Albanae livere potest pia quercus olivae,
   cinxerit invictum quod prior illa caput.

XXIV.

Quis Palatinos imitatus imagine vultus
   Phidiacum Latio marmore vicit ebur?
haec mundi facies, haec sunt Iovis ora sereni:
   sic tonat ille deus cum sine nube tonat.
non solam tribuit Pallas tibi, Care, coronam;
   effigiem domini, quam colis, illa dedit.

22. *A Pastore*

E tu credi, Pastore, ch'io domandi
al cielo la ricchezza per le stesse
ragioni per le quali la vorrebbero
il volgo e la canaglia? Perché vigne
di Sezze mi consumino i badili
e la campagna in Toscana risuoni
di innumerevoli schiavi in catene?
Per aver cento tavoli di cedro
con le gambe d'avorio, e il tintinnio
di foglie d'oro sopra tutti i letti?
Perché solo le coppe di cristallo
siano avvicinate alle mie labbra
e il mio Falerno imporpori la neve?
Perché dei Siri ammantati di lana
sudino sotto la mia portantina
con intorno clienti ben vestiti,
e un convitato ubriaco si scaldi
per il mio ragazzino con il quale
non scambieresti neanche Ganimede?
Perché una mula inzaccherata sporchi
il mio manto di porpora e la frusta
d'un Massìlo governi il mio cavallo?
Nulla di tutto questo, testimoni
siano celesti e stelle: vorrei solo
far regali, Pastore, e costruire.

23. *La corona d'olivo*

Caro, cui è toccato d'imbiondirsi [10]
con la corona d'oro verginale,
dimmi, dove l'hai messo quell'onore
di Pallade? «Vedi tu là risplendere
nel marmo il volto dell'imperatore?
La corona volò su quei capelli.»
Impallidisci d'invidia, corona
di quercia, per l'olivo albano primo
a circondare quell'invitto capo.

24. *Il ritratto di Cesare*

Chi mai, nell'imitare in questa immagine
il volto dell'imperatore, ha vinto
l'avorio del gran Fidia con un marmo
latino? Eccolo qui il volto del mondo,
eccolo il viso di Giove sereno
quando tuona in un cielo senza nuvole.
Pallade non t'ha dato solamente
una corona, Caro, t'ha donato
l'effige del signore che tu veneri.

XXV.

Dantem vina tuum quotiens aspeximus Hyllum,
  lumine nos, Afer, turbidiore notas.
quod, rogo, quod scelus est mollem spectare ministrum?
  aspicimus solem, sidera, templa, deos.
avertam vultus, tamquam mihi pocula Gorgon
  porrigat atque oculos oraque nostra petat?
trux erat Alcides, et Hylan spectare licebat;
  ludere Mercurio cum Ganymede licet.
si non vis teneros spectet conviva ministros,
  Phineas invites, Afer, et Oedipodas.

XXVI.

Audet facundo qui carmina mittere Nervae,
  pallida donabit glaucina, Cosme, tibi,
Paestano violas et cana ligustra colono,
  Hyblaeis apibus Corsica mella dabit:
sed tamen et parvae nonnulla est gratia Musae;
  appetitur posito vilis oliva lupo.
nec tibi sit mirum modici quod conscia vatis
  iudicium metuit nostra Thalia tuum:
ipse tuas etiam veritus Nero dicitur aures,
  lascivum iuvenis cum tibi lusit opus.

XXVII.

Cum depilatos, Chreste, coleos portes
et vulturino mentulam parem collo
et prostitutis levius caput culis
nec vivat ullus in tuo pilus crure,
purgentque saevae cana labra volsellae;
Curios, Camillos, Quintios, Numas, Ancos,
et quidquid umquam legimus pilosorum
loqueris sonasque grandibus minax verbis,
et cum theatris saeculoque rixaris.
occurrit aliquis inter ista si draucus,
iam paedagogo liberatus et cuius

25. *Il coppiere*

Tutte le volte che ho guardato l'Illo
tuo che versava il vino, m'hai gettato
un'occhiataccia, Afro. Che male c'è
a guardare un coppiere così bello?
Guardiamo pure sole, stelle, templi,
numi. Dovrò girare il viso, come
mi porgesse la coppa la Gorgòna
cercando di fissarmi dentro gli occhi?
Era feroce Alcide, ma lasciava
si guardasse il suo Hyla; era permesso
a Mercurio giocar con Ganimede.
Se vuoi che i commensali non ti guardino
i servitori giovani, tu invita
ciechi come Finèa e magari Edìpo.

26. *Poesie a Nerva*

Chi osa mandare poesie a Nerva
così dotato di talento, è come
mandasse dell'essenza da due soldi
al profumiere Cosmo, e viole e candidi
ligustri ad un floricultore a Pesto,
o miele corso alle api degli Iblei.
Una Musa da nulla tuttavia
può piacere, così come le olive
anche se vedi a tavola un branzino.
E non meravigliarti se, ben conscia
che piccolo è il poeta, la mia Talia
teme il giudizio tuo: Nerone stesso
si dice che temesse le tue orecchie
quando da giovinetto ti mandò
un poema lascivo ch'egli s'era
divertito a comporre.

27. *Cresto*

Cresto ha coglioni depilati, fava
come il collo d'un condor, testa liscia
come le natiche d'un travestito.
Sulle sue gambe non c'è un pelo, i baffi
li strappa filo a filo dalle labbra
pallide, eppure
con alte frasi reboanti invoca
tutti i grandi pelosi della storia,
Cincinnato, Camillo, Curio, Numa
Pompilio ed Anco Marzio, se la prende
coi teatri, col secolo corrotto.
Ma se nel suo bla-bla
adocchia un finocchietto ancora fresco

refibulavit turgidum faber penem,
nutu vocatum ducis, et pudet fari
Catoniana, Chreste, quod facis lingua.

XXVIII.

Dulce decus scaenae, ludorum fama, Latinus
   ille ego sum, plausus deliciaeque tuae,
qui spectatorem potui fecisse Catonem
   solvere qui Curios Fabriciosque graves.
sed nihil a nostro sumpsit mea vita theatro
   et sola tantum scaenicus arte feror:
nec poteram gratus domino sine moribus esse:
   interius mentes inspicit ille deus.
vos me laurigeri parasitum dicite Phoebi,
   Roma sui famulum dum sciat esse Iovis.

XXIX.

Saecula Nestoreae permensa, Philaeni, senectae
   rapta es ad infernas tam cito Ditis aquas?
Euboicae nondum numerabas longa Sibyllae
   tempora: maior erat mensibus illa tribus.
heu quae lingua silet! non illam mille catastae
   vincebant, nec quae turba Sarapin amat,
nec matutini cirrata caterva magistri,
   nec quae Strymonio de grege ripa sonat.
quae nunc Thessalico lunam deducere rhombo,
   quae sciet hos illos vendere lena toros?
sit tibi terra levis mollique tegaris harena,
   ne tua non possint eruere ossa canes.

XXX.

Cappadocum saevis Antistius occidit oris
   Rusticus. o tristi crimine terra nocens!
rettulit ossa sinu cari Nigrina mariti

di studi, dalla fava gonfia appena
sfibbiata [11], con un cenno
lo chiama, se lo porta via con sé.
E mi vergogno a dire quel che fa
Cresto con la sua lingua catoniana.

28. *Latino*

Sono Latino, gloria della scena,
attrazione dei giochi, tua delizia
e plauso. Avrei potuto intrattenere
al mio spettacolo Catone, fare
crepare dalle risa i severissimi
Curii e Fabrizi. Poiché la mia vita
non ha mai preso nulla dal teatro,
e solo l'arte mia m'ha dato fama
di comico. Ma come avrei potuto
esser gradito al re dell'universo
senza moralità? Quel dio ti scruta
nell'anima. Ora voi ditemi pure
parassita di Febo [12]; Roma sappia
che sono il servitore del suo Giove.

29. *Morte d'una strega*

Superata l'età del vecchio Nestore,
Fileni, come mai
hai traversato l'acqua dell'inferno
così presto? Nemmeno
contavi i secoli della Sibilla
Cumana: ti mancavano tre mesi.
Ahimè che lingua adesso è silenziosa!
Non la battevano mille mercati
di schiavi, né i seguaci di Serapide,
né i ragazzini riccioloni quando
vanno a scuola al mattino, né le gru
che schiamazzano a gara sulle rive
dello Strimone. Adesso chi saprà
far tramontare come te la luna
con la trottola magica [13] o potrà
– ruffiana patentata – come te
vendere matrimoni? Sia leggera
per te la terra, ti copra un'arena
soffice: perché ai cani sia possibile
disseppellire in fretta le tue ossa!

30. *Vedova due volte*

Antistio Rustico è morto sui lidi
feroci della Cappadocia. O terra
delittuosa! Nigrina ha riportato,

et questa est longas non satis esse vias;
cumque daret sanctam tumulis, quibus invidet, urnam,
  visa sibi est rapto bis viduata viro.

XXXI.

Cum comes Arctois haereret Caesaris armis
  Velius, hanc Marti pro duce vovit avem;
luna quater binos non tota peregerat orbes,
  debita poscebat iam sibi vota deus:
ipse suas anser properavit laetus ad aras
  et cecidit sanctis hostia parva focis.
octo vides patulo pendere nomismata rostro
  alitis? haec extis condita nuper erant:
quae litat argento pro te, non sanguine, Caesar,
  victima iam ferro non opus esse docet.

XXXII.

Hanc volo quae facilis, quae palliolata vagatur
  hanc volo quae puero iam dedit ante meo,
hanc volo quam redimit totam denarius alter,
  hanc volo quae pariter sufficit una tribus.
poscentem nummos et grandia verba sonantem
  possideat crassae mentula Burdigalae.

XXXIII.

Audieris in quo, Flacce, balneo plausum,
Maronis illic esse mentulam scito.

XXXIV.

Iuppiter Idaei risit mendacia busti,
  dum videt Augusti Flavia templa poli,
atque inter mensas largo iam nectare fusus,
  pocula cum Marti traderet ipse suo,
respiciens Phoebum pariter Phoebique sororem,
  cum quibus Alcides et pius Arcas erat:
«gnosia vos» inquit «nobis monumenta dedistis:

strette sul seno le ossa del suo caro
marito, dispiaciuta che la strada
non fosse anche più lunga. Seppellendo
l'urna santa e invidiando quel sepolcro
le sembrò d'esser vedova due volte.

31. *L'oca*

Velio, seguendo Cesare alla guerra
del nord, dedicò a Marte quest'uccello
per la salvezza del suo comandante.
La luna non aveva ancor compiuto
otto cicli completi e già quel dio
pretendeva quel che gli fu promesso;
da sola, lieta, l'oca s'appressò
all'altare che le era destinato
e cadde, umile vittima, sui santi
fuochi. Ora vedi pendere dal becco
aperto dell'uccello otto monete?
Erano prima dentro le sue viscere.
La vittima che dà per te presagi
con dell'argento invece che col sangue,
Cesare, insegna che non c'è bisogno
oramai più del ferro.

32. *Facile*

La voglio facile, passeggiatrice
in minigonna, che l'abbia già data
al servo mio prima che a me, che tutta
si doni per due soldi ed accontenti
in una volta tre clienti. Quella
che chiede tanti soldi e dice tante
belle frasi se la spupazzi il membro
d'un ottuso abitante di Bordeaux.

33. *Marone*

Hai sentito che applausi al bagno pubblico?
Entrò l'enorme minchia di Marone.

34. *Il riso di Giove*

Rideva Giove della falsa tomba
sull'Ida nel vedere il tempio Flavio
votato al cielo augusteo; stando a tavola
già ben pieno di nettare, passando
una coppa al suo Marte ed ammiccando
insieme a Febo ed alla sua sorella
con cui erano Alcide e il dio d'Arcadia:
«M'avete dedicato un monumento

cernite quam plus sit Caesaris esse patrem».

XXXV.

Artibus his semper cenam, Philomuse, mereris,
    plurima dum fingis, sed quasi vera refers.
scis quid in Arsacia Pacorus deliberet aula,
    Rhenanam numeras Sarmaticamque manum,
verba ducis Daci chartis mandata resignas,
    victricem laurum quam venit ante vides,
scis quotiens Phario madeat Iove fusca Syene,
    scis quota de Libyco litore puppis eat,
cuius Iuleae capiti nascantur olivae,
    destinet aetherius cui sua serta pater.
tolle tuas artes; hodie cenabis apud me
    hac lege, ut narres nil, Philomuse, novi.

XXXVI.

Viderat Ausonium posito modo crine ministrum
    Phryx puer, alterius gaudia nota Iovis:
«quod tuus ecce suo Caesar permisit ephebo
    tu permitte tuo, maxime rector» ait;
«iam mihi prima latet longis lanugo capillis,
    iam tua me ridet Iuno vocatque virum».
cui pater aetherius «puer o dulcissime», dixit,
    «non ego quod poscis, res negat ipsa tibi:
Caesar habet noster similis tibi mille ministros
    tantaque sidereos vix capit aula mares;
at tibi si dederit vultus coma tonsa viriles,
    quis mihi qui nectar misceat alter erit?».

XXXVII.

Cum sis ipsa domi mediaque ornere Subura,
    fiant absentes et tibi, Galla, comae,
nec dentes aliter quam Serica nocte reponas,
    et iaceas centum condita pyxidibus,

a Creta – disse – ora guardate quanto
più fortunato sarei stato fossi
il padre dell'Augusto».

35. *Filomuso*

Ti guadagni la cena, Filomuso,
sempre con la stessa arte: dai per vere
le troppe cose che t'inventi. Sai
che cosa sta decidendo Pacoro
nel remoto palazzo degli Arsàcidi,
enumeri l'esercito renano
e sarmatico, dissigilli il plico
che contiene il messaggio del re dace,
sai quante volte l'abbronzata Siene
è irrorata dal Giove dell'Egitto [14],
quante navi salpano dalla Libia,
per che fronte cresce l'olivo albano
e a chi il padre celeste ha destinato
le sue corone. Tienila per te
l'arte: quest'oggi cenerai da me
a patto di non raccontarmi proprio
niente di nuovo.

36. *Giove e Ganimede*

Visto il coppiere ausonio coi capelli
tagliati, Ganimede, la delizia
dell'altro Giove che sta in cielo, disse:
«Quel che il tuo Cesare permette al suo
ragazzo, tu permettilo anche a me,
o rettore del mondo; già la prima
lanugine scompare sotto i lunghi
capelli, già di me ride Giunone
e già mi chiama uomo». «Bimbo dolce –
disse il padre celeste – non son io
a rifiutarti quello che domandi
bensì lo stato delle cose. Cesare
ne ha mille servitori come te,
di modo che il Palazzo a malapena
contiene tanti maschi belli come
degli astri; ma se il taglio delle chiome
ti farà un volto virile, chi mai
mi verserà da bere?»

37. *Ha un occhio solo*

Stando in casa tu vai dal parrucchiere
fino nella Suburra: lì ti arricciano
le chiome che hai perduto. A notte cavi
di bocca la dentiera e la riponi

nec tecum facies tua dormiat, innuis illo
    quod tibi prolatum est mane supercilio,
et te nulla movet cani reverentia cunni,
    quem potes inter avos iam numerare tuos.
promittis sescenta tamen; sed mentula surda est,
    et sit lusca licet, te tamen illa videt.

XXXVIII.

Summa licet velox, Agathine, pericula ludas,
    non tamen efficies ut tibi parma cadat.
nolentem sequitur tenuisque reversa per auras
    vel pede vel tergo, crine vel ungue sedet;
lubrica Corycio quamvis sint pulpita nimbo
    et rapiant celeres vela negata Noti,
securos pueri neglecta perambulat artus,
    et nocet artifici ventus et unda nihil.
ut peccare velis, cum feceris omnia, falli
    non potes: arte opus est ut tibi parma cadat.

XXXIX.

Prima Palatino lux est haec orta Tonanti,
    optasset Cybele qua peperisse Iovem;
hac et sancta mei genita est Caesonia Rufi:
    plus debet matri nulla puella suae.
laetatur gemina votorum sorte maritus,
    contigit hunc illi quod bis amare diem.

XL.

Tarpeias Diodorus ad coronas
Romam cum peteret Pharo relicta,

come la sottoveste e dormi sparsa
in cento scatoline (i denti qui,
l'occhio di vetro là, le sopracciglia
laggiù) sicché non dorme la tua faccia
insieme a te. Pure mi strizzi l'occhio,
col ciglio che hai pescato stamattina
dal suo barattoletto, senza avere
rispetto né pietà per la tua fica
canuta e veneranda che dovresti
porre nel novero degli antenati.
Prometti a letto delizie, però
il cazzo mio fa il sordo; ha un occhio solo
ma ti vede benissimo.

38. *Il giocoliere*
Agatino agilissimo, benché
ti diverta a giocare in esercizi
i più azzardati non perderai certo
lo scudo, in nessun modo. Lui ti segue
anche se non lo vuoi, volando indietro
per l'aria lieve ti si va a posare
sul piede o sulla schiena, sui capelli
o sull'unghia. Sebbene il palcoscenico
sia scivoloso per la grande pioggia
di zafferano e i veloci scirocchi
cerchino di portare via i tendoni,
lo scudo, in apparenza abbandonato
a se stesso, va su e giù per le membra
sicure del fanciullo: vento e pioggia
non nuocciono all'artista. E se volessi
sbagliare apposta dopo averne fatte
tante, non lo potresti: ci vorrebbe
troppa arte perché cada quello scudo.

39. *Due compleanni*
Questo è il giorno nel quale è nato il nostro
Giove: Cibele avrebbe ben voluto
partorire il suo Giove in questo giorno.
In questo giorno medesimo è nata
Cesonia, santa moglie del mio Rufo:
nessuna figlia deve più alla madre.
Il marito gioisce per la doppia
soddisfazione delle sue preghiere,
ha avuto la fortuna di adorare
due volte questo giorno.

40. *Il voto*
Diodoro, per avere la corona
di quercia in Campidoglio, lasciò Faro

vovit pro reditu viri Philaenis
illam lingeret ut puella simplex
quam castae quoque diligunt Sabinae.
dispersa rate tristibus procellis
mersus fluctibus obrutusque ponto
ad votum Diodorus enatavit.
o tardus nimis et piger maritus!
hoc in litore si puella votum
fecisset mea, protinus redissem.

XLI.

Pontice, quod numquam futuis, sed paelice laeva
    uteris et Veneri servit amica manus,
hoc nihil esse putas? scelus est, mihi crede, sed ingens,
    quantum vix animo concipis ipse tuo.
nempe semel futuit, generaret Horatius ut tres;
    Mars semel, ut geminos Ilia casta daret.
omnia perdiderat si masturbatus uterque
    mandasset manibus gaudia foeda suis.
ipsam crede tibi naturam dicere rerum:
    «istud quod digitis, Pontice, perdis, homo est».

XLII.

Campis dives Apollo sic Myrinis,
sic semper senibus fruare cycnis,
doctae sic tibi serviant sorores
nec Delphis tua mentiatur ulli,
sic Palatia te colant amentque:
bis senos cito te rogante fasces
det Stellae bonus adnuatque Caesar.
felix tunc ego debitorque voti
casurum tibi rusticas ad aras
ducam cornibus aureis iuvencum.
nata est hostia, Phoebe; quid moraris?

per raggiungere Roma: come voto
per il ritorno di lui quell'ingenua
della moglie Filenide promise
di leccargli l'affare per il quale
van matte pure le caste Sabine.
Persa la nave in una gran tempesta,
caduto in mare e sommerso dai flutti,
Diodoro si salvò a nuoto, così
si compì il voto. Che marito pigro!
Se la mia donna avesse fatto un voto
simile, io sarei tornato a riva
a gran velocità.

41. *L'onanista*

Pontico, perché tu non chiavi mai
e tieni per amante la sinistra
e questa mano amica fai servire
agli uffici di Venere, ti credi
che questa sia roba da nulla? Senti,
si tratta d'un delitto enorme, quale
a malapena riesci a concepire.
A Orazio bastò solo una chiavata
per generare tre gagliardi Orazi,
una a Marte per fare due gemelli.
Tutto sarebbe perduto se entrambi
fossero stati dei masturbatori
delegando alle mani la ricerca
di godimenti immondi. La natura
medesima ti dice, credi: «Questo
che sperdi tra le dita è un uomo, Pontico».

42. *Un voto per Stella*

Possa tu, Apollo, esser ancor più ricco
nei campi di Myrina, possa tu
godere il canto supremo dei cigni,
e le Muse ti servano fedeli,
e la tua Delfi non mentisca mai
a nessuno, e ti veneri e t'adori
il Palatino: purché tu interceda
presso Cesare buono, che acconsenta
a dare a Stella i suoi dodici fasci [15].
Lieto allora per l'esaudito voto
trascinerò una vittima all'altare
rustico, un vitellino dalle corna
dorate. Febo, la vittima è nata,
perché ritardi ancora?

XLIII.

Hic qui dura sedens porrecto saxa leone
  mitigat, exiguo magnus in aere deus,
quaeque tulit spectat resupino sidera vultu,
  cuius laeva calet robore, dextra mero:
non est fama recens nec nostri gloria caeli;
  nobile Lysippi munus opusque vides.
hoc habuit numen Pellaei mensa tyranni,
  qui cito perdomito victor in orbe iacet
hunc puer ad Libycas iuraverat Hannibal aras;
  iusserat hic Sullam ponere regna trucem.
offensus variae tumidis terroribus aulae
  privatos gaudet nunc habitare lares,
utque fuit quondam placidi conviva Molorchi,
  sic voluit docti Vindicis esse deus.

XLIV.

Alciden modo Vindicis rogabam
esset cuius opus laborque felix.
risit, nam solet hoc, levique nutu
«graece numquid» ait «poeta nescis?
inscripta est basis indicatque nomen».
Λυσίππου lego, Phidiae putavi.

XLV.

Miles Hyperboreos modo, Marcelline, triones
  et Getici tuleras sidera pigra poli:
ecce Promethei rupes et fabula montis
  quam prope sunt oculis nunc adeunda tuis!
videris inmensis cum conclamata querelis
  saxa senis, dices «durior ipse fuit.»
et licet haec addas: «potuit qui talia ferre,
  humanum merito finxerat ille genus».

XLVI.

Gellius aedificat semper: modo limina ponit,
  nunc foribus claves aptat emitque seras,
nunc has, nunc illas reficit mutatque fenestras:

43. *L'Ercole di Lisippo*

Questo dio, grande in un esiguo bronzo,
che siede su una pietra e la fa meno
dura con una pelle di leone,
che col volto girato in su contempla
le stelle che ha portato sulle spalle [16]
non è di fama recente né nato
sotto il cielo di Roma: vedi qui
un nobile lavoro di Lisippo.
Questo dio fu alla mensa del tiranno
di Pella, che riposa vittorioso
in un mondo ben presto conquistato.
Annibale ragazzo su di lui
giurò sui libici altari, fu lui
a comandare d'abdicare al truce
Silla. Turbato dagli orrori che abitano
le regge, adesso gode d'abitare
una casa privata, e come un tempo
fu ospite del pacifico Molorco
ora vuol esser dio del dotto Vindice.

44. *Stesso soggetto*

Chiedevo un giorno all'Ercole di Vindice
di che splendida mano fosse mai.
Rise, come fa spesso, e con un cenno
disse: «Poeta, non conosci il greco?
Sulla base una scritta indica il nome».
Leggo Lisippo, ma credevo Fidia.

45. *Promèteo*

Hai sopportato da soldato il carro
dell'Orsa, Marcellino, e gli astri pigri
del cielo getico: ora ammirerai
le rupi di Promèteo, le montagne
favolose che son tanto vicine
ai tuoi occhi. Quando vedrai le rocce
che fecero eco al pianto del gran vecchio
dirai: «Lui fu più duro». E aggiungerai:
«Chi poté sopportare tanto strazio
era davvero degno di creare
la razza umana».

46. *Gellio costruisce*

Gellio ha il mal della pietra, costruisce,
continuamente. Qui t'apre una porta
o cambia serrature e catenacci,

dum tantum aedificet, quidlibet ille facit,
oranti nummos ut dicere possit amico
  unum illud verbum Gellius «aedifico».

XLVII.

Democritos, Zenonas inexplicitosque Platonas
  quidquid et hirsutis squalet imaginibus,
sic quasi Pythagorae loqueris successor et heres.
  praependet sane nec tibi barba minor:
sed, quod et hircosis serum est et turpe pilosis,
  in molli rigidam clune libenter habes.
tu, qui sectarum causas et pondera nosti,
  dic mihi, percidi, Pannyche, dogma quod est?

XLVIII.

Heredem cum me partis tibi, Garrice, quartae
  per tua iurares sacra caputque tuum,
credidimus – quis enim damnet sua vota libenter? –
  et spem muneribus fovimus usque datis;
inter quae rari Laurentem ponderis aprum
  misimus: Aetola de Calydone putes.
at tu continuo populumque patresque vocasti;
  ructat adhuc aprum pallida Roma meum:
ipse ego – quis credat? – conviva nec ultimus haesi,
  sed nec costa data est caudave missa mihi.
de quadrante tuo quid sperem, Garrice? nulla
  de nostro nobis uncia venit apro.

XLIX.

Haec est illa meis multum cantata libellis,
  quam meus edidicit lector amatque togam.
Partheniana fuit quondam, memorabile vatis
  munus: in hac ibam conspiciendus eques,

là sposta una finestra o la rifà.
Costruisce comunque, non importa
che cosa; tanto da poter rispondere
a chi bussa a quattrini: «Costruisco».

47. *Il filosofo*

Ci parli di Democrito, Zenone
e Platone (che tu non hai mai letto)
e di quanti si vedono effigiati
con barbe irsute quasi come fossi
l'erede e il successore di Pitagora,
e la tua barba poi non è da meno:
ma, cosa un po' tardiva per chi puzza
già di caprone e turpe per chi ha barba,
ricevi volentieri un cazzo duro
tra le chiappe mollicce. Dimmi un poco,
Pannichio, tu che conosci le origini
e gli argomenti di tutte le scuole
filosofiche, dov'è nato il dogma
di prenderlo nel culo?

48. *L'eredità di Garrico*

Garrico, tu hai giurato di lasciarmi
un quarto dei tuoi beni: l'hai giurato
secondo i sacri riti di famiglia
e sulla testa tua. Io ti ho creduto
(chi manderebbe all'inferno le proprie
speranze?) e ho favorito le speranze
con regali più volte ripetuti.
Tra questi un bel cinghiale di Laurento
di peso non indifferente: tale
da parere il cinghiale calidonio.
Subito tu hai invitato senatori
e gente della plebe: tutta Roma
rutta pallida per il mio cinghiale,
mentre io (vallo un po' a credere!) non sono
stato nemmeno l'ultimo invitato.
Manco una cotoletta m'hai mandato,
manco la coda della bestia. Garrico,
chi spera più nel tuo quarto? Del mio
cinghiale non ne ho avuto un dodicesimo.

49. *La toga di Partenio*

Eccola quella toga tante volte
cantata nei miei libri, quella toga
che il lettore conosce bene ed ama.
Me la dette Partenio, memorabile
regalo d'un poeta. In quella toga

dum nova, dum nitida fulgebat splendida lana,
   dumque erat auctoris nomine digna sui:
nunc anus et tremulo vix accipienda tribuli,
   quam possis niveam dicere iure tuo.
quid non longa dies, quid non consumitis anni?
   haec toga iam non est Partheniana, mea est.

L.

Ingenium mihi, Gaure, probas sic esse pusillum,
   carmina quod faciam quae brevitate placent.
confiteor. sed tu bis senis grandia libris
   qui scribis Priami proelia, magnus homo es?
nos facimus Bruti puerum, nos Langona vivum:
   tu magnus luteum, Gaure, Giganta facis.

LI.

Quod semper superos invito fratre rogasti,
   hoc, Lucane, tibi contigit, ante mori.
invidet ille tibi; Stygias nam Tullus ad umbras
   optabat, quamvis sit minor, ire prior.
tu colis Elysios nemorisque habitator amoeni
   esse tuo primum nunc sine fratre cupis;
et si iam nitidis alternus venit ab astris
   pro Polluce mones Castora ne redeat.

LII.

Si credis mihi, Quinte, quod mereris,
natalis, Ovidi, tuas Aprilis
ut nostras amo Martias Kalendas.
felix utraque lux diesque nobis
signandi melioribus lapillis!
hic vitam tribuit sed hic amicum.
plus dant, Quinte, mihi tuae Kalendae.

LIII.

Natali tibi, Quinte, tuo dare parva volebam
   munera; tu prohibes: inperiosus homo es.

andavo in giro, cavaliere degno
di rispetto: era nuova, risplendeva
di lana immacolata, era ben degna
del nome di Partenio [17]. Adesso invece
è vecchia e un accattone tremolante
l'accetterebbe a fatica. Potresti
definirla «di neve» perché gelida.
Che cosa non consuma l'infinita
serie dei giorni ed anni! Questa toga
non è più di Partenio è solo mia.

50. *Il gigante d'argilla*

Gauro, mi stimi corto d'intelletto
perché compongo epigrammi che piacciono
in quanto corti. È vero. Tu che scrivi
le battaglie di Priamo in pompa magna
e in dodici volumi, tu sei grande?
Io faccio respirare le mie piccole
statuette, tu inalzi
un gigante d'argilla.

51. *I due fratelli*

Lucano, quel che hai chiesto sempre al cielo,
contro la volontà di tuo fratello,
morire tu per primo t'è accaduto.
Egli t'invidia; Tullo preferiva
scendere lui per primo alle ombre stigie
benché minore d'anni. Adesso tu
soggiorni nell'Eliso, abitatore
dei suoi boschi ridenti e per la prima
volta sei lieto di non aver Tullo
accanto a te: quando discende Càstore
dalle costellazioni scintillanti
digli di non scambiarsi con Pollùce.

52. *I compleanni*

Credimi Quinto Ovidio, te lo meriti:
amo il primo d'aprile, giorno tuo
natalizio, come amo il primo marzo
mio compleanno. Liete quelle aurore,
giorni davvero da contrassegnare
con le pietre più belle! Uno mi dette
la vita, l'altro un caro amico. Quinto,
mi piace assai di più il tuo compleanno.

53. *Il dono di compleanno*

Volevo farti un regalino, Quinto,
per il tuo compleanno: me lo vieti,

parendum est monitis, fiat quod uterque volemus
    et quod utrumque iuvat: tu mihi, Quinte, dato.

LIV.

Si mihi Picena turdus palleret oliva,
   tenderet aut nostras silva Sabina plagas,
aut crescente levis traheretur harundine praeda
   pinguis et inplicitas virga teneret avis:
cara daret sollemne tibi cognatio munus
   nec frater nobis nec prior esset avus.
nunc sturnos inopes fringillorumque querelas
   audit et arguto passere vernat ager;
inde salutatus picae respondet arator,
   hinc prope summa rapax milvus ad astra volat.
mittimus ergo tibi parvae munuscula chortis,
   qualia si recipis, saepe propinquus eris.

LV.

Luce propinquorum, qua plurima mittitur ales,
   dum Stellae turdos, dum tibi, Flacce, paro,
succurrit nobis ingens onerosaque turba,
   in qua se primum quisque meumque putat.
demeruisse duos votum est; offendere plures
   vix tutum; multis mittere dona grave est.
qua possum sola veniam ratione merebor:
   nec Stellae turdos nec tibi, Flacce, dabo.

LVI.

Spendophoros Libycas domini petit armiger urbis:
   quae puero dones tela, Cupido, para,
illa quibus iuvenes figis mollesque puellas:
   sit tamen in tenera levis et hasta manu.
loricam clypeumque tibi galeamque remitto;
   tutus ut invadat proelia, nudus eat:
non iaculo, non ense fuit laesusve sagitta,

sei prepotente. Ti obbedisco, sia
quel che ognuno di noi vuole e ad ognuno
piace: Quinto, tu fammelo il regalo.

54. *A un parente*

Se avessi i tordi grassi delle olive
picene, e se potessi nella selva
sabina tendere le reti; e se
uno scattar di canna mi donasse [18]
leggere, ambite prede, o se col vischio
potessi prendere gli uccelli,
la nostra cara parentela avrei
già onorato di doni, più che un nonno
tu fossi od un fratello.
Ma il mio campo non ode che stornelli
magri e i lamenti dei fringuelli e il passero
a primavera;
qui l'aratore risponde al saluto
della gazza, e il rapace
sparviero vola sino alle stelle.
Perciò ti mando soltanto i regali
del mio cortile, minuscole inezie:
prendili come sono e ne avrai altri.

55. *La festa dei parenti*

Il giorno della festa dei parenti,
giornata in cui ci si manda uccellini,
mentre mi preparavo a regalare
dei tordi a Stella e dei tordi a te, Flacco,
mi venne in mente la turba infinita
di tutti quelli che credono d'essere
i miei migliori amici, e ognuno il primo.
Il mio pensiero era d'accontentare
due persone: l'offenderne una turba
non è prudente, accontentarli tutti
è troppo dispendioso. Posso farmi
perdonare in un'unica maniera:
non dare tordi a Stella né a te, Flacco.

56. *Spendoforo*

Spendoforo, scudiero del padrone
parte per le città
della Libia; preparagli, Cupìdo,
armi adeguate, quelle con le quali
trafiggi i giovinetti e le ragazze
tenere: la sua mano delicata
stringa comunque un'asta ben polita.
Lascia stare corazza ed elmo e scudo:

    casside dum liber Parthenopaeus erat.
quisquis ab hoc fuerit fixus morietur amore.
    o felix, si quem tam bona fata manent!
dum puer es, redeas, dum vultu lubricus, et te
    non Libye faciat, sed tua Roma virum.

LVII.

Nil est tritius Hedyli lacernis:
non ansae veterum Corinthiorum,
nec crus compede lubricum decenni,
nec ruptae recutita colla mulae,
nec quae Flaminiam secant salebrae,
nec qui litoribus nitent lapilli,
nec Tusca ligo vinea politus,
nec pallens toga mortui tribulis,
nec pigri rota quassa mulionis,
nec rasum cavea latus visontis,
nec dens iam senior ferocis apri.
res una est tamen: ipse non negabit,
culus tritior Hedyli lacernis.

LVIII.

Nympha sacri regina lacus, cui grata Sabinus
    et mansura pio munere templa dedit,
sic montana tuos semper colat Vmbria fontes
    nec tua Baianas Sassina malit aquas:
excipe sollicitos placide, mea dona, libellos;
    tu fueris Musis Pegasis unda meis.
«Nympharum templis quisquis sua carmina donat
    quid fieri libris debeat ipse monet.»

LIX.

In Saeptis Mamurra diu multumque vagatus,
    hic ubi Roma suas aurea vexat opes,

per andare sicuro alla battaglia
vada nudo: così Partenopeo [19]
quando andava senza elmo non fu mai
ferito né da freccia né da lancia
né da spada. Chiunque sarà offeso
da questi dardi morirà d'amore.
Felice chi è in attesa d'un destino
così lieto. Tu torna ancor fanciullo,
ancora liscio in volto: non la Libia
ma la tua Roma faccia di te un uomo.

57. *Il mantello d'Edìlo*

Non v'è nulla più frusto del mantello
d'Edìlo: non i manici dei vasi
antichi di Corinto, né una gamba
limata da decenni di catene,
né il collo scorticato d'una mula
male in gamba, né i ciottoli che sporgono
qui e là sulla Flaminia, né le pietre
che brillano sul lido, né la zappa
che una vigna toscana ha reso lucida,
né la toga giallastra d'un barbone
defunto, né la ruota affaticata
d'un pigro vetturino, né le costole
d'un bisonte, spelate contro i ferri
della gabbia, né la già vecchia zanna
d'un feroce cinghiale. C'è una cosa
solamente più frusta del mantello
d'Edìlo, e lui non lo potrà negare:
il suo buco del culo.

58. *Alla ninfa d'un lago*

Ninfa, regina d'un laghetto sacro,
alla quale Sabino con pio dono
ha dato un tempio destinato a vivere
nel tempo, un tempio a te gradito, l'Umbria
montuosa onori sempre le tue fonti,
Sarsina tua non t'anteponga mai
le acque di Baia. Accogli volentieri
i miei regali, queste inquiete carte:
per la mia Musa tu sarai la fonte
d'Ippocrene. «Chiunque dà dei versi
ai templi delle ninfe, lo sa bene
cosa si debba farne.» [20]

59. *Mamurra*

Mamurra dopo aver vagato a lungo
nei Saepta [21] dove l'aurea Roma invano

inspexit molles pueros oculisque comedit,
   non hos quos primae prostituere casae,
sed quos arcanae servant tabulata catastae
   et quos non populus nec mea turba videt.
inde satur mensas et opertos exuit orbes
   expositumque alte pingue poposcit ebur,
et testudineum mensus quater hexaclinon
   ingemuit citro non satis esse suo.
consuluit nares an olerent aera Corinthon,
   culpavit statuas et, Polyclite, tuas,
et turbata brevi questus crystallina vitro
   murrina signavit seposuitque decem.
expendit veteres calathos et si qua fuerunt
   pocula Mentorea nobilitata manu,
et viridis picto gemmas numeravit in auro,
   quidquid et a nivea grandius aure sonat.
sardonychas vero mensa quaesivit in omni
   et pretium magnis fecit iaspidibus.
undecima lassus cum iam discederet hora,
   asse duos calices emit et ipse tulit.

LX.

Seu tu Paestanis genita es seu Tiburis arvis,
   seu rubuit tellus Tuscula flore tuo,
seu Praenestino te vilica legit in horto,
   seu modo Campani gloria ruris eras:
pulchrior ut nostro videare corona Sabino,
   de Nomentano te putet esse meo.

LXI.

In Tartesiacis domus est notissima terris,
   qua dives placidum Corduba Baetin amat,
vellera nativo pallent ubi flava metallo
   et linit Hesperium brattea viva pecus.
aedibus in mediis totos amplexa penates
   stat platanus densis Caesariana comis,

cerca di consumare i suoi quattrini,
guarda, anzi mangia con gli occhi i ragazzi
in vendita, e non quelli esposti al pubblico
in vetrina ma quelli ben nascosti
da tramezzi in segreti magazzini,
che il popolino non vede e nemmeno
i tanti come me. Sazio di ciò
fa tirar fuori dai loro imballaggi
fratini e tavoli rotondi e chiede
gli facciano vedere i loro piedi
d'avorio appesi lassù in alto; poi
prese per quattro volte le misure
d'un divano a sei posti in tartaruga
si lamenta che è un poco troppo piccolo
per il suo tavolo di cedro. Sente
all'odorato se son veri i bronzi
di Corinto e fa critiche alle statue
di Policleto; quindi, deplorando
l'introduzione di un poco di vetro
tra i cristalli, si fa metter da parte
dieci coppe murrine sigillandole
col suo timbro. Soppesa coppe antiche,
tazze nobilitate dalla mano
di Mentore, contando gli smeraldi
incassati nell'oro cesellato
e tutti gli orecchini che tintinnano.
Poi cerca le sardoniche per tutti
i banchi e tratta il prezzo di diaspri
enormi. Stanco, all'undicesima ora,
si compra per un soldo due bicchieri
e se li porta da se stesso a casa.

60. *La corona di fiori*

Sia tu nata nei campi tiburtini
o di Pesto, il tuo fiore abbia arrossato
la terra di Frascati o ti abbia colto
una villana in orti prenestini
o sia stata una gloria di Campania:
per sembrare più bella al mio Sabino
lascialo credere che tu provieni
da quel mio poderetto di Mentana.

61. *Il platano di Cesare*

C'è una casa famosa nella terra
di Tartesso, dove la ricca Cordova
ama il suo placido Guadalquivir,
ove le lane imbiondiscono d'oro
naturale e una lamina vivente
sembra coprire i greggi d'occidente.

hospitis invicti posuit quam dextera felix,
      coepit et ex illa crescere virga manu.
   auctorem dominumque nemus sentire videtur:
      sic viret et ramis sidera celsa petit.
   saepe sub hac madidi luserunt arbore Fauni
      terruit et tacitam fistula sera domum;
   dumque fugit solos nocturnum Pana per agros,
      saepe sub hac latuit rustica fronde Dryas.
   atque oluere lares comissatore Lyaeo
      crevit et effuso laetior umbra mero;
   hesternisque rubens deiecta est herba coronis
      atque suas potuit dicere nemo rosas.
   o dilecta deis, o magni Caesaris arbor,
      ne metuas ferrum sacrilegosque focos.
   perpetuos sperare licet tibi frondis honores:
      non Pompeianae te posuere manus.

LXII.

Tinctis murice vestibus quod omni
et nocte utitur et die Philaenis,
non est ambitiosa nec superba:
delectatur odore, non colore.

LXIII.

Ad cenam invitant omnes te, Phoebe, cinaedi.
    mentula quem pascit, non, puto, purus homo est.

LXIV.

Herculis in magni voltus descendere Caesar
   dignatus Latiae dat nova templa viae,
qua Triviae nemorosa petit dum regna, viator
   octavum domina marmor ab urbe legit.
ante colebatur votis et sanguine largo,

Al centro della dimora abbracciando
l'intera casa sorge tutto denso
di foglie il platano di Giulio Cesare,
che la felice mano dell'invitto
ivi piantava; un semplice germoglio
che da quel gesto ebbe forza di crescere.
Sembra che l'albero sia ben cosciente
del suo padre e padrone, tanto è verde,
tanto tocca le stelle con i rami.
Spesso sotto quest'albero giocarono
fauni ubriachi ed un tardivo flauto
spaventava la casa silenziosa,
e fuggendo il notturno Pan per campi
deserti spesso sotto queste fronde
si nascondeva una selvaggia driade;
e quando la dimora si riempiva
d'odor di vino, ormai giunti ai bicchieri
del dopocena, l'albero cresceva
più vivace per tanto vino sparso
a innaffiarlo, e sull'erba rosseggiavano
corone sparse: rose misteriose
che nessuno poteva dire sue.
Albero del gran Cesare, diletto
ai numi, non temere ferro o fuoco
sacrilego. T'è lecito sperare
onori eterni; non sei certo stato
piantato dalle mani di Pompeo [22].

62. *Odor di porpora*

Se Fileni si mette giorno e notte
vesti tinte di porpora non è
per ambizione né per vanità:
non le piace il colore ma l'odore [23].

63. *Contro Febo*

Non c'è frocio che non t'inviti a cena.
Chi mangia con l'uccello è un porcellone.

64. *I due Ercoli*

Domiziano, degnatosi di assumere
i tratti del grande Ercole, fa erigere
un nuovo tempio sulla via latina [24],
proprio dove il viandante che ha raggiunto
i boscosi dominii di Diana,
legge su un marmo che è all'ottavo miglio
dalla città regina.
Qui prima era adorato con preghiere
e gran sangue di vittime quell'Ercole

    maiorem Alciden nunc minor ipse colit.
hunc magnas rogat alter opes, rogat alter honores;
    illi securus vota minora facit.

LXV.

Alcide, Latio nunc agnoscende Tonanti,
    postquam pulchra dei Caesaris ora geris,
si tibi tunc isti vultus habitusque fuissent,
    cesserunt manibus cum fera monstra tuis:
Argolico famulum non te servire tyranno
    vidissent gentes saevaque regna pati,
sed tu iussisses Eurysthea; nec tibi fallax
    portasset Nessi perfida dona Lichas,
Oetaei sine lege rogi securus adisses
    astra patris summi, quae tibi poena dedit;
Lydia nec dominae traxisses pensa superbae
    nec Styga vidisses Tartareumque canem.
nunc tibi Iuno favet, nunc te tua diligit Hebe;
    nunc te si videat Nympha, remittet Hylan.

LXVI.

Uxor cum tibi sit formosa, pudica, puella,
    quo tibi natorum iura, Fabulle, trium?
quod petis a nostro supplex dominoque deoque
    tu dabis ipse tibi, si potes arrigere.

LXVII.

Lascivam tota possedi nocte puellam,
    cuius nequitias vincere nulla potest.
fessus mille modis illud puerile poposci:
    ante preces totas primaque verba dedit.
inprobius quiddam ridensque rubensque rogavi
    pollicitast nulla luxuriosa mora.
sed mihi pura fuit; tibi non erit, Aeschyle: si vis,

che adesso adora l'Ercole maggiore.
Al maggiore domanderai ricchezze
ed onori, al minore puoi tranquillo
chiedere cose di minore impegno.

65. *Ancora Ercole*

Ora che hai preso il bel volto di Cesare
Giove Capitolino non potrà
negarti più la sua paternità;
avessi avuto questo volto e questo
portamento quando con le tue mani
strozzasti i due serpenti non t'avrebbe
visto nessuno servire il tiranno
argolico, soffrendo il suo potere,
tu avresti comandato ad Euristeo;
e Lica, l'imbroglione, non t'avrebbe
dato quel dono infame, la camicia
di Nesso; senza subire le fiamme
del rogo sull'Oeta tutto intatto
saresti asceso al cielo del gran padre
che le tue sofferenze t'hanno aperto,
e non avresti filato la lana
d'una donna dispotica e veduto
il cane dell'inferno. Ora Giunone
ti sorride, t'adora la tua Ebe;
ti vedesse la ninfa manderebbe
indietro Hyla.

66. *Fabullo*

Avendo moglie bella, onesta, giovane,
dimmi, Fabullo, che bisogno avresti
di chiedere il diritto dei tre figli?
Quello che impetri dall'imperatore
puoi facilmente dartelo da solo
se appena ti si drizza.

67. *Ragazza maliziosa*

Tutta la notte ho avuto una ragazza
che nessuna può vincere in malizia.
Dopo essermi stancato in mille giochi
le chiedo di donarsi alla maschietta:
dice di sì senza farsi pregare.
Ridendo ed arrossendo le rivolgo
una richiesta ancora più azzardata:
dice ancora di sì senza indugiare,
piena di voglia. Eppure è stata pura
nel suo donarsi. Ma non lo sarà

accipere hoc munus conditione mala.

LXVIII.

Quid tibi nobiscum est, ludi scelerate magister,
   invisum pueris virginibusque caput?
nondum cristati rupere silentia galli:
   murmure iam saevo verberibusque tonas.
tam grave percussis incudibus aera resultant,
   causidicum medio cum faber aptat equo:
mitior in magno clamor furit amphitheatro,
   vincenti parmae cum sua turba favet.
vicini somnum – non tota nocte – rogamus:
   nam vigilare leve est, pervigilare grave est.
discipulos dimitte tuos. vis, garrule, quantum
   accipis ut clames, accipere ut taceas?

LXIX.

Cum futuis, Polycharme, soles in fine cacare.
   cum pedicaris, quid, Polycharme, facis?

LXX.

Dixerat «o mores! o tempora!» Tullius olim,
   sacrilegum strueret cum Catilina nefas,
cum gener atque socer diris concurreret armis
   maestaque civili caede maderet humus.
cur nunc «o mores!» cur nunc «o tempora!» dicis?
   quod tibi non placeat, Caeciliane, quid est?
nulla ducum feritas, nulla est insania ferri;
   pace frui certa laetitiaque licet.
non nostri faciunt tibi quod tua tempora sordent,
   sed faciunt mores, Caeciliane, tui.

LXXI.

Massyli leo fama iugi pecorisque maritus
   lanigeri mirum qua coiere fide.
ipse licet videas, cavea stabulantur in una

Eschilo, se pretendi doni simili
malamente, per forza di quattrini.

68. *Il maestro di scuola*

Ma chi ti cerca, maestro di scuola
scellerato, testaccia maledetta
da ragazzini e ragazzine? Ancora
non hanno rotto il silenzio i galletti
crestati e tu già tuoni col feroce
brontolio e coi tuoi colpi. Così forte
suona il bronzo percosso sull'incudine
quando l'artista adatta al suo cavallo
un legale cui fa il ritratto equestre;
meno forte è il clamore che riempie
il grande anfiteatro se la folla
applaude un gladiatore vittorioso.
Noi vicini ti supplichiamo: lasciaci
dormire almeno parte della notte,
non è grave vegliare, grave è invece
star sempre svegli. Manda i tuoi discepoli
a casa. Chiacchierone, vuoi, tacendo,
avere quanto avresti predicando?

69. *Policarmo*

Una bella cacata, Policarmo,
fai dopo aver chiavato.
Quando lo prendi in culo cosa fai?

70. *Che tempi!*

«Che tempi! Che costumi!» aveva detto
Cicerone, sia quando Catilina
tramava i suoi orribili delitti,
sia quando a mano armata s'affrontavano
genero e suocero [25] e la terra triste
era intrisa di sangue.
Perché mi dici adesso, Ceciliano,
«Che costumi! Che tempi!»? Cosa c'è
che non ti piace? Non vi sono più
duci atroci né la follia delle armi;
ci godiamo la pace in allegria.
Non sono i nostri costumi ma i tuoi,
Ceciliano, a guastarti i tempi nostri.

71. *Leone e ariete*

Questo leone, vanto delle rupi
massìle, e questo montone, marito
di pecore lanose, che amicizia

et pariter socias carpit uterque dapes:
nec fetu nemorum gaudent nec mitibus herbis,
   concordem satiat sed rudis agna famem.
quid meruit terror Nemees, quid portitor Helles,
   ut niteant celsi lucida signa poli?
sidera si possent pecudesque feraeque mereri,
   hic aries astris, hic leo dignus erat.

LXXII.

Liber, Amyclaea frontem vittate corona,
   qui quatis Ausonia verbera Graia manu,
clusa mihi texto cum prandia vimine mittas,
   cur comitata dapes nulla lagona venit?
atqui digna tuo si nomine munera ferres,
   scis, puto, debuerint quae mihi dona dari.

LXXIII.

Dentibus antiquas solitus producere pelles
   et mordere luto putre vetusque solum,
Praenestina tenes decepti regna patroni,
   in quibus indignor si tibi cella fuit;
rumpis et ardenti madidus crystalla Falerno
   et pruris domini cum Ganymede tui.
at me litterulas stulti docuere parentes:
   quid cum grammaticis rhetoribusque mihi?
frange leves calamos et scinde, Thalia, libellos,
   si dare sutori calceus ista potest.

LXXIV.

Effigiem tantum pueri pictura Camoni
   servat et infantis parva figura manet.
florentes nulla signavit imagine voltus,

li stringe! Puoi constatarlo tu stesso.
Sono alloggiati nella stessa gabbia
e entrambi mangiano lo stesso cibo,
che non è l'erba tenera e neppure
una bestia dei boschi ma un agnello
buono per tutti e due. Per quali meriti
il leone terrore di Nemea,
l'ariete che portava Elle ora sono [26]
splendenti segni su nell'alto cielo?
Se alle belve e alle pecore è possibile
meritare di assurgere tra gli astri
ecco il leone, ecco l'ariete degni
delle costellazioni.

72. *A un pugilatore*

Libero, la cui fronte si recinge
d'una corona degna dell'eroe
di Amicle [27], tu che avventi colpi greci
con il pugno italiano, se mi mandi
un pranzo dentro un paniere di vimini
perché con le vivande non ci metti
una bottiglia? Se fai dei regali
che vadano d'accordo col tuo nome
penso tu sappia bene cosa darmi.

73. *Il calzolaio arricchito*

Tu che solevi tirare
le pelli vecchie coi denti
e mordere le vecchie suole fangose,
ora ti tieni i campi del padrone,
che hai truffato,
a Preneste ove manco una baracca
ti meritavi,
e fracassi i bicchieri
fradicio di Falerno,
e te lo senti prudere
pel Ganimede del tuo signore.
Ma a me insegnano le lettere
quei fessi di mio padre e di mia madre...
A che servono i grammatici
e i maestri di retorica?
Rompi le penne e straccia i libri, Talia,
se a un ciabattino tanto dà una scarpa.

74. *Ritratto di Camonio*

Questo dipinto eternerà l'effigie
di Camonio bambino; ci rimane
di lui questa figura. Del ragazzo

dum timet ora pius muta videre pater.

LXXV.

Non silice duro structilive caemento,
nec latere cocto, quo Samiramis longam
Babylona cinxit, Tucca balneum fecit:
sed strage nemorum pineaque conpage,
ut navigare Tucca balneo possit.
idem beatas lautus extruit thermas
de marmore omni, quod Carystos invenit,
quod Phrygia Synnas, Afra quod Nomas misit
et quod virenti fonte lavit Eurotas.
sed ligna desunt: subice balneum thermis.

LXXVI.

Haec sunt illa mei quae cernitis ora Camoni,
    haec pueri facies primaque forma fuit.
creverat hic vultus bis denis fortior annis
    gaudebatque suas pingere barba genas,
et libata semel summos modo purpura cultros
    sparserat. invidit de tribus una soror
et festinatis incidit stamina pensis
    apsentemque patri rettulit urna rogum.
sed ne sola tamen puerum pictura loquatur,
    haec erit in chartis maior imago meis.

LXXVII.

Quod optimum sit disputat convivium
    facunda Prisci pagina,
et multa dulci, multa sublimi refert,
    sed cuncta docto pectore.
quod optimum sit quaeritis convivium?
    in quo choraules non erit.

fiorente la pietà del padre volle
non rimanesse immagine, temendo
di rivedere quella bocca muta.

75. *La piscina di Tucca*

Non con la dura selce o con le pietre
da costruzione o coi mattoni cotti
– dei quali Semiramide recinse
la grande Babilonia – Tucca fece
la sua piscina: per essa ha distrutto
boschi interi e riunito i loro pini,
sicché Tucca potrebbe navigare
con la piscina. Ma sontuosamente
ha costruito terme tutte marmi
d'ogni tipo: da quello di Caristo [28]
a quello della frigia Sinna a quello
africano ed a quello che l'Eurota
lava con le sue verdi fonti. Manca
la legna? Metti presto la piscina
sotto le terme.

76. *Ancora Camonio*

Il ritratto che avete sotto gli occhi
è quello di Camonio, questo il viso
suo da bambino, i lineamenti primi.
Quel viso è poi cresciuto, reso forte
dai vent'anni, la barba era contenta
di sporcargli le guance, col suo biondo
a ricoprire il taglio del rasoio
che l'aveva sfiorate solamente
una volta. Delle tre Parche quella
che fu gelosa di lui gli spezzò
innanzi tempo il filo, un'urna rese
al padre i resti d'un lontano rogo.
Ora perché la pittura non resti
sola a parlarci di lui bimbo, affido
alle mie carte una più adulta immagine.

77. *Le pagine di Prisco*

Le pagine di Prisco, con estrema
eloquenza, dissertano su quale
sia il genere migliore di banchetto,
e dicono ora cose assai piacevoli
ora cose sublimi, tutto sempre
con molta erudizione. Ma sapete
qual è il miglior banchetto? Quello dove
mancano i suonatori e manca il coro.

LXXVIII.

Funera post septem nupsit tibi Galla virorum,
    Picentine: sequi vult, puto, Galla viros.

LXXIX.

Oderat ante ducum famulos turbamque priorem
    et Palatinum Roma supercilium:
at nunc tantus amor cunctis, Auguste, tuorum est
    ut sit cuique suae cura secunda domus.
tam placidae mentes, tanta est reverentia nostri,
    tam pacata quies, tantus in ore pudor.
nemo suos – haec est aulae natura potentis –,
    sed domini mores Caesarianus habet.

LXXX.

Duxerat esuriens locupletem pauper anumque:
    uxorem pascit Gellius et futuit.

LXXXI.

Lector et auditor nostros probat, Aule, libellos,
    sed quidam exactos esse poeta negat.
non nimium curo: nam cenae fercula nostrae
    malim convivis quam placuisse cocis.

LXXXII.

Dixerat astrologus periturum te cito, Munna,
    nec, puto, mentitus dixerat ille tibi.
nam tu dum metuis ne quid post fata relinquas,
    hausisti patrias luxuriosus opes
bisque tuum deciens non toto tabuit anno:
    dic mihi, non hoc est, Munna, perire cito?

LXXXIII.

Inter tanta tuae miracula, Caesar, harenae,
    quae vincit veterum munera clara ducum,

78. *Picentino l'avvelenatore*

Dopo aver fatto i funerali a sette
mariti Galla sposa Picentino:
ha fretta di raggiungere quei sette.

79. *Cortigiani*

Roma odiava sin qui la vecchia turba
dei cortigiani, i famigli del principe
e l'albagìa del Palazzo: ma adesso,
Augusto, è tanto l'amore pei tuoi
servitori, che a ognuno importa meno
di casa sua che della tua. Così
pacifica è la loro mente, tanto
il riguardo che nutrono per noi,
tanta calma e modestia li distinguono.
Perché nessuno ha i suoi veri costumi
– come s'addice alle aule dei potenti –
ma s'adatta ai costumi cesariani.

80. *Morto di fame*

Gellio morto di fame s'è sposato
con una vecchia ricca: Gellio mangia,
la vecchia chiava.

81. *Poeti e cuochi*

Aulo, chi legge o ascolta versi miei
li approva, ma ci sono dei poeti
che non li trovano corretti. Poco
m'importa: preferisco
che la cena che servo piaccia agli ospiti
più che ai cuochi.

82. *L'astrologo*

Un astrologo t'aveva detto, Munna,
che saresti finito molto presto;
credo bene che non t'abbia mentito.
Infatti tu, temendo di lasciare
alla tua morte qualcosa, hai bruciato
in un lampo l'eredità paterna
e distrutto i tuoi due milioni in meno
d'un anno. Dimmi, Munna, non è questo
un finire assai presto?

83. *I miracoli dell'arena*

Tra i miracoli tanti della tua
arena, Cesare, che batte tutti

multum oculi, sed plus aures debere fatentur
   se tibi quod spectant qui recitare solent.

LXXXIV.

Cum tua sacrilegos contra, Norbane, furores
   staret pro domino Caesare sancta fides,
haec ego Pieria ludebam tutus in umbra,
   ille tuae cultor notus amicitiae.
me tibi Vindelicis Raetus narrabat in oris
   nescia nec nostri nominis Arctos erat:
o quotiens veterem non inficiatus amicum
   dixisti «meus est iste poeta, meus!».
omne tibi nostrum quod bis trieteride iuncta
   ante dabat lector, nunc dabit auctor opus.

LXXXV.

Languidior noster si quando est Paulus, Atili,
   non se, convivas abstinet ille suos.
tu languore quidem subito fictoque laboras,
   sed mea porrexit sportula, Paule, pedes.

LXXXVI.

Festinata sui gemeret quod fata Severi
   Silius, Ausonio non semel ore potens,
cum grege Pierio maestus Phoeboque querebar.
   «ipse meum flevi» dixit Apollo «Linon»:
respexitque suam quae stabat proxima fratri
   Calliopen et ait: «tu quoque vulnus habes.
aspice Tarpeium Palatinumque Tonantem:
   ausa nefas Lachesis laesit utrumque Iovem.
numina cum videas duris obnoxia fatis,
   invidia possis exonerare deos.»

i miracoli grandi dei sovrani
d'un tempo, mettici anche questo: gli occhi
molto ti devono, di più gli orecchi,
visto che sono tutti spettatori
quelli che in genere leggono versi.

84. *Norbano*

Norbano, quando la tua fedeltà
si levava in favore del dio nostro [29]
contro furori sacrileghi, io stavo
verseggiando tranquillo
all'ombra delle Muse e coltivavo
la tua amicizia come tutti sanno.
Un Reto mi leggeva a te nel suolo
vindelico e il mio nome era ben noto
persino sotto la stella del nord;
e quante volte riaffermando antica
amicizia dicesti: «È amico mio
questo poeta, mio».
Per sei anni di fila fu un lettore
a darti conto dei miei versi, adesso
l'autore ti dà l'opera completa.

85. *Il digiuno*

Tutte le volte, Attilio, che il mio Paolo
si sente languido mette a digiuno
non tanto sé quanto i suoi convitati.
In verità la malattia di Paolo
è altrettanto improvvisa quanto finta,
ma la mia sovvenzione, piedi avanti,
esce dalla comune [30].

86. *Il lutto di Silio Italico*

Silio, per due ragioni benemerito
della lingua latina [31], lagrimava
la morte prematura di suo figlio
Severo ed io mi lamentavo, mesto,
col coro delle Muse e con Apollo.
«Io pure piansi il mio figliolo Lino»
disse Apollo; poi volto alla sorella
Calliope che gli stava lì vicino
fece: «Anche tu rechi la tua ferita.
Ma guarda il Giove Palatino e quello
Capitolino: la spietata Parca
ha osato offenderli entrambi. Se vedi
sottomettersi al fato i numi stessi
capirai che non è la gelosia
dei celesti a strapparti quel che piangi».

LXXXVII.

Septem post calices Opimiani
denso cum iaceam triente blaesus,
adfers nescio quas mihi tabellas
et dicis «modo liberum esse iussi
Nastam – servolus est mihi paternus –
signa». cras melius, Luperce, fiet:
nunc signat meus anulus lagonam.

LXXXVIII.

Cum me captares, mittebas munera nobis:
    postquam cepisti, das mihi, Rufe, nihil.
ut captum teneas, capto quoque munera mitte,
    de cavea fugiat ne male pastus aper.

LXXXIX.

Lege nimis dura convivam scribere versus
    cogis, Stella. «licet scribere nempe malos.»

XC.

Sic in gramine florido reclinis,
qua gemmantibus hinc et inde rivis
curva calculus excitatur unda,
exclusis procul omnibus molestis,
pertundas glaciem triente nigro,
frontem sutilibus ruber coronis;
sic uni tibi sit puer cinaedus
et castissima pruriat puella:
infamem nimio calore Cypron
observes moneo precorque, Flacce,
messes area cum teret crepantis
et fervens iuba saeviet leonis.
at tu, diva Paphi, remitte, nostris
inlaesum iuvenem remitte votis.
sic Martis tibi serviant Kalendae
et cum ture meroque victimaque
libetur tibi candidas ad aras
secta plurima quadra de placenta.

XCI.

Ad cenam si me diversa vocaret in astra
    hinc invitator Caesaris, inde Iovis,

87. *Le firme*

Dopo sette bicchieri di quel vecchio,
sdraiato io tartagliando per il troppo
bere, mi porti non so che tabelle
e dici: «Voglio liberare Nasta,
schiavetto di mio padre. Firma qui».
Luperco, sarà meglio domattina:
ora firmo soltanto la bottiglia [32].

88. *Il prigioniero*

Quando cercavi la mia eredità
mi facevi regali: adesso hai vinto,
sei nel mio testamento e non dai nulla.
Rufo, se vuoi tenermi manda doni
a questo prigioniero, ché il cinghiale
mal nutrito non scappi dalla gabbia.

89. *Dura legge*

Che legge dura questo tuo costringere
un invitato a scrivere dei versi,
Stella! «Li può ben scrivere cattivi.»

90. *Evita Cipro!*

Steso sull'erba stellata di fiori
dove qui e là la curva onda travolge
ciottoli entro ruscelli scintillanti,
tenuti a bada tutti gli importuni
fondi il ghiaccio col forte vino nero
rossa la fronte di rose intrecciate;
ci sia, tutto per te solo, un ragazzo,
bruci per te una ragazza castissima.
Ma ti consiglio e prego, Flacco, guardati
da Cipro infame, Cipro troppo calda
quando l'aia crepiterà di messi
e la costellazione del Leone
infierirà. Ma tu, diva di Pafo,
rimanda sano e salvo il giovanotto!
Il primo marzo sia un giorno del tutto [33]
al tuo servizio; con l'incenso, il vino
ed una vittima i tuoi bianchi altari
abbiano ad onorarli molte fette
quadrate di focaccia.

91. *Cena in due cieli*

Fossi invitato a cena in due diversi
cieli, quelli di Cesare e di Giove,

astra licet propius, Palatia longius essent,
　　responsa ad superos haec referenda darem:
«quaerite qui malit fieri conviva Tonantis:
　　me meus in terris Iuppiter ecce tenet».

XCII.

Quae mala sunt domini, quae servi commoda, nescis,
　　Condyle, qui servum te gemis esse diu.
dat tibi securos vilis tegeticula somnos,
　　pervigil in pluma Gaius ecce iacet.
Gaius a prima tremebundus luce salutat
　　tot dominos, at tu, Condyle, nec dominum.
«quod debes, Gai, redde» inquit Phoebus et illinc
　　Cinnamus: hoc dicit, Condyle, nemo tibi.
tortorem metuis? podagra cheragraque secatur
　　Gaius et mallet verbera mille pati.
quod nec mane vomis nec cunnum, Condyle, lingis,
　　non mavis quam ter Gaius esse tuus?

XCIII.

Addere quid cessas, puer, inmortale Falernum?
　　quadrantem duplica de seniore cado.
nunc mihi dic, quis erit cui te, Catacisse, deorum
　　sex iubeo cyathos fundere? «Caesar erit.»
sutilis aptetur deciens rosa crinibus, ut sit
　　qui posuit sacrae nobile gentis opus.
nunc bis quina mihi da basia, fiat ut illud
　　nomen ab Odrysio quod deus orbe tulit.

XCIV.

Sardonica medicata dedit mihi pocula virga:
　　os hominis! mulsum me rogat Hippocrates.

pur essendo vicine a me le stelle
e più lontano il Palazzo imperiale,
eccola la risposta che darei
ai celesti: «Cercate un po' chi voglia
essere un convitato del Tonante;
il Giove mio mi tiene sulla terra».

92. *Servo e padrone*

Tu non conosci i guai del tuo padrone
e la comodità d'essere servo,
Condilo, che ti lagni d'una lunga
servitù. Ma la tua misera cuccia
ti dà sonni sicuri mentre Gaio
eccolo lì giacere sulla piuma
ad occhi spalancati. Tremebondo
all'alba Gaio corre a salutare
tanti padroni e tu, Condilo, neanche
saluti il tuo. «Quel che mi devi rendilo,
Gaio» gridano Febo e poi Cinnàmo:
questo nessuno mai lo dice a te.
Temi il carnefice? Gaio è stroncato
dalla podagra ai piedi ed alle mani,
preferirebbe sopportare mille
nerbate. Il fatto che tu la mattina
non vomiti, che tu non sei costretto
a leccare la fica delle donne
dei potenti non è tre volte meglio
che essere Gaio?

93. *In onore di Cesare*

Ragazzo, perché tardi a ricolmare
d'immortale Falerno questa brocca?
Prendine tre misure dalla giara
più vecchia e poi raddoppiale. Ora dimmi,
Catacisso, in onore di qual dio
t'ordino di versare sei misure?
«In onore di Cesare.» Per dieci [34]
volte così si posino le rose
sopra i nostri capelli, ad indicare
colui che ha alzato un magnifico tempio
alla sua sacra famiglia. Ragazzo,
dammi dieci bacioni per alludere
al nome che il dio nostro ha riportato
dalla guerra dei Traci.

94. *La pozione*

Ippocrate m'ha dato una pozione
di ranuncolo sardo [35] e in cambio chiede

tam stupidus numquam nec tu, puto, Glauce, fuisti,
    χάλκεα donanti χρύσεα qui dederas.
dulce aliquis munus pro munere poscit amaro?
    accipiat, sed si potat in elleboro.

XCV.

Alphius ante fuit, coepit nunc Olphius esse,
    uxorem postquam duxit Athenagoras.

XCV.bis

Nomen Athenagorae quaeris, Callistrate, verum?
    si scio, dispeream, qui sit Athenagoras.
sed puto me verum, Callistrate, dicere nomen:
    non ego, sed vester peccat Athenagoras.

XCVI.

Clinicus Herodes trullam subduxerat aegro:
    deprensus dixit «stulte, quid ergo bibis?».

XCVII.

Rumpitur invidia quidam, carissime Iuli,
    quod me Roma legit, rumpitur invidia.
rumpitur invidia quod turba semper in omni
    monstramur digito, rumpitur invidia.
rumpitur invidia tribuit quod Caesar uterque
    ius mihi natorum, rumpitur invidia.
rumpitur invidia quod rus mihi dulce sub urbe est
    parvaque in urbe domus, rumpitur invidia.
rumpitur invidia quod sum iucundus amicis,
    quod conviva frequens, rumpitur invidia.
rumpitur invidia quod amamur quodque probamur:
    rumpatur quisquis rumpitur invidia.

XCVIII.

Vindemiarum non ubique proventus
cessavit, Ovidi; pluvia profuit grandis.

vin dolce. Non sei stato tanto stupido
nemmeno tu, Glauco, che hai regalato
oro a chi dava del semplice bronzo.
Qualcuno può domandare del dolce
per l'amaro? Lo prenda, ma per berlo
mescolato all'elleboro.

95. *Atenagora*

Atenagora si chiamava Alfio:
dopo che ha preso moglie adesso è Olfio [36].

95.bis *Stesso soggetto*

Vuoi sapere, Callistrato, l'autentico
il vero nome di questo Atenagora?
Mi possano ammazzare se lo so.
Credo di pronunziarne il nome vero;
semmai sbaglia Atenagora, non io.

96. *Medico ladro*

Erode il medico rubò una tazza
al malato. Scoperto disse: «Scemo,
avresti pure il coraggio di bere?».

97. *Crepino!*

Giulio carissimo, crepa d'invidia
perché mi legge tutta Roma, un tizio
che sa soltanto crepare d'invidia.
Crepa d'invidia perché mi s'addita
tra la gran folla, sì crepa d'invidia.
Crepa d'invidia perché entrambi i Cesari,
Tito e poi Domiziano, m'han concesso
i tre figlioli, sì crepa d'invidia.
Crepa d'invidia perché ho un bel podere
vicino alla città e una casa piccola
in pieno centro, sì crepa d'invidia.
Crepa d'invidia perché son piacevole
per gli amici, invitato di frequente
a cene e feste, sì crepa d'invidia.
Crepa d'invidia perché sono amato
ed applaudito... Crepino alla fine
tutti quelli che crepano d'invidia!

98. *La gran pioggia*

La vendemmia non è stata cattiva
dovunque, Ovidio: la gran pioggia ha fatto

centum Coranus amphoras aquae fecit.

XCIX.

Marcus amat nostras Antonius, Attice, Musas,
   charta salutatrix si modo vera refert:
Marcus Palladiae non infitianda Tolosae
   gloria, quem genuit Pacis alumna Quies.
tu qui longa potes dispendia ferre viarum,
   i, liber, absentis pignus amicitiae.
vilis eras, fateor, si te nunc mitteret emptor;
   grande tui pretium muneris auctor erit:
multum, crede mihi, refert a fonte bibatur
   quae fluit an pigro quae stupet unda lacu.

C.

Denarîs tribus invitas et mane togatum
   observare iubes atria, Basse, tua,
deinde haerere tuo lateri, praecedere sellam,
   ad viduas tecum plus minus ire decem.
trita quidem nobis togula est vilisque vetusque:
   denarîs tamen hanc non emo, Basse, tribus.

CI.

Appia, quam simili venerandus in Hercule Caesar
   consecrat, Ausoniae maxima fama viae,
si cupis Alcidae cognoscere facta prioris,
   disce: Libyn domuit raraque poma tulit,
peltatam Scythico discinxit Amazona nodo,
   addidit Arcadio terga leonis apro,
aeripedem silvis cervum, Stymphalidas astris
   abstulit, a Stygia cum cane venit aqua,
fecundam vetuit reparari mortibus hydram,
   Hesperias Tusco lavit in amne boves.
haec minor Alcides: maior quae gesserit audi,
   sextus ab Albana quem colit arce lapis.
adseruit possessa malis Palatia regnis,
   prima suo gessit pro Iove bella puer;
solus Iuleas cum iam retineret habenas
   tradidit inque suo tertius orbe fuit;

anche del bene. Corano ha riempito
cento barili d'acqua [37].

99. *Il libro va a Tolosa*

Attico, Marco Antonio ama i miei versi,
se la lettera con i suoi saluti
dice la verità: Marco, la gloria
indiscutibile della palladia
Tolosa, nata dalla dolce Quiete
alunna della Pace. Tu che puoi
sopportare una strada faticosa
va' libro, pegno d'un amico assente.
Saresti stato nulla, lo confesso,
se t'avesse spedito un compratore;
l'autore del regalo ne fa il pregio.
Credimi, c'è una bella differenza
tra il bere alla sorgente o al pigro lago
dove l'onda si ferma in acqua morta.

100. *Tre danari*

Per tre danari ed un invito a cena
mi comandi che venga la mattina
in anticamera, che ti accompagni
e che preceda la tua portantina
per andare a trovare dieci vedove.
Ma la mia toga è vecchia, consumata
e vile, Basso; tuttavia non posso
comprarne un'altra a soli tre danari.

101. *Alla via Appia*

Appia, la più famosa tra le strade
d'Italia, che il tuo Cesare – adorato
sotto le spoglie d'Ercole – santifica,
se vuoi conoscere le imprese d'Ercole
l'antico eccole qui: domò la Libia,
si prese i pomi d'oro delle Esperidi,
sciolse la cinta scitica all'amazzone
scudata, unì la pelle di leone
a quella del cinghiale dell'Arcadia,
rubò ai boschi la cerva dagli zoccoli
di bronzo, agli astri gli uccelli del lago
Stymfale, ritornò col cane Cerbero
dall'acqua dello Stige ed impedì
d'evitare la morte all'Idra sempre
rinascente, lavò i bovi d'Esperia
nel fiume che discende dall'Etruria.
Sin qui il minore dei due Alcidi: senti
cosa ha fatto il maggiore che si venera

cornua Sarmatici ter perfida contudit Histri,
    sudantem Getica ter nive lavit equum;
saepe recusatos parcus duxisse triumphos
    victor Hyperboreo nomen ab orbe tulit;
templa deis, mores populis dedit, otia ferro,
    astra suis, caelo sidera, serta Iovi.
Herculeum tantis numen non sufficit actis:
    Tarpeio deus hic commodet ora patri.

CII.

Quadringentorum reddis mihi, Phoebe, tabellas:
    centum da potius mutua, Phoebe, mihi.
quaere alium cui te tam vano munere iactes:
    quod tibi non possum solvere, Phoebe, meum est.

CIII.

Quae nova tam similis genuit tibi Leda ministros?
    quae capta est alio nuda Lacaena cycno?
dat faciem Pollux Hiero, dat Castor Asylo,
    atque in utroque nitet Tyndaris ore soror.
ista Therapnaeis si forma fuisset Amyclis,
    cum vicere duas dona minora deas,
mansisses, Helene, Phrygiamque redisset in Iden
    Dardanius gemino cum Ganymede Paris.

al sesto miglio della rocca d'Alba.
Ha liberato dai malvagi l'arce
capitolina, ancora da fanciullo
ha combattuto la sua prima guerra
per il suo Giove, benché solo avesse
le briglie del potere giulio in mano
lo cedette e fu il terzo nel suo mondo [38],
tre volte ruppe le perfide corna
del Danubio sarmatico, tre volte
bagnò il cavallo stanco nella neve
dei Geti, tante volte rifiutò
il trionfo, modesto, riportò
il vittorioso nome di Germanico
dalle terre del nord, donò dei templi
ai numi, ai popoli costumi, al ferro
il fodero, costellazioni al cielo,
corone d'oro a Giove.
A fatti tali la divinità
d'Ercole non è certo sufficiente:
il nostro dio presti il suo viso a Giove.

102. *Ancora centomila*

Febo, tu strappi la mia ricevuta
di quattromila sesterzi: ma dammene
piuttosto ancora centomila in prestito.
Cercane un altro col quale vantarti
d'un dono così vano: quel che renderti
non posso, Febo, è solo tutto mio.

103. *I due gemelli*

Quale novella Leda ha partorito
due schiavetti così perfettamente
somiglianti, quale spartana nuda
ha visto un altro cigno violentarla?
Pollùce ha dato i lineamenti a Iero,
Càstore a Asilo, la bellezza d'Elena
loro sorella splende nei due volti.
Ci fosse stata una tale bellezza
ad Amicle [39], quando minore dono
vinse due dee, tu saresti rimasta,
Elena, mentre ritornava in Frigia
Paride con questi due Ganimedi.

Note

[1] Domiziano chiamò Germanico il settembre e Domiziano l'ottobre. Il primo di settembre è il giorno della sua vittoria sui Catti.   [2] Solito accenno ai sacerdoti detti «galli».   [3] Si allude a due editti, contro la castrazione dei bimbi e contro la loro prostituzione.   [4] Vedi la nota precedente.   [5] Il nome Earinos (che significa primaverile), per la

sua accentazione non entra nel metro latino. ⁶ Fonte sacra a Venere. L'accenno alle gru più sotto significa che questi uccelli volando disegnano una V, iniziale di Ver, primavera, corrispondente all'Ear di Earinos. ⁷ Esculapio. ⁸ L'acquedotto passava accanto alla casa del poeta. Più sotto il fonte Castalio è la fontana delle Muse, mentre la pioggia di Giove è un'allusione alla sua metamorfosi in pioggia d'oro per conquistare Danae. ⁹ A Rodi è nato Apollo, a Creta Giove. I Cureti, facendo rumore col battere le lance sugli scudi, coprivano i vagiti di Giove per non farli sentire a Saturno; Marziale li confonde coi Coribanti, sacerdoti castrati di Cibele. ¹⁰ Caro aveva vinto il premio di poesia consistente in una corona di foglie d'olivo in oro. Una corona di foglie di quercia d'oro era il premio dei Giochi Capitolini. ¹¹ Questa cintura di castità che abbiamo visto messa a cantanti e attori era spesso messa anche ai giovinetti. ¹² Gli attori erano chiamati così. ¹³ Strumento usato in magia. Provocava le eclissi di luna, che però forti clamori potevano scongiurare. Era detto anche rombo. ¹⁴ Il Nilo, identificato con Osiride a sua volta identificato con Giove. Più sotto con l'«olivo albano» e le «corone» di Giove si allude ai premi di poesia di cui alla nota dieci. ¹⁵ La carica di console. ¹⁶ Per fare riposare Atlante. ¹⁷ Partenio significa verginale. ¹⁸ Sistema di uccellagione assai in auge all'epoca. ¹⁹ Uno dei sette a Tebe; bellissimo guerriero. ²⁰ Gettarli in acqua. ²¹ V'era il mercato delle merci di lusso. ²² Le mani di Cesare erano divine, quelle di Pompeo no. ²³ Il fetore della porpora copre quello di Fileni. ²⁴ La via Appia, «latina» per antonomasia. ²⁵ Pompeo era genero di Cesare. ²⁶ Il leone ucciso da Ercole e l'ariete del toson d'oro. ²⁷ Pollùce. ²⁸ Caristo, città dell'Eubea ricca di cave di marmo cipollino. Il marmo di Sinna era invece bianco con venature viola, mentre quello africano di Numidia era giallo e quello dell'Eurota, fiume spartano, era un serpentino verdastro. ²⁹ Norbano, nell'88 d.C., sconfisse la rivolta di due legioni del Reno comandate da Saturnino. La Vindelicia è una zona della Svizzera. ³⁰ La sovvenzione (la sportula) è finita, morta, ed esce di scena. ³¹ Perché poeta e oratore. ³² Gli amici firmavano quali testimoni della liberazione dello schiavo. Marziale firma la bottiglia perché la riservino a lui per il giorno dopo. ³³ Giorno dei Matronalia, sacro anche a Venere dea di Pafo. ³⁴ Sei misure di vino per le lettere di Caesar; dieci corone per quelle di Domitianus; dieci bacioni infine per quelle di Sarmaticus. ³⁵ Pianta velenosa. L'elleboro dell'ultimo verso lo si dava ai pazzi. ³⁶ Epigramma incomprensibile, come pure quello che lo segue. ³⁷ Probabilmente un oste che annacquava il vino. ³⁸ Dopo Vespasiano e Tito. ³⁹ Vi si tenne il giudizio di Paride; Venere, promettendo al giovane troiano Elena, vinse su Giunone e Minerva.

Liber X

I

Si nimius videor seraque coronide longus
　　esse liber, legito pauca: libellus ero.
terque quaterque mihi finitur carmine parvo
　　pagina: fac tibi me quam cupis ipse brevem.

II.

Festinata prior, decimi mihi cura libelli
　　elapsum manibus nunc revocavit opus.
nota leges quaedam sed lima rasa recenti;
　　pars nova maior erit: lector, utrique fave,
lector, opes nostrae: quem cum mihi Roma dedisset,
　　«nil tibi quod demus maius habemus» ait.
«pigra per hunc fugies ingratae flumina Lethes
　　et meliore tui parte superstes eris.
marmora Messallae findit caprificus et audax
　　dimidios Crispi mulio ridet equos:
at chartis nec furta nocent et saecula prosunt,
　　solaque non norunt haec monumenta mori.»

III.

Vernaculorum dicta, sordidum dentem,
et foeda linguae probra circulatricis,
quae sulphurato nolit empta ramento
vatiniorum proxeneta fractorum,
poeta quidam clancularius spargit
et volt videri nostra. credis hoc, Prisce?
voce ut loquatur psittacus coturnicis
et concupiscat esse Canus ascaules?

Libro decimo

1. *Il libro al lettore*

Ti sembro troppo lungo, troppo tardi
ti sembra arrivi la fine? Tu leggi
soltanto pochi epigrammi e sarò
un libretto. Ci sono tante pagine
terminanti con una poesiola:
dunque puoi farmi breve quanto vuoi.

2. *Monumenti eterni*

Troppo affrettata la prima edizione
di questo decimo libro, ora riprendo
un'opera sfuggitami di mano.
Leggerai cose note, rinfrescate
da una lima recente, ma la parte
maggiore è roba nuova: accogli il tutto
con favore, lettore, mia ricchezza
unica. Quando Roma t'ha donato
a me disse: «Non ho nulla di meglio
da darti, grazie a questi eviterai
i pigri gorghi dell'odioso Lete
e di te il meglio sopravviverà.
Ora il fico selvaggio spacca i marmi
di Messala e sfacciato il mulattiere
si beffa dei cavalli rovinati
del monumento di Crispo: ma ai libri
i furti non fan danno mentre i secoli
li avvalorano, sono solo questi
i monumenti che non periranno».

3. *L'anonimo*

Frasacce sconce da facchino, denti
avvelenati, ingiurie d'una lingua
da ciarlatano, che uno stracciarolo
che va in giro trattando vetri rotti
non comprerebbe per uno zolfino,
un tale che non so le sparge intorno
e pretende le scambino per mie.
Ci credi, Crispo? Così un pappagallo

procul a libellis nigra sit meis fama,
quos rumor alba gemmeus vehit pinna:
cur ego laborem notus esse tam prave,
constare gratis cum silentium possit?

IV.

Qui legis Oedipoden caligantemque Thyesten,
    Colchidas et Scyllas, quid nisi monstra legis?
quid tibi raptus Hylas, quid Parthenopaeus et Attis,
    quid tibi dormitor proderit Endymion?
exutusve puer pinnis labentibus? aut qui
    odit amatrices Hermaphroditus aquas?
quid te vana iuvant miserae ludibria chartae?
    hoc lege, quod possit dicere vita «meum est».
non hic Centauros, non Gorgonas Harpyiasque
    invenies: hominem pagina nostra sapit.
sed non vis, Mamurra, tuos cognoscere mores
    nec te scire: legas Aetia Callimachi.

V.

Quisquis stolaeve purpuraeve contemptor
quos colere debet laesit impio versu,
erret per urbem pontis exul et clivi,
interque raucos ultimus rogatores
oret caninas panis inprobi buccas.
illi December longus et madens bruma
clususque fornix triste frigus extendat:
vocet beatos clamitetque felices
Orciniana qui feruntur in sponda.
at cum supremae fila venerint horae
diesque tardus, sentiat canum litem
abigatque moto noxias aves panno.
nec finiantur morte supplicis poenae,
sed modo severi sectus Aeaci loris,

parlerebbe con voce di pernice
e Cano [1] suonerebbe la zampogna?
Una reputazione così perfida
stia lontana dai libri miei che porta
con ali bianche una fama splendente.
Perché dovrei faticare per essere
noto in maniera così dubbia quando
il silenzio non mi farebbe danno?

4. *La pagina sa d'uomo*

Quando leggi d'Edìpo, di Tieste
la cui vista s'abbuia, di Medea,
di Scilla, cosa leggi se non balle
enormi? Che ti frega del rapito
Hyla, di Attis, di Partenopeo,
di quel morto di sonno di Endimione [2]?
Del giovinetto che ha perso le ali
sfuggite via, dell'Ermafrodito
che non tollera l'acqua innamorata?
Cosa ci trovi in quei capricci vani
fatti di carta? Leggi invece quello
di cui la vita può ben dire: «È mio».
Non troverai qui i Centauri, le Arpie,
le Gorgoni: la pagina sa d'uomo.
Ma tu, Mamurra, se non vuoi conoscere
i tuoi costumi e sapere chi sei,
leggiti il poemone di Callimaco.

5. *Maledizioni all'anonimo*

L'anonimo che ha osato disprezzare
nobili dame e grandi porporati
offendendo con i suoi versi quelli
che invece avrebbe dovuto onorare,
erri per la città scacciato pure
dai ponti e dalle scalinate ed ultimo
tra tutti i rochi accattoni solleciti
un pane buono solo per i cani.
Un dicembre lunghissimo, un inverno
umido, un sottoscala micidiale
gli prolunghino senza fine il freddo;
chiami beati, proclami felici
quelli che le barelle portan via
verso l'inferno. Quando arriveranno
l'ora suprema e l'ultimo suo giorno
ascolti come i cani se lo litigano;
e mulinando i pochi cenci cacci
gli avvoltoi spietati. E non finiscano
con la morte le pene, anche se supplica,
ma sia martirizzato dalla frusta

nunc inquieti monte Sisyphi pressus,
nunc inter undas garruli senis siccus
delasset omnis fabulas poetarum:
et cum fateri Furia iusserit verum
prodente clamet conscientia «scripsi.»

VI.

Felices, quibus urna dedit spectare coruscum
  solibus Arctois sideribusque ducem.
quando erit ille dies quo campus et arbor et omnis
  lucebit Latia culta fenestra nuru?
quando morae dulces longusque a Caesare pulvis
  totaque Flaminia Roma videnda via?
quando eques et picti tunica Nilotide Mauri
  ibitis et populi vox erit una «venit?»

VII.

Nympharum pater amniumque, Rhene,
quicumque Odrysias bibunt pruinas,
sic semper liquidis fruaris undis
nec te barbara contumeliosi
calcatum rota conterat bubulci;
sic et cornibus aureis receptis
et Romanus eas utraque ripa:
Traianum populis suis et urbi,
Thybris te dominus rogat, remittas.

VIII.

Nubere Paula cupit nobis, ego ducere Paulam
  nolo: anus est. vellem, si magis esset anus.

IX.

Undenis pedibusque syllabisque
et multo sale, nec tamen protervo
notus gentibus ille Martialis

severa d'Eaco, oppresso dal macigno
dell'affannoso Sisifo e, assetato
nell'acqua di quel vecchio chiacchierone
di Tantalo, si assaggi un poco tutti
i tormenti inventati dai poeti.
Quando la Furia gli avrà comandato
di confessare il vero allora, vinto
dai rimorsi, dirà: «Son io l'anonimo».

6. *Quando verrà l'imperatore?*

Felici quelli ai quali toccò in sorte
di poter contemplare il nostro capo
risplendente del sole e delle stelle
del nord! Ma quando arriverà quel giorno
in cui Campo di Marte e tutti gli alberi
saran pieni di gente e ogni finestra
brillerà dei gioielli delle dame?
Quando i dolci momenti dell'attesa,
il lungo polverone dietro Cesare
e tutta Roma sulla via Flaminia?
Quando sarete lì voi cavalieri [3]
e voi Mauri vestiti di ricami
d'Egitto? E quando ad una voce il popolo
griderà: «Eccolo, viene?».

7. *Al Reno*

Reno, padre di tutte le sorgenti,
di tutti i fiumi che bevon le brine
nordiche, possa tu gioire sempre
dei tuoi liquidi flutti, che non gelino,
sì che non possa calcarti la ruota
barbara d'un bovaro, conducente
di carri, tra bestemmie e parolacce.
Recuperate le tue corna d'oro [4]
sii romano sull'una e l'altra sponda.
In cambio, rendi Traiano al suo popolo
e alla sua capitale, te lo chiede
il tuo padrone Tevere.

8. *Paola è vecchia*

Paola vuole sposarmi, io non la voglio,
è vecchia. Assai più vecchia la vorrei.

9. *La notorietà*

Coi miei distici e i miei endecasillabi,
col mio spirito senza cattiveria,
io, quel Marziale noto a tante genti

et notus populis – quid invidetis? –
non sum Andraemone notior caballo.

X.

Cum tu, laurigeris annum qui fascibus intras,
    mane salutator limina mille teras,
hic ego quid faciam? quid nobis, Paule, relinquis,
    qui de plebe Numae densaque turba sumus?
qui me respiciet dominum regemque vocabo?
    hoc tu – sed quanto blandius! – ipse facis.
lecticam sellamve sequar? nec ferre recusas,
    per medium pugnas et prior ire lutum.
saepius adsurgam recitanti carmina? tu stas
    et pariter geminas tendis in ora manus.
quid faciet pauper cui non licet esse clienti?
    dimisit nostras purpura vestra togas.

XI.

Nil aliud loqueris quam Thesea Pirithoumque
    teque putas Pyladi, Calliodore, parem.
dispeream, si tu Pyladi praestare matellam
    dignus es aut porcos pascere Pirithoi.
«donavi tamen» inquis «amico milia quinque
    et lotam, ut multum, terve quaterve togam.»
quid quod nil umquam Pyladi donavit Orestes?
    qui donat quamvis plurima, plura negat.

XII.

Aemiliae gentes et Apollineas Vercellas
    et Phaethontei qui petis arva Padi,
ne vivam, nisi te, Domiti, dimitto libenter,
    grata licet sine te sit mihi nulla dies:
sed desiderium tanti est ut messe vel una
    urbano releves colla perusta iugo.
i precor et totos avida cute conbibe soles

e popoli, non sono da invidiare:
è più noto di me in cavallo Andrèmone.

10. *Il console cliente*

Ma quando tu, che entri nell'anno nuovo
con i fasci d'alloro [5], alla mattina
logori mille soglie per portare
i tuoi saluti, io cosa posso fare?
Che cosa lasci a noi, Paolo, che siamo
uomini come tanti, della plebe
di Numa? Chi mi guarda appena in faccia
dovrò chiamarlo mio padrone o re?
È esattamente quello che tu fai,
ma con ruffianeria molto maggiore.
Seguo una portantina o una lettiga?
Tu non rifiuti neanche di portarla
e fai a pugni per essere il primo
a camminare nel fango. Mi levo
in piedi per gridare: «Bravo!» ad uno
che legge versi? Tu stai sempre in piedi
e gli sbatti le mani proprio in faccia.
Che farà il poveraccio se non può
essere più cliente? La tua porpora
scaccia le nostre toghe.

11. *Pari a Pilade?*

Non parli d'altro che di Piritòo
e di Teseo, Calliodoro, e ti stimi
pari a Pìlade. Possano ammazzarmi
se sei degno di presentare a Pìlade
il suo pitale e di pascere i porci
di Piritòo. «Ho donato a un amico
cinquemila sesterzi – dici – e in più
una toga lavata quattro volte
al massimo.» Ma Oreste dava tutto
a Pìlade! Quello che tu regali
(fosse pure parecchio) è sempre meno
di quel che non regali.

12. *La tintarella*

Tu vai per la via Emilia verso i campi
di Padova, dove Fetonte cadde,
verso Vercelli cara a Febo. Possa
morire se non ti lascio andar via
volentieri, Domizio: senza te
non avrò mai giorno felice, pure
è grande il desiderio che magari
per una sola estate tu ti possa

o quam formosus, dum peregrinus eris!
et venies albis non adgnoscendus amicis
  livebitque tuis pallida turba genis.
sed via quem dederit rapiet cito Roma colorem,
  Niliaco redeas tu licet ore niger.

XIII.

Ducit ad auriferas quod me Salo Celtiber oras,
  pendula quod patriae visere tecta libet,
tu mihi simplicibus, Mani, dilectus ab annis
  et praetextata cultus amicitia,
tu facis; in terris quo non est alter Hiberis
  dulcior et vero dignus amore magis.
tecum ego vel sicci Gaetula mapalia Poeni
  et poteram Scythicas hospes amare casas.
si tibi mens eadem, si nostri mutua cura est,
  in quocumque loco Roma duobus erit.

XIV.

Cum cathedralicios portet tibi raeda ministros
  et Libys in longo pulvere sudet eques,
strataque non unas cingant triclinia Baias
  et Thetis unguento palleat uncta tuo,
candida Setini rumpant crystalla trientes,
  dormiat in pluma nec meliore Venus:
ad nocturna iaces fastosae limina moechae
  et madet heu! lacrimis ianua surda tuis,
urere nec miserum cessant suspiria pectus.
vis dicam male sit cur tibi, Cotta? bene est.

XV.

Cedere de nostris nulli te dicis amicis.
  sed, sit ut hoc verum, quid, rogo, Crispe, facis?

sollevare dal giogo cittadino.
Allora vai, ti prego, e bevi il sole
con tutta l'avida pelle, bellissimo
sarai finché te ne starai lontano,
e quando tornerai la turba pallida
t'invidierà le guance e i bianchi amici
dureranno fatica a riconoscerti.
Ma Roma ruberà la tintarella
che t'ha dato il viaggio molto presto
fossi tu nero più d'un egiziano.

13. *L'amicizia*

Se il Salone spagnolo mi riporta
alle sue rive aurifere, se voglio
rivedere quei tetti della patria
arrampicati sulla loro rupe,
è ben per te, Manio, caro dagli anni
dell'infanzia, te che l'adolescenza
ha fatto vero amico: nessun altro
di te più dolce nelle terre iberiche,
più degno di profondo amore. Teco
potrei essere un ospite felice
delle capanne dei Cartaginesi
arsi dal sole e delle case scitiche.
Se tu la pensi come me e la nostra
tenerezza è reciproca, dovunque
per noi due sarà Roma.

14. *Stai troppo bene*

Sebbene una vettura coi sedili
porti i tuoi camerieri
e per servirti i cavalieri libici
sudino in una lunga scia di polvere,
e i tuoi triclinii s'inoltrino in mare
in più spiagge alla moda dove le onde
unte dei tuoi profumi impallidiscono [6],
e il vino gelido di Sezze rompa
i tuoi cristalli limpidi, e nemmeno
la stessa Venere dorma in un letto
meglio del tuo: tu nella notte giaci
sulla soglia della tua amante, piena
di vizi e voglie, e quella porta sorda
bagni di lacrime, e bruci sino in fondo
al petto di sospiri. Vuoi sapere,
Cotta, il tuo male? Tu stai troppo bene.

15. *Il petomane*

Ti vanti di non essere secondo
a nessuno dei miei migliori amici,

mutua cum peterem sestertia quinque, negasti,
   non caperet nummos cum gravis arca tuos.
quando fabae nobis modium farrisve dedisti,
   cum tua Niliacus rura colonus aret?
quando brevis gelidae missa est toga tempore brumae?
   argenti venit quando selibra mihi?
nil aliud video quo te credamus amicum
   quam quod me coram pedere, Crispe, soles.

XVI.

Dotatae uxori cor harundine fixit acuta,
   sed dum ludit Aper: ludere novit Aper.

XVII.

Si donare vocas promittere nec dare, Gai,
   vincam te donis muneribusque meis.
accipe Callaicis quidquid fodit Astur in arvis,
   aurea quidquid habet divitis unda Tagi,
quidquid Erythraea niger invenit Indus in alga,
   quidquid et in nidis unica servat avis,
quidquid Agenoreo Tyros inproba cogit aheno:
   quidquid habent omnes, accipe, quomodo das.

XVIII.

Saturnalicio Macrum fraudare tributo
   frustra, Musa, cupis: non licet: ipse petit;
sollemnesque iocos nec tristia carmina poscit
   et queritur nugas obticuisse meas.
mensorum longis sed nunc vacat ille libellis.
   Appia, quid facies, si legit ista Macer?

Crispo, ma, ti domando, cosa fai
perché questo sia vero? Cinquemila
t'avevo chiesto in prestito: hai negato
benché la tua pesante cassaforte
non riesca più a tenere le monete.
E quando mai mi hai regalato un moggio
di farro o fave, benché il tuo colono
ari fertili campi lungo il Nilo?
Quando m'hai fatto avere una leggera
toga nel tempo delle brume? Quando
mezza libbra d'argenteria? Non vedo
altra prova per ritenerti amico
del fatto che scorreggi in mia presenza.

16. *La freccia*

Afro piantò una freccia in fondo al cuore
della sua ricca moglie, ma fu solo
un incidente di gioco: sa bene
Afro come giocare.

17. *Prendi come dai*

Gaio, se tu prometti e non mantieni
e chiami questo «dare», vincerò
su te coi doni ed i regali miei.
Prenditi tutto quel che l'Asturiano
ricava dai terreni di Galizia,
quello che custodisce l'onda d'oro
del ricco Tago, le perle che il nero
indiano trova nell'alga eritrea,
il tesoro che serba nel suo nido
l'uccello unico al mondo, la Fenice,
la porpora che l'insolente Tiro
bolle nel calderone agenoreo [7],
tutto quel che c'è al mondo di sontuoso
prendilo al modo stesso in cui tu dai.

18. *Il tributo di Macro*

Mandare a vuoto Macro del tributo
che egli pretende per i Saturnali
è impossibile, Musa. Lo reclama
lui stesso: vuole giochi, vuole scherzi,
versi tutt'altro che tristi, e lamenta
l'ammutolirsi delle mie sciocchezze.
Ma adesso ha da vedersela coi lunghi [8]
rapporti dei geometri. Via Appia,
cosa farai se Macro legge questo?

XIX.

Nec vocat ad cenam Marius, nec munera mittit,
  nec spondet, nec volt credere, sed nec habet.
turba tamen non dest sterilem quae curet amicum.
  eheu! quam fatuae sunt tibi, Roma, togae!

XX.

Nec doctum satis et parum severum,
sed non rusticulum tamen libellum
facundo mea Plinio Thalia
i perfer: brevis est labor peractae
altum vincere tramitem Suburae.
illic Orphea protinus videbis
udi vertice lubricum theatri
mirantisque feras avemque regis,
raptum quae Phryga pertulit Tonanti;
illic parva tui domus Pedonis
caelata est aquilae minore pinna.
sed ne tempore non tuo disertam
pulses ebria ianuam videto:
totos dat tetricae dies Minervae,
dum centum studet auribus virorum
hoc quod saecula posterique possint
Arpinis quoque conparare chartis.
seras tutior ibis ad lucernas:
haec hora est tua, cum furit Lyaeus,
cum regnat rosa, cum madent capilli:
tunc me vel rigidi legant Catones.

XXI.

Scribere te quae vix intellegat ipse Modestus
  et vix Claranus quid rogo, Sexte, iuvat?
non lectore tuis opus est sed Apolline libris:
  iudice te maior Cinna Marone fuit.
sic tua laudentur sane: mea carmina, Sexte,
  grammaticis placeant, ut sine grammaticis.

19. *Scrocconi sciocchi*

Mario non dà né cene né regali,
non dà cauzioni o prestiti a nessuno
e non ha soldi. Tuttavia una turba
di gente lo corteggia senza nulla
in cambio. O Roma, che scrocconi sciocchi!

20. *Un libro a Plinio* [9]

Questo libretto, troppo poco serio
e troppo poco dotto e tuttavia
non rustico, va' e portalo, mia Musa,
all'eloquente Plinio: poco sforzo
ci vuole, traversata la Suburra,
a vincere la piccola salita.
Qui vedrai subito un Orfeo bagnato
d'acqua al vertice d'un anfiteatro
ruscellante e tra le incantate belve
quell'aquila reale che portò
al Tonante il rapito Ganimede.
(Qui si leva anche la casa modesta
del tuo Pedone, che ha scolpita un'aquila
assai più piccolina.)
Musa, stai bene attenta a non picchiare
alla porta dottissima in un'ora
sbagliata e da ubriaca. Qui il padrone
dedica le giornate tutte intere
all'austera Minerva: vuol che sentano
i Centumviri cose che nei secoli
i posteri potran paragonare
agli scritti del grande Cicerone.
Andrai sicura all'ora che la sera
accende le lanterne: tua quest'ora,
quando Bacco imperversa, quando regna
la rosa ed i capelli si profumano.
Mi leggano, a quell'ora, anche i Catoni.

21. *Versi ermetici*

Dimmelo, Sesto, che piacere provi
a scrivere dei versi che a fatica
comprenderebbe Modesto e a fatica
Clarano [10]? I libri tuoi
non chiedono un lettore bensì Apollo
in persona: per te è maggiore Cinna
di Virgilio. Lodàti siano sempre,
Sesto, i tuoi versi; i miei voglio che piacciano
anche ai grammatici ma senza aiuto
d'altri grammatici.

XXII.

Cur spleniato saepe prodeam mento
albave picta sana labra cerussa,
Philaeni, quaeris? basiare te nolo.

XXIII.

Iam numerat placido felix Antonius aevo
    quindecies actas Primus Olympiadas
praeteritosque dies et tutos respicit annos
    nec metuit Lethes iam propioris aquas.
nulla recordanti lux est ingrata gravisque;
    nulla fuit cuius non meminisse velit.
ampliat aetatis spatium sibi vir bonus: hoc est
    vivere bis, vita posse priore frui.

XXIV.

Natales mihi Martiae Kalendae,
lux formosior omnibus Kalendis,
qua mittunt mihi munus et puellae,
quinquagensima liba septimamque
vestris addimus hanc focis acerram.
his vos, si tamen expedit roganti,
annos addite bis precor novenos,
ut nondum nimia piger senecta
sed vitae tribus areis peractis
lucos Elysiae petam puellae.
post hunc Nestora nec diem rogabo.

XXV.

In matutina nuper spectatus harena
    Mucius, inposuit qui sua membra focis,
si patiens durusque tibi fortisque videtur,
    Abderitanae pectora plebis habes.
nam cum dicatur tunica praesente molesta
    «ure manum», plus est dicere «non facio».

22. *Per non baciarti*

Fileni, mi domandi perché spesso
vado in giro col mento impiastricciato
di pomata e le labbra, benché sane,
tutte dipinte di bianca cerussa.
Vuoi sapere perché? Per non baciarti.

23. *Vivere due volte*

Antonio Primo annovera felice,
nella sua placida vecchiezza, quindici
olimpiadi, settantacinque anni:
contempla i giorni trascorsi, i suoi anni
quieti e non teme l'acqua ormai vicina
del Lete. Non v'è giorno che sia ingrato
o grave alla memoria, non v'è nulla
che vorrebbe scordare. Così l'uomo
per bene amplia lo spazio della vita:
potersi rallegrare della vita
passata vuol dir vivere due volte.

24. *Tre giri di pista*

O primo marzo, giorno mio natale,
felice più di tutti gli altri giorni,
quando persin le ragazze mi mandano
dei regalucci, anche stavolta (e sono
ormai cinquantasette volte) t'offro
sull'altare una torta e un po' d'incenso.
A quei cinquantasette, se ti piace
accontentare chi domanda, aggiungi,
ti prego, solamente diciotto anni,
sì che possa raggiungere i boschetti
della fanciulla dell'Eliso [11] ancora
non impigrito da troppa vecchiezza
ma dopo aver compiuto tutti quanti
i tre giri di pista della vita.
Oltre a questo non chiedo un giorno in più.

25. *Il nuovo Muzio Scevola*

Quel Muzio che hai veduto una mattina
nell'arena, non molto tempo fa,
mettere la sua mano dentro il fuoco,
se ti sembra paziente, forte, duro
vuol dire che hai cervello da Beota.
Se infatti ti mettessero davanti
una camicia di zolfo dicendoti:
«Questa o la mano!», ci vorrebbe più
coraggio a dire no che a dire sì.

XXVI.

Vare, Paraetonias Latia modo vite per urbes
    nobilis et centum dux memorande viris,
at nunc Ausonio frustra promisse Quirino,
    hospita Lagei litoris umbra iaces.
spargere non licuit frigentia fletibus ora
    pinguia nec maestis addere tura rogis.
sed datur aeterno victurum carmine nomen:
    numquid et hoc, fallax Nile, negare potes?

XXVII.

Natali, Diodore, tuo conviva senatus
    accubat et rarus non adhibetur eques,
et tua tricenos largitur sportula nummos.
    nemo tamen natum te, Diodore, putat.

XXVIII.

Annorum nitidique sator pulcherrime mundi,
    publica quem primum vota precesque vocant,
pervius exiguos habitabas ante penates,
    plurima qua medium Roma terebat iter:
nunc tua Caesareis cinguntur limina donis
    et fora tot numeras, Iane, quot ora geris.
at tu, sancte pater, tanto pro munere gratus,
    ferrea perpetua claustra tuere sera.

XXIX.

Quam mihi mittebas Saturni tempore lancem,
    misisti dominae, Sextiliane, tuae;
et quam donabas dictis a Marte Kalendis,
    de nostra prasina est synthesis empta toga.
iam constare tibi gratis coepere puellae:
    muneribus futuis, Sextiliane, meis.

26. *In eterno*

Varo, tu che per le città d'Egitto
recentemente hai fatto ben conoscere
l'insegna della vite [12], tu che i tuoi
cento uomini ricorderanno sempre,
vanamente promesso ai tuoi Romani
ecco che adesso giaci, ombra straniera,
sulla spiaggia dei Làgidi. Né a me
fu permesso cospargere di lagrime
quel viso freddo e versare l'incenso
dal pingue fumo sul rogo. Il tuo nome
però vivrà in eterno nel mio canto:
e tu, perfido Nilo, puoi negarlo?

27. *Il compleanno*

Il giorno in cui sei nato tutto il corpo
legislativo siede alla tua mensa
con molti cavalieri, e tu, Diodoro,
regali a chi le chiede bustarelle
di ben trenta sesterzi. Eppure tutti
ti stimano malnato.

28. *A Giano*

Splendido padre degli anni e del mondo
luminoso, che invocano per primo
nei riti pubblici voti e preghiere,
prima stavi in un luogo stretto e piccolo
che serviva da pubblico passaggio
e tutta Roma vi si riversava.
Adesso per la generosità
di Cesare la soglia tua è ben chiusa,
Giano, ed hai tante piazze quanti volti.
Tu, padre santo, grato per il dono
tieni sempre sbarrate le tue porte [13].

29. *Addio doni*

Quel piatto che mi davi ai Saturnali
l'hai dato alla tua amante, Sestiliano;
coi soldi della toga, che onorava
ogni mio compleanno al primo marzo,
le hai comperato un abito da pranzo
verde chiaro. Ecco dunque che le donne
non ti costano nulla, Sestiliano,
visto che te le fotti coi miei doni.

XXX.

O temperatae dulce Formiae litus,
vos, cum severi fugit oppidum Martis
et inquietas fessus exuit curas,
Apollinaris omnibus locis praefert.
non ille sanctae dulce Tibur uxoris,
nec Tusculanos Algidosve secessus,
Praeneste nec sic Antiumque miratur;
non blanda Circe Dardanisve Caieta
desiderantur, nec Marica nec Liris,
nec in Lucrina lota Salmacis vena.
hic summa leni stringitur Thetis vento;
nec languet aequor, viva sed quies ponti
pictam phaselon adiuvante fert aura,
sicut puellae non amantis aestatem
mota salubre purpura venit frigus.
nec seta longo quaerit in mari praedam,
sed a cubili lectuloque iactatam
spectatus alte lineam trahit piscis.
si quando Nereus sentit Aeoli regnum,
ridet procellas tuta de suo mensa:
piscina rhombum pascit et lupos vernas,
natat ad magistrum delicata murena,
nomenculator mugilem citat notum
et adesse iussi prodeunt senes mulli.
frui sed istis quando, Roma, permittis?
quod Formianos inputat dies annus
negotiosis rebus urbis haerenti?
o ianitores vilicique felices!
dominis parantur ista, serviunt vobis

XXXI.

Addixti servum nummis here mille ducentis,
    ut bene cenares, Calliodore, semel.
nec bene cenasti: mullus tibi quattuor emptus
    librarum cenae pompa caputque fuit.

30. *Formia*

Dolce lido di Formia, temperato
clima, ti preferisce Apollinare
a qualsiasi altro luogo quando fugge
la marzia Roma e stanco lascia perdere
per un poco i pensieri che lo affliggono.
Lui non ammira altrettanto l'amabile
Tivoli cara alla sua santa sposa,
né i ritiri di Tuscolo o dell'Algido
né Palestrina od Anzio: non desidera
le blandizie di Circe o la troiana
Gaeta, la ninfa Marica sul Liri,
Salmace che si getta nel Lucrino.
Qui la pelle del mare è accarezzata
da un alito di vento, non ristagna
mai l'acqua, sempre viva benché calma,
e con l'aiuto della brezza porta
a riva una barchetta colorata,
come la porpora d'una fanciulla
che non ama l'estate crea frescura
salutare quand'ella un poco l'agita.
La lenza non va in cerca della preda
in un'acqua lontana, la si lancia
dalla stanza da letto, anzi dal letto,
e si guarda dall'alto il pesce preso.
E quando il mare avverte la potenza
del dio dei venti, la mensa provvista
di tutto un po' ride delle tempeste:
una peschiera nutre rombi e spigole
fatti in casa, murene delicate
corrono a un fischio dell'allevatore,
lo schiavo che sa il nome degli schiavi
tutti della famiglia chiama il muggine
che ben conosce, a un semplice comando
le vecchie triglie vengono vicino.
Quando permetterai che Apollinare,
Roma, si goda in pace tutto questo?
Quanti giorni di Formia a suo favore
in un anno di affari cittadini?
O voi felici, guardiani e fattori,
i soli a profittare di delizie
fatte per il padrone!

31. *Mangi un uomo*

Calliodoro, hai venduto ieri uno schiavo
a mille e più sesterzi per avere
per una volta da mangiare bene.
Non hai mangiato bene, hai comperato
una triglia da quattro libbre: tutto
qui l'ornamento e il fulcro della cena.

exclamare libet: «non est hic, inprobe, non est
   piscis: homo est; hominem, Calliodore, comes».

XXXII.

Haec mihi quae colitur violis pictura rosisque,
   quos referat voltus, Caediciane, rogas?
talis erat Marcus mediis Antonius annis
   Primus: in hoc iuvenem se videt ore senex.
ars utinam mores animumque effingere posset!
   pulchrior in terris nulla tabella foret.

XXXIII.

Simplicior priscis, Munati Galle, Sabinis,
   Cecropium superas qui bonitate senem,
sic tibi consoceri claros retinere penates
   perpetua natae det face casta Venus:
ut tu, si viridi tinctos aerugine versus
   forte malus livor dixerit esse meos,
ut facis, a nobis abigas, nec scribere quemquam
   talia contendas carmina qui legitur.
hunc servare modum nostri novere libelli,
   parcere personis, dicere de vitiis.

XXXIV.

Di tibi dent quidquid, Caesar Traiane, mereris
   et rata perpetuo quae tribuere velint:
qui sua restituis spoliato iura patrono
   – libertis exul non erit ille suis –,
dignus es ut possis tutum servare clientem:
   ut – liceat tantum vera probare – potes.

XXXV.

Omnes Sulpiciam legant puellae
uni quae cupiunt viro placere;

Si dovrebbe gridarti: «Non è un pesce,
bestione, questo è un uomo: Calliodoro
tu mangi un uomo».

32. *Il ritratto di Antonio Primo*

Cacidiano, mi chiedi di chi sia
il volto riprodotto su quel quadro
dinanzi al quale metto rose e viole?
Questi era Marco Antonio Primo in piena
maturità: su tale volto il vecchio
ritrova sé da giovane. Potesse
l'arte ritrarre anche anima e carattere:
non ci sarebbe quadro sulla terra
più bello.

33. *Vizi, non persone*

Munazio Gallo, di costumi semplice
più che i Sabini antichi, che sorpassi
in onestà pure il vecchio d'Atene [14],
voglia la casta Venere (sposata
tua figlia indissolubilmente) sempre
fare sì che tu serbi l'alleanza
con l'illustre casato del consuocero.
Ma tu, se qualche malalingua dice
essere miei versi tinti nel verde
della bile, tu scansali da me
come fai, sostenendo che nessuno
che voglia essere letto scrive roba
del genere. I miei libri hanno imparato
questa misura, censurare i vizi
senza tirare in ballo le persone.

34. *A Traiano*

Ti donino gli dèi quello che meriti,
Traiano, e ti conservino per sempre
quello che già t'han dato. Tu che rendi
i suoi diritti al padrone spogliato
ingiustamente (non sarà più un esule [15]
per i propri liberti), tu sei degno
anche di garantire sicurezza
ai clienti: ti sia solo permesso
di provare che è vero, e tu lo puoi.

35. *Sulpicia*

Le ragazze che vogliono piacere
a un uomo solo leggano Sulpicia,

omnes Sulpiciam legant mariti
uni qui cupiunt placere nuptae.
non haec Colchidos adserit furorem,
diri prandia nec refert Thyestae;
Scyllam, Byblida nec fuisse credit:
sed castos docet et probos amores
lusus, delicias facetiasque.
cuius carmina qui bene aestimarit,
nullam dixerit esse nequiorem,
nullam dixerit esse sanctiorem.
tales Egeriae iocos fuisse
udo crediderim Numae sub antro.
hac condiscipula vel hac magistra
esses doctior et pudica, Sappho:
sed tecum pariter simulque visam
durus Sulpiciam Phaon amaret.
frustra: namque ea nec Tonantis uxor
nec Bacchi nec Apollinis puella
erepto sibi viveret Caleno.

XXXVI.

Inproba Massiliae quidquid fumaria cogunt,
    accipit aetatem quisquis ab igne cadus,
a te, Munna, venit: miseris tu mittis amicis
    per freta, per longas toxica saeva vias;
nec facili pretio sed quo contenta Falerni
    testa sit aut cellis Setia cara suis.
non venias quare tam longo tempore Romam
    haec puto causa tibi est, ne tua vina bibas.

XXXVII.

Iuris et aequarum cultor sanctissime legum,
    veridico Latium qui regis ore forum,
municipi, Materne, tuo veterique sodali
    Callaïcum mandas si quid ad Oceanum –.
an Laurentino turpis in litore ranas
    et satius tenues ducere credis acos
ad sua captivum quam saxa remittere mullum,
    visus erit libris qui minor esse tribus?

i mariti che vogliono piacere
solo alle mogli leggano Sulpicia.
Ella non prende a soggetto il furore
di Medea, né ci parla del banchetto
del feroce Tieste, ella non crede
all'esistenza di Scilla e di Biblis [16],
ma ci insegna gli amori casti e puri
con le loro delizie, i loro giochi
e facezie. Chi sa bene apprezzare
la poesia di Sulpicia dirà
che nessuna è mai stata più sottile
e nessuna più onesta. Tali, credo,
fossero le acutezze della ninfa
Egeria nell'antro umido di Numa.
L'avessi avuta, Saffo, per maestra
o condiscepola saresti stata
più dotta e più pudica, ma Faone,
per quanto duro, se l'avesse vista
insieme a te l'avrebbe certo amata.
Invano, perché lei più non vorrebbe
vivere – se Celeno suo morisse –
nemmeno come moglie del Tonante,
né come amante di Bacco o di Apollo.

36. *I vini di Munna*

Tutto ciò che le celle affumicate
di Marsiglia conservano, quei vini
che sono fatti invecchiare col fuoco,
da te vengono, Munna; li spedisci,
quei veleni arrabbiati, ai poveretti
amici tuoi, per mare e strade lunghe,
e non per quattro soldi ma ad un prezzo
sufficiente a una giara di Falerno
o di un Sezze già caro alla cantina.
Ecco, credo, perché non vieni a Roma
da tanto tempo, per non bere i vini
mandatici da te.

37. *A Materno*

Santissimo cultore del diritto
e delle giuste leggi, che governi
il foro con la tua voce veridica,
Materno, hai commissioni da affidare
al tuo compaesano e vecchio amico
per la costa spagnola dell'oceano [17]?
Preferisci pescare sulla spiaggia
di Laurento le viscide ranocchie
o le aguglie esilissime piuttosto

et fatuam summa cenare pelorida mensa
    quosque tegit levi cortice concha brevis
ostrea Baianis quam non liventia testis,
    quae domino pueri non prohibente vorent?
hic olidam clamosus ages in retia volpem
    mordebitque tuos sordida praeda canes:
illic piscoso modo vix educta profundo
    inpedient lepores umida lina meos.
dum loquor ecce redit sporta piscator inani,
    venator capta maele superbus adest:
omnis ab urbano venit ad mare cena macello.
    Callaïcum mandas si quid ad Oceanum –.

XXXVIII.

O molles tibi quindecim, Calene,
quos cum Sulpicia tua iugales
indulsit deus et peregit annos!
o nox omnis et hora, quae notata est!
caris litoris Indici lapillis!
o quae proelia, quas utrimque pugnas
felix lectulus et lucerna vidit
nimbis ebria Nicerotianis!
vixisti tribus, o Calene, lustris:
aetas haec tibi tota conputatur
et solos numeras dies mariti.
ex illis tibi si diu rogatam
lucem redderet Atropos vel unam,
malles quam Pyliam quater senectam.

XXXIX.

Consule te Bruto quod iuras, Lesbia, natam
    mentiris. nata es, Lesbia, rege Numa?
sic quoque mentiris. namque, ut tua saecula narrant,
    ficta Prometheo diceris esse luto.

che rimandare ai suoi scogli la triglia
già catturata se non fa tre libbre?
E cenare con delle sciocche vongole
o quei molluschi che una conchiglietta
ricopre di leggera scorza invece
di bellissime ostriche, per nulla
meno buone di quelle nate a Baia,
che persino gli schiavi là divorano
senza che lo proibiscano i padroni?
Qui con grandi schiamazzi prenderai
nelle tue reti una fetida volpe,
sporca preda che morderà i tuoi cani:
là le reti bagnate, appena tratte
dall'oceano pescoso acchiapperanno
belle lepri. Ma mentre parlo torna
il pescatore tuo col cesto vuoto
e il cacciatore eccolo lì, superbo
per aver preso un tasso: ogni tuo pasto
viene alla villa al mare dal mercato
urbano. Hai commissioni da affidarmi
per la costa spagnola dell'oceano?

38. *Hai vissuto quindici anni*

Che delizia per te quei quindici anni
di matrimonio, Caleno, che il Dio
t'ha consentito di vivere accanto
alla Sulpicia tua! O notti ed ore
segnate con le perle della costa
dell'India! E che battaglie dell'amore,
che lotte videro il letto felice
e la lucerna tutta profumata
delle essenze odorose di Nicèrote!
Hai vissuto, Caleno, quindici anni:
son solo questi gli anni che ti contano,
solo i giorni di matrimonio sono
degni di nota. Se di questi giorni
la Parca, lungamente supplicata,
te ne rendesse solamente uno,
tu lo preferiresti ad una vita
lunga il quadruplo di quella di Néstore.

39. *Il fango di Prometeo*

Lesbia, spergiuri d'esser nata sotto
il consolato di Bruto: tu menti.
Sei nata allora ai tempi del re Numa?
Altra menzogna. Infatti, come attestano
tutti i tuoi secoli, sei stata fatta
del fango di Promèteo [18].

XL.

Semper cum mihi diceretur esse
secreto mea Polla cum cinaedo,
inrupi, Lupe. non erat cinaedus.

XLI.

Mense novo Iani veterem, Proculeia, maritum
    deseris atque iubes res sibi habere suas.
quid, rogo, quid factum est? subiti quae causa doloris?
    nil mihi respondes? dicam ego, praetor erat:
constatura fuit Megalensis purpura centum
    milibus, ut nimium munera parca dares,
et populare sacrum bis milia dena tulisset.
    discidium non est hoc, Proculeia: lucrum est.

XLII.

Tam dubia est lanugo tibi, tam mollis ut illam
    halitus et soles et levis aura terat.
celantur simili ventura Cydonea lana,
    pollice virgineo quae spoliata nitent.
fortius inpressi quotiens tibi basia quinque,
    barbatus labris, Dindyme, fio tuis.

XLIII.

Septima iam, Phileros, tibi conditur uxor in agro.
    plus nulli, Phileros, quam tibi reddit ager.

XLIV.

Quinte Caledonios Ovidi visure Britannos
    et viridem Tethyn Oceanumque patrem,
ergo Numae colles et Nomentana relinquis
    otia nec retinet rusque focusque senem?
gaudia tu differs, at non et stamina differt
    Atropos atque omnis scribitur hora tibi.
praestiteris caro – quis non hoc laudet? – amico

40. *Polla e il frocio*

Mi dicono che Polla mia s'è chiusa
in casa tutta sola con un frocio.
Entro di colpo. Non è frocio affatto.

41. *Un divorzio*

Ai primi di gennaio, Proculeia,
lasci il vecchio marito con la clausola
che si tenga per sé i suoi propri beni.
Cos'è successo, dimmi, che ragione
c'è d'un disastro così repentino?
Non mi rispondi? Te lo dico io.
Era pretore: la veste di porpora
da indossare nei giochi di Cibele
gli veniva a costare centomila
sesterzi, anche volendo risparmiare
sugli spettacoli; altri ventimila
per lo meno se li portava via
la festa della plebe. Proculeia,
questo non è un divorzio ma un affare.

42. *La peluria del tuo viso*

Così tenera e incerta la peluria
del tuo viso che la distrugge un alito,
e il sole e la leggera brezza. Tale
il velo in cui si celano le mele
cotogne, che le dita d'una vergine
illumina togliendolo. Se forte
t'imprimo quattro o cinque baci, Dindimo,
sarò fatto barbuto dai tuoi labbri.

43. *Sette mogli*

Hai seppellito la settima moglie
nel tuo campo, Fileno. Non c'è campo
che abbia reso a qualcuno come a te.

44. *A Quinto Ovidio*

Tu che stai per andare a visitare
i Britanni Calèdoni e la verde
Teti col padre Oceano, tu rinunci
alle colline di Numa e ai piaceri
di Mentana? Sei vecchio e focolare
e campagna non riescono a tenerti?
Tu rimandi a più tardi le tue gioie;
Atropo non rimanda il proprio ordito
ed ogni ora che passa va a tuo conto.

sed reddare tuis tandem mansure Sabinis
　　ut potior vita sit tibi sancta fides;
　　teque tuas numeres inter amicitias.

XLV.

Si quid lene mei dicunt et dulce libelli,
　　si quid honorificum pagina blanda sonat,
hoc tu pingue putas et costam rodere mavis,
　　ilia Laurentis cum tibi demus apri.
Vaticana bibas, si delectaris aceto:
　　non facit ad stomachum nostra lagona tuum.

XLVI.

Omnia vis belle, Matho, dicere. dic aliquando
　　et bene; dic neutrum; dic aliquando male.

XLVII.

Vitam quae faciant beatiorem,
iucundissime Martialis, haec sunt:
res non parta labore sed relicta;
non ingratus ager, focus perennis;
lis numquam, toga rara, mens quieta;
vires ingenuae, salubre corpus;
prudens simplicitas, pares amici;
convictus facilis, sine arte mensa;
nox non ebria sed soluta curis;
non tristis torus et tamen pudicus;
sumnus qui faciat breves tenebras:
quod sis esse velis nihilque malis;
summum nec metuas diem nec optes.

XLVIII.

Nuntiat octavam Phariae sua turba iuvencae,
　　et pilata redit iamque subitque cohors.
temperat haec thermas, nimios prior hora vapores
　　halat, et inmodico sexta Nerone calet.

Ma tu avrai dimostrato a un caro amico
– e chi per questo non ti loderà? –
che il tener fede alla parola data
per te è più della vita. Ma ritorna
per rimanerci nella tua Sabina,
conta te stesso tra i più cari amici.

45. *Il vino vaticano*

Se i miei libretti dicono qualcosa
di dolce e di soave e la mia pagina
solleva qualche mormorio di gloria,
questo ti sembra sciocco e preferisci
rodere una bistecca quando t'offro
filetto di cinghiale laurentino.
Bèviti del vinaccio vaticano
se ti piace l'aceto, il mio fiaschetto
non fa per il tuo stomaco.

46. *A Mato*

Vuoi dire tutto in maniera graziosa.
Di' qualche cosa bene, qualche cosa
così così, qualcosa infine male.

47. *Il bello della vita*

Simpaticissimo Marziale [19], queste
sono le cose che fanno beata
l'esistenza: ricchezza ereditata
e non prodotta dal lavoro, campi
non ingrati, un camino sempre acceso,
mai liti e poche visite togate,
mente quieta, vigore, corpo sano,
franchezza ma con tatto, amici pari
in condizione, convitati senza
pretese, mensa senza ostentazione,
notti senza pensieri ma non ebbre,
letto senza pudori eppure casto,
sonno che faccia le tenebre brevi,
essere soddisfatti di se stessi
senza volere nulla di diverso,
non temere ma non desiderare
l'ultimo giorno.

48. *A cena da me*

La turba dei suoi preti annunzia ad Iside,
la giovenca, l'ottava ora, e già
una coorte, giavellotto in pugno,
torna in caserma e l'altra le dà il cambio.

Stella, Nepos, Cani, Cerialis, Flacce, venitis?
　　septem sigma capit, sex sumus, adde Lupum.
exoneraturas ventrem mihi vilica malvas
　　adtulit et varias quas habet hortus opes;
in quibus est lactuca sedens et tonsile porrum,
　　nec dest ructatrix mentha nec herba salax;
secta coronabunt rutatos ova lacertos
　　et madidum thynni de sale sumen erit.
gustus in his; una ponetur cenula mensa,
　　haedus inhumani raptus ab ore lupi,
et quae non egeant ferro structoris ofellae
　　et faba fabrorum prototomique rudes;
pullus ad haec cenisque tribus iam perna superstes
　　addetur. saturis mitia poma dabo,
de Nomentana vinum sine faece lagona,
　　quae bis Frontino consule prima fuit.
accedent sine felle ioci nec mane timenda
　　libertas et nil quod tacuisse velis:
de prasino conviva meus venetoque loquatur,
　　nec faciunt quemquam pocula nostra reum.

XLIX.

Cum potes amethystinos trientes
et nigro madeas Opimiano,
propinas modo conditum Sabinum
et dicis mihi, Cotta, «vis in auro?».
quisquam plumbea vina volt in auro?

L.

Frangat Idumaeas tristis Victoria palmas,
　　plange, Favor, saeva pectora nuda manu;
mutet Honor cultus, et iniquis munera flammis
　　mitte coronatas, Gloria maesta, comas.

L'ora ottava tempera un poco il bagno,
mentre la settima levava troppa
aria calda e la sesta arroventava
le terme di Nerone: Stella, Canio,
Nepote, Flacco, Ceriale, venite?
La mia sala da pranzo ha sette posti,
noi siamo solo sei, chiamiamo Lupo.
La contadina mi ha portato malve
lassative con tutte le verdure
dell'orto: la lattuga romanesca,
il porro da affettare, la mentuccia
che fa ruttare, la rughetta ardente.
Uova a fette coroneranno acciughe
sparse di ruta e una tetta di scrofa
sarà condita con salsa di tonno.
Sino a qui l'antipasto: seguirà,
unico piatto, un capretto strappato [20]
alle fauci d'un lupo disumano,
e braciolette che non han bisogno
di scalco e fave che piacciono ai fabbri
e broccoli freschissimi. Di più
posso aggiungere un pollo, ed un prosciutto
sopravvissuto già a tre cene. Sazi
vi darò frutta matura e una giara
di vino di Mentana senza feccia
che aveva già sei anni sotto il console
Frontino. Si faranno allora scherzi
innocenti, in completa libertà,
senza dover ricordarli atterriti
l'indomani mattina, preferendo
essere stati zitti. Gli invitati
parleranno dei verdi e degli azzurri,
i miei bicchieri non li accuseranno.

49. *Vino di piombo*

Bevi coppe di vino prelibato
colore d'ametista, e prima t'eri
scolato un altro vino anche più vecchio.
A me fai bere del vinello nuovo
della Sabina, Cotta, e mi domandi
se voglio berlo in una coppa d'oro.
Coppa d'oro per un vino di piombo?

50. *Morte di Scorpo*

Spezzi le palme d'Idumèa [21] la triste
Vittoria, e tu battiti il petto nudo,
Favore, terribilmente; l'Onore
prenda il lutto, tu, Gloria desolata,

heu facinus! prima fraudatus, Scorpe, iuventa
  occidis et nigros tam cito iungis equos.
curribus illa tuis semper properata brevisque
  cur fuit et vitae tam prope meta tuae?

LI.

Sidera iam Tyrius Phrixei respicit agni
  taurus et alternum Castora fugit hiems;
ridet ager, vestitur humus, vestitur et arbor,
  Ismarium paelex Attica plorat Ityn.
quos, Faustine, dies, quales tibi Roma, Ravennas
  abstulit! o soles, o tunicata quies!
o nemus, o fontes solidumque madentis harenae
  litus et aequoreis splendidus Anxur aquis,
et non unius spectator lectulus undae,
  qui videt hinc puppes fluminis, inde maris!
sed nec Marcelli Pompeianumque, nec illic
  sunt triplices thermae nec fora iuncta quater,
nec Capitolini summum penetrale Tonantis
  quaeque nitent caelo proxima templa suo.
dicere te lassum quotiens ego credo Quirino:
  «quae tua sunt, tibi habe: quae mea, redde mihi».

LII.

Thelyn viderat in toga spadonem.
damnatam Numa dixit esse moecham.

LIII.

Ille ego sum Scorpus, clamosi gloria Circi,
  plausus, Roma, tui deliciaeque breves,
invida quem Lachesis raptum trieteride nona,
  dum numerat palmas, credidit esse senem.

offri alle fiamme inique le corone
che t'ornano le chiome. Che delitto!
Frodato della prima gioventù
tu muori, Scorpo, e così presto guidi
i cavalli dell'ombra. Quella meta
che raggiungevi veloce col carro
sfiorandola, perché ti fu piazzata
così presso all'inizio della vita?

51. *Terracina*

E il Toro già s'è lasciato alle spalle
la costellazïone dell'Ariete
e s'allontana l'inverno da Càstore [22]
che s'è alternato col gemello: i prati
ridono, terra ed alberi si vestono,
la rondine colpevole piange Iti.
Quali giorni, Faustino, che delizie
t'ha portato via Roma!
O soli, o bel dormire in sola tunica!
O boschi e fonti e una solida spiaggia
d'umida rena, con te Terracina
splendida sulla distesa marina,
contrada riposante come un letto
che non guardi soltanto un'unica acqua
ma da una parte vedi fiume e barche
dall'altra barche e mare. Certamente
qui non c'è né il teatro di Marcello
né quello di Pompeo, le terme triplici
e i quattro fori riuniti, il santuario
altissimo di Giove in Campidoglio,
il suo tempio che luccica nel cielo.
Ma quante volte t'ho sentito dire
stanco a Quirino: «Tienti quel che è tuo
ma rendimi, ti prego, quel che è mio».

52. *Eunuco in toga*

Numa vide l'eunuco Teli in toga:
«Ecco – disse – il castigo di un'adultera» [23].

53. *Epitaffio di Scorpo*

Sono Scorpo, la gloria del circo
plaudente, e tua esultanza, Roma,
e tua breve delizia.
L'invidiosa Làchesi mi portò via
che avevo appena ventisette anni
e mi credette un vecchio
nel contare le palme dei trionfi.

LIV.

Mensas, Ole, bonas ponis, sed ponis opertas.
  ridiculum est: possum sic ego habere bonas.

LV.

Arrectum quotiens Marulla penem
pensavit digitis diuque mensa est,
libras, scripula sextulasque dicit;
idem post opus et suas palaestras
loro cum similis iacet remisso,
quanto sit levior Marulla dicit.
non ergo est manus ista, sed statera.

LVI.

Totis, Galle, iubes tibi me servire diebus
  et per Aventinum ter quater ire tuum.
eximit aut reficit dentem Cascellius aegrum,
  infestos oculis uris, Hygine, pilos;
non secat et tollit stillantem Fannius uvam,
  tristia saxorum stigmata delet Eros;
enterocelarum fertur Podalirius Hermes:
  qui sanet ruptos dic mihi, Galle, quis est?

LVII.

Argenti libram mittebas; facta selibra est,
  sed piperis. tanti non emo, Sexte, piper.

LVIII.

Anxuris aequorei placidos, Frontine, recessus
  et propius Baias litoreamque domum,
et quod inhumanae cancro fervente cicadae
  non novere nemus, flumineosque lacus
dum colui, doctas tecum celebrare vacabat
  Pieridas; nunc nos maxima Roma terit.
hic mihi quando dies meus est? iactamur in alto
  urbis, et in sterili vita labore perit,

54. *I tavoli coperti*

Hai tavoli assai belli e li ricopri
con le tovaglie: anch'io a quel modo posso
dire d'avere tavoli assai belli.

55. *Marulla*

Tutte le volte che Marulla prende
un membro gonfio in mano
soppesandolo a lungo
ne dice il peso in libbre, in once, in grani.
Dopo, quand'esso ha fatto il suo dovere
e giace come una pendula frusta,
Marulla sa di quanto è più leggero.
La mano di Marulla non è mano
ma bilancia.

56. *La stanchezza*

Gallo, tu mi comandi di servirti
tutto il giorno e mi fai correre tre
o quattro volte su per l'Aventino.
Cascellio cava e cura i denti guasti,
Igino brucia i peli fastidiosi
agli occhi, Fannio ti toglie un bubbone
pieno di pus senza tagliartelo, Eros
cancella i marchi della schiavitù,
Ermes per le ernie è un vero Podalirio [24].
Gallo, ma c'è chi cura la stanchezza?

57. *Argento e pepe*

Mi mandavi una libbra intera, Sesto,
d'argenteria; e adesso me ne mandi
mezza di pepe. Non posso permettermi
di comprare del pepe a tale prezzo.

58. *Tutto affetto*

Frontino, quando me ne andavo ai placidi
solitari silenzi della riva
di Terracina, alla vicina Baia,
alla tua casa in riva al mare, ai boschi
che le inumane cicale rifuggono
quando imperversa il Cancro, all'acqua viva
del canale, era bello celebrare
con te le Muse sapienti: ma adesso
l'immensa Roma mi logora. Quando
ce l'ho un giorno da poter dire mio?
Sbattuto nell'oceano cittadino

dura suburbani dum iugera pascimus agri
  vicinosque tibi, sancte Quirine, lares.
sed non solus amat qui nocte dieque frequentat
  limina nec vatem talia damna decent.
per veneranda mihi Musarum sacra, per omnes
  iuro deos: et non officiosus amo.

LIX.

Consumpta est uno si lemmate pagina, transis,
  et breviora tibi, non meliora placent.
dives et ex omni posita est instructa macello
  cena tibi, sed te mattea sola iuvat.
non opus est nobis nimium lectore guloso;
  hunc volo, non fiat qui sine pane satur.

LX.

Iura trium petiit a Caesare discipulorum
  adsuetus semper Munna docere duos.

LXI.

Hic festinata requiescit Erotion umbra,
  crimine quam fati sexta peremit hiems.
quisquis eris nostri post me regnator agelli,
  manibus exiguis annua iusta dato:
sic lare perpetuo, sic turba sospite solus
  flebilis in terra sit lapis iste tua.

LXII.

Ludi magister, parce simplici turbae:
sic te frequentes audiant capillati
et delicatae diligat chorus mensae,
nec calculator nec notarius velox
maiore quisquam circulo coronetur.
albae leone flammeo calent luces
tostamque fervens Iulius coquit messem.
cirrata loris horridis Scythae pellis,

da sterili fatiche, la mia vita
si disperde, mentre mantengo campi
suburbani di scarso frutto e casa
vicino a te, santo Quirino. Ma
non vuol bene soltanto chi frequenta
notte e giorno le case altrui: la perdita
di tempo è la rovina del poeta.
Pei riti venerandi delle Muse,
per gli dèi tutti lo giuro: cliente
negligente sarò, ma tutto affetto.

59. *I più corti*

Se un epigramma si prende una pagina
passi avanti, ti piacciono i più corti
non i più belli. Ti pongo davanti
una splendida cena, messa insieme
nei mercati migliori ma a te piace
solo lo spezzatino. Non desidero
un lettore che sia troppo goloso,
ma uno che non si sazi senza pane.

60. *Munna*

Munna avvezzo ad avere due discepoli
chiede a Cesare il diritto dei tre [25].

61. *L'ombra di Erotion*

Qui dorme l'ombra troppo frettolosa
di Erotion, morta nel suo sesto inverno
per un misfatto del destino. Tu,
chiunque sia a possedere questo campo
dopo di me, dona un giusto tributo,
anno dopo anno, alla sua piccola ombra.
E il tuo camino fiammeggi in eterno,
la tua famiglia non abbia mai perdite,
sì che nella tua terra ci sia solo
questa lapide a domandare lagrime.

62. *A un maestro*

Maestro di scuola abbi pietà di questa
turba di sempliciotti: ed in compenso
frequentino le tue lezioni giovani
dai bei capelli e ti piaccia guardarli
graziosamente raggruppati intorno
al tavolo. Nessun maestro di calcolo
o veloce stenografo abbia intorno
un circolo più folto. Già le luci

qua vapulavit Marsyas Celaenaeus,
ferulaeque tristes, sceptra paedagogorum,
cessent et Idus dormiant in Octobres:
aestate pueri si valent, satis discunt.

LXIII.

Marmora parva quidem sed non cessura, viator,
    Mausoli saxis pyramidumque legis.
bis mea Romano spectata est vita Tarento
    et nihil extremos perdidit ante rogos:
quinque dedit pueros, totidem mihi Iuno puellas,
    cluserunt omnes lumina nostra manus.
contigit et thalami mihi gloria rara fuitque
    una pudicitiae mentula nota meae.

LXIV.

Contigeris regina meos si Polla libellos,
    non tetrica nostros excipe fronte iocos.
ille tuus vates, Heliconis gloria nostri,
    Pieria caneret cum fera bella tuba,
non tamen erubuit lascivo dicere versu
    «si nec pedicor, Cotta, quid hic facio?»

LXV.

Cum te municipem Corinthiorum
iactes, Charmenion, negante nullo,
cur frater tibi dicor, ex Hiberis
et Celtis genitus Tagique civis?
an voltu similes videmur esse?
tu flexa nitidus coma vagaris,
Hispanis ego contumax capillis;
levis dropace tu cotidiano,
hirsutis ego cruribus genisque;
os blaesum tibi debilisque lingua est,
nobis ilia fortius loquentur:
tam dispar aquilae columba non est

del giorno si riscaldano nel fuoco
del Leone e il rovente luglio cuoce
le messi maturate. Lascia il gatto
a nove code degli Sciti, strazio
di Màrsia, dormano le tristi ferule,
scettro dei pedagoghi, sino almeno
alla metà d'ottobre: se d'estate
i ragazzi stan bene di salute
è già un bell'imparare.

63. *Una lapide*

La lapide che leggi, viaggiatore,
è piccola ma non la cede ai marmi
di Mausolo e nemmeno alle Piramidi.
Per due volte, nei Giochi Secolari
io sono stata segnalata al pubblico;
non ho perduto niente d'importante
prima del rogo finale. Giunone
m'ha dato cinque figli e cinque figlie,
venti mani che poi m'han chiuso gli occhi.
A me e al mio letto è toccata una gloria
estremamente rara: il mio pudore
ha conosciuto una minchia soltanto.

64. *Lucano scollacciato*

Polla, regina, se sfogli i miei libri
non guardare i miei scherzi con cipiglio.
Persino il tuo poeta, vera gloria
del Parnaso latino, nel cantare
guerre con tromba ispirata ha dettato
senza arrossire versi scollacciati:
«Se non lo prendo in culo, Cotta, qui
che cosa ci sto a fare?».

65. *Fratello e sorella*

Se ti vanti d'essere cittadino
di Corinto (e nessuno te lo nega)
perché chiamare fratellino me
nato dai Celti e dagli Ibèri sulle
rive del Tago? Forse siamo simili
nel volto? Tu passeggi profumato
nella chioma ondulante, io sono irsuto
di capelli spagnoli; tu sei liscio
per la depilazione quotidiana,
io peloso di gambe e di ginocchi;
tu balbetti e sei debole di lingua,
la mia pancia è parecchio più eloquente;

    nec dorcas rigido fugax leoni.
quare desine me vocare fratrem,
ne te, Charmenion, vocem sororem.

LXVI.

Quis, rogo, tam durus, quis tam fuit ille superbus
    qui iussit fieri te, Theopompe, cocum?
hanc aliquis faciem nigra violare culina
    sustinet, has uncto polluit igne comas?
quis potius cyathos aut quis crystalla tenebit?
    qua sapient melius mixta Falerna manu?
si tam sidereos manet exitus iste ministros,
    Iuppiter utatur iam Ganymede coco.

LXVII.

Pyrrhae filia, Nestoris noverca,
quam vidit Niobe puella canam,
Laertes aviam senex vocavit,
nutricem Priamus, socrum Thyestes,
iam cornicibus omnibus superstes,
hoc tandem sita prurit in sepulchro
calvo Plotia cum Melanthione.

LXVIII.

Cum tibi non Ephesos nec sit Rhodos aut Mitylene,
    sed domus in vico, Laelia, patricio,
deque coloratis numquam lita mater Etruscis,
    durus Aricina de regione pater;
χύριέ μου, μέλι μου, ψυχή μου congeris usque,
    pro pudor! Hersiliae civis et Egeriae.
lectulus has voces, nec lectulus audiat omnis,
    sed quem lascivo stravit amica viro.
scire cupis quo casta modo matrona loquaris?
    numquid, cum crisas, blandior esse potes?
tu licet ediscas totam referasque Corinthon,

non è tanto diversa una colomba
da un'aquila, una timida gazzella
da un leone feroce. Perciò smetti,
Carmenio, di chiamarmi fratellino,
o ti dovrò chiamare sorellina [26]?

66. *Il cuoco bello*

Dimmi, Teopompo, chi fu così duro
e superbo con te da comandare
che tu facessi il cuoco? C'è qualcuno
che tollera che fumo di cucina
insudici il tuo viso, che i capelli
si sporchino sull'unto focolare?
Meglio di te chi potrebbe tenere
le brocche ed i bicchieri di cristallo?
Quale mano più della tua saprebbe
dare gusto al Falerno mescolandolo?
Se fanno questa fine schiavi belli
e degni delle stelle, perché Giove
non si sbriga a far cuoco Ganimede?

67. *Tomba di Plozia*

Figlia di Pirra, matrigna di Nèstore,
vista da Nìobe coi capelli bianchi,
chiamata nonna dal vecchio Laerte,
balia da Priamo, da Tieste suocera,
sopravvissuta a tutte le cornacchie [27],
benché chiusa qui dentro insieme al calvo
Melantone le rode sempre a Plozia.

68. *Non sei Laide*

Benché non viva ad Efeso né a Rodi
né a Mitilene, Lelia, ma abbia casa
al vicolo Patrizio; benché mamma
(in vita sua non s'è truccata mai)
discenda dagli Etruschi e tuo papà
sia un tosto della zona dell'Ariccia,
pure senza pudore dici sempre
in greco «miele mio», «signore mio»,
«anima mia»: e sei concittadina
d'Ersilia e Egeria [28]! Quelle paroline
le può sentire solamente il letto,
e non un letto qualunque ma un letto
fatto per il suo uomo da un'amante.
Casta matrona, vuoi sapere come
parlare? Credi d'essere eccitante
quanto più ti dimeni? Impara tutti

  non tamen omnino, Laelia, Lais eris.

LXIX.

Custodes das, Polla, viro, non accipis ipsa.
 hoc est uxorem ducere, Polla, virum.

LXX.

Quod mihi vix unus toto liber exeat anno
 desidiae tibi sum, docte Potite, reus.
iustius at quanto mirere quod exeat unus,
 labantur toti cum mihi saepe dies.
non resalutantis video nocturnus amicos,
 gratulor et multis; nemo, Potite, mihi.
nunc ad luciferam signat mea gemma Dianam,
 nunc me prima sibi, nunc sibi quinta rapit.
nunc consul praetorve tenet reducesque choreae,
 auditur toto saepe poeta die.
sed nec causidico possis inpune negare,
 nec si te rhetor grammaticusve rogent:
balnea post decumam lasso centumque petuntur
 quadrantes. fiet quando, Potite, liber?

LXXI.

Quisquis laeta tuis et sera parentibus optas
 fata, brevem titulum marmoris huius ama.
«condidit hac caras tellure Rabirius umbras;
 nulli sorte iacent candidiore senes:
bis sex lustra tori nox mitis et ultima clusit,
 arserunt uno funera bina rogo.
hos tamen ut primis raptos sibi quaerit in annis.»
 inprobius nihil his fletibus esse potest.

LXXII.

Frustra, Blanditiae, venitis ad me
attritis miserabiles labellis:

i trucchi lussuriosi di Corinto
Lelia, tu non sarai lo stesso Laide.

69. *I custodi*

Polla mette custodi a suo marito:
questo significa farne una moglie.

70. *Un libro all'anno*

Poiché m'esce soltanto un libro all'anno
per te, dotto Potito, son colpevole
di pigrizia. Sarebbe assai più giusto
che ti meravigliassi che uno almeno
riesco a scriverlo, quando tanto spesso
perdo giornate intere. Ancora a notte
vado a porgere omaggio a chi nemmeno
risponde, mi congratulo con tanti
e nessuno con me. Quindi nel tempio
di Diana luminosa timbro carte
col mio sigillo, finché l'ora prima
mi prende con le sue preoccupazioni
e dopo l'ora quinta. M'intrattengono
un console o un pretore con le loro
scorte, o mi tocca ascoltare un poeta
per tutto il giorno. Né puoi dir di no
a un avvocato, a un retore, a un grammatico
che ricorrono a te.
Alla decima ora faccio il bagno,
prendo i miei cento soldi, stanco morto.
Potito, quando posso fare un libro?

71. *Perché lagrime?*

Chiunque sia tu che preghi tarda e lieta
fine ai tuoi genitori, leggi e approva
l'iscrizione scolpita qui nel marmo.
«In questa terra Rabirio ha sepolto
ombre care, nessun vecchio riposa
dopo una sorte più lieta: una notte
mite, l'ultima, ha sigillato dodici
lustri di vita coniugale; entrambi
bruciarono in un solo funerale.
Pure li piange lui, quasi gli fossero
stati rapiti in anni giovanili.»
Non v'è nulla più sciocco di quel pianto.

72. *Nel regno di Traiano*

È inutile che voi veniate a me
adulazioni, creature misere

dicturus dominum deumque non sum.
iam non est locus hac in urbe vobis;
ad Parthos procul ite pilleatos
et turpes humilesque supplicesque
pictorum sola basiate regum.
non est hic dominus sed imperator,
sed iustissimus omnium senator,
per quem de Stygia domo reducta est
siccis rustica Veritas capillis.
hoc sub principe, si sapis, caveto
verbis, Roma, prioribus loquaris.

LXXIII.

Littera facundi gratum mihi pignus amici
    pertulit, Ausoniae dona severa togae,
qua non Fabricius, sed vellet Apicius uti,
    vellet Maecenas Caesarianus eques.
vilior haec nobis alio mittente fuisset;
    non quacumque manu victima caesa litat:
a te missa venit: possem nisi munus amare,
    Marce, tuum, poteram nomen amare meum.
munere sed plus est et nomine gratius ipso
    officium docti iudiciumque viri.

LXXIV.

Iam parce lasso, Roma, gratulatori,
lasso clienti. quamdiu salutator
anteambulones et togatulos inter
centum merebor plumbeos die toto,
cum Scorpus una quindecim graves hora
ferventis auri victor auferat saccos?
non ego meorum praemium libellorum
– quid enim merentur? – Apulos velim campos;
non Hybla, non me spicifer capit Nilus,
nec quae paludes delicata Pomptinas
ex arce divi spectat uva Setini.
quid concupiscam quaeris ergo? dormire.

dalle labbra consunte: non dirò
che il mio padrone è un dio. Non c'è più posto
per voi in città: correte giù dai Parti
incappucciati e, ignobilmente turpi
ignobilmente supplici, baciate
le scarpe di quei loro re dipinti.
Non c'è un padrone ma un imperatore
qui, un senatore giusto più di tutti,
grazie al quale ora è ritornata a casa
dall'inferno la cruda Verità
senza profumo nei capelli. Sotto
tale principe, Roma, se hai giudizio
guardati dal parlare come un tempo.

73. *Il dono d'una toga*
La lettera d'un mio eloquente amico
ha accompagnato un pegno d'amicizia
veramente gradito, il dono austero
d'una toga romana. Se Fabrizio
non l'avrebbe voluta la vorrebbero
Apicio e Mecenate, cavaliere
di Cesare. L'avrei meno apprezzata
me l'avesse mandata un altro: buoni
presagi non li dà vittima uccisa
da una mano qualunque. Ma mi viene
da te; se non potessi amare, Marco,
il tuo regalo, amerei per lo meno
il mio nome che è il tuo. Ma più preziosi
del regalo, graditi più del nome
saranno l'attenzione ed il giudizio
d'un letterato fine come te.

74. *Voglio dormire*
Roma, pietà per un cliente stanco,
un uomo stanco di far complimenti.
Per quanto tempo ancora me ne andrò
in giro all'alba a far saluti, tra
battistrada e gentuccia assai dappoco,
per guadagnare in tutto il giorno cento
soldi quando un'ora sola Scorpo
se vince porta a casa sacchi e sacchi
d'oro fresco di conio? Non desidero
in premio dei miei libri (cosa valgono?)
i campi della Puglia, non mi tentano
l'Ibla né il Nilo glorioso di spighe,
né l'uva delicata che dal clivo
alto di Sezze guarda le paludi
pontine. Vuoi sapere cosa voglio?
Dormire.

LXXV.

Milia viginti quondam me Galla poposcit
    et, fateor, magno non erat illa nimis.
annus abît: «bis quina dabis sestertia», dixit.
    poscere plus visa est quam prius illa mihi.
iam duo poscenti post sextum milia mensem
    mille dabam nummos. noluit accipere.
transierant binae forsan trinaeve Kalendae,
    aureolos ultro quattuor ipsa petit.
non dedimus. centum iussit me mittere nummos;
    sed visa est nobis haec quoque summa gravis.
sportula nos iunxit quadrantibus arida centum;
    hanc voluit: puero diximus esse datam.
inferius numquid potuit descendere? fecit.
    dat gratis, ultro dat mihi Galla: nego.

LXXVI.

Hoc, Fortuna, tibi videtur aequum?
civis non Syriaeve Parthiaeve,
nec de Cappadocis eques catastis,
sed de plebe Remi Numaeque verna,
iucundus, probus, innocens amicus,
lingua doctus utraque, cuius unum est,
sed magnum vitium quod est poeta,
pullo Maevius alget in cucullo,
cocco mulio fulget Incitatus.

LXXVII.

Nequius a Caro nihil umquam, Maxime, factum est
    quam quod febre perît: fecit et illa nefas.
saeva nocens febris saltem quartana fuisses!
    servari medico debuit ille suo.

LXXVIII.

Ibis litoreas, Macer, Salonas,
ibit rara fides amorque recti
et quae, cum comitem trahit pudorem,
semper pauperior redit potestas:
felix auriferae colone terrae,
rectorem vacuo sinu remittes

75. *Galla*

Galla mi chiese un giorno ventimila
e per la verità non era troppo.
Un anno dopo scende a diecimila:
mi sembra caro, più caro di prima.
Altri sei mesi e pretende duemila;
gliene offro mille ma lei non ci sta.
Passano venti giorni, forse trenta:
«Dammene quattrocento». Non le do.
Ancora un po' e domanda cento, cifra
che trovo esagerata. L'altro giorno
un tizio mi regala una mancetta.
Ora di quella s'accontenterebbe
ma l'ho promessa al camerire. Può
scendere ancora più in basso? Lo fa,
s'offre gratis, per niente. Dico no.

76. *Alla fortuna*

Dimmi, Fortuna, se ti sembra giusto.
Un cittadino che non è un Siriaco
né un Parto né un cavaliere venuto
da vendite di schiavi in Cappadocia
ma uno schietto germoglio della plebe
di Remo e Numa, un amico piacevole,
onesto, senza macchia, versatissimo
nel latino e nel greco (unico vizio,
ma grande, l'essere poeta), Mevio
rabbrividisce sotto un mantelluccio
scuro mentre Incitato, il mulattiere,
risplende nella porpora.

77. *La febbre*

Niente di peggio ha fatto in vita sua
Caro che di morire per la febbre,
ma anche la febbre ha fatto molto male.
Crudele febbre, fossi stata almeno
quartana [29]! Tu dovevi conservare
Caro per il suo medico.

78. *A Macro*

Macro, andrai sulle rive di Salona [30],
ti porterai appresso le virtù
che ti distinguono, la lealtà,
la passione del giusto e quella santa
autorità che, essendo accompagnata
da probità morale, torna sempre

optabisque moras, et exeuntem
udo Dalmata gaudio sequeris.
nos Celtas, Macer, et truces Hiberos
cum desiderio tui petemus.
sed quaecumque tamen feretur illinc
piscosi calamo Tagi notata,
Macrum pagina nostra nominabit:
sic inter veteres legar poetas,
nec multos mihi praeferas priores
uno sed tibi sim minor Catullo.

LXXIX.

Ad lapidem Torquatus habet praetoria quartum;
    ad quartum breve rus emit Otacilius.
Torquatus nitidas vario de marmore thermas
    extruxit; cucumam fecit Otacilius.
disposuit daphnona suo Torquatus in agro;
    castaneas centum sevit Otacilius.
consule Torquato vici fuit ille magister,
    non minor in tanto visus honore sibi.
grandis ut exiguam bos ranam ruperat olim,
    sic, puto, Torquatus rumpet Otacilium.

LXXX.

Plorat Eros, quotiens maculosae pocula murrae
    inspicit aut pueros nobiliusve citrum,
et gemitus imo ducit de pectore quod non
    tota miser coëmat Saepta feratque domum.
quam multi faciunt quod Eros sed lumine sicco!
    pars maior lacrimas ridet et intus habet.

LXXXI.

Cum duo venissent ad Phyllida mane fututum
    et nudam cuperet sumere uterque prior,
promisit pariter se Phyllis utrique daturam,

a casa un po' più povera di prima.
O felice abitante d'una terra
d'oro rimanderai il governatore
a tasche vuote; tu vorrai che resti,
e alla partenza sua, Dalmata, andrai
seguendolo con una gioia mista
al pianto. Macro, ed io raggiungerò
i Celti e gli Iberi feroci sempre
con nostalgia di te. Malgrado ciò
qualunque sia la pagina vergata
da me con una canna del pescoso
Tago, ella sempre nominerà Macro.
Possa esser letto tra i poeti antichi,
possa tu preferirmene ben pochi,
sia secondo per te solo a Catullo.

79. *Bue e ranocchia*

Torquato ha una villona al Quarto Miglio,
al Quarto Miglio Ottacilio ha comprato
un piccolo terreno. Ha costruito
Torquato belle terme variegate
di marmi ed Ottacilio una tinozza.
Torquato ha fatto piantare un gran bosco
d'allori, cento castagni ha piantato
Ottacilio. Era console Torquato,
sindaco del villaggio ecco Ottacilio
né tale onore gli sembra da meno.
Come un tempo il gran bue fece scoppiare
la ranocchia così, penso, Torquato
farà scoppiare tra poco Ottacilio.

80. *Pianto in cuore*

Eros piange ogni volta nel vedere
vasi murrini maculati e giovani
schiavi e tavoli splendidi di cedro,
e dal fondo del petto cava gemiti,
poveraccio, perché non può comprarsi
tutto il mercato e portarselo a casa.
Quanti fan come lui ma a ciglio asciutto!
I più sorridono del pianto d'Eros
ma il proprio lo nascondono nel cuore.

81. *Fillide*

Di buon mattino son venuti in due
per ripassarsi Fillide ed ognuno
insisteva per fottersela nuda
prima dell'altro. Fillide accontenta

et dedit: ille pedem sustulit, hic tunicam.

LXXXII.

Si quid nostra tuis adicit vexatio rebus,
    mane vel a media nocte togatus ero
stridentesque feram flatus aquilonis iniqui
    et patiar nimbos excipiamque nives.
sed si non fias quadrante beatior uno
    per gemitus nostros ingenuasque cruces,
parce, precor, fesso vanosque remitte labores
    qui tibi non prosunt et mihi, Galle, nocent.

LXXXIII.

Raros colligis hinc et hinc capillos
et latum nitidae, Marine, calvae
campum temporibus tegis comatis;
sed moti redeunt iubente vento
reddunturque sibi caputque nudum
cirris grandibus hinc et inde cingunt:
inter Spendophorum Telesphorumque
Cydae stare putabis Hermerotem.
vis tu simplicius senem fateri,
ut tandem videaris unus esse?
calvo turpius est nihil comato.

LXXXIV.

Miraris, quare dormitum non eat Afer?
    accumbat cum qua, Caediciane, vides.

LXXXV.

Iam senior Ladon Tiberinae nauta carinae
    proxima dilectis rura paravit aquis.
quae cum saepe vagus premeret torrentibus undis
    Thybris et hiberno rumperet arva lacu,
emeritam puppem, ripa quae stabat in alta,
    inplevit saxis obposuitque vadis.
sic nimias avertit aquas. quis credere posset?

entrambi in una volta sola: al primo
apre le gambe, al secondo le chiappe.

82. *Sforzi vani*

Se il mio tormento ti serve a qualcosa
mi metterò la toga alle ore piccole,
magari a mezzanotte e soffrirò
i soffi striduli della terribile
tramontana, sopporterò la pioggia
e magari la neve. Ma se in tasca
dai miei sospiri e dai supplizi inflitti
a un uomo libero non te ne viene
un solo soldo in più, Gallo, risparmia
la mia stanchezza, salvami da sforzi
vani, che a te non servono e a me nuocciono.

83. *Il calvo capellone*

Racimoli di qui e di là quei pochi
capelli che ti trovi e l'ampio spazio,
Marino, della tua pelata veli
con quello che ti cresce sulle tempie:
ma ecco che tornano nei loro posti
mossi da un ordine del vento e cingono
di qui e di là con grandi cirri il capo
nudo, sicché ti sembra di vedere
Hermeròte, quel servitore calvo
di Cida, stare in mezzo ai chiomatissimi
Spandòforo e Telèsforo. Confessa
molto semplicemente la tua età
in modo d'essere uno solo! Nulla
c'è di peggio di un calvo capellone.

84. *La moglie brutta*

Ti meravigli se Afro non va mai
a letto? Vedi un poco con chi dorme.

85. *La carena sommersa*

In tarda età Ladone, marinaio
d'una barca sul Tevere, comprò
un podere vicino al caro fiume.
Ma poiché spesso il Tevere straripa
torrenziale e d'inverno inonda i campi,
Ladone prende la barca in disuso
che stava in secco, la riempie tutta
di macigni e la oppone alla corrente,
così devia la piena. Chi potrebbe

auxilium domino mersa carina tulit.

LXXXVI.

Nemo nova caluit sic inflammatus amica
    flagravit quanto Laurus amore pilae.
sed qui primus erat lusor dum floruit aetas,
    nunc postquam desît ludere prima pila est.

LXXXVII.

Octobres age sentiat Kalendas
facundi pia Roma Restituti:
linguis omnibus et favete votis;
natalem colimus, tacete lites.
absit cereus aridi clientis,
et vani triplices brevesque mappae
expectent gelidi iocos Decembris.
certent muneribus beatiores:
Agrippae tumidus negotiator
Cadmi municipes ferat lacernas;
pugnorum reus ebriaeque noctis
cenatoria mittat advocato;
infamata virum puella vicit,
veros sardonychas, sed ipsa tradat;
mirator veterum senex avorum
donet Phidiaci toreuma caeli;
venator leporem, colonus haedum,
piscator ferat aequorum rapinas.
si mittit sua quisque, quid poetam
missurum tibi, Restitute, credis?

LXXXVIII.

Omnes persequeris praetorum, Cotta, libellos;
    accipis et ceras. officiosus homo es.

LXXXIX.

Iuno labor, Polyclite, tuus et gloria felix,
    Phidiacae cuperent quam meruisse manus,

credere che una carena sommersa
aiuti il suo padrone?

86. *Il giocatore di palla*

Nessuno mai s'è riscaldato tanto
per un'amante nuova quanto Lauro
s'è acceso per il gioco della palla.
Ma lui che era, nel fiore dell'età,
il primo giocatore, ora che ha smesso
di giocare è una vera nullità.

87. *Il compleanno di Restituto*

Roma, che sa quel che si deve fare,
pensi al primo di ottobre, al compleanno
dell'eloquente Restituto: tutti
implorino per lui benedizioni.
Festeggiamo il suo giorno natalizio,
e voi, processi, silenzio! Stia lontano
il cero d'un cliente senza un soldo;
gli inutili taccuini da tre fogli,
le salviettine minuscole aspettino
gli scherzetti del gelido dicembre.
Ora i ricchi devono gareggiare
in regaloni: il tronfio commerciante
in generi di lusso porti manti
di porpora di Tiro; l'accusato
di schiamazzi notturni, di violenza
e ubriachezza mandi al suo avvocato
una veste da cena; la fanciulla
infamata che ha vinto il seduttore
porti vere sardoniche ma venga
di persona; l'anziano ammiratore
di antichità regali opere fatte
dal cesello di Fidia; il cacciatore
la lepre, il contadino un bel capretto,
il pescatore porti quel che ha preso
nel profondo del mare. Se ciascuno
ti manda ciò che ha, che cosa credi
che ti mandi il poeta, Restituto?

88. *Il faccendiere*

Corri appresso alle carte dei pretori,
Cotta, raccogli pure i loro appunti.
Sei proprio un faccendiere.

89. *Giunone di Policleto*

La tua Giunone, Policleto, l'opera
che t'ha dato la gloria (quale avrebbero

ore nitet tanto quanto superasset in Ide
  iudice convictas non dubitante deas.
Iunonem, Polyclite, suam nisi frater amaret,
  Iunonem poterat frater amare tuam.

XC.

Quid vellis vetulum, Ligeia, cunnum?
quid busti cineres tui lacessis?
tales munditiae decent puellas –
nam tu iam nec anus potes videri –;
istud, crede mihi, Ligeia, belle
non mater facit Hectoris, sed uxor.
erras si tibi cunnus hic videtur,
ad quem mentula pertinere desît.
quare si pudor est, Ligeia, noli
barbam vellere mortuo leoni.

XCI.

Omnes eunuchos habet Almo nec arrigit ipse:
  et queritur pariat quod sua Polla nihil.

XCII.

Marri, quietae cultor et comes vitae,
quo cive prisca gloriatur Atina,
has tibi gemellas barbari decus luci
commendo pinus ilicesque Faunorum
et semidocta vilici manu structas
Tonantis aras horridique Silvani,
quas pinxit agni saepe sanguis aut haedi,
dominamque sancti virginem deam templi,
et quem sororis hospitem vides castae
Martem mearum principem Kalendarum,
et delicatae laureum nemus Florae,
in quod Priapo persequente confugit.
hoc omne agelli mite parvuli numen
seu tu cruore sive ture placabis:
«ubicumque vester Martialis est», dices,
«hac ecce mecum dextera litat vobis

voluto meritarla anche le stesse
mani di Fidia) splende tanto in volto
che avrebbe facilmente superato
sull'Ida le altre dive, condannate
con un giudizio senza esitazioni.
Policleto, se Giove non avesse
amato la Giunone sua sorella,
potrebbe amare la Giunone tua.

90. *La depilazione*

Perché depili la tua vecchia fica
Ligeia? È come spazzare la cenere
della tua salma. La cosa s'addice
alle ragazze, mentre tu non puoi
manco sembrare più una vecchia. Quello
che fai, Ligeia, credimi può andare
discretamente per la moglie d'Ettore,
non per la madre. Sbagli se ritieni
che sia ancora una fica ciò che il cazzo
non appetisce più. Se hai del pudore,
Ligeia, smetti di strappar la barba
al leone morto.

91. *Almone*

Almone ha solamente schiavi eunuchi
e a lui l'uccello non gli tira. E piange
ché la sua Polla non rimane incinta!

92. *A Marrio*

Marrio, compagno mio, cultore della
vita tranquilla, a te mi raccomando
per i pini gemelli, l'ornamento
di questo bosco sacro, senza cure;
per i lecci dei fauni; per gli altari
– costruiti con mano un po' naïve
dal mio fattore – di Giove Tonante
e del selvatico Silvano, spesso
irrorati del sangue d'un agnello
o d'un capretto; per Dïana vergine
padrona d'un tempietto sacro e Marte
ospite, come vedi, della casta
sorella, re del mio giorno natale;
per il bosco d'allori della bella
Flora, che in lui si rifugiò inseguita
da Priapo. A tutti questi dèi, benevoli
verso il mio piccolo campo, dirai
offrendo incenso e vittime: «Dovunque
possa essere Marziale vostro, qui

absens sacerdos; vos putate praesentem
   et date duobus quidquid alter optabit».

XCIII.

Si prior Euganeas, Clemens, Helicaonis oras
   pictaque pampineis videris arva iugis,
perfer Atestinae nondum vulgata Sabinae
   carmina, purpurea sed modo culta toga.
ut rosa delectat metitur quae pollice primo,
   sic nova nec mento sordida charta iuvat.

XCIV.

Non mea Massylus servat pomaria serpens,
   regius Alcinoi nec mihi servit ager,
sed Nomentana securus germinat hortus
   arbore, nec furem plumbea mala timent.
haec igitur media quae sunt modo nata Subura
   mittimus autumni cerea poma mei.

XCV.

Infantem tibi vir, tibi, Galla, remisit adulter.
   hi, puto, non dubie se futuisse negant.

XCVI.

Saepe loquar nimium gentes quod, Avite, remotas
   miraris, Latia factus in urbe senex,
auriferumque Tagum sitiam patriumque Salonem
   et repetam saturae sordida rura casae.
illa placet tellus in qua res parva beatum
   me facit et tenues luxuriantur opes:
pascitur hic, ibi pascit ager; tepet igne maligno
   hic focus, ingenti lumine lucet ibi;
hic pretiosa fames conturbatorque macellus,
   mensa ibi divitiis ruris operta sui;
quattuor hic aestate togae pluresve teruntur

per mia mano vi onora (pur assente
il sacerdote): voi consideratelo
presente ed elargite a tutti e due
quello che ognuno vi domanderà».

93. *Il libro intonso*

Clemente, se tu vai prima di me
a vedere il paese degli Euganei
vicino a Padova, quei colli rossi
di vigneti, porta a Sabina d'Este
queste mie poesie non ancor note
al pubblico, solo ora rilegate
in porpora. Come la rosa piace
di più se appena colta dal tuo pollice,
così ti piace il libro che nessuna
sordida barba ha mai sfiorato ancora.

94. *Pomi d'autunno*

Non custodisce il mio pometo il drago
delle Esperidi, l'orto del re Alcinoo
non è affar mio: un podere a Mentana
m'alleva alberi in tutta sicurezza,
quelle mele che sembrano di piombo
non han paura dei ladri. Così
ti mando pomi dorati d'autunno
per me cresciuti in mezzo alla Suburra [31].

95. *Il figlio rimandato*

Sia tuo marito sia che il tuo amante, Galla,
t'han rimandato indietro il figlio. Negano
entrambi, credo, d'averti scopato.

96. *La terra che amo*

Avito, ti stupisci che io parli
persino troppo di terre remote
e abbia sete del Tago pieno d'oro
e del Salo paterno ed abbia voglia
di ritornare a campi coltivati
male ed alla casetta ch'essi nutrono,
io che mi sono fatto vecchio a Roma.
La terra che amo è quella dove il poco
mi fa beato e povere risorse
sembran ricchezze. Qui mangiano i campi,
là danno da mangiare; il focolare
qui è appena tiepido ma là risplende
di grande luce; qui la fame costa
e il mercato ti manda alla rovina,

autumnis ibi me quattuor una tegit.
i, cole nunc reges, quidquid non praestat amicus
   cum praestare tibi possit, Avite, locus.

XCVII.

Dum levis arsura struitur Libitina papyro,
   dum murram et casias flebilis uxor emit,
iam scrobe, iam lecto, iam pollinctore parato,
   heredem scripsit me Numa: convaluit.

XCVIII.

Addat cum mihi Caecubum minister
Idaeo resolutior cinaedo,
quo nec filia cultior nec uxor
nec mater tua nec soror recumbit,
vis spectem potius tuas lucernas
aut citrum vetus Indicosque dentes?
suspectus tibi ne tamen recumbam,
praesta de grege sordidaque villa
tonsos, horridulos, rudes, pusillos
hircosi mihi filios subulci.
perdet te dolor hic: habere, Publi,
mores non potes hos et hos ministros.

XCIX.

Si Romana forent haec Socratis ora, fuissent
   Iulius in Saturis qualia Rufus habet.

C.

Quid, stulte, nostris versibus tuos misces?
cum litigante quid tibi, miser, libro?
quid congregare cum leonibus vulpes
aquilisque similes facere noctuas quaeris?
habeas licebit alterum pedem Ladae,

là la mensa si copre dei tesori
della campagna; qui una sola estate
consuma quattro toghe e anche di più,
là una sola mi veste quattro autunni.
Va', coccola i padroni, Avito, quando
quel che un amico non ti dà te l'offre
facilmente la terra!

97. *L'eredità sfumata*

Mentre si innalza già leggero un rogo
con molte canne, e la moglie dolente
compra mirra e cannella, e già la fossa
e la cassa da morto ed il becchino
son pronti, Numa mi nomina erede
universale: guarisce di colpo.

98. *La gelosia t'uccide*

Quando mi serve il Cecubo, un coppiere
effeminato più di Ganimede
che in eleganza supera tua figlia
e tua moglie e tua madre e tua sorella
sedute a tavola, tu vuoi ch'io guardi
piuttosto le tue lampade e quei tavoli
d'antico cedro e zanne d'elefante?
Per non ingelosirti quando vengo
da te a cenare mettimi a servirmi
qualcuno preso dal mucchio dei rustici
della sporca campagna, malvestiti,
rapati, rozzi, storti figlioletti
d'un porcaro che puzza di caprone.
Publio, t'uccide questa gelosia:
non puoi avere un carattere simile
e schiavi simili.

99. *La testa di Socrate*

Se questa faccia di Socrate fosse
romana, sembrerebbe tale e quale
quella di Giulio Rufo pubblicata
nelle sue Satire.

100. *Il piede di Lada*

Stupido, perché mescoli tuoi versi
ai miei? Povero sciocco, cosa c'entri
con un libro che subito ti giudica?
Perché accoppiare le volpi ai leoni,
far passare le nottole per aquile?
Inetto, avessi pure uno dei piedi

inepte, frustra crure ligneo curres.

CI.

Elysio redeat si forte remissus ab agro
   ille suo felix Caesare Gabba vetus,
qui Capitolinum pariter Gabbamque iocantes
   audierit dicet: «rustice Gabba, tace».

CII.

Qua factus ratione sit requiris,
qui numquam futuit, pater Philinus?
Gaditanus, Avite, dicat istud,
qui scribit nihil et tamen poeta est.

CIII.

Municipes, Augusta mihi quos Bilbilis acri
   monte creat, rapidis quem Salo cingit aquis,
ecquid laeta iuvat vestri vos gloria vatis?
   nam decus et nomen famaque vestra sumus,
nec sua plus debet tenui Verona Catullo
   meque velit dici non minus illa suum.
quattuor accessit tricesima messibus aestas,
   ut sine me Cereri rustica liba datis,
moenia dum colimus dominae pulcherrima Romae:
   mutavere meas Itala regna comas.
excipitis placida reducem si mente, venimus;
   aspera si geritis corda, redire licet.

CIV.

I nostro comes, i, libelle, Flavo
longum per mare, sed faventis undae,
et cursu facili tuisque ventis
Hispanae pete Tarraconis arces:
illinc te rota tollet et citatus
altam Bilbilin et tuum Salonem
quinto forsitan essedo videbis.
quid mandem tibi quaeris? ut sodales

di Lada [32] dove mai vorresti correre
con la gamba di legno?

101. *Gabba*

Ove mai ritornasse dall'Eliso
il vecchio Gabba (buffone d'Augusto
lieto d'essergli caro) chi sentisse
qualche comico scambio di battute
tra Gabba e Capitolino [33] direbbe:
«Taci, Gabba, sei solo un contadino».

102. *Felino e Gaditano*

Vuoi sapere per quale strano caso
Felino, lui che mai
in vita sua s'è fatto una scopata
oggi è padre felice.
Te lo potrebbe dire Gaditano,
Avito, che non ha mai scritto nulla
ed eppure è poeta.

103. *Ai suoi concittadini*

Concittadini che l'augusta Bìlbili
m'ha dato, Bìlbili issata sul monte
che il Salo cinge di rapide acque,
la lieta gloria del vostro poeta
vi fa piacere? Sono il vostro vanto,
la vostra gloria e l'onore. Verona
non deve certo di più al suo Catullo
sottile e non vorrebbe certo dirmi
meno suo figlio. Trentaquattro estati
son trascorse da quando senza me
offrite a Cerere rustici dolci,
ed io sto qui tra le mura bellissime
della Roma imperiale e i miei capelli
in Italia han cambiato di colore.
Verrò se mi accogliete di gran cuore,
se non sarà così tornerò indietro.

104. *Viaggio per mare*

Accompagna, libretto, il caro Flavo
nel suo lungo viaggio sopra il mare,
e che le onde ti siano favorevoli
sicché con corsa facile e propizi
venti raggiunga la rocca spagnola
di Tarragona: di lì ruote celeri
ti porteranno fino a che vedrai,
può darsi al quinto miglio, l'alta Bìlbili

paucos, sed veteres et ante brumas
triginta mihi quattuorque visos
ipsa protinus a via salutes
et nostrum admoneas subinde Flavum
iucundos mihi nec laboriosos
secessus pretio paret salubri,
qui pigrum faciant tuum parentem.
haec sunt. iam tumidus vocat magister
castigatque moras, et aura portum
laxavit melior: vale, libelle:
navem, scis puto, non moratur unus.

e il tuo caro Salone. Vuoi sapere
perché ti mando? Perché appena giunto
mi saluti quei pochi amici (vecchi,
che non vedo da trentaquattro inverni),
poi perché chieda a Flavo di cercarmi
un posticino piacevole, facile
da tenersi, ad un prezzo conveniente,
ove possa poltrire il tuo papà.
Tutto qui. E già schiamazza il capitano
furibondo, imprecando al tuo ritardo,
poiché un vento a favore ha spalancato
l'azzurra via del porto. Ciao, libretto,
tu lo sai bene, credo, che la nave
non può aspettare un passeggero solo.

Note

[1] Celebre flautista.   [2] Pastore di cui Diana s'innamorò vedendolo dormire.   [3] I cavalieri della scorta imperiale.   [4] I fiumi erano rappresentati con le corna, qui perdute per le sconfitte.   [5] Insegne del consolato.   [6] I profumi schiariscono le onde.   [7] Agenore, fondatore di Tiro.   [8] Macro era curatore della via Appia.   [9] Plinio il Giovane.   [10] Grammatici e critici letterari. Cinna fu autore di versi assai eruditi ed ermetici.   [11] Proserpina.   [12] Un ceppo di vite era l'insegna dei centurioni.   [13] Le porte del tempio di Giano si aprivano solo in caso di guerra.   [14] Epicuro o Socrate.   [15] Traiano con un editto avrebbe disposto che gli esuli riabilitati e richiamati in patria fossero reintegrati nei loro diritti sui loro schiavi. Traiano prese il potere nel 98 d.C., alla morte di Nerva che l'aveva preso nel 96 alla morte di Domiziano, mentre il Libro decimo degli epigrammi di Marziale è nella sua prima edizione del 95, quindi anteriore. Ma a noi è pervenuta la seconda edizione del 98, ove sono stati inseriti evidentemente epigrammi di omaggio a Traiano. Nel Libro undicesimo, come si vedrà, si ritorna a Nerva.   [16] Ninfa innamorata del fratello e cambiata in fontana.   [17] Oceano è termine generico per mare.   [18] Promèteo avrebbe creato il genere umano dal fango.   [19] Giulio Marziale, altre volte citato.   [20] Si diceva che le carni degli animali uccisi dal lupo fossero le più tenere.   [21] Regione della Palestina ricca di palme.   [22] L'alternanza tra i gemelli avveniva ogni sei mesi. La rondine che piange Iti è un'allusione al mito, già visto, di Progne e Filomela.   [23] Alle adultere riconosciute veniva imposta la toga.   [24] Uno dei medici greci a Troia.   [25] Il solito diritto dei tre figli.   [26] Nomignolo da invertito.   [27] Si riteneva che le cornacchie avessero vita lunghissima.   [28] Ersilia era la moglie di Romolo, Egeria la ninfa amante di Numa.   [29] La quartana non era mortale.   [30] Città della Dalmazia.   [31] Comprati al mercato.   [32] Celebre podista.   [33] Buffone di Traiano.

Liber XI

I.

Quo tu, quo, liber otiose, tendis
cultus Sidone non cotidiana?
numquid Parthenium videre? certe:
vadas et redeas inevolutus:
libros non legit ille sed libellos;
nec Musis vacat, aut suis vacaret.
ecquid te satis aestimas beatum,
contingunt tibi si manus minores?
vicini pete porticum Quirini:
turbam non habet otiosiorem
Pompeius vel Agenoris puella,
vel primae dominus levis carinae.
sunt illic duo tresve qui revolvant
nostrarum tineas ineptiarum,
sed cum sponsio fabulaeque lassae
de Scorpo fuerint et Incitato.

II.

Triste supercilium durique severa Catonis
    frons et aratoris filia Fabricii
et personati fastus et regula morum
    quidquid et in tenebris non sumus, ite foras.
clamant ecce mei «io Saturnalia» versus:
    et licet et sub te praeside, Nerva, libet.
lectores tetrici salebrosum ediscite Santram:
    nil mihi vobiscum est: iste liber meus est.

III.

Non urbana mea tantum Pimpleïde gaudent
    otia nec vacuis auribus ista damus,
sed meus in Geticis ad Martia signa pruinis

Libro undicesimo

1. *Libro vagabondo*

Dove vai libro vagabondo, bello
d'una porpora non da tutti i giorni?
Vedrai forse Partenio? Certamente,
ci andrai per ritornare indietro intonso:
non legge libri lui ma petizioni
e non ha tempo per la musa altrui
ma eventualmente solo per la propria.
Ti reputi egualmente soddisfatto
se ti sfogliano mani meno nobili?
Vattene al porticato di Quirino
qui a due passi; né quello di Pompeo
né quello degli Argonauti né quello
d'Europa son così pieni di folla
più sfaticata. Lì ci sono certo
due o tre capaci di scrollare via
dalle mie bagattelle le tignole,
ma solo quando chiacchiere e scommesse
su Scorpo ed Incitato si saranno
finalmente chetate.

2. *Libro tutto mio*

Sopracciglia aggrottate, fronte austera
di Catone, e tu figlia di Fabrizio [1]
l'aratore e voi buoncostume e maschera
dell'apparenza e tutto ciò che al buio
non siamo, andate fuori della porta!
Applaudono i miei versi ai Saturnali:
è lecito anzi piace, Nerva, sotto
il tuo governo. Lettori musoni
imparate a memoria quel noioso
di Santra: qui per voi non c'è un bel nulla,
questo libro è davvero tutto mio.

3. *Che profitto?*

Non sono solo gli ozi cittadini
a godersi i miei versi, non regalo
queste cosette solo a orecchie pigre:

    a rigido teritur centurione liber,
dicitur et nostros cantare Britannia versus.
    quid prodest? nescit sacculus ista meus.
at quam victuras poteramus pangere chartas
    quantaque Pieria proelia flare tuba,
cum pia reddiderint Augustum numina terris,
    et Maecenatem si tibi, Roma, darent!

IV.

Sacra laresque Phrygum, quos Troiae maluit heres
    quam rapere arsuras Laomedontis opes,
scriptus et aeterno nunc primum Iuppiter auro
    et soror et summi filia tota patris,
et qui purpureis iam tertia nomina fastis,
    Iane, refers Nervae; vos precor ore pio:
hunc omnes servate ducem, servate senatum;
    moribus hic vivat principis, ille suis.

V.

Tanta tibi est recti reverentia, Caesar, et aequi
    quanta Numae fuerat: sed Numa pauper erat.
ardua res haec est, opibus non tradere mores
    et, cum tot Croesos viceris, esse Numam.
si redeant veteres, ingentia nomina, patres,
    Elysium liceat si vacuare nemus:
te colet invictus pro libertate Camillus,
    aurum Fabricius te tribuente volet;
te duce gaudebit Brutus, tibi Sulla cruentus
    imperium tradet, cum positurus erit;
et te privato cum Caesare Magnus amabit,
    donabit totas et tibi Crassus opes.
ipse quoque infernis revocatus Ditis ab umbris
    si Cato reddatur, Caesarianus erit.

sotto le brine getiche, vicino
alle bandiere di guerra il mio libro
è sfogliato dal duro centurione,
e persino in Britannia, mi assicurano,
son cantati i miei versi. Che profitto
ne traggo? La mia borsa non lo sa.
Ma quante pagine immortali avrei
potuto scrivere, quante battaglie
cantate con la tromba delle Muse
se quando i numi hanno restituito
Augusto all'universo, Roma, avessero
restituito pure un Mecenate.

4. *Ai Lari*

Sacri Lari dei Frigi, che l'erede
di Troia preferì mettere in salvo
lasciando ardere invece le ricchezze
di Laomedonte, e tu Giove scolpito
in oro adesso eterno [2], e voi sorella
e figlia tutta del padre e tu, Giano,
che per la terza volta negli elenchi
dei porporati hai Nerva, tutti voi
salvate il nostro capo ed il senato:
viva il secondo seguendo i costumi
del principe, costui seguendo i propri.

5. *Tutti cesariani*

Hai tanta reverenza per giustizia
e diritto quanta ce n'ebbe Numa,
Cesare; ma però Numa era povero.
Ardua cosa non cedere i princìpi
alla ricchezza, superare tanti
Cresi ed essere Numa. Se tornassero
gli antichi padri, grandi nomi, e fosse
lecito loro lasciar vuoto il bosco
dell'Eliso, Camillo, l'invincibile
campione della libertà, sarebbe
tuo ammiratore, Fabrizio vorrebbe
da te l'oro, Bruto sarebbe lieto
d'avere te per capo, il sanguinario
Silla ti cederebbe il suo potere
abdicando, Pompeo Magno (col suocero [3]
reso a vita privata) t'amerebbe,
ti darebbe tutte le sue ricchezze
Crasso. Pure Catone, se tornasse
richiamato dalle ombre dell'inferno
di Dite, si direbbe cesariano.

VI.

Unctis falciferi senis diebus
regnator quibus inperat fritillus,
versu ludere non laborioso
permittis, puto, pilleata Roma.
risisti; licet ergo, non vetamur.
pallentes procul hinc abite curae;
quidquid venerit obvium loquamur
morosa sine cogitatione.
misce dimidios, puer, trientes,
quales Pythagoras dabat Neroni,
misce, Dindyme, sed frequentiores:
possum nil ego sobrius; bibenti
succurrent mihi quindecim poetae.
da nunc basia, sed Catulliana:
quae si tot fuerint quot ille dixit,
donabo tibi Passerem Catulli.

VII.

Iam certe stupido non dices, Paula, marito,
    ad moechum quotiens longius ire voles,
«Caesar in Albanum iussit me mane venire,
    Caesar Circeios». iam stropha talis abît.
Penelopae licet esse tibi sub principe Nerva:
    sed prohibet scabies ingeniumque vetus.
infelix, quid ages? aegram simulabis amicam?
    haerebit dominae vir comes ipse suae,
ibit et ad fratrem tecum matremque patremque.
    quas igitur fraudes ingeniosa pares?
diceret hystericam se forsitan altera moecha
    in Sinuessano velle sedere lacu.
quanto tu melius, quotiens placet ire fututum,
    quae verum mavis dicere, Paula, viro!

VIII.

Lassa quod externi spirant opobalsama drauci,
    ultima quod curvo quae cadit aura croco;
poma quod hiberna maturescentia capsa,

6. *Nei giorni di Saturno*

Nei bei giorni del vecchio con la falce,
giorni grassi nei quali i dadi imperano,
penso tu mi permetta di scherzare
con dei facili versi, Roma, tu
coperta del berretto di liberto.
Hai sorriso, dunque non m'è proibito.
Via di qui, pallide preoccupazioni,
io dico quello che mi viene in mente
senza pensarci su. Ragazzo, mesci
coppe di vino annacquato a metà
come quelle versate da Pitagora [4]
a Nerone, tu versamele, Dindimo,
ma in numero maggiore, nulla posso
da sobrio, quando bevo valgo almeno
quanto una quindicina di poeti.
E dammi baci al modo di Catullo,
che se saranno tanti quanti ha detto
ti darò il passerotto di Catullo.

7. *Paola*

Quando ti verrà voglia di raggiungere
un amante lontano, Paola, adesso
non dirai più a quel tuo marito stupido:
«Cesare m'ha invitato a andar da lui
di buon mattino ad Alba od al Circeo».
Questa canzone non si sente più.
Sotto il regno di Nerva tu dovresti
essere una Penelope; lo vietano
quel prurito che senti sempre addosso
e l'antica malizia. Che farai
disgraziata? T'inventerai un'amica
malata? Tuo marito ti starà
attaccato ben stretto, insieme a te
verrà da tuo fratello, da tua madre,
da tuo papà. Che trappole inventare?
Forse un'altra sfrontata si direbbe
isterica, costretta a andare ai bagni
di Sessa Aurunca. Quanto meglio tu,
Paola, che ogniqualvolta devi correre
lontano a farti fottere al marito
dici la verità.

8. *Il bacio*

L'odore fine, pressoché estenuato
dei profumi che un bel ragazzo ha messo
il giorno prima, dell'ultima polvere

    arbore quod verna luxuriosus ager;
de Palatinis dominae quod Serica prelis,
    sucina virginea quod regelata manu;
amphora quod nigri, sed longe, fracta Falerni,
    quod qui Sicanias detinet hortus apes;
quod Cosmi redolent alabastra focique deorum,
    quod modo divitibus lapsa corona comis:
singula quid dicam? non sunt satis; omnia misce:
    hoc fragrant pueri basia mane mei.
scire cupis nomen? si propter basia, dicam.
    iurasti. nimium scire, Sabine, cupis.

IX.

Clarus fronde Iovis, Romani fama cothurni,
    spirat Apellea redditus arte Memor.

X.

Contulit ad saturas ingentia pectora Turnus.
    cur non ad Memoris carmina? frater erat.

XI.

Tolle, puer, calices tepidique toreumata Nili
    et mihi secura pocula trade manu
trita patrum labris et tonso pura ministro;
    anticus mensis restituatur honor.
te potare decet gemma qui Mentora frangis
    in scaphium moechae, Sardanapalle, tuae.

diffusa in aria dal getto ricurvo
di zafferano, delle mele poste
d'inverno a maturare in una cesta,
d'un campo a primavera pieno d'alberi
in fiore, delle sete della nostra
regina uscite appena dagli armadi
di Palazzo, dell'ambra riscaldata
da una mano di vergine, dell'anfora
infranta laggiù in fondo di Falerno
oscuro, del giardino che richiama
le api siciliane, dei vasetti
d'alabastro del profumiere Cosmo,
delle are degli dèi, della corona
caduta appena da una chioma splendida...
Ma perché enumerare ad una ad una
tante cose? Non bastano. Miscela
tutto insieme: così profuma il bacio
del mio ragazzo al mattino. Il suo nome
vuoi sapere? Se è solo per i baci
lo dirò. Ti precipiti a giurarlo?
Ma, Sabino, tu vuoi sapere troppo.

9. *Ritratto di Memore*

Illustre per il premio in Campidoglio,
gloria dell'arte tragica romana,
Memore qui respira, reso a noi
grazie all'arte di Apollo.

10. *Turno e la satira*

Turno ha messo un talento strepitoso
nella satira, invece di applicarsi
al genere di Memore. Voleva
non essere rivale del fratello.

11. *L'orinale*

Ragazzo, porta via le coppe e i vasi
cesellati sul caldo Nilo e dammi
con mano che non trema quei bicchieri
usati dalle labbra dei miei padri,
lavati da un domestico rapato;
sia ridato alla tavola il decoro
d'un tempo. A te, Sardanapalo [5] è lecito
bere in pietre preziose, tu che umìli
un vaso cesellato dal gran Mentore
col farne un càntaro per la tua zoccola.

XII.

Ius tibi natorum vel septem, Zoile, detur,
   dum matrem nemo det tibi, nemo patrem.

XIII.

Quisquis Flaminiam teris, viator,
noli nobile praeterire marmor.
urbis deliciae salesque Nili,
ars et gratia, lusus et voluptas,
Romani decus et dolor theatri
atque omnes Veneres Cupidinesque
hoc sunt condita, quo Paris, sepulchro.

XIV.

Heredes, nolite brevem sepelire colonum:
   nam terra est illi quantulacumque gravis.

XV.

Sunt chartae mihi quas Catonis uxor
et quas horribiles legant Sabinae:
hic totus volo rideat libellus
et sit nequior omnibus libellis.
qui vino madeat nec erubescat
pingui sordidus esse Cosmiano,
ludat cum pueris, amet puellas,
nec per circuitus loquatur illam,
ex qua nascimur, omnium parentem,
quam sanctus Numa mentulam vocabat.
versus hos tamen esse tu memento
Saturnalicios, Apollinaris:
mores non habet hic meos libellus.

XVI.

Qui gravis es nimium, potes hinc iam, lector, abire
   quo libet: urbanae scripsimus ista togae;
iam mea Lampsacio lascivit pagina versu
   et Tartesiaca concrepat aera manu.
o quotiens rigida pulsabis pallia vena,
   sis gravior Curio Fabricioque licet!

12. *A Zoilo*

Vorresti il diritto dei sette figli [6].
Perché no? Visto che non c'è nessuno
che ti dia un padre, che ti dia una madre.

13. *Il sepolcro di Paride*

Chiunque tu sia, viandante che consumi
la via Flaminia, degna d'attenzione
questo nobile marmo. Le delizie
di Roma con lo spirito del Nilo,
l'arte e la grazia, il gioco ed il piacere,
l'onore e il lutto del teatro romano,
tutte le Veneri e tutti gli Amori
son seppelliti con Paride qui.

14. *Il piccolo colono*

Non seppellite il piccolo colono,
per quanto poca, la terra gli pesa.

15. *Versi per i Saturnali*

Ho scritto cose che potrebbe leggere
la moglie di Catone con le orrende
Sabine pronte ad adontarsi: adesso
voglio che questo libro rida tutto
e sia il più licenzioso dei miei libri.
Voglio che sia pieno di vino, intriso
senza arrossirne dei profumi grassi
di Cosmo, e scherzi coi ragazzi ed ami
le ragazze e non usi gli eufemismi
per riferirsi a quell'affare, padre
di tutti, grazie al quale siamo nati,
che il santo Numa nominava cazzo.
Apollinare mio, ma tu ricorda
che questi versi son saturnalizi:
questo libro non ha i costumi miei.

16. *La pagina sfrenata*

Lettore mio, se tu sei troppo serio
questo è il momento d'andartene via
dove ti piace: ho scritto sino a qui
per la toga romana. La mia pagina
si sfrena in versi degni di Lampsaco [7]
e fa crepitar nacchere con mano
da danzatrice di Cadice. Quante
volte ti batterà la vena gonfia
contro la tonaca di pezza, fossi

tu quoque nequitias nostri lususque libelli
  uda, puella, leges, sis Patavina licet.
erubuit posuitque meum Lucretia librum,
  sed coram Bruto; Brute, recede: leget.

XVII.

Non omnis nostri nocturna est pagina libri:
  invenies et quod mane, Sabine, legas.

XVIII.

Donasti, Lupe, rus sub urbe nobis;
sed rus est mihi maius in fenestra.
rus hoc dicere, rus potes vocare?
in quo ruta facit nemus Dianae,
argutae tegit ala quod cicadae,
quod formica die comedit uno,
clusae cui folium rosae corona est;
in quo non magis invenitur herba
quam Cosmi folium piperve crudum;
in quo nec cucumis iacere rectus
nec serpens habitare tota possit.
vrucam male pascit hortus unam,
consumpto moritur culix salicto,
et talpa est mihi fossor atque arator.
non boletus hiare, non mariscae
ridere aut violae patere possunt.
finis mus populatur et colono
tamquam sus Calydonius timetur,
et sublata volantis ungue Prognes
in nido seges est hirundinino;
et cum stet sine falce mentulaque,
non est dimidio locus Priapo.
vix implet cocleam peracta messis,
et mustum nuce condimus picata.
errasti, Lupe, littera sed una:
nam quo tempore praedium dedisti,
mallem tu mihi prandium dedisses.

tu austero più di Curio e di Fabrizio!
E tu pure, ragazza, leggerai
malizie e giochi di questo libretto
con le mutande bagnate, quand'anche
padovana. Lucrezia, tutta rossa,
ha deposto il mio libro alla presenza
di Bruto: assente Bruto se lo legge.

17. *Al mattino*

Non son tutte da leggersi di notte
le pagine di questo libro, alcune,
Sabino, le puoi leggere al mattino.

18. *La campagna minima*

Lupo, m'hai regalato una campagna
alle porte di Roma; ma ne ho una
maggiore al davanzale. Puoi chiamarla
o definirla una campagna quella
dove un cespo di ruta fa da bosco
di Dïana ed un'ala di cicala
ombreggia il tutto, dove una formica
in un giorno si mangia tutto, dove
tutto inghirlanda un petalo di rosa?
In essa non si trova erba di più
che foglie o pepe verde nelle essenze
di Cosmo; non ci può stare un cocomero
neanche dritto, un serpente tutto lungo
non c'entra. L'orto nutre a stento un bruco,
la zanzara si succhia tutto il salice
e muore d'anemia, solo una talpa
zappa ed ara per me. Non vi si gonfia
un fungo, un fico fiore non vi s'apre,
non ci possono nascere le viole.
Un topo ne devasta il territorio
ed è temuto dal fattore, quasi
fosse il cinghiale calidone, il grano
rapito in aria da unghielli volanti
guarnisce un nido di rondini, e c'è
soltanto il posto per un mezzo Priapo
anche se senza falce e senza minchia.
La messe fatta riempie una conchiglia
appena, il mosto una noce impeciata.
Lupo, hai sbagliato solo d'una lettera,
tu non dovevi regalarmi un orto,
preferivo del Porto.

XIX.

Quaeris cur nolim te ducere, Galla? diserta es.
    saepe soloecismum mentula nostra facit.

XX.

Caesaris Augusti lascivos, livide, versus
    sex lege, qui tristis verba Latina legis:
«quod futuit Glaphyran Antonius, hanc mihi poenam
    Fulvia constituit, se quoque uti futuam.
Fulviam ego ut futuam? quid si me Manius oret
    pedicem, faciam? non puto, si sapiam.
"aut futue, aut pugnemus" ait. quid quod mihi vita
    carior est ipsa mentula? signa canant!».
apsolvis lepidos nimirum, Auguste, libellos,
    qui scis Romana simplicitate loqui.

XXI.

Lydia tam laxa est equitis quam culus aeni,
    quam celer arguto qui sonat aere trochus,
quam rota transmisso totiens inpacta petauro,
    quam vetus a crassa calceus udus aqua,
quam quae rara vagos expectant retia turdos,
    quam Pompeiano vela negata Noto,
quam quae de pthisico lapsa est armilla cinaedo,
    culcita Leuconico quam viduata suo,
quam veteres bracae Brittonis pauperis, et quam
    turpe Ravennatis guttur onocrotali.
hanc in piscina dicor futuisse marina:
    nescio; piscinam me futuisse puto.

XXII.

Mollia quod nivei duro teris ore Galaesi
    basia, quod nudo cum Ganymede iaces,
– quis negat? – hoc nimiumst. sed sit satis; inguina saltem

19. *Perché non ti sposo*

Lo vuoi sapere perché non ti sposo,
Galla? Sei troppo colta e la·mia fava
spesso è sgrammaticata.

20. *I versi di Augusto*

O tu che impallidisci e ti rammarichi
davanti a certi termini latini
leggiti questi versi licenziosi
nientedimeno che del sommo Augusto:
«Antonio chiava Glèfira, ma Fulvia
mi condanna a chiavare lei. Chiavare
Fulvia? Ma che, qualora m'invitasse
Manio a incularlo lo farei? No certo,
se ho un poco di cervello. "O tu mi chiavi –
fa lei – o combattiamo." La mia nerchia
m'è cara più della mia stessa vita.
Suoni la tromba e lotteremo!». Assolvi
questi miei versi troppo birichini,
Augusto, tu che parli con romana
semplicità!

21. *La piscina*

Lidia ci ha una patacca larga quanto
il culo d'un cavallo bronzeo, quanto
la trottola piena di campanelli
sonanti, quanto il cerchio che sta immobile
sul capo dell'equilibrista in corsa
lungo un filo, quanto una scarpa vecchia
a mollo dentro un'acqua grassa, quanto
le reti rade che aspettano i tordi
vaganti, quanto il cercine formato
dal tendone ravvolto per sottrarlo
al vento nel teatro di Pompeo,
quanto il bracciale scivolato via
a un frocio tisico, quanto un cuscino
privato dell'imbottitura, quanto
le vecchie brache di un bretone povero
o il gozzo lurido d'un pellicano
di Ravenna. Dicono che in piscina
me la sarei chiavata, un giorno al mare;
credo d'aver chiavato la piscina.

22. *Goditi la tua parte*

Che tu con le tue labbra ispide scortichi
la faccia delicata di Galeso,
che ti corichi con un Ganimede

parce fututrici sollicitare manu.
levibus in pueris plus haec quam mentula peccat
  et faciunt digiti praecipitantque virum:
inde tragus celeresque pili mirandaque matri
  barba nec in clara balnea luce placent.
divisit natura marem: pars una puellis,
  una viris genita est. utere parte tua.

XXIII.

Nubere Sila mihi nulla non lege parata est;
  sed Silam nulla ducere lege volo.
cum tamen instaret, «deciens mihi dotis in auro
  sponsa dabis» dixi; «quid minus esse potest?
nec futuam quamvis prima te nocte maritus,
  communis tecum nec mihi lectus erit;
complectarque meam, nec tu prohibebis, amicam,
  ancillam mittes et mihi iussa tuam.
te spectante dabit nobis lasciva minister
  basia, sive meus sive erit ille tuus.
ad cenam venies, sed sic divisa recumbes
  ut non tangantur pallia nostra tuis.
oscula rara dabis nobis et non dabis ultro,
  nec quasi nupta dabis sed quasi mater anus.
si potes ista pati, si nil perferre recusas,
  invenies qui te ducere, Sila, velit».

XXIV.

Dum te prosequor et domum reduco,
aurem dum tibi praesto garrienti,
et quidquid loqueris facisque laudo,
quot versus poterant, Labulle, nasci!
hoc damnum tibi non videtur esse,
si quod Roma legit, requirit hospes,
non deridet eques, tenet senator,
laudat causidicus, poeta carpit,
propter te perit? hoc, Labulle, verum est?
hoc quisquam ferat? ut tibi tuorum
sit maior numerus togatulorum,

tutto nudo (nessuno può negarlo)
è già troppo. Ma basta lì; risparmiati
di stuzzicare le sue parti basse
con mano stupratrice. Quella mano
pecca verso i ragazzi più del cazzo,
le dita li fan diventare uomini:
di lì l'odore di caprone, i peli
prematuri, la barba che stupisce
la loro madre, sì che non ti piace
vederli fare il bagno in pieno giorno.
La natura ha diviso il maschio in due
parti: quella davanti per la donna
l'altra per l'uomo. Goditi la tua.

23. *Per sposare Sila*

Sila mi vuol sposare, non importa
a quali condizioni; non la voglio
a nessun prezzo. Ma visto che insiste:
«Mi porterai per dote un milioncino –
le dico – potrebbe essere di meno?
Io non ti chiaverò neanche la prima
notte che ti sarò marito e mai
avremo letto insieme; abbraccerò
l'amante mia né me lo impedirai,
se te l'ordinerò mi manderai
la cameriera. Davanti ai tuoi occhi
un giovane coppiere mi darà
baci lascivi, sia esso schiavo mio
o schiavo tuo. Cenerai con me,
ma giacerai a una distanza tale
che non si tocchino i vestiti. Baci
me ne darai ben pochi e solamente
se te lo dico io: saranno baci
da vecchia mamma, non baci da sposa.
Se accetti, se sopporti tutto questo
troverai chi ti porterà all'altare».

24. *Una pagina in un mese*

Labullo, mentre t'accompagno a casa
e presto orecchio a te che parli e parli
e lodo tutto quel che dici e fai
quanti bei versi potevano nascere!
E non ti sembra che sia un grave danno
che quel che tutta Roma legge, chiede
il turista, non sprezza il cavaliere,
il senatore tiene a mente, loda
l'avvocato, rubacchia il poetastro,
muoia per causa tua? Ti pare giusto,
Labullo? Si può dunque tollerare

librorum mihi sit minor meorum?
triginta prope iam diebus una est
nobis pagina vix peracta. sic fit
cum cenare domi poeta non vult.

XXV.

Illa salax nimium nec paucis nota puellis
   stare Lino desît mentula. lingua, cave.

XXVI.

O mihi grata quies, o blanda, Telesphore, cura,
   qualis in amplexu non fuit ante meo:
basia da nobis vetulo, puer, uda Falerno,
   pocula da labris facta minora tuis.
addideris super haec Veneris si gaudia vera,
   esse negem melius cum Ganymede Iovi.

XXVII.

Ferreus es, si stare potest tibi mentula, Flacce,
   cum te sex cyathos orat amica gari,
vel duo frusta rogat cybii tenuemve lacertum
   nec dignam toto se botryone putat;
cui portat gaudens ancilla paropside rubra
   allecem, sed quam protinus illa voret;
aut cum perfricuit frontem posuitque pudorem,
   sucida palliolo vellera quinque petit.
at mea me libram foliati poscat amica
   aut virides gemmas sardonychasve pares,
nec nisi prima velit de Tusco Serica vico
   aut centum aureolos sic velut aera roget.
nunc tu velle putas haec me donare puellae?
   nolo, sed his ut sit digna puella volo.

XXVIII.

Invasit medici Nasica phreneticus Eucti
   et percidit Hylan. hic, puto, sanus erat.

che cresca il numero dei tuoi clienti
e cali quello dei miei libri? In quasi
un mese ho scritto soltanto una pagina.
Ecco cosa succede se al poeta
non gli va di cenare solo a casa.

25. *Attenta, lingua!*

Quella tua minchia troppo lussuriosa
e conosciuta da tante ragazze,
Lino, non sta più in piedi. Attenta, lingua!

26. *A Telèsforo*

Dolce consolazione ed incantevole
preoccupazione mia, fanciullo quale
sin qui non ho abbracciato mai, Telèsforo,
dammi baci bagnati di Falerno
vecchio e dammi la coppa che le tue
labbra han fatto meno colma. Se ci aggiungi
i piaceri di Venere dirò
che Giove non è stato mai felice
così con Ganimede.

27. *Se ne senta degna*

Tu sei di ferro, Flacco, se puoi stare
ancora a cazzo dritto nel vedere
la tua amante implorarti sei tazzone
di salsetta di pesce e poi due fette
di tonno ed uno sgombro tenerello,
e piluccare un grappoletto d'uva
solo a metà, non sentendosi degna
d'uno intero. La serva gongolante
le porta uova di tonno in un piattone
rosso che lei divora immantinenti;
poi perso ogni pudore chiede cinque
sudice pelli per farne una stola.
Ma la mia chieda una libbra d'essenza
preziosa ed un bel paio di sardoniche
o smeraldi, ed accetti solamente
sete di prima scelta di via Tusca
o mi chieda cento monete d'oro
come fossero spiccioli. Tu credi
che darei queste cose alla ragazza?
No, ma voglio che se ne senta degna.

28. *Il pazzo*

Nasica il pazzo piomba sul ragazzo
del dottor Eucto, Ila, e se l'incula.
In quel momento, penso, era ben lucido.

XXIX.

Languida cum vetula tractare virilia dextra
  coepisti, iugulor pollice, Phylli, tuo:
nam cum me murem, cum me tua lumina dicis,
  horis me refici vix puto posse decem.
blanditias nescis: «dabo» dic «tibi milia centum
  et dabo Setini iugera culta soli;
accipe vina, domum, pueros, chrysendeta, mensas».
  nil opus est digitis: sic mihi, Phylli, frica.

XXX.

Os male causidicis et dicis olere poetis.
  sed fellatori, Zoile, peius olet.

XXXI.

Atreus Caecilius cucurbitarum
sic illas quasi filios Thyestae
in partes lacerat secatque mille.
gustu protinus has edes in ipso,
has prima feret alterave cena,
has cena tibi tertia reponet,
hinc seras epidipnidas parabit.
hinc pistor fatuas facit placentas,
hinc et multiplices struit tabellas
et notas caryotidas theatris.
hinc exit varium coco minutal,
ut lentem positam fabamque credas;
boletos imitatur et botellos,
et caudam cybii brevesque maenas.
hinc cellarius experitur artes,
ut condat vario vafer sapore
in rutae folium Capelliana.
sic inplet gabatas paropsidesque,
et leves scutulas cavasque lances.
hoc lautum vocat, hoc putat venustum,
unum ponere ferculis tot assem.

29. *Le carezze*

Da quando hai cominciato a massaggiarmi
gli organi genitali con la mano
carica d'anni, Fillide, mi sento
ucciso dal tuo pollice. Mi dici:
«Topolino», mi chiami luce tua,
e per riavermi mi ci vuole almeno
una diecina d'ore. Non conosci
l'arte delle carezze. «Centomila
sesterzi ti darò – mi devi dire
– e terra coltivata in quel di Sezze;
eccoti vino, schiavi, vasellame,
una casa, tavole apparecchiate.»
Non c'è bisogno delle dita, Fillide;
carezzami così.

30. *A Zoilo ancora*

Dici che agli avvocati ed ai poeti
puzza il fiato; ma puzza assai di più
a chi lecca la minchia.

31. *Il massacratore di zucche*

Cecilio è proprio l'Atrèo delle zucche:
quasi fossero i figli di Tieste
le taglia e le divide in mille pezzi.
Prima le mangerai per antipasto,
quindi per primo piatto, per secondo
e per terzo: t'arriveranno infine
come dessert. Di zucca il pasticciere
fa torte insipide, sempre di zucca
piattini d'ogni genere e quei datteri
popolari a teatro. Con la zucca
il suo cuoco fa intingoli: ti sembra
di mangiare lenticchie con le fave
e invece è solo zucca; solo zucca
sono i funghi, i pescetti, il sanguinaccio
e la coda di tonno. Con la zucca
il maggiordomo dà prove di un'arte
sopraffina, formando – con sapori
diversi – squisitezze capelliane [8]
alla foglia di ruta. Con la zucca
Cecilio colma zuppiere, vassoi,
tazze, salsiere lucide, scodelle.
Gli sembra fine, gli sembra magnifico
riempire tanti piatti con un soldo.

XXXII.

Nec toga nec focus est nec tritus cimice lectus
    nec tibi de bibula sarta palude teges,
nec puer aut senior, nulla est ancilla nec infans,
    nec sera nec clavis nec canis atque calix.
tu tamen adfectas, Nestor, dici atque videri
    pauper et in populo quaeris habere locum.
mentiris vanoque tibi blandiris honore.
    non est paupertas, Nestor, habere nihil.

XXXIII.

Saepius ad palmam prasinus post fata Neronis
    pervenit et victor praemia plura refert.
i nunc, livor edax, dic te cessisse Neroni:
    vicit nimirum non Nero, sed prasinus.

XXXIV.

Aedes emit Aper sed quas nec noctua vellet
    esse suas; adeo nigra vetusque casa est.
vicinos illi nitidus Maro possidet hortos.
    cenabit belle, non habitabit Aper.

XXXV.

Ignotos mihi cum voces trecentos,
quare non veniam vocatus ad te
miraris quererisque litigasque.
solus ceno, Fabulle, non libenter.

XXXVI.

Gaius hanc lucem gemma mihi Iulius alba
    signat, io, votis redditus ecce meis:
desperasse iuvat veluti iam rupta sororum
    fila; minus gaudent qui timuere nihil.
Hypne, quid expectas, piger? inmortale Falernum
    funde, senem poscunt talia vota cadum:

32. *Miseria e povertà*

Non hai toga né fuoco e manco un letto
foss'anche logorato dalle cimici,
né una stuoia intecciata di spugnosi
giunchi, né schiavo, sia giovane o vecchio,
né una schiava sia pure una bambina,
né serratura e chiave e cane e calice.
Pure, Nèstore, vuoi sembrare un povero
ed avere un tuo posto in mezzo ai poveri.
È un'impostura, una pretesa vana:
la tua miseria non è povertà.

33. *I verdi*

Dopo la morte del Nerone nostro [9]
assai spesso il cocchiere verde ha vinto
e s'è beccato parecchi bei premi.
Va' dunque, pallida invidia e di' pure
che hai ceduto al potere di Nerone:
non ha vinto Nerone ma il cocchiere.

34. *Apro*

Apro ha preso una casa che nemmeno
una civetta la vorrebbe, tanto
è decrepita e nera; ma lì accanto
ha dei giardini l'elegante Maro.
Cenerà con gran stile Apro, seppure
non avrà un buon alloggio.

35. *Troppa folla*

Inviti a cena trecento persone
che non conosco e ti stupisci se
invitato non vengo, ti lamenti,
vorresti litigare. Ma Fabullo,
io da solo non ceno volentieri.

36. *Ritorno di Gaio*

Evviva! Gaio Giulio è ritornato
alle preghiere mie, mi fa segnare
con una pietra bianca questo giorno.
E son contento d'aver disperato
come se già si fosse rotto il filo
delle Parche; poiché poca è la gioia
se nulla si è temuto. Ipno, che aspetti,
pigrone? Versa Falerno immortale,
tali occasioni esigono una giara
vecchissima. Beviamo cinque coppe,

quincunces et sex cyathos besemque bibamus,
   GAIUS ut fiat IULIUS et PROCULUS.

XXXVII.

Zoile, quid tota gemmam praecingere libra
   te iuvat et miserum perdere sardonycha?
anulus iste tuis fuerat modo cruribus aptus:
   non eadem digitis pondera conveniunt.

XXXVIII.

Mulio viginti venît modo milibus, Aule.
   miraris pretium tam grave? surdus erat.

XXXIX.

Cunarum fueras motor, Charideme, mearum
   et pueri custos adsiduusque comes.
iam mihi nigrescunt tonsa sudaria barba
   et queritur labris puncta puella meis;
sed tibi non crevi: te noster vilicus horret,
   te dispensator, te domus ipsa pavet.
ludere nec nobis nec tu permittis amare;
   nil mihi vis et vis cuncta licere tibi.
corripis, observas, quereris, suspiria ducis,
   et vix a ferulis temperat ira tua.
si Tyrios sumpsi cultus unxive capillos,
   exclamas «numquam fecerat ista pater»;
et numeras nostros adstricta fronte trientes,
   tamquam de cella sit cadus ille tua.
desine; non possum libertum ferre Catonem.
   esse virum iam me dicet amica tibi.

XL.

Formosam Glyceran amat Lupercus
et solus tenet imperatque solus.
quam toto sibi mense non fututam
cum tristis quereretur et roganti
causam reddere vellet Aeliano,

poi altre sei, poi otto: così il nome
sarà completo, Gaius, Iulius, Proculus.

37. *L'anellone*

Zoilo, perché incastonare una gemma
in una libbra d'oro e così sperdere
la povera sardonica? L'anello
sarebbe stato adatto alle tue gambe,
quel peso non va bene per le dita.

38. *Il mulattiere*

Poco fa hanno venduto un mulattiere
a ventimila. Aulo, ti pare troppo?
Era duro d'orecchi [10].

39. *Sono un uomo*

Caridemo, tu hai mosso la mia culla
e sei stato il compagno inseparabile,
il custode di me bambino. Ormai
la mia barba rasata rende neri
gli asciugamani e pure la ragazza
si lamenta che le mie labbra pungono;
ma per te non son mai cresciuto, tremano
davanti a te il fattore e il dispensiere,
la casa tutta ha paura di te.
Non mi lasci giocare, non mi lasci
fare l'amore, non mi vuoi permettere
nulla e tu intanto ti permetti tutto.
Mi aggredisci, mi osservi, ti lamenti,
sospiri e a malapena la tua collera
non ricorre alla frusta. Se mi vesto
di porpora o profumo un po' i capelli
esclami: «Papà tuo non l'ha mai fatto»,
e mi conti i bicchieri con la fronte
corrugata, quasi venisse l'anfora
dalla cantina tua. Smetti, non reggo
un liberto vestito da Catone.
La mia amichetta ti confermerà
che sono un uomo.

40. *Luperco e Glicera*

Luperco ama Glicera la bellissima,
se la tiene da solo e ne è padrone.
Poiché si lamentava con tristezza
di non chiavarla da un intero mese,
volendo dirne la ragione a Eliano

respondit Glycerae dolere dentes.

XLI.

Indulget pecori nimium dum pastor Amyntas
    et gaudet fama luxuriaque gregis,
cedentes oneri ramos silvamque fluentem
    vicit, concussas ipse secutus opes.
triste nemus dirae vetuit superesse rapinae
    damnavitque rogis noxia ligna pater.
pingues, Lygde, sues habeat vicinus Iollas:
    te satis est nobis adnumerare pecus.

XLII.

Vivida cum poscas epigrammata, mortua ponis
    lemmata. qui fieri, Caeciliane, potest?
mella iubes Hyblaea tibi vel Hymettia nasci,
    et thyma Cecropiae Corsica ponis api!

XLIII.

Deprensum in puero tetricis me vocibus, uxor,
    corripis et culum te quoque habere refers.
dixit idem quotiens lascivo Iuno Tonanti?
    ille tamen grandi cum Ganymede iacet.
incurvabat Hylan posito Tirynthius arcu:
    tu Megaran credis non habuisse natis?
torquebat Phoebum Daphne fugitiva: sed illas
    Oebalius flammas iussit abire puer.
Briseïs multum quamvis aversa iaceret,
    Aeacidae propior levis amicus erat.
parce tuis igitur dare mascula nomina rebus
    teque puta cunnos, uxor, habere duos.

che la chiedeva spiegava che a lei
era venuto un grave mal di denti.

41. *Aminta*

Troppo sollecito del suo bestiame,
vanitoso della prosperità
e della fama del suo gregge, Aminta
pastore col suo peso ha rotto rami
ed ondeggianti fronde ed è caduto
con le ghiande che stava raccogliendo.
Il padre in lutto volle che la pianta
più non sopravvisse a tanto scempio
e mandò al rogo quel legno nocivo.
Ligdo [11], lascia che il mio vicino Iolla
abbia porci ben grassi, basta a me
che tu sappia contare il mio bestiame.

42. *Argomenti morti*

Chiedi epigrammi vivi e mi proponi
argomenti già morti. Come faccio,
Ceciliano? Sarebbe come dare
timo di Corsica ad api ateniesi
e pretendere mieli degli Iblei
o dell'Imetto.

43. *Rimproveri coniugali*

Moglie, m'hai colto con un ragazzetto
e con voce alterata mi rimproveri
dicendo che anche tu possiedi un culo.
Quante volte Giunone ha ripetuto
la stessa cosa a Giove! Eppure quello
continua a ripassarsi il giovinetto
Ganimede. Così l'eroe Tirinzio [12]
posato l'arco, eccolo lì con Hyla;
e pensi che Megara non avesse
chiappe? La fuga di Dafne straziava
Febo, ma il figlio d'Ebalo gli fece
dimenticare quelle fiamme. Aveva
un bel girare il didietro ad Achille
Briseide, quello preferiva sempre
l'amico giovinetto. Moglie mia,
perciò non dare dei nomi maschili
alle tue cose e non parlare più
di culo: tu hai soltanto
una fica davanti, una di dietro.

XLIV.

Orbus es et locuples et Bruto consule natus:
  esse tibi veras credis amicitias?
sunt verae, sed quas iuvenis, quas pauper habebas.
  qui novus est, mortem diligit ille tuam.

XLV.

Intrasti quotiens inscriptae limina cellae,
  seu puer adrisit sive puella tibi,
contentus non es foribus veloque seraque,
  secretumque iubes grandius esse tibi:
oblinitur minimae si qua est suspicio rimae
  punctaque lasciva quae terebrantur acu.
nemo est tam teneri tam sollicitique pudoris
  qui vel pedicat, Canthare, vel futuit.

XLVI.

Iam nisi per somnum non arrigis et tibi, Maevi,
  incipit in medios meiere verpa pedes,
truditur et digitis pannucea mentula lassis
  nec levat extinctum sollicitata caput.
quid miseros frustra cunnos culosque lacessis?
  summa petas: illic mentula vivit anus.

XLVII.

Omnia femineis quare dilecta catervis
  balnea devitat Lattara? ne futuat.
cur nec Pompeia lentus spatiatur in umbra
  nec petit Inachidos limina? ne futuat.
cur Lacedaemonio luteum ceromate corpus
  perfundit gelida Virgine? ne futuat.
cum sic feminei generis contagia vitet,
  cur lingit cunnum Lattara? ne futuat.

XLVIII.

Silius haec magni celebrat monimenta Maronis,
  iugera facundi qui Ciceronis habet.

44. *Ti vogliono morto*

Sei senza figli, ricco, nato al tempo
in cui Bruto era console e ritieni
d'avere vere amicizie? Le avevi
quand'eri giovane, quand'eri povero.
I nuovi amici ti vogliono morto.

45. *Pudore feroce*

Tutte le volte che varchi la soglia
d'una stanzetta di casino, sia
t'abbia fatto un sorriso un giovinetto
sia una ragazza, non ti basta un uscio,
un catenaccio, una tenda; tu cerchi
il massimo segreto. Turi il minimo
sospetto di fessura e i forellini
di spillo fatti dai guardoni. Càntaro,
un pudore così feroce e inquieto
non l'ha chi chiava e incula normalmente.

46. *In una bocca*

Mevio, oramai t'arrazzi solo in sogno
ed il cazzo ti piscia in mezzo ai piedi,
stanchi le dita a forza di menarlo
ma il caro estinto non solleva il capo
per quanto lo solleciti. Perché
invano corri appresso a fiche e culi?
Alza il tiro: soltanto in una bocca
un vecchio cazzo può forse risorgere.

47. *Làttara*

Perché Làttara gira sempre al largo
dai bagni frequentati da caterve
di donne? Per non chiavare. Perché
non va pian piano a spasso sotto l'ombra
del porticato di Pompeo o davanti
al tempio d'Iside? Per non chiavare.
Perché tuffa il suo corpo unto di creme
spartane nella gelida acqua Vergine?
Per non chiavare. Ma allora perché,
visto che tanto scansa ogni contagio
del sesso femminile, perché lecca
la fica Làttara? Per non chiavare.

48. *La terra di Silio*

Silio onora il sepolcro dell'immenso
Virgilio, sua la terra che fu un tempo

heredem dominumque sui tumulive larisve
  non alium mallet nec Maro nec Cicero.

XLIX.

Nulla est hora tibi qua non me, Phylli, furentem
  despolies: tanta calliditate rapis.
nunc plorat speculo fallax ancilla relicto,
  gemma vel a digito vel cadit aure lapis;
nunc furtiva lucri fieri bombycina possunt,
  profertur Cosmi nunc mihi siccus onyx;
amphora nunc petitur nigri cariosa Falerni,
  expiet ut somnos garrula saga tuos;
nunc ut emam grandemve lupum mullumve bilibrem,
  indixit cenam dives amica tibi.
sit pudor et tandem veri respectus et aequi:
  nil tibi, Phylli, nego; nil mihi, Phylli, nega.

L.

Iam prope desertos cineres et sancta Maronis
  nomina qui coleret pauper et unus erat.
Silius optatae succurrere censuit umbrae,
  Silius et vatem, non minor ipse, colit.

LI.

Tanta est quae Titio columna pendet
quantam Lampsaciae colunt puellae.
hic nullo comitante nec molesto
thermis grandibus et suis lavatur.
anguste Titius tamen lavatur.

LII.

Cenabis belle, Iuli Cerialis, apud me;
  conditio est melior si tibi nulla, veni.
octavam poteris servare; lavabimur una:
  scis quam sint Stephani balnea iuncta mihi.
prima tibi dabitur ventri lactuca movendo

dell'eloquente Cicerone [13]. Né
l'uno né l'altro vorrebbero certo
un erede diverso della tomba
e della proprietà.

49. *Rispetta la giustizia*

Non c'è un momento, Fillide, in cui tu
non t'approfitti del mio amore: tanta
l'astuzia con cui rubi. Ora la serva
imbrogliona piange per uno specchio
perduto ora è una gemma scivolata
dal dito ora una perla dall'orecchio.
Ora sete rubate offrono buona
occasione di lucro; ora mi fai
vedere asciutto un vasetto di Cosmo;
ora mi fai chiamare per un'anfora
di Falerno che è diventata feccia,
o perché un'indovina chiacchierona
storni da te i tuoi sogni; ora perché
ti compri un gran branzino o una triglione
per un'amica ricca che si invita.
Vergognati, rispetta la giustizia,
la verità: se non ti nego nulla,
Fillide, tu non mi negare nulla.

50. *La tomba di Virgilio*

A onorare le ceneri deserte
e il santo nome di Virgilio, c'era
un uomo solo e povero. Deciso
ad aiutare l'ombra cara, Silio
adesso onora il poeta, lui stesso
poeta non minore.

51. *Tizio*

A Tizio pende una colonna simile
a quella che si venera a Lampsaco.
Tizio si bagna in terme grandi, tutte
per sé, senza nessuno a molestarlo
o a fargli compagnia. Ciononostante
gli sembra di lavarsi in un catino.

52. *Cenerai da me*

Giulio Ceriale, cenerai benone
da me: su vieni se non hai di meglio.
Puoi rispettare l'ora ottava; insieme
andremo al bagno, tu sai bene quanto
mi stia vicino lo stabilimento

  utilis, et porris fila resecta suis,
mox vetus et tenui maior cordyla lacerto,
  sed quam cum rutae frondibus ova tegant;
altera non derunt tenui versata favilla
  et Velabrensi massa coacta foco,
et quae Picenum senserunt frigus olivae.
  haec satis in gustu. Cetera nosse cupis?
mentiar, ut venias: pisces, conchylia, sumen,
  et chortis saturas atque paludis aves,
quae nec Stella solet rara nisi ponere cena.
  plus ego polliceor: nil recitabo tibi,
ipse tuos nobis relegas licet usque Gigantas
  Rura vel aeterno proxima Vergilio.

LIII.

Claudia caeruleis cum sit Rufina Britannis
  edita, quam Latiae pectora gentis habet!
quale decus formae! Romanam credere matres
  Italides possunt, Atthides esse suam.
di bene quod sancto peperit fecunda marito,
  quod sperat generos quodque puella nurus.
sic placeat superis ut coniuge gaudeat uno
  et semper natis gaudeat illa tribus.

LIV.

Unguenta et casias et olentem funera murram
  turaque de medio semicremata rogo
et quae de Stygio rapuisti cinnama lecto,
  inprobe, de turpi, Zoile, redde sinu.
a pedibus didicere manus peccare protervae.
  non miror furem, qui fugitivus eras.

LV.

Hortatur fieri quod te Lupus, Urbice, patrem,
  ne credas; nihil est quod minus ille velit.

di Stefano. All'inizio ti darò
lattuga, che fa bene per la pancia,
e porro fatto a filetti con tonno
conservato, più grosso d'uno sgombro,
guarnito d'uova su foglie di ruta;
e non ci mancheranno le altre uova
cotte sotto una cenere leggera
e una forma di cacio affumicato
del Velabro ed olive che han sentito
il freddo del Piceno. Questo basti
per antipasto. Vuoi sapere il resto?
Mentirò perché tu venga: conchiglie,
pesci, tette di scrofa, uccelli grassi
di cortile e palude, che perfino
Stella ti dà ben raramente a cena.
Ti prometto di più: non leggerò
versi miei, s'anche tu mi rileggessi
i tuoi *Giganti* senza fine o i versi
pastorali che son tanto vicini
a Virgilio immortale.

53. *Anima latina*

Benché discenda dai Britanni, tinti
di celeste, Rufina Claudia ha l'anima
latina per davvero! Quanta grazia,
quanta decenza! Le madri d'Italia
possono crederla romana, quelle
di Grecia greca. Sia lodato iddio,
la sua fecondità dette dei figli
al suo santo marito e, benché giovane,
ella spera d'avere nuore e generi.
Piaccia agli dèi ch'ella si goda un solo
marito e sempre i suoi tre cari figli.

54. *Un ladro*

I profumi e la cassia con la mirra
che sa di funerale, con l'incenso
rubato a un rogo già bruciato a mezzo
e il cinnamomo tolto a un catafalco,
tirali fuori, Zoilo miserabile,
dalle tue sporche tasche! Le tue mani
svergognate impararono a peccare
dai piedi. Eri uno schiavo fuggitivo,
non mi stupisce che ora tu sia un ladro.

55. *Muori da padre*

Lupo t'esorta a diventare padre,
Urbico: non gli credere, non v'è

ars est captandi quod nolis velle videri;
    ne facias optat quod rogat ut facias.
  dicat praegnantem tua se Cosconia tantum:
    pallidior fiet iam pariente Lupus.
  at tu consilio videaris ut usus amici,
    sic morere ut factum te putet esse patrem.

LVI.

  Quod nimium mortem, Chaeremon Stoice, laudas,
    vis animum mirer suspiciamque tuum?
  hanc tibi virtutem fracta facit urceus ansa,
    et tristis nullo qui tepet igne focus,
  et teges et cimex et nudi sponda grabati,
    et brevis atque eadem nocte dieque toga.
  o quam magnus homo es qui faece rubentis aceti
    et stipula et nigro pane carere potes!
  Leuconicis agedum tumeat tibi culcita lanis
    constringatque tuos purpura pexa toros,
  dormiat et tecum qui cum modo Caecuba miscet
    convivas roseo torserat ore puer:
  o quam tu cupies ter vivere Nestoris annos
    et nihil ex ulla perdere luce voles!
  rebus in angustis facile est contemnere vitam:
    fortiter ille facit qui miser esse potest.

LVII.

  Miraris docto quod carmina mitto Severo,
    ad cenam cum te, docte Severe, vocem?
  Iuppiter ambrosia satur est et nectare vivit;
    nos tamen exta Iovi cruda merumque damus.
  omnia cum tibi sint dono concessa deorum,
    si quod habes non vis, ergo quid accipies?

nulla che lui desideri di meno.
L'arte di catturare testamenti
prevede che si finga di volere
quello che non si vuole; egli desidera
che tu non faccia quello che pretende.
Metti che la Cosconia tua si dica
incinta, vedrai Lupo impallidire
come se fosse sotto parto lui.
Ma tu, per far vedere che hai seguito
il buon consiglio d'un amico, muori
facendo in modo che ti creda padre [14].

56. *Cheremòne stoico*

Poiché tu fai l'elogio della morte,
o Cheremòne stoico, vuoi che ammiri
meravigliato la tua forza d'animo?
Tanta virtù te la danno una brocca
senza manico, un triste focolare
che nessun fuoco riscalda, una stuoia,
le cimici, la sponda d'una branda
nuda e cruda con quell'unica toga
cortissima che porti giorno e notte.
O che grand'uomo sei, se puoi lasciare
feccia d'aceto rosso, pane nero,
paglia! Ma ti si gonfi il materasso
di lana buona, ti si fasci il letto
di porpora pesante e con te dorma
il ragazzo la cui bocca di rosa
poco fa tormentava gli invitati
mentre versava il Cecubo. Ma quanto
vorresti allora vivere tre volte
l'età del vecchio Nèstore e non perdere
un minuto soltanto d'una sola
giornata! È facile nella miseria
disprezzare la vita, veramente
forte è chi la miseria la sopporta.

57. *Prendi quel che hai*

Ti stupisce che mandi poesie
al sapiente Severo, quando a cena,
o sapiente Severo, invito te?
Giove è sazio d'ambrosia e vive solo
di nettare, ciononostante noi
gli serviamo frattaglie e vino puro.
Quando hai tutto per dono degli dèi
se non vuoi quel che hai cosa ricevi?

LVIII.

Cum me velle vides tentumque, Telesphore, sentis,
    magna rogas – puta me velle negare: licet? –
et nisi iuratus dixi «dabo», subtrahis illas,
    permittunt in me quae tibi multa, natis.
quid si me tonsor, cum stricta novacula supra est,
    tunc libertatem divitiasque roget?
promittam; neque enim rogat illo tempore tonsor,
    latro rogat; res est inperiosa timor:
sed fuerit curva cum tuta novacula theca,
    frangam tonsori crura manusque simul.
at tibi nil faciam, sed lota mentula lana
    λαικάζειν cupidae dicet avaritiae.

LIX.

Senos Charinus omnibus digitis gerit
    nec nocte ponit anulos
nec cum lavatur. causa quae sit quaeritis?
    dactyliothecam non habet.

LX.

Sit Phlogis an Chione Veneri magis apta requiris?
    pulchrior est Chione; sed Phlogis ulcus habet,
ulcus habet Priami quod tendere possit alutam
    quodque senem Pelian non sinat esse senem,
ulcus habet quod habere suam vult quisque puellam,
    quod sanare Criton, non quod Hygia potest:
at Chione non sentit opus nec vocibus ullis
    adiuvat, absentem marmoreamve putes.
exorare, dei, si vos tam magna liceret
    et bona velletis tam pretiosa dare,
hoc quod habet Chione corpus faceretis haberet
    ut Phlogis, et Chione quod Phlogis ulcus habet.

58. Vaffanculo

Quando mi vedi infiammato e mi senti
arrazzato, Telèsforo, mi chiedi
un prezzo folle; volessi negartelo
come farei? Se non ti dico: «Giuro
che te lo do» mi lasceresti senza
quelle chiappe che troppo ti permettono
su di me. Cosa fare se un barbiere,
accostato il rasoio alla mia gola,
mi chiedesse la libertà e con essa
la ricchezza. Direi subito sì;
ma in quel momento sarebbe un bandito
invece di un barbiere e la paura
fa novanta. Però quando il rasoio
sarà tornato quieto nel suo astuccio
lunato farò rompere al barbiere
e le gambe e le mani insieme. A te
non farò proprio nulla ma il mio cazzo
a barba bene lavata dirà:
«Vaffanculo» alla tua avarizia sordida.

59. L'anelloteca

Carino porta sei anelli a dito
e non li posa né la notte né
quando si lava. Ne chiedi il perché?
Non ha un'anelloteca.

60. Flogis e Chione

Vuoi sapere chi è meglio nell'amore
tra Chione e Flogis? Chione è assai più bella
ma Flogis ci ha un prurito che potrebbe
tirar su la pellancica di Prìamo,
non consentire di sentirsi vecchio
a Nèstore di Pilo, ci ha un prurito
che ciascuno vorrebbe ce l'avesse
la sua ragazza: un simile prurito
può sanarlo un dottore che sia maschio
non certo Igea [15]. La bella Chione invece
non sente nulla, non t'aiuta in nulla
con le parole, la diresti assente,
la crederesti una donna di marmo.
Numi, fosse permesso di pregarvi
d'un così gran favore e acconsentiste
ad accordarci beni così grandi,
a Flogis date le forme di Chione,
a Chione date il prurito di Flogis.

LXI.

Lingua maritus, moechus ore Nanneius,
Summemmianis inquinatior buccis;
quem cum fenestra vidit a Suburana
obscena nudum Leda fornicem cludit
mediumque mavult basiare quam summum;
modo qui per omnes viscerum tubos ibat
et voce certa consciaque dicebat
puer an puella matris esset in ventre:
– gaudete cunni; vestra namque res acta est –
arrigere linguam non potest fututricem.
nam dum tumenti mersus haeret in volva
et vagientes intus audit infantes,
partem gulosam solvit indecens morbus.
nec purus esse nunc potest nec inpurus.

LXII.

Lesbia se iurat gratis numquam esse fututam.
  verum est. cum futui vult, numerare solet.

LXIII.

Spectas nos, Philomuse, cum lavamur,
et quare mihi tam mutuniati
sint leves pueri subinde quaeris.
dicam simpliciter tibi roganti:
pedicant, Philomuse, curiosos.

LXIV.

Nescio tam multis quid scribas, Fauste, puellis:
  hoc scio, quod scribit nulla puella tibi.

LXV.

Sescenti cenant a te, Iustine, vocati
  lucis ad officium quae tibi prima fuit.
inter quos, memini, non ultimus esse solebam;
  nec locus hic nobis invidiosus erat.
postera sed festae reddis sollemnia mensae:
  sescentis hodie, cras mihi natus eris.

61. *Nanneio*

Marito solo con la lingua, solo
con la bocca amatore, tu Nanneio
sei più sudicio delle pompinare
del Summemmio. Ché se ti vede Leda
dalla sua finestrella alla Suburra,
subito chiude la sua stanza sempre
spalancata e ti bacia a metà corpo
piuttosto che sulla bocca. Nanneio
quella sua lingua chiavatrice – solita
a salire per tutti quanti gli organi
e a dire in piena coscienza e certezza
se sia femmina o no la creatura
ancora in fondo al ventre della madre –
più non la drizza: allegre dunque, fiche,
ora è finita. Mentre era incollato
ad una fregna gonfia e già sentiva
il vagire dei feti, un morbo ignobile
l'ha colto in quella sua parte golosa.
Ora non sarà più puro né impuro.

62. *Mai gratis*

Lesbia giura di non averla mai
data gratis. Per forza, è lei che paga.

63. *Parlerò schietto*

Stai a guardarci mentre ci laviamo,
Filomuso, e domandi perché mai
i miei ragazzi imberbi abbiano minchie
così spettacolose. Parlerò
schietto: per inculare i ficcanaso.

64. *Scrivi a tutte*

Non so che cosa scrivi a tante donne,
so che nessuna donna scrive a te.

65. *La cena dei seicento*

Giustino, cenano da te seicento
invitati per celebrare il tuo
compleanno. Tra questi, mi ricordo,
non sedevo tra gli ultimi e nessuno
me l'ha mai contestato. Ma domani
ricelebri la festa ed imbandisci
nuove mense: se tu sei nato oggi
per seicento, per me lo sei domani.

LXVI.

Et delator es et calumniator,
et fraudator es et negotiator,
et fellator es et lanista. miror
quare non habeas, Vacerra, nummos.

LXVII.

Nil mihi das vivus; dicis post fata daturum.
　si non es stultus, scis, Maro, quid cupiam.

LXVIII.

Parva rogas magnos; sed non dant haec quoque magni.
　ut pudeat levius te, Matho, magna roga.

LXIX.

Amphitheatrales inter nutrita magistros
　venatrix, silvis aspera, blanda domi,
Lydia dicebar, domino fidissima Dextro,
　qui non Erigones mallet habere canem,
nec qui Dictaea Cephalum de gente secutus
　luciferae pariter venit ad astra deae.
non me longa dies nec inutilis abstulit aetas,
　qualia Dulichio fata fuere cani:
fulmineo spumantis apri sum dente perempta,
　quantus erat, Calydon, aut, Erymanthe, tuus.
nec queror infernas quamvis cito rapta sub umbras.
　non potui fato nobiliore mori.

LXX.

Vendere, Tucca, potes centenis milibus emptos?
　plorantis dominos vendere, Tucca, potes?
nec te blanditiae, nec verba rudesve querelae,
　nec te dente tuo saucia colla movent?
ah facinus! tunica patet inguen utrimque levata,
　aspiciturque tua mentula facta manu.

66. *Senza soldi*

Calunniatore, trafficante, spia,
pompinaro, imbroglione, addestratore
di gladiatori. Vacerra, stupisce
che tu non abbia soldi.

67. *Se non sei sciocco*

Vivo non mi dai nulla. «Ti darò
dopo morto» mi dici. Pensa un po'
se non sei sciocco, Marco, cosa voglio.

68. *Chiedi tanto*

Chiedi cose da poco ai grandi, e i grandi
non te le danno. Chiedi tanto, Mato,
almeno ti vergognerai di meno.

69. *La cagna*

Cagna allevata nell'anfiteatro
per la caccia alle belve, ben terribile
nei boschi, dolce a casa, mi chiamavo
Lidia, fedele al mio padrone Destro
che non m'avrebbe preferito il cane
d'Erigone e nemmeno l'altro cane
che seguì Cefalo e con lui s'alzò
alle costellazioni dell'Aurora [16].
Non m'uccise una vita troppo lunga
e una vana vecchiaia come il cane
d'Ulisse, sono morta per il dente
fulmineo d'uno schiumante cinghiale
simile, a quello d'Erimanto o a quello
di Calidone. Ma non mi lamento
d'esser stata condotta innanzi tempo
alle ombre dell'inferno, non potevo
soccombere a un più nobile destino.

70. *Vendi tutto!*

Tucca, vendi schiavetti comperati
a centomila? Come puoi dar via
quei poveri ragazzi tutti in lagrime
che sino a ieri erano tuoi padroni?
Non ti commuovono né le carezze
né le parole né i lamenti ingenui
né quei colli feriti dai tuoi denti?
Ecco il delitto. Le tuniche alzate
davanti e dietro fan veder cazzi
che la tua mano ha reso in fretta adulti.

si te delectat numerata pecunia, vende
  argentum, mensas, murrina, rura, domum;
vende senes servos, ignoscent, vende paternos:
  ne pueros vendas omnia vende miser.
luxuria est emere hos – quis enim dubitatve negatve? –,
  sed multo maior vendere luxuria est.

LXXI.

Hystericam vetulo se dixerat esse marito
  et queritur futui Leda necesse sibi;
sed flens atque gemens tanti negat esse salutem
  seque refert potius proposuisse mori.
vir rogat ut vivat virides nec deserat annos,
  et fieri quod iam non facit ipse sinit.
protinus accedunt medici medicaeque recedunt,
  tolluntúrque pedes. o medicina gravis!

LXXII.

Drauci Natta sui vocat pipinnam,
conlatus cuï Gallus est Priapus.

LXXIII.

Venturum iuras semper mihi, Lygde, roganti
  constituisque horam constituisque locum.
cum frustra iacui longa prurigine tentus,
  succurrit pro te saepe sinistra mihi.
quid precer, o fallax, meritis et moribus istis?
  umbellam luscae, Lygde, feras dominae.

LXXIV.

Curandum penem commisit Baccara Raetus
  rivali medico. Baccara Gallus erit.

LXXV.

Theca tectus ahenea lavatur
tecum, Caelia, servus; ut quid, oro,

Se ti piacciono i bei contanti, vendi
l'argenteria, le tavole, i cristalli,
le campagne, la casa, vendi pure
i servi vecchi, che perdoneranno,
e quelli di tuo padre: vendi tutto
miserabile, non quei ragazzini.
Comprarli è una sciocchezza – chi lo nega? –
venderli una sciocchezza ben maggiore.

71. *L'isterica*

Leda s'è detta isterica a quel vecchio
di suo marito e si lamenta: deve
farsi chiavare necessariamente.
Ma piangendo e gemendo va negando
che la salute valga un sacrificio
così grande, sicché preferirebbe
morire. Suo marito allora prega
e scongiura che viva, che non tronchi
gli anni suoi così verdi ancora; lascia
che altri facciano quel che non fa più.
Allora vanno via le dottoresse
ed entrano i dottori. Vedi Leda
con le gambe per aria. Ah, medicina...

72. *Pipino*

Natta chiama pipino la minchia del suo amato
accanto al quale Priapo ti parrebbe castrato.

73. *Reggere l'ombrello*

Se te ne prego dici sempre, Ligdo,
che verrai, fissi l'ora, fissi il luogo.
Dopo averti aspettato a lungo invano,
sdraiato e tutto pieno di libidine,
m'ha aiutato al tuo posto la sinistra.
Bugiardo, cosa t'auguro per questi
tuoi modi? Andare a reggere l'ombrello
a una padrona guercia.

74. *Il rivale medico*

Bàccara ha dato la sua minchia in cura
a un suo rivale medico. Sarà
presto castrato.

75. *La fibula*

Celia, quel servo che con te si bagna
porta una foglia di fico di bronzo:

non sit cum citharoedus aut choraules?
non vis, ut puto, mentulam videre.
quare cum populo lavaris ergo?
omnes an tibi nos sumus spadones?
ergo, ne videaris invidere,
servo, Caelia, fibulam remitte.

LXXVI.

Solvere, Paete, decem tibi me sestertia cogis,
    perdiderit quoniam Bucco ducenta tibi.
ne noceant, oro, mihi non mea crimina: tu qui
    bis centena potes perdere, perde decem.

LXXVII.

In omnibus Vacerra quod conclavibus
consumit horas et die toto sedet,
cenaturit Vacerra, non cacaturit.

LXXVIII.

Utere femineis conplexibus, utere, Victor,
    ignotumque sibi mentula discat opus.
flammea texuntur sponsae, iam virgo paratur,
    tondebit pueros iam nova nupta tuos.
pedicare semel cupido dabit illa marito,
    dum metuit teli vulnera prima novi:
saepius hoc fieri nutrix materque vetabunt
    et dicent: «uxor, non puer, ista tibi est».
heu quantos aestus, quantos patiere labores,
    si fuerit cunnus res peregrina tibi!
ergo Suburanae tironem trade magistrae.
    illa virum faciet; non bene virgo docet.

LXXIX.

Ad primum decuma lapidem quod venimus hora,
    arguimur lentae crimine pigritiae.
non est ista quidem, non est mea, sed tua culpa est

perché, mi chiedo, se non suona il flauto [17]
o la cetra? Non vuoi vedergli il cazzo?
E che, forse noi siamo tutti eunuchi?
Per non parer gelosa, Celia, togli
la fibula a quel servo.

76. *A Peto*

Tu vorresti costringermi a ridarti
diecimila sesterzi, col pretesto
che ne hai perduto ben duecentomila
con Bucco. Ma non vadano a mio danno
i misfatti degli altri: se puoi perdere
duecentomila aggiungine altre dieci
migliaia in più.

77. *Ai cessi*

Vacerra passa le ore ai cessi pubblici,
ci sta seduto tutto il giorno. Vuole
rimediarsi una cena, non cacare.

78. *Avvézzati*

Vittorio, avvezzati una buona volta
alle donne, fa che il tuo cazzo impari
un ignoto percorso. Già si tesse
il velo per la tua promessa sposa,
si prepara alle nozze quella vergine
che una volta sposata farà radere
i capelli ai tuoi giovani schiavetti.
Per una volta si farà inculare
dal marito voglioso, anche perché
teme la prima ferita d'un dardo
sconosciuto; ma poi madre e nutrice
lo vieteranno dicendo: «Costei
non è un ragazzo ma tua moglie». Ahinoi,
in che sudate t'affaticherai
se la fica sarà per te un enigma!
Recluta, va' a lezione da una esperta
della Suburra, quella ti farà
uomo vero: una vergine non può
essere una maestra.

79. *Le mule lente*

Mi s'accusa d'essere lento e pigro
perché sono arrivato al primo miglio
soltanto all'ora decima. Ma no,
la colpa non è mia né della strada,

misisti mulas qui mihi, Paete, tuas.

LXXX.

Litus beatae Veneris aureum Baias,
Baias superbae blanda dona Naturae,
ut mille laudem, Flacce, versibus Baias,
laudabo digne non satis tamen Baias.
sed Martialem malo, Flacce, quam Baias.
optare utrumque pariter inprobi votum est.
quod si deorum munere hoc tamen detur,
quid gaudiorum est Martialis et Baiae!

LXXXI.

Cum sene communem vexat spado Dindymus Aeglen
    et iacet in medio sicca puella toro.
viribus hic, operi non est hic utilis annis:
    ergo sine effectu prurit utrique labor.
supplex illa rogat pro se miserisque duobus,
    hunc iuvenem facias, hunc, Cytherea, virum.

LXXXII.

A Sinuessanis conviva Philostratus undis
    conductum repetens nocte iubente larem
paene imitatus obît saevis Elpenora fatis,
    praeceps per longos dum ruit usque gradus.
Non esset, Nymphae, tam magna pericula passus
    si potius vestras ille bibisset aquas.

LXXXIII.

Nemo habitat gratis nisi dives et orbus apud te.
    nemo domum pluris, Sosibiane, locat.

LXXXIV.

Qui nondum Stygias descendere quaerit ad umbras
    tonsorem fugiat, si sapit, Antiochum.

Peto, la colpa è tua che mi hai mandato
le mule.

80. *Baia*

Baia, lido dorato caro a Venere
beata, Baia, dono incantatore
della natura che ne è fiera: Flacco,
lodassi pure Baia in mille versi
le lodi non sarebbero abbastanza.
Eppure preferisco il mio Marziale [18]
a Baia: voler tutte e due le cose
certo è troppo. Comunque se gli dèi
le concedessero entrambe, che gioia
godersi insieme il mio Marziale e Baia!

81. *Eunuco e vecchietto*

Un eunuco e un vecchietto vanamente
stan sopra ad Egle; la ragazza resta
in mezzo al letto a bocca asciutta. L'uno
non gliela fa perché non ne ha la forza,
l'altro non gliela fa per i troppi anni,
entrambi s'affaticano per niente.
Supplice la ragazza prega Venere
per sé e per i due poveri infelici:
ridia la giovinezza all'uno, all'altro
ridia le palle.

82. *A Sessa Aurunca*

Tornando da un convito a Sessa Aurunca
dove era andato a passare le acque
Filòstrato voleva ritornare
(la notte consigliandolo) all'alloggio
preso in affitto, ma a momenti muore
come Elpènore [19], a testa avanti rotola
giù per tutti i gradini della scala.
Ninfe, avesse bevuto l'acqua vostra
soltanto, non avrebbe corso rischi.

83. *A Sosibiano*

Nessuno abita gratis lì da te
se non è molto ricco e senza figli.
Nessuno affitta case a maggior prezzo [20].

84. *Vivere con la barba*

Chi non ha ancora voglia di discendere
alle ombre dello Stige stia lontano,

alba minus saevis lacerantur bracchia cultris,
  cum furit ad Phrygios enthea turba modos;
mitior inplicitas Alcon secat enterocelas
  fractaque fabrili dedolat ossa manu.
tondeat hic inopes Cynicos et Stoica menta
  collaque pulverea nudet equina iuba.
hic miserum Scythica sub rupe Promethea radat,
  carnificem duro pectore poscet avem;
ad matrem fugiet Pentheus, ad Maenadas Orpheus,
  Antiochi tantum barbara tela sonent.
haec quaecumque meo numeratis stigmata mento,
  in vetuli pyctae qualia fronte sedent,
non iracundis fecit gravis unguibus uxor:
  Antiochi ferrum est et scelerata manus.
unus de cunctis animalibus hircus habet cor:
  barbatus vivit ne ferat Antiochum.

LXXXV.

Sidere percussa est subito tibi, Zoile, lingua,
  dum lingis. certe, Zoile, nunc futues.

LXXXVI.

Leniat ut fauces medicus, quas aspera vexat
  adsidue tussis, Parthenopaee, tibi,
mella dari nucleosque iubet dulcesque placentas
  et quidquid pueros non sinit esse truces.
at tu non cessas totis tussire diebus.
  non est haec tussis, Parthenopaee, gula est.

LXXXVII.

Dives eras quondam: sed tunc pedico fuisti
  et tibi nulla diu femina nota fuit.
nunc sectaris anus. o quantum cogit egestas!
  illa fututorem te, Charideme, facit.

se non è scemo, dal barbiere Antìoco.
Sono meno crudeli i coltellacci
che straziano con furia braccia livide [21]
quando impazza la turba dei fanatici
sulle cadenze musicali frigie;
con più dolcezza Alcone taglia le ernie
strozzate e con la sua mano d'artista
rimette a posto le ossa fratturate.
Faccia la barba ai poveracci, Antìoco,
ai cinici e agli stoici, spogli colli
equini delle creste polverose!
Ché se per caso rade Promethèo
sotto la rupe scitica, costui
reclamerebbe a petto nudo l'aquila
boia; così Penteo riparerebbe
dalla madre ed Orfeo dalle sue Mènadi,
tanto tintinnano barbaramente
i ferracci d'Antìoco. Le stigmate
che puoi contare sul mio mento, quante
ne ha la fronte d'un pugile suonato,
non le han fatte le unghiacce di mia moglie
ma la mano terribile di Antìoco.
Di tutti gli animali solo il capro
è intelligente: vive con la barba
per non dovere sopportare Antìoco.

85. *Paralisi linguale*

Leccavi, e una paralisi t'ha preso
la lingua; forse adesso chiaverai.

86. *La tosse*

Partenopeo, per calmare la gola
tormentata da un'aspra, assidua tosse,
t'ha prescritto il dottore miele, mandorle,
dolciumi e tutto quello che fa stare
buoni i bambini. E tu non smetti mai
di tossire per tutto il giorno. Questa,
Partenopeo, non è tosse ma gola.

87. *A Caridemo*

Eri ricco una volta, ma a quel tempo
ti piacevano i maschi e non hai mai
conosciuto una donna. Adesso corri
dietro alle vecchie. La miseria a cosa
ci spinge! Di te ha fatto un chiavatore.

LXXXVIII.

Multis iam, Lupe, posse se diebus
pedicare negat Charisianus.
causam cum modo quaererent sodales,
ventrem dixit habere se solutum.

LXXXIX.

Intactas quare mittis mihi, Polla, coronas?
    a te vexatas malo tenere rosas.

XC.

Carmina nulla probas molli quae limite currunt,
    sed quae per salebras altaque saxa cadunt,
et tibi Maeonio res carmine maius habetur,
    «Lucili columella hic situst Metrophanes»;
attonitusque legis «terrai frugiferai»,
    Accius et quidquid Pacuviusque vomunt.
vis imiter veteres, Chrestille, tuosque poetas?
    dispeream ni scis mentula quid sapiat.

XCI.

Aeolidos Canace iacet hoc tumulata sepulchro,
    ultima cui parvae septima venit hiems.
ah scelus, ah facinus! properas qui flere, viator,
    non licet hic vitae de brevitate queri:
tristius est leto leti genus: horrida vultus
    abstulit et tenero sedit in ore lues,
ipsaque crudeles ederunt oscula morbi
    nec data sunt nigris tota labella rogis.
si tam praecipiti fuerant ventura volatu,
    debuerant alia fata venire via.
sed mors vocis iter properavit cludere blandae,
    ne posset duras flectere lingua deas.

88. *Il falso inculatore*

Già da parecchi giorni Carisiano
dice che non può fare a incularella.
Agli amici che chiedono risponde
che ci ha la cacarella.

89. *Le rose*

Polla, perché mi mandi
corone intatte? Preferisco le rose
già sciupate da te.

90. *L'arcaicizzante*

Non ti vanno le poesie che scorrono
per un sentiero piano ma soltanto
quelle che piomban giù per i dirupi
e gli alti scogli, sì che ti par meglio
del canto omerico un distico simile:
«Columna de la casa di Lucilio,
qua reposa Metròfane». Ed in estasi
leggi: «Terra biadìfera» e un po' tutto
quello che han vomitato Accio e Pacuvio [22].
Crestillo, vuoi che ti imiti gli arcaici?
«Ch'io sia impiso se tu'n sapi lo gusto
de la minchia.»

91. *Canace*

Sepolta in questo tumulo qui giace
Canace, figlia d'Eolide: il suo settimo
inverno fu anche l'ultimo. Ah, delitto
scellerato! Passante pronto a piangere,
qui non è tanto della brevità
della sua vita che ci si lamenta;
più triste della stessa morte è il modo
della sua morte: un'ulcera tremenda
le ha cancellato il volto, germogliando
nella tenera bocca. La crudele
malattia ha divorato i baci stessi,
le sue labbra non sono andate intere
al rogo funerario. Se la morte
doveva esserle addosso con un volo
così precipitoso almeno avesse
preso una via diversa! Aveva fretta
di tapparle la voce carezzevole
temendo che potesse intenerire
le implacabili dee.

XCII.

Mentitur qui te vitiosum, Zoile, dicit.
    non vitiosus homo es, Zoile, sed vitium.

XCIII.

Pierios vatis Theodori flamma penates
    abstulit. hoc Musis et tibi, Phoebe, placet?
o scelus, o magnum facinus crimenque deorum,
    non arsit pariter quod domus et dominus!

XCIV.

Quod nimium lives nostris et ubique libellis
    detrahis, ignosco: verpe poeta, sapis.
hoc quoque non curo, quod cum mea carmina carpas,
    conpilas: et sic, verpe poeta, sapis.
illud me cruciat, Solymis quod natus in ipsis
    pedicas puerum, verpe poeta, meum.
ecce negas iurasque mihi per templa Tonantis.
    non credo: iura, verpe, per Anchialum.

XCV.

Incideris quotiens in basia fellatorum,
    in solium puta te mergere, Flacce, caput.

XCVI.

Marcia, non Rhenus, salit hic, Germane: quid opstas
    et puerum prohibes divitis imbre lacus?
barbare, non debet, summoto cive, ministro
    captivam victrix unda levare sitim.

XCVII.

Una nocte quater possum: sed quattuor annis
    si possum, peream, te Telesilla semel.

92. *Il vizio*

Chi ti chiama vizioso, Zoilo, mente
per la gola:
non sei vizioso, sei il vizio in persona.

93. *Che delitto!*

La casa del poeta Teodoro,
soggiorno delle Muse, è andata a fuoco,
distrutta. Proprio questo volevate,
Apollo, tu e le Muse? Che delitto,
che grande cattiveria degli dèi:
casa e poeta non sono arsi insieme

94. *Poeta circonciso*

Ti perdono l'invidia, ti perdono
la critica che dappertutto fai
dei miei scritti, poeta circonciso:
non sei sciocco. Nemmeno mi preoccupo
che tu rubacchi miei versi, seppure
criticandoli: proprio non sei sciocco.
Quello che mi ferisce è che tu, nato
nella santa Gerusalemme, vada
in culo al mio ragazzo, circonciso.
Tu lo neghi e lo giuri per il tempio
del Tonante. Ma non ti credo, giura,
circonciso, pel grande Dio che vive [23].

95. *Piscina pubblica*

Ogni volta che capiti nei baci
dei pompinari, Flacco, è come mettere
la testa dentro una piscina pubblica.

96. *L'acqua Marcia*

Qui sgorga l'acqua Marcia non il Reno,
Germano: perché ostacoli e proibisci
a un ragazzo di bere a questa fonte?
Non puoi sostituirti a un cittadino,
un'acqua vittoriosa non saprà
togliere la sete a un vinto.

97. *A Telesilla*

In una notte me ne faccio quattro:
ma che io possa crepare
se in quattro anni ne faccio una con te.

XCVIII.

Effugere non est, Flacce, basiatores.
instant, morantur, persecuntur, occurunt
et hinc et illinc, usquequaque, quacumque.
non ulcus acre pusulaeve lucentes,
nec triste mentum sordidique lichenes,
nec labra pingui delibuta cerato,
nec congelati gutta proderit nasi,
et aestuantem basiant et algentem,
et nuptiale basium reservantem.
non te cucullis adseret caput tectum,
lectica nec te tuta pelle veloque,
nec vindicabit sella saepius clusa:
rimas per omnis basiator intrabit.
non consulatus ipse, non tribunatus
senive fasces nec superba clamosi
lictoris abiget virga basiatorem:
sedeas in alto tu licet tribunali
et e curuli iura gentibus reddas,
ascendet illa basiator atque illa.
febricitantem basiabit et flentem
dabit oscitanti basium natantique
dabit cacanti. remedium mali solum est,
facias amicum basiare quem nolis.

XCIX.

De cathedra quotiens surgis – iam saepe notavi –
  pedicant miserae, Lesbia, te tunicae.
quas cum conata es dextra, conata sinistra
  vellere, cum lacrimis eximis et gemitu:
sic constringuntur magni Symplegade culi
  et nimias intrant cyaneasque natis.
emendare cupis vitium deforme? docebo:
  Lesbia, nec surgas censeo nec sedeas.

C.

Habere amicam nolo, Flacce, subtilem,
cuius lacertos anuli mei cingant,

98. *I baciatori*

Flacco, chi può sfuggire ai baciatori?
Ti stanno appresso, t'impacciano e inseguono,
t'incontrano qui e là, su e giù, dovunque.
Ulcere infami, pustole lucenti,
mento orrendo di sordide escrescenze,
labbra spalmate di pomata grassa,
gocce grondanti da un naso gelato
non serviranno a nulla. I baciatori
ti baceranno in sudore o ghiacciato,
ti baceranno anche se tu vorrai
riservare il tuo bacio alla ragazza.
Non potrà liberarti da quei baci
il cappuccio con cui ti copri il capo,
la lettiga protetta da una tenda
di pelle e un velo, né la portantina
ben chiusa: saprà entrare il baciatore
per ogni fenditura. Il consolato,
il tribunato, i sei fasci, la verga
superba del littore clamoroso
non terranno lontani i baciatori.
Segga tu nel più alto tribunale,
dia tu giustizia ai popoli seduto
nella sella curule, il baciatore
salirà sin lassù. Ti bacerà
sia che tu abbia la febbre, sia che pianga,
sia che stia sbadigliando, sia che nuoti,
sia che cachi. C'è un unico rimedio
a tanto male: fatti degli amici
veri, che non vorresti mai baciare.

99. *La culona*

Ogni volta che t'alzi da sedere,
i poveri vestiti tuoi t'inculano,
Lesbia. Tu cerchi con la mano destra
e con quella sinistra di levarli
dalle chiappe: alla fine ci riesci
con gemiti e con lagrime. Così
strettamente li stringono le due
Simplègadi[24] del culo; così tanto
s'inoltrano entro quelle oscure natiche.
T'insegnerò come guarire, Lesbia
da questo difettaccio. Presto detto:
non devi alzarti e non devi sederti.

100. *Né magra né grassa*

Flacco, non voglio un'amante sottile
che degli anelli faccia braccialetti,

quae clune nudo radat et genu pungat,
cui serra lumbis, cuspis eminet culo.
sed idem amicam nolo mille librarum.
carnarius sum, pinguiarius non sum.

CI.

Thaida tam tenuem potuisti, Flacce, videre?
    tu, puto, quod non est, Flacce, videre potes.

CII.

Non est mentitus qui te mihi dixit habere
    formonsam carnem, Lydia, non faciem.
est ita, si taceas et si tam muta recumbas
    quam silet in cera vultus et in tabula.
sed quotiens loqueris, carnem quoque, Lydia, perdis
    et sua plus nulli quam tibi lingua nocet.
audiat aedilis ne te videatque caveto:
    portentum est, quotiens coepit imago loqui.

CIII.

Tanta tibi est animi probitas orisque, Safroni,
    ut mirer fieri te potuisse patrem.

CIV.

Uxor, vade foras aut moribus utere nostris:
    non sum ego nec Curius nec Numa nec Tatius.
me iucunda iuvant tractae per pocula noctes:
    tu properas pota surgere tristis aqua.
tu tenebris gaudes: me ludere teste lucerna
    et iuvat admissa rumpere luce latus.
fascia te tunicaeque obscuraque pallia celant:
    at mihi nulla satis nuda puella iacet.
basia me capiunt blandas imitata columbas:
    tu mihi das aviae qualia mane soles.
nec motu dignaris opus nec voce iuvare

che mi sbarbi con le sue chiappe nude,
che m'accoltelli con il suo ginocchio,
che abbia una sega per spina dorsale
e una guglia per culo. Ma allo stesso
modo non voglio un'amante che pesi
mille libbre. Mi piace la ciccetta,
il lardo non mi piace.

101. *Quel che non c'è*

Come hai fatto a vedere la magrissima
Taide? Tu vedi quello che non c'è.

102. *Non ha mentito...*

Non ha mentito quello che m'ha detto
Lidia, che hai bello il corpo e non i modi.
È così se tu stai distesa, muta
come un viso di cera o una pittura;
perché se parli, Lidia, perdi pure
la bellezza del corpo. Non c'è lingua
che danneggi qualcuno come te
la tua. Attenta non ti senta e veda
l'edìle [25]! Quando parlano le statue
ogni volta è un miracolo, un portento.

103. *Safronio*

Sei così probo e maestoso, Safronio,
che ci stupisce come tu sia padre.

104. *A un'ipotetica moglie*

Moglie, tu te ne vai se non t'adegui
ai miei gusti: non sono Curio o Numa
o Tazio. A me vanno a sangue le notti
tirate avanti a forza di bicchieri
in allegria; ma tu, bevuta l'acqua
soltanto, t'alzi in fretta dalla tavola
con una faccia lunga lunga. Godi
al buio, mentre a me piace giocare
con una lampada per testimone
e scassarmi le reni a luce piena.
Nascondono il tuo corpo camiciole,
tuniche, neri mantelli, per me
nessuna donna è nuda a sufficienza.
Adoro i baci che copiano quelli
teneri delle colombe, ma i baci
che mi dai sono tali e quali ai baci
che al mattino regali alla tua nonna.
Quando ti chiavo non m'aiuti in nulla,

nec digitis, tamquam tura merumque pares:
masturbabantur Phrygii post ostia servi,
    Hectoreo quotiens sederat uxor equo,
et quamvis Ithaco stertente pudica solebat
    illic Penelope semper habere manum.
pedicare negas: dabat hoc Cornelia Graccho,
    Iulia Pompeio, Porcia, Brute, tibi;
dulcia Dardanio nondum miscente ministro
    pocula Iuno fuit pro Ganymede Iovi.
si te delectat gravitas, Lucretia toto
    sis licet usque die, Laida nocte volo.

CV.

Mittebas libram, quadrantem, Garrice, mittis.
    saltem semissem, Garrice, solve mihi.

CVI.

Vibi Maxime, si vacas havere,
hoc tantum lege: namque et occupatus
et non es nimium laboriosus.
transis hos quoque quattuor? sapisti.

CVII.

Explicitum nobis usque ad sua cornua librum
    et quasi perlectum, Septiciane, refers.
omnia legisti. credo, scio, gaudeo, verum est.
    perlegi libros sic ego quinque tuos.

CVIII.

Quamvis tam longo possis satur esse libello,
    lector, adhuc a me disticha pauca petis.
sed Lupus usuram puerique diaria poscunt.
    lector, solve. taces dissimulasque? vale.

né con le dita né con le parole
né con i gesti, quasi preparassi
l'incenso e il vino per i sacrifici.
Si sparavano pippe i servi frigi
dietro la porta, tutte quelle volte
in cui la moglie d'Ettore trottava
a cavalcioni del marito; sempre
quando il re d'Itaca ronfava, aveva
in quel posto la mano la pudica
Penelope. Tu no. Non ti vuoi fare
rompere il culo: ma lo dava a Gracco
Cornelia, Giulia lo dava a Pompeo,
Porcia lo dava a Bruto. Quando ancora
Ganimede non c'era col suo nettare,
c'era Giunone a dare il culo a Giove.
Se ti piace l'austerità, sii pure
per tutto il giorno Lucrezia: la notte
voglio che tu sia Laide, la puttana.

105. *Mezza libbra*

Tu mi mandavi una libbra d'argento,
adesso me ne mandi solo un quarto:
Garrico, almeno dammene metà.

106. *A Vibio Massimo*

Vibio Massimo, se hai solo un momento
per un saluto leggi almeno qui:
visto che sei tanto occupato e tanto
poco lavoratore. Salti pure
questi versetti? Allora la sai lunga.

107. *A Setticiano*

Mi rendi il libro svolto sino in fondo
quasi l'avessi letto, Setticiano.
L'hai letto tutto, sì: lo so, lo credo,
ne godo, è vero. In questo stesso modo
lessi i tuoi cinque libri, Setticiano.

108. *Al lettore*

Benché tu possa proprio essere sazio
di questo troppo lungo libro, chiedi,
lettore, che vi aggiunga ancora versi.
Ma Lupo, l'usuraio, vuole i soldi
che m'ha prestato e i servi
reclamano il salario.
Lettore, paga! Fai finta
d'esser sordo? Stai zitto? Allora addio.

Note

[1] Catone e Fabrizio (la figlia del quale, essendo in miseria, ebbe la dote dal senato): paradigmi della virtù antica. Il Santra di più sotto era un grammatico probabilmente assai noioso. Si ricordi infine che Nerva era salito al trono nel 96 d.C. [2] Dovrebbe trattarsi d'una statua d'oro fatta erigere da Nerva. Poiché il Campidoglio era stato varie volte incendiato, il poeta qui vuol sostenere che ciò non avverrà più. [3] Pompeo era genero di Giulio Cesare. [4] Coppiere di Nerone. [5] Preso a campione di ricchezza stravagante. [6] Iperbole della legge dei tre figli. [7] Città dove Priapo era particolarmente venerato. [8] Probabilmente un cuoco famoso, questo Capello. [9] Domiziano, detto Nerone nostro, parteggiava per i verdi, che dovevano per forza vincere. [10] Non poteva far la spia delle chiacchiere del padrone. [11] Pastore di Marziale. [12] L'eroe Tirinzio è Ercole. Il figlio d'Ebalo, Giacinto. [13] Silio aveva comprato a Posillipo la terra ove sorgeva la tomba di Virgilio nonché, in altro luogo, una terra che era stata di Cicerone. [14] Cioè non lasciandogli nulla. [15] Igea, dea della salute. [16] Erigone, col suo cane, salì in cielo a costituire la costellazione della vergine. Cefalo, col suo cane, salì egualmente in cielo divenendo Venere. [17] S'è già visto come si pensava che la castità ottenuta con la fibula, giovasse alla voce e alla musica. [18] Si tratta di Giulio Marziale, amico del poeta e più volte citato. [19] Marinaio di Ulisse che morì cadendo da un tetto. [20] Si tratta d'un cacciatore di eredità. [21] I preti di Cibele usavano martirizzarsi in pubblico. [22] Tra i primi scrittori della letteratura latina. [23] Il testo dice «per Anchìalo». Si è voluto ravvisare in questa espressione la formula «Elohachàin» («Per il Dio che vive») tipica dei giuramenti ebraici. [24] Mitiche isole vaganti del Bosforo, che schiacciavano le navi. [25] Un edìle aveva l'incarico di esporre al senato i prodigi.

Liber XII

VALERIUS MARTIALIS PRISCO SUO SALUTEM

Scio me patrocinium debere contumacissimae trienni desidiae; quo absolvenda non esset inter illas quoque urbicas occupationes, quibus facilius consequimur ut molesti potius quam ut officiosi esse videamur, nedum in hac provinciali solitudine, ubi nisi etiam intemperanter studemus, et sine solacio et sine excusatione secessimus. Accipe ergo rationem. In qua hoc maximum et primum est, quod civitatis aures quibus adsueveram quaero, et videor mihi in alieno foro litigare; si quid est enim quod in libellis meis placeat, dictavit auditor: illam iudiciorum subtilitatem, illud materiarum ingenium, bibliothecas, theatra, convictus, in quibus studere se voluptates non sentiunt, ad summam omnium illa quae delicati reliquimus desideramus quasi destituti. Accedit his municipalium robigo dentium et iudici loco livor et unus aut alter mali, in pusillo loco multi; adversus quod difficile est habere cotidie bonum stomachum: ne mireris igitur abiecta ab indignante quae a gestiente fieri solebant. Ne quid tamen et advenienti tibi ab urbe et exigenti negarem – cui non refero gratiam, si tantum ea praesto quae possum –, inperavi mihi, quod indulgere consueram, et studui paucissimis diebus, ut familiarissimas mihi aures tuas exciperem adventoria sua. Tu velim ista, quae tantum apud te non periclitantur, diligenter aestimare et excutere non graveris; et, quod tibi difficillimum est, de nugis nostris iudices nitore seposito, ne Romam, si ita decreveris, non Hispaniensem librum mittamus, sed Hispanum.

I.

Retia dum cessant latratoresque Molossi
    et non invento silva quiescit apro,
otia, Prisce, brevi poteris donare libello.
    hora nec aestiva est nec tibi tota perit.

II.

Ad populos mitti qui nuper ab urbe solebas,
    ibis io Romam nunc peregrine liber

Libro dodicesimo

Valerio Marziale al suo Prisco, salute

So di dovermi far avvocato della mia contumacissima pigrizia triennale, che non riuscirei a far assolvere nemmeno in mezzo alle occupazioni della città, grazie alle quali riusciamo a sembrar molesti più che premurosi; figurarsi quindi in questa solitudine provinciale, dove se non mi dessi accanitamente agli studi vivrei segregato senza consolazione e senza scusa. Ascolta quindi le mie ragioni. La prima e la maggiore delle quali è che qui cercherei invano le orecchie della Capitale, alle quali ero avvezzo, e mi sembra di litigare in un tribunale straniero: poiché se nei miei libretti v'è qualcosa di piacevole è stato lo stesso ascoltatore a dettarmela; questa sottigliezza del gusto, questa ingegnosità di argomenti, le biblioteche, i teatri, le riunioni in cui il piacere diventa senza accorgersene conoscenza, in una parola tutto quel che ho lasciato in un momento di nausea, ora rimpiango come uno spossessato. Aggiungi a questo il morso velenoso dei paesani e uno o due malevoli, che son troppi in un posto piccolo, condizione nella quale è difficile avere tutti i giorni il fegato a posto; sicché non ti stupirai se ho rigettato rabbiosamente occupazioni cui di solito mi applicavo con ardore. E tuttavia non volevo opporre un rifiuto a te, che arrivi da Roma chiedendomi cose mie e verso il quale sarei un ingrato non facendo il possibile, e mi son forzato a dedicarmi a ciò cui prima solevo dedicarmi con ardore, stendendo in pochi giorni dei versi per offrire alle tue orecchie, così profondamente amiche, il pane del benvenuto. A te però non sia grave esaminare e soppesare queste poesie, che soltanto presso di te non conoscono pericoli; e giudicare senza troppa bontà (cosa per te difficilissima) le mie sciocchezze, in modo di mandare a Roma, se così deciderai, un libro scritto in Spagna e non un libro spagnolo.

1. *Un po' di tempo*

Mentre si metton via le reti, i cani
cessano di latrare e la foresta
sta tranquilla, poiché non s'è trovato
nessun cinghiale, Prisco, puoi concedere
un po' di tempo al mio libretto. L'ora
non è estiva [1] e non la consumi tutta.

2. *Al libro*

Libro, tu ch'eri solito partire
da Roma per le genti più diverse,

auriferi de gente Tagi tetricique Salonis,
    dat patrios manes quae mihi terra potens.
non tamen hospes eris nec iam potes advena dici,
    cuius habet fratres tot domus alta Remi.
iure tuo veneranda novi pete limina templi,
    reddita Pierio sunt ubi templa choro.
vel si malueris, prima gradiere Subura;
    atria sunt illic consulis alta mei:
laurigeros habitat facundus Stella penatis,
    clarus Hyanteae Stella sititor aquae;
fons ibi Castalius vitreo torrente superbit,
    unde novem dominas saepe bibisse ferunt:
ille dabit populo patribusque equitique legendum
    nec nimium siccis perleget ipse genis.
quid titulum poscis? versus duo tresve legantur,
    clamabunt omnes te, liber, esse meum.

III.

Quod Flacco Varioque fuit summoque Maroni
    Maecenas, atavis regibus ortus eques,
gentibus et populis hoc te mihi, Prisce Terenti,
    fama fuisse loquax chartaque dicet anus.
tu facis ingenium, tu, si quid posse videmur;
    tu das ingenuae ius mihi pigritiae.
macte animi, quem rarus habes, morumque tuorum,
    quos Numa, quos hilaris possit habere Cato.
largiri, praestare, breves extendere census
    et dare quae faciles vix tribuere dei,
nunc licet et fas est. sed tu sub principe duro
    temporibusque malis ausus es esse bonus.

IV.

Longior undecimi nobis decimique libelli
    artatus labor est et breve rasit opus.

adesso andrai in pellegrinaggio a Roma
dal paese del Tago tutto d'oro
e del selvaggio Salo, fiumi patrii
datimi da una terra forte. Pure
non sarai certo un ospite e nemmeno
uno straniero nell'alta dimora
di Remo dove hai tanti tuoi fratelli.
Vai, come è tuo diritto, a quelle soglie
venerande del Tempio Nuovo dove
il coro delle Muse ha ancora un tetto.
O se lo preferisci va' all'inizio
della Suburra dove c'è il palazzo
del console mio amico. L'eloquente
Stella ha qui un focolare tra gli allori,
l'illustre Stella che è sempre assetato
dell'acqua delle Muse. Una fontana
lì va superba di un'acqua di vetro,
e si dice che vi abbiano bevuto
quelle nove sorelle spesso. Stella
ti darà ai senatori, ai cavalieri,
al popolo in lettura; quanto a lui
non ti guarderà tutto a ciglia asciutte.
Perché mi chiedi un titolo? Ti leggano
solo per due, tre versi, grideranno
tutti quanti che tu, libro, sei mio.

3. *Un mecenate*

Quel che fu Mecenate – «Cavaliere
nato di stirpe regia»[2] – per Orazio,
per Vario, per Virgilio, tu lo fosti
Prisco per me, lo dirà a tutti popoli
con la Fama loquace il mio libretto.
Sei tu a darmi talento, a farmi quello
di cui sembro capace,
a regalarmi quel caro diritto
d'essere pigro che fa l'uomo libero.
Sii benedetto per la rarità
del tuo spirito, per i tuoi costumi
che sono quelli che potrebbe avere
Numa o un Catone amico del buon ridere.
Donare, fare prestiti, aumentare
rendite troppo scarse, dare ciò
che a fatica gli stessi numi danno
ora è giusto e possibile. Ma tu
hai fatto questo sotto un duro principe
osando essere buono in tempi pessimi.

4. *Un volumetto*

I testi del mio decimo e undicesimo
libretto erano lunghi: ho tagliuzzato

plura legant vacui, quibus otia tuta dedisti:
    haec lege tu, Caesar; forsan et illa leges.

v/vi.

Quae modo litoreos ibatis carmina Pyrgos,
    ite sacra – iam non pulverulenta – via.
contigit Ausoniae procerum mitissimus aulae
    Nerva: licet toto nunc Helicone frui:
recta Fides, hilaris Clementia, cauta Potestas
    iam redeunt; longi terga dedere Metus.
hoc populi gentesque tuae, pia Roma, precantur:
    dux tibi sit semper talis, et iste diu.

vii.

Toto vertice quot gerit capillos
annos si tot habet Ligeia, trima est.

viii.

Terrarum dea gentiumque Roma,
cui par est nihil et nihil secundum,
Traiani modo laeta cum futuros
tot per saecula conputaret annos,
et fortem iuvenemque Martiumque
in tanto duce militem videret,
dixit praeside gloriosa tali:
«Parthorum proceres ducesque Serum,
Thraces, Sauromatae, Getae, Britanni
possum ostendere Caesarem; venite».

ix.

Palma regit nostros, mitissime Caesar, Hiberos,
    et placido fruitur Pax peregrina iugo.
ergo agimus laeti tanto pro munere grates:
    misisti mores in loca nostra tuos.

un po', ne ho fatto un'antologietta.
I fannulloni ai quali hai dato, Cesare,
ozi sicuri si leggano il testo
per intero, tu leggi il volumetto;
forse più tardi leggerai anche il resto [3].

5/6. *Elogio di Nerva*

Voi che prima andavate verso Pirgi
lungo la spiaggia, miei versi, prendete
la via Sacra, non è più polverosa.
Alla reggia d'Italia è capitato
per fortuna il più tenero dei principi,
Nerva. Adesso si può liberamente [4]
scrivere versi, adesso già ritornano
la retta Lealtà, la sorridente
Clemenza con la giusta Autorità:
le paure son tutte andate via.
Le tue genti e i tuoi popoli ti pregano,
pia Roma, possa avere sempre tu
imperatori come questo, e questo
possa durarti a lungo.

7. *Ligeia*

Se Ligeia ha tanti anni quanti peli
porta in testa ha tre anni solamente.

8. *Un vero Cesare*

Roma, dea delle terre, dea dei popoli,
della quale nessuno è eguale o prossimo
all'eguaglianza, calcolava lieta
gli anni futuri di Traiano [5], innumeri
nei secoli, e vedendo in tanto duce
un soldato marziale, forte, giovane,
fiera d'avere un tale comandante
disse: «Capi dei Parti, nobiltà
dei Seri e Traci e Sarmati e Britanni
e Geti, su venite! Adesso posso
mostrarvi un vero Cesare!».

9. *Il governo di Palma*

O dolcissimo Cesare, governa
Palma i nostri spagnoli, e d'un governo
così tranquillo è felice la Pace
arrivata sin qui. Ti siamo grati
in letizia per un regalo tanto
grande: tu ci hai mandato i tuoi costumi.

X.

Habet Africanus miliens, tamen captat.
Fortuna multis dat nimis, satis nulli.

XI.

Parthenio dic, Musa, tuo nostroque salutem:
    nam quis ab Aonio largius amne bibit?
cuius Pipleo lyra clarior exit ab antro?
    quem plus Pierio de grege Phoebus amat?
et si forte – sed hoc vix est sperare – vacabit,
    tradat ut ipse duci carmina nostra roga,
quattuor et tantum timidumque brevemque libellum
    commendet verbis «hunc tua Roma legit».

XII.

Omnia promittis cum tota nocte bibisti;
    mane nihil praestas. Pollio, mane bibe.

XIII.

Genus, Aucte, lucri divites habent iram:
odisse quam donare vilius constat.

XIV.

Parcius utaris moneo rapiente veredo,
    Prisce, nec in lepores tam violentus eas.
saepe satisfecit praedae venator et acri
    decidit excussus nec rediturus equo.
insidias et campus habet: nec fossa nec agger
    nec sint saxa licet, fallere plana solent.
non derit qui tanta tibi spectacula praestet
    invidia fati sed leviore cadat.
si te delectant animosa pericula, Tuscis
    – tutior est virtus – insidiemur apris.
quid te frena iuvant temeraria? saepius illis,

10. *Nessuno ha abbastanza*

Africano ha milioni, e lotta e briga
per averne più ancora. La Fortuna
dà troppo a molti, a nessuno abbastanza.

11. *Quattro parole*

Musa va' a salutare il mio Partenio [6]
anche a te caro: infatti più di lui
chi beve lieto alla vostra fontana?
Qual è la lira che risuona meglio
dalla grotta di Pipla? Chi ama più
Apollo in tutto il gregge dei poeti?
E se fosse in vacanza (ma non c'è
da sperarlo) chiedigli di trasmettere
lui stesso il libro al santo imperatore
raccomandandolo solo con quattro
brevi parole: «Roma tua lo legge»?

12. *A Pollione*

Prometti mirabilia quando bevi
tutta quanta la notte; la mattina
poi non dai nulla. Bevi la mattina.

13. *A Aucto*

O Aucto, i ricchi pensano
che l'odio sia una specie di guadagno.
Odiare costa meno che donare.

14. *Un cavaliere ardito*

Ti prego, Prisco, serviti con più
moderazione del tuo rapinoso
corsiero, non andare tanto in fretta
dietro alle lepri. Il cacciatore spesso
fa ridere la preda, scavalcato
da un ribelle quadrupede va a terra
per più non risalire. La campagna
anche priva di fossi o terrapieni
o scogli ha le sue insidie, la pianura
sovente inganna. Non manca di certo
chi saprà offrirti siffatti spettacoli:
il destino non se ne lagnerà.
Se ti piace il pericolo tendiamo
reti (così il coraggio sta al sicuro)
ai cinghiali toscani. A che ti servono
redini tanto temerarie? Spesso

Prisce, datum est equitem rumpere quam leporem.

XV.

Quidquid Parrhasia nitebat aula
donatum est oculis deisque nostris.
miratur Scythicas virentis auri
flammas Iuppiter et stupet superbi
regis delicias gravesque lusus:
haec sunt pocula quae decent Tonantem,
haec sunt quae Phrygium decent ministrum.
omnes cum Iove nunc sumus beati;
at nuper – pudet, ah pudet fateri –
omnes com Iove pauperes eramus.

XVI.

Addixti, Labiene, tres agellos;
emisti, Labiene, tres cinaedos:
pedicas, Labiene, tres agellos.

XVII.

Quare tam multis a te, Laetine, diebus
   non abeat febris quaeris et usque gemis.
gestatur tecum pariter tecumque lavatur;
   cenat boletos, ostrea, sumen, aprum;
ebria Setino fit saepe et saepe Falerno
   nec nisi per niveam Caecuba potat aquam;
circumfusa rosis et nigra recumbit amomo
   dormit et in pluma purpureoque toro.
cum recubet pulchre, cum tam bene vivat apud te,
   ad Damam potius vis tua febris eat?

XVIII.

Dum tu forsitan inquietus erras
clamosa, Iuvenalis, in Subura
aut collem dominae teris Dianae;
dum per limina te potentiorum
sudatrix toga ventilat vagumque
maior Caelius et minor fatigant:
me multos repetita post Decembres
accepit mea rusticumque fecit

fanno morire il cavaliere prima
della lepre.

15. *Da un Giove all'altro*

Tutto quel che risplende nel Palazzo
adesso è offerto agli occhi nostri e ai numi.
Giove [7] guarda sorpreso gli smeraldi
far verde l'oro e attonito contempla
i trastulli d'un re superbo, i giochi
per noi così pesanti: ecco qui tazze
davvero degne del Tonante, degne
di Ganimede. Ora con Giove tutti
siamo ricchi, ma prima con quell'altro
Giove (ci si vergogna a confessarlo),
prima eravamo tutti quanti poveri.

16. *Tre campi e tre ragazzi*

Ti sei venduto tre bei campicelli,
ti sei comprato tre bei ragazzetti:
t'inculi tre campicelli, Labieno.

17. *La febbre*

Perché non vada via da tanti giorni
la febbre, ti domandi, e ti lamenti,
Latino. Sta seduta
ben comoda con te, con te si lava,
mangia cinghiale, ostriche, funghi, tetta
di scrofa, si ubriaca di Falerno
e di vino di Sezze, beve Cecubo
solo ghiacciato con la neve, a mensa
è incoronata di rose e brunita
d'amomo, s'addormenta sulle piume
in un letto di porpora. Trattata
così bene, vivendo così bene
con te, non vorrai mica che la febbre
se ne vada dal mendicante Dama?

18. *A Giovenale*

Mentre tu, forse, Giovenale, vaghi
inquieto per la chiassosa Suburra,
o sali alla collina di Diana,
e la toga ti ventila il sudore
mentre corri ai palazzi dei potenti,
e ti stanca la ripida salita
del Celio; io me ne sto
tranquillo a Bilbili, superba d'oro

auro Bilbilis et superba ferro.
hic pigri colimus labore dulci
Boterdum Plateamque – Celtiberis
haec sunt nomina crassiora terris –:
ingenti fruor inproboque somno
quem nec tertia saepe rumpit hora,
et totum mihi nunc repono quidquid
ter denos vigilaveram per annos.
ignota est toga, sed datur petenti
rupta proxima vestis a cathedra.
surgentem focus excipit superba
vicini strue cultus iliceti
multa vilica quem coronat olla.
venator sequitur, sed ille quem tu
secreta cupias habere silva;
dispensat pueris rogatque longos
levis ponere vilicus capillos.
sic me vivere, sic iuvat perire.

XIX.

In thermis sumit lactucas, ova, lacertum,
    et cenare domi se negat Aemilius.

XX.

Quare non habeat, Fabulle, quaeris
    uxorem Themison? habet sororem.

XXI.

Municipem rigidi quis te, Marcella, Salonis
    et genitam nostris quis putet esse locis?
tam rarum, tam dulce sapis. Palatia dicent,
    audierint si te vel semel, esse suam;
nulla nec in media certabit nata Subura
    nec Capitolini collis alumna tibi;
nec cito ridebit peregrini gloria partus
    Romanam deceat quam magis esse nurum.
tu desiderium dominae mihi mitius urbis

e di ferro, son fatto contadino
nel mio paese che da tanti inverni
desideravo. Coltivo
qui con dolce pigrizia i verdi campi
di Boterdo e Platea (vedi che nomi
grossolani in Ispagna!),
godo sonni infiniti, profondissimi,
sino alle nove e più,
e mi rifaccio di tutte le veglie
che per trent'anni ho sopportato a Roma.
La toga è sconosciuta qui: uno schiavo
mi porge, se la chiedo,
una semplice tunica
presa da uno sgabello un poco zoppo.
M'alzo e m'accoglie il fuoco scoppiettante
del buon legno di quercia d'una prossima
selva; la fattoressa
lo incorona d'un gran cerchio di pentole.
Poi viene il cacciatore, ma uno quale
tu lo vorresti avere nelle selve
più segrete! Un fattore ancora imberbe
amministra gli schiavi
e chiede che si taglino i capelli.
Ah, così voglio vivere e morire.

19. *Non cena a casa*

Emilio mangia sempre ai bagni pubblici
uova sode, lattuga, maccarello.
Poi dice che non cena mai a casa.

20. *Temiso*

Fabullo, mi domandi come mai
sia scapolo Temiso? Ha una sorella.

21. *A Marcella*

Marcella, chi potrebbe mai pensarti
compatriota del gelido Salo
e nata nello stesso mio paese?
Tanto squisito, tanto raro il gusto
che possiedi. T'udisse il Palatino
solo una volta ti direbbe sua;
nessuna potrebbe esserti rivale,
fosse nata nel cuor della Suburra,
fosse allevata in cima al Campidoglio;
né si vedrà tanto presto sorridere
una gloria così, sorta in provincia,
cui più convenga l'essere una sposa

esse iubes: Romam tu mihi sola facis.

XXII.

Quam sit lusca Philaenis indecenter
vis dicam breviter tibi, Fabulle?
esset caeca decentior Philaenis.

XXIII.

Dentibus atque comis – nec te pudet – uteris emptis.
    quid facies oculo, Laelia? non emitur.

XXIV.

O iucunda, covinne, solitudo,
carruca magis essedoque gratum
facundi mihi munus Aeliani!
hic mecum licet, hic, Iuvate, quidquid
in buccam tibi venerit loquaris:
non rector Libyci niger caballi
succinctus neque cursor antecedit;
nusquam est mulio: mannuli tacebunt.
o si conscius esset hic Avitus,
aurem non ego tertiam timerem.
totus quam bene sic dies abiret!

XXV.

Cum rogo te nummos sine pignore, «non habeo» inquis;
    idem, si pro me spondet agellus, habes:
quod mihi non credis veteri, Telesine, sodali,
    credis coliculis arboribusque meis.
ecce reum Carus te detulit: adsit agellus.
    exilii comitem quaeris: agellus eat.

XXVI.

A latronibus esse te fututam
dicis, Saenia: sed negant latrones.

romana. Tu addolcisci il mio rimpianto
della città regale, tu da sola
per me sei Roma.

22. *La guercia*

Vuoi che dica soltanto in tre parole
quanto è brutta Filenide, la guercia?
Cieca sarebbe meglio.

23. *E l'occhio?*

Senza pudore compri denti e chioma.
E l'occhio? L'occhio, Lelia, non si compra.

24. *Il calessino*

Solitudine allegra, calessino
dono dell'eloquente Eliano, tu
che preferisco a tutte le vetture!
Qui accanto a me, Giovàto, potrai dire
quel che prima ti viene sulle labbra:
non c'è il negro a cassetta che conduce
un cavallo di Libia e il battistrada
che corre avanti in veste corta, mancano
persino i mulattieri, e i due cavalli
taceranno, stai certo. O se ci fosse
Avito a condividere i segreti
nostri, un orecchio che non temerei!
E come passerebbe bene il giorno...

25. *L'amico podere*

Ti chiedo soldi senza garanzia:
«Non ce l'ho» mi rispondi. Ma ce l'hai
se ti prometto in pegno il mio podere.
La fiducia che verso un vecchio amico
ti manca, Telesino, eccola tutta
accordata ai miei alberi, ai miei cavoli.
Poni che Caro ti citi in giudizio,
lascerò che t'assista il mio podere.
Poni che tu sia costretto all'esilio
e chieda che un amico t'accompagni,
manderò a accompagnarti il mio podere.

26. *Senia*

Dici che t'hanno violata i banditi,
Senia. Ma quelli
negano, non ne vogliono sapere.

XXVII.

Poto ego sextantes, tu potas, Cinna, deunces:
　et quereris quod non, Cinna, bibamus idem?

XXVIII.

Hermogenes tantus mapparum, Castrice, fur est
　quantus nummorum vix, puto, Massa fuit;
tu licet observes dextram teneasque sinistram,
　inveniet mappam qua ratione trahat:
cervinus gelidum sorbet sic halitus anguen,
　casuras alte sic rapit Iris aquas.
nuper cum Myrino peteretur missio laeso,
　subduxit mappas quattuor Hermogenes;
cretatam praetor cum vellet mittere mappam,
　praetori mappam surpuit Hermogenes.
attulerat mappam nemo dum furta timentur:
　mantele a mensa surpuit Hermogenes.
hoc quoque si derit, medios discingere lectos
　mensarumque pedes non timet Hermogenes.
quamvis non modico caleant spectacula sole,
　vela reducuntur cum venit Hermogenes.
festinant trepidi substringere carbasa nautae,
　ad portum quotiens paruit Hermogenes.
linigeri fugiunt calvi sistrataque turba,
　inter adorantes cum stetit Hermogenes.
ad cenam Hermogenes mappam non attulit umquam,
　a cena semper rettulit Hermogenes.

XXIX.

Sexagena teras cum limina mane senator,
　esse tibi videor desidiosus eques,
quod non a prima discurram luce per urbem
　et referam lassus basia mille domum.
sed tu, purpureis ut des nova nomina fastis
　aut Nomadum gentes Cappadocumve petas:
at mihi, quem cogis medios abrumpere somnos
　et matutinum ferre patique lutum,

27. *Bicchierino e bicchierone*

Bevo bicchieri piccoli, tu enormi.
E ti lamenti, Cinna, se beviamo
vini diversi?

28. *Ermògene*

Ma che gran ladro di salviette, Ermògene!
Sì e no così lo fu Massa di soldi.
Tu guardagli la mano destra e tienigli
la sinistra, saprà come fregarti
la salvietta. Così il fiato del cervo
aspira il serpe intirizzito [8] ed Iride
rapisce in cielo l'acqua che poi cade.
Poco fa mentre il pubblico voleva
fosse salvo Mirino, il gladiatore
che era stato ferito, il nostro Ermògene
se ne è fregate quattro di salviette.
Era lì lì il pretore per lanciare
la sua salvietta gessata ed Ermògene
gliela ruba. Nessuno più portava
le salviette temendo i furti, Ermògene
invola la tovaglia dalla tavola.
Niente tovaglie? Ermògene fa fuori
copriletti e le pezze in cui s'involtano
i piedi delle mense. Benché il sole
scaldi non poco il teatro, all'arrivo
di Ermògene ripiegano le tende.
I marinai s'affrettano paurosi
ad ammainare le vele se arriva
Ermògene nel porto. Scappan via
la compagnia che agita i sistri e i calvi
portatori di lini quando in mezzo
alla turba che adora Iside appare
Ermògene. Ed Ermògene non porta
a cena mai salvietta, ma da cena
riporta sempre a casa una salvietta.

29. *Una provincia e una cena*

Ogni mattina, senatore, lisci
millanta soglie; così guardi me
cavaliere come un pigraccio autentico
perché non vado in giro sin dall'alba
per tutta la città e non porto a casa
stanco morto un miliardo di bacioni.
Ma tu vorresti aggiungere il tuo nome
all'elenco di porpora dei consoli
o governare la Numidia oppure
la Cappadocia. E a me, che vuoi costringere

quid petitur? rupta cum pes vagus exit aluta
      et subitus crassae decidit imber aquae
nec venit ablatis clamatus verna lacernis,
      accedit gelidam servus ad auriculam,
et «Rogat ut secum cenes Laetorius» inquit.
      viginti nummis? non ego: malo famem
quam sit cena mihi, tibi sit provincia merces,
      et faciamus idem nec mereamur idem.

XXX.

Siccus, sobrius est Aper; quid ad me?
servum sic ego laudo, non amicum.

XXXI.

Hoc nemus, hi fontes, haec textilis umbra supini
      palmitis, hoc riguae ductile flumen aquae,
prataque nec bifero cessura rosaria Paesto,
      quodque viret Iani mense nec alget holus,
quaeque natat clusis anguilla domestica lymphis,
      quaeque gerit similes candida turris aves,
munera sunt dominae: post septima lustra reverso
      has Marcella domos parvaque regna dedit.
si mihi Nausicaa patrios concederet hortos
      Alcinoo possem dicere «malo meos».

XXXII.

O Iuliarum dedecus Kalendarum,
vidi, Vacerra, sarcinas tuas, vidi;
quas non retentas pensione pro bima
portabat uxor rufa crinibus septem
et cum sorore cana mater ingenti.
Furias putavi nocte Ditis emersas.
has tu priores frigore et fame siccus
et non recenti pallidus magis buxo
Irus tuorum temporum sequebaris.

a interrompere a mezzo il sonno e correre
a soffrire nel fango mattutino,
a me che me ne viene? Quando il piede
scappa via ballerino dalla scarpa
rotta o mi piomba addosso un acquazzone
improvviso e lo schiavo che m'ha preso
il mantello non corre alle mie grida,
ecco invece un tuo servo avvicinarsi
al mio gelido orecchio e sussurrare:
«Ti invita a cena Letonio». Per venti
sesterzi miserabili? No certo.
Preferisco la fame che ottenere
solo una cena in premio mentre tu
ti pappi una provincia, far le stesse
tue cose per un premio ben diverso.

30. *Apro*

Apro non beve. A me che me ne frega?
Non bere è un merito per uno schiavo
e non per un amico.

31. *I doni di Marcella*

Queste fontane, questo bosco, l'ombra
della pergola, il docile canale
che scivola tra i prati, e i prati, e rose
come quelle di Pesto, che fioriscono
due volte l'anno, ortaggi che inverdiscono
d'inverno senza gelare, le anguille
domestiche che nuotano nell'acqua
del vivaio, la bianca piccionaia
piena di uccelli bianchi. Sono i doni
di Marcella. Tornato al mio paese
dopo più di trent'anni, la signora
m'ha regalato questa casa, questo
piccolo regno. Ora il mio mondo è qui.
M'offrissero i giardini dei Feaci
potrei dire che preferisco i miei.

32. *Il trasloco*

O vergogna del primo luglio, giorno
in cui si paga l'affitto! Ho veduto,
Vacerra, il tuo trasloco. I tuoi bagagli,
che non hanno voluto in pagamento
d'un biennio di pigione, li portavano
tua moglie rossa con sette capelli,
tua madre bianca, tua sorella enorme.
Io le ho scambiate per Furie comparse
dalla notte di Dite. Dietro a loro

    migrare clivom crederes Aricinum.
    ibat tripes grabatus et bipes mensa
    et cum lucerna corneoque cratere
    matella curto rupta latere meiebat;
    foco virenti suberat amphorae cervix;
    fuisse gerres aut inutiles maenas
    odor impudicus urcei fatebatur,
    qualis marinae vix sit aura piscinae.
    nec quadra derat casei Tolosatis,
    quadrima nigri nec corona pulei
    calvaeque restes alioque cepisque,
    nec plena turpi matris olla resina
    Summemmianae qua pilantur uxores.
    quid quaeris aedes vilicosque derides,
    habitare gratis, o Vacerra, cum possis?
    haec sarcinarum pompa convenit ponti.

XXXIII.

Ut pueros emeret Labienus vendidit hortos.
    nil nisi ficetum nunc Labienus habet.

XXXIV.

Triginta mihi quattuorque messes
tecum, si memini, fuere, Iuli.
quarum dulcia mixta sunt amaris
sed iucunda tamen fuere plura;
et si calculus omnis huc et illuc
diversus bicolorque digeratur,
vincet candida turba nigriorem.
si vitare velis acerba quaedam
et tristis animi cavere morsus,
nulli te facias nimis sodalem:
gaudebis minus et minus dolebis.

XXXV.

Tamquam simpliciter mecum, Callistrate, vivas,
    dicere percisum te mihi saepe soles.
non es tam simplex quam vis, Callistrate, credi.

venivi tu, risecchito dal freddo
e dalla fame, più giallo d'un ramo
secco di bosso, Iro dei nostri tempi.
Quasi avresti creduto di vedere
la collina di Ariccia trasferirsi.
Passava un letto di tre piedi, un tavolo
di due piedi, una tazza di corniolo,
una lucerna, un pitaletto rotto
che pisciava da un lato, uno scaldino
verderame posato sopra un'anfora,
un recipiente che dal tanfo orrendo
che emanava tradiva un contenuto
di mennole o di stupide sardine
fetenti più dell'acqua d'un vivaio.
Né mancavano un quarto di formaggio
di Tolosa, un fascetto di mentuccia
secca e annerita, vecchia di quattro anni,
reste spelate d'agli e di cipolle,
una marmitta di tua madre piena
della turpe ceretta depilante
che usano le puttane del Summemmio.
Perché cerchi una casa e prendi in giro
i proprietari e gli amministratori,
Vacerra, quando hai già un alloggio gratis?
La roba tua sta bene sotto i ponti.

33. *Labieno*

Venduti gli orti per comprar ragazzi,
gli son rimasti solo un po' di fichi.

34. *Gioie e dolori*

Giulio, passammo insieme trentaquattro
anni se ben ricordo: alcuni dolci
altri amari. Ma i dolci son di più
e se li numerassimo con pietre
di colore diverso quelle bianche
vincerebbero certo quelle nere.
Se ti vuoi risparmiare sofferenze
e salvarti dai morsi del dolore
non farti troppo amico di qualcuno:
godrai di meno e soffrirai di meno.

35. *Quello che si tace*

Per dimostrarmi che vivi con me
in totale franchezza dici spesso,
Callìstrato, che tu lo prendi in culo.
Credimi, non sei franco come pensi:

      nam quisquis narrat talia plura tacet.

XXXVI.

Libras quattuor aut duas amico
algentemque togam brevemque laenam,
interdum aureolos manu crepantis,
possint ducere qui duas Kalendas,
quod nemo nisi tu, Labulle, donas,
non es, crede mihi, bonus. quid ergo?
ut verum loquar, optimus malorum es.
Pisones Senecasque Memmiosque
et Crispos mihi redde, sed priores:
fies protinus ultimus bonorum.
vis cursu pedibusque gloriari?
Tigrim vince levemque Passerinum:
nulla est gloria praeterire asellos.

XXXVII.

Nasutus nimium cupis videri.
nasutum volo, nolo polyposum.

XXXVIII.

Hunc qui femineis noctesque diesque cathedris
   incedit tota notus in urbe nimis,
crine nitens, niger unguento, perlucidus ostro,
   ore tener, latus pectore, crure glaber,
uxori qui saepe tuae comes inprobus haeret,
   non est quod timeas, Candide: non futuit.

XXXIX.

Odi te quia bellus es, Sabelle.
res est putida, bellus et Sabellus,
bellum denique malo quam Sabellum.
tabescas utinam, Sabelle belle!

XL.

Mentiris, credo: recitas mala carmina, laudo:
   cantas, canto: bibis, Pontiliane, bibo:
pedis, dissimulo: gemma vis ludere, vincor:

quello che si confessa è sempre meno
di quello che si tace.

36. *Non sei buono*

Perché regali a un amico due libbre
d'argento, quattro al massimo, una toga
che non tien caldo, un mantelluccio corto,
talvolta un paio di marenghi, buoni
da far suonare in mano e andare avanti
un mese, e anche perché non c'è nessuno
che regali qualcosa tranne te,
non credere, Labullo, d'esser buono.
A dir la verità tu sei il migliore
dei cattivi. Ridammi i vecchi Seneca,
Pisone, Crispo e Memmio: sarai l'ultimo
dei buoni. Vuoi vantarti dei tuoi piedi
e della tua velocità? Su vinci
Tigri o il leggero Passerino [9]: gli asini
non c'è nessuna gloria a superarli.

37. *Nasone*

Vuoi sembrare sin troppo di buon naso:
io voglio un naso di buona apparenza
e non un'escrescenza.

38. *Il cicisbeo*

Notte e giorno li passa nei salotti
femminili e cammina in strada, noto
a tutta la città, imbrillantinato,
bruno d'unguenti, lucente di porpora,
largo il petto, ma il viso effeminato,
le gambe depilate. Costui sta
attaccato a tua moglie come un'ostrica?
Niente paura, Candido, non chiava.

39. *Sabello*

T'odio Sabello perché tu sei bello.
Che putridume un bello ed un Sabello,
ma preferisco un bello ad un Sabello.
Ti venisse la lebbra, bel Sabello.

40. *Ma quando muori?*

Menti, ti credo; reciti cattivi
versi, li lodo; bevi, Pontiliano,
ed io bevo; scorreggi, faccio finta
di nulla; vuoi giocare a scacchi, perdo;

    res una est sine me quam facis, et taceo.
nil tamen omnino praestas mihi. «mortuus», inquis,
    «accipiam bene te.» nil volo: sed morere.

XLI.

Non est, Tucca, satis quod es gulosus:
et dici cupis et cupis videri.

XLII.

Barbatus rigido nupsit Callistratus Afro
    hac qua lege viro nubere virgo solet.
praeluxere faces, velarunt flammea vultus,
    nec tua defuerunt verba, Talasse, tibi.
dos etiam dicta est. nondum tibi, Roma, videtur
    hoc satis? expectas numquid ut et pariat?

XLIII.

Facundos mihi de libidinosis
legisti nimium, Sabelle, versus,
quales nec Didymi sciunt puellae
nec molles Elephantidos libelli.
sunt illic Veneris novae figurae,
quales perditus audeat fututor,
praestent et taceant quid exoleti,
quo symplegmate quinque copulentur,
qua plures teneantur a catena,
extinctam liceat quid ad lucernam.
tanti non erat esse te disertum.

XLIV.

Unice, cognato iunctum mihi sanguine nomen
    qui geris et studio corda propinqua meis;
carmina cum facias soli cedentia fratri,
    pectore non minor es sed pietate prior.
Lesbia cum lepido te posset amare Catullo,
    te post Nasonem blanda Corinna sequi.
nec derant zephyri si te dare vela iuvaret

solo una cosa fai senza di me
e taccio. Eppure
non mi dai nulla. «Da morto – mi dici –
vedrai che mi ricorderò di te
nel testamento.» Non voglio
nulla: ma muori!

41. *Il golosone*

Ma l'essere goloso non ti basta.
Vuoi che si veda, vuoi che te lo dicano.

42. *Matrimonio gay*

Il barbuto Callìstrato ha sposato
Afro il fusto, secondo tutti i riti
d'una ragazza che va sposa a un uomo.
Li precedettero le faci, il volto
della sposina era velato né
mancarono canzoni licenziose.
Anche la dote è stata patteggiata.
Non ti sembra abbastanza, Roma, aspetti
forse che partoriscano?

43. *A luci spente*

Tu m'hai letto dei versi ben torniti,
anche troppo, Sabello, con immagini
e pose che nemmeno le puttane
conoscono né i libri di Elefantide [10].
Ci sono nuove figure di Venere,
tali da sgomentare anche il più rotto
alla deboscia, quali gli invertiti
accettan sì ma tacendone, e modi
di far l'amore in cinque od in catena,
cose da fare solo a luci spente.
Non valeva la pena di sfoggiare
tanto stile per della roba simile.

44. *A Unico*

Tu, che possiedi un nome cui m'avvincono
i legami del sangue e un cuore a me
vicino per affetto, scrivi versi
secondi solo a quelli del fratello
tuo, ma hai lo stesso ingegno ed hai più cuore.
Lesbia t'avrebbe amato con Catullo
spiritoso, Corinna dopo Ovidio
avrebbe scelto te. Non ti sarebbero
mancati i venti alla vela se avessi

sed tu litus amas. hoc quoque fratris habes.

XLV.

Haedina tibi pelle contegenti
nudae tempora verticemque calvae,
festive tibi, Phoebe, dixit ille
qui dixit caput esse calceatum.

XLVI.

Difficilis facilis, iucundus acerbus es idem:
   nec tecum possum vivere nec sine te.

XLVII.

Vendunt carmina Gallus et Lupercus.
sanos, Classice, nunc nega poetas.

XLVIII.

Boletos et aprum si tamquarn vilia ponis
   et non esse putas haec mea vota, volo:
si fortunatum fieri me credis et heres
   vis scribi propter quinque Lucrina, vale.
lauta tamen cena est: fateor, lautissima, sed cras
   nil erit, immo hodie, protinus immo nihil,
quod sciat infelix damnatae spongea virgae
   vel quicumque canis iunctaque testa viae:
mullorum leporumque et suminis exitus hic est,
   sulphureusque color carnificesque pedes.
non Albana mihi sit comissatio tanti
   nec Capitolinae pontificumque dapes;
inputet ipse deus nectar mihi, fiet acetum
   et Vaticani perfida vappa cadi.
convivas alios cenarum quaere magister
   quos capiant mensae regna superba tuae:

voluto, ma a te piace stare e riva.
Anche in questo assomigli a tuo fratello.

45. *Testa calzata*

Vista la pelle di capra che porti
sulla testa pelata e sulle tempie
qualcuno, Febo, spiritosamente
ha detto: «Ohibò, che testa ben calzata».

46. *Né con te né senza*

Insieme tu sei facile e difficile,
fastidioso e piacevole:
non posso vivere con te né senza.

47. *I poeti sono matti*

Gallo vende i suoi versi e altrettanto
fa Luperco: vai un po' a dire, Classico,
che i poeti son matti.

48. *La cena è lauta*

Io li voglio i tuoi funghi e il tuo cinghiale,
ma se li fai servire come fossero
roba qualunque e non sogni proibiti;
se credi ch'io mi senta fortunato
anzi miracolato, e che ti faccia
erede universale per cinque ostriche
del Lucrino, ti dico addio. La cena
è lauta, anzi lautissima, lo giuro,
ma domani, oggi stesso, tra un istante
non sarà più nient'altro che la roba
ben conosciuta dalla carta igienica,
da un cane vagabondo, dalla giara
piazzata al bordo della strada [11]. E poi
tette di scrofa, triglie, lepri portano
un pallore di zolfo e gotta ai piedi.
Non voglio a questo prezzo quei sontuosi
pranzi che fanno ad Alba, quei banchetti
in onore del dio Capitolino
e dei pontefici: se dio in persona
mi volesse suo debitore in cambio
di nettare, quel nettare per me
sarebbe aceto, perfido vinello
vaticano. Cerca altri convitati
per il banchetto di cui sei regista,
che si rendano conto della splendida
regalità della tua mensa. A me

me meus ad subitas invitet amicus ofellas:
   haec mihi quam possum reddere cena placet.

XLIX.

Crinitae Line paedagoge turbae,
rerum quem dominum vocat suarum
et credit cuï Postumilla dives
gemmas, aurea, vina, concubinos:
sic te perpetua fide probatum
nulli non tua praeferat patrona:
succurras misero, precor, furori
et serves aliquando neglegenter
illos qui male cor meum perurunt,
quos et noctibus et diebus opto
in nostro cupidus sinu videre,
formosos, niveos, pares, gemellos,
grandes, non pueros, sed uniones.

L.

Daphnonas, platanonas et aërios pityonas
   et non unius balnea solus habes,
et tibi centenis stat porticus alta columnis
   calcatusque tuo sub pede lucet onyx,
pulvereumque fugax hippodromon ungula plaudit
   et pereuntis aquae fluctus ubique sonat;
atria longa patent. sed nec cenantibus usquam
   nec somno locus est. quam bene non habitas!

LI.

Tam saepe nostrum decipi Fabullinum
miraris, Aule? semper homo bonus tiro est.

LII.

Tempora Pieria solitus redimire corona
   nec minus attonitis vox celebrata reis,
hic situs est, hic ille tuus, Sempronia, Rufus,
   cuius et ipse tui flagrat amore cinis.

un amico improvvisi due bocconi:
amo la cena che posso ben rendere.

49. *Le perle*

O Lino, pedagogo d'una turba
di capelloni, al quale Postumilla
la riccona – chiamandoti padrone
delle sue cose – affida gemme, amanti,
ori, vini preziosi, la signora,
provata la tua fede incorruttibile,
mai non ti preferisca nessun altro!
Però vieni in aiuto, te ne prego,
ad una mia passione miseranda,
per una volta vigila un po' meno
quegli oggetti che m'ardono nel cuore,
che desidero avere giorno e notte
sul mio petto, gemelli, uguali, belli,
di taglia grande, bianchi come neve,
macché ragazzi, perle.

50. *Non alloggi*

Tutto solo possiedi dei laureti,
dei viali di platani, pinete
d'alto fusto, bagni per più persone;
sul tuo capo si leva un porticato
di ben cento colonne, sotto il piede
ti splende un pavimento tutto d'onice;
di fuggitivi zoccoli risuona
il polveroso ippodromo, dovunque
suoni d'acque che scorrono, profondi,
enormi gli atrii. Ma non c'è una sala
da pranzo né una camera da letto.
Oh, con quanto splendore «non» alloggi.

51. *Il coscritto*

Aulo, ti meraviglia
che il nostro amico Fabullino sia
così spesso ingannato? L'uomo onesto
resta sempre un coscritto.

52. *La tomba di Rufo*

Cinto della corona delle Muse,
oratore non meno celebrato
dagli imputati atterriti, qui giace,
Sempronia, quel tuo Rufo la cui cenere
ancora brucia d'amore per te.

    dulcis in Elysio narraris fabula campo
        et stupet ad raptus Tyndaris ipsa tuos:
    tu melior quae deserto raptore redisti,
        illa virum voluit nec repetita sequi.
    ridet et Iliacos audit Menelaus amores:
        absolvit Phrygium vestra rapina Parim.
    accipient olim cum te loca laeta piorum,
        non erit in Stygia notior umbra domo:
    non aliena videt sed amat Proserpina raptas:
        iste tibi dominam conciliabit amor.

LIII.

Nummi cum tibi sint opesque tantae
quantas civis habet, Paterne, rarus,
largiris nihil incubasque gazae
ut magnus draco quem canunt poetae
custodem Scythici fuisse luci.
sed causa, ut memoras et ipse iactas,
dirae filius est rapacitatis.
ecquid tu fatuos rudesque quaeris
inludas quibus auferasque mentem?
huic semper vitio pater fuisti.

LIV.

Crine ruber, niger ore, brevis pede, lumine laesus,
    rem magnam praestas, Zoile, si bonus es.

LV.

Gratis qui dare vos iubet, puellae,
insulsissimus inprobissimusque est.
gratis ne date, basiate gratis.
hoc Aegle negat, hoc avara vendit
– sed vendat: bene basiare quantum est! –,
hoc vendit quoque nec levi rapina:
aut libram petit illa Cosmiani
aut binos quater a nova moneta,
ne sint basia muta, ne maligna,
ne clusis aditum neget labellis.
humane tamen hoc facit, sed unum,

Persino nell'Eliso si racconta
la tua storia d'amore ed il tuo ratto
stupisce Elena stessa: tu, migliore
di lei, sei ritornata [12] abbandonando
il rapitore, lei non è tornata
dal marito sebbene assai pregata.
Menelao se la ride nel sentire
amori degni d'Ilio: un tale ratto
assolve il frigio Paride. Quel giorno
in cui sarai accolta nelle liete
dimore dei beati nella casa
dello Stige non ci sarà nessuna
ombra più nota della tua. Proserpina
non è contraria alle donne rapite
anzi vuol loro bene; quel tuo amore
ti farà così amica la regina.

53. *L'avarizia*

Anche se hai tanti soldi e tanta roba
quanto pochi altri, Paterno, non dai
mai niente e stai sdraiato giorno e notte
sul tuo tesoro come quel dragone
cantato dai poeti che vegliava
a custodia del toson d'oro. Causa
di ciò, come tu stesso dici sempre,
tuo figlio con la sua rapacità.
Cerchi forse dei gonzi e degli sciocchi
che la bevano grossa, per confonderli?
Di quel vizio soltanto tu sei padre.

54. *Zoppo e guercio*

Capelli rossi, viso nero, piede
zoppo, guercio d'un occhio: ci sarebbe
da stupirsi se tu fossi anche onesto.

55. *Gratis*

Chi vi consiglia di darla via gratis,
ragazze, è un imbecille impertinente.
Non datela via gratis, ma baciate
gratis. Egle non vuole, avaramente
vende anche i baci: venda pure, un bacio
come si deve quasi non ha prezzo.
Li vende cari, con un bel guadagno:
o una libbra d'essenza profumata
di Cosmo oppure otto monete nuove
perché non siano baci muti o freddi
o dati a labbra strette, senza accesso.

gratis quae dare basium recusat
gratis lingere nec recusat Aegle.

LVI.

Aegrotas uno decies aut saepius anno,
    nec tibi sed nobis hoc, Polycharme, nocet:
nam quotiens surgis, soteria poscis amicos.
    sit pudor: aegrota iam, Polycharme, semel.

LVII.

Cur saepe sicci parva rura Nomenti
laremque villae sordidum petam, quaeris?
nec cogitandi, Sparse, nec quiescendi
in urbe locus est pauperi. negant vitam
ludi magistri mane, nocte pistores,
aerariorum marculi die toto;
hinc otiosus sordidam quatit mensam
Neroniana nummularius massa,
illinc balucis malleator Hispanae
tritum nitenti fuste verberat saxum;
nec turba cessat entheata Bellonae,
nec fasciato naufragus loquax trunco,
a matre doctus nec rogare Iudaeus,
nec sulphuratae lippus institor mercis.
numerare pigri damna quis potest somni?
dicet quot aera verberent manus urbis,
cum secta Colcho Luna vapulat rhombo.
tu, Sparse, nescis ista nec potes scire,
Petilianis delicatus in regnis,
cui plana summos despicit domus montis,
et rus in urbe est vinitorque Romanus
– nec in Falerno colle maior autumnus –
intraque limen latus essedo cursus
et in profundo somnus et quies nullis

Una cosa soltanto Egle la fa
del tutto disinteressatamente:
rifiuta, è vero, di baciare gratis
ma non rifiuta di leccare gratis.

56. *L'eterno malato*

In un anno t'ammali dieci volte
e anche più, Policarmo, e questo nuoce
più a noi che a te. Quando guarisci, infatti,
ci chiedi doni di convalescenza.
Abbi vergogna, Policarmo, ammalati
una volta per tutte.

57. *In campagna a dormire*

Mi domandi perché io vada spesso
all'arida Mentana, a quel mio campo
così piccino, al focolare misero
della mia casa? In città, Sparso, ai poveri
è proibito pensare e riposare.
Non ti lasciano vivere al mattino
i maestri di scuola ed i fornai
a notte e i calderai per tutto il giorno.
Qui un fannullone di cambiavalute
batte sul tavolo sporco monete
di Nerone; là un battitore d'oro
di Spagna picchia su una pietra logora
il pestello lucente, e non sta zitta
la fanatica turba di Bellona [13],
né il naufrago bendato che racconta
le sue storie, né l'ebreuccio il quale
è andato a scuola di mendicità
dalla madre, né l'ambulante losco
che vende zolfanelli. Chi potrebbe
enumerare tutti i mille modi
in cui si perde il sonno? Elencherebbe
tutte le mani che battono bronzi
in tutta la città quando la luna
è ferita dai rombi delle streghe.
Tu, Sparso, queste cose non le sai
e non le puoi sapere, poiché vivi
comodamente dentro il tuo dominio
petiliano, vedi dalla terrazza
cime di monti e possiedi in città
una vera campagna e un vignaiolo
romano (no, non c'è migliore autunno
nemmeno lungo il colle di Falerno),
e nella tua campagna c'è un viale
per la carrozza e in casa, nel profondo,

offensa linguis, nec dies nisi admissus.
nos transeuntis risus excitat turbae,
et ad cubile est Roma. taedio fessis
dormire quotiens libuit, imus ad villam.

LVIII.

Ancillariolum tua te vocat uxor, et ipsa
   lecticariola est: estis, Alauda, pares.

LIX.

Tantum dat tibi Roma basiorum
post annos modo quindecim reverso
quantum Lesbia non dedit Catullo.
te vicinia tota, te pilosus
hircoso premit osculo colonus;
hinc instat tibi textor, inde fullo,
hinc sutor modo pelle basiata,
hinc menti dominus periculosi
hinc et dexiocholus, inde lippus
fellatorque recensque cunnilingus.
iam tanti tibi non fuit redire.

LX.

Martis alumne dies, roseam quo lampada primum
   magnaque siderei vidimus ora dei,
si te rure coli viridisque pudebit ad aras,
   qui fueras Latia cultus in urbe mihi:
da veniam servire meis quod nolo Kalendis
   et qua sum genitus vivere luce volo.
natali pallere suo, ne calda Sabello
   desit; et ut liquidum potet Alauda merum,
turbida sollicito transmittere Caecuba sacco;
   atque inter mensas ire redire suas;
excipere hos illos et tota surgere cena
   marmora calcantem frigidiora gelu:

un sonno ed una quiete che nessuna
voce offende: lì il giorno entra soltanto
se ammesso. A me risvegliano le risa
della folla che passa e tutta Roma
è nel mio letto. Scocciato, ogni volta
che ho voglia di dormire vado in villa.

58. *Siete pari*

Tua moglie dice che ti fai le serve,
a lei piacciano invece i lettighieri:
Alauda, siete pari.

59. *I baci*

E Roma ti dà tanti di quei baci
ora che torni dopo quindici anni
quanti, a Catullo non ne dette Lesbia.
Ti bacia tutto quanto il vicinato,
t'opprime con un bacio da caprone
il villano peloso, ti sta addosso
il tessitore col tintore, poi
lo scarparo che ha appena morsicato
il suo cuoio. Ed ancora: il proprietario
d'un mento dall'eczema contagioso,
un paraplegico, un malato d'occhi,
un pompinaro con un leccafiche
che han finito testé. Sarebbe stato
meglio che tu non fossi ritornato.

60. *Il compleanno*

Giorno figlio di Marte in cui io vidi
la lampada rosata e la gran faccia
del dio del cielo per la prima volta,
se ti vergogni d'essere onorato
in campagna su degli altari verdi
tu che una volta veneravo a Roma,
perdonami: non voglio essere schiavo
del mio giorno natale, voglio viverlo
tutto quanto od in piena libertà.
Impallidire il proprio compleanno
perché a Sabello manca l'acqua calda
perché Alauda si beva il suo chiaretto
al punto giusto, filtrare con mano
tremante il Cecubo, andare e venire
tra le mense, ricevere sia questi
sia quelli, alzarsi per tutta la cena
stando in piedi su un marmo più gelato
del ghiaccio: che senso ha patir di propria

quae ratio est haec sponte sua perferre patique,
      quae te si iubeat rex dominusque, neges?

LXI.

Versus et breve vividumque carmen
in te ne faciam times, Ligurra,
et dignus cupis hoc metu videri.
sed frustra metuis cupisque frustra.
in tauros Libyci ruunt leones,
non sunt papilionibus molesti.
quaeras censeo, si legi laboras,
nigri fornicis ebrium poetam,
qui carbone rudi putrique creta
scribit carmina quae legunt cacantes.
frons haec stigmate non meo notanda est.

LXII.

Antiqui rex magne poli mundique prioris,
   sub quo pigra quies nec labor ullus erat,
nec regale nimis fulmen nec fulmine digni,
   scissa nec ad Manes sed sibi dives humus:
laetus ad haec facilisque veni sollemnia Prisci
   gaudia: cum sacris te decet esse tuis.
tu reducem patriae sexta, pater optime, bruma
   pacifici Latia reddis ab urbe Numae.
cernis ut Ausonio similis tibi pompa macello
   pendeat et quantus luxurietur honos?
quam non parca manus largaeque nomismata mensae,
   quae, Saturne, tibi pernumerentur opes?
utque sit his pretium meritis et gratia maior,
   et pater et frugi sic tua sacra colit.
at tu sancte – tuo sic semper amere Decembri –
   hos illi iubeas saepe redire dies.

volontà ciò che non faresti mai
se il tuo patrono te lo comandasse?

61. *Il mio marchio*

Temi i miei versi, speri ed hai paura
ch'io faccia contro te una poesia
vivida e breve e vuoi sembrarne degno.
Temi invano, Ligurra, invano speri.
S'avventano i leoni della Libia
sui tori, non molestano farfalle.
Cerca, ti dico, se vuoi che il tuo nome
sia letto, un poetastro avvinazzato
in qualche tavernaccia fumicosa
che con un rozzo carbone o un gessetto
che si sgretola scriva dentro i cessi
versi che leggono quelli che cacano.
Non avrai il marchio mio sulla tua fronte.

62. *A Saturno*

O grande re del cielo primitivo
e del mondo d'un tempo, sotto il regno
del quale c'era solo la pacifica
pigrizia e nessunissimo lavoro,
quando non c'era il fulmine tirannico
né gente meritevole del fulmine
e la terra non era violentata [14]
sino in fondo all'inferno
ma teneva per sé le sue ricchezze,
vieni lieto e benevolo alla festa
in onore di Prisco: ti si addice
prendere parte ai tuoi riti. Tu, padre
ottimo, ce lo fai tornare indietro
dalla città del pacifico Numa,
reduce in patria dopo sei inverni.
Vedi quanta abbondanza di vivande
pende dall'alto, come in un mercato
d'Italia e quanto onore ti si rende?
Che lotteria ti è stata organizzata
senza risparmio, come ben dimostrano
i gettoni lasciati sulla tavola?
I tuoi regali proprio non si contano.
E per farti apprezzare di più il merito
di tutto questo, sappi
che è stato un padre economo e avveduto
a celebrare i riti. Ma tu, santo
(e sempre ti si adori ogni dicembre!),
ordina che dei giorni come questo
a lui tornino spesso.

LXIII.

Uncto Corduba laetior Venafro,
Histra nec minus absoluta testa,
albi quae superas oves Galaesi
nullo murice nec cruore mendax,
sed tinctis gregibus colore vivo:
dic vestro, rogo, sit pudor poetae
nec gratis recitet meos libellos.
ferrem, si faceret bonus poeta,
cui possem dare mutuos dolores.
corrumpit sine talione caelebs,
caecus perdere non potest quod aufert:
nil est deterius latrone nudo:
nil securius est malo poeta.

LXIV.

Vincentem roseos facieque comaque ministros
    Cinna cocum fecit. Cinna, gulosus homo es.

LXV.

Formosa Phyllis nocte cum mihi tota
se praestitisset omnibus modis largam,
et cogitarem mane quod darem munus,
utrumne Cosmi, Nicerotis an libram,
an Baeticarum pondus acre lanarum,
an de moneta Caesaris decem flavos:
amplexa collum basioque tam longo
blandita quam sunt nuptiae columbarum,
rogare coepit Phyllis amphoram vini.

LXVI.

Bis quinquagenis domus est tibi milibus empta,
    vendere quam summa vel breviore cupis.
arte sed emptorem vafra corrumpis, Amoene,
    et casa divitiis ambitiosa latet.
gemmantes prima fulgent testudine lecti
    et Maurusiaci pondera rara citri;

63. *A Cordova*

Cordova, ricca più dell'oleoso
Venafro e certo non meno perfetta
d'una giara di istriano [15], tu che vinci
le pecore del candido Galeso
senza bisogno della menzognera
tintura della porpora mercé
il vivace splendore dei tuoi greggi:
ti prego, di' al tuo poeta che smetta
di recitare i miei libretti gratis,
che si vergogni. Lo sopporterei
se lo facesse un buon poeta, al quale
poter dare lo stesso dispiacere.
Lo scapolo seduce donne altrui
e non soffre la pena del taglione,
un cieco non può perdere la vista
ma te la può levare: nulla al mondo
è peggio di un ladrone nudo, nulla
più sicuro d'un pessimo poeta.

64. *Il cuoco*

Tra tutti i rosei adolescenti schiavi
uno era il primo per viso e capelli
e Cinna lo fa cuoco. Che ghiottone!

65. *Fillide*

La bella Fillide s'è data tutta
e per tutta la notte, generosa
in tutti i modi. La mattina dopo
io pensavo che cosa regalarle:
una libbra d'essenza di Nicèrote
o di Cosmo, un bel po' di lana getica,
dieci marenghi d'oro della zecca
di Cesare? Lei mi s'attacca al collo
con un bacio più lungo dell'amplesso
di due colombe e mi domanda un'anfora
piena di vino.

66. *La casa arredata*

Hai comprato una casa a centomila
che ora vorresti vendere a una somma
anche inferiore. Ma per irretire
il compratore con arte finissima,
Ameno, l'hai riempita di ricchezze.
Intarsiati di tartaruga scelta
splendono i letti, ci sono dei tavoli

   argentum atque aurum non simplex Delphica portat;
      stant pueri dominos quos precer esse meos.
   deinde ducenta sonas et ais non esse minoris.
      instructam vili vendis, Amoene, domum.

LXVII.

Maiae Mercurium creastis Idus,
Augustis redit Idibus Diana,
Octobres Maro consecravit Idus.
Idus saepe colas et has et illas,
qui magni celebras Maronis Idus.

LXVIII.

Matutine cliens, urbis mihi causa relictae,
    atria, si sapias, ambitiosa colas.
non sum ego causidicus nec amaris litibus aptus
    sed piger et senior Pieridumque comes;
otia me somnusque iuvant, quae magna negavit
    Roma mihi: redeo, si vigilatur et hic.

LXIX.

Sic tamquam tabulas scyphosque, Paule,
omnes archetypos habes amicos.

LXX.

Lintea ferret Apro vatius cum vernula nuper
    et supra togulam lusca sederet anus
atque olei stillam daret enterocelicus unctor,
    udorum tetricus censor et asper erat:
frangendos calices effundendumque Falernum
    clamabat biberet quod modo lotus eques.
a sene sed postquam patruo venere trecenta,
    sobrius a thermis nescit abire domum.

di cedro di gran peso e un tavolino
a tre piedi assai bene ornato regge
vasi d'argento e d'oro, poi non mancano
ragazzi che vorrei fossero miei.
Quindi a gran voce ne chiedi duecentomila, dicendo che non vale meno.
Arredata così la vendi a poco.

67. *Le Idi*

Idi di marzo, avete messo al mondo
Mercurio, Idi d'Agosto, ecco tornare,
la festa di Diana, Idi d'ottobre,
Virgilio vi ha santificato. Tu
che celebri il famoso anniversario
del gran poeta, possa festeggiare
molte volte queste Idi con le prime
e le seconde.

68. *Tornerò indietro*

Cliente mattutino, causa prima
della mia fuga da Roma, frequenta
se sei scaltro, le case più ambiziose.
Non sono un avvocato o un uomo adatto
ad aspre liti, sono pigro, vecchio
e amico delle Muse; mi fan bene
l'ozio e il sonno che Roma mi negava.
Se si veglia anche qui, tornerò indietro.

69. *Amici originali*

Hai degli amici proprio originali,
come i tuoi quadri e le tue coppe, Paolo.

70. *Un censore*

Quando non molto tempo fa uno schiavo
gambestorte portava il tovagliolo
ad Apro, una vecchietta senza un occhio
gli custodiva la misera toga
sedendovisi sopra ed un bagnino
ernioso gli versava appena un goccio
d'olio, lui era un censore severo
ed aspro: bisognava fracassare,
predicava, i bicchieri e gettar via
il Falerno che i cavalieri bevono
all'uscita dal bagno. Ohibò, da quando
da un vecchio zio paterno ha ereditato
trecentomila non sa più tornare

o quantum diatreta valent et quinque comati!
tunc, cum pauper erat, non sitiebat Aper.

LXXI.

Nil non, Lygde, mihi negas roganti:
at quondam mihi, Lygde, nil negabas.

LXXII.

Iugera mercatus prope busta latentis agelli
  et male compactae culmina fulta casae,
deseris urbanas, tua praedia, Pannyche, lites
  parvaque sed tritae praemia certa togae.
frumentum, milium tisanamque fabamque solebas
  vendere pragmaticus, nunc emis agricola.

LXXIII.

Heredem tibi me, Catulle, dicis.
non credam, nisi legero, Catulle.

LXXIV.

Dum tibi Niliacus portat crystalla cataplus,
  accipe de circo pocula Flaminio.
hi magis audaces, an sunt qui talia mittunt
  munera? sed gemmis vilibus usus inest:
nullum sollicitant haec, Flacce, toreumata furem
  et nimium calidis non vitiantur aquis.
quid quod securo potat conviva ministro
  et casum tremulae non timuere manus?
hoc quoque non nihil est, quod propinabis in istis,
  frangendus fuerit si tibi, Flacce, calix.

LXXV.

Festinat Polytimus ad puellas;
invitus puerum fatetur Hypnus;

a casa sobrio dalle terme. O cosa
possono combinarti qualche coppa
preziosa e cinque schiavi capelloni!
Non aveva mai sete Apro da povero.

71. *A Ligdo*

Non c'è niente che tu mi non rifiuti,
ma un tempo non mi rifiutavi niente.

72. *Avvocato e contadino*

Da quando hai comperato un po' di terra
in un campo nascosto dalle tombe [16]
e puntellato il tetto d'una casa
malmessa tu, Pannicchio, hai tralasciato
le tue proprietà vere, quei processi
di città che rendevano profitti
sicuri anche se piccoli alla tua
logora toga. Quando eri in affari
solevi vendere frumento, miglio,
orzo, fave: roba che adesso compri
facendo il contadino.

73. *A Catullo*

Catullo, dici che mi hai fatto erede.
Non ci credo se prima non lo leggo.

74. *Cristalli e terraglie*

Mentre una flotta ti porta dal Nilo
i cristalli, ricevi queste coppe
di terraglia comprate al mercatino
del Flaminio. Chi è più sfacciato e senza
paura, chi fa il dono o il dono stesso?
Ma i recipienti da due soldi han questo
di buono: i ladri proprio non li attirano
e sono a prova anche d'acqua bollente.
E aggiungi che il coppiere sta tranquillo
quando l'ospite beve e non c'è mano
tremolante che tema un incidente.
Infine, cosa possibile, quando
bevendo alla salute di qualcuno
dovrai spezzare il bicchiere, usa questi [17].

75. *Preferisco la vita*

Politimo rincorre le ragazze;
Ipno confessa a malincuore d'essere

pastas glande natis habet Secundus;
mollis Dindymus est sed esse non vult;
Amphion potuit puella nasci.
horum delicias superbiamque
et fastus querulos, Avite, malo
quam dotis mihi quinquies ducena.

LXXVI.

Amphora vigesis, modius datur aere quaterno.
    ebrius et crudus nil habet agricola.

LXXVII.

Multis dum precibus Iovem salutat
stans summos resupinus usque in ungues
Aethon in Capitolio, pepedit.
riserunt homines, sed ipse divom
offensus genitor trinoctiali
adfecit domicenio clientem.
post hoc flagitium misellus Aethon,
cum vult in Capitolium venire,
sellas ante petit Paterclianas
et pedit deciesque viciesque.
sed quamvis sibi caverit crepando,
compressis natibus Iovem salutat.

LXXVIII.

Nil in te scripsi, Bithynice. credere non vis
    et iurare iubes? malo satisfacere.

LXXIX.

Donavi tibi multa quae rogasti;
donavi tibi plura quam rogasti:
non cessas tamen usque me rogare.
quisquis nil negat, Atticilla, fellat.

LXXX.

Ne laudet dignos, laudat Callistratus omnes.
    cui malus est nemo, quis bonus esse potest?

un ragazzo; Secondo ha delle natiche
imbottite di ghiande [18];
Dindimo è frocio senza voler esserlo;
Anfio poteva nascere ragazza.
Avito, preferisco i loro labili
capricci, i loro garruli lamenti,
la loro spocchia a un milione di dote.

76. *Crisi dell'agricoltura*

Un'anfora si vende a venti soldi,
a quattro un moggio di grano. Ubriaco,
sazio, non ha una lira il contadino.

77. *Etone*

Mentre saluta Giove in Campidoglio
con preghiere infinite, stando dritto
sulle punte delle unghie, gli occhi al cielo,
a Etone scappa una scorreggia. Tutti
risero, però il padre degli dèi
si offese, condannando quel cliente
a cenare tre notti a casa propria.
Etone, poverello, dopo tanta
disgrazia, quando ha voglia di salire
in Campidoglio passa prima ai cessi
di Paterclio e scorreggia dieci volte,
venti volte. E malgrado tutte queste
precauzioni chiassose, quando arriva
lassù saluta Giove a chiappe strette.

78. *A Bitinico*

Bitinico, non ho mai scritto niente
contro te. Non ci credi, vuoi che giuri?
Piuttosto pagherò la penitenza.

79. *Chi non dice no*

T'ho dato tutto quello che m'hai chiesto,
t'ho dato più di quello che m'hai chiesto
e non smetti di chiedere. Atticilla,
chi non dice mai no lo prende in bocca.

80. *Uno buono*

Per non lodare quelli che lo meritano
loda tutti Callìstrato. Per chi
nessuno è mai cattivo potrà esistere
uno buono?

LXXXI.

Brumae diebus feriisque Saturni
mittebat Umber aliculam mihi pauper;
nunc mittit alicam: factus est enim dives.

LXXXII.

Effugere in thermis et circa balnea non est
   Menogenen, omni tu licet arte velis.
captabit tepidum dextra laevaque trigonem,
   inputet acceptas ut tibi saepe pilas.
colliget et referet laxum de pulvere follem,
   et si iam lotus, iam soleatus erit.
lintea si sumes, nive candidiora loquetur,
   sint licet infantis sordidiora sinu.
exiguos secto comentem dente capillos
   dicet Achilleas disposuisse comas.
fumosae feret ipse προπῖν de faece lagonae
   frontis et umorem colliget usque tuae.
omnia laudabit, mirabitur omnia, donec
   perpessus dicas taedia mille «veni!».

LXXXIII.

Derisor Fabianus hirnearum,
omnes quem modo colei timebant
dicentem tumidas in hydrocelas
quantum nec duo dicerent Catulli,
in thermis subito Neronianis
vidit se miser et tacere coepit.

LXXXIV.

Nolueram, Polytime, tuos violare capillos,
   sed iuvat hoc precibus me tribuisse tuis.
talis eras, modo tonse Pelops, positisque nitebas
   crinibus ut totum sponsa videret ebur.

81. *Povero e ricco*

D'inverno, per i giorni di Saturno
Umbro quand'era povero mi dava
una mantiglia, diventato ricco
adesso mi regala una pastiglia [19].

82. *Menògene*

Ai bagni o negli immediati dintorni
delle vasche è impossibile sfuggire
a Menògene. Prenderà il pallone
tiepido con la destra e la sinistra
per far segnare il punto a tuo vantaggio.
E ti va a raccattare nella polvere
la palla ovale e te la porta pure
se ha fatto il bagno e già s'è rivestito.
Se prendi la salvietta ti racconta
che è bianca più della neve, foss'anche
più sozza del grembiule d'un bambino.
Ti passi il pettine in quei quattro peli
che ti ritrovi? Dirà degne di Achille
le tue chiome. Lui stesso porterà
un fondaccio di vino affumicato
per bere alla salute tua, tergendo
infaticabilmente il tuo sudore
dalla fronte. T'ammirerà per tutto,
ti loderà per tutto, sino a che
stanco di tante scocciature, tu
non gli dirai di raggiungerti a cena.

83. *Fabiano*

Quel Fabiano che si faceva beffe
delle ernie e che temevano i coglioni
tutti quando scherzava sugli scroti
varicocelici in modo pesante,
più pesante di due Catulli insieme,
poveraccio, s'è visto all'improvviso
ai bagni di Nerone. Adesso tace.

84. *Polìtimo*

Non avrei mai toccato i tuoi capelli,
Polìtimo, ma adesso son contento
d'aver ceduto a tante tue preghiere.
Pelope, appena raso, così bello
eri, splendevi tanto coi capelli
tagliati che saresti parso tutto
d'avorio [20] agli occhi d'una fidanzata.

LXXXV.

Pediconibus os olere dicis.
hoc si, sicut ais, Fabulle, verum est,
quid tu credis olere cunnilingis?

LXXXVI.

Triginta tibi sunt pueri totidemque puellae:
    una est nec surgit mentula. quid facies?

LXXXVII.

Bis Cotta soleas perdidisse se questus,
dum neglegentem ducit ad pedes vernam,
qui solus inopi praestat et facit turbam,
excogitavit – homo sagax et astutus –
ne facere posset tale saepius damnum:
excalceatus ire coepit ad cenam.

LXXXVIII.

Tongilianus habet nasum, scio, non nego. Sed iam
    nil praeter nasum Tongilianus habet.

LXXXIX.

Quod lana caput alligas, Charine,
non aures tibi sed dolent capilli.

XC.

Pro sene, sed clare, votum Maro fecit amico,
    cui gravis et fervens hemitritaeos erat,
si Stygias aeger non esset missus ad umbras,
    ut caderet magno victima grata Iovi.
coeperunt certam medici spondere salutem.
    ne votum solvat nunc Maro vota facit.

XCI.

Communis tibi cum viro, Magulla,
cum sit lectulus et sit exoletus,
quare, dic mihi, non sit et minister.
suspiras; ratio est, times lagonam.

85. *Il fiato puzzolente*

A chi va in culo puzza il fiato dici,
Fabullo. Ma se è vero di che odora
secondo te il fiato dei leccafregna?

86. *Trenta e trenta*

Trenta ragazzi con trenta ragazze
possiedi, ma la tua minchia è una sola
e non si drizza. Cosa potrai fare?

87. *Cotta*

Lamentandosi Cotta d'aver perso
per due volte le scarpe – date a un servo
giovane e negligente che si porta
appresso perché solo lui l'aiuta
nella sua povertà e gli fa corteo –
da uomo furbo e sagace ha trovato
come evitare il danno: ha cominciato
a andare a cena scalzo.

88. *Tongiliano*

Che naso ha Tongiliano! Non lo nego
però gli resta solamente quello.

89. *Carino*

Fasci la testa di lana, Carino.
Non hai male agli orecchi ma ai capelli [21].

90. *Per un amico vecchio*

Per un amico vecchio ha fatto un voto
ad alta voce Maro, se guariva
da una grave terzana, se il malato
non fosse andato alle ombre dello Stige,
egli avrebbe immolato una gradita
vittima al grande Giove. E di già i medici
han cominciato a dire che per certo
il malato si salva. Maro adesso
fa voti per non sciogliere il suo voto.

91. *Dividi col marito*

Marulla, tu dividi col marito
il letto coniugale e l'amichetto,
non hai però il medesimo coppiere.
Sospiri: ahimé, tu temi la bottiglia [22].

XCII.

Saepe rogare soles qualis sim, Prisce, futurus,
　si fiam locuples simque repente potens.
quemquam posse putas mores narrare futuros?
　dic mihi, si fias tu leo, qualis eris?

XCIII.

Qua moechum ratione basiaret
coram coniuge repperit Labulla.
parvum basiat usque morionem;
hunc multis rapit osculis madentem
moechus protinus et suis repletum
ridenti dominae statim remittit.
quanto morio maior est maritus!

XCIV.

Scribebamus epos; coepisti scribere: cessi,
　aemula ne starent carmina nostra tuis.
transtulit ad tragicos se nostra Thalia cothurnos:
　aptasti longum tu quoque syrma tibi.
fila lyrae movi Calabris exculta Camenis:
　plectra rapis nobis, ambitiose, nova.
audemus saturas: Lucilius esse laboras.
　ludo levis elegos: tu quoque ludis idem.
quid minus esse potest? epigrammata fingere coepi:
　hinc etiam petitur iam mea palma tibi.
elige quid nolis – quis enim pudor omnia velle? –
　et si quid non vis, Tucca, relinque mihi.

XCV.

Musseti pathicissimos libellos,
qui certant Sybariticis libellis,
et tinctas sale pruriente chartas
Instanti lege Rufe; sed puella
sit tecum tua, ne thalassionem
indicas manibus libidinosis
et fias sine femina maritus.

92. *In futuro*

Prisco, mi chiedi spesso chi sarò
in futuro, se a un tratto diverrò
ricco e potente. Ma chi vuoi che possa
raccontare come sarà in futuro?
Dimmi, se mai diventerai leone,
che leone sarai?

93. *Il nano*

Labulla l'ha trovata la maniera
di baciare l'amante alla presenza
di suo marito. A perdita di fiato
bacia il nanetto buffone; l'amante
lo prende tutto madido di baci,
lo ribacia a sua volta e lo rimanda
alla donna che ride. Quanto più
buffone del buffone è suo marito!

94. *Lascialo a me*

Scrivevo un'epopea, ne hai cominciato
una tu pure: ho smesso per non farti
da rivale. È passata la mia Musa
alla tragedia ed eccoti anche tu
in abiti di scena. Sulle corde
arpeggio della lira tanto cara
alle Camene lucane [23]? Mi strappi
il plettro, ambiziosissimo. Mi lancio,
audace, nella satira? Ti sforzi
d'esser Lucilio. Scherzo frivolmente
con l'elegia, ci scherzi pure tu.
M'attacco proprio al minimo: compongo
epigrammi. Anche qui tu vuoi la palma
che è tutta mia. Dimmi una buona volta
cosa non vuoi – poiché volere tutto
è una vergogna – e quello che non vuoi,
Tucca, lascialo a me.

95. *Senza moglie*

Instanzio Rufo, leggi pure i libri
osceni di Mussezio [24], che gareggiano
con quelli scritti a Sibari, dai fogli
tinti del sale più pruriginoso;
ma tieniti vicina la ragazza,
onde non intonare inni nuziali
in accordo con mani porcellone
ed essere marito senza moglie.

XCVI.

Cum tibi nota tui sit vita fidesque mariti
    nec premat ulla tuos sollicitetve toros,
quid quasi paelicibus torqueris inepta ministris,
    in quibus et brevis est et fugitiva Venus?
plus tibi quam domino pueros praestare probabo:
    hi faciunt ut sis femina sola viro;
hi dant quod non vis uxor dare. «do tamen», inquis,
    «ne vagus a thalamis coniugis erret amor.»
non eadem res est: Chiam volo, nolo mariscam:
    ne dubites quae sit Chia, marisca tua est.
scire suos fines matrona et femina debet:
    cede sua pueris, utere parte tua.

XCVII.

Uxor cum tibi sit puella qualem
votis vix petat inprobus maritus,
dives, nobilis, erudita, casta,
rumpis, Basse, latus, sed in comatis,
uxoris tibi dote quos parasti.
et sic ad dominam reversa languet
multis mentula milibus redempta;
sed nec vocibus excitata blandis
molli pollice nec rogata surgit.
sit tandem pudor aut eamus in ius.
non est haec tua, Basse: vendidisti.

XCVIII.

Baetis olivifera crinem redimite corona,
    aurea qui nitidis vellera tinguis aquis;
quem Bromius, quem Pallas amat; cui rector aquarum
    albula navigerum per freta pandit iter:
ominibus laetis vestras Instantius oras

96. *A una moglie*

Benché ti siano ben note la vita
di tuo marito e la sua fedeltà,
benché nessuna donna calchi il letto
matrimoniale o te lo insidi, tu
da sciocca ti torturi – quasi fossero
delle rivali – per quei servi giovani
verso i quali l'amore è un gioco breve
e fuggitivo. Ma ti proverò
che quei ragazzi giovano più a te
che a tuo marito: poiché fanno sì
che tu sia l'unica donna per quest'uomo,
e poi gli danno quello che la moglie
non vuole dare. «Ma glielo darò –
dici – perché il suo amore non mi vada
vagabondando fuori del mio letto.»
Non è la stessa cosa: se mi piace
un fichettino acidulo di Chio
non voglio un fico fiore, e non c'è rischio
che tu sia fichettino, tu sei fiore.
Sappiate i vostri limiti, fanciulle
e gentildonne, lasciate ai ragazzi
la parte loro, tenete la vostra.

97. *L'hai venduta*

Benché ti sia sposato una ragazza
quale il marito più esigente manco
si sognerebbe, ricca, casta, nobile,
istruita, tu Basso ti rovini
il filo della schiena con un branco
di capelloni comprati coi soldi
che la tua sposa t'ha portato in dote.
Così, quando ritorna la padrona,
la tua minchia, comprata a caro prezzo,
riposa languida sopra i coglioni
e non ci sono paroline dolci,
non ci sono carezze vellutate
che possano tirarla su. Vergognati
o andiamo in tribunale! La tua minchia
non ti appartiene più, tu l'hai venduta.

98. *Al Guadalquivir*

Guadalquivir coronato d'olivo,
che con la tua corrente bagni lane
dorate, tu che Bacco e Pallade amano,
Guadalquivir al quale il re del mare
apre una via che trasporta le navi
per i flutti spumosi, te ne prego,

>   intret et hic populis ut prior annus eat.
> non ignorat onus quod sit succedere Macro;
>   qui sua metitur pondera ferre potest.

fa che Instanzio pervenga alle tue spiagge
sotto felici auspici e che quest'anno
per i tuoi sia felice come quello
trascorso. Instanzio sa cosa vuol dire
venire dopo Macro [25]: chi misura
il peso che gli tocca può portarlo.

Note

[1] I romani dividevano in dodici ore il tempo compreso tra levata e tramonto del sole, sicché le ore estive erano più lunghe. [2] Il testo tra virgolette è di Orazio. Gli ultimi sei versi dell'epigramma, secondo alcuni commentatori andrebbero posti a conclusione dell'epigramma numero cinque. [3] L'epigramma doveva essere una sorta di prefazione all'antologietta. [4] Domiziano sarebbe stato invidioso dei poeti. [5] Nato in Spagna, Traiano salì al trono nel 98 d.C. [6] Assassinato dai pretoriani nel 97 d.C. L'epigramma è quindi anteriore alla pubblicazione del libro e probabilmente facente parte dell'antologietta di cui all'epigramma quarto. [7] Traiano, se non ancora Nerva. «L'altro Giove» di più sotto è Domiziano. [8] Si pensava che i cervi aspirassero dalle loro tane i serpenti assiderati. [9] Cavalli famosi. [10] Poetessa greca molto licenziosa. [11] L'orina serviva ai tintori. [12] Si direbbe che Sempronia fosse fuggita da Rufo e poi ritornata. [13] Si tratta di Cibele, che Marziale a volte confonde con Bellona. [14] Non v'erano miniere. [15] L'olio d'Istria era famoso. [16] Le tombe che fiancheggiavano le vie consolari. [17] Si rompeva il bicchiere quando la persona alla salute della quale si beveva aveva la bocca impura. [18] Ovvio gioco di parole. [19] Il testo latino scherza con «alicula» (mantello) e «alica» (beverone d'orzo). [20] Pelope in realtà aveva solo una spalla d'avorio. [21] Sei calvo. [22] Temi d'essere avvelenata. [23] Allusione a Orazio. [24] Mussezio è poeta sconosciuto. A Sibari scrisse cose oscene un Emitone di cui parla Luciano di Samosata. [25] Forse Bebio Macro, console nel 103 o 104 d.C.

Liber Spectacolorum

I.

Barbara pyramidum sileat miracula Memphis,
    Assyrius iactet nec Babylona labor;
nec Triviae templo molles laudentur Iones,
    dissimulet Delon cornibus ara frequens;
aëre nec vacuo pendentia Mausolea
    laudibus inmodicis Cares in astra ferant.
omnis Caesareo cedit labor Amphiteatro,
    unum pro cunctis fama loquetur opus.

II.

Hic ubi sidereus propius videt astra colossus
    et crescunt media pegmata celsa via,
invidiosa feri radiabant atria regis
    unaque iam tota stabat in urbe domus.
hic ubi conspicui venerabilis Amphiteatri
    erigitur moles, stagna Neronis erant.
hic ubi miramur velocia munera thermas,
    abstulerat miseris tecta superbus ager.
Claudia diffusas ubi porticus explicat umbras,
    ultima pars aulae deficientis erat.
reddita Roma sibi est et sunt te praeside, Caesar,
    deliciae populi, quae fuerant domini.

III.

Quae tam seposita est, quae gens tam barbara, Caesar,
    ex qua spectator non sit in urbe tua?

Il libro degli spettacoli

1. *Il Colosseo*

Taccia Menfi la barbara il miracolo
delle piramidi, l'ingegno assiro
non vanti Babilonia, né gli Joni
effeminati si glorino più
del tempio di Diana [1], né l'altare
fatto di corna sia il trionfo di Delo,
né i Carii portino più il Mausoleo
(in equilibrio nel vuoto dell'aria)
alle stelle con lodi esagerate.
Ogni fatica umana sembra nulla
rispetto al Colosseo, l'anfiteatro
di Cesare: la fama
celebrerà quest'opera per tutte.

2. *Ancora il Colosseo*

Qui dove il colosso raggiante [2]
contempla gli astri da vicino
e sorgono in mezzo alla via
alte macchine teatrali
risplendevano gli atri odiosi
d'un re feroce, la sua casa
si estendeva per tutta Roma;
qui dove si erige la mole
dell'Anfiteatro era il lago
di Nerone; dove ammiriamo
le terme nate così in fretta,
regalo di Cesare, un campo
superbo toglieva le case
ai poveri; là dove il portico
di Claudio stende le sue ombre
terminava il palazzo. Roma
grazie a te, Cesare, è resa
a se stessa, la delizia
d'uno solo è la delizia del popolo.

3. *Stranieri a Roma* ·

Dove trovare una nazione, Cesare,
così appartata, un popolo selvaggio

venit ab Orpheo cultor Rhodopeïus Haemo,
    venit et epoto Sarmata pastus equo,
et qui prima bibit deprensi flumina Nili,
    et quem supremae Tethyos unda ferit;
festinavit Arabs, festinavere Sabaei,
    et Cilices nimbis hic maduere suis.
crinibus in nodum torti venere Sicambri,
    atque aliter tortis crinibus Aethiopes.
vox diversa sonat populorum, tum tamen una est,
    cum verus patriae diceris esse pater.

IV.

Turba gravis paci placidaeque inimica quieti,
    quae semper miseras sollicitabat opes,
traducta est, ingens nec cepit harena nocentis:
    et delator habet quod dabat exilium.
exulat Ausonia profugus delator ab urbe:
    haec licet inpensis principis adnumeres.

V.

Iunctam Pasiphaen Dictaeo credite tauro:
    vidimus, accepit fabula prisca fidem.
nec se miretur, Caesar, longaeva vetustas:
    quidquid fama canit, praestat harena tibi.

VI.

Belliger invictis quod Mars tibi servit in armis,
    non satis est, Caesar, servit et ipsa Venus.

VI.bis

Prostratum vasta Nemees in valle leonem
    nobile et Herculeum fama canebat opus.
prisca fides taceat: nam post tua munera, Caesar,
    hoc iam femineo Marte fatemur agi.

tanto da non venire agli spettacoli
nella tua capitale? Il contadino
trace venne dall'Emo caro a Orfeo,
venne il Sarmata nutrito di sangue
di cavallo e chi bevve alle sorgenti
a lui ben note del Nilo e chi solca
i mari più remoti. Si affrettarono
l'Arabo coi Sabei, si son bagnati
i Libici dei propri zafferani [3].
Coi capelli annodati son venuti
i Sicambri, gli Etiopi son venuti
in altro modo pettinati. Tante
voci hanno tanti popoli, concordi
tuttavia quando ti dicono vero
pater patriae.

4. *La cacciata delle spie*
Oggi la turba noiosa, nemica
della placida quiete e della pace
è stata fatta fuori e non raccoglie
più tanta gente cattiva l'arena.
Ora la spia ha quello che ha donato:
l'esilio. Il delatore se ne va
dall'ausonia città:
per Cesare sarà una grave perdita [4].

5. *Pasifae*
Che Pasifae si sia accoppiata al toro
potete crederlo, lo abbiamo visto,
la vecchia favola ha avuto conferma.
L'antichità più non si vanti, Cesare,
qualsiasi cosa la fama abbia detto
l'arena te la dà.

6. *Le gladiatrici*
Che il bellicoso, invincibile Marte
ti serva in armi, Cesare, non basta:
ti serve in armi qui la stessa Venere.

6bis. *Stesso soggetto*
La fama canta la fatica d'Ercole
glorïosa e il leone
morto nella gran valle di Nemea.
Taccia la storia antica: adesso, Cesare,
donne marziali uccidono leoni
nella tua arena.

VII.

Qualiter in Scythica religatus rupe Prometheus
　　adsiduam nimio pectore pavit avem,
nuda Caledonio sic viscera praebuit urso
　　non falsa pendens in cruce Laureolus.
vivebant laceri membris stillantibus artus
　　inque omni nusquam corpore corpus erat.
denique supplicium dignum tulit: ille parentis
　　vel domini iugulum foderat ense nocens,
templa vel arcano demens spoliaverat auro,
　　subdiderat saevas vel tibi, Roma, faces.
vicerat antiquae sceleratus crimina famae,
　　in quo, quae fuerat fabula, poena fuit.

VIII.

Daedale, Lucano cum sic lacereris ab urso,
　　quam cuperes pinnas nunc habuisse tuas!

IX.

Praestitit exhibitus tota tibi, Caesar, harena
　　quae non promisit proelia rhinoceros.
o quam terribilis exarsit pronus in iras!
　　quantus erat taurus, cui pila taurus erat!

X.

Laeserat ingrato leo perfidus ore magistrum,
　　ausus tam notas contemerare manus,
sed dignas tanto persolvit crimine poenas,
　　et qui non tulerat verbera, tela tulit.
quos decet esse hominum tali sub principe mores,
　　qui iubet ingenium mitius esse feris!

XI.

Praeceps sanguinea dum se rotat ursus harena,
　　inplicitam visco perdidit ille fugam.

7. *Un supplizio*

Come in Scizia, legato alla sua roccia
Prometeo nutre l'assillante uccello
col suo fegato sempre rinascente,
così Lauròolo legato a una vera
croce porgeva il ventre nudo a un orso
di Caledonia. Le lacere membra
stillanti sangue erano vive, il corpo
deformato non era già più un corpo.
Giusto supplizio: avrebbe assassinato
con un colpo di spada nella gola
il padre o il suo padrone, o depredato
dei santuari dell'oro ivi nascosto
il pazzo, o avrebbe acceso contro te,
Roma, fuochi incendiari, scellerati.
Quel mostro aveva vinto anche i famosi
crimini antichi, così la sua pena
fu tale e quale all'antica leggenda.

8. *A un Dedalo morto nel circo*

Dedalo, mentre un orso ti fa a pezzi
vorresti avere le ali di Dedalo!

9. *Il rinoceronte*

Il rinoceronte, mostrato
per tutta l'arena, ti ha offerto,
Cesare, una battaglia quale tu
non t'aspettavi. Com'era terribile
nella sua furia, col corno abbassato!
Che toro mostruoso, lui che aveva
un toro per fantoccio [5]!

10. *Il leone in rivolta*

Un perfido leone con l'ingrata
bocca aveva ferito il domatore
osando insanguinare quelle mani
così ben note. Ma ottenne la pena
degna di tanto delitto: subendo
i giavellotti lui che non reggeva
le bastonate. Quali devono essere
i costumi degli uomini diretti
da un principe capace di ordinare
d'addolcirsi al cervello delle belve.

11. *L'orso preso col vischio*

L'orso, che nell'arena insanguinata
gira in tondo, furioso, s'impiastriccia

    splendida iam tecto cessent venabula ferro,
        nec volet excussa lancea torta manu;
    deprendat vacuo venator in aëre praedam,
        si captare feras aucupis arte placet.

XII.

Inter Caesareae discrimina saeva Dianae
    fixisset gravidam cum levis hasta suem,
exiluit partus miserae de vulnere matris.
    o Lucina ferox, hoc peperisse fuit?
pluribus illa mori voluisset saucia telis,
    omnibus ut natis triste pateret iter.
quis negat esse satum materno funere Bacchum?
    sic genitum numen credite: nata fera est.

XIII.

Icta gravi telo confossaque vulnere mater
    sus pariter vitam perdidit atque dedit.
o quam certa fuit librato dextera ferro!
    hanc ego Lucinae credo fuisse manum.
experta est numen moriens utriusque Dianae,
    quaque soluta parens quaque perempta fera est.

XIV.

Sus fera iam gravior maturi pignore ventris
    emisit fetum, vulnere facta parens;
nec iacuit partus, sed matre cadente cucurrit.
    o quantum est subitis casibus ingenium!

XV.

Summa tuae, Meleagre, fuit quae gloria famae,
    quantast Carpophori portio, fusus aper!
ille et praecipiti venabula condidit urso,
    primus in Arctoi qui fuit arce poli,
stravit et ignota spectandum mole leonem,

nel vischio e non riesce più a sfuggire.
Ringuainate i lucidi
spiedi, non voli in aria alcuna lancia;
su nel cielo profondo
acchiappi le sue prede il cacciatore
se le belve si prendono
con l'arte fina dell'uccellatore.

12. *Un parto cesareo*

Tra gli eventi feroci della caccia
di Cesare un giavellotto leggero
colpiva al fianco una femmina gravida
di cinghiale, il suo cucciolo nasceva
dalla ferita della madre misera.
O Lucina [6] spietata, è stato questo
un partorire? Avrebbe ella voluto
morire aperta da molte più lance
pur di dare un'uscita ad altrettanti
figlioli. Ora chi nega più che Bacco
sia nato dalla madre moribonda?
Credete pure alla miracolosa
nascita se una belva ora l'ha fatto.

13. *Lo stesso soggetto*

Colpita da un'acuta lancia, uccisa
da quella ferita una cinghialessa
insieme perse e regalò la vita.
Oh che mano sicura librò il ferro!
Credo fosse la mano di Lucina.
La moribonda provò la potenza
di entrambe le Diane: una sgravò
il ventre suo, l'altra la mise a morte.

14. *Ancora lo stesso soggetto*

Una feroce cinghialessa incinta
partorì, fatta madre da quel colpo
che la uccideva; il figlio corse via
invece di cadere mentre lei
moriva. Quanto genio
negli scherzi del caso!

15. *Carpoforo*

Meleagro, quella che fu la somma
tua gloria, l'aver ucciso un cinghiale,
è ben poco al confronto di Carpoforo.
Questi con il suo spiedo ha trapassato
un orso che gli si buttava addosso,

       Herculeas potuit qui decuisse manus,
et volucrem longo porrexit vulnere pardum.
   praemia cum laudum ferret, adhuc poterat.

XVI.

Raptus abît media quod ad aethera taurus harena,
   non fuit hoc artis, sed pietatis opus.

XVI.bis

Vexerat Europen fraterna per aequora taurus:
   at nunc Alciden taurus in astra tulit.
Caesaris atque Iovis confer nunc, fama, iuvencos:
   par onus ut tulerint, altius iste tulit.

XVII.

Quod pius et supplex elephas te, Caesar, adorat
   hic modo qui tauro tam metuendus erat,
non facit hoc iussus, nulloque docente magistro,
   crede mihi, nostrum sentit et ille deum.

XVIII.

Lambere securi dextram consueta magistri
   tigris, ab Hyrcano gloria rara iugo,
saeva ferum rabido laceravit dente leonem:
   res nova, non ullis cognita temporibus.
ausa est tale nihil, silvis dum vixit in altis:
   postquam inter nos est, plus feritatis habet.

XIX.

Qui modo per totam flammis stimulatus harenam
   sustulerat raptas taurus in astra pilas,
occubuit tandem cornuto ardore petitus,
   dum facilem tolli sic elephanta putat.

il maggiore dell'Artico, ha ammazzato
un leone stupendo, di mai vista
grandezza, degno delle mani d'Ercole,
infine con un colpo da lontano
ha steso giù un volatile leopardo:
e quando ha avuto i premi era ancor fresco.

16.bis *Il toro in cielo*

Quel toro che rapito dall'arena
vola alle nuvole non è per arte
ma per pietà [7]...

16b. *Due tori*

Un toro portò Europa in mezzo ai flutti
fraterni, un toro adesso leva agli astri
un Ercole. Tu, fama, paragona
i due tori, di Cesare e di Giove,
a peso pari il primo porta molto
più in alto.

17. *L'elefante*

Quest'elefante che s'inchina a te
e supplica così pietosamente,
lui poco fa tremendo con un toro,
non lo fa per comando o suggestione
del domatore, Cesare, anche lui
credimi, in te conosce il nostro dio.

18. *La tigre*

Una tigre, gloria senza rivali
dei monti dell'Ircania, abituata
a leccare la mano al domatore
senza nessun timore suo, tremenda
sbranò un fiero leone con rabbiosi
denti: fatto mai prima conosciuto,
nuovissimo. Mai tanto aveva osato
nelle selve native; è più feroce
da quando vive nella civiltà.

19. *Toro e elefante*

Un toro che aizzato dalle fiamme
per tutta quanta l'arena gettava
i fantocci di paglia sino al cielo
perì alla fine sotto un altro corno
mentre pensava di lanciare in aria
alla stessa maniera un elefante.

XX.

Cum peteret pars haec Myrinum, pars illa Triumphum,
    promisit pariter Caesar utraque manu.
non potuit melius litem finire iocosam.
    o dulce invicti principis ingenium!

XXI.

Quidquid in Orpheo Rhodope spectasse theatro
    dicitur, exhibuit, Caesar, harena tibi.
repserunt scopuli mirandaque silva cucurrit,
    quale fuisse nemus creditur Hesperidum.
adfuit inmixtum pecori genus omne ferarum
    et supra vatem multa pependit avis,
ipse sed ingrato iacuit laceratus ab urso.
    haec tantum res est facta παρ' ἱστορίαν.

XXI.bis

Orphea quod subito tellus emisit hiatu,
    ursam elisuram venit ab Eurydice.

XXII-XXIII.

Sollicitant pavidi dum rhinocerota magistri
    seque diu magnae colligit ira ferae,
desperabantur promissi proelia Martis;
    sed tandem rediit cognitus ante furor.
namque gravem cornu gemino sic extulit ursum,
    iactat ut inpositas taurus in astra pilas:
Norica tam certo venabula dirigit ictu
    fortis adhuc teneri dextera Carpophori.
ille tulit geminos facili cervice iuvencos,
    illi cessit atrox bubalus atque vison:
hunc leo cum fugeret, praeceps in tela cucurrit.
    i nunc et lentas corripe, turba, moras.

XXIV.

Si quis ades longis serus spectator ab oris,
    cui lux prima sacri muneris ista fuit,

20. *Ex aequo*

Una parte del circo per Mirino
l'altra tutta per Trionfo, a mani alzate
Cesare decretò un pareggio. Meglio
non poteva finire quella gara.
Oh dolce ingegno d'un invitto principe!

21. *Orfeo*

Quanti miracoli fatti da Orfeo
vide il Rodope (a quello che si dice)
l'arena, Cesare, te li esibisce.
Gli scogli strisciano, la selva corre
meravigliosa, come la foresta
delle Esperidi, belve d'ogni razza
s'uniscono al bestiame, sul poeta
fanno cerchio gli uccelli: ma lui muore [8]
martirizzato da un orso insensibile.
Solo qui la leggenda è contraddetta.

21.bis *Ancora Orfeo*

La terra, spalancatasi di colpo,
vomitò un'orsa che divorò Orfeo.
L'ha mandata Euridice.

22./23. *Un altro rinoceronte*

I guardiani paurosi già da un po'
punzecchiano un rinoceronte e grande
monta la rabbia nella fiera, a lungo,
tanto che si dispera della lotta.
Ma infine quel furore suo ben noto
ritorna: eccolo lì col doppio corno
a sollevare un orso enorme, come
un toro lancia i fantocci alle stelle,
con la facilità e la sicurezza
con la quale Carpoforo, così
giovane a caccia scaglia spiedi norici.
Il mostro alzò due manzi come nulla,
a lui s'arrese il bufalo e il bisonte,
per fuggirlo un leone s'è gettato
sui giavellotti. Vattene plebaglia
e dopo tali fatti non lagnarti
se hai dovuto aspettare!

24. *La naumachia*

Spettatore che tardi, da lontane
spiagge, venisti per la prima volta

ne te decipiat ratibus navalis Enyo
　　　　et par unda fretis, hic modo terra fuit.
　　　non credis? specta, dum lassant aequora Martem:
　　　　parva mora est, dices «hic modo pontus erat».

　　XXV.

　　Quod nocturna tibi, Leandre, pepercerit unda
　　　desine mirari: Caesaris unda fuit.

　　XXV.bis

　　Cum peteret dulces audax Leandros amores
　　　et fessus tumidis iam premeretur aquis,
　　sic miser instantes adfatus dicitur undas:
　　　«parcite dum propero, mergite cum redeo.»

　　XXVI.

　　Lusit Nereïdum docilis chorus aequore toto
　　　et vario faciles ordine pinxit aquas.
　　fuscina dente minax recto fuit, ancora curvo:
　　　credidimus remum credidimusque ratem,
　　et gratum nautis sidus fulgere Laconum
　　　lataque perspicuo vela tumere sinu.
　　quis tantas liquidis artes invenit in undis?
　　　aut docuit lusus hos Thetis aut didicit.

　　XXVII.

　　Saecula Carpophorum, Caesar, si prisca tulissent,
　　　non Parthaoniam barbara terra feram,
　　non Marathon taurum, Nemees frondosa leonem
　　　Arcas Maenalium non timuisset aprum.
　　hoc armante manus hydrae mors una fuisset
　　　huic percussa foret tota Chimaera semel.
　　igniferos possit sine Colchide iungere tauros,
　　　possit utramque feram vincere Pasiphaes.

a questi giochi sacri,
non lasciarti ingannare dalla lotta
delle navi e dell'acqua
che par marina: qui c'era la terra.
Tu non mi credi. Aspetta allora, l'acqua
scomparirà; tra poco
dirai: «Qui c'era il mare».

25. *Leandro*

Se questa notte il mare t'ha graziato
non stupire, Leandro, questo è il mare
di Cesare.

25.bis *Ancora Leandro*

Mentre Leandro coraggiosamente
andava verso il dolce amore e stanco
era già oppresso dalle ondate gonfie
si dice che il poverino abbia detto
all'acqua soverchiante: «Mentre vado
risparmiami, sommergimi al ritorno».

26. *Bellezze al bagno*

Per tutta la piscina un coro docile
di Nereidi scherzò
disegnando sull'acqua un'ampia serie
di figure: una fiocina dai denti
diritti, minacciosa, una curva àncora,
un remo ed una nave
e la costellazione dei Dioscuri
gradita ai marinai
ed una vela gonfia.
Chi inventò tante meraviglie in acqua?
Le insegnò forse Teti
o Teti le imparò?

27. *Elogio di Carpoforo*

Se ai tempi antichi, Cesare, ci fosse
stato un Carpoforo, la terra barbara
di Calidone non avrebbe avuto
paura della belva [9], e Maratona
del toro e Nemea la boscosa
del leone e l'Arcadia del cinghiale
menalio. Morta d'un colpo sarebbe
l'Idra per le sue mani armate, un colpo
gli sarebbe bastato per spacciare
la Chimera. Sarebbe stato in grado
di soggiogare i tori sputafuoco

si sit, ut aequorei revocetur fabula monstri,
    Hesionen solvet solus et Andromedan.
  Herculeae laudis numeretur gloria: plus est
    bis denas pariter perdomuisse feras.

XXVIII.

  Augusti labor hic fuerat committere classes
    et freta navali sollicitare tuba.
  Caesaris haec nostri pars est quota? vidit in undis
    et Thetis ignotas et Galatea feras;
  vidit in aequoreo ferventes pulvere currus
    et domini Triton isse putavit equos:
  dumque parat saevis ratibus fera proelia Nereus,
    horruit in liquidis ire pedestris aquis.
  quidquid et in Circo spectatur et Amphitheatro,
    id dives, Caesar, praestitit unda tibi.
  Fucinus et diri taceantur stagna Neronis:
    hanc norint unam saecula naumachiam.

XXIX.

  Cum traheret Priscus, traheret certamina Verus,
    esset et aequalis Mars utriusque diu,
  missio saepe viris magno clamore petita est;
    sed Caesar legi paruit ipse suae:
  lex erat, ad digitum posita concurrere parma:
    quod licuit, lances donaque saepe dedit.
  inventus tamen est finis discriminis aequi:
    pugnavere pares, subcubuere pares.
  misit utrique rudes et palmas Caesar utrique:
    hoc pretium virtus ingeniosa tulit.
  contigit hoc nullo nisi te sub principe, Caesar:
    cum duo pugnarent, victor uterque fuit.

senza l'aiuto di Medea, di vincere
entrambi i cupi mostri di Pasifae.
Se mai si rinnovassero le favole
sulle belve marine, egli da solo
libererebbe con Esione Andromeda.
Passiamo pure in rassegna le illustri
fatiche d'Ercole: molto di più
l'aver domato dieci fiere insieme
per ben due volte.

28. *La battaglia navale*

Fu un'impresa di Augusto metter qui
delle flotte e far fremere le onde
con la tromba navale. Poca cosa
rispetto al nostro Cesare! Sia Teti
che Galatea videro belve ignote,
Tritone ha contemplato fra gli spruzzi
carri ardenti di ruote ed ha creduto
che fossero i cavalli del suo re,
e Nereo mentre prepara battaglie
terribili alle navi inorridisce
vedendosi all'asciutto sopra le acque.
Qualsiasi cosa può guardarsi al circo
o nell'anfiteatro, un'acqua ricca
di miracoli, Cesare, te l'offre.
Mai più si parlerà del lago Fùcino
o degli stagni del bieco Nerone,
di battaglie navali questa sola
terrà banco nei secoli dei secoli.

29. *Il doppio trionfo*

Prisco tirava in lungo la battaglia,
Vero altrettanto: il valore dei due
si manteneva sempre a pari merito,
sicché spesso a gran voce tutto il pubblico
gridava di piantarla lì. Ma Cesare
volle obbedire alla sua stessa legge:
via gli scudi, lottare a mani nude
sino a che uno dei due non alzi il dito;
e intanto manda a entrambi cibi e doni.
E alla fine il duello tanto incerto
ebbe una conclusione, combatterono
alla pari quei due, caddero insieme.
All'uno e all'altro Cesare mandò
la palma della vittoria e li fece
liberi: questo il premio d'un valore
intelligente. Una vicenda simile,
o Cesare, non s'era vista mai

XXX.

Concita veloces fugeret cum damma Molossos
    et varia lentas necteret arte moras,
Caesaris ante pedes supplex similisque roganti
    constitit, et praedam non tetigere canes.
. . .
    haec intellecto principe dona tulit.
numen habet Caesar: sacra est haec, sacra potestas,
    credite: mentiri non didicere ferae.

XXXI.

Da veniam subitis: non displicuisse meretur,
    festinat, Caesar, qui placuisse tibi.

XXXII.

Cedere maiori virtutis fama secunda est.
    illa gravis palma est, quam minor hostis habet.

XXXIII.

Flavia gens, quantum tibi tertius abstulit heres!
    paene fuit tanti, non habuisse duos.

sotto il regno di nessun altro principe,
due combattenti entrambi vittoriosi.

30. *La cerbiatta*

La cerbiatta braccata dai molossi
fuggiva e si serviva di diversi
stratagemmi per ritardar la morte.
Si fermò ai piedi di Cesare, supplice
e in atto di preghiera, non toccarono
la preda i cani...
Fu salva per aver riconosciuto
il principe. Divino
è Cesare, sacra la sua potenza:
credetelo, le bestie
non hanno ancora imparato a mentire.

31. *Tutto in furia*

Perdona i miei scherzetti improvvisati,
Cesare, non ti spiaccia
chi ha fatto tutto in furia per piacerti.

32. *Il secondo premio*

Cedere a chi è più forte vale bene
la medaglia d'argento, ma è pesante
la vittoria su te d'uno più debole.

33. *La stirpe dei Flavi*

Quanta gloria vi ha tolto il terzo erede
vostro, stirpe dei Flavi, ai primi due
non valeva la pena d'esser nati.

Note

[1] Ci si riferisce al tempio di Diana ad Efeso, a un altare fatto di corna di animali con teste a Delo, alla tomba di Mausolo. [2] Statua colossale di Nerone, poi trasformata in sole raggiante. [3] Sugli spettatori veniva spruzzato zafferano profumato, proveniente in gran parte dall'Africa settentrionale e dal Medio Oriente. [4] Bandite le spie l'imperatore non poteva più incamerare i beni degli accusati. [5] Alle belve si gettavano fantocci di paglia per eccitarle. [6] Diana Lucina sovrintendeva ai parti. Si legga l'epigramma seguente. [7] Epigramma incomprensibile, probabilmente frammentario. [8] Una pantomima su Orfeo che ammansisce le belve si trasforma in tragedia. [9] Qui si allude al cinghiale di Meleagro, al toro catturato da Teseo, al leone ucciso da Ercole, all'Idra di Lerna dalle cento teste, alle tre teste di Chimera, ai tori soggiogati da Giasone, al toro di Pasifae e al Minotauro da lei generato, al mostro marino ucciso da Ercole e a quello ucciso da Perseo.

Xenia

I.

Ne toga cordylis et paenula desit olivis
    aut inopem metuat sordida blatta famem,
perdite Niliacas, Musae, mea damna, papyros:
    postulat ecce novos ebria bruma sales.
non mea magnanimo depugnat tessera telo
    senio nec nostrum cum cane quassat ebur:
haec mihi charta nuces, haec est mihi charta fritillus:
    alea nec damnum nec facit ista lucrum.

II.

Nasutus sis usque licet, sis denique nasus,
    quantum noluerat ferre rogatus Atlans,
et possis ipsum tu deridere Latinum:
    non potes in nugas dicere plura meas
ipse ego quam dixi. quid dentem dente iuvabit
    rodere? carne opus est, si satur esse velis.
ne perdas operam: qui se mirantur, in illos
    virus habe, nos haec novimus esse nihil.
non tamen hoc nimium nihil est, si candidus aure
    nec matutina si mihi fronte venis.

Xenia

1. *Alle Muse*

Perché i tonnetti abbiano un vestito [1]
e un cappotto le olive,
perché la blatta repellente mai
abbia paura d'aver fame, Muse,
mandate alla malora questi fogli
di papiro del Nilo:
tutta qui la mia perdita.
E già l'inverno ubriaco domanda
nuove spiritosaggini.
Non ho dadi che rotolino
in partite alla morte
né bossolo d'avorio
che sbatta il sei con l'asso.
In questi fogli sta tutto il mio gioco,
in questi fogli il bossolo: un azzardo
che non comporta perdita o guadagno.

2. *Al critico*

Sii pure nasofino quanto vuoi,
sii tutto naso perfino, un nasone
che Atlante non l'avrebbe mai portato
neppure supplicato,
sii pure tu capace di ribattere
– sfottendolo perfino –
al più vispo e frizzante Petrolini [2],
non potrai dire delle mie sciocchezze
peggio di quanto non ne dica io.
Ma che gusto ci prova il dente a rodere
un altro dente? Se ti vuoi saziare
ci vuole carne. Non perdere tempo,
risparmia il tuo veleno per chi tronfio
si compiace di sé, so troppo bene
che le mie cose non valgono niente.
Proprio niente? Diciamo «qualcosina»,
se vieni con le orecchie ben disposte
e il viso di chi ha fatto tutto un sonno
sino a tarda mattina [3].

III.

Omnis in hoc gracili XENIORUM turba libello
  constabit nummis quattuor empta tibi.
quattuor est nimium? poterit constare duobus,
  et faciat lucrum bybliopola Tryphon.
haec licet hospitibus promunere disticha mittas
  si tibi tam rarus quam mihi nummus erit.
addita per titulos sua nomina rebus habebis:
  praetereas, si quid non facit ad stomachum.

IV. *Tus*

Serus ut aetheriae Germanicus imperet aulae
  utque diu terris, da pia tura Iovi.

V. *Piper*

Cerea quae patulo lucet ficedula lumbo,
  cum tibi sorte datur, si sapis, adde piper.

VI. *Alica*

Nos alicam, poterit mulsum tibi mittere dives.
  si tibi noluerit mittere dives, emes.

VII. *Faba*

Si spumet rubra conchis tibi pallida testa,
  lautorum cenis saepe negare potes.

VIII. *Far*

Inbue plebeias Clusinis pultibus ollas,
  ut satur in vacuis dulcia musta bibas.

IX. *Lens*

Accipe Niliacam, Pelusia munera, lentem:

3. *Al lettore*

Tutta la serie degli *Xenia*, chiusa
in questo libriccino,
potrai comprarla per quattro sesterzi.
Troppi quattro? Facciamo pure due,
e il libraio Trifone
non ci rimetterà.
Se sei ridotto al verde come me
potrai mandare questi versi in dono
a chi ti invita a cena.
Ogni cosa ha il suo titolo, vedrai,
in modo da saltare l'epigramma
se il soggetto non fa per il tuo stomaco.

4. *L'incenso*

Perché Germanico ci vada tardi
a governare i palazzi del Cielo
e lungamente signoreggi in terra
offri a Giove l'incenso.

5. *Il pepe*

Se ti tocca un beccafico
bene ingrassato, dalla carne lustra,
sii furbo, mettici il pepe.

6. *L'orzata*

Ti mando dell'orzata: il vino dolce
te lo manderà un ricco.
Se non lo manderà lo comprerai.

7. *Le fave*

Se in una pentola rossa
si crogiolano pallide fave
puoi anche dire di no
ai banchetti dei ricchi.

8. *La sfarrata*

Riempi i tuoi rozzi cocci
di farrata di Chiusi:
vuotali tutti, poi
vi berrai vini più dolci.

9. *Le lenticchie*

Prendi queste lenticchie
del Nilo, regalo

vilior est alica, carior illa faba.

x. *Simila*

Nec dotes simulae possis numerare nec usus,
    pistori totiens cum sit et apta coco.

xi. *Hordeum*

Mulio quod non det tacituris, accipe, mulis.
    haec ego coponi, non tibi, dona dedi.

xii. *Frumentum*

Tercentum Libyci modios de messe coloni
    sume, suburbanus ne moriatur ager.

xiii. *Betae*

Ut sapiant fatuae, fabrorum prandia, betae,
    o quam saepe petet vina piperque cocus!

xiv. *Lactucae*

Cludere quae cenas lactuca solebat avorum,
    dic mihi, cur nostras inchoat illa dapes?

xv. *Ligna acapna*

Si vicina tibi Nomento rura coluntur,
    ad villam moneo, rustice, ligna feras.

xvi. *Rapa*

Haec tibi brumali gaudentia frigore rapa
    quae damus, in caelo Romulus esse solet.

di Pelusio [4],
costano meno della pappa d'orzo,
più delle fave.

10. *Il fior di farina*

Non puoi contare le sue doti né
tutti i suoi usi,
è buona in tante maniere
sia al cuoco che al pasticciere.

11. *L'orzo*

Eccoti l'orzo che il vetturino
ruberà ai muli, certo
che non lo tradiranno
è un regalo per l'oste, non per te.

12. *Il grano*

Comprati il grano,
trecento moggi di quelli di Libia:
salva in tempo il tuo campo suburbano [5].

13. *Le bietole*

Perché queste bietole sciape,
cibo di manovali,
abbiano qualche sapore,
sai quante volte il cuoco
chiederà vino e pepe?

14. *La lattuga*

La lattuga faceva da *dessert*
nelle cene dei nostri bravi nonni.
Sai dirmi perché adesso è un antipasto?

15. *Legna da ardere*

Sei hai dei campi a Mentana
ci devi perfino portare
la legna da bruciare.

16. *Le rape*

Le rape che ti do, tutte lucenti
e stagne per il freddo dell'inverno,
Romolo se le mangia in Paradiso.

XVII. *Fascis coliculi*

Ne tibi pallentes moveant fastidia caules,
   nitrata viridis brassica fiat aqua.

XVIII. *Porri sectivi*

Fila Tarentini graviter redolentia porri
   edisti quotiens, oscula clusa dato.

XIX. *Porri capitati*

Mittit praecipuos nemoralis Aricia porros:
   in niveo virides stipite cerne comas.

XX. *Napi*

Hos Amiternus ager felicibus educat hortis:
   Nursinas poteris parcius esse pilas.

XXI. *Asparagi*

Mollis in aequorea quae crevit spina Ravenna
   non erit incultis gratior asparagis.

XXII. *Uvae duracinae*

Non habilis cyathis et inutilis uva Lyaeo,
   sed non potanti me tibi nectar ero.

XXIII. *Ficus Chiae*

Chia seni similis Baccho, quem Setia misit,
   ipsa merum secum portat et ipsa salem.

XXIV. *Cydonea*

Si tibi Cecropio saturata Cydonea melle
   ponentur, dicas: «haec melimela placent».

17. *I broccoletti*

Perché non ti disgusti
quest'erba così pallida
metti salnitro nell'acqua
e tutto tornerà verde.

18. *Il porro di Taranto*

Se hai mangiato del porro dalle fibre
dall'acuto odore,
baciami a bocca chiusa.

19. *Il porro di Ariccia*

Ariccia boscosa
ci manda i porri migliori:
verdi capelli su un corpo di neve.

20. *I cavoli-rapa*

La terra di Amiterno
li alleva in orti felici:
costano meno i palloni di Norcia.

21. *Gli asparagi*

La tenera spina
che cresce enorme in Ravenna marina
non sarà più gradita all'assaggio
dell'asparago selvaggio.

22. *L'uva da tavola*

Non buona da far vino sarò nettare
per chi non beve.

23. *Il fico di Chio*

È come il vino vecchio
che ci viene da Sezze,
dolce e insieme piccante.

24. *Le cotogne*

Ecco cotogne farcite di miele:
dirai: «Che buone queste mele al miele».

xxv. *Nuces pineae*

Poma sumus Cybeles: procul hinc discede, viator,
    ne cadat in miserum nostra ruina caput.

xxvi. *Sorba*

Sorba sumus, molles nimium tendentia ventres:
    aptius haec puero quam tibi poma dabis.

xxvii. *Petalium caryotarum*

Aurea porrigitur Iani caryota Kalendis;
    sed tamen hoc munus pauperis esse solet.

xxviii. *Vas cottanorum*

Haec tibi quae torta venerunt condita meta,
    si maiora forent cottana, ficus erat.

xxix. *Vas Damascenorum*

Pruna peregrinae carie rugosa senectae
    sume: solent duri solvere ventris onus.

xxx. *Caseus Lunensis*

Caseus Etruscae signatus imagine Lunae
    praestabit pueris prandia mille tuis.

xxxi. *Caseus Vestinus*

Si sine carne voles ientacula sumere frugi,
    haec tibi Vestino de grege massa venit.

xxxii. *Caseus fumosus*

Non quemcumque focum nec fumum caseus omnem,
    sed Velabrensem qui bibit, ille sapit.

xxxiii. *Casei Trebulani*

Trebula nos genuit; commendat gratia duplex,
    sive levi flamma sive domamur aqua.

25. *Le pigne*

Noi siamo i frutti di Cibele. Attento,
viandante, che non ti si cada in testa!

26. *Le sorbe*

Stringiamo le budella. Buone certo
per un frocetto; ma che te ne fai?

27. *I datteri*

I datteri dorati
s'offrono a Capodanno,
ma è regalo da poveri.

28. *I piccoli fichi di Siria*

Questi piccoli fichi sottovetro
appena un po' più grandi
sarebbero normali.

29. *Le prugne di Damasco*

Su, prendi queste prugne,
rugose perché invecchiate all'estero,
che sciolgono i più duri ventri stitici.

30. *Il formaggio di Luni*

L'enorme cacio di Luni
dà mille pasti agli schiavi
che raduni.

31. *Il formaggio di Penne*

Ti va un leggero spuntino
senza carne? Qua la forma
del formaggio di Penne.

32. *Il formaggio affumicato*

Non un fuoco qualunque
dà sapore al formaggio
ma il fumo del Velabro.

33. *Le mozzarelle*

Siamo di Maddaloni: ci conservi
nell'acqua o ci cucini sulla brace.

xxxiv. *Bulbi*

Cum sit anus coniunx et sint tibi mortua membra,
   nil aliud bulbis quam satur esse potes.

xxxv. *Lucanicae*

Filia Picenae venio Lucanica porcae:
   pultibus hinc niveis grata corona datur.

xxxvi. *Cistella olivarum*

Haec quae Picenis venit subducta trapetis
   inchoat atque eadem finit oliva dapes.

xxxvii. *Mala citrea*

Aut Corcyraei sunt haec de frondibus horti,
   aut haec Massyli poma draconis erant.

xxxviii. *Colustrum*

Subripuit pastor quae nondum stantibus haedis
   de primo matrum lacte colustra damus.

xxxix. *Haedus*

Lascivum pecus et viridi non utile Baccho
   det poenas; nocuit iam tener ille deo.

xl. *Ova*

Candida si croceos circumfluit unda vitellos,
   Hesperius scombri temperet ova liquor.

xli. *Porcellus lactans*

Lacte mero pastum pigrae mihi matris alumnum
   ponat, et Aetolo de sue dives edat.

34. *La cipolla*

Se tua moglie è ormai vecchia e le tue membra
sono ormai senza forza,
l'afrodisiaca cipolla
servirà solo a saziarti.

35. *La salsiccia*

Arrivo dal Piceno a incoronare
una bianca polenta.

36. *Le olive*

Quest'oliva, scampata
al frantoio piceno,
apre e chiude il *menu*.

37. *I cedri*

O son quelli degli orti di Corfù
o erano i pomi famosi, guardati
dal serpente africano [6].

38. *La cagliata*

Eccoti la cagliata, che il pastore
ha rubato ai capretti appena nati,
il primo latte delle loro madri.

39. *Il capretto*

Muoia il capretto capriccioso, ostile
al verde della vigna: ancora piccolo
ha già nuociuto a Bacco.

40. *Le uova*

In un candido albume circoscritti
stanno i tuorli colore zafferano,
buoni con salsa spagnola di sgombri [7].

41. *Il porchetto di latte*

Il ricco si mangi pure
un cinghiale d'Etolia
purché mi faccia servire porchetto
nutrito dalla madre solo a latte.

XLII. *Apyrina et tubures*

Non tibi de Lybycis tubures et apyrina ramis,
   de Nomentanis sed damus arboribus.

XLIII. *Idem*

Lecta suburbanis mittuntur apyrina ramis
   et vernae tubures. quid tibi cum Libycis?

XLIV. *Sumen*

Esse putes nondum sumen; sic ubere largo
   et fluit et vivo lacte papilla tumet.

XLV. *Pulli gallinacei*

Si Libycae nobis volucres et Phasides essent,
   acciperes, at nunc accipe chortis aves.

XLVI. *Persica praecocia*

Vilia maternis fueramus Persica ramis:
   nunc in adoptivis Persica cara sumus.

XLVII. *Panes Picentini*

Picentina Ceres niveo sic nectare crescit
   ut levis accepta spongea turget aqua.

XLVIII. *Boleti*

Argentum atque aurum facilest laenamque togamque
   mittere; boletos mittere difficilest.

XLIX. *Ficedulae*

Cum me ficus alat, cum pascar dulcibus uvis,
   cur potius nomen non dedit uva mihi?

L. *Terrae tubera*

Rumpimus altricem tenero quae vertice terram

42. *Melagrane e lazzerole*

Non ti do melagrane
e mele lazzerole della Libia
ma delle nostre piante di Mentana.

43. *Ancora melagrane e lazzerole*

Eccoti lazzerole e melagrane
raccolte sulle piante suburbane.
Son forse meglio quelle della Libia?

44. *La mammella di scrofa*

Credi non sia neppure cotta, tanto
la mammella si gonfia ed il capezzolo
è pieno di vivo latte.

45. *I polli*

Avessi le faraone e i fagiani
tu ne riceveresti, prendi intanto
polli del mio cortile.

46. *Le pesche precoci*

Pesche dappoco sui rami paterni
sopra quelli adottivi
siamo pesche carissime.

47. *Il pane marchigiano*

Il pane marchigiano è tutto gonfio
d'un niveo nettare: così la spugna
s'ingrandisce del liquido che beve.

48. *I porcini*

È facile mandare argento, oro,
un mantello, una toga;
difficile mandare porcini.

49. *I beccafichi*

Becchiamo i fichi e l'uva, ma perché
non ci avete chiamati beccauva [8]?

50. *I tartufi*

Noi che rompiamo col capo
tenero la terra madre

tubera, boletis poma secunda sumus.

LI. *Turdorum decuria*

Texta rosis fortasse tibi vel divite nardo,
    at mihi de turdis facta corona placet.

LII. *Anates*

Tota quidem ponatur anas, sed pectore tantum
    et cervice sapit: cetera redde coco.

LIII. *Turtures*

Cum pinguis mihi turtur erit, lactuca valebis;
    et cocleas tibi habe. perdere nolo famem.

LIV. *Perna*

Cerretana mihi fiat vel missa licebit
    de Menapis: lauti de petasone vorent.

LV. *Petaso*

Musteus est: propera, caros nec differ amicos.
    nam mihi cum vetulo sit petasone nihil.

LVI. *Volva*

Te fortasse magis capiat de virgine porca;
    me materna gravi de sue volva capit.

LVII. *Colocasia*

Niliacum ridebit holus lanasque sequaces,
    inproba cum morsu fila manuque trahes.

LVIII. *Iecur anserinum*

Aspice quam tumeat magno iecur ansere maius!
    miratus dices: «hoc, rogo, crevit ubi?».

siamo tartufi, secondi
solo ai porcini.

51. *La corona di tordi*

Può darsi che ti piaccia una corona
di rose o di lavanda,
io la corona la voglio di tordi.

52. *L'anatra*

Fatti servire l'anatra
tutta intera: ma solo
il collo e il petto hanno vero sapore.
Il resto rimandalo al cuoco.

53. *La tortora*

Se arriva in tavola una bella tortora
tieniti gli antipasti.
Non voglio rovinarmi l'appetito.

54. *Il prosciutto*

Prosciutto dei Pirenei
o del Reno per me,
per i ghiottoni prosciutto di spalla.

55. *Il prosciutto di spalla*

È fresco: sbrigati e chiama gli amici.
Non vorrei proprio aver nulla a che fare
col prosciutto di spalla irrancidito.

56. *La vulva di scrofa*

Forse ti piace vergine. La voglio
materna, di una scrofa che sia gravida.

57. *La colocasia*

Ridi di questo tubero del Nilo
e dei suoi fili tenaci
quando li tiri con le unghie e coi denti.

58. *Il fegato d'oca*

Guarda come si gonfia questo fegato
immenso più di un'oca
immensa.
Dirai stupito: «Ma dove è cresciuto?».

LIX. *Glires*

Tota mihi dormitur hiems et pinguior illo
   tempore sum quo me nil nisi somnus alit.

LX. *Cuniculi*

Gaudet in effossis habitare cuniculus antris.
   monstravit tacitas hostibus ille vias.

LXI. *Attagenae*

Inter sapores fertur alitum primus
   Ionicarum gustus attagenarum.

LXII. *Gallinae altiles*

Pascitur et dulci facilis gallina farina,
   pascitur et tenebris. ingeniosa gula est.

LXIII. *Capones*

Ne nimis exhausto macresceret inguine gallus,
   amisit testes. nunc mihi Gallus erit.

LXIV. *Idem*

Succumbit sterili frustra gallina marito.
   hunc matris Cybeles esse decebat avem.

LXV. *Perdices*

Ponitur Ausoniis avis haec rarissima mensis:
   hanc in piscina ludere saepe soles.

LXVI. *Columbinae*

Ne violes teneras periuro dente columbas,
   tradita si Gnidiae sunt tibi sacra deae.

LXVII. *Palumbi*

Inguina torquati tardant hebetantque palumbi:
   non edat hanc volucrem qui cupit esse salax.

59. *Il ghiro*

Dormo tutto l'inverno e son più grasso
quando soltanto il sonno mi nutrisce.

60. *Il coniglio*

Piace al coniglio vivere nei buchi
profondi. Fu lui certo ad insegnare
ai combattenti l'arte del minare.

61. *Il francolino*

Fra tanti uccelli saporiti primo
– si dice – è il francolino.

62. *La pollanca*

La pollanca s'ingrassa facilmente
con la farina dolce ed altrettanto
facilmente s'ingrassa stando al buio.
Golosità, come aguzzi gli ingegni!

63. *Il cappone*

Perché il gallo non dimagrisca troppo
per eccesso d'amore, ecco ha perduto
le palle. Adesso sì che è proprio un Gallo [9].

64. *Ancora il cappone*

La gallinella s'accovaccia invano
a uno sterile sposo, che dovrebbe
essere sacro alla madre Cibele.

65. *La pernice*

Ecco un uccello che a mensa scarseggia
e in piscina spesseggia [10].

66. *Le colombe*

Se sei iniziato ai misteri di Venere
non violare con dente sacrilego
le tenere colombe.

67. *I piccioni*

Piccioni dal collare
che fiaccano l'uccello:
non ne mangi chi vuol scopare.

LXVIII. *Galbuli*

Galbina decipitur calamis et retibus ales,
    turget adhuc viridi cum rudis uva mero.

LXIX. *Cattae*

Pannonicas nobis numquam dedit Umbria cattas:
    mavult haec domino mittere dona Pudens.

LXX. *Pavones*

Miraris, quotiens gemmantis explicat alas,
    et potes hunc saevo tradere, dure, coco?

LXXI. *Phoenicopteri*

Dat mihi pinna rubens nomen, sed lingua gulosis
    nostra sapit. quid si garrula lingua foret?

LXXII. *Phasianae*

Argoa primum sum transportata carina:
    ante mihi notum nil nisi Phasis erat.

LXXIII. *Numidicae*

Ansere Romano quamvis satur Hannibal esset,
    ipse suas numquam barbarus edit aves.

LXXIV. *Anseres*

Haec servavit avis Tarpei templa Tonantis.
    miraris? nondum fecerat illa deus.

LXXV. *Grues*

Turbabis versus nec littera tota volabit,
    unam perdideris si Palamedis avem.

68. *I rigogoli*

Si prendono i rigogoli
con le canne e le reti
quando l'uva immatura
si gonfia d'un verde sugo.

69. *Gli uccelli-gatto*

L'Umbria non ci ha mai dato
uccelli-gatto [11] pannonici
Pudente li regala al suo padrone.

70. *Il pavone*

Tutte le volte che spiega le ali
gemmate ti meravigli:
sei senza cuore a mandarlo in cucina.

71. *Il fiammingo*

Le piume colore del fuoco
mi danno il nome; la mia lingua piace
ai ghiotti.
Ah, se la lingua potesse parlare.

72. *Il fagiano*

Argo [12] mi ha fatto conoscere il mondo,
prima non conoscevo altro che Faso.

73. *Le faraone*

Sazio d'oche romane quanto vuoi
pure Annibale, il barbaro, non ha
mangiato mai codesti uccelli d'Africa [13].

74. *Le oche*

Ti meravigli che abbiano salvato,
sulla Rupe Tarpea, il Santuario
di Giove? Non l'aveva fatto ancora [14]
nostro Dio, Domiziano.

75. *Le gru*

Scompiglierai i versi
e non volerà più l'intera lettera [15]
uccidendo anche un solo
uccello di Palamede.

LXXVI. *Rusticulae*

Rustica sim an perdix quid refert, si sapor idem est?
 carior est perdix. sic sapit illa magis.

LXXVII. *Cycni*

Dulcia defecta modulatur carmina lingua
 cantator cycnus funeris ipse sui.

LXXVIII. *Porphyriones*

Nomen habet magni volucris tam parva gigantis?
 et nomen prasini Porphyrionis habet.

LXXIX. *Mulli vivi*

Spirat in advecto, sed iam piger, aequore mullus;
 languescit. vivum da mare: fortis erit.

LXXX. *Murenae*

Quae natat in Siculo grandis murena profundo,
 non valet exustam mergere sole cutem.

LXXXI. *Rhombi*

Quamvis lata gerat patella rhombum,
 rhombus latior est tamen patella.

LXXXII. *Ostrea*

Ebria Baiano veni modo concha Lucrino:
 nobile nunc sitio luxuriosa garum.

LXXXIII. *Squillae*

Caeruleus nos Liris amat, quem silva Maricae
 protegit: hinc squillae maxima turba sumus.

LXXXIV. *Scarus*

Hic scarus, aequoreis qui venit adesus ab undis,
 visceribus bonus est, cetera vile sapit.

76. *La beccaccia*

Sia beccaccia o pernice, cosa importa
se il sapore è lo stesso? La pernice
costa più cara, quindi ha più sapore.

77. *Il cigno*

Con lingua moribonda intona il cigno
il proprio canto funebre.

78. *Il porfirione*

Un nome di gigante [16] a così piccolo
uccelletto? Ma è il nome di un auriga
della squadra dei Verdi.

79. *La triglia*

Respira nella poca acqua del secchio
la triglia, che si fa languida, fiacca.
Gettala in mare, ritornerà forte.

80. *La murena*

La murena che nuota nel profondo
mar di Sicilia non può inabissarsi
se il sole le brucia la pelle.

81. *Il rombo*

Ha un bell'essere grande la padella,
sarà sempre più piccola del rombo.

82. *L'ostrica*

Vengo ubriaca d'acqua del Lucrino,
lago vicino a Baia, adesso ho sete
solo di lusso, di nobile *garum*.

83. *I gamberi di fiume*

Veniamo in massa dall'azzurro Liri
che ci ama, protetto dalla selva
sacra a Marica [17].

84. *Lo scaro*

Questo scarnito scaro
che ci arriva dal mare
ha buone solamente le interiora.

LXXXV. *Coracinus*

Princeps Niliaci raperis, coracine, macelli:
   Pellaeae prior est gloria nulla gulae.

LXXXVI. *Echini*

Iste licet digitos testudine pungat acuta,
   cortice deposita mollis echinus erit.

LXXXVII. *Murices*

Sanguine de nostro tinctas, ingrate, lacernas
   induis, et non est hoc satis, esca sumus.

LXXXVIII. *Gobii*

In Venetis sint lauta licet convivia terris,
   principium cenae gobius esse solet.

LXXXIX. *Lupus*

Laneus Euganei lupus excipit ora Timavi,
   aequoreo dulces cum sale pastus aquas.

XC. *Aurata*

Non omnis laudes pretiumque aurata meretur,
   sed cui solus erit concha Lucrina cibus.

XCI. *Acipensis*

Ad Palatinas acipensem mittite mensas:
   ambrosias ornent munera rara dapes.

XCII. *Lepores*

Inter aves turdus, si quid me iudice certum est,
   inter quadripedes mattea prima lepus.

XCIII. *Aper*

Qui Diomedeis metuendus saetiger agris
   Aetola cecidit cuspide, talis erat.

85. *Il coracino*

Coracino del Nilo
principe del mercato
principe del palato alessandrino.

86. *Il riccio*

Benché ti punga con le spine, rotto
il guscio sarò tenero.

87. *Le conchiglie di porpora*

Ingrato, porti vesti
tinte nel sangue nostro
e per di più ci mangi!

88. *I ghiozzi*

A Venezia, nei pranzi anche i più ricchi,
come antipasto si servono ghiozzi.

89. *La spigola*

La spigola, tenera e bianca
come la lana, s'avventa alla foce
del Timavo, nutrita
dell'acqua dolce e del sale marino.

90. *L'orata*

Non ogni orata merita la lode
ma solo quella allevata a molluschi
del Lucrino.

91. *Gli storioni*

Mandate gli storioni al Palatino,
doni rari alle mense dei Celesti.

92. *La lepre*

Il tordo tra gli uccelli e, se mi date
retta, la lepre prima tra i quadrupedi.

93. *Il cinghiale*

Il tremendo cinghiale setoloso
che la zagaglia etolica [18] trafisse
nei campi di Diomede, era così.

XCIV. *Dammae*

Dente timetur aper, defendunt cornua cervum:
   inbelles dammae quid nisi praeda sumus?

XCV. *Oryx*

Matutinarum non ultima praeda ferarum
   saevos oryx constat quot mihi morte canum!

XCVI. *Cervus*

Hic erat ille tuo domitus, Cyparisse, capistro.
   an magis iste tuus, Silvia, cervus erat?

XCVII. *Lalisio*

Dum tener est onager solaque lalisio matre
   pascitur, hoc infans sed breve nomen habet.

XCVIII. *Caprea*

Pendentem summa capream de rupe videbis:
   casuram speres; despicit illa canes.

XCIX. *Dorcas*

Delicium parvo donabis dorcada nato:
   iactatis solet hanc mittere turba togis.

C. *Onager*

Pulcher adest onager: mitti venatio debet
   dentis Erythraei: iam removete sinus.

CI. *Oleum Venafrum*

Hoc tibi Campani sudavit baca Venafri:
   unguentum quotiens sumis, et istud olet.

94. *I daini*

Il cinghiale è tremendo per le zanne,
il cervo si difende con le corna,
ma noi daini non siamo che una preda.

95. *L'orige*

Un'orige feroce [19]
non ultimo richiamo
nei giochi del mattino
fece strage di cani.

96. *Il cervo*

Questo cervo gentile
era quello che tu
hai ucciso Cipresso,
o era quello di Silvia [20]?

97. *Il vannino*

L'onagro finché è piccolo e si nutre
di solo latte materno è vannino,
nome infantile e di breve durata.

98. *Il camoscio*

Guarda il camoscio in cima a un'erta rupe,
spera che cada, si beffa dei cani.

99. *La gazzella*

Farai la gioia del tuo bambino
con questo cucciolo di gazzella;
gli spettatori lo salvano
agitando le toghe [21].

100. *L'onagro*

Guarda che bell'onagro:
agitate le toghe
fate finire la caccia
dell'elefante eritreo!

101. *L'olio di Venafro*

Le bacche di Venafro han distillato
quest'olio che profuma come balsamo.

CII. *Garum sociorum*

Expirantis adhuc scombri de sanguine primo
   accipe fastosum, munera cara, garum.

CIII. *Amphora muriae*

Antipolitani, fateor, sum filia thynni:
   essem si scombri, non tibi missa forem.

CIV. *Mel Atticum*

Hoc tibi Thesei populatrix misit Hymetti
   Pallados a silvis nobile nectar apis.

CV. *Favi Siculi*

Cum dederis Siculos mediae de collibus Hyblae,
   Cecropios dicas tu licet esse favos.

CVI. *Passum*

Gnosia Minoae genuit vindemia Cretae
   hoc tibi, quod mulsum pauperis esse solet.

CVII. *Picatum*

Haec de vitifera venisse picata Vienna
   ne dubites, misit Romulus ipse mihi.

CVIII. *Mulsum*

Attica nectareum turbatis mella Falernum.
   misceri decet hoc a Ganymede merum.

CIX. *Albanum*

Hoc de Caesareis mitis vindemia cellis
   misit, Iuleo quae sibi monte placet.

102. *Il garum degli amici*

Prendi questo glorioso
dono meraviglioso
fatto col sangue di sgombri ancor vivi.

103. *La salsa di tonno*

Lo confesso, son figlia
solo di tonno di Antibes,
fossi stata di sgombro
chi mi ti regalava?

104. *Il miele di Grecia*

L'ape che popola l'Imetto
dalle selve palladie
ti manda questo nettare.

105. *Il miele siciliano*

Quando regali miele siciliano
delle colline iblee
puoi ben dire che viene dalla Grecia.

106. *Il passito*

Vino al miele dei poveri,
vendemmiato a Cnosso
nella Creta minoica.

107. *Il vino resinato*

Non aver dubbi, viene
da Vienne piena di viti,
me l'ha mandato Romolo [22] in persona.

108. *Il vino al miele*

Non guastate il Falerno
col miele greco, solo
Ganimede può fare questo cocktail.

109. *Il vino d'Albano*

Viene dalle cantine di Cesare,
vino che si compiace di se stesso
sul monte Giulio.

CX. *Surrentinum*

Surrentina bibis? nec murrina picta nec aurum
sume: dabunt calices haec tibi vina suos.

CXI. *Falernum*

De Sinuessanis venerunt Massica prelis:
condita quo quaeris consule? nullus erat.

CXII. *Setinum*

Pendula Pomptinos quae spectat Setia campos,
exigua vetulos misit ab urbe cados.

CXIII. *Fundanum*

Haec Fundana tulit felix autumnus Opimi.
expressit mustum consul et ipse bibit.

CXIV. *Trifolinum*

Non sum de primo, fateor, Trifolina Lyaeo
inter vina tamen septima vitis ero.

CXV. *Caecubum*

Caecuba Fundanis generosa cocuntur Amyclis,
vitis et in media nata palude viret.

CXVI. *Signinum*

Potabis liquidum Signina morantia ventrem?
ne nimium sistas, sit tibi parca sitis.

CXVII. *Mamertinum*

Amphora Nestorea tibi Mamertina senecta
si detur, quodvis nomen habere potest.

110. *Il vino di Sorrento*

Bevi vin di Sorrento? Non cercare
bicchieri d'oro o di vetro dipinto.
Il vino ti darà quelli più adatti [23].

111. *Il Falerno*

Grande Massico [24], venuto dai torchi
di Suessa Aurunca. «Di che annata – chiedi,
– anzi, di quale console?»
Non ce n'erano consoli.

112. *Il vino di Sezze*

Sospesa sulle Paludi Pontine
la piccola Sezze ha mandato
antiche giare.

113. *Il vino di Fondi*

Il fertile autunno ha portato
vino di Fondi, della grande annata
di Opimio: console che spremé il vino
e se lo bevve.

114. *Il vino napoletano*

Lo confesso, non sono al primo posto
ma almeno al settimo fra tanti vini.

115. *Il Cecubo*

Il generoso Cecubo matura
vicino a Fondi, ad Amicle. La vite
verdeggia presso gli acquitrini.

116. *Il vino di Segni*

Berrai vino di Segni
che stringe gli intestini?
Per moderare l'effetto
modera la tua sete.

117. *Il vino di Messina*

Un'anfora di vino di Messina
vecchia, diciamo, come il vecchio Nestore?
Mettile l'etichetta che ti pare.

CXVIII. *Tarraconense*

Tarraco, Campano tantum cessura Lyaeo,
  haec genuit Tuscis aemula vina cadis.

CXIX. *Nomentanum*

Nomentana meum tibi dat vindemia Bacchum:
  si te Quintus amat, commodiora bibes.

CXX. *Spoletinum*

De Spoletinis quae sunt cariosa lagonis
  malueris quam si musta Falerna bibas.

CXXI. *Paelignum*

Marsica Paeligni mittunt turbata coloni:
  non tu, libertus sed bibat illa tuus.

CXXII. *Acetum*

Amphora Niliaci non sit tibi vilis aceti:
  esset cum vinum, vilior illa fuit.

CXXIII. *Massilitanum*

Cum tua centenos expunget sportula civis,
  fumea Massiliae ponere vina potes.

CXXIV. *Caeretanum*

Caeretana Nepos ponat, Setina putabis.
  non ponit turbae, cum tribus illa bibit.

CXXV. *Tarentinum*

Nobilis et lanis et felix vitibus Aulon
  det pretiosa tibi vellera, vina mihi.

118. Il vino di Tarragona

Mi ha fatto Tarragona, vino solo
inferiore al campano,
emulo delle bottiglie toscane.

119. Il vino di Mentana

La vendemmia, a Mentana,
non ti dà che il mio vino.
Se Quinto t'ama berrai d'un po' meglio.

120. Il vino di Spoleto

Il bisbetico vino di Spoleto
è sempre meglio del Falerno nuovo [25].

121. Il vino Marsico

Contadini peligni
mandano torbido vino di Marsica:
non lo bere, lo beva il cameriere.

122. L'aceto

Quest'aceto del Nilo
non sembra da buttare;
quando era vino certo era peggiore.

123. Il vino di Marsiglia

Dovendo tu servire
a centinaia i postulanti, forza
col vino affumicato di Marsiglia!

124. Il vino di Cerveteri

Che Nepote ti versi
del vino di Cerveteri, dirai
che è di Sezze. Lui non lo serve a tutti,
se lo beve tra pochi.

125. Il vino di Taranto

L'Aulone, nobile per le sue lane,
felice delle sue viti, dia a te
quei filati preziosi, i vini a me.

CXXVI. *Unguentum*

Unguentum heredi numquam nec vina relinquas.
  ille habeat nummos, haec tibi tota dato.

CXXVII. *Coronae roseae*

Dat festinatas, Caesar, tibi bruma coronas:
  quondam veris erat, nunc tua facta rosa est.

126. *Il profumo*

Non lasciare al tuo erede né profumo
né vino. Lasciagli i soldi. Il profumo
e il vino godili tutti tu.

127. *Le corone di rose*

L'inverno, Cesare, ti dà in anticipo
le corone di rose. Adesso è tua
sempre la rosa che una volta era
il fiore della primavera.

Note

[1] La vecchia carta (pergamena o papiro) serviva da involucro per i generi alimentari. [2] Il testo parla di Latino, un attore dell'epoca. [3] Marziale scrive «viso non mattutino». È noto che il poeta desiderava che i suoi epigrammi fossero letti in piacevoli ore conviviali. [4] Località nota per la produzione delle lenticchie. [5] È uno scherzo ricorrente in Marziale il definire le proprietà intorno a Roma (come il suo podere di Mentana) assolutamente improduttive. Si veda anche, appresso, l'epigramma «La legna da ardere». [6] L'allusione è ai giardini delle Esperidi, custoditi da un serpente che Ercole uccise. [7] La salsa di sgombri è il *garum*, sangue e interiora di sgombri fatti lungamente fermentare al sole. Si vedano anche gli epigrammi «L'ostrica». «Il *garum* degli amici» e «La salsa di tonno». [8] I Romani chiamavano fichi anche le emorroidi. Marziale gioca spesso sul doppio significato. [9] I Galli, sacerdoti di Cibele, erano evirati. Vedi anche l'epigramma successivo. [10] «Fare la pernice» equivale al nostro «fare il morto». [11] Animale sconosciuto, forse identificabile (si ipotizza) col succiacapre. [12] La nave degli Argonauti avrebbe importato dalla Colchide i fagiani in Europa. [13] Allusione all'austerità dei costumi dell'epoca repubblicana in confronto a quelli dei tempi di Marziale. [14] Domiziano ricostruì il Santuario, più volte distrutto dal fuoco, in materiale ininfiammabile. [15] Il volo a triangolo delle gru fu assimilato, dal mitico eroe Palamede, alla lettera gamma e alle lettere A e V. [16] Porfirione era uno dei Titani, e l'uccello che ne porta il nome è inidentificato. Lo sfottò, comunque, è per la fazione circense dei Verdi. [17] Divinità protettrice del Liri. [18] Il cinghiale di Calidone, ucciso da Meleagro. [19] Un'antilope africana molto robusta e combattiva, apprezzata negli spettacoli mattutini del circo, dedicati ai combattimenti delle fiere. [20] Cipresso uccise per errore un suo cervo amatissimo e tanto ne soffrì da trasformarsi in albero. Il cervo allevato da Silvia, ferito da Julo, secondo Virgilio fu la causa delle prime scaramucce tra Latini e Troiani. [21] Nelle lotte tra le fiere gli spettatori, con l'agitar delle toghe, potevano decretare la salvezza di un animale. Vedi anche l'epigramma successivo. [22] Probabilmente un amico di Marziale e produttore di vino resinato. [23] Sorrento era nota, oltre che per il vino, per le tazze e i bicchieri in terraglia pregiata. [24] Il Massico è qui considerato come un *cru* del Falerno anziché un vino a se stante. L'ultimo verso, iperbolicamente, decanta l'età dell'anfora attribuendola addirittura all'epoca dei Re. [25] Come molti grandi vini d'oggi il Falerno era buono dopo congruo invecchiamento, presentandosi, in gioventù, aspro e disarmonico.

Apophoreta

I.

Synthesibus dum gaudet eques dominusque senator
  dumque decent nostrum pillea sumpta Iovem;
nec timet aedilem moto spectare fritillo,
  cum videat gelidos tam prope verna lacus:
divitis alternas et pauperis accipe sortes:
  praemia convivae dent sua quisque suo.
«sunt apinae tricaeque et si quid vilius istis.»
  quis nescit? vel quis tam manifesta negat?
sed quid agam potius madidis, Saturne, diebus,
  quos tibi pro caelo filius ipse dedit?
vis scribam Thebas Troiamve malasve Mycenas?
  «lude», inquis, «nucibus»: perdere nolo nuces.

II.

Quo vis cumque loco potes hunc finire libellum:
  versibus explicitumst omne duobus opus.
lemmata si quaeris cur sint adscripta, docebo:
  ut, si malueris, lemmata sola legas.

III. *Pugillares citrei*

Secta nisi in tenues essemus ligna tabellas,
  essemus Libyci nobile dentis onus.

IV. *Quinquiplices*

Caede iuvencorum domini calet area felix,
  quinquiplici cera cum datur altus honos.

Apophoreta

1. *Al lettore*

Mentre sbracati, allegri, se la spassano
cavalieri e signori senatori,
e Giove d'un berretto da liberto [1]
non si vergogna, e lo schiavo
ormai vedendosi tanto vicino
al ghiaccio delle fontane
non teme di sfidare anche l'edìle
agitando il suo bossolo da dadi;
ricevi questi regali alternati
uno ricco e uno povero,
ognuno dia il suo dono al commensale.
«Son bagattelle, scemenze e anche peggio.»
Chi non lo sa, chi nega l'evidenza?
Ma che fare di meglio in questi giorni
d'ebbrezza che tuo figlio t'ha donato,
Saturno, in cambio del cielo? Tu vuoi
ch'io scriva della malvagia Micene
e di Tebe e di Troia? Dici: «Gioca
alle noci». Grazie, non voglio perderle.

2. *Ancora al lettore*

Questo libretto puoi finirlo dove
ti pare: son due versi ogni soggetto.
Perché vi ho messo i titoli mi chiedi?
Perché in caso tu legga solo quelli.

3. *Tavolette per scrivere di cedro*

Non fossimo sottili tavolette
saremmo rette da piedi d'avorio [2].

4. *Tavolette a cinque fogli*

Lieto il cortile del padrone è caldo [3]
di tori uccisi quando un alto onore
è dato dalle cinque tavolette
di cera.

v. *Pugillares eborei*

Languida ne tristes obscurent lumina cerae,
   nigra tibi niveum littera pingat ebur.

vi. *Triplices*

Tunc triplices nostros non vilia dona putabis,
   cum se venturam scribet amica tibi.

vii. *Pugillares membranei*

Esse puta ceras, licet haec membrana vocetur:
   delebis, quotiens scripta novare voles.

viii. *Vitelliani*

Nondum legerit hos licet puella,
   novit quid cupiant Vitelliani.

ix. *Idem*

Quod minimos cernis, mitti nos credis amicae.
   falleris: et nummos ista tabella rogat.

x. *Chartae maiores*

Non est munera quod putes pusilla,
   cum donat vacuas poeta chartas.

xi. *Chartae epistolares*

Seu leviter noto, seu caro missa sodali
   omnes ista solet charta vocare suos.

xii. *Loculi eborei*

Hos nisi de flava loculos implere moneta
   non decet: argentum vilia ligna ferant.

xiii. *Loculi lignei*

Si quid adhuc superest in nostri faece locelli,
   munus erit. nihil est; ipse locellus erit.

5. *Tavolette d'avorio*

Perché la cera scura non ti offuschi
quegli occhi stanchi le lettere nere
dipingano avorio di neve.

6. *Tavolette a tre fogli*

Non reputarlo un dono da due soldi
se l'amica ti scriverà che viene.

7. *Foglietti di pergamena*

Pensali cera ancorché pergamena,
basta lavarli e puoi scrivervi ancora.

8. *Bigliettini di Vitellio* [4]

Prima di leggerli
una ragazza sa che cosa vogliono.

9. *Lo stesso soggetto*

Poiché li vedi piccoli li credi
mandati ad un'amica ma ti sbagli:
son bigliettini che chiedono soldi.

10. *Fogli di carta*

Non è dono da poco, come pensi,
se un poeta ti manda carta bianca.

11. *Carta da lettere*

Vada ad un conoscente o a un caro amico
questa carta dà a tutti del «carissimo».

12. *Scrigni d'avorio*

Non sta bene riempire questi scrigni
d'altre monete che non siano d'oro;
un legno vile sopporti l'argento.

13. *Scrigni di legno*

Se c'è qualcosa dentro alla cassetta
te la regalerò, se non c'è nulla
ti darò la cassetta.

xiv. *Tali eborei*

Cum steterit nullus vultu tibi talus eodem,
   munera me dices magna dedisse tibi.

xv. *Tesserae*

Non sim talorum numero par tessera, dum sit
   maior quam talis alea saepe mihi.

xvi. *Turricula*

Quae scit compositos manus inproba mittere talos,
   si per me misit, nil nisi vota feret.

xvii. *Tabula lusoria*

Hac mihi bis seno numeratur tessera puncto;
   calculus hac gemino discolor hoste perit.

xviii. *Calculi*

Insidiosorum si ludis bella latronum,
   gemmeus iste tibi miles et hostis erit.

xix. *Nuces*

Alea parva nuces et non damnosa videtur;
   saepe tamen pueris abstulit illa natis.

xx. *Theca libraria*

Sortitus thecam calamis armare memento:
   cetera nos dedimus, tu leviora para.

xxi. *Graphiarium*

Haec tibi erunt armata suo graphiaria ferro:
   si puero dones, non leve munus erit.

xxii. *Dentiscalpium*

Lentiscum melius: sed si tibi frondea cuspis
   defuerit, dentes pinna levare potest.

14. *Gli aliossi*

Se nessun dado cadendo mostrerà
facce uguali, dirai
che t'avrò fatto proprio un bel regalo [5].

15. *I dadi*

Non siamo tanti quanti sono gli ossi
perché l'azzardo coi dadi è maggiore.

16. *Il bossolo*

La mano del baro che sa lanciare
gli ossi a trucco con me raccoglierà
soltanto approvazioni.

17. *La tavoletta da gioco*

Da un lato i dadi danno il doppio sei,
dall'altro la pedina d'un colore
è presa da una coppia di nemici [6].

18. *Gli scacchi*

Vuoi giocare alla guerra, alle imboscate?
Ecco soldati e nemici di vetro.

19. *Le noci*

Il gioco delle noci sembra innocuo [7],
pure ha sovente procurato guai
alle chiappe infantili.

20. *Lo scrittoio*

Se t'è toccato uno scrittoio riempilo
di penne; io t'ho regalato il più,
al resto pensaci tu.

21. *Il portastili*

Eccoti il portastili con gli stili,
un bel regalo per un ragazzino.

22. *Gli stuzzicadenti*

I migliori son fatti di lentisco,
se non hai legni appuntiti una penna
può curare i tuoi denti.

XXIII. *Auriscalpium*

Si tibi morosa prurigine verminat auris,
   arma damus tantis apta libidinibus.

XXIV. *Acus aurea*

Splendida ne madidi violent bombycina crines,
   figat acus tortas sustineatque comas.

XXV. *Pectines*

Quid faciet nullos hic inventura capillos
   multifido buxus quae tibi dente datur?

XXVI. *Crines*

Chattica Teutonicos accendit spuma capillos:
   captivis poteris cultior esse comis.

XXVII. *Sapo*

Si mutare paras longaevos cana capillos,
   accipe Mattiacas – quo tibi calva? – pilas.

XXVIII. *Umbella*

Accipe quae nimios vincant umbracula soles:
   sit licet et ventus, te tua vela tegent.

XXIX. *Causea*

In Pompeiano tecum spectabo theatro.
   Mandatus populo vela negare solet.

XXX. *Venabula*

Excipient apros expectabuntque leones,
   intrabunt ursos, sit modo firma manus.

23. *Bastoncini per le orecchie*

Se un prurito noioso ti formicola
nelle orecchie, ti dono le armi adatte
a tanta irritazione.

24. *Lo spillone d'oro*

Perché le chiome madide d'unguenti
non sciupino le splendide tue sete
tienile ferme con uno spillone.

25. *Il pettine*

Che ne sarà di questo pettinino
fitto di bosso che ti è stato dato
poiché non troverà nessun capello?

26. *La parrucca*

La tintura turingia
accende i capelli delle tedesche:
sarai più bella con chiome di schiave.

27. *La tintura*

Se sei canuta e vuoi tingere i vecchi
capelli non strapparli sino al punto
di diventare calva, ti regalo
tintura di Mazziaco [8].

28. *Il parasole*

Prendilo il parasole
che vinca il solleone:
col vento ti proteggerà a teatro [9].

29. *Il cappellone*

Andrò con te al teatro di Pompeo;
Mandato nega al popolo le tende [10].

30. *Gli spiedi da caccia*

Riceveranno l'urto del cinghiale
e quello del leone, infilzeranno
l'orso: purché la tua mano sia ferma.

xxxi. *Culter venatorius*

Si deiecta gemas longo venabula rostro,
   hic brevis ingentem comminus ibit aprum.

xxxii. *Parazonium*

Militiae decus hoc gratique erit omen honoris,
   arma tribunicium cingere digna latus.

xxxiii. *Pugio*

Pugio, quem curva signat brevis orbita vena.
   stridentem gelidis hunc Salo tinxit aquis.

xxxiv. *Falx*

Pax me certa ducis placidos curvavit in usus.
   agricolae nunc sum, militis ante fui.

xxxv. *Securicula*

Cum fieret tristis solvendis auctio nummis,
   haec quadringentis milibus empta fuit.

xxxvi. *Ferramenta tonsoria*

Tondendis haec arma tibi sunt apta capillis;
   unguibus hic longis utilis, illa genis.

xxxvii. *Scrinium*

Selectos nisi das mihi libellos,
   admittam tineas trucesque blattas.

xxxviii. *Fasces calamorum*

Dat chartis habiles calamos Memphitica tellus;
   texantur reliqua tecta palude tibi.

xxxix. *Lucerna cubicularis*

Dulcis conscia lectuli lucerna,
   quidquid vis facias licet, tacebo.

31. *Il coltello da caccia*

Ti lamenti perché via t'è caduto
il lungo spiedo? Questa corta lama
trafiggerà il cinghiale corpo a corpo.

32. *Il cinturone*

Onore militare, buon presagio
d'una gradita promozione, degno
di circondare i fianchi d'un tribuno.

33. *Il pugnale*

Pugnale che una venatura piccola
solca d'un semicerchio, ben temprato
nel Salone, stridente in acque gelide.

34. *La falce*

La pace ormai sicura m'ha piegato
a pacifici usi: adesso sono
del contadino, prima del soldato.

35. *L'accettina*

A una penosa vendita all'incanto
fu comprata per quattrocentomila [11].

36. *Ferri da barbiere*

Buoni questi per i capelli, quelli
per l'unghie, gli altri infine per le guance.

37. *Il cofanetto per i libri*

Se non mi dai libri scelti con cura
farò entrare tignole e scarafaggi.

38. *Un fascio di penne*

Solo la terra di Menfi produce
canne buone per scrivere,
le altre van bene solo per i tetti.

39. *La lampada da notte*

Nulla ignoro di quel che fai a letto.
Fa' quel che vuoi, starò zitta.

XL. *Cicindela*

Ancillam tibi sors dedit lucernae,
   totas quae vigil exigit tenebras.

XLI. *Lucerna polymyxos*

Inlustrem cum tota meis convivia flammis
   totque geram myxos, una lucerna vocor.

XLII. *Cereus*

Hic tibi nocturnos praestabit cereus ignis:
   subducta est puero namque lucerna tuo.

XLIII. *Candelabrum Corinthium*

Nomina candelae nobis antiqua dederunt.
   non norat parcos uncta lucerna patres.

XLIV. *Candelabrum ligneum*

Esse vides lignum; servas nisi lumina, fiet
   de candelabro magna lucerna tibi.

XLV. *Pila paganica*

Haec quae difficili turget paganica pluma,
   folle minus laxast et minus arta pila.

XLVI. *Pila trigonalis*

Si me nobilibus scis expulsare sinistris,
   sum tua. tu nescis? rustice, redde pilam.

XLVII. *Follis*

Ite procul, iuvenes: mitis mihi convenit aetas:
   folle decet pueros ludere, folle senes.

XLVIII. *Harpasta*

Haec rapit Antaei velox in pulvere draucus,
   grandia qui vano colla labore facit.

40. *Il lumino a olio*

La sorte ti regala uno schiavetto
che caccia via le tenebre vegliando.

41. *La lampada a più stoppini*

Rischiaro i tuoi conviti con più fiamme:
una lampada sola
porta tanti stoppini.

42. *La candela*

Stanotte rientri a lume di candela,
han rubato la lampada al tuo schiavo.

43. *Il candelabro di bronzo di Corinto*

Le candele m'han dato anticamente
il nome; il lume a olio
i nostri padri non lo conoscevano.

44. *Il candelabro di legno*

Vedi che son di legno, fa' attenzione
non diventi una fiaccola.

45. *La palla paesana*

Palla imbottita di piuma pressata
meno elastica d'un pallone
meno dura d'un boccino.

46. *La palla*

Se tu sai rimandarmi con brillanti
sinistri sarò tua. Non sai? Cafone,
rendi la palla.

47. *La palla gonfia*

Via da me i giovanotti! Mi s'addicono
età più calme, ragazzini e vecchi.

48. *Gli arpasti* [12]

Il fustone raccoglie in fretta questi
oggetti dalla pista polverosa,
lui che sviluppa i muscoli del collo
con stupida fatica.

XLIX. *Halteres*

Quid pereunt stulto fortes haltere lacerti?
 exercet melius vinea fossa viros.

L. *Galericulum*

Ne lutet inmundum nitidos ceroma capillos,
 hac poteris madidas condere pelle comas.

LI. *Strigiles*

Pergamon has misit. curvo destringere ferro:
 non tam saepe teret lintea fullo tibi.

LII. *Gutus corneus*

Gestavit modo fronte me iuvencus:
 verum rhinocerota me putabas.

LIII. *Rhinoceros*

Nuper in Ausonia domini spectatus harena
 hic erit ille tibi cui pila taurus erat.

LIV. *Crepitacillum*

Si quis plorator collo tibi vernula pendet,
 haec quatiat tenera garrula sistra manu.

LV. *Flagellum*

Proficies nihil hoc, caedas licet usque, flagello,
 si tibi purpureo de grege currit equus.

LVI. *Dentifricium*

Quid mecum est tibi? me puella sumat:
 emptos non soleo polire dentes.

LVII. *Myrobalanum*

Quod nec Vergilius nec carmine dicit Homerus,
 hoc ex unguento constat et ex balano.

49. *I pesi*

Perché eserciti i muscoli
con questi sciocchi pesi?
Per un uomo è assai meglio zappar viti.

50. *Il berretto di pelle*

Perché l'olio schifoso degli atleti
non ti imbratti i capelli, col berretto
copri la chioma madida.

51. *Gli strigili* [13]

Ci vengono da Pergamo. Raschiamoci
con queste curve lame, il lavandaio
sciacquerà meno i nostri accappatoi.

52. *Il corno per l'olio*

Un torello m'inalberava in fronte,
ma mi credevi di rinoceronte.

53. *Il corno di rinoceronte*

Visto non è gran tempo nell'arena
cesarea, prendi il corno che giocava
a palla con un toro.

54. *Il sistro*

Se uno schiavetto ti s'appende al collo
piangendo, su con la manina scuota
questo garrulo sistro.

55. *Il frustino*

Nulla combinerai frustino, neanche
agitato alla morte, se ti tocca
cavallo di parte rossa [14].

56. *Il dentifricio*

Non ti voglio. Mi prenda una fanciulla.
Non ho pulito mai denti comprati.

57. *Il mirobalano*

Questo prodotto ignoto sia a Virgilio
sia ad Omero è composto d'un unguento
e d'un olio di noce.

LVIII. *Aphronitrum*

Rusticus es? nescis quid Graeco nomine dicar:
  spuma vocor nitri. Graecus es? aphronitrum.

LIX. *Opobalsama*

Balsama me capiunt, haec sunt unguenta virorum:
  delicias Cosmi vos redolete, nurus.

LX. *Lomentum*

Gratum munus erit scisso nec inutile ventri,
  si clara Stephani balnea luce petes.

LXI. *Lanterna cornea*

Dux lanterna viae clusis feror aurea flammis,
  et tuta est gremio parva lucerna meo.

LXII. *Lanterna de vesica*

Cornea si non sum, numquid sum fuscior? aut me
  vesicam, contra qui venit, esse putat?

LXIII. *Tibiae*

Ebria nos madidis rumpit tibicina buccis:
  saepe duas pariter, saepe monaulon habet.

LXIV. *Fistula*

Quid me conpactam ceris et harundine rides?
  quae primum structa est fistula talis erat.

LXV. *Soleae lanatae*

Defuerit si forte puer soleasque libebit
  sumere, pro puero pes erit ipse sibi.

LXVI. *Mamillare*

Taurino poteras pectus constringere tergo:
  nam pellis mammas non capit ista tuas.

58. *Il salnitro*

Contadino, non sai il mio nome in greco?
«Spuma di nitro». In greco l'afronitro.

59. *Il balsamo*

Il balsamo m'incanta, il suo virile
profumo. A voi, ragazze, stanno bene
le delizie del profumiere Cosmo.

60. *La farina di fave*

Sarò un dono gradito, non inutile
ad un ventre rugoso se di giorno
vai ai bagni di Stefano.

61. *La lanterna cieca di corno*

Io, lanterna dorata dalla fiamma,
sono portata a guida del cammino
e la luce è sicura nel mio grembo.

62. *La lanterna fatta con una vescica*

Se non sono di corno, non per questo
splendo di meno. O forse chi mi incontra
mi crede una vescica?

63. *I flauti*

La flautista ubriaca ci disturba
con gote avvinazzate; ora in due canne
soffia ora in una.

64. *La siringa di canne*

Perché ridi di me fatta di canne
e di cera? La prima
siringa era pur fatta come me.

65. *I sandali foderati di lana*

Se non hai lo schiavetto che t'aiuti
ad infilarli, il tuo piede medesimo
ti farà da schiavetto.

66. *Il reggiseno*

Ci vorrebbe un vitello tutto intero
per tenerti su il seno:
questo poco di cuoio non ti basta.

LXVII. *Muscarium pavoninum*

Lambere quae turpes prohibet tua prandia muscas,
   alitis eximiae cauda superba fuit.

LXVIII. *Muscarium bubulum*

Sordida si flavo fuerit tibi pulvere vestis,
   colligat hunc tenui verbere cauda levis.

LXIX. *Copta Rhodiaca*

Peccantis famuli pugno ne percute dentes:
   clara Rhodos coptam quam tibi misit edat.

LXX. *Priapus siligineus*

Si vis esse satur, nostrum potes esse Priapum;
   ipsa licet rodas inguina, purus eris.

LXXI. *Porcus*

Iste tibi faciet bona Saturnalia porcus,
   inter spumantes ilice pastus apros.

LXXII. *Botulus*

Qui venit botulus mediae tibi tempore brumae,
   Saturni septem venerat ante dies.

LXXIII. *Psittacus*

Psittacus a vobis aliorum nomina discam:
   hoc didici per me dicere CAESAR HAVE.

LXXIV. *Corvus*

Corve salutator, quare fellator haberis?
   in caput intravit mentula nulla tuum.

LXXV. *Luscinia*

Flet Philomela nefas incesti Tereos, et quae
   muta puella fuit, garrula fertur avis.

67. *Scacciamosche di pavone*

Fu la coda superba d'un uccello
splendido questo che tiene le mosche
lontane dal tuo pranzo.

68. *Scacciamosche di peli bovini*

A colpettini spazzi questa coda
la fulva polvere dal tuo vestito.

69. *La galletta di Rodi*

Non dare un pugno sui denti allo schiavo
che ha sbagliato, ma mangi la galletta
venuta dalla chiara Rodi.

70. *Il Priapo di pane*

Se vuoi saziarti mangia il nostro Priapo;
rodigli l'inguine, rimarrai puro.

71. *Il maiale*

Buoni maiali buoni Saturnali;
questo ha mangiato ghiande coi cinghiali.

72. *La salsiccia*

L'hai avuta nel mezzo dell'inverno,
m'era arrivata un po' prima dei sette
giorni dei Saturnali.

73. *Il pappagallo*

Imparerò da voi altre parole:
ho imparato da solo l'«Ave Cesare».

74. *Il corvo*

Corvo che mi saluti, perché mai
passi per bucaiolo? Nel tuo becco
non entrò uccello [15].

75. *L'usignolo*

Piange il delitto di Tereo incestuoso [16]
Filomela, oggi uccello canterino,
ieri fanciulla muta.

LXXVI. *Pica*

Pica loquax certa dominum te voce saluto:
    si me non videas, esse negabis avem.

LXXVII. *Cavea eborea*

Si tibi talis erit, qualem, dilecta Catullo
    Lesbia, plorabas, hic habitare potest.

LXXVIII. *Narthecium*

Artis ebur medicae narthecia cernis: habebis
    munera quae cuperet Paccius esse sua.

LXXIX. *Flagra*

Ludite lascivi, sed tantum ludite, servi:
    haec signata mihi quinque diebus erunt.

LXXX. *Ferulae*

Invisae nimium pueris grataeque magistris,
    clara Prometheo munere ligna sumus.

LXXXI. *Pera*

Ne mendica ferat barbati prandia nudi
    dormiat et tristi cum cane, pera rogat.

LXXXII. *Scopae*

In pretio scopas testatur palma fuisse.
    otia sed scopis nunc analecta dedit.

LXXXIII. *Scalptorium eboreum*

Defendet manus haec scapulas mordente molesto
    pulice, vel si quid pulice sordidius.

LXXXIV. *Manuale*

Ne toga barbatos faciat vel paenula libros,
    haec abies chartis tempora longa dabit.

76. La gazza

Io, la loquace gazza, ti saluto
con voce sicura: «Padrone».
Non mi vedessi non lo crederesti.

77. La gabbia d'avorio

Avessi un uccellino come quello
pianto da Lesbia diletta a Catullo
potrebbe stare qui.

78. Scatola d'avorio per medicine

In avorio ecco tutto il necessario
per un medico; la vorrebbe Paccio [17].

79. Lo scudiscio

Divertitevi, schiavi petulanti,
ma solo per un poco; terrò chiuso
questo scudiscio solo cinque giorni.

80. Le ferule

Troppo sgradite ai ragazzi, care
ai maestri: siamo piante famose
per il regalo di Promèteo [18].

81. La bisaccia

La bisaccia fa voti: non portare
il pranzo mendicato da un barbone
e non dormire mai con un cagnaccio.

82. Le scope

La palma testimonia che le scope
sono state in gran pregio: ora lo schiavo
puliscimensa le ha messe da parte.

83. La manina d'avorio

Questa manina ti proteggerà
le scapole dal morso delle pulci
o di insetti peggiori.

84. Custodia d'abete

Impedendo che toga o mantellaccio
facciano orecchie ai libri, quest'abete
darà una lunga vita alle tue carte.

LXXXV. *Lectus pavoninus*

Nomina dat spondae pictis pulcherrima pinnis
   nunc Iunonis avis, sed prius Argus erat.

LXXXVI. *Ephippium*

Stragula succincti venator sume veredi:
   nam solet a nudo surgere ficus equo.

LXXXVII. *Stibadia*

Accipe lunata scriptum testudine sigma.
   octo capit; veniat quisquis amicus erit.

LXXXVIII. *Gustatorium*

Femineam nobis cherson si credis inesse,
   deciperis: pelagi mascula praeda sumus.

LXXXIX. *Mensa citrea*

Accipe felices, Atlantica munera, silvas:
   aurea qui dederit dona, minora dabit.

XC. *Mensa acerna*

Non sum crispa quidem nec silvae filia Maurae,
   sed norunt lautas et mea ligna dapes.

XCI. *Dentes eborei*

Grandia taurorum portant qui corpora, quaeris
   an Libycas possint sustinuisse trabes?

XCII. *Quinquepedal*

Puncta notis ilex et acuta cuspide clusa
   saepe redemptoris prodere furta solet.

XCIII. *Pocula archetypa*

Non est ista recens, nec nostri gloria caeli:
   primus in his Mentor, dum facit illa, bibit.

85. *Letto a coda di pavone* [19]

L'uccello sacro a Giunone, splendente
di magnifiche penne, che dà il nome
al letto, era Argo un tempo.

86. *La sella*

Cacciatore, ricevi questa sella
d'un veloce cavallo: monta a pelo
chi vuole le emorroidi.

87. *Il sofà*

Un sofà a mezzaluna e a otto posti,
inscritto di lunata tartaruga.
Ci vengano gli amici, quanti ne hai.

88. *Il vassoio*

Ti sbagli se mi credi tartaruga
terrestre e femmina, sono marino
e sono maschio.

89. *Il tavolo di cedro*

Eccoti un dono prezioso, regalo
d'Atlante, chi ti donerà dell'oro
darà di meno.

90. *Il tavolo d'acero*

Non ho graziose venature né
son figlio della selva mauritanica
ma anche il mio legno conosce i banchetti.

91. *Zanne d'elefante*

Se reggono dei tori enormi, chiedi
se sosterranno un tavolo di cedro?

92. *Pertica da agrimensore*

Una stecca di quercia aguzza in punta
e segnata di tacche può svelare
i furti d'un impresario.

93. *Antiche coppe*

Questi splendori non son d'oggi né
cesellati da noi; le fece Mentore
e vi bevve per primo.

XCIV. *Calices audaces*

Non sumus audacis plebeia toreumata vitri,
 nostra neque ardenti gemma feritur aqua.

XCV. *Phiala aurea caelata*

Quamvis Callaïco rubeam generosa metallo,
 glorior arte magis: nam Myos iste labor.

XCVI. *Calices Vatinii*

Vilia sutoris calicem monimenta Vatini
 accipe; sed nasus longior ille fuit.

XCVII. *Lances chrysendetae*

Grandia ne viola parvo chrysendeta mullo:
 ut minimum, libras debet habere duas.

XCVIII. *Vasa Arretina*

Arretina nimis ne spernas vasa monemus:
 lautus erat Tuscis Porsena fictilibus.

XCIX. *Bascauda*

Barbara de pictis veni bascauda Britannis,
 sed me iam mavolt dicere Roma suam.

C. *Panaca*

Si non ignota est docti tibi terra Catulli,
 potasti testa Raetica vina mea.

CI. *Boletaria*

Cum mihi boleti dederint tam nobile nomen,
 prototomis – pudet heu! – servio coliculis.

CII. *Calices Surrentini*

Accipe non vili calices de pulvere natos,
 sed Surrentinae leve toreuma rotae.

94. *Bicchieri a tutta prova*

Siamo bicchieri popolari fatti
di vetro a tutta prova; non ci spacca
neanche l'acqua bollente.

95. *Coppa cesellata*

M'affoca l'oro di Galizia, pure
mi vanto più dell'arte che mi fece:
sono opera di Mys [20].

96. *Calici di Vatinio* [21]

Ricordini da nulla, di Vatinio
il ciabattino, dal naso ancor più
lungo dei calici.

97. *Piatti con fregi d'oro*

Non offendere questi grandi piatti
con una triglia piccola,
pesi almeno due libbre.

98. *Vasi aretini*

Vorrei dirti di non spregiare i vasi
d'Arezzo: i vasi
toscani erano un lusso per Porsenna.

99. *Catino per lavarvi i bicchieri*

Dai Britanni dipinti vengo, e già
Roma mi vuole dire suo.

100. *Boccale di terra*

Se conosci il paese del sapiente
Catullo, certamente
in questa terra hai bevuto vin retico.

101. *Funghiera*

Dai funghi ho avuto questo nome nobile,
che vergogna servire ora dei broccoli!

102. *Tazze di Sorrento*

Tazze fatte di polvere non vile
modellate su tornio sorrentino.

CIII. *Colum nivarium*

Setinos, moneo, nostra nive frange trientes:
   pauperiore mero tingere lina potes.

CIV. *Saccus nivarius*

Attenuare nives norunt et lintea nostra:
   frigidior colo non salit unda tuo.

CV. *Urceoli ministratorii*

Frigida non derit, non derit calda petenti.
   sed tu morosa ludere parce siti.

CVI. *Urceus fictilis*

Hic tibi donatur panda ruber urceus ansa.
   Stoicus hoc gelidam Fronto petebat aquam.

CVII. *Calathi*

Nos Satyri, nos Bacchus amat, nos ebria tigris,
   perfusos domini lambere docta pedes.

CVIII. *Calices Saguntini*

Quae non sollicitus teneat servetque minister
   sume Saguntino pocula facta luto.

CIX. *Calices gemmati*

Gemmatum Scythicis ut luceat ignibus aurum
   aspice. quot digitos exuit iste calix!

CX. *Ampulla potoria*

Hac licet in gemma, servat quae nomina Cosmi,
   luxuriose, bibas, si foliata sitis.

CXI. *Crystallina*

Frangere dum metuis, franges crystallina: peccant
   securae nimium sollicitaeque manus.

103. *Colino da neve*

Spegni con la mia neve il buon calore
del vin di Sezze: un sacchetto di lino
per vini meno buoni basterà.

104. *Il sacchetto di lino*

Anche il lino sa sciogliere la neve,
dal colino non esce acqua più fredda.

105. *Brocche da tavola*

Non mancherà acqua fredda né la calda,
ma tu non dimostrare troppa sete.

106. *La brocca d'argilla*

La brocca rossa dall'ansa ricurva:
Frontone stoico vi bevve acqua fresca.

107. *I boccali*

Ci amano i satiri e Bacco e la tigre
ubriaca che, conscia del suo nume,
lecca i piedi al padrone.

108. *Tazze di Sagunto*

Accetta queste tazze. Il cameriere
può strapazzarle come vuole, tanto
sono fatte d'argilla di Sagunto.

109. *Coppa gemmata*

Guarda come risplende l'oro, fitto
di bagliori di Scizia. Questa coppa
quante dita ha spogliato!

110. *La fiaschetta*

Da questa fine fiaschetta, col nome
di Cosmo inciso, raffinatamente
bevi vino conciato.

111. *Coppe di cristallo*

Se hai paura di romperle le rompi:
la mano sbaglia per trascuratezza
o per troppa attenzione.

CXII. *Nimbus vitreus*

A Iove qui veniet, miscenda ad pocula largas
   fundet nimbus aquas: hic tibi vina dabit.

CXIII. *Murrina*

Si caldum potas, ardenti murra Falerno
   convenit et melior fit sapor inde mero.

CXIV. *Patella Cumana*

Hanc tibi Cumano rubicundam pulvere testam
   municipem misit casta Sibylla suam.

CXV. *Calices vitrei*

Aspicis ingenium Nili: quibus addere plura
   dum cupit, ah quotiens perdidit auctor opus!

CXVI. *Lagona nivaria*

Spoletina bibis vel Marsis condita cellis:
   quo tibi decoctae nobile frigus aquae?

CXVII. *Idem*

Non potare nivem sed aquam potare recentem
   de nive commenta est ingeniosa sitis.

CXVIII. *Idem*

Massiliae fumos miscere nivalibus undis
   parce, puer, constet ne tibi pluris aqua.

CXIX. *Matella fictilis*

Dum poscor crepitu digitorum et verna moratur,
   o quotiens paelex culcita facta mea est!

CXX. *Ligula argentea*.

Quamvis me ligulam dicant equitesque patresque,
   dicor ab indoctis lingula grammaticis.

112. *Vaso di vetro nuvoloso*

La nube che ti manda Giove versa
moltissima acqua per le tue miscele:
questo verserà vino.

113. *Vasi murrini*

Se bevi caldo all'ardente Falerno
van bene i vasi murrini: il sapore
del vino ci guadagna.

114. *La tiella di coccio*

Questa tiella sua compaesana
fatta di rossa polvere campana
manda la casta Sibilla cumana.

115. *Coppe di vetro inciso*

Che menti il popolo del Nilo, a forza
d'aggiungere ornamenti su ornamenti
quante volte l'artista rompe l'opera!

116. *Brocca per acqua gelata*

Se bevi vino di Spoleto o quello
imbottigliato in Marsica, a che pro
gelare acqua bollita?

117. *Stesso soggetto*

Non bere neve ma l'acqua gelata
con la neve, ecco una sete ingegnosa.

118. *Stesso soggetto*

Non mescolare acqua gelata ai vini
fumosi di Marsiglia, bimbo, l'acqua
costerebbe più cara.

119. *Vaso da notte*

Quando mi chiedi schioccando le dita
e il servo indugia quante volte il letto
ha fatto le mie veci!

120. *Il cucchiaino d'argento*

Cucchiaino mi chiamano i più colti,
signori senatori e cavalieri,
cucchiaio ignorantissimi grammatici.

CXXI. *Coclearia*

Sum cocleis habilis sed nec minus utilis ovis.
  numquid scis, potius cur cocleare vocor?

CXXII. *Anuli*

Ante frequens sed nunc rarus nos donat amicus.
  felix cui comes est non alienus eques.

CXXIII. *Dactyliotheca*

Saepe gravis digitis elabitur anulus unctis,
  tuta mea fiet sed tua gemma fide.

CXXIV. *Toga*

Romanos rerum dominos gentemque togatam
  ille facit, magno qui dedit astra patri.

CXXV. *Idem*

Si matutinos facilest tibi perdere somnos,
  attrita veniet sportula saepe toga.

CXXVI. *Endromis*

Pauperis est munus sed non est pauperis usus:
  hanc tibi pro laena mittimus endromida.

CXXVII. *Canusinae fuscae*

Haec tibi turbato Canusina simillima mulso
  munus erit. gaude: non cito fiet anus.

CXXVIII. *Bardocucullus*

Gallia Santonico vestit te bardocucullo.
  cercopithecorum paenula nuper erat.

CXXIX. *Canusinae rufae*

Roma magis fuscis vestitur, Gallia rufis,
  et placet hic pueris militibusque colos.

121. *Cucchiaino per le chiocciole*

Sono buono per chiocciole e per uova,
perché dunque mi chiaman chiocciolino?

122. *Gli anelli da cavaliere*

Dono un tempo frequente d'un amico
oggi raro. Felice chi ha compagno
un cavaliere fatto da lui stesso [22].

123. *Il portanelli*

Scivola spesso un anello pesante
dalle tue dita grasse di profumo,
sarà al sicuro in questa mia custodia.

124. *La toga*

«Romani padroni del mondo, gente
togata», li ha creati Domiziano
che ha bene immortalato la famiglia [23].

125. *Ancora la toga*

Se ti è facile perdere quei sonni [24]
felici del mattino avrai la sporta
piena, la toga lisa.

126. *La tuta*

Povero il dono ma usato dai ricchi,
ecco una tuta
invece d'un mantello.

127. *La stoffa di Canosa*

Ti regalo una stoffa di Canosa
color vino passito
che non invecchierà prima del vino.

128. *Le cappe*

La Gallia ti dà cappe di Saintonge,
mantelli poco fa degli scimmioni.

129. *Stoffe rosse di Canosa*

Roma si veste di bruno, la Gallia
di rosso, colore che piace
a militari e ragazzi.

CXXX. *Paenula scortea*

Ingrediare viam caelo licet usque sereno,
   ad subitas nusquam scortea desit aquas.

CXXXI. *Lacernae coccineae*

Si veneto prasinove faves, quid coccina sumes?
   ne fias ista transfuga sorte vide.

CXXXII. *Pilleum*

Si possem, totas cuperem misisse lacernas:
   nunc tantum capiti munera mitto tuo.

CXXXIII. *Lacernae Baeticae*

Non est lana mihi mendax nec mutor aheno.
   sic placeant Tyriae: me mea tinxit ovis.

CXXXIV. *Fascia pectoralis*

Fascia crescentes dominae compesce papillas,
   ut sit quod capiat nostra tegatque manus.

CXXXV. *Lacernae albae*

Amphitheatrali nos commendamus ab usu,
   cum teget algentes alba lacerna togas.

CXXXVI. *Cenatoria*

Nec fora sunt nobis nec sunt vadimonia nota:
   hoc opus est, pictis accubuisse toris.

CXXXVII. *Focale*

Si recitaturus dedero tibi forte libellum,
   hoc focale tuas adserat auriculas.

CXXXVIII. *Laena*

Tempore brumali non multum levia prosunt:
   calfaciunt villi pallia vestra mei.

130. *Il cappotto di pelle*

Mettiti in viaggio col cielo sereno
ma non scordare il cappotto di pelle
per le piogge improvvise.

131. *Il manto scarlatto*

Se tieni per i verdi o per i blu
perché il mantello scarlatto? Attenzione
a non sembrare un transfuga.

132. *Il berretto*

T'avrei donato un mantello, potendo.
Ora faccio un regalo alla tua testa.

133. *Il mantello betico*

La mia lana non mente, non mi cambio
nel secchio del tintore. Piaccia pure
la porpora di Tiro, a me la pecora
ha dato il suo colore.

134. *La fascia reggiseno*

Fascia comprimi la mammella in crescita
della mia amica: ce ne sia quel tanto
che la mano può prendere e coprire.

135. *Mantelli bianchi*

Devi portarli nell'anfiteatro,
proteggeranno le toghe gelate.

136. *Vesti da camera*

Non conosciamo fori o tribunali,
ci stendiamo su letti ricamati.

137. *La sciarpetta*

Se ti mando un invito per la recita
di versi in pubblico, questa sciarpetta
ti coprirà le orecchie.

138. *Il mantellone*

Non servono d'inverno stoffe lisce,
il mantellone peloso tien caldo.

CXXXIX. *Mantele*

Nobilius villosa tegant tibi lintea citrum:
  orbibus in nostris circulus esse potest.

CXL. *Cuculli Liburnici*

Iungere nescisti nobis, o stulte, lacernas:
  indueras albas, exue callaïnas.

CXLI. *Udones Cilicii*

Non hos lana dedit sed olentis barba mariti:
  Cinyphio poterit planta latere sinu.

CXLII. *Synthesis*

Dum toga per quinas gaudet requiescere luces,
  hos poteris cultus sumere iure tuo.

CXLIII. *Tunicae Patavinae*

Vellera consumunt Patavinae multa trilices,
  et pingues tunicas serra secare potest.

CXLIV. *Spongea*

Haec tibi sorte datur tergendis spongea mensis
  utilis, expresso cum levis imbre tumet.

CXLV. *Paenula gausapina*

Is mihi candor inest, villorum gratia tanta,
  ut me vel media sumere messe velis.

CXLVI. *Cervical*

Tingue caput Cosmi folio, cervical olebit:
  perdidit unguentum cum coma, pluma tenet.

139. *La tovaglia*

Il più nobile tavolo di cedro
lo copra la tovaglia, sopra i miei
tavolini c'è il cerchio d'un bicchiere.

140. *Cappucci liburnici*

Sciocco, non hai saputo combinarci
col mantello: l'avevi messo bianco
adesso è acquamarina.

141. *Scarpe di pelo di capra*

Non siam fatte di lana ma di barba
di becco; puoi nascondere il tuo piede
in custodia africana.

142. *La sottoveste*

È Carnevale, riponi i vestiti
nell'armadio, vai fuori in sottoveste.

143. *Tuniche padovane*

I tessuti di Padova son fatti
di molta lana, sono tanto spessi
che per tagliarli ci vuole la sega.

144. *La spugna*

Eccoti questa spugna
buona a pulire la mensa, leggera
si gonfia dopo aver spruzzato l'acqua.

145. *Mantella a pelo lungo*

È tale il mio candore – e la finezza
del tessuto –
che vorresti portarmi anche d'estate.

146. *Il cuscino*

Imbeviti la testa dei profumi
di Cosmo, se ne impregnerà il cuscino;
se la chioma li perde li conservano
le piume.

CXLVII. *Cubicularia gausapina*

Stragula purpureis lucent villosa tapetis.
  quid prodest si te congelat uxor anus?

CXLVIII. *Lodices*

Nudo stragula ne toro paterent,
  iunctae nos tibi venimus sorores.

CXLIX. *Amictorium*

Mammosas metuo; tenerae me trade puellae,
  ut possint niveo pectore lina frui.

CL. *Cubicularia polymita*

Haec tibi Menphitis tellus dat munera: victa est
  pectine Niliaco iam Babylonos acus.

CLI. *Zona*

Longa satis nunc sum; dulci sed pondere venter
  si tumeat, fiam tunc tibi zona brevis.

CLII. *Gausapum quadratum*

Lodices mittet docti tibi terra Catulli:
  nos Helicaonia de regione sumus.

CLIII. *Semicinctium*

Det tunicam locuples: ego te praecingere possum.
  essem si locuples, munus utrumque darem.

CLIV. *Lanae amethystinae*

Ebria Sidoniae cum sim de sanguine conchae,
  non video quare sobria lana vocer.

CLV. *Lanae albae*

Velleribus primis Apulia, Parma secundis
  nobilis: Altinum tertia laudat ovis.

147. *I copripiedi*

Copripiedi di porpora risplendono
su coperte villose. A cosa servono
poiché una moglie vecchia ti congela?

148. *Le lenzuola*

Perché sul nudo letto non si vedano
soltanto le coperte, eccoci qui,
due sorelle appaiate.

149. *La camicetta*

Aborro le tettone, regalatemi
a una fanciulla tenera:
il mio lino si goda un petto candido.

150. *Coperte damascate*

Eccoti un dono di Menfi, il telaio
del Nilo ha vinto l'ago
di Babilonia.

151. *La cintura*

Ora son lunga abbastanza. Se il ventre
poi ti si gonfierà d'un dolce peso
diverrò troppo corta.

152. *Asciugatoio padovano*

Ti manderà le lenzuola il paese
del sapiente Catullo,
io vengo dalla terra helicaonia [25].

153. *Il panciotto*

Ti dia il vestito un ricco, io solo posso
darti un panciotto,
ti darei tutti e due se avessi soldi.

154. *Lana color ametista* [26]

Ubriaca del sangue della porpora
non so perché sia definita sobria.

155. *Le lane buone*

Prima la Puglia, Parma la seconda,
la terza Altino: ecco le lane buone.

CLVI. *Lanae Tyriae*

Nos Lacedaemoniae pastor donavit amicae:
   deterior Ledae purpura matris erat.

CLVII. *Lanae Pollentinae*

Non tantum pullo lugentes vellere lanas,
   sed solet et calices haec dare terra suos.

CLVIII. *Idem*

Lana quidem tristis sed tonsis nata ministris,
   quales non primo de grege mensa citat.

CLIX. *Tomentum Leuconicum*

Oppressae nimium vicina est fascia plumae?
   vellera Leuconicis accipe rasa sagis.

CLX. *Tomentum Circense*

Tomentum concisa palus Circense vocatur.
   haec pro Leuconico stramina pauper emit.

CLXI. *Pluma*

Lassus Amyclaea poteris requiescere pluma,
   interior cycni quam tibi lana dedit.

CLXII. *Faenum*

Fraudata tumeat fragilis tibi culcita mula.
   non venit ad duros pallida cura toros.

CLXIII. *Tintinabulum*

Redde pilam: sonat aes thermarum. ludere pergis?
   Virgine vis sola lotus abire domum.

156. *Lane di Tiro*

Paride ci ha donato alla sua amante
spartana, la cui madre Leda aveva
porpore di minore qualità.

157. *Lane di Pollenzo*

Non solo lane nere: quel paese
ti regala anche calici speciali.

158. *Stesso soggetto*

Lana scura ma adatta a servitori
dai capelli tagliati, camerieri
davvero non di prima qualità.

159. *Imbottitura leuconica*

La stanga del tuo letto è vicinissima
al tuo cuscino schiacciato? Su prendi
lane rasate per manti leuconici.

160. *Imbottitura da circo*

La canna palustre tagliata
è detta imbottitura per il circo.
Il popolino la compra
al posto di quella leuconica.

161. *Le piume*

Se sei stanco riposa sulle piume,
te le regalerà il piumino interno
del cigno.

162. *Il fieno*

Il tuo giaciglio si gonfi del fieno
crepitante, rubato alle tue mule.
Non ci sono ansie dentro i letti duri.

163. *La campana*

Rendi la palla, suona la campana
delle terme: si chiude. Giochi ancora?
Vuoi tornartene a casa dopo un bagno
semplice d'acqua Vergine [27].

CLXIV. *Discus*

Splendida cum volitant Spartani pondera disci,
   este procul, pueri: sit semel ille nocens.

CLXV. *Cithara*

Reddidit Eurydicen vati: sed perdidit ipse,
   dum sibi non credit nec patienter amat.

CLXVI. *Idem*

De Pompeiano saepe est eiecta theatro
   quae duxit silvas detinuitque feras.

CLXVII. *Plectrum*

Fervida ne trito tibi pollice pusula surgat,
   exornent docilem candida plectra lyram.

CLXVIII. *Trochus*

Inducenda rota est: das nobis utile munus:
   iste trochus pueris at mihi canthus erit.

CLXIX. *Idem*

Garrulus in laxo cur anulus orbe vagatur?
   cedat ut argutis obvia turba trochis.

CLXX. *Signum Victoriae aureum*

Haec illi sine sorte datur cui nomina Rhenus
   vera dedit. deciens adde Falerna, puer.

CLXXI. *Βρούτου παιδίον fictile*

Gloria tam parvi non est obscura sigilli:
   istius pueri Brutus amator erat.

164. *Il disco*

Quando vola per aria lo splendente
disco spartano, voi bimbi scansatevi:
un unico delitto basta e avanza [28].

165. *La cetra*

Rese Euridice al poeta: la perse
lui per sua colpa, non credette in sé,
non amò con pazienza.

166. *Stesso soggetto*

La fischiano al teatro di Pompeo:
lei che si tirò dietro le foreste,
domò le belve.

167. *Il plettro*

Perché non ti cresca un foruncolo
sul pollice tanto sfregato
un bianco plettro d'avorio
orni la docile lira.

168. *La trottola sonora*

Mettici dentro la ruota sonora:
ecco un utile dono.
Trottola per i bimbi, per me musica.

169. *Stesso soggetto*

Perché la ruota sonora si muove
nel cerchio più grande? Perché la folla
si scansi davanti all'arguta trottola.

170. *Immagine d'oro della Vittoria*

Senza tirarla a sorte la si dia
a colui che dal Reno ottenne il nome:
Germanico. Ragazzo
versaci tante coppe di Falerno
quante sono le lettere del nome.

171. *Il ragazzo di Bruto d'argilla*

Statua piccina ma non senza fama,
questo ragazzo era amato da Bruto.

CLXXII. *Sauroctonos Corinthius*

Ad te reptanti, puer insidiose, lacertae
   parce; cupit digitis illa perire tuis.

CLXXIII. *Hyacinthus in tabula pictus*

Flectit ab inviso morientia lumina disco
   Oebalius, Phoebi culpa dolorque, puer.

CLXXIV. *Hermaphroditus marmoreus*

Masculus intravit fontis: emersit utrumque:
   pars est una patris, cetera matris habet.

CLXXV. *Danae picta*

Cur a te pretium Danae, regnator Olympi,
   accepit, gratis si tibi Leda dedit?

CLXXVI. *Persona Germana*

Sum figuli lusus russi persona Batavi.
   quae tu derides, haec timet ora puer.

CLXXVII. *Hercules Corinthius*

Elidit geminos infans nec respicit anguis.
   iam poterat teneras hydra timere manus.

CLXXVIII. *Hercules fictilis*

Sum fragilis: sed tu, moneo, ne sperne sigillum:
   non pudet Alciden nomen habere meum.

CLXXIX. *Minerva argentea*

Dic mihi, virgo ferox, cum sit tibi cassis et hasta,
   quare non habeas aegida. «Caesar habet.»

CLXXX. *Europe picta*

Mutari melius tauro, pater optime divum,
   tunc poteras Io cum tibi vacca fuit.

172. *Il Sauroctono in bronzo di Corinto*
Insidioso fanciullo, la lucertola
che s'arrampica a te graziala, vuole
morte dalle tue dita.

173. *Il quadro di Giacinto*
Distorce gli occhi morenti dal disco
odioso il bimbo spartano, dolore
e insieme colpa di Febo.

174. *L'ermafrodito di marmo*
Maschio entrò nella fonte, ne uscì andrògino:
eguale al padre in un punto, nel resto
identico alla madre.

175. *Danae dipinta*
Sovrano dell'Olimpo, perché Danae
ha avuto soldi da te mentre Leda
s'è data gratis?

176. *La maschera batava*
Scherzo d'un ceramista son la maschera
rossiccia d'un Batavo: te ne ridi
ma un bimbo se ne muore di paura.

177. *Ercole in bronzo*
Il bimbo uccide i due serpenti senza
neanche voltarsi. L'Idra già poteva
temere quelle tenere manine.

178. *Ercole in terra*
Sono fragile: tu non disprezzarmi,
il Dio non si vergogna d'esser me.

179. *Minerva d'argento*
Dimmi, vergine fiera, vedo l'asta
e l'elmo ma non vedo la tua Egìda.
«La porta Cesare.»

180. *Europa dipinta*
Avresti fatto meglio a trasformarti
in toro, padre buono degli dèi,
quand'Io per te divenne una giovenca [29].

CLXXXI. *Leandros marmoreus*

Clamabat tumidis audax Leandros in undis:
  «mergite me fluctus cum rediturus ero».

CLXXXII. *Sigillum gibberi fictile*

Ebrius haec fecit terris, puto, monstra Prometheus:
  Saturnalicio lusit et ipse luto.

CLXXXIII. *Homeri Batrachomachia*

Perlege Maeonio cantatas carmine ranas
  et frontem nugis solvere disce meis.

CLXXXIV. *Homerus in pugillaribus membraneis*

Ilias et Priami regnis inimicus Ulixes
  multiplici pariter condita pelle latent.

CLXXXV. *Vergili Culix*

Accipe facundi Culicem, studiose, Maronis,
  ne nucibus positis ARMA VIRUMQUE legas.

CLXXXVI. *Vergilius in membranis*

Quam brevis inmensum cepit membrana Maronem
  ipsius vultus prima tabella gerit.

CLXXXVII. *Μενάνδρου Θαΐς*

Hac primum iuvenum lascivos lusit amores;
  nec Glycera pueri, Thais amica fuit.

CLXXXVIII. *Cicero in membranis*

Si comes ista tibi fuerit membrana, putato
  carpere te longas cum Cicerone vias.

CLXXXIX. *Monobyblos Properti*

Cynthia – facundi carmen iuvenale Properti –
  accepit famam, non minus ipsa dedit.

181. *Leandro di marmo*

Tra i cavalloni l'audace Leandro
gridava: «Sommergetemi al ritorno,
soltanto allora, flutti».

182. *Il gobbo d'argilla*

Promèteo fece da ubriaco questo [30]
fenomeno: ha voluto pure lui
giocare con il fango a Carnevale.

183. *La* Batracomiomachia

Leggi da cima a fondo le ranocchie
che canta Omero ed impara a spianare
la fronte alle mie poche sciocchezzuole.

184. *Omero in pergamena*

L'Iliade e il libro di Ulisse, nemico
del reame di Prìamo, stanno insieme
in questo mucchio di fogli.

185. *Il* Culex

Lettore, prendi il *Culex* di Virgilio
grande poeta, non lasciare il gioco
delle noci per legger «Le armi canto...».

186. *Virgilio in pergamena*

Che poca pelle tiene il gran Virgilio:
il suo volto è ritratto in prima pagina.

187. Taide *di Menandro*

Da lei iniziato agli amori lascivi
dei giovani: fu Taide la sua amica
piuttosto che Glicera.

188. *Cicerone in pergamena*

Se queste pergamene t'accompagnano
percorrerai con Cicerone lunghi,
lunghissimi viaggi.

189. *Il primo libro di Properzio*

Cinzia ebbe fama (e la diede)
dal canto giovanile di Properzio.

CXC. *Titus Livius in membranis*

Pellibus exiguis artatur Livius ingens,
  quem mea non totum bibliotheca capit.

CXCI. *Sallustius*

Hic erit, ut perhibent doctorum corda virorum,
  primus Romana Crispus in historia.

CXCII. *Ovidi Metamorphosis in membranis*

Haec tibi, multiplici quae structa est massa tabella,
  carmina Nasonis quinque decemque gerit.

CXCIII. *Tibullus*

Ussit amatorem Nemesis lasciva Tibullum,
  in tota iuvit quem nihil esse domo.

CXCIV. *Lucanus*

Sunt quidam qui me dicant non esse poetam:
  sed qui me vendit bybliopola putat.

CXCV. *Catullus*

Tantum magna suo debet Verona Catullo,
  quantum parva suo Mantua Vergilio.

CXCVI. *Calvi de aquae frigidae usu*

Haec tibi quae fontes et aquarum nomina dicit,
  ipsa suas melius charta natabat aquas.

CXCVII. *Mulae pumilae*

His tibi de mulis non est metuenda ruina:
  altius in terra saepe sedere soles.

CXCVIII. *Catella Gallicana*

Delicias parvae si vis audire catellae,
  narranti brevis est pagina tota mihi.

190. *Tito Livio in pergamena*

Ristretta in questa poca pergamena
ecco l'opera dell'immenso Livio
che non entra nemmeno in biblioteca.

191. *Sallustio*

C'è qui Crispo, a giudizio dei sapienti
il primo degli storici romani.

192. *Le* Metamorfosi *in pergamena*

Questo grosso volume in tanti fogli
chiude quindici libri di Nasone.

193. *Un Tibullo*

Arse Nemesi l'amante Tibullo
cui piaceva esser nulla a casa sua.

194. *Lucano*

C'è chi dice che non sarei poeta
ma il mio libraio non pensa così.

195. *Catullo*

Verona deve tanto al suo Catullo
quanto a Virgilio la piccola Mantova.

196. *Sull'uso dell'acqua fredda di Calvo*

Questo libro in papiro che racconta
tutti i nomi di fonti e di fontane
nuotava meglio nelle acque native [31].

197. *Le mule nane*

Non devi aver paura
che queste mule ti sbattano a terra,
quando siedi per terra stai più in alto.

198. *La cagnetta gallica*

Per dir le sue virtù
sarebbe poco una pagina intera.

CXCIX. *Asturco*

Hic brevis ad numeros rapidum qui colligit unguem,
    venit ab auriferis gentibus Astur equus.

CC. *Canis vertragus*

Non sibi sed domino venatur vertragus acer,
    inlaesum leporem qui tibi dente feret.

CCI. *Palaestrita*

Non amo quod vincat, sed quod succumbere novit
    et didicit melius τὴν ἐπικλινοπάλην.

CCII. *Simius*

Callidus emissas eludere simius hastas,
    si mihi cauda foret, cercopithecus eram.

CCIII. *Puella Gaditana*

Tam tremulum crisat, tam blandum prurit, ut ipsum
    masturbatorem fecerit Hippolytum.

CCIV. *Cymbala*

Aera Celaenaeos lugentia matris amores
    esuriens Gallus vendere saepe solet.

CCV. *Puer*

Sit nobis aetate puer, non pumice levis,
    propter quem placeat nulla puella mihi.

CCVI. *Cestos*

Collo necte, puer, meros amores,
    ceston de Veneris sinu calentem.

CCVII. *Idem*

Sume Cytheriaco medicatum nectare ceston:
    ussit amatorem balteus iste Iovem.

199. *Cavallino asturiano*

Il cavallino asturiano
che batte in ritmo i suoi veloci zoccoli
viene da gente cercatrice d'oro.

200. *Il levriero*

Per il padrone e non per sé va a caccia
il fococo levriero
che ti porta tra i denti lepri illese.

201. *Il lottatore*

Non amo il vincitore ma chi sa
soccombere e con grazia
sa sdraiarsi sul letto [32].

202. *La scimmia*

Sono bravo a schivare i giavellotti
che mi lanciano, avessi
la coda sarei un cercopiteco.

203. *La danzatrice di Cadice*

Fa la danza del ventre così bene
da indurre a masturbarsi il casto Ippolito [33].

204. *I cembali*

Bronzi che piangon Atti, la passione
della madre Cibele, suole venderli
spesso il Gallo affamato [34].

205. *Lo schiavetto*

Avessi un ragazzetto dalle guance
lisce di gioventù non per la pomice!
Nessuna donna più mi piacerebbe.

206. *Il cinto di Venere*

Ragazzo, metti al collo questa gemma,
il cinto caldo del seno di Venere.

207. *Stesso soggetto*

Prendi il cinto di Venere, impregnato
del suo nettare: Giove
ne fu infiammato d'amore.

CCVIII. *Notarius*

Currant verba licet, manus est velocior illis:
    nondum lingua suum, dextra peregit opus.

CCIX. *Concha*

Levis ab aequorea cortex Mareotica concha
    fiat: inoffensa curret harundo via.

CCX. *Morio*

Non mendax stupor est nec fingitur arte dolosa.
    quisquis plus iusto non sapit, ille sapit.

CCXI. *Caput vervecinum*

Mollia Phrixei secuisti colla mariti.
    hoc meruit tunicam qui tibi, saeve, dedit?

CCXII. *Pumilius*

Si solum spectes hominis caput, Hectora credas:
    si stantem videas, Astyanacta putes.

CCXIII. *Parma*

Haec, quae saepe solet vinci, quae vincere raro,
    parma tibi, scutum pumilionis erit.

CCXIV. *Comoedi pueri*

Non erit in turba quisquam Μισούμενος ista:
    sed poterit quivis esse Δὶς ἐξαπατῶν.

CCXV. *Fibula*

Dic mihi simpliciter, comoedis et citharoedis,
    fibula, quid praestas? «carius ut futuant.»

CCXVI. *Auceps*

Non tantum calamis sed cantu fallitur ales,
    callida dum tacita crescit harundo manu.

208. *Lo stenografo*

Corrano pure le frasi, la mano
è più veloce, termina il lavoro
ancora prima della lingua.

209. *La conchiglia*

Diventi liscio il papiro, sfregato
da una conchiglia marina, la penna
scorrerà più veloce.

210. *Il matto*

La sua follia non è bugiarda o finta
con arte maliziosa: chi sragiona
più del giusto, ragiona.

211. *Testa d'ariete*

Tagliasti il collo tenero a un ariete
degno di Frisso [35]: questo meritava,
crudele, chi t'ha vestito?

212. *Il nano*

Guarda soltanto la sua testa: un Ettore.
Guardalo in piedi, eccoti Astianatte.

213. *Il piccolo scudo*

Più spesso vinto che non vincitore
questo piccolo scudo parrà grande
se portato da un nano.

214. *Commedianti bambini*

Non c'è l'«Odioso» nel gruppo ma ognuno
potrebbe fare il «Doppio truffatore» [36].

215. *La fibbia* [37]

Dimmi la verità, fibbia, a che servi
a chitarristi e attori? A alzare il prezzo
d'ogni chiavata.

216. *L'uccellatore*

Il canto inganna gli uccelli, non tanto
il vischio: quando l'astuta canna
s'allunga nella mano silenziosa.

CCXVII. *Accipiter*

Praedo fuit volucrum: famulus nunc aucupis idem
  decipit et captas non sibi maeret aves.

CCXVIII. *Opsonator*

Dic quotus et quanti cupias cenare nec unum
  addideris verbum: cena parata tibi est.

CCXIX. *Cor bubulum*

Pauper causidicus nullos referentia nummos
  carmina cum scribas, accipe cor, quod habes.

CCXX. *Cocus*

Non satis est ars sola coco: servire palatum
  nolo: cocus domini debet habere gulam.

CCXXI. *Craticula cum verubus*

Rara tibi curva craticula sudet ofella;
  spumeus in longa cuspide fumet aper.

CCXXII. *Pistor dulciarius*

Mille tibi dulces operum manus ista figuras
  extruet: huic uni parca laborat apis.

CCXXIII. *Adipata*

Surgite: iam vendit pueris ientacula pistor
  cristataeque sonant undique lucis aves.

217. *Lo sparviero*

Fu predone d'uccelli; adesso servo
d'un cacciatore, s'affligge
che quel che ha preso non sia suo guadagno.

218. *Il maggiordomo*

Digli soltanto quanti sono gli ospiti
e quanto deve spendere, nient'altro:
e la cena è servita.

219. *Il cuore di bue*

Povero avvocaticchio, scribacchino
di versi che non rendono mai nulla,
eccoti un cuore tale e quale al tuo.

220. *Il cuoco*

L'arte sola non basta, non desidero
un palato da schiavo: il cuoco invero
deve avere il palato del padrone.

221. *Graticola e spiedo*

Goccioli la graticola del sugo
d'una curva bistecca: lo schiumoso
cinghiale fumi invece sullo spiedo.

222. *Il pasticciere*

Mano che costruisce mille dolci
forme di pasticcini: per lei sola
l'ape parca lavora.

223. *Le focacce*

Alzatevi! Già il pasticciere
vende focacce ai fanciulli e dovunque
i galli salutano il giorno.

Note

[1] Giove qui è Domiziano. [2] Preziosi erano i tavoli di cedro retti da piedi d'avorio. [3] Con queste tavolette si mandavano le nomine ad alte cariche. [4] Vitellio era il fabbricante. [5] Gli aliossi erano dadi fatti con ossicini. Il colpo più fortunato era quello descritto nell'epigramma. [6] Tavoletta con un gioco di scacchi o di dama da un lato e un altro gioco dall'altro. [7] I bimbi si perdono nel gioco e vengono frustati. [8] Città vicina all'odierna Wiesbaden. [9] Col vento non si mettevano le tende parasole. [10] Mandato doveva essere il direttore del teatro. [11] Cifra iperbolica, detta per scherzo al bimbo

destinatario del dono. ¹² Altrove è stato tradotto palla ovale, servivano comunque per un gioco di palla. ¹³ Lame con cui ci si sfregava il corpo, dopo il bagno, per togliere la pelle morta. ¹⁴ La parte rossa era invisa a Domiziano. ¹⁵ Plinio accenna, non si sa su quale base, a una perversione del corvo. ¹⁶ Filomela fu trasformata da fanciulla in usignolo dopo essere stata violentata dal cognato Tereo che le tagliò anche la lingua perché non parlasse. ¹⁷ Paccio era forse un medico. ¹⁸ Promèteo rapì il fuoco in una scorza di ferula. ¹⁹ Un letto di cedro con venature che richiamavano la coda d'un pavone. ²⁰ Famoso scultore greco. ²¹ Vetraio di Benevento. ²² Avendogli regalato i 400.000 sesterzi necessari ad ottenere il cavalierato. ²³ Domiziano, che ordinò si portasse la toga agli spettacoli, costruì un tempio alla famiglia dei Flavi. La citazione iniziale è di Virgilio. ²⁴ Allusione alla condizione dei *clientes*. ²⁵ Helicaone, figlio del fondatore di Padova Antenore. ²⁶ Ametista in greco significa «non ubriaco». ²⁷ Chiusi i bagni caldi, bisognerà tuffarsi in una fontana dell'acqua Vergine. ²⁸ Apollo uccise involontariamente Giacinto colpito da un disco da lui lanciato. Vedi anche l'epigramma 173. ²⁹ Io, amata da Giove, fu mutata in giovenca da Giunone. ³⁰ Promèteo avrebbe creato gli uomini dall'argilla. ³¹ Marziale insinua che sarebbe meglio gettare il libro nel Nilo, fiume dal quale veniva in massima parte il papiro. ³² Accenno omosessuale. ³³ Tentato dalla matrigna Fedra, la respinse. ³⁴ Gallo, sacerdote evirato di Cibele. ³⁵ L'ariete dal toson d'oro. ³⁶ Personaggi del teatro di Menandro. ³⁷ La fibbia era una specie di cintura di castità. Si diceva che la pratica erotica nuocesse alla voce degli attori e dei cantanti.

Indice

p. 7 *Introduzione*
   9 *Nota biobibliografica*

GLI EPIGRAMMI

Liber I
15 Libro primo
Liber II
75 Libro secondo
Liber III
117 Libro terzo
Liber IV
165 Libro quarto
Liber V
213 Libro quinto
Liber VI
259 Libro sesto
Liber VII
307 Libro settimo
Liber VIII
361 Libro ottavo
Liber IX
413 Libro nono
Liber X
477 Libro decimo
Liber XI
541 Libro undicesimo
Liber XII
601 Libro dodicesimo
Liber Spectacolorum
655 Il libro degli spettacoli
Xenia
673 Xenia
Apophoreta
707 Apophoreta

Grandi Tascabili Economici, sezione dei Paperbacks
Pubblicazione settimanale, 5 maggio 1993
Direttore responsabile: G. A. Cibotto
Registrazione del Tribunale di Roma n. 16024 del 27 agosto 1975
Fotocomposizione: Centro Fotocomposizione Calagreti L. & C. s.n.c., Città di Castello
Stampato per conto della Newton Compton editori s.r.l., Roma
presso la Rotolito Lombarda S.p.A., Pioltello (MI)
Distribuzione nazionale per le edicole: A. Pieroni s.r.l.
Viale Vittorio Veneto 28 – 20124 Milano – telefono 02-29000221
telex 332379 PIERON I – telefax 02-6597865
Consulenza diffusionale: Eagle Press s.r.l., Roma

Grandi Tascabili Economici

1. **Sigmund Freud**, *L'interpretazione dei sogni*
2. **Pablo Neruda**, *Poesie d'amore*
3. **Mahatma Gandhi**, *La mia vita per la libertà*
4. **Albert Einstein**, *Come io vedo il mondo – La teoria della relatività*
5. **Rabindranath Tagore**, *Poesie. Gitanjali – Il Giardiniere*
6. **David Herbert Lawrence**, *L'amante di Lady Chatterley*
7. **Erich Fromm**, *Psicoanalisi dell'amore*
8. **Edgar Lee Masters**, *Antologia di Spoon River*
9. **Herman Hesse**, *Leggende e fiabe*
10. **Friedrich Wilhelm Nietzsche**, *Così parlò Zarathustra*
11. **Jacques Prévert**, *Poesie*
12. **Italo Svevo**, *La coscienza di Zeno*
13. **Sigmund Freud**, *Psicopatologia della vita quotidiana*
14. **Federico Garcia Lorca**, *Poesie. Libro de Poemas*
15. **Giovanni Verga**, *I Malavoglia – Mastro-don Gesualdo*
16. **Hermann Hesse**, *Romanzi*
    Peter Camenzind – Gertrud – Rosshalde – Demian
17. **William Shakespeare**, *I sonetti*
18. **Friedrich Wilhelm Nietzsche**, *Al di là del bene e del male*
19. **Albert Soboul**, *La Rivoluzione francese*
20. **Charles Baudelaire**, *I fiori del male e tutte le poesie*
21. **Franz Kafka**, *Tutti i racconti*
22. **Sigmund Freud**, *Sessualità e vita amorosa*
23. **Hermann Hesse**, *Poesie d'amore*
24. **James Joyce**, *Gente di Dublino – Ritratto dell'artista da giovane*
25. **Bertrand Russell**, *Introduzione alla filosofia matematica*
26. **Arthur Rimbaud**, *Tutte le poesie*
    Poesie – Ultimi versi – Una stagione all'inferno – Gli stupri
27. **Francis Scott Fitzgerald**, *Il grande Gatsby*
28. **Charles Darwin**, *L'origine delle specie*
29. **Guillaume Apollinaire**, *Poesie*
30. **Ernest Hemingway**, *Fiesta – Il sole sorge ancora*
31. **Sigmund Freud**, *La psicoanalisi*
32. **Rabindranath Tagore**, *Poesie d'amore*
33. **Italo Svevo**, *Una vita*
34. **Carl Gustav Jung**, *La psicologia dell'inconscio*
35. **Paul Verlaine**, *Poesie*
36. **Edgar Allan Poe**, *Tutti i racconti del mistero, dell'incubo e del terrore*
37. **Friedrich Wilhelm Nietzsche**, *L'Anticristo – Crepuscolo degli idoli – Ecce homo – La volontà di potenza*
38. **Gibran Kahlil Gibran**, *Il profeta – Il Giardino del Profeta*
39. **Alessandro Manzoni**, *I promessi sposi*
40. **Jean Piaget**, *Cos'è la psicologia*
41. **Giacomo Leopardi**, *Canti*
42. **Hermann Hesse**, *Viaggio in India – Racconti indiani*
43. **Bertrand Russell**, *I princìpi della matematica*
44. **Evgenij Evtušenko**, *Poesie d'amore*
45. **Franz Kafka**, *Il processo*
46. **Erich Fromm**, *Personalità, libertà, amore – La missione di Sigmund Freud*
47. **Pellegrino Artusi**, *La scienza in cucina e l'arte di mangiar bene*
48. **Hermann Hesse**, *Racconti*

49. **Charles Darwin**, *L'origine dell'uomo*
50. **Boris Pasternak**, *Poesie d'amore*
51. **Michail Bulgakov**, *Il maestro e Margherita*
52. **Sigmund Freud**, *La psicoanalisi infantile*
53. **Juan Ramón Jiménez**, *Poesie d'amore*
54. **Thomas Mann**, *Romanzi brevi*
    Tristano – Tonio Kröger – La morte a Venezia – Cane e padrone.
55. **Édouard Schuré**, *I grandi iniziati*
56. **David Herbert Lawrence**, *Poesie d'amore*
57. **Joseph Conrad**, *Romanzi del mare*
    Il negro del Narciso – Tifone – Un colpo di fortuna – Freya delle Sette Isole.
58. **Sigmund Freud**, *Totem e tabù e altri saggi di antropologia*
59. **Stéphane Mallarmé**, *Tutte le poesie*
60. **Italo Svevo**, *Senilità*
61. **Friedrich Wilhelm Nietzsche**, *Aurora. Pensieri sui pregiudizi morali*
62. **Paul Éluard**, *Poesie*
63. **Michail Bulgakov**, *Romanzi e racconti*
    Cuore di cane – Romanzo teatrale – Diavoleide – Le uova fatali – I racconti di un giovane medico e altri racconti
64. **Friedrich Wilhelm Nietzsche**, *Umano, troppo umano. Un libro per spiriti liberi*
65. **Edgar Lee Masters**, *Il nuovo Spoon River*
66. **Hermann Hesse**, *Romanzi brevi*
    Sotto la ruota – Knulp – L'ultima estate di Klingsor – Klein e Wagner
67. **Sigmund Freud**, *Sulla cocaina*
68. **Edgar Allan Poe**, *Tutte le poesie*
69. **Franz Kafka**, *Il Castello*
    Marcel Proust, *Alla ricerca del tempo perduto*
70. **Marcel Proust**, *Dalla parte di Swann*
71. **Marcel Proust**, *All'ombra delle fanciulle in fiore*
72. **Marcel Proust**, *I Guermantes*
73. **Marcel Proust**, *Sodoma e Gomorra*
74. **Marcel Proust**, *La Prigioniera*
75. **Marcel Proust**, *Albertine scomparsa*
76. **Marcel Proust**, *Il Tempo ritrovato*
77. **Paolo Pinto** e **Giuseppe Grasso** (a cura di), *Proust e la critica italiana*
78. **Ambrogio Donini**, *Breve storia delle religioni*
79. **Oscar Wilde**, *Poesie e «Ballata del carcere di Reading»*
80. **André Gide**, *I sotterranei del Vaticano*
81. **William Shakesperare**, *Tutto il teatro, vol.* I
    La tempesta, I due gentiluomini di Verona, Le allegre comari di Windsor, Misura per misura, La commedia degli errori, Molto rumore per nulla, Pene d'amor perdute.
82. **William Shakespeare**, *Tutto il teatro, vol.* II
    Sogno di una notte di mezza estate, Il mercante di Venezia, Come vi piace, La bisbetica domata, Tutto è bene quel che finisce bene, La dodicesima notte, Il racconto d'inverno.
83. **William Shakespeare**, *Tutto il teatro, vol.* III
    Re Giovanni, Riccardo II, Enrico IV, Enrico VI, Riccardo III, Enrico VIII.
84. **William Shakespeare**, *Tutto il teatro* IV
    Troilo e Cressida, Coriolano, Tito Andronico, Romeo e Giulietta, Timone d'Atene, Giulio Cesare
85. **William Shakespeare**, *Tutto il teatro, vol.* V
    Macbeth, Amleto, Re Lear, Otello, Antonio e Cleopatra, Cimbelino, Pericle.
86. **Salvatore Di Giacomo**, *Tutte le novelle*
87. **Salvatore Di Giacomo**, *Tutte le poesie*
88. **Salvatore Di Giacomo**, *Tutto il teatro*
    'O voto, A «San Francisco», 'O mese mariano, Assunta Spina, Quand l'amour meurt, L'abbé Pèru.
89. **Mohandas Karamchand Gandhi**, *La voce della verità*

90. **James Joyce**, *Poesie*
91. **Robert Musil**, *Il giovane Törless – Congiungimenti*
92. **Sigmund Freud**. *Il sogno – Scritti su ipnosi e suggestione*
93. **William Blake**, *Poesie*
94. **Franz Kafka**, *America*
95. **Carl Gustav Jung**, *Psicologia dei fenomeni occulti*
96. **Omar Khayyàm**, *Quartine. Rubaiyyàt*
97. **Joseph Conrad**, *Lord Jim*
98. **Maurice Maeterlinck**, *La vita delle api – La vita delle termiti – La vita delle formiche*
99. **Hermann Hesse**, *Dall'Italia e Racconti Italiani*
100. **Francesco De Sanctis**, *Storia della letteratura italiana*
101. **Friedrich Wilhelm Nietzsche**, *Verità e menzogna – La nascita della tragedia – La filosofia nell'età tragica dei Greci*
102. **Guillaume Apollinaire**, *Poesie d'amore*
103. **Donatien-Alphonse-François de Sade**, *Le 120 giornate di Sodoma*
104. **Sigmund Freud**, *Psicoanalisi della società moderna*
105. **Saffo**, *Poesie*
106. **David Herbert Lawrence**, *Il peccatore*
107. **Voltaire**, *Dizionario filosofico*
108. **John Keats**, *Poesie*
109. **Hermann Hesse**, *Racconti brevi*
110. **Henri Pirenne**, *Storia d'Europa dalle invasioni al XVI secolo*
111. **Percy Bysshe Shelley**, *Poesie*
112. **Conan Doyle**, *Tutto Sherlock Holmes, vol. I*
    Uno studio in rosso – Il segno dei quattro – Le avventure di Sherlock Holmes
113. **Conan Doyle**, *Tutto Sherlock Holmes, vol. II*
    Le memorie di Sherlock Holmes – Il mastino dei Baskerville
114. **Conan Doyle**, *Tutto Sherlock Holmes, vol. III*
    Il ritorno di Sherlock Holmes – La valle della paura
115. **Conan Doyle**, *Tutto Sherlock Holmes, vol. IV*
    L'ultimo saluto di Sherlock Holmes – Il taccuino di Sherlock Holmes
116. **Eschilo**, *Tutte le tragedie*
    Persiani, I Sette a Tebe, Supplici, Prometeo incatenato, Agamennone, Coefore, Eumenidi.
117. **Sofocle**, *Tutte le tragedie*
    Antigone, Aiace, Edipo re, Elettra, Filottete, Trachinie, Èdipo a Colono, Segugi
118. **Euripide**, *Tutte le tragedie, vol. I*
    Alcesti, Medea, Ippolito, Eraclidi, Ecuba, Andromaca, Supplici, Eracle, Troiane, Elettra, Elena
119. **Euripide**, *Tutte le tragedie, vol. II*
    Ifigenia Taurica, Ione, Fenicie, Oreste, Ifigenia in Aulide, Baccanti, Reso, Ciclope
120. **Aristofane**, *Tutte le commedie*
    Acarnesi, Cavalieri, Nuvole, Vespe, Pace, Uccelli, Lisistrata, Tesmoforiazuse, Rane, Donne a Parlamento, Pluto
121. **Joseph Conrad**, *Romanzi della Malesia*
    La follia di Almayer – Il reietto delle isole – La linea d'ombra
122. **Sigmund Freud**, *Il motto di spirito e la sua relazione con l'inconscio*
123. **Emily Dickinson**, *Poesie*
124. **Sherwood Anderson**, *I racconti dell'Ohio*
125. **Carl Gustav Jung**, *Freud e la psicoanalisi*
126. **Hermann Hesse**, *Poesie romantiche*
127. **Thomas Mann**, *I Buddenbrook. Decadenza di una famiglia*
128. **Catullo**, *Le poesie. Carmina*
129. **Mohandas Karamchand Gandhi**, *Il mio credo, il mio pensiero*
130. **Trilussa**, *Poesie*
131. **David Herbert Lawrence**, *Donne innamorate*
132. **Johan Huizinga**, *L'autunno del Medioevo*
133. **Giuseppe Ungaretti**, *Poesie*

134. **Jack Kerouac**, *La città e la metropoli*
135. **Plauto**, *Tutte le commedie, vol.* I
    Amphitruo, Asinaria, Aulularia, Bacchides
136. **Plauto**, *Tutte le commedie, vol.* II
    Captivi, Casina, Cistellaria, Curculio, Epidicus
137. **Plauto**, *Tutte le commedie, vol.* III
    Menoechmi, Mercator, Miles gloriosus, Mostellaria
138. **Plauto**, *Tutte le commedie, vol.* IV
    Persa, Poenulus, Pseudolus
139. **Plauto**, *Tutte le commedie, vol.* V
    Rudens, Stichus, Trinummus, Truculentus, Vidularia
140. **Sigmund Freud**, *Psicologia e metapsicologia*
141. **Salvatore Quasimodo**, *Poesie*
142. **Donatien-Alphonse-François de Sade**, *La nuova Justine*
143. **Gaio Petronio**, *Satyricon*
144. **Sigmund Freud**, *Ossessioni, fobie e paranoia*
145. **Gibran Kahlil Gibran**, *Sabbia e Spuma* e *Il Vagabondo*
146. **Joseph Conrad**, *Romanzi e racconti d'avventura di terra e di mare*
    Cuore di tenebra. La laguna. Gli idioti. Un avamposto del progresso. Karain: un ricordo. Il ritorno. Domani. Amy Foster. Il compagno segreto.
147. **William H. Prescott**, *La conquista del Messico*
148. **William H. Prescott**, *La conquista del Perú*
149. **Alfred Adler**, *La psicologia individuale*
150. *Poesie Zen*
151. **Donatien-Alphonse-François de Sade**, *Le sventure della virtù*
152. **Sigmund Freud**, *Psicoanalisi dell'isteria e dell'angoscia*
153. **Heinrich Heine**, *Poesie d'amore*
154. **Thomas Mann**, *Racconti*
155. **Orazio**, *Tutte le opere*
    Odi, Epodi, Carme secolare, Satire, Epistole, Arte poetica
156. **Carlo Goldoni**, *I capolavori, vol.* I
    La donna di garbo, Il servitore di due padroni, La vedova scaltra, La putta onorata, La buona moglie, La famiglia dell'antiquario
157. **Carlo Goldoni**, *I capolavori, vol.* II
    Il teatro comico, La bottega del caffè, Il bugiardo, La serva amorosa, La locandiera, Le donne curiose
158. **Carlo Goldoni**, *I capolavori, vol.* III
    Le massere, Le donne di casa soa, Il campiello, Le morbinose, L'apatista, Gl'innamorati
159. **Carlo Goldoni**, *I capolavori, vol.* IV
    L'impresario delle Smirne, I rusteghi, Un curioso accidente, La casa nova, Le smanie per la villeggiatura, Le avventure della villeggiatura, Il ritorno dalla villeggiatura
160. **Carlo Goldoni**, *I capolavori, vol.* V
    Sior Todero Brontolon, Le baruffe chiozzotte, Una delle ultime sere di Carnovale, Il ventaglio, Il burbero benefico
161. **Molière**, *Tutto il teatro, vol.* I
    La gelosia del Barbouillé, Il medico volante, Lo stordito, Dispetto d'amore, Le preziose ridicole, Sganarello, Don Garcia di Navarra, La Scuola dei mariti, I Seccatori, La Scuola delle mogli, La critica alla Scuola delle mogli, L'improvvisazione di Versailles, Il matrimonio per forza, La principessa d'Elide
162. **Molière**, *Tutto il teatro, vol.* II
    Tartufo, Don Giovanni, L'amore medico, Il Misantropo, Il medico per forza, Melicerta, Pastorale comica, Il Siciliano, Anfitrione, La grande festa reale di Versailles, George Dandin
163. **Molière**, *Tutto il teatro, vol.* III
    L'avaro, Il signor di Pourceaugnac, I favolosi amanti, Il borghese gentiluomo, Psiche, Le furberie di Scapino, La Contessa d'Escarbagnas, Le donne intellettuali, Il malato immaginario
164. **Vladimir Ja. Propp**, *Morfologia della fiaba – Le radici storiche dei racconti di magia*

165. **Bob Dylan**, *Blues, ballate e canzoni*
166. **Virginia Woolf**, *La signora Dalloway*
167. **Jack London**, *vol. I, I racconti del Grande Nord e della corsa all'oro*
168. **Jack London**, *vol. II, I racconti del Pacifico e dei Mari del Sud*
169. **Jack London**, *vol. III, Il richiamo della foresta. Zanna Bianca e altre storie di cani*
170. **Jack London**, *vol. IV, Avventure di mare e di costa. Il lupo dei mari. I racconti della pattuglia guardiapesca*
176. **Eduardo Scarpetta**, *Tutto il teatro, vol. I*
   Persicone mio figlio, Gelusia ovvero Ammore, spusalizio e gelusia, 'Na Commedia 'e tre atte, Quinnice solde so'cchiù assaje de seimila lire, È buscia o verità, Felice maestro di calligrafia ovvero Lu Curaggio de nu pumpiere napulitano, La Collana d'oro o i cinque talismani, Tetillo, Mettiteve a fà l'ammore cu me!, Duje marite 'mbrugliune, Il non plus ultra della disperazione ovvero La Bottiglieria del Rigoletto, Lu Pagnottino, Lo Scarfalietto, Tetillo 'nzurato
177. **Eduardo Scarpetta**, *Tutto il teatro, vol. II*
   Tre pecore viziose, L'Amico 'e papà, 'No pasticcio, Il Romanzo di un farmacista povero, Nun la trovo a mmaretà, La Nutriccia, 'Nu Frungillo cecato, Amore e polenta: 'Na paglia 'e Firenze, 'Nu brutto difetto, 'Na matassa 'mbrugliata, 'Na società 'e marite
178. **Eduardo Scarpetta**, *Tutto il teatro, vol. III*
   Li Nepute de lu sinneco, Lu Marito de Nannina, Miseria e nobiltà, 'Nu turco napolitano, 'Na Santarella, Pazzie di Carnevale, Lu Café chantant, 'Nu Ministro mmiezo a li guaje, Tre cazune furtunate, 'Na Bona guagliona
179. **Eduardo Scarpetta**, *Tutto il teatro, vol. IV*
   La Casa vecchia, La Bohéme, L'Albergo del Silenzio, Nina Boné, La Pupa movibile, 'A Cammarera nova, Duje chiapparielle, 'Na Figliola romantica, 'A Nanassa, Cane e gatte, Il Debutto di Gemma, Madama Sangenella
180. **Eduardo Scarpetta**, *Tutto il teatro, vol. V*
   'O Balcone 'e Rusinella, Il Processo Fiaschella, Il Figlio di Iorio, 'Na Mugliera zetella, 'O Miedeco d'e pazze, Tre epoche, L'ommo che vola!, La statua di zi' Giacomo, Feliciello scarparo, Pulcinella se venne la mogliera pe mezza lira, Vaco a Roma pe n'affare, Gli spiriti dell'aria, Il cinematografo e il teatro
181. **Friedrich Wilhelm Nietzsche**, *Genealogia della morale*
182. **Gibran Kahlil Gibran**, *Gesù figlio dell'uomo*
183. **Virginia Woolf**, *Le onde*
184. **Luigi Pirandello**, *Tutti i romanzi*
   L'esclusa – Suo marito
185. **Luigi Pirandello**, *Tutti i romanzi*
   Il turno – Il fu Mattia Pascal
186. **Luigi Pirandello**, *Tutti i romanzi*
   I vecchi e i giovani
187. **Luigi Pirandello,** *Tutti i romanzi*
   Uno, nessuno e centomila – Quaderni di Serafino Gubbio operatore
188. **Luigi Pirandello**, *Novelle per un anno, vol. I*
   Scialle nero – La vita nuda – La rallegrata
189. **Luigi Pirandello**, *Novelle per un anno, vol. II*
   L'uomo solo – La mosca – In silenzio
190. **Luigi Pirandello**, *Novelle per un anno, vol. III*
   Tutt'e tre – Dal naso al cielo – Donna Mimma
191. **Luigi Pirandello**, *Novelle per un anno, vol. IV*
   Il vecchio Dio – La giara – Il viaggio – Candelora
192. **Luigi Pirandello**, *Novelle per un anno, vol. V*
   Berecche e la guerra – Una giornata – Appendice
193. **Luigi Pirandello**, *Maschere nude, vol. I*
   Sei personaggi in cerca d'autore – Ciascuno a suo modo – Questa sera si recita a soggetto – Enrico IV – Diana e la Tuda – La vita che ti diedi – L'uomo dal fiore in bocca – Il giuoco delle parti – Il piacere dell'onestà – L'imbecille
194. **Luigi Pirandello**, *Maschere nude, vol. II*
   L'uomo, la bestia e la virtù – Come prima, meglio di prima – Vestire gli ignudi –

   Come tu mi vuoi – Così è (se vi pare) – Tutto per bene – La ragione degli altri
– L'innesto – Sogno (ma forse no) – L'amica delle mogli
195. **Luigi Pirandello**, *Maschere nude, vol.* III
   La morsa – La signora Morli, una e due – Pensaci, Giacomino! – Lumie di Sicilia –
berretto a sonagli – La giara – Cecè – Il dovere del medico – Sagra del Signore della Na...
– Ma non è una cosa seria – Bellavita – La patente – L'altro figlio – Liolà
196. **Luigi Pirandello**, *Maschere nude, vol.* IV
   O di uno o di nessuno – Non si sa come – Trovarsi – Quando si è qualcuno – All'uscita
La nuova colonia – Lazzaro – La favola del figlio cambiato – I giganti della montagn...
197. **Bram Stoker**, *Dracula*
198. **Carl Gustav Jung**, *Tipi psicologici*
199. **Rabindranath Tagore**, *Canti e poesie*
200. **Thomas Mann**, *Altezza Reale*
201. **Blaise Pascal**, *Pensieri*
202. **Guido Gozzano**, *Tutte le poesie*
   La via del rifugio – I colloqui – Le farfalle – Poesie sparse
203. **Virginia Woolf**, *Gita al Faro*
204. **Ettore Petrolini**, *Il teatro*
   Macchiette – Venite a sentire – Nerone – Amori de notte – Romani de Roma – Acqu...
salata – Gastone – Il padiglione delle meraviglie – Benedetto tra le donne – Chicchignol...
– Il metropolitano
205. **Ettore Petrolini**, *Facezie, autobiografie e memorie*
   Ti à piaciato? – Abbasso Petrolini – Io e il film sonoro – Modestia a parte... – Un po' p...
celia un po' per non morir...
206. **Alfred Adler**, *La Psicologia Individuale nella scuola, Psicologia dell'educa...
zione, Psicologia del bambino difficile*
207. **Gibran Kahlil Gibran**, *Il folle, Poesie in prosa, La sequenza*
208. **Edward Morgan Forster**, *Casa Howard*
209. **Federico García Lorca**, *Tutte le poesie, vol.* I
   Libro de poemas – Suites
210. **Federico García Lorca**, *Tutte le poesie, vol.* II
   Poema del Cante jondo – Canzoni – Romancero gitano – Odi – Poeta a New York –
Lamento per Ignacio Sánchez Mejías – Sei poesie galizie – Diván del Tamarit – Sonetti –
Poesie sparse – Canti popolari
211. **Federico García Lorca**, *Tutto il teatro*
   Il maleficio della farfalla – La fanciulla e il principe – Lola – Le marionette – Marian
Pineda – Dialoghi – La calzolaia prodigiosa – Amore di don Perlimplín con Belisa – D...
qui a cinque anni – Il pubblico – Retablillo di don Cristóbal – Nozze di sangue – Yerm...
– Donna Rosita nubile – La casa di Bernarda Alba – Commedia senza titolo – I sogni d...
mia cugina Aurelia
212. **Henri Pirenne**, *Maometto e Carlomagno*
213. **Le più belle poesie d'amore della letteratura italiana**
214. **David Herbert Lawrence**, *Il pavone bianco*
215. **Marco Valerio Marziale**, *Gli epigrammi*
216. **Claudio Rendina**, *I papi – Storia e segreti*
217. **Claudio Rendina**, *I dogi – Storia e segreti*
218. **Michael Grant**, *Gli imperatori romani – Storia e segreti*
219. **Bertrand Russell**, *Matrimonio, sesso e morale*
220. **Jack Kerouac**, *Mexico City Blues*
221. **Joseph Conrad**, *Nostromo*
222. **Victor W. von Hagen**, *L'impero degli Inca*
223. **Victor W. von Hagen**, *Il mondo dei Maya*
224. **Victor W. von Hagen**, *Gli Aztechi, civiltà e splendore*
225. **Victor W. von Hagen**, *Gli imperi del deserto nel Perù precolombiano*
226. **Sigmund Freud**, *Psicoanalisi dell'arte e della letteratura*

I Mammut

1. **Italo Svevo**, *Tutti i romanzi e i racconti*
   Una vita, Senilità, La coscienza di Zeno, I racconti
2. *Le mille e una notte*
3. **Franz Kafka**, *Tutti i romanzi e i racconti*
   America, Il processo, Il Castello, I racconti
4. **Giorgio Vasari**, *Le vite dei più eccellenti pittori, scultori e architetti*
5. **Giovanni Verga**, *I grandi romanzi e tutte le novelle*
   I Malavoglia, Mastro-don Gesualdo, Cavalleria rusticana e altre novelle, Racconti milanesi, Giochi d'amore e marionette parlanti
6. **James J. Frazer**, *Il ramo d'oro. Studio sulla magia e la religione*
7. **Edgar Allan Poe**, *Tutti i racconti, le poesie e le Avventure di Gordon Pym*
8. **Hermann Hesse**, *Romanzi e racconti*
9. **Sigmund Freud**, *Opere 1886/1905*
10. **Sigmund Freud**, *Opere 1905/1921*
11. **Dante**, *Tutte le opere*
    Divina Commedia, Vita Nuova, Rime, Convivio, De vulgari eloquentia, Monarchia, Egloghe, Epistole, Quaestio de aqua et de terra
12. **Grazia Deledda**, *I grandi romanzi*
    Il vecchio della montagna, Elias Portolu, Cenere, L'edera, Colombi e sparvieri, Canne al vento, Marianna Sirca, La madre, Annalena Bilsini, Cosima